中央大学学術シンポジウム研究叢書　10

東京・多摩地域の総合的研究

シンポジウム研究叢書編集委員会 編

中央大学出版部

まえがき

　第25回中央大学学術シンポジウムにおいて達成されました研究成果が叢書として出版されることになりました。2012年度から3か年に渡っての研究活動，成果発表そして叢書編纂にご貢献いただきました研究員の皆様方とともにお慶び申し上げます。そして学術シンポジウム活動全体にご尽力していただきました方々に深く感謝申し上げます。

　地域社会におきます大学の役割の中には，経済社会現象を考察・分析してその動向を示す羅針盤，そして経済社会の進むべき方向を示唆する機能が含まれています。中央大学学術シンポジウムは，その歴史を振り返りますと学術研究の深化と伸展に加えて上記の機能をしっかり果たしてきております。数多くの実績を誇ります当学術シンポジウム活動に，研究叢書出版という形で新たな一段階を築けたことを研究員の一人として誠に喜ばしく思います。

　今回の学術シンポジウムは，日本経済を中心に共同研究を行う中央大学経済研究所が中核となり研究活動を企画し，統一的研究テーマ「東京・多摩地域の総合的研究」を掲げました。はじめに幹事会を立ち上げ研究分野を4区分し，東京・多摩地域の歴史と文化，地方自治，地域振興，産業経済の研究を展開しました。包括的テーマの下で研究を行う背景には社会経済活動のグローバル化の影響があります。社会経済一般が国際的に広域化する現在，先進工業国の既存工業地域では費用主導型の生産活動は途上国に移転・拡散し，技術革新機能とそれに連関する活動そして統括機能の中枢部が地域発展の活力源を形成しています。高度にグローバル化する世界で技術革新能力を持続するには，当該地域の伝統・文化に関する理解の深化，制度および連携資本の整備，産業経済活動網の広域化など，領域的資本の拡充が不可欠です。このような背景から各分野での学術研究が研究員により遂行されてきました。本叢書は各分野における重要な研究成果を示しております。学術研究分野のみならず地域社会とりわけ東京・多摩地域の活性化と発展に寄与するものと確信いたします。

　本研究叢書が多くの方々に有用，有意義であり，地域社会の発展に向けて新しい可能性を開く1つの糸口となることを期待いたしております。

2015年3月吉日

中央大学経済研究所
所長　石　川　利　治

東京・多摩地域の総合的研究

目　次

まえがき

第Ⅰ部　多摩の歴史と文化

第1章　江戸と周辺農村——交流の諸相——
　　　　　　　　　　　　　　　　　　　　　　長野ひろ子 … 3

第2章　秋山国三郎と北村透谷の親交
　　　　——『三日幻境』と川口の困民党事件——
　　　　　　　　　　　　　　　　　　　　　　車田　勝彦 … 15

第3章　多摩の自由民権運動と三多摩壮士にかんする覚書
　　　　——『大矢正夫自徐（ママ）伝』を読む——
　　　　　　　　　　　　　　　　　　　　　　音無　通宏 … 37

第4章　武相の自由民権運動と透谷
　　　　——八王子市川口地域などでの実地調査
　　　　にかんする報告を兼ねて——　　　　　笹原　昭五 … 79

第Ⅱ部　東京・多摩における地方自治および
　　　　財政と道州制

第5章　東京圏，東京都をめぐる日本型「州」構想
　　　　　　　　　　　　　　　　　　　　　　佐々木信夫 … 129

第6章　首都圏メガロポリスと首都圏州を見据えた
　　　　広域連携の模索
　　　　——まずは首都圏メガロポリスを担う
　　　　九都県市首脳会議を広域連合に——　　成田　浩 … 165

第7章 道州制の導入を見据え，西多摩地域を
　　　展望する
　　　　… 清水　洋邦・増田　俊一・松尾　紀子・大勢待利明 … 195

第8章 東京多摩26市の財政状況に関する一考察
　　　　——主成分分析およびクラスター分析を用いて——
　　　　　　　　　　　　　　　　　　　　　… 飯島　大邦 … 261

第9章 選挙競争の構造：政党・候補者の
　　　集票と有権者の棄権 …………………… 三船　毅 … 283

第Ⅲ部　多摩の地域振興における地方公共団体の役割と政策

第10章 東京▪多摩の地域振興とグローバル都市
　　　 としての東京圏 …………………… 田中　廣滋 … 311

第11章 ごみ有料化とリバウンドに関する実証分析
　　　　——多摩市域を中心に——
　　　　　　　　………………………… 藪田　雅弘・中村　光毅 … 333

第12章 環境ビジネスの国際展開に資する行政組織
　　　 の役割と政策 …………………… 佐々木　創 … 371

第13章 多摩地域における公共施設の再編のあり方
　　　 について …………………………… 神山　和美 … 395

第14章 東京▪多摩の地域振興と企業の地域での
　　　 ネットワーク効果 ………………… 米田　篤裕 … 421

第Ⅳ部　東京・多摩地域の経済的特徴と国際競争力

第15章　首都圏空港の容量制約解消に向けた政策的課題
　　　　――発着枠の運用と「首都圏第三空港」
　　　　整備の可能性をめぐって――
　　　　………………………………………… 塩見　英治・小熊　　仁 … 453

第16章　東京都の高齢化 ……………………………… 松浦　　司 … 485

第17章　大都市広域圏における生産立地構成の理論分析
　　　　………………………………………… 石川　利治 … 505

あとがき

　付録1　第25回中央大学学術シンポジウムプログラム
　付録2　研究活動記録

第Ⅰ部

多摩の歴史と文化

第 1 章

江戸と周辺農村
――交流の諸相――

長野　ひろ子

1. はじめに

　徳川家康の関東入国以来，最大の政治権力を有する幕府の所在地となった江戸は，急速に都市としての発展を遂げ，18世紀前半の人口は100万前後に達していた。大坂，京都と合わせ三都体制と称されるなかで，江戸は，日本最大の消費都市となっていった。江戸への物資供給を担っていたのは，主として大坂・京都など高い手工業生産技術をもつ上方からの「下り荷物」であった。これに対し，江戸周辺農村からは，蔬菜，燃料，穀物などが供給されていた。しかし，18世紀以降の全国的な特産物生産の発展と畿内の生産力的優位性の後退は，幕藩制市場構造の動揺・変質を招来させることになり，江戸周辺農村の江戸市場での役割も変化していった。いわゆる江戸地廻り経済圏の成立がそれである[1]。

　小稿は，この江戸地廻り経済圏の成立と発展に見られる江戸と周辺農村との関係の強化・拡大が，人的交流においてどのように具現しているのか，経済的・教育的・文化的側面を中心にその一端を考察したものである。

2. 江戸地廻り経済圏の成立と発展

　江戸幕府が中央市場としての江戸市場強化策をうち出してくるのは，18世紀後半の寛政期ごろからである。幕府は，金融政策をはじめとして積極的に経済政策を実施し，江戸市場の安定をはかっていった。そのなかで幕府が重大な関心を寄せたのが，江戸地廻り経済圏である[2]。

　上方市場から江戸へ送られる「下り荷物」に対し，18世紀半ば，そして化政期にいたると江戸周辺農村から江戸市場へ入る商品は増え始めた。ここで江戸周辺農村というのは，江戸の近郊農村のみならず関東一円をさし，そこで生産される商品を一般に地廻り品と呼んでいた。この地廻り品の生産は，江戸を中心に同心円的に拡大していったのではなく，流通路であった主要河川にそって発展していた[3]。

　表1-1は，延享3（1746）年の下総境河岸での取扱品目を列挙したものである。同河岸は，利根川水系の中流に位置し，利根川と江戸川の分岐点であることから，北関東，中奥地方から江戸に送られる水運荷物を大量に引き受ける河岸であった。東廻り海運の場合に，銚子で川船にきりかえられ遡航す

表1-1　延享3（1746）年境河岸取扱品目

江戸行	城米 米沢蠟 たばこ入 酒 木薬 芋 湯花 もぐさ	武士荷 米沢青苧 うちわ 油 銭 牛蒡 鹿皮	真綿 米沢たばこ 漆 紙 給所米 蓮根 南部紫	絹糸 坂下たばこ 町穀物 切粉たばこ 附木 地繰綿 日光物	紅花 竹貫たばこ 小間物 玉子 地紫 繰綿 板	最上蠟 白苧 木綿 銅荷 茶 ぜんまい 貫	最上青苧 塗 真岡晒 古かね 味噌 火縄 真木
上州行	茶	小間物	塗	干鰯	粕	穀物	糠
下利根川筋	麻小間物	口木	日光物				
鬼怒川筋	干鰯	粕	糠				
乙女川筋	干鰯	粕	塩物				
古河行	干鰯	粕	塩物				

注　長野ひろ子『幕藩制国家の経済構造』（吉川弘文館，1987年）389頁より作成。

る荷物もここを通った。ここで江戸行荷物をみると，遠くは中奥地方から近くは江戸近郊農村まで多品目にわたっている。すなわち，最上・米沢地方の蠟・青苧・紅花，会津地方の塗・漆，水戸藩領の紙・煙草，真岡地方の木綿・晒，より江戸に近い地域からの牛蒡・芋・蓮根等々である。それぞれ産地から駄送されたこれらの商品は，久慈川，那珂川，鬼怒川などの上流諸河岸から船積みされ，途中若干陸路を馬附けする場合もあるが，水運を通じて江戸に入るのであった。これらの水運は，近世初期に領主的商品経済の中軸として開かれた経緯があり，領主米が諸藩から送られていたのは言うまでもない。それがこの時期になると，特産物生産の発展にともなって農民的商品経済の成果も含み込む流通機構へと変化を遂げていた[4]。

19世紀に入ると，江戸地廻り経済は一層発展を遂げていくようになる。その顕著な例が，醤油であろう。近世初期以来，江戸における醤油需要を賄っていたのは，上方からの下り醤油であった。享保11（1726）年の江戸市場で下り醤油の占める割合は全体の4分の3を超えている。しかし，安政3（1856）年にはわずか6％にまで減少していたのであり，残りは下総の銚子や野田を主要な生産地とする地廻り醤油に席捲されていたのである[5]。

江戸地廻り経済は，化政期には本格的発展を遂げていたと言えよう。

3. 交流の諸相

江戸地廻り経済の発展は，さまざまな分野において江戸と周辺農村の人的交流を活発化させていった。ここでは，いくつかの事例を取り上げてみたい。

(1) 多摩川水運と筏商い

江戸地廻り経済圏の流通路としては，多摩川水系も主要河川のひとつであった。多摩川支流の秋川筋の村々では，林業が盛んで材木を筏に組んで江戸に下すことが行われていた。文政2（1819）年には，秋川筋21カ村に108

人の筏師が仲間を形成していたことが知られている。このうち最も筏師の多い村が大久野村、次いで戸倉村であった。大都市江戸の発展は、材木需要も着実に押し上げていたのである[6]。

　戸倉村の儀三郎は、多摩川水運を通じて筏師として筏商いに従事していた人物である。天保4（1833）年生まれの儀三郎は、安政6（1859）年26歳の時より日記を書き始め、明治41（1908）年に至るまで50年間書き続けている。儀三郎が亡くなったのは、その4年後、享年79歳であった。ここでは、幕末期の儀三郎ならびに家族の動静をみていくことにしたい。文久3（1863）年当時、儀三郎は30歳、家族は妻おりん、幼い娘、母、弟兵二郎の5人であった。父は、前年5月に病気で他界している。この地域一帯は山がちで耕地はわずかなため、村人たちは農業のほかに種々の山稼ぎをすることで生計を立てていた。幕末の儀三郎家も農業と林業の兼業であった。また、同家の場合筏商いは農閑稼ぎの範囲を超え、家業として営まれていたと考えられる[7]。

　儀三郎は、同じ一族で隣家に住む文蔵と、筏商いを共同で営む元締（筏師）であった。元締の仕事は、伐採に適当な山を買付け、材木を出荷・販売するのだが、主たる販売先は、木材需要の多い江戸であった。そのほか周辺の八王子などとも取引があった。また、上荷といい、杉皮や炭などを筏の上に乗せて運ぶことも行われている。木の伐採・搬出・川流し・削りを行うのが杣と呼ばれる山林労働者であり、これを全体として杣の親方に請け負わせていた。川流しされた材木は、いったん土場と称される河原に揚げられ、杣によって角材に削られる。これを筏に組むのであるが、ここからは筏乗りの仕事であった。仕上がった筏は、筏乗りによって3、4日かけて秋川（多摩川、六郷川）を下り、河口の六郷・羽田まで運ばれる。この間、元締の儀三郎たちは、筏の出発を確認して後江戸に出向き取引先の材木問屋を訪れたのである[8]。

　文久3（1863）年の日記には、儀三郎の元締としての活動が数多く記されている。江戸の取引先へは、正月後半に8日間ほど共同経営者の文蔵と一緒に出向いている。この年、同人はほかに3度出府し、それぞれ5〜8日間滞

在している。山（材木）の買付のさいも泊りがけで出向く場合が多かった。いずれも檜原の大沢山からの買付の仕事である。儀三郎の元締としての行動半径は広く，家を留守にすることもしばしばみられたのである[9]。

　日記からは，儀三郎が農業にも従事していたことがわかる。筏商いは主として冬から春にかけて，農作業は春から秋にかけての仕事であった。家族のなかで農業労働を行っていたのは儀三郎と弟の兵二郎である。兵二郎も家業の筏商いに関わっていたが，仕事の内容は兄とは大きく異なり，大半は現業労働であり，杣人と大差なかった。若い当主である兄が江戸問屋との取引にあたり諸勘定も行っていたのに対し，直系から外れることが確定している弟には，経営や管理が割り当てられることはなかったと考えられる。2人の女性家族が筏商いに関わった形跡はなく，農作業についても日記の記載からは見えてこない。儀三郎の母イチについては，「母五日市（または市）へいく」という記載が目立ち，この年合わせて14回五日市（または市）に出かけている。ここで，同人は家族の衣類や農具・金肥などを購入し，また自家で生産した桑を販売している。また，この家では，養蚕と糸引はもっぱら二人の女性たちの仕事であった。日記の記載からだけでも，この年糸引で3両ほどの収入を得ていたことが分かる[10]。

　日記からは，江戸と経済的交流を密にしていた当主儀三郎の姿が浮かんでくる。他方，他の家族の江戸との交流はほとんど推し量ることはできない。おそらく当主儀三郎にははるかに及ばなかったのであろう。

(2) 多摩の村医者と江戸でのキャリア形成

　日本においては，小生産者が恒常的に商品生産に巻き込まれるような商品生産のあり方としての小商品生産は，特産物生産の発展として現れ，その編成・組織者ならびに利潤の集積者となっていったのが，豪農であった。多摩地域においても，18世紀後半以降，豪農経営が広範に展開していく。彼ら豪農層の子弟のなかには，村の寺子屋での学習を済ませると江戸の私塾や道場に学問や武芸修行に出かける者たちも少なくなかった。ときには，医術修

業という明確な目的で出府する若者もいた。

　武州谷保村の豪農本田家に，分家から養子に入り，11代当主となった孫三郎定済（号覚庵）はその一人である。同家の村内外の持高は幕末期には100石を超えており，その多くは小作人との間に小作請負証文を取り結んでの地主経営であった。同家が地主経営の傍ら村医者としての活動をいつごろから始めたのかははっきりしないが，少なくとも18世紀末から19世紀前半には，すでに村医者として近隣にも知られた存在であった[11]。

　11代当主となる覚庵は，天保3（1832）年6月1日から同年12月30日までの約半年間，「筆記」と題する袋綴帳2分冊を遺している。これは，当時19歳の覚庵が江戸麹町の医家に住み込んで修業を積んでいた時の日記と推定される。修業先は主として産科を専門としていた。覚庵は，入門と同時に指示された本草学や鍼灸の書物を読み学習している。薬の調合にもしばしば携わっており，半年間で解熱剤の柴胡，婦人科の牡丹皮，咳止めの杏仁，梅毒の五宝丹等々多種類の調合を行っている。師匠や先輩のお供で往診に出かけることもあった。ただし，見習い中とあって単独で医療行為をすることはできなかったようである。往診先は，武家屋敷や上層町人の家がほとんどであった。修業中の身ではあったが，覚庵は空いた時間には囲碁や将棋をさしたり，夜を徹して酒を飲んだり，時には江戸の名所旧跡を訪れたりして楽しんでいた様子もうかがえる。大名行列や琉球使節の到来を間近で見たことなども記されてある。医術修業を目的に出府していた覚庵であったが，江戸滞留はそれだけにとどまらず万般にわたり見聞を広げ体験できる社会勉強でもあった。帰村後の覚庵は，村医者として，地主として，村役人として，さらに書家としても知られるようになっていく。諸文人との交流も多彩であった。若いころの「江戸遊学」がその後の彼の人生を豊かにした面は確かにあったことだろう[12]。

　覚庵が突然の病に襲われ生涯を閉じたのは，元治2（1865）年2月11日のことである。享年52歳であった[13]。

(3) 江戸の女性奉公人と周辺農村

　近世の江戸は、大坂・京都とならび幕藩制全国市場の結節点として大商人が数多く店を構えていた。これら大商家の経営は同族経営で、奉公人たちは普通男性ばかりであった。たとえば、17世紀に三都に呉服店と両替店を開設し、幕府の呉服御用達・為替御用達にも命じられた三井越後屋の場合、奉公人には2系列あったが、両者とも男性のみの採用という点では変わりがなかった[14]。しかし、これら大店をのぞけば江戸の商人や職人の家に奉公するのは男女の奉公人であり、その数は次第に増加していた。18世紀後半の江戸で生まれた文芸である川柳には、彼ら奉公人とくに下女奉公人について詠んだ句がしばしば見受けられる。以下に例示してみよう[15]。

　　下女のはら心あたりが二三人　　　　　　　　　柳21
　　浮気ならいやさと下女がぬかしたり　　　　　　遺2
　　下女が文字梵字をひねるやうにかく　　　　　　柳1
　　下女が鼻うた台所のすすがおち　　　　　　　　遺3
　　相模下女相手にとってふそくなし　　　　　　　柳8
　　兄弟は相模女にくらい込み　　　　　　　　　　柳3

　この時期の川柳作者は、御家人や上層町人の男性が大半を占めていた。彼らの語りの特徴は、まず下女を淫乱な性的存在として決めつけていること、これに無学無知や粗暴粗野という語りが追討ちをかけ、全体として下女への侮蔑に満ちていたことである。その記号化された表現が「相模下女」「相模女」であった。ここには、階級やジェンダーに加えて江戸の地政学的優位性が含意されている。もちろん、周辺農村から江戸に奉公に出る女性は、相州ばかりとは限らない。量的比較は困難であるが、江戸では、武州多摩地方からの下女奉公人も数多く働いていたであろう。彼女たちへも、川柳作者たちの同じ眼差しと語りがあったことは想像に難くない[16]。

　ところで、こうした下女奉公人の実家はほとんどが中下層の農民であっ

が，彼女たちとは出身階層も奉公先も異なる女性奉公人も周辺農村から江戸に出向いていた。すなわち武家奉公・屋敷奉公の女性たちであり，なかには江戸城大奥で奉公する女性もいた。

文化5（1808）年，武州下師岡村の豪農吉野家に生まれたみちが，御三卿田安家に奉公に上がったのは文政10（1827）年のことである。みちの実家は，農業のほか石灰・薪炭・青梅縞などを扱う在郷商人として活動し，当主は代々下師岡村の名主を務めていた。みちが田安家に奉公したのは，実家のある青梅地方が当時田安家の領地だったからであろう。この年田安家の第四子郁之助（一橋家5代斉位）が同じく御三卿の一橋家に養子に入ったが，みちはその際に召し抱えられた奉公人のひとりであり，みちの奉公先はほどなく一橋家に移った[17]。

みちは，一橋家の奥奉公を12年間ほど勤めている。江戸城一橋門内に邸を与えられていた一橋家奥向きの職制は大奥同様に位階制的編成をとっていた[18]。みちは，御使番から始まり，呉服の間勤め，御次之間勤めへと順次昇進している。奉公中の給金や扶持についてははっきりしない。ただ，衣服や装飾品の必要から実家に小遣いを送ってもらう場合もあった。おそらく主家からの給金や拝領品だけでは不十分だったのだろう[19]。

天保10（1839）年，みちは奥勤めを辞め，ほどなく幕府小普請組医師で同い年の田村元長と結婚する。その2年前に5代一橋斉位が死去したが，みちは御簾中付きとして残っていた。しかし，その跡を継いだ6代慶昌が翌年に他界し，7代慶嘉がすぐ襲封するなど主家の代替わりが続くなかで，暇を乞うことにしたのである。みちには，下師岡に帰村し婿取りをして実家を継ぐという選択肢もあったのだが，みちの選択は，妻に先立たれ2人の子どもを持つ幕府医官との江戸住まいであった。実家のほうは，嘉永4（1851）年に一族から入った養子が跡を継いだ。みちは明治16（1883）年に亡くなるまで実家と円満な交際を続けたようである[20]。

江戸周辺農村からの武家奉公の女性についてもう一例紹介しておこう。武州太子堂村の名主森家には，幕末に江戸城大奥奉公に上がった姉妹がいた。

太子堂村は，江戸日本橋から南西2里半の近距離に位置しており，中上層の農民は前栽物の販売と肥料購入を通じて江戸市場と結びついていた。下層・最下層の人々は江戸に流出することも少なくなく，逆に江戸から村に借家人として流入する場合もあった[21]。

太子堂村名主で森家6代忠左衛門の娘すずとますの姉妹は，1858年から文久3（1863）年までの6年間ほぼ同時期に江戸城大奥奉公に上がっている。姉のすずは19歳から24歳まで，妹のますは17歳から22歳までであった。大奥奉公中に，実家が姉妹のために支出した反物・帯地・小袖等の衣類関係の代金は，金14両2分，銀82匁5分9厘，銭10貫304文となり，相当な金額であった。両人への小遣いも折々に実家から与えられている。姉のすずへは34回，総額金2両3分と銭5貫544文，妹のますへは26回，総額金2分2朱と銭4貫970文となっている。姉妹の奉公時の給金は明らかにならないものの，衣類や小遣いの実家からの支出状況から判断して，大奥奉公は経済的には引き合わなかったとみてよい[22]。

文久3（1863）年，すず・ます姉妹の大奥奉公は終わる。2年後には両人とも結婚している。ただし，相手の男性は姉のすずは武士身分，妹のますは百姓身分という違いがあった。すなわち，すずは，江戸麹町居住の武士福島正好と，ますは太子堂村の隣村代田村の百姓鈴木光次郎と結婚したのである[23]。

下師岡村吉野家のみちにしても太子堂村森家のすずとますの姉妹にしても，そして両家にとっても，大奥・奥奉公の収支勘定は赤字であったと推測される。それは，彼女たちの奉公の目的が始めから経済的利益を得ることではなかったからに他ならない。一般に，町方や周辺農村の娘たちが江戸城や武家屋敷へ大奥・奥奉公に上がるのは，行儀見習いという形でキャリアを積み良縁を得ることにあったと考えられる。百姓家の娘たちが，武士と結婚しているのは，身分的上昇ということも含めて確かに良縁であったに違いない。また，身分的上昇ははかれないまでも，大奥・奥奉公を経験した娘たちは，村のなかでそれ相当の家に縁付くことができたのである。

4. むすびにかえて

　江戸と周辺農村との人的交流について，多摩地方を中心にいくつかの事例を取り上げ述べてきた。全国的な商品生産の展開と市場の拡大が，この地域では江戸地廻り経済の発展というかたちで進行し，そのことが人的交流の活発化にもつながっていったのであろう。ここでは，そのなかの江戸城大奥に奉公した豪農層の娘たちについて，幕藩制国家のジェンダー的特質という観点からその意味を付け加え，むすびにかえたい。

　厳格な身分制社会である幕藩制国家において最大の権力中枢空間としての江戸城が，町方や周辺農村の娘たちの職場，それも住み込みの職場であったという事実に驚かれる読者もいることだろう。被支配階級に属する彼女たちが，何故こうもやすやすと支配の中心たる江戸城に入り込めたのであろうか。端的に言えば，それは近世の身分編成のあり方にかかわっていた。近世では，それぞれの身分は社会的分業にもとづいて国家的に編成され，国家へ負担すべき役もそれぞれの身分に課されていた。たとえば百姓身分にあっては，年貢・諸役を負担することが一般的な身分上の義務であった。このことは，逆に言えば，年貢・諸役を負担することで百姓身分という身分主体としての「特権」を国家から保障されていたことになる。この身分主体から排除されていたのが，各階級・階層に属する女性たちであった。詳細は別稿[24]に譲るが，近世の女性は，各身分集団への帰属にあたり身分主体たることから排除され，身分的に客体化されたうえで包含されていたのである。近世の身分集団への帰属のあり方は男女で根本的に異なっていた。身分的客体とされた女性たちに，身分主体としての「特権」が与えられなかったことは言うまでもない。しかし，それゆえに身分や身分集団から移動・離脱することへの緊束や制限の有様は，身分主体と同一ではなかった。このように考えれば，江戸城大奥に周辺農村の豪農層の娘たちが入り込んでいたという事実は，近世身分制のジェンダー的特質という観点からもアプローチすることが可能となるのであ

る。

1) 江戸地廻り経済の成立と発展に関する近年の主要著作として以下を挙げておきたい。白川部達夫『江戸地廻り経済と地域市場』吉川弘文館, 2001年。井奥成彦『19世紀日本の商品生産と流通』日本経済評論社, 2006年。落合功『近世の地域経済と商品流通——江戸地廻り経済の展開——』岩田書院, 2007年。
2) 長野ひろ子『幕藩制国家の経済構造』吉川弘文館, 1987年, 386-388頁。
3) 関東の河川水運史に関する主要著作として以下を挙げておきたい。丹治健藏『関東河川水運史の研究』法政大学出版局, 1984年。同『近世交通運輸史の研究』吉川弘文館, 1996年。同『近世関東の水運と商品取引——渡良瀬川・荒川・多摩川流域を中心に——』岩田書院, 2013年。川名登『近世日本水運史の研究』雄山閣, 1984年。渡辺英夫『近世利根川水運史の研究』吉川弘文館, 2002年。
4) 長野前掲書, 388-390頁。那珂川水運については以下の拙稿を参照されたい。長野ひろ子「幕藩制市場構造の変質と干鰯中継河岸」（津田英夫編『解体期の農村社会と支配』校倉書房, 1978年）。
5) 林玲子『近世の市場構造と流通』吉川弘文館, 2000年, 72頁。
6) 丹治健藏『近世関東の水運と商品取引——渡良瀬川・荒川・多摩川流域を中心に——』岩田書院, 2013年, 392頁。
7) 長野ひろ子「近世後期農村の『家』経営体におけるジェンダー分業」(『経済学論纂』39巻6号, 1999年) 149-153頁。儀三郎家の経営については, 以下の拙稿でも言及している。長野ひろ子「日本近世農村の『小経営体』とジェンダー——分業・心性・領域を中心に——」(『中央大学経済研究所年報』45号, 2014年) 2-3頁, 5-7頁。
8) 注7に同じ。
9) 注7に同じ。
10) 注7に同じ。
11) 菅野則子『江戸の村医者——本田覚庵・定年父子の日記にみる』新日本出版社, 2003年, 21-22頁, 28頁, 33-42頁。
12) 前掲書, 55-72頁, 88-96頁。本田覚庵の多彩な人脈のなかには, 近藤勇も含まれていた。武州上石原村の農民の子として生まれた勇は, 16歳のとき剣術天然理心流の近藤周助の養嗣子となり, 多摩地域を中心に出稽古にまわっていた。同人は, 万延元 (1860) 年から文久2 (1862) 年までの3か年に11回ほど本田家を訪れている。文久3 (1863) 年, 近藤は同門の土方歳三と新徴浪士隊に応募, のちに新撰組を結成し隊長となっていく。
13) 前掲書, 97頁。

14　第Ⅰ部　多摩の歴史と文化

14) 西坂靖『三井越後屋奉公人の研究』東京大学出版会，2006年，51-64頁。
15) 長野ひろ子「『誹風柳多留』のディスクール――ジェンダー・階級・身分――」（黒田弘子・長野ひろ子編『エスニシティ・ジェンダーからみる日本の歴史』吉川弘文館，2002年）252頁。なお，「柳21」は『誹風柳多留』21篇の，「遺2」は『誹風柳多留拾遺』2篇の略記。
16) 前掲論文，251-252頁。
17) 増田淑美「吉野みちの生涯――その手紙を通して――」（近世女性史研究会編『江戸時代の女性たち』吉川弘文館，1990年）119-121頁。
18) 長野ひろ子『日本近世ジェンダー論』（吉川弘文館，2003年）243頁。
19) 増田前掲論文，121-125頁。アン・ウォルソール「大奥――政治とジェンダーの比較史的考察」（桜井由幾・菅野則子・長野ひろ子編『ジェンダーで読み解く江戸時代』三省堂，2001年）26-29頁。
20) 増田前掲論文，127-137頁。
21) 森安彦「幕末期江戸周辺地域史論――武士と農民との婚姻関係を中心に――」（地方史研究協議会編『地方史活動の再構築――新たな実践のかたち』雄山閣，2013年）2-3頁。
22) 前掲論文，18-23頁。
23) 前掲論文，23頁。
24) 長野ひろ子「日本近世の百姓身分とジェンダー」（『経済学論纂』40巻5・6号，2000年）。

第 2 章

秋山国三郎と北村透谷の親交
―― 『三日幻境』と川口の困民党事件 ――*

車 田 勝 彦

1. 「幻境」碑の建立

　「幻境」の碑は昭和 52（1977）年 5 月 15 日，八王子市上川町東部会館敷地内に建立された。碑には「幻境　秋山国三郎　北村透谷　親交の地」と刻まれている。

　何故，「幻境」と呼ばれたのか。裏面の碑文には次のように記されている。
　「ここ南多摩郡川口村字森下は，明治の天才詩人北村透谷が，我が希望の故郷と呼び，秋山国三郎翁を慕い，四度訪れし，幻境の地なり。『我が幻境は彼あるによりて幻境なりしなり。世に知られず重んじられずも胸中に萬里の風月を蓄へ，綽々余生を養ふ，この老侠骨に会はんとする我が得意はいかばかりなりしぞ』（明治二十五年，透谷「三日幻境」より）」
―後略―

　この幻境の碑が建立されるまでに 3 度の建碑運動があった。まず，その建碑運動経過をたどることから始めることにしたい。

---

* 本稿は，2013 年 6 月 22 日（土），第 25 回中央大学学術シンポジウム「多摩の自然と歴史」研究の現地調査の一環として八王子市上川町東部会館において開催された公開研究会（共催：社会哲学と経済思想研究会部会，思想史研究会）での報告を基礎にしたものである。

(1) 最初の建碑

　昭和29（1954）年7月，北村透谷没後60年を偲び，全国ふだん記運動創始者の橋本義夫氏が川口村に幻境の碑を建てようと呼びかけ，北村透谷60年祭委員会が発足した。発起人には伊藤整，小田切秀雄，勝本清一郎，亀井勝一郎，きだみのる，滝井孝作，舟橋聖一，草野心平など，当時の文壇の錚々たるメンバーが名を連ねている。地元八王子からは，持田治郎，松岡喬一，秋山達三などが参加した。「幻境―七年を夢に入れとや水の音　透谷―」と刻まれた幻境碑が完成し，川口村上川口の森下付近に建てる予定だった。しかし，市や地元の協力を得られなかったと，橋本義夫氏は述懐している。

　昭和32（1957）年，持田治郎氏の尽力でようやく中野町のひよどり山に建碑地が決定し，10月26日の除幕式まで決め案内状を発送した。ところが，川口の人たちから，「幻境」とは川口の森下であり，ひよどり山では後世に誤りを伝えることになるとの反対の声が上がった。やむを得ず，除幕式の8日前，工芸家の秋山達三氏が彫った「幻境―七年を夢に入れやと水の音　透谷―」の文字を削り取り，「造化」の碑に替えて除幕式を迎えた。造化は透谷の『内部生命論』の中の「造化は人間を支配す　然れども人間も亦造化を支配す」からとった言葉である。

(2) 2度目の建碑

　昭和48（1973）年8月，透谷生誕100年を記念して文学仲間が建碑運動を起こした。橋本義夫，奥住忠一，色川大吉氏なども発起人になったが，これもまぼろしの建碑運動になった。その後，持田治郎氏が昭和50（1975）年8月，現在の幻境碑がある地に「三日幻境」の碑を建てた。碑には「北村透谷　秋山国三郎清遊の地　三日幻境」と刻され，裏面には「昭和五十年八月吉日　多摩文化協会々長持田治郎」と刻まれている。

(3) 現在の幻境碑の誕生

　地元上川町の秋山国三郎顕彰会の有志をはじめ，川口町などの近隣町や八

王子市外の人びと 368 人からの 218 万円の賛助金により建立された。「三日幻境」の碑はこれを機に向かいにある天神山の森下神社の袂に遷されている。建碑運動が始まってから実に 23 年の時を経て苦難の中から誕生した。撰文は歴史学者色川大吉氏，揮毫は旧川口村村長，元八王子市議会副議長奥住忠一氏である。

2. 自由民権運動

　自由民権運動は明治 7（1874）年から約 10 年間，薩長藩閥出身者中心の明治専制政府に対し，基本的人権と自由の確立を求め，日本全土で近代的な国民国家の構築をめざした政治運動であり，特に東京，高知，茨城，神奈川などで活発に展開された。
　民権運動の目指したものは，憲法制定，国会開設，地租軽減，条約改正であり，運動の担い手は，旧士族（土佐，肥後の武士），農民（豪農），都市民，被差別部落民などであった。運動の根底には，人は生まれながらにして天から与えられた人権があり，誰からも抑圧されるものではないという「天賦人権思想」があった。

3. 八王子の西北部川口村の民権運動高揚の要因

　川口村で民権運動が高揚したのには 4 つの要因が考えられる。

(1) 八王子千人同心の足跡と進取の思想
　天正 18（1590）年 6 月 23 日，豊臣秀吉軍の攻撃により，小田原北条家最大の支城であった八王子城は落城する。7 月 5 日小田原城は降伏開城し，5 代 95 年に亘り関東の覇者と言われた北条家は滅亡し，戦国時代は終わりを

迎える。

　8月1日徳川家康は関東に入府し，西国防備と八王子城下治安平定のため武田家家臣「甲州小人組」250人を移住させ，慶長5（1600）年半士半農の1,000人の軍事集団である「八王子千人同心」を組織した。

　八王子千人同心は，関ヶ原の戦いや，長州征討をはじめ，日光勤番，苫小牧，白糠などの蝦夷地開拓など徳川幕府の公務を果たし慶応2（1866）年「千人隊」と改称し，翌年の大政奉還まで忠誠をつくした。川口村の千人隊士楠正重が「我が家は徳川の禄を受くること二百余年，即ち今日の非常時に役立つ為ではないか」と言って上野戦争に参戦したことがその証しである。徳川幕府下の八王子は天領となり，川口村は代官が支配し，寛文7（1667）年下川口村と上川口村に分割される。千人同心には，『新編武蔵風土記稿』編纂などの文人や画家，蘭学者，蘭方医，天文学者，天然理心流免許皆伝者，寺子屋などの教育者などが多く，八王子の文化的風土作りに果たした役割は大であった。

　嘉永7（1854）年に作成された「番組合之縮図」には，同心1,000人中10人の旗本扱いの千人頭や，組頭などの200人は千人町の拝領屋敷に居住していたことが記されている。約300人の同心は，三鷹市，相模原市藤野，埼玉県飯能市などの農村に点在していた。500人は千人町近隣に居住し，下川口村に32人，上川口村には23人計55人が居住し，戸数170軒の3軒に1軒が同心家であり，進取の風土があったと思われる。自由民権運動に加わっている上川口村の久保善太郎は千人同心であり，秋山国三郎，秋山文太郎などは千人同心の子孫であった。

（2）　川口村は五日市（現在のあきる野市）の文化，経済圏

　五日市は炭，桧など木材の産地で，江戸中期から，秋川から多摩川を経て東京木場へ筏で輸送した。五日市にはそのころから江戸，東京の文化が流入している。五日市には幕末に33人の千人同心がいた。深沢村（現あきる野市）山林地主の千人同心・名主の深沢名生など，材木商として財を成した商家が

多い。名生の長男深沢権八は明治9（1876）年15歳で村長に相当する村用掛りを務め，明治13（1880）年発足の「五日市学芸懇談会」の中心人物となっている。

　深沢権八は，明治15（1882）年自由党に入党している。深沢家には，200点の書籍があり，その内の3割はルソーの『民約論』，ミルの『自由論』，スペンサーの『社会平等論』など政治，法律書の翻訳書であった。これらの書籍は東京へ商用で出かけた際に購入したものだった。私擬『五日市憲法草案』の起草者千葉卓三郎，小田急電鉄創業者利光鶴松らが五日市学芸懇談会でこれらの書物を読み合い，学習会を行っていた。

（3）　横浜と八王子を結んだ「絹の道」から西洋文化の流入

　江戸時代以降の生糸の生産地は，(1) 陸奥（岩代，陸前），出羽南部，(2) 上州，武蔵，北信，(3) 甲斐，南信，飛騨の3群地域に分けられる。

　安政5（1858）年6月，日米修好通商条約が締結される。その後，英，仏，露，蘭4カ国とも条約を締結し，翌年6月から貿易を開始した。海外からは綿布，毛織物，武器などが輸入され，日本からは半原料品である生糸や茶が輸出された。

　「絹の道」の陸上輸送ルートは，(1) 上田→富岡→高崎→桐生→八王子→原町田→横浜（牧野正久説），(2) 岡谷→甲府→塩山→大菩薩峠→八王子→横浜（秋吉茂説），があったといわれる。さらに，幕末まで八王子を経由しないルートに，奥州→鬼怒川→江戸川→横浜の水路，上州→利根川→関宿→江戸川→横浜の水路もあったといわれる。

　八王子は生糸の中心的集荷地であり，開港地横浜との結びつきが強かった。絹の道を通じて，横浜から40キロ離れた八王子に西洋文化，思想，キリスト教が伝播していった。

（4）　キリスト教の伝播

　明治6（1873）年2月，キリスト教禁制高札が撤去されたが，表向きで弾

圧は続いた。キリスト教を信奉したのは佐幕派の士族だった。その士族とは別に，身分制度で差別されていた人達がキリスト教の万民平等の思想に触れた。神奈川県南多摩郡下壱分方村福岡部落の山上卓樹，山口重兵衛がキリスト教を受容し，南多摩自由党領袖石阪昌孝や村野常右衛門に接し，明治15(1882)年9月自由党に入党した。

山上卓樹は明治10 (1877) 年，横浜山手のカトリック教会でフランス人テストヴィド神父より洗礼を受け,同年5月部落に「横浜耶蘇宗天主堂分社」を設立する。明治11 (1878) 年10月，都下最初のキリスト教会「聖瑪利亜教会」(現カトリック泉教会) が設立された。教会の傍に，幻境碑の建立に奔走した橋本義夫氏が昭和32 (1957) 年11月に建立した「先覚之碑」がある。碑文には，

「近代日本史上劃期的偉業を記念す

　明治の初年維新革命の目的を完成し,永く封建の眞黒い幕を取り除く為に，日本の先覚者達は，こゝ柏木豊次郎氏邸に集うた。

　　板垣退助，石阪昌孝，星亨，村野常ヱ門，大江卓，森久保作蔵，景山英子，林副重等ゝ，外有名無名の人々，特に村内の先駆者八氏を交えて。

　　自由と平等を基とする，人民自らの政権を目指し，廣く教育に，文化に，宗教に，産業に志を一にし，先駆的偉業が発足した。

　　近代日本史は，まず元八王子より輝いた。

　　　　一九五七年十一月三日　撰文　先覚者賛碑建設委員會」

と刻まれている。

4. 多摩の自由民権運動

明治7 (1874) 年，板垣退助らが「民選議院設立の建白書」を左院に提出したのを機に自由民権運動が起こる。明治13 (1880) 年国会期成同盟が結成され,政府は明治23(1890)年を期して国会開設を約束する。明治14(1881)

年板垣退助総理が自由党，翌年，大隈重信総理が立憲改進党を結成し，民権運動の高揚を迎えた。明治12（1879）年3月神奈川県会が開設され，石阪昌孝（のちの北村透谷の義父）が初代議長に選出される。

(1) 結　　社

第15嚶鳴社

明治13（1880）年1月7日，成内頴一郎，川口寛一ら50人が発起人となり，八王子に設立された。東京横浜毎日新聞社長沼間守一を招待し，多摩初の政談演説会を開催している。

五日市学芸懇談会

明治13（1880）年4月に結成される。深沢権八，千葉卓三郎，秋山文太郎らをはじめ，地元五日市，宮城，秋田，福岡，横浜出身者など39人が集まり，政治，経済をテーマとした活発な討論が行われた。

川口青年会

明治14（1881）年から明治15（1882）年に秋山国三郎らが中心となり発足し，若き青年たちの後ろ盾となった。

多摩講学会

明治16（1883）年10月10日，南多摩自由党の林副重，村野常右衛門，森久保作蔵らが発起人となり，政治，経済，法律の学習を目的として設立された。

静修館

明治16（1883）年11月，山口重兵衛（福岡村），林副重（大塚村）らが発起人となり，神田錦町に設立され，東京遊学者の寄宿舎となっていた。

八王子広徳館

明治16（1883）年10月13日，法律の研究，訴訟の相談などの代言事務所として開設され，党員97人の南多摩自由党の運動拠点となる。林副重が館主を務めた。南多摩自由党は明治16（1883）年8月「内規」を決め石阪昌孝が理事長となる。八王子からは38人入党し，川口村からは明治17（1884）

年に秋山文太郎が唯一入党している。

多摩地区では，北多摩自由党39人，西多摩自由党26人，神奈川自由党276人（全国3位）があり，党員には豪農，戸長，県議，筆生，村学務委員などの名望家が多い。

(2) 上川口村の動向

明治11（1878）年11月の公選戸長制により，久保善太郎が上川口村戸長に選出される。翌年6月，神奈川県町村会規則が制定された。7月には上川口村村会議員15人が選出され，秋山国三郎，秋山増蔵らが議員となっている。明治12（1879）年3月に編纂された『皇国地誌』の南多摩郡上川口村誌には戸数188，人口は884人と記されている。

(3) 民権運動の後ろ盾と民権家

秋山国三郎

文政11（1828）年8月川口村上川口に生まれる。祖父勝五郎は千人同心といわれている。弘化2（1845）年1月，18歳で天然理心流免許皆伝を受ける。千人同心には天然理心流を学んだ者が多く，現在の八王子市戸吹町に道場があった。武州上尾で義太夫を修行し，豊竹琴太夫と名のり江戸で義太夫語りとして寄席に出演している。嘉永6（1853）年26歳のとき，川口村に帰村し家督を継ぐ。万延元（1860）年ころ，再び江戸へ放浪し，明治元（1868）年41歳のときに帰村したといわれる。養蚕，蜂蜜，飼育，茶，籠屋，刀剣鑑定など多種多芸の持主だった。

明治17（1884）年晩秋から翌年早春まで，大矢正夫，北村透谷と3人で2階の部屋で生活を共にしている。明治22（1889）年10月62歳の時，俳号南雲斎龍子として句集『安久多草紙』に3,530句を発表した文人でもあった。

明治12（1879）年，明治17（1884）年に2度村会議員を務め，開放的，進歩的包容力の持主の民権家で，民権運動の後ろ盾として犬目村の齋藤虎太，小野内蔵太，乙津良作ら多くの青年を育成している。

昭和42（1967）年，上川町円福寺に墓石の形の記念碑・秋山国三郎墓が建立された。発起人10人の中には三多摩壮士を率いて政界に君臨した森久保作蔵，村野常右衛門，大矢正夫，秋山文太郎，奥住忠一らの名がある。明治36（1903）年11月に76歳で他界した。

千葉卓三郎

嘉永5（1852）年6月，宮城県栗原郡白幡村（現在の栗原市）で仙台藩士の子として生まれる。文久3（1863）年から明治元（1868）年の間，11歳から15歳まで仙台藩校養賢堂学頭，蘭学者・儒学者・漢学者である大槻磐渓に師事している。

16歳のとき，戊辰戦争白河口の戦いに参戦し敗走している。その後，放浪し，医学，国学，浄土真宗，ギリシャ正教，儒学，カトリック，プロテスタントなどの学習遍歴を繰り返している。特にロシア人ニコライに学んだギリシャ正教の西欧的知性，人権意識に目覚めたといわれる。

明治10（1877）年9月，小田原の小学校に勤務した後，翌年大久野村（現在の西多摩郡日の出町）の大久野東学校，川口村の上川口学校で教職に就く。明治13（1880）年4月五日市勧能学校に勤務し，このころ「五日市学芸懇談会」を結成した。明治14（1881）年5月から6月ごろ，全文204条からなる「日本帝国憲法」を起草した。この憲法は昭和43（1968）年，五日市の深沢家の土蔵から東京経済大学色川大吉教授と学生たちが発見し，「五日市憲法草案」と命名された。

卓三郎は，明治15（1882）年10月，明治6（1873）年に開校した五日市勧能学校の校長を，仙台藩士だった初代校長永沼織之丞の後をついで，2代校長を務めている。学校には各地から多くの民権家が集まり，活動の拠点となった。川口村の民権家秋山文太郎，秋山増蔵らも教員（生徒）となっている。千葉卓三郎は患っていた結核が進行し，明治16（1883）年11月，31歳の若さで生涯を閉じた。

秋山文太郎

元治元（1864）年7月，川口村上川口に生まれる。父秋山梅太郎は千人同

心であった。明治15（1882）年10月から明治17（1884）年5月まで五日市勧能学校教員（生徒）となる。文太郎は、2代校長千葉卓三郎の「王道論」（君主の権利と人民の権利の調和の上に憲法を制定して国会を開設する，立憲政体の実現を訴えた論文）に跋文を書いている。千葉卓三郎，深沢権八らと親交を深めた。

明治17（1884）年5月，自由党に入党する。同年6月，上川口村戸長役場筆生となり，北村透谷，大矢正夫とも交わる。憲法発布時，「専制政府転覆・自由万歳」という大旗を担いで八王子市内を歩いたといわれている。のちに三多摩壮士として活躍した。

大正10（1921）年11月，八王子市議会議員となり副議長，議長を経て，昭和4（1929）年7月8日，4代八王子市長になっている。大正6（1917）年9月，八王子町は市制に移行し現在の八王子市章が制定されたが，秋山文太郎考案のものが採用された。書家，俳諧では俳号「昨烏庵佳森（さくうあんかしん）」としても高名だった。昭和9（1934）年10月，70歳で他界した。

大矢正夫

文久3（1863）年11月，相州栗原村（現在の座間市）に生まれる。のちに「蒼海」と号した。地元小学校の助教を務め，明治14（1881）年から自由民権運動を始めている。明治17（1884）年教職を辞め東京に遊学し，1月神田錦町の民権結社静修館で北村透谷と知り合った。

自叙伝によると，「悪質の脚気病に冒され，医師の勧告により，同年6月南多摩郡川口村上川口に転地せり。秋山文太郎の斡旋により同村にて再び教鞭を取り，以て医薬の料に充つ。同地の奇傑秋山国三郎翁と，意気大に投合して，終に断金の交を締す」と書いている。大矢が上川口小学校で教鞭を取り，月俸は6円75銭だったことが，明治17（1884）年7月から11月までの大矢のサインした領収書で判明している。

上川口の峰を超えた近くには網代鉱泉があり，そこで湯治をしたと思われる。大矢は檜の菅笠を被って学校に通い，「檜つばり先生」と呼ばれ，上川口では透谷よりも若い娘に人気があったと伝えられている。明治18（1885）

年3月上川口小学校を辞して,東京本所柳島町の「有一館」に入館している。

同年,自由党左派大井憲太郎らが朝鮮の内政改革を企て,日本の立憲政体を促進しようと計画した大阪事件に加わっている。出発前,11月23日に大阪などで発覚し139人の壮士と共に長崎で逮捕され,徳島監獄に投獄された。明治24（1891）年出獄し,翌年秋山国三郎,北村透谷と再会している。晩年はナショナリスト政治家として波乱の人生を送り,昭和3（1928）年7月,京都で65歳の生涯を閉じた。

5. 秋山国三郎と北村透谷の親交

(1) 北村透谷

慶応4（1868）年2月,小田原に没落藩士の子として生まれる。詩人,文芸評論家であり,近代文学の先駆者といわれた。明治16（1883）年3月,東京専門学校政治科に入学する。少年期より自由民権運動に加わり,翌年16歳のころ,「時・運・来」と書いた法被を着て神奈川県下の民権家の家を訪ね歩いたといわれる。

明治17（1884）年7月24日,富士山登山の往路の途中,1月に神田の「静修館」で知り合った大矢正夫に会うために川口村を訪れている。このときが,57歳の秋山国三郎と北村透谷の初めての出会いだった。国三郎の再三の飄遊の体験から滲み出た自由を貫く老侠骨と人情に魅せられ,慈父のように慕うきっかけとなる。

この年の晩秋から翌年の早春まで,国三郎の旅籠の2階で,国三郎,大矢,透谷3人が同臥同起したいわゆる「幻境生活」を送っている。

明治21（1888）年,野津田村（現在の町田市）の自由民権家であり,のちに衆議院議員となった石阪昌孝の娘,美那と大恋愛の末結婚した。明治25（1892）年7月27日,7年振りに川口村に国三郎を訪ねた。このときの思い出を『三日幻境』として,『女学雑誌』に発表した。それから2年後の

明治 27（1894）年 5 月 16 日，理想と現実の挟間から精神的変調をきたし，芝公園の自宅で自ら 26 歳の生涯を絶った。

(2) 『三日幻境』

　明治 25（1892）年 8 月 13 日と 9 月 10 日に，『女学雑誌』甲の巻第 325，327 号に発表した。7 年振りに訪れた秋山国三郎のいる川口村上川口森下は，透谷にとって「幻境」であり「希望の故郷」と呼び，初めて訪れた当時の思い出も含めて紀行文として綴ったものである。一文を抜粋してみる。

　「この境都（きょうみやこ）を距（さ）ること遠からず，むかし行きたる時には幾度（いくたび）か鞋（わらじ）の紐（ひも）をゆひほどきしけるが今（いま）は汽笛一聲新宿（きてきいっせいしんじゅく）を發（はっ）して名（な）にしおふ玉川（タマガワ）の砧（きぬた）の音（おと）も耳には入らで，旅人（たびびと）の行きなやむてふ小佛（コボトケ）の峯（みね）に近（ちか）きところより右（みぎ）に折れて，數里（すうり）の山徑（やまみち）もむかしにあらで腕車（わんしゃ）のかけ聲（こえ）すさまじく，月（つき）のなき桑野原（くわのはら），七（しち）年（ねん）の夢（ゆめ）を現（うつつ）にくりかへして幻境（げんきょう）に着きたる頃（ころ）は夜（よ）も既（すで）に十（じゅうじ）時と聞きて驚（おどろ）きたり。この幻境（げんきょう）の名は川口村字森下（カハグチムラあざモリシタ），訪ふ人（ひと）あらば俳號龍子（はいごうリュウシ）と尋ねて我（わ）が老畸人（ろうきじん）を音（おと）づれよかし。―中略―わが幻境（げんきょう）は彼（かれ）あるによりて幻境（げんきょう）なりしなり。わが再遊（さいゆう）を試（こころ）みたるも寔（まこと）に彼（かれ）を見んため（ため）なりしなり。我性（がせい）尤も（もっとも）俠骨（こつ）を愛（あい）す」

　この文面から，透谷が秋山国三郎をいかに慈父のように慕っているかがうかがえる。

6.　多摩北部困民党事件（川口の困民党事件）

(1)　秋山増蔵の履歴書

　昭和 54（1979）年 10 月初め，八王子市上川町の秋山秀雄宅物置の古文書の中から和紙 5 枚二つ折の履歴書が発見された。明治 24（1891）年 11 月に書かれた，嘉永 3（1850）年生まれの秋山増蔵のものである。

　履歴書によると秋山増蔵は明治 11（1878）年 7 月に上川口学校周旋掛になっ

ており，翌年6月29歳のときに村会議員に選出されている。困民党事件で34歳のとき，兇徒聚衆罪により逮捕服役したことも記載されていた。秋山増蔵は明治17（1884）年9月5日に起きた多摩北部困民党事件（川口困民党事件）の指導者の1人だった。

さらに，五日市憲法草案起草者の千葉卓三郎から歴史学を学んだことも記載されている。「多摩郡上川口村上川口学校教員千葉卓侯ニテ歴史学修読ス」とある。年代は記されていないが，千葉卓三郎が上川口学校で教員をしていたことの証しである。卓三郎は明治11（1878）年に西多摩郡大久野東学校の教員を務め，明治14（1881）年に五日市を離れ，翌年10月に五日市勧能学校の校長となっている。卓三郎が上川口学校の教員をしていたのは明治11（1878）年から明治14（1881）年のころではないかと推定されている。

大矢正夫や千葉卓三郎が上川口学校の教員をしていたこと，秋山文太郎が五日市勧能学校に学んだことなどが，この地の民権運動の高揚の大きな要因の1つだったと言ってもよいだろう。八王子と五日市を結ぶ五日市往還道（現在の秋川街道）を多くの青年が行き来したと思われる。

(2) 困民党事件（負債民衆騒擾事件）

明治10（1877）年の西南戦争により明治政府は莫大な資金を費やした。戦後インフレが続き，明治14（1881）年10月，財政改革として大蔵卿松方正義はデフレ政策を断行した。米価，生糸，地価などの下落とともに不況が深刻化し，農民は金融会社，高利貸しから借金をして生活をしのいでいた。明治15（1882）年から明治18（1885）年にかけて，特に南東北，関東，東海，北陸地方で農民が中心となり，借金の据え置きや年賦返済，利子引下げなどの要求をするため集結していく。やがて要求実現のための行動を起こしていった。

これらの結集を外部の人たちが「困民党」，「借金党」，「貧民党」などと呼んだ。関東地方などに多くの民権運動の激化運動や，負債民衆騒擾が起こっている。

福島事件

明治15（1882）年2月，政府から自由党撲滅の内命をうけた県令三島通庸と自由党河野広中らとの対決事件であった。米沢・若松・越後を通ずるいわゆる三方道路開墾の役夫，夫賃をめぐり，5月反対した自由党系県会議員が逮捕される。11月その釈放を求め数千人の農民が蜂起し喜多方警察署に乱入し，指導者の一部が兇徒聚衆罪で逮捕された。

群馬事件

福島事件の影響を受け，群馬自由党員清水永三郎らは，明治17（1884）年5月1日の中仙道鉄道開通式に政府高官が高崎に集まるのを好機とし，その襲撃を企て博徒2,500人を高崎付近，党員を含む3,000人を本庄付近に伏匿した。しかし，5日に延期された開通式は中止された。これに集結した大衆は5月16日，「平生暴利を貪り，郡民の怨府たる」生産会社の家屋倉庫を焼き払い，松井田警察署を襲撃した。指導者以下24人が強盗・殺人・兇徒聚衆罪などで逮捕された。

加波山事件

福島事件をひきおこした三島通庸は，明治16（1883）年10月栃木県令を兼ねる。県会を無視して，奥羽本線路や，警察署，県庁改築などの土木作業を起こした。翌年9月，宇都宮の県庁落成式に政府の大臣参議が招待される情報を得た河野広躰（河野広中の甥）らは，高官襲撃を計画し爆弾を造っていた。

しかし，落成式の日取りを知ることができず，23日河野ら16人が「自由の公敵たる専制政府を顛覆し，而して完全なる自由立憲政府を造出せんと欲す」として蜂起し，加波山にたてこもった。その夜16人は町屋警察署を襲撃し，高利貸しを襲ったが民衆と結びつくこともなく，26日同志は解散する。多くは各地で逮捕され，強盗などの罪名で死刑・無期徒刑などに処せられた。死刑に処された富松正安は北村透谷や大矢正夫の盟友だった。

秩父事件

秩父地方では明治16（1883）年中ごろから借金に苦しむ貧農たちが結集し，

困民党，借金党などと呼ばれる組織が作られた。翌年2月，自由党左派の大井憲太郎が訪れたのを機に，多くの自由党員が生まれた。

　田代栄助を総理（代表）とした困民党は11月1日，高利貸しからの負債据え置き，年賦払い，利子低減などを要求し，自由党員，農民など5,000から6,000人が武装蜂起した。各地の高利貸し，地主などを打ち壊し，大宮町の警察や区裁判所を占領して郡役所を本営とした。政府東京鎮台兵との銃撃戦で20数人の死者が出た。八王子から山本茂平(31歳)，柏木豊太郎(44歳)が参加している。

　11月4日に主力は壊滅し，10日には鎮圧された。その結果，重罪296人うち死刑7人，軽罪448人，罰金を受けたものは埼玉県内で2,642人といわれている。

　静岡事件

　明治19（1886）年7月，静岡県の岳南自由党と遠陽自由党の党員らが箱根離宮落成式に諸大臣が集まるのを機に，一挙に暗殺しようと全国的蜂起を企てたが，スパイにより陰謀は暴露された。6月東京と静岡で100余人が逮捕され，首領中野二郎ら25人が強盗罪に処せられ，最後の自由党員蜂起の計画はついえた。

　付言すれば，自由党は既に明治17（1884）年10月29日，解党していた。

(3)　多摩北部困民党事件（川口の困民党事件）

　明治17（1884）年8月3日，武相国境南多摩郡相原村御殿峠に近隣数ヵ村から約100人が集結し，負債償却方法の論議を重ねていた。10日には津久井，相模，町田から500人から600人が蓑笠つけて結集し，八王子の金融会社や警察署を目指したが，八王子警察署長の説得で解散させられた。

　多摩北部の農民も下川口村唐松（現在の川口町）の塩野倉之助宅を拠点にし，借金で困窮した農民は証文を手に集まった。その範囲は南多摩郡北部から西多摩郡，北多摩郡までに及んだ。塩野は屋号を「油屋」といい，村会議員の名だたる地主であった。

人情家で「油屋の倉さん泣かすにわけはない，佐倉宗吾の子別れかたれ」といわれていた。

塩野は「多摩北部困民党」の最高指導者・頭取となり，中野村戸長元千人同心の小池虎馬之助が副頭取となり，上川口村戸長久保善太郎，上川口村戸長代筆生秋山増蔵ら9人が村々の責任者だったといわれている。久保，秋山も困窮農民の救済，税の立て替えなどのため金融会社から多くの借金をしていた。

八王子警察署は，8月10日の御殿峠の騒動後，川口地区の動向を監視していた。9月1日，塩野の留守宅を急襲して書記の町田克敬を逮捕し，借金証文を押収した。9月5日，西中野村の明神山に33ヵ村210人が集結し打開策を図ったが結論が出なかった。塩野が単身で警察署へ向かうと農民も後に続いた。

警察署で塩野らは町田克敬の釈放と証文や書類の返還を要求した。警察官は解散を命じたが応じず，210人全員が逮捕された。この中には平井村（現在の西多摩郡日の出町）の42人，山入村（現在の八王子市美山町）の23人についで上川口村の15人が入っている。中には16歳に満たない少年や60歳以上の老人もいたという。

翌日大半の人は釈放されたが，指導者の塩野，小池，久保，秋山らはのちに有罪となり服役している。秋山増蔵の履歴書や久保善太郎が残した書類によると，翌年2月17日に横浜重罪裁判所から判決が下り，塩野倉之助，小池虎馬之助は軽懲役6年，久保善太郎は1年，秋山増蔵は1年6ヵ月の重禁固となっている。

塩野は明治22（1889）年の憲法大赦で出獄するが没落の一途をたどり，川口村を去っている。明治40（1907）年10月，83歳で他界した。また，小池は明治20（1887）年4月に獄中死している。

塩野家の菩提寺である八王子市犬目町の安養寺には，昭和29（1954）年地元有志が仁徳を偲び，「困民党首領塩野倉之助の碑」を建立した。また，明神山には昭和60（1985）年1月，自由民権100周年記念行事として「困

民党之碑」が建立された。

(4) 武相困民党の結成と崩壊

　明治17 (1884) 年11月19日，南多摩郡谷野村（現在の八王子市谷野町）の元谷野村戸長須永連造らが指導者として武相困民党を結成した。武蔵国南多摩郡，西多摩郡，北多摩郡，相模国高座郡，愛甲郡など計7郡150ヵ村が加盟し，運動方針，規約などを確認している。

　須永ら指導者が神奈川県令と借金返済期間延長，減免などの交渉をしている明治18 (1885) 年1月14日，交渉の成り行きに不満な急進派300人が相模原の大沼新田で徹夜の集会を開き，15日未明，横浜へ向かう途中警察官に阻止される。

　交渉中の須永，南大沢村の佐藤昇之助，唯一の自由党員若林高之助らの指導者も兇徒聚衆罪で2月22日に逮捕投獄され武相困民党は壊滅した。須永連造は7月無罪放免され出獄したのち，医療機器の行商で全国を流浪して帰郷し，小作人となった。昭和15 (1940) 年88年の生涯を閉じた。

　明治17 (1884) 年10月29日には困民党と一線を画していた自由党は解党しており，自由民権運動は衰退期を迎え，全国60件余の困民党事件は「自由民権運動」とは異なる「負債農民騒擾の民衆運動」としてとらえられている。

　塩野倉之助も須永連造も豪農の出であったが，2人の指導者は代々の土地を失っても困窮した農民を守ろうとした。それは，日本の先祖から受け継いできた，農民の心に住みついていた土地に対する思いの異議申し立てであったのではないだろうか。

7. 秋山国三郎と北村透谷の親交の閉幕

　北村透谷が初めて川口村森下を訪れたのは明治17 (1884) 年7月のことで，

そのころの村は9月のいわゆる「川口の困民党事件」を目前にした不安定な世情だった。その年の晩秋から秋山国三郎，大矢正夫，北村透谷の3人は国三郎宅で同臥同起の，「幻境生活」に入っているが，すでに加波山事件，秩父事件も敗北している。翌年1月武相困民党も壊滅し，透谷は失望落胆している。

明治18（1885）年秋，川口村を3度目に訪れたときの状況を，『三日幻境』に「国三郎もまた秀逸の吟詠を廃して自村の興廃に関るべき大事に眉をひそむるを見たり」と書いている。

透谷は，国三郎が同じ村の久保善太郎，秋山増蔵らの服役，さらには3月に川口村を去って東京本所の「友一館」に入り，大阪事件に参加しようとしていた大矢正夫の行く末と村の不況を憂いていると，思ったのではないだろうか。

明治25（1892）年7月27日，7年振りに川口村森下を訪れた心境を，「狂ひに狂ひし頑癖も稍静まりて，茲年人間生涯の五合目の中阪にたゆたひつゝ，そぞろに舊事を追想し，帰心矢の如しと言ひたげなるこの幻境に再遊の心は，この春松島に遊びし時より裏裡を離れず。」と『三日幻境』に書いている。

この一節について小澤勝美氏（法政大学名誉教授）は，「3月半ば，麻布クリスチャン教会の宣教師ダヴィット・ジョンスの通訳として，奥州伝道旅行に出かけたが，その帰り道に松島に寄って幻の芭蕉と出会い，その延長線上に多摩の秋山国三郎を思い浮かべて，自らの故郷ともいうべき〈幻境〉に再訪を思い立ったのであった。」と解説している。

透谷は大矢正夫と決別してからは，政治小説家を目指したりするが，波乱の晩年の透谷にとって国三郎の老侠骨，包容力，開放的人情味など忘れがたい人間だった。

国三郎は困民党事件でも表には出ていない。自由民権運動に強い想いを入れたのは，民衆の心から離れた政治を憂い，生活をまもるための庶民的改革者という発想だったのではないだろうか。民権派の後ろ盾の1人の民衆として，地元上川口村に根を張った「自由」を貫き通した生き方だった。

俳号龍子・秋山国三郎の句集『安久多草紙』には「蝶」の句が 27 句ある。その中から，透谷の詩『雙蝶のわかれ』の一節を思わせるような 2 句を選んでみた。

　　「舞ふ連もなく眠るや蝶一つ」
　　「蝶舞ふや草に羽織の袖たゝむ」

「雙蝶のわかれ」は明治 26（1896）年 10 月 3 日発表した詩である。
　　ひとつの枝に雙つの蝶，羽を収めてやすらへり。
　　露の重荷に下垂るゝ，　草は思ひに沈むめり。
　　秋の無情に身を責むる，花は愁ひに色褪めぬ。
　　言はず語らぬ蝶ふたつ，斉しく起ちて舞ひ行けり
　　うしろを見れば野は寂し，前に向へば風冷し。
　　過ぎにし春は夢なれど，迷ひ行衛は何処ぞや。
　　同じ恨みの蝶ふたつ，重げに見ゆる四の翼。
　　雙び飛びてもひえわたる，秋のつるぎの怖ろしや。
　　雄も雌も共にたゆたひて，もと来し方へ惝れ行く。
　　もとの一枝をまたの宿，暫しと憩ふ蝶ふたつ。
　　夕告げわたる鐘の音に，おどろきて立つ蝶ふたつ。
　　こたびは別れて西ひがし，振りかへりつゝ去りにけり。

　この詩は，妻美那との別れを詠んだものともいわれている。翌年の 5 月 16 日の透谷の死によって，67 歳の秋山国三郎と若き北村透谷の親交は幕を閉じたのであった。

　秋山国三郎の辞世の句は，「蓮の実や生まれた水に戻る音」
　北村透谷の辞世の句は，「折れたまゝさいて見せたるゆりの花」
と伝えられている。
　偶然とはいえ，百合と蓮は夏の季語である。国三郎と透谷の初めての出会

いは夏の7月であり，最後に会ったのも7月であった．

多摩の主な自由民権結社関係者

石阪　昌孝：天保12（1841）年〜明治40（1907）年1月13日。野津田村生まれ。明治12（1879）年〜明治13（1880）年神奈川県会議員。明治15（1882）年7月自由党入党。南多摩の自由党の地盤を築く。明治23（1890）年〜明治29（1896）年衆議院議員，明治29（1896）年群馬県知事を歴任。

村野常右衛門：安政6（1859）年〜昭和3（1928）年7月30日。野津田村生まれ。明治13（1880）年戸長，明治15（1882）年6月自由党入党。明治18（1885）年の大阪事件に参加，明治21（1888）年出獄。明治22（1889）年〜明治24（1891）年神奈川県会議員。明治31（1898）年〜大正9（1920）年衆議院議員。明治38（1905）年横浜鉄道敷設に尽力。大正11（1922）年貴族院勅撰議員。7月大日本国粋会2代会長。

青木正太郎：嘉永7（1854）年〜昭和7（1932）年3月18日。相原村生まれ。父勘次郎と民権運動に参加。多摩講学会結成に参加。村会議員を経て明治15（1882）年神奈川県会議員。明治31（1898）年から2期衆議院議員を務め，財界へ転ずる。武相銀行頭取，江ノ島電鉄，京浜電鉄社長を歴任。

成内穎一郎：嘉永3（1850）年4月28日〜？明治13（1880）年1月川口寛一らと八王子第15嚶鳴社設立。明治14（1881）年〜明治21（1888）年神奈川県会議員。自由党に入党，困民党に徹底して反対。のちに立憲改進党に接近。明治22（1889）年〜明治31（1898）年八王子町会議員。東海貯蓄銀行八王子支店長。横川楳子の設立した八王子女学校（現南多摩高校）を支援した。

川口　寛一：嘉永5（1852）年2月15日〜？八王子横山町生まれ。明治13（1880）年〜明治14（1881）年神奈川県会議員。明治13（1880）年八王子政談会会主。明治16（1883）年11月設立の神田錦町の「静

修館」設立発起人。運送業，紙商，明治 22（1889）年第 1 回八王子町会議員を経て，同年 5 月町長に選出された。9 月八王子郵便局長在職中を理由に退任。

山口重兵衛：嘉永元（1848）年〜大正 15（1926）年 1 月 29 日。元八王子村生まれ。カトリック信者。明治 11（1878）年下壱分方村に聖瑪利亜教会設立。明治 12（1879）年不就学児童のため天主堂学校開設。同年下壱分方村会議員を経て，明治 24（1891）年神奈川県会議員。明治 15（1882）年自由党入党。明治 17（1884）年「鴻武館」設立。

山上　卓樹：安政 2（1855）年〜昭和 6（1931）年 4 月 19 日。元八王子村生まれ。明治元（1868）年上京し，中村敬字の同人社に学ぶ。のちに横浜でキリスト教に触れカトリックに入信。明治 11（1878）年山口重兵衛と共に聖マリア教会設立。明治 15（1882）年自由党入党。明治 17（1884）年「鴻武館」設立に参加。のちに村会議員となる。

林　副重：安政 7（1860）年〜昭和 10（1935）年 10 月 25 日。大塚村生れ。明治 15（1882）年 12 月自由党入党。明治 16（1883）年八王子広徳館主。南多摩郡自由党の拡大勢力に努める。明治 21（1888）年神奈川県会議員を務め，のちに北海道開拓事業に向かう。

森久保作蔵：安政 2（1855）年〜大正 15（1926）年 11 月 4 日。七尾村高幡（現日野市）に生まれる。明治 15（1882）年自由党入党。明治 18（1885）年大阪事件に加担。明治 22（1889）年〜明治 24（1891）年神奈川県会議員。明治 23（1890）年三多摩壮士を率いて自由党院外団組織。明治 26（1893）年東京府会議員。明治 30（1897）年新自由党結成。尾崎行雄市長の「覆面市長」と呼ばれる。

柏木豊次郎：天保 13（1842）年〜明治 33（1900）年 7 月 26 日。元八王子村生まれ。山口重兵衛の兄。カトリックに帰依。明治 15（1882）年自由党入党。「鴻武館」取締り。村会議員。

参考文献

秋山国三郎顕彰会建碑記念誌編集部『幻境碑建立記念誌　幻境』秋山国三郎顕彰会，1978年。
新井勝紘編『自由民権と近代社会』吉川弘文館，2004年。
石居人也『多摩の自由民権運動①～②』八王子市市民自由講座講演レジュメ，2007年。
石居人也『明治の嵐・困民党事件①～②』八王子市市民自由講座レジュメ，2007年。
岡村繁雄『透谷の風景—八王子市川口村「幻境」—』かたくら書店，1989年。
小澤勝美『透谷と秋山国三郎　附秋山龍子句集　安久多草紙』教文社，1974年。
小澤勝美『透谷と多摩—幻境・文学研究散歩—』法政大学多摩地域社会研究センター，1997年。
小澤勝美『透谷・漱石・独立の精神』勉誠出版，2001年。
楫西光速『日本資本主義の成立 ii』東京大学出版会，1956年。
川口地区社教郷土史研究会十周年記念誌編集委員会『川口の郷土史』清水工房，1988年。
沼健吉『武相近代史論集—八王子・津久井を中心に—』揺籃社，2013年。
八王子市上川町東部町会『幻境の地・自由民権の里わがまち上川東部』清水工房，2010年。
八王子市郷土資料館『ブックレット　千人のさむらいたち～八王子千人同心～』八王子市教育委員会，2003年。
八王子事典の会『八王子事典　改訂版』かたくら書店，2001年。

第 3 章

多摩の自由民権運動と三多摩壮士にかんする覚書
——『大矢正夫自徐(ママ)伝』を読む——

音 無 通 宏

1. はじめに

　中央大学が多摩に移転して30数年，あるいはむしろ40年近くになろうとしている。大学が移転してくるのだから，地域の発展や文化水準の向上にきっと寄与してくれるはずだというのが，地元の人びとの大きな期待であった。しかし，現実はその期待からほど遠いものであったことを，中央大学に敷地を提供したある有力な地主さんからお聞きしたことがある。また，多摩の有力な地方銀行の方から，中央大学がもっと多摩地域に目を向けてくれるなら，中央大学と多摩地域との関係強化に協力できる旨の指摘をいただいたこともある。さらに，地域の資料館や歴史記念館等の方がたからも中央大学が多摩の歴史や文化の諸問題にもっと積極的に取りくむことを期待する声が寄せられている。しかし，残念ながら，中央大学は多摩に位置する他のいくつかの大学と比較しても，そうした声や期待に答えるにはほど遠い状態にあることを指摘せざるをえない。研究所第25回シンポジウム「東京・多摩地域の総合的研究」は，そうした反省のもとに提起されたものである。3年にわたる本シンポジウムの過程で培われた地域の人びととの絆を発展させ，地域と中央大学との連携を強化し，地域に開かれた中央大学を構築するためにも，地域との連携を担当する中央大学の窓口を設置し，多摩の地に散在したまま消滅の危機にさらされている貴重な歴史的資料や文献を収集・保管するシステ

ムを確立することが強く望まれている。

　しかし，本稿はそうした眼前の問題に答えることを直接の課題とはしていない。近代初頭の多摩地域にとって重要な出来事のひとつであった明治期の自由民権運動の限られた１側面を取りあげ，考察することを目的としている。とはいえ，筆者の専門とするところは近代ヨーロッパの思想，とりわけ18～19世紀を中心とするイギリスの社会および経済思想である。したがって，本稿のようなテーマを検討することは，筆者にとり――問題意識としては以前から存在していたにしても――初めての試みであり，その検討は不十分かつ限定されたものとならざるをえないことを，あらかじめお断りしておかなければならない。とはいえ，他面，筆者のようなヨーロッパの近代化に関わる思想や理論を研究してきたものにとっては，地域（史）研究はしばしばややもすれば一般化の視点が弱いように感じられてきたのも事実である。そうした意味で，筆者のような比較史的視点で日本の近代化にかかわる思想や理論を検討することも，あながち無意味とばかりはいえないように思われる。

　本稿で一部取りあげる北村透谷についても，筆者は比較的若い時期から彼の位置づけや評価について関心をもってきた。そうしたこともあって，本シンポジウムの期間をつうじて，彼の長短の論説や寄稿文，詩や戯曲なども少々本格的に検討してみた。そして，彼が20歳代半ばで自死したことが，明治期日本における近代文学の生成とその発展にとって無視しえない大きな損失であったことを改めて強く感じさせられた。しかし，透谷についてはすでに多くの研究（書）が存在することでもあるし，今なおその分野の研究者たちによって研究されているので，本稿では自由民権運動から離脱する時期の透谷，とりわけ透谷がもっとも信頼したといわれる自由民権運動の壮士大矢正夫（蒼海）との関係にしぼって透谷を取りあげることにする。

2. 全国的な自由民権運動史

　さて，多摩の近代化の歴史や文化について語るばあい，避けてとおることができない出来事のひとつは明治期における自由民権運動の展開である。もちろん，ひとくちに自由民権運動といっても，それは明治国家の形成期に広範囲にわたって全国的に展開された運動であって，多摩地域固有のものでないことはいうまでもない。しかし，多摩（武相）地域においても，それはきわめて活発に展開され，むしろ全国的な運動の一環をなしつつその発展に積極的に寄与したということができる。多摩地域の自由民権運動に触れるまえに，全国的な自由民権運動について概観しておくことにしよう。

　全国的に展開された民権運動は，丸山真男によれば，明治7（1874）年の民撰議院設立建白からはじまって，明治23（1890）年の帝国議会開設までのあいだに行われた運動を指すが，それは3つの段階に区分することができる。第1は，明治7（1874）年の民撰議院設立建白から明治10（1877）年の西南戦争のころまで。第2は，西南戦争以後，明治17～18（1884～85）年ころまでで，自由民権運動の最盛期。第3は，条約改正問題をめぐって，民党が大同団結して起こした条約改正反対運動を中心とする明治20（1887）年前後の時期。

　丸山によれば，これらのうち，第1段階は，明治維新以後の「上から」の統一国家の形成にさいして，落伍していく武士階級，旧特権を放棄することを拒む士族層，あるいは新たな時代に適応することに失敗した士族層の，不満を基礎とする反抗運動としての性格を色濃くもっていた。実際，最初に民撰議院設立建白を主張した人びとは，前年に征韓論に敗れ，政権の座を去った参議ら（板垣，後藤，江藤，副島）であった。この時期の自由民権運動は，板垣らによって設立された立志社，さらには愛国社を中心として全国的に広がったが，その背景には，廃藩置県をはじめとする明治維新以後の種々の変革によって封建的特権を失い，大きな不満を抱える大群の士族がいた。たし

かに，明治国家体制を形成するための財政的負担は農民の肩にかかり，彼らも旧幕府時代よりも重い税負担にあえいでいた。そのかぎり農民層の反抗も存在したが，第1期の自由民権運動の主たる担い手は，むしろ明治国家が形成される過程で封建的特権を失いつつある士族であった。

　第2の時期の自由民権運動は，明治12〜13（1879〜80）年ころから活発に展開された国会開設願望建白運動を指している。この時期の運動も，多くは士族層によって指導されているが，第1期のそれとは性格を異にしている。すなわち，一方では，西南戦争後のインフレーションによって金禄公債化した封禄の価値がいちじるしく低下するとともに，新しい職業にも多くは失敗し，士族は困窮化していた。他方，松方財政のもとでのデフレ政策によって，不況が全国を覆い，没落した農民も運動に加わり，第2期の自由民権運動は，第1期のそれに比べ庶民的性格を帯びることになった。この時期，板垣等が中心になって国会期成同盟を結成し，全国的に国会開設運動を展開したが，明治14（1881）年の政変によって政権を追われた大隈重信が改進党を組織し，板垣等も自由党を組織した。こうして，この時期の自由民権運動は政党運動として展開され，明治14〜15（1881〜82）年ころ最高潮にたっした。しかし，政府の弾圧によって運動の継続が困難となり，自由党，改進党ともに解党あるいは分裂を余儀なくされ，明治15（1882）年以後，運動は政府にたいする一連の暴動（福島事件，高田事件，秩父暴動，加波山事件，飯田事件，名古屋事件，静岡事件，本稿でも触れる大阪事件など）という形をとることになり，政府による厳しい弾圧にさらされ，運動は悲惨な結末に終わった。

　その結果，自由民権運動は壊滅状態におちいったが，明治19（1886）年ころから，条約改正問題を契機としてふたたび燃えあがり，第3の段階をむかえた。しかし，明治22（1889）年2月帝国憲法が発布され，23（1890）年に第1回帝国議会が開かれると，民党は軍事費問題をめぐって藩閥政府に妥協し，20年代後半になると民権論者の多くは排外主義的な国権主義者となっていった。

こうして自由民権運動は挫折することになったが，丸山によれば，その原因は，なによりもまず藩閥政府による過酷な弾圧にあったことはいうまでもない。しかし，それだけではなく，自由民権運動そのものの内部にも思想的な脆弱性があったことを認めなければならない。脆弱性の第1は，民権論と国権論とがたんに並列させられているのみで，両者がいかに関連するかについて突きつめて考えられていなかったことである。そのため，自由民権運動は，一方では帝国憲法が公布され帝国議会が開催されると，その枠内に吸収されるとともに，他方では朝鮮・中国問題をめぐって日本の対外的発展が問題になると，民権論から切り離されて国権論がひとり歩きし，帝国主義的なナショナリズムへと転化していった。脆弱性の第2は，自由民権運動内部の抗争である。明治14（1881）年以後，自由党・改進党が結成されると，両党はむしろ藩閥政府にたいする以上のはげしさで相互に抗争した。さらに，自由党内部においても幹部と下層部とが遊離し，高揚した自由民権運動が（後藤象二郎の入閣や板垣の洋行などに見られるような）上層幹部の裏切りによって絶えず挫折させられた。

そして，そうした脆弱性を生じさせた背後には，日本の近代化における特異性が存在したことを指摘しなければならない。すなわち，明治20（1887）年ころまでは，いわゆる資本の原始的蓄積が強行的に行われた時代であり，加えて，列強の圧力を受けつつ国際的な立ち遅れを克服しなければならなかった。そうした日本の近代化における特異性が，自由民権運動の階級的担い手（したがってその利害）を複雑にするとともに，民権論を犠牲にして国権論を発展させるという事態を生じさせたと考えられる。

本論文において，丸山は，「都市ブルジョアジー」や「上層知識階級」を基盤とした改進党が功利主義的な快楽主義を取り入れていたのにたいして，武士階級出身の板垣等が指導した初期の自由民権運動および自由党系の運動の根底には「武士道」が置かれていたこと，そして，そのことが初期自由民権運動に高い精神性を付与するとともに，時代の進展につれて十分に対応しきれない原因ともなったことを指摘している[1]。

本論文は 1948 年に発表されたものであり，もとよりその後の資料や諸事実の発見および研究の進展によって補正される必要があるだろう。とりわけ，筆者の観点からすれば，やや図式的であり，最後に言及された「武士道」と民権論および国権論との内的関連が不明瞭なままであるとの印象をぬぐえないが，それにもかかわらず半世紀以上も前の同論文を取りあげたのは，そこに示されている一般的な見方が今日でも示唆に富み，多摩の自由民権運動を理解するうえでも参考になると考えられたからである[2]。

3. 多摩の自由民権運動をめぐって

前述のように，明治期の多摩においても，自由民権運動は活発に展開された。多摩地域は，周知のように，一部を除いて大部分が幕府直轄領であり，そのため幕藩体制下での支配や規制が比較的緩やかであったといわれる。そして，江戸の近傍にあって江戸との往来が盛んであり，江戸期には江戸の文物がたえず流入する位置にあった。明治期になると経済的に比較的余裕のある豪農層を中心に，首都の文化や西洋の思想が積極的に取り入れられ，豪農たちの自宅には明治初期に出版された翻訳書や西洋思想の解説書が数多く購入され所蔵されていた。そして，相当多くの青年たちがそれらをつうじて新たな知見や考え方を学んだといわれる。また，多摩地域では江戸時代から西洋医学が導入され，あちらこちらで開業されていたという事実が明らかにされている[3]。したがって，多摩の地域には比較的早くから先進的な文化や思想が流入し，積極的に取り入れられていたことがわかる。

また，八王子とその周辺にかんしていえば，とくに八王子は甲州（山梨県），秩父，上州（群馬県）等から開港地横浜にむかう絹の集積地であり，「絹の道」をつうじて横浜との往来が頻繁であった。そのため，八王子には外国の文化や思想が比較的早くから流入していたと考えられる。その典型的な例が，八王子へのキリスト教の導入であろう。まだ「耶蘇狩り」といわれていた時代

第3章　多摩の自由民権運動と三多摩壮士にかんする覚書　43

に，八王子の住民山上卓樹が商用のために横浜と八王子を往復するなかで，キリスト教と出会い，フランス人宣教師から洗礼を受けた。そして，明治11（1878）年に元八王子村下壱分方（現在の八王子市泉町）にカトリック教会（聖マリア教会）の礼拝堂を建設し，それを拠点にして八王子だけでなく，拝島や五日市，埼玉県などにもキリスト教を普及していったといわれる[4]。この礼拝堂は東京および多摩地域では最初のものといわれ，五日市の有力な自由民権運動家内山安兵衛なども，その影響を受け入信した1人であった。

ついでに記しておけば，五日市で発見された「五日市憲法草案」を起草したのは，新政府との戦争に敗れ，放浪したのち五日市にたどり着いた仙台藩の下級藩士千葉卓三郎であったが，その起草を助け，また五日市の自由民権運動を支えたのは，世襲名主深沢名生，権八父子であった。そして，その深沢家には，当時東京で出版された新刊書の7〜8割が所蔵されていたといわれる[5]。

このように，八王子とその周辺や五日市などには，多摩の北西部に位置するにもかかわらず，江戸や東京，横浜との往来をつうじて比較的早い時期から，先進的な文物や思想・文化が流入し，それらが取り入れられていたことが知られる。

しかし，そうした一般的な背景だけでは，多摩地域において豪農・中農層を中心として展開された活発な自由民権運動や三多摩壮士の活動を特徴づけるのに必ずしも十分とはいえないだろう。そこで，ある場合には，「多摩を含む武蔵国一円には古代においては平将門を始め，近代の民権運動にいたるまで，その精神の根底に，常に時の中央権力と相対するものが流れていた」とされ，「反骨精神」が強調される[6]。しかし，そうした「反骨精神」一般では必ずしも十分に説明がつかないだろう。のちにも触れる機会があるように，石阪昌孝，村野常右衛門，森久保作蔵等，多摩における民権運動の指導的な人物たちも帝国議会議員になることや権力の座につくことを追求したのではなかっただろうか。

さらに，幕末における多摩の農兵隊の育成・組織化が指摘される。すなわ

ち，幕末期に，多摩を支配していた伊豆韮山の代官江川太郎左衛門が，尊王攘夷運動の高まりのなかで，江戸の防衛戦略のひとつとして甲州方面からの入り口である多摩において，農民を武装させ，農兵隊を組織することを企図した。そして，まず各村の名主たちに銃器の扱い方を教え，村民には名主が教える方法をとった。この農兵隊は，実際には武州一揆などの農民一揆に対処するために用いられただけに終わったが，農民が武器を手にして隊をなして戦うことを覚えたことは重大であり，のちに自由民権運動の推進者となった人びとのなかに，この時の名主層が多くあらわれるといわれる[7]。たしかに，そうした経験が意味をもちえたことは事実であろう。そして，この時期，幕府には農兵隊を組織するだけの資金がなく，江川が各村の名主や農民に献金を命じたとき，7840両もの多額の金額が拠出されたという事実は，相当数の名主や農民が幕府側に積極的に協力したことを示している[8]。しかし，この事実は「平将門」時代以来の，「常に時の中央権力と相対する」「反抗精神」とも一貫しないだけでなく，むしろその事実は，地主層をはじめとする多摩の農民層が，薩長を中心とする討幕軍によりも，幕府側により親近感を持っていたことを示しているといいうるのではないだろうか。

　ともあれ，上記のような種々の要因が考えられるにしても，本稿を準備する過程で，たえず筆者の脳裏を去来したのは，多摩地域では，丸山が指摘するような下級武士を中心とする土佐等の自由民権運動とは異なって，豪農・中農層が中心となって自由民権運動が推進され，のちには三多摩壮士集団による運動が積極的に展開されたが，その背景には，多摩地域が幕府直轄領であり，封建的支配や規制が比較的緩やかであったことから豪農層を中心とする農民のなかに生まれた経済的余裕によって培われた種々の文化的素養（技芸）や教養，さらには藩閥政府の専断的な手法にたいする反感とあいまって，むしろ佐幕的な感情や誇りさえ存在したのではないかということである。

　多摩地方には，八王子を中心として，千人同心およびその子孫といわれる人びとが広範囲にわたって存在した。そして，のちに自由民権運動において重要な役割を担った豪農層のなかにも，彼らの子孫がいたことが確認されて

いる[9]。さらに，多摩地方では，農民のあいだでも天然理心流その他の剣術の鍛錬・修得が盛んに行われ，また自由民権運動に参加した人たちも，それぞれ剣術の訓練や鍛錬をしたことは周知のところである。

　以上のような種々の要因や背景を考えるとき，多摩の自由民権運動は幕末期の新選組と，時期は異なり，行動の形態や目的を異にするにしても，広い意味では，上記のような多摩の風土や文化という共通の基盤に立っていたといいうるのではないだろうか[10]。もちろん，全体として見たばあい，千人同心が組織的には新選組と距離をおいていたことは事実であり，両者を一緒くたにすることはできないし，有力な自由民権家のなかには千人同心の子孫もいたとはいえ，両者を同一視することはできない。しかし，それにもかかわらず，かれらの根底には多摩に特有な精神的風土や文化が横たわっていたといいうるように思われる。

　しかし，多摩の自由民権運動そのものについて論じるのが本稿の目的ではない。以上は，透谷や大矢がかかわった多摩の民権運動について，筆者なりの理解を示しておくためのものである。以下では，まず，一時的にのみ自由民権運動にかかわった（かかわろうとした）透谷を取りあげ，彼と自由民権運動家とのかかわりについて検討する。次いで，透谷がもっとも信頼した壮士大矢正夫（蒼海）の『自徐伝』（ママ）にそって大矢の経歴や思想について見ることにしよう。

4. 北村透谷と自由民権運動

　前述のように，筆者は比較的若い時期から透谷に関心をもってきたが，それは勝本清一郎編『透谷全集』（全3巻，岩波書店）が出回り始めたころと重なっている。しかし，当時は，例えば透谷の主要作品のひとつである「楚囚之詩」が「曾って誤って法を破り／政治の罪びととして囚はれたり／……」で始まる意味などを十分把握しえないままであった。ところが，透谷

と自由民権運動，とりわけ大矢正夫との関係を少しずつ深く知るようになるにつれ，徐々にではあるがその意味や他の作品の意味も少しずつ理解できるようになった。そこで今回，本シンポジウムに取りくむ一環として，透谷と多摩の自由民権運動との関係を筆者として整理してみることを思いたったわけであるが，以下の叙述は，あまりにも政治運動から離脱したあとの透谷の自由民権運動観あるいは壮士観に偏りすぎるのではないかとのそしりを免れないかもしれない。ご批判いただければ幸いである。

さて，透谷は，周知のように明治元（1868）年12月29日，小田原で生まれた。5歳のとき，父母が弟をつれて東京に移住したため，透谷は祖父・継祖母のもとで育てられた。明治14（1881）年，今度は父母とともに東京に移住し，京橋区弥左衛門町に居住した。透谷は弟垣穂とともに，泰明小学校に入学するが，翌明治15（1882）年1月，14歳で同小学校を卒業している。彼は，このころから政治意識に目覚めたと告白しているが，色川大吉氏によると，それはまだ「少年客気の域を出るものではない」のであって，「透谷の本格的な運動への参加は明治16年から」とされている[11]。

その契機となったのは，その年の3月19日から5月1日まで神奈川県議会の臨時書記となり，そこで神奈川県自由党の議員たちと知り合ったことであった。県会終了後は，英語修行のため横浜居留地のグランドホテルでボーイとして働いたりしたが，そのころに神奈川県議で三多摩自由党の領袖石阪昌孝およびその息子公歴と知り合っている。彼は，その年，早稲田の東京専門学校に入学するとともに，上記の縁で同年秋，神奈川民権青年の東京合宿所である静修館にはいった。後年透谷夫人となった美那子（石阪ミナ）談によると，その時期，透谷は「土岐運来［ときめぐりきたる］」（＝自由を実現するときがきた）という文字を染め抜いたハッピをきて行商をして歩いたといわれる。当時のことについて透谷自らが語っている，石阪ミナ宛の手紙（明治20（1887）年8月18日付）によると，彼は翌明治17（1884）年には自由民権運動家としての意識をいっそう高揚させたとされている。すなわち，

「……翌17年……名利を貪らんとする念慮は全く消え，憐む可き東洋の衰

運を恢復す可き一個の大政治家となりて，己の一身を苦しめ，萬民の為めに大に計る所あらんと熱心に企て起しけり，己の身を宗教上のキリストの如くに政治上に盡力せんと望めり，此目的を成し遂げんには一個の大哲學家となりて，歐州に流行する優勝劣敗の新哲派を破碎す可しと考へたり，其考へは實に殆んど一年の長き，一分時間も生の腦中を離れざりし，……12)」。

結婚前の恋人への手紙であるから，誇張や合理化が含まれていることがありうるにしても，当時の民権家としての強い想いが語られていることは事実であろう。つまり，自由民権家として立とうとする高揚した意識が表明されているといってよい。ところが，透谷がそうした思いや意識を抱いていたころ，世情はむしろ厳しい状況へと動きつつあった。透谷に関連すると思われる主たる事件を列挙すれば，以下のとおりである[13]。

まず，明治17（1884）年8月10日，松方財政下のデフレ政策によって困窮した神奈川県下の農民（困民党）数千人が八王子と相原の境にある御殿峠に結集，警官隊が出動し，200数十名が逮捕，連行される。

同8月14日，津久井の困民党300余名御殿峠に集結。

8月16日，津久井困民党「一千余人」が八王子に押し入ろうとして，警官隊に阻止される。

同9月23〜25日，富松正安らに率いられる自由党員ら加波山に武装蜂起，警官隊，憲兵が出動，鎮圧される。

同10月29日，自由党解党。神奈川県から石阪昌孝，平野友輔，佐藤貞幹，山本与七が代表として出席。佐藤貞幹が解党宣言を読みあげる。

同10月31日〜11月9日，秩父で数千人の困民党が武装蜂起，東京，高崎の二鎮台の軍隊が出動し鎮圧。

同11月19日，武相7郡150カ村余の人民惣代による武相困民党，相模原で結成される。須長漣造，事務長役につく。

18（1885）年1月14日，各村の困民党代表，相模原に集合，横浜に向かおうとして警官隊と衝突，騒擾罪で幹部ら逮捕，起訴される。

同2月17日，川口困民党事件に判決が下り，215人全員に兇徒嘯集罪を適用。塩野倉之助に懲役6年，久保善太郎らに懲役1年の判決下る。

若い透谷が自由民権運動に目覚めたのは，不運にも，これらをふくめ一連の「激化」事件および困民党蜂起が頻発し，政府による弾圧と取締りが強化され，自由民権運動そのものが衰退傾向にはいっていた時期であった[14]。

注目されるのは，17（1884）年も後半にはいって，透谷は父宛の「哀願書[15]」（残されているのは手紙の草稿）を書いているが，その残された短い草稿には自ら抱いてきた「志業」を実現するには，「世運」はすでに「傾頽」し，もはやいかんともしがたいこと，そうした「世運傾頽」にはとうてい打ち勝つことができないことが述べられている。この草稿には，時勢の変化にたいする透谷の心境が語られ，注目される。

「哀願書」を書いた直後，すなわち同11月半ばを過ぎたころ，透谷は八王子の上川口村に再び大矢正夫を訪ね，秋山国三郎宅で翌年春ごろまで，透谷，大矢，国三郎の3人が同居し生活を共にしている。その時をふくめ，透谷はいくたびか国三郎宅を訪れているが，そこで過ごした（透谷にしては珍しく，楽しい）心温まる日々のことを記したのが「三日幻境」であり，そのなかで彼は上記の滞在について，次のような有名な文章を書き残している。

「はじめてこの幻境に入りし時，蒼海［大矢正夫］は一田家に寄寓せり，再び往きし時に，彼は一畸人の家に寓せり，我を駐めて共に居らしめ，我を酔はしむるに濁酒あり，我を歌はしむるに破琴あり，縦に我を泣かしめ，縦に我を笑はしめ，我素性を枉げしめず，我をして我疎狂を知るは獨り彼のみ，との歎を發せしめぬ。おもむろに庭樹を瞰めて奇句を吐かんとするものは此家の老畸人，劔を撫し時事を慨ふるものは蒼海，天を仰ぎ流星を數ふるものは我れ，この三個一室に同臥同起して，玉兎幾度か虧け，幾度か滿ちし[16]。」

ここには，同居した3人それぞれの在りようが記されているが，大矢が「劔

を撫し時事を慨ふる」のにたいして，透谷は「天を仰ぎ流星を数ふるもの」と特徴づけられている。すなわち，大矢が壮士的に描かれているのにたいして，透谷は自らを自然に憧れるものとして表現している。先のミナ宛の手紙では，民権運動にたいする情熱は 1 年の長きにわたって続いたことが記されていたが，上記の表現には透谷の内面における変化の兆しが暗示されているといえる。

にもかかわらず，大矢正夫は，透谷にとってかけがえのない友であった。では，透谷が大矢と知り合ったのはいつごろであろうか。

大矢は文久 3（1863）年 11 月 6 日，神奈川県高座郡栗原村（現在の座間市栗原）で中農の長男として生まれた。透谷より 5 歳年上である。彼は病弱で農業には向かず，新学制下の教員不足にともない，小学校を卒業した明治 11（1878）年 11 月から隣村の草柳小学校の助教となった。明治 14（1881）年 4 月から同じ高座郡の村立深谷小学校に転勤し，次いで 11 月から愛甲郡荻野村山中小校村に同校校長武藤貞二の求めにより移った。荻野村は当時，相州自由民権運動の拠点のひとつであり，山中小学校は，その熱情の「るつぼ」であるといわれていた[17]。彼は，この地で，天野政立や難波惣平，小宮保太郎といった愛甲郡の指導的な豪農民権家と交わり，自由民権運動に目覚めることになった。翌明治 15（1882）年 12 月から高座郡鶴間村の村立鶴間小学校に移り，そこで高座郡の名望家たちと農村夜学会をおこしたり，貫鉄館という剣術道場を設立し，青年を鍛えるなどをした。

こののち，『自徐伝』によれば，明治 17（1884）年 1 月初頭，「時勢に感激する所あり，深く決する所ありて」，教職を辞し，妻子を妻の異母兄の森甚太郎に預けて単身上京し，すでに記した静修館に入館した。当時，同館に在籍したのは，大矢によれば「山田東治，小島仙亮，三木登明，原篤敬，北村門太郎，安藤亀吉，大矢正夫等」であった。在館者のなかに，「北村門太郎」（透谷）がいることがわかる。つまり，大矢正夫が透谷と知り合ったのは，この静修館においてであることがわかる。

透谷が自由民権に目覚めたのは明治 16（1883）年半ばころであり，静修

館にはいったのは同年秋であるから，静修館生となったのは透谷の方が数か月早いが，大矢が政治意識に目覚め，自由民権運動にはいったのは明治14 (1881) 年末ころだとすれば，自由民権運動家となったのは大矢の方が1年半以上先だったということになる。

ついでに触れておけば，上記の叙述に続いて，大矢が加波山事件の中心人物のひとり富松正安[18]と知り合い，誓い合ったのもこの時期であり，両者が知り合ったのは静修館監督者のひとり水島保太郎の紹介によるものであったこと，そして大矢が「脚気に罹ら」なければ，加波山事件に参加していたことが語られており，のちの激化事件のひとつ「大阪事件」への参加と合わせて，大矢の一直線で純粋な性格を示しているといえよう。

それはともかく，『自徐伝』によれば，大矢は早くも同17 (1884) 年3月には無一文となり，透谷の紹介で横浜に行き書生となるが，再び「悪質の脚気病」に罹り，医師の勧めにより，同年6月八王子川口村で転地療養することになった。そして，秋山文太郎の斡旋により同村で再び教員となり，翌18 (1885) 年3月まで同村に滞在した。その折，秋山国三郎と知り合い，意気投合することになった。

大矢は，続いて次のように述べている。

「此歳朝野の政争ハ漸く激甚を極め，財界亦逼塞して，農民飢渇を叫ぶ。会富松氏等の加波山事件あり，又秩父の暴動起るあり，人心洶々たり。右は孰れも半途に圧伏せられしと雖も，社会人心を衝動せしめたることハ尠少に非ざりし[19]。」

ここには，松方財政下で都市と農村をとわず逼塞状態におかれ，加波山事件や秩父暴動が人びとにたいして大きな影響を与えていることが記されている。その記述には，前述のように，病気であったとはいえ，富松正安と盟約を結んでおきながら加波山蜂起に参加できなかったことに怫悒たる想いを抱いて過ごしている大矢の心情が反映されている。事実，彼は明治18 (1885) 年3月川口村での教員を辞めて上京し，自由党壮士の養成所有一館にはいり，館長磯山清兵衛等と知り合う。同年6月20日，大矢，山崎重五郎，内藤

六四郎の3名が大井憲太郎邸に呼ばれ，そこで大井，小林樟雄，磯山から朝鮮政府転覆計画を打ち明けられ，強盗による渡韓資金集めに協力するように求められる。懊悩の末，三者ともに3日後に受託し，大矢は7月～10月にかけて神奈川県高座郡，愛甲郡において金銭奪取のための強盗を実行する。

『自徐伝』にはまったく触れられていないが，民権運動をめぐる大矢と透谷との関係が決定的となったのは，そのころ，おそらく9月から10月にかけて，大矢から透谷が資金強奪計画に参加するよう求められたことによるものであった。しかし，透谷の心はすでに決していた。その時の様子を記した有名な文章が，「三日幻境」にある。

「三たび我が行きし時に，蒼海は幾多の少年壮士を率ゐて朝鮮の擧に與らんとし，老畸人も亦た各国の點取(てんしゅ)に雷名を轟かしたる秀逸の吟詠を廃して，自村の興廃に關るべき大事に眉をひそむるを見たり。この時に至りて我は既に政界の醜狀を悪(にく)むの念漸く専らにして，利劔を把(と)って義友と事を共にするの志よりも，静かに白雲を趁(お)ふて千峰万峰を攀ずるの談興に耽(ふけ)るの思望大(おおい)なりければ，義友を失ふの悲しみは胸に餘りしかども，私かに我が去就を紛々たる政界の外(ほか)に置かんとは定めぬ。この第三回の行(こう)，われは髪を剃り筇(つえ)を曳(み)きて古人の跡を踏み，自から意向を定めてありしかば義友も遂に我に迫らず，遂に大坂の義獄に與らざりしも，我が懐疑の所見朋友を失ひしによりて大に増進し，この後(のち)幾多の苦獄を經歴したるは又た是非もなし[20]。」

大矢の求めを，透谷はかけがえのない友を失うことを覚悟で，'髪を剃り杖を引いて古人の足跡を訪ねる'旅にでるといって断った。重大な秘密を打ち明けたにもかかわらず，大矢はそれ以上迫らなかった。しかし，透谷が述べた口実の背後には，すでに'政界の醜状'や壮士たちの行動にたいする批判意識がはっきりともたれていたことが記されている。透谷が「三日幻境」を『女学雑誌』に（上）（下）にわけて発表したのは，明治25（1892）年8月と9月であるから，大矢が透谷に資金強盗計画への参加を求めてから7年

に近い歳月がながれている。そして，この7年の歳月は，透谷にとって文字どおり苦悩と苦闘の連続であった。「三日幻境」は，そうした歳月ののち再び川口村を訪れたときの心の安らぎを記しているが，その安らぎは秋山国三郎（龍子）翁が居てこそであった。

しかし，事実としては，上記のような批判意識は，それより以前から抱かれていた。明治21（1888）年1月21日の石阪ミナ宛の手紙には，次のように書かれている。

「……社界は日に日に腐爛せり，美服を飾るの道義家，口に香を装ふ政治家，名を貪りて時を思はざる有志家，世に所謂志士の如き者，一時の狂勢を借りて千載の大事を論構するの弊極つて，社界は浮薄を以て表面となし，軽躁を以て裡面となし，暴を以て暴を制し，虐を率ひて虐を攻めんとす，」
「然れども，余は自ら我が眼力の足らざるを知る，我が眼力は以て世界を見るに足らず，余が想理力は以て天下の事を量るに堪へざるを知る，曾つて余は政治の暴戻を憤り，人民の卑劣なるを憂ひ，有志者の酒上の議論，春樓の豪放を聞くに忍びず，見るに耐へず，悵然として自ら恥ぢ，慨然として自ら悔ひ……」
「彼等壮士の輩何をか成さんとする，余は既に彼等の放縦にして共に計るに足らざるを知り，恍然として自ら其群を逃れたり，彼等の暴を制せんとするは好し，然れども暴を以て暴を制せんとするは，之れ果して何事ぞ，暴を撃つが為めには兵器も提げて起る可し，然れども其兵器は暴の剱なる可からず，須らく眞理の鎗なる可きなり，眞理を以て戦ふ可し……[21]」。

引用が少し長くなったが，ここで「眞理を以て戦ふ」とは，続いて「神の力を借りて」戦ふことであることが強調されているが，そのことが示すように，この手紙は，透谷が前年8月にキリスト教に入信したことをうけて書かれている。したがって，それだけ，口先では道義に厚いようなことをいうが，その実，名利を追求する政治家や，大言壮語しつつ暴力に訴え，酒色をこととする壮士にたいして，厳しくなっているともいえる。しかし，表現やその

第 3 章　多摩の自由民権運動と三多摩壮士にかんする覚書　53

厳しさの程度は差し引くとしても，上記の手紙は，それらの政治家や壮士（ときには［志士］という表現も用いている）にたいして，透谷がはっきりと距離をおいていることを示しているといえる。さらに，おそらく入信する直前に書かれた明治 20（1887）年 8 月 18 日の石阪ミナ宛の手紙にも，すでに見た自由民権運動への積極的参加の意識が高揚した明治 17（1884）年についての先の引用に続いて，次のように記されている。

「翌明治 18 年に入りて生は全く失望落膽し，遂に脳病の為めに大に困難するに至れり，然れども少しく元気を恢復するに至りて生は従来の妄想の非なるを悟り，爰に小説家たらんとの望を起しけり，……希くは佛のヒューゴ其人の如く，政治上の運動を繊々たる筆の力を以て支配せんと望みけり……[22]」。

のちの回想に属するとはいえ，これらの記述をつなぎ合せていくと，一連の「激化」事件や武相困民党の蜂起事件のあと，明治 18（1885）年には透谷の心はそのような形態の運動から離れ，政治的な願望を文学に託す希望を抱いていたことがわかる。そして，そのような時期であったからこそ，信頼した友（「義友」）であったにもかかわらず，資金強奪計画への参加にたいする大矢の要請に応じることができなかったのも無理からぬことであったといわねばならないだろう。しかし，そのことによって彼は大いに悩み，大矢にたいして深い負い目を感じることになった。事実，彼は，苦しい家計のなかから獄中にいる大矢に送金したといわれるし，出獄後の大矢を国三郎とともに神奈川県鶴川村に訪ね百草園に遊んだり，また「三日幻境」にも出獄後の大矢に国三郎宅で再びともに過ごしたい旨の手紙を書いたことが記されている。つまり，透谷がその後も大矢のことを大変気にかけていたことがわかる。

　以上，大矢正夫（蒼海）との関係を中心に，透谷の自由民権運動とのかかわりを見てきた。以上から推測されるように，透谷のなかでは，大矢による資金強奪計画への参加要請が行われる以前から，すでに壮士的な自由民権運動への批判意識が芽生えていたということができよう。そして，大矢の強奪

計画への参加要請は，その意識と運動からの離反を決定づけたといえよう。しかし，透谷は，政治運動としての自由民権運動から離脱したにしても，民権思想そのものを捨て去ったわけではもちろんない。それらの思想は，彼が外面的な政治運動から離脱することによって，むしろ内面化され理念化されていった。そして，自由の概念はより内面的・主体的に把握され，そうした視点から人間精神の構造およびそれと自然（「造化」）あるいは現実との関係が主題的に論じられるようになっていったということができる。

これらについて，本稿では立ち入って論じることはできないが，例えば，「徳川氏時代の平民的理想」（明治25（1892）年7月）における「自由は人間天賦の霊性」という表現や，「国民と思想」（明治26（1893）年7月）において「地平線的思想」（実世界の思想）と「高踏的思想」（想世界の思想）を対比しつつ後者に属する「ヒューマニチー」をプラトンの「真善美」やミルトンの「虚想」になぞらえて称揚している点に見てとることができる。また，恋愛における実世界（現実）と想世界（理想・理念）を対比して論じた「厭世詩家と女性」（明治25（1892）年2月）等にも見て取ることができる[23]。そして，そうした思考の延長上に，彼の晩年の作品であり，明治の文学史においても注目すべき位置をしめると思われる「内部生命論」（明治26（1893）年5月）や「各人心宮内の秘宮」（明治25（1892）年9月）が執筆されていると見ることができる[24]。

5. 壮士大矢正夫の経歴と思想

(1) 大矢正夫と大阪事件

前述のように，明治18（1885）年の秋，朝鮮革命計画実行に必要とする資金調達のために，神奈川県下での強盗に加わるように求められた透谷は，'髪を剃り杖をついて''古人の足跡'を訪ねる旅にでるといって断った。それによって，彼は無二の親友を失ったばかりでなく，自由民権運動からも離

脱し，以後「脳病」を患うほどの苦悩を経験することになった。その後の彼の作品の多くは——石阪ミナとの結婚，キリスト教への入信等があるにしても——，そうした深い苦悩のなかから生みだされたといっても過言ではないだろう。

他方，大矢正夫の方はどうであっただろうか。透谷の精神的・思想的遍歴を追跡していくと，誰しもかならず大矢正夫との関係にぶつかる。幸い，その後，勝本清一郎編『透谷全集』（全3巻）が刊行された時点では見ることができなかった『大矢正夫自徐(ママ)伝』が発見され，研究者たちに大きな衝撃を与えた。そして，親友の目から見た透谷について語られているのではないかという大きな期待が寄せられた。同書が発見された時の経緯や状況が，同書に付された「解説」や「あとがき」に詳細に記されているが，本文には予期に反して透谷についてほとんど触れられていない。透谷への言及が見られるのは，先に見たように大矢が静修館へはいったときすでに在館生のなかに透谷がいたこと，そして大矢が静修館へはいってまもなくして無一文となり，透谷の助けをえて横浜で書生の口を見いだすことができたこと，この2度のみである。

たしかに，それらの記述は，色川大吉氏が指摘されるように，神奈川県の青年自由民権家の溜り場でもあった「静修館」を介在させて考えると，一時神奈川県議会の臨時書記であった透谷が，神奈川県自由党の県議たちを介して静修館（当時の静修館監督者の佐藤貞幹と水島保太郎はいずれも自由党神奈川県議であった）に入館し，それをつうじて自由民権運動にはいっていったことが整合的に説明できるし，また静修館をつうじて透谷と大矢との関係が結ばれたことも確認できる[25]。その意味では示唆に富むものであるにしても，透谷との関係についてはそれ以上まったく触れられていない。『自徐伝』冒頭に置かれた「自序」は「昭和2年8月」の日付をもち，本文はそのころまでに書かれたとされるから，その時期の大矢にとって，すでに30数年も前に26歳の若さで世を去った透谷との交友など，若き日の思いでとしてはともかく，思想的にはもはや意味をもたなくなっていたことによるのではな

いかと推測される。

さて，大矢は明治18（1885）年8月から9月にかけて他の自由党員とともに地元の神奈川県愛甲郡と高座郡で資金調達のため強盗を3度にわたって試みたが，ことごとく失敗し，最後に試みた10月22日深夜の座間村役場への押し込みのみかろうじて成功した[26]。『自徐伝』には，同じ金銭強奪の試みは大阪府下でもなされたこと（そして，そこでも「悉く失敗」に終ったこと）が記されている[27]。11月にはいって，上記の座間村役場への押し込みは警察の追及するところとなり，大矢は急きょ大阪へ行き（逃れ），次いで渡韓のため長崎へおもむいた。そして，その翌日の11月23日未明，長崎において他の志士たちとともに逮捕された。この前後，大阪では大井憲太郎，小林樟雄等の首脳部が逮捕され，神奈川県でも石阪昌孝，水島保太郎，森久保作蔵など自由党幹部が次々と逮捕され，逮捕者は80数名にのぼった。（資金を提供した神奈川県自由党の幹部村野常右衛門は一時身を隠したが，自首し，大阪に送られた。）

このいわゆる「大阪事件」の裁判は，明治20（1887）年5月25日から大阪臨時重罪裁判所で始まり，9月24日に第1審の判決が下った。大矢は，非常手段決行への決断を迫られたときからともに行動してきた難波春吉，佐伯十三郎とともに，軽懲役6年の判決を受けた。座間村役場へ押し入ったとき，ともに行動した菊田粂三郎は同7年，そのとき奪った金（「壱千壱百七拾弐円」）の半分以上を私領し費消してしまった長坂喜作は有期徒刑12年の判決をうけた。

大矢自身は，『自徐伝』の記述から推測されるように，金銭にはきわめて潔癖であった。彼は，非常手段に訴えるさいの行動費として幹部から支給される金銭以外に，自分の生活を賄うため衣類その他を質に入れたり，売るなどして凌いだ。大義のために行動する多くの壮士たちも同様であったはずである。ところが，正反対の事例も報告されている。壮士が酒を飲んで口論になり，しばしば暴力沙汰を引き起こす事件が報告されている。この大阪事件のばあいも，同様かそれ以上の事実が報告されている。透谷が大矢の潔癖さ

を信じていたにしても，壮士的な形態をとる自由民権運動（民権思想ではない！）から離れていった背景を理解するためにも，記しておく価値があると思われる。

　先の朝鮮革命計画に参加し，大阪事件に連座した唯一の女性は，景山（のち福田姓）英子であった。おそらく，大矢を自由党壮士の東京屯所である有一館の館長磯山清兵衛に引き合わせたのも彼女であった。周知のように，彼女は後年，自伝のなかで渡韓計画の一環として爆弾の原料を大阪まで運んだことや，大阪に結集した壮士たちに生じた次のような事実を書き残している。すなわち，「大功は細瑾を顧みず」といって大矢たちに強盗してまで資金を集めるように指示したひとりであり，渡韓の行動隊長でもあった磯山清兵衛が，渡韓にむけて大阪を出発する日の前日，集められた資金をもって逃亡してしまい，そのため大阪に滞在する「二三十人」の壮士たちの生活費にもこと欠く状態におちいり，その工面に苦心したこと，しかも，その逃亡先が遊郭の「愛妓」のところであったこと等を記している。しかし，それに近いことは，一般の壮士ばかりでなく，他の幹部たちにも見られ，苦心して工面された資金であっても，少し金ができたからといっては「青楼に登り絃妓を擁しぬ」という有様であった[28]。そうしたことがすべての壮士たちの状態であったとはいえないにしても，壮士たちのあいだにかなり日常的に見られたことは事実であった。

　さて，『自徐伝』によれば，懲役6年の判決を受け，他の6人とともに徳島監獄に収監された大矢は，特赦により明治24（1891）年12月15日出獄した。翌明治25（1892）年1月に横浜に帰り，2月から南多摩郡鶴川村野津田にある村野常右衛門の凌霜館に寄寓することになった。凌霜館は，青年たちのための夜学であるとともに，剣術の修行をさせるところでもあり，大矢もその指導にあたった。さらに，糊口をしのぐため，石阪昌孝と村野常右衛門のはからいで野津田小学校の小使いに採用されたが，公権を剥奪された身であるため表向きは小使いであったが，実質は教員として教え，校長と同額の給料を支給された。かたわら，彼は神奈川，千葉，東京などの県会議員選

挙や府会議員選挙で自由党候補の選挙活動に（おそらく壮士として）参加している。しかし，いつまでも石阪，村野，森久保等の神奈川自由党幹部たちに依存するわけにはいかないと考え，明治27（1894）年9月野津田小学校をやめ，ともに暮らすようになった妻子を再び妻の異母兄に預けて，「めざまし新聞」の嘱託通信員という肩書で，かつて契りを結んだ盟友佐伯十三郎，難波春吉とともに，朝鮮へ渡ることを決意した。そして，明治27（1894）年11月から明治29（1896）年8月まで朝鮮に滞在し，帰国した。2年足らずで帰国したのは，明治29（1896）年7月，第2次伊藤内閣において自由党総裁板垣退助が内務大臣となり，神奈川自由党の領袖石阪昌孝が群馬県知事となったことから，石阪，村野，森久保らから早く帰国するようにとの催促を受けたためであった。しかし，帰国してみると，板垣はすでにはやくも引退してしまっており，石阪昌孝の群馬県知事も長くは続かなかった。

　帰国後，さまざまな事業を試みるが，ことごとく失敗する。まず，明治29（1896）年11月から数人で中津川電力会社を創立するが，まもなく中止のやむなきにいたる。明治31（1898）年から32（1899）年8月まで神奈川県政友会支部の事務を管轄する仕事に従事する。しかし，『自徐伝』によれば，8月初旬「戸井喜作」なる人物を殴打し，「拘留7日の処分を受」け，「聊か感する所ありて」引退した。そして，同年9月の横浜大火を機に建築会社を設立し，建築業に乗りだすが，下請け会社の背任により閉鎖せざるをえなくなった。次いで，横浜水道拡張の発表にともない，大矢をふくむ有志5名で津久井組を組織し，「木事建築一切」を請負うが，「相模川の砂利採取」と「甲州の堅石山買収」とに失敗し，解散のやむなきにいたった。多額の借金を抱え，その後数年間にわたって借金のやり繰りに追われる一方で，「株式相場で新生面を開かんと」，株取引に乗りだす。大矢によれば，最初は一勝一敗で損益はなかったが，明治38（1905）年から39（1906）年にかけては，「意外の勝利を博し」，津久井組の個人的な債務分担分をほぼ完済することができた。しかし，明治40（1907）年には，再び失敗し，「総額4万余円」にたっする巨額の債務を抱えることになった。そのため，信用を失墜し，融資の道

が途絶えることとなり，各債権者を回り，債務支払いについて逐一（延期の）承認をえて回った。明治41（1908）年秋，村野常右衛門，森久保作蔵，青木正太郎（これらの人びとは，石阪昌孝亡き後の，三多摩自由党系の幹部）の斡旋により，兜町の重鎮栗生武右衛門が経営する山栗商店株式部に入店し，以後20年勤続する[29]。

『自徐伝』第4編におけるより詳しい記述を見れば，この時期の大矢は，きわめて誠実に勤務し，山栗商店にとってなくてはならない存在になっていったことが読み取れる。しかし，彼は記している，「10年」のうちに，「債務を完済し，一旦失墜せる信用を回復」する見込みはみごとに外れた，と。このあと，病気を理由に同商店をやめ，大正15（1926）年5月，京都西陣に借りることにした横山きみの家に寄寓・隠棲し，昭和3（1928）年7月13日，死去した。65歳であった。大矢が『自徐伝』を執筆したのも，この横山きみの家においてであった。

以上，やや詳細にわたりすぎた嫌いがあるが，大矢が文字どおり波乱万丈の人生を送ったことがわかる。彼にそうした人生を送らせることになったのは，いうまでもなく資金調達のための強盗行為であり，一時的にせよ公権剥奪下におかれたことによることは否定しえないであろう[30]。波乱に満ちた人生を艱難に耐えつつ生き抜いた大矢にとって，若き日の透谷との思いではどれほどの意味があっただろうか。しかし，透谷との希薄となった関係は，そうした困難に満ちた人生によるものだけではなかった。以下では，『自徐伝』に示されているかぎりで，大矢がその人生行路において抱いた思想について検討することにしよう。

(2) 大矢正夫の思想

① 『自徐伝』は，冒頭に置かれた「自序」に続いて4編からなり，第1編は略歴，すなわち『自徐伝』執筆ころまでの著者の経歴を簡略に記し，第2編以下でより詳しく述べるという構成をとっている。すなわち，第2編は少年時代から特赦による出獄まで，第3編は出獄から関東大震災遭遇まで，第

4編はそれ以後から隠棲するまで,となっている。本稿との関連で特に注目されるのは,事実関係であるよりも,むしろ本書に収録された大矢自身の折々の考え(思想・立場)をふくむ上申書や請願書,書簡などである。それらは,以下に見るように自由民権壮士の1側面を如実に示しているといえる。

　本書全体をとおして印象づけられるのは,大矢がきわめて誠実かつ真摯にその生涯を生きたということである。例えば,獄中で,彼は他の囚人が嫌がる汚物の洗濯や死体の後片づけといった仕事を率先して引き受けたり,またチフスが流行したとき患者の看護を依頼され,多いときは一時に36人もの患者を看病している。そのため,大矢自身もチフスに感染し死線をさまよったりしている[31]。

　しかし,他面,最初に未決囚として大阪中の島監獄に収監されたときのことを,次のように記している。——そこでは10畳の1部屋に20余人が詰め込まれ,窮屈で不潔なのに驚いたが,囚人たちは「強窃盗ニ非ザレバ則チ詐欺取財,詐欺ニ非ザレバ則チ拐帯,凡ソ皆破廉恥ノ徒ニ非ザルハナシ。自ラ罪ヲ悔ヒ,己ヲ責ムル輩ナキノミナラズ,朋類相引テ四隅ニ集団シ,空ク諧謔ニ笑フアリ,徒ニ痴談ニ興スルアリ,……争闘ヲ起スアリ,或ハ所犯ノ巧拙ヲ説テ,其優劣ヲ較スルアレバ,不義ノ財投ジテ,花街ノ横行ヲ誇ルアリ,……尚ヲ甚シキハ,他日相助テ,益々凶悪ヲ逞フセント,語合フアリテ,一声一語,一挙一動,視ルトシテ不潔ニ非ルハナク,聞クトシテ不快ナラザルハナシ。……」という有様であった。これにたいして「正夫モ亦同ク国家ノ罪人ナリ。然トモ元是慷慨ノ一心,事ニ触レテ激発シ,熱心ノ余,終ニ過激ノ行動ニ陥リシモ,……情波漸ク静ニ帰スレバ,……啻ニ吾ガ罪ヲ悔ユルノ,切ナルノミナラズ,此等悪漢ノ声語ニ触レテ,吾ガ心ニ感スルモノ,殆ト切ルガ如ク,刺スガ如キノ情アリ。……[32]」

　これらの囚人たちの私利にとらわれた強盗や窃盗,詐欺などとは異なって,大矢のばあいは国家のために「熱心ノ余」,犯した罪であって,たんなる破廉恥罪とは異なるとする考えが明瞭に示されている。そうした考えが獄中生活をとおして保持され続けているが,そこには国家のために行ったのだとす

る（国事犯としての）優越性ないし自負さえ見てとることができる。

　大矢が記しているところでは，彼は獄中では最初キリスト教を信じた。そして，石塚という囚人が出獄したのち，彼が受けもっていた幼年囚の教育を担当させられることになったとき，大矢は「耶蘇教ニ関スル書籍，購求閲読ノ許可ヲ，幼年囚ニ与ヘ」ることを求める願書[33]を提出している。幼年囚を教育して改心させるには，大矢が自ら信じるものによるのでなければ不可能だというのがその理由であったが，彼自身がキリスト教を信じるようになった経緯や理由については述べられていない。

　ところが，大矢は，翌明治24（1891）年6月（「日付なけれども，多分6月中と覚ゆ」—大矢）および11月の2度にわたって，徳島監獄の教誨師宛にかなり長文の「上書」を提出し，そのなかで日本ではキリスト教は排斥しなければならないこと，日本国の宗教は仏教でなければならないことを力説している。とくに11月4日付の「上書」は，壮士大矢正夫の思想を知るうえで，きわめて興味ある内容を含んでいる。種々の論点にわたっているが，要点のみに絞って見ることにする。

　まず国家と宗教の関係についていえば，両者はまったく別物であって，その対象とする範囲も異なる。「……夫レ政治ハ政治ニシテ宗教ニ非ズ，宗教ハ宗教ニシテ政治ニ非ズ，二者各其範囲ヲ異ニシテ，全ク独立シ，政治ハ以テ人ノ身体財産，其権利自由ヲ保全シ，宗教ハ以テ人の心性情感，其所作云為ヲ戒護ス。」したがって，両者ははっきりと区別されなければならない。しかし，そのように切り離されるだけでは，両者ともにその役割を十分に発揮することはできない。両者はあいまって車の両輪として機能し，その役割を十分に果たすのである。彼は続けている。「如斯二者ノ間，劃然トシテ区域アリト雖トモ，政治ハ宗教アッテ，其内ヲ整フルニ非ズンバ，亦以テ結果ヲ得ル能ハズ。……即チ宗教ハ，国家ノ精神部ヲ管理シテ，……宗教ノ国家ニ於ケル，恰モ教育ノ人ニ於ケル如シ。而テ人ハ教育ヲ欠クモ，猶生活ヲ失ハザルベシト雖トモ，国家ニシテ宗教ヲ欠カバ，一日モ其命ヲ保ツ能ハズ。……[34]」

すなわち，政治＝国家と宗教はまったく別物であるけれども，国家は宗教によってその「精神部」を支えられなければ1日として存続しえないだろう，──これが大矢の政治と宗教の区別と関連にかんする考えである。

　しかし，それでは，いかなる宗教でなければならないだろうか。なぜキリスト教（「耶蘇教」─大矢）であってはならないのだろうか。大矢によれば，「耶蘇教」を排斥するのは，その「教理」（真理性）によるのではない。「耶蘇教」は「耶蘇教」としての真理を備えているのであり，それゆえ地球上の広大な範囲にわたって普及しているのである。そうではなく，それを排斥する理由は，その「教義」によるのである。「耶蘇教」の教義によれば，人類が「拝跪シテ祈願スベキハ，唯一ノ天父ニシテ，其他ヲ拝跪礼尊スルモノハ，皆其教儀(ママ)ニ違フモノニシテ，天父ノ意ニ合ハザルモノトナス。[35]」すなわち，「天父」以外を信仰することは，キリスト教の教義に反するとされる。ここに，日本人がキリスト教を排斥しなければならない理由がある。なぜなら，日本では「皇統一系」の皇室を中心とする風俗（「国俗」）があり，そこでは「皇祖ノ威烈」が行き渡り，その徳をたたえ，その恩に謝することこそ，「日本臣民ノ本分」だからである。彼は，強調している。

　「故ニ［耶蘇教ハ─音無］教理ノ点ヨリ之ヲ見レバ，毫モ排スベキニ非ズト雖モ，顧テ其教儀(ママ)ニ及ベバ，真ニ斥拒セザルヲ得ズ。即チ吾人ガ，日本臣民ノ本分ヲ守ラントスレバ，耶蘇教ノ教儀(ママ)ニ背キ，耶蘇教ノ教儀(ママ)ヲ全フセントセバ，吾人ノ本分ヲ捨テザルベカラザルナリ。」なぜなら，「……我帝国日本ガ世界万国ニ冠絶セル所以ノモノハ，皇統一系国運綿々タル，此歴史上ノ特色」にあるからである。そうした点を理解しないで，「耶蘇教」を奉じるとすれば，「即チ臣民ノ意向，漸ク王室ニ薄クシテ，民間ニ厚ク，勤王ヲ後ニシテ，利民ヲ先ニスルニ至ルハ，蓋シ必然ノ勢ナリ。国俗一タビ茲ニ至ラバ，共和ノ主義，果テ起ラザランヤ，民主ノ説果テ勝ヲ得ザランヤ[36]。」

　以上のように，キリスト教を受け入れられない理由は，それが日本の「皇統一系」の「国体」を尊重する伝統的な風俗と相容れないからであるとされている。これにたいして，大矢は仏教の真髄は因果応報の教え（「因果業感

ノ道理」,「因果ノ理」)にあるとしており，そのことと皇室を中心とする国体の維持との関係，あるいは，そうした仏教が日本国家の「精神部」を支える支柱であるとすることとの関係は必ずしも明らかではない。しかし，かつて民権論者として積極的に活動した大矢が，すでに明治24 (1891) 年11月という時点で「皇統一系」の国体を「世界無比ノ国体」として称揚している点は注目に値する。そうした政治思想が国権拡張論および対外拡張論へと結びつくことは容易に想像される。

　もっとも，この時期，大矢は特赦による出獄を期待し，そのために腐心していた。特赦を行なうのは法務大臣であるが，特定の囚人を特赦候補として申請するのは「典獄」(=所長) であり，大矢がいた徳島監獄では典獄と囚人とを仲立ちする教誨師の存在が大きかったようである。そのため，大矢は僧侶である教誨師にたいして日本では仏教こそが国家にとって枢要であることを過度に強調する可能性があったことを考慮しなければならないだろう。また，官吏である典獄にたいして，万世一系の天皇制にもとづく国体を過度に称賛する面があったことも否定できないだろう。しかし，そうした点を考慮に入れるとしても，上記のような大矢の主張がたんなる一時的なものでなかったことは，同様の政治思想が後期においても維持され，あるいはむしろ強化されてさえいるのを見ても理解できよう。

　②すでに見たように，出獄後の大矢は，紆余曲折に満ちた生活を送っている。しかし，他方では，出獄後も壮士としての活動を続けている。あるいはむしろ，その功をたたえる雰囲気のなかで神奈川県へ帰還した直後には，石阪，村野といった神奈川県自由党幹部によって住居の世話を受けたり，生活の資をえるための斡旋を受けたりしている。すなわち，彼はその後も神奈川県自由党の一員として行動しているのであり，この時期の政治活動のひとつとして，大阪事件の中心人物大井憲太郎が自由党を脱党して東洋自由党を創立する動きを見せたとき，かつてその指示を忠実に実行し罪人におちいった部下として，大井に抗議し，脱党を取りやめるよう再考をうながす大井宛の長文の手紙 (明治25 (1892) 年6月29日付) を書いたりしている[37]。

他方で，『自徐伝』には，大阪事件に連座した神奈川自由党の壮士全員が出獄したのを機会に，明治26（1893）年4月大磯の「角半楼」で祝宴がもたれ，村野常右衛門，森久保作蔵以下15名が出席したことが記録されている[38]。ついでながら，その時に撮影された貴重で興味深い写真が別の資料に掲載されており，そこには大矢をふくめた15名全員と，死去した3名の名が背後に貼られているのが写っている[39]。しかし，『自徐伝』には，明治34（1901）年6月，大矢も尊敬していた星亨が東京市役所において刺殺されたのを機に，政界から身を引き，「実業に就く」決心をしたことが記されている。

　大矢の政治思想について検討しようとする本稿では，『自徐伝』に述べられている大矢の実業関係についての記述は省略することにして，同第4編に散見される後期の（むしろ晩年の）大矢の政治思想について，以下に見ていくことにする。

　第4編は，山栗商店時代における大正12（1923）年9月の関東大震災とその被害からの立ち直り（「再生」）について多くの記述があてられているが，それらの合間にきわめて重大な意味をもつ政治的発言がはさまれている。星亨刺殺事件を契機に政治から身を引く決心をしたと述べられていたことは前述のとおりであり，たしかに，彼はその後，表立った政治活動はしていない。しかし，彼の政治的志向ないし関心はけっして失われてはいなかった。事実，彼は，大正14（1925）年4月18日の日付をもつ自らの漢詩に「政友会院外団幹事　大矢正夫」と署名しているのが見られる[40]。つまり，大矢は最晩年まで自由党の後身である政友会と深く結びついていたことが知られるのである。

　さて，第4編に収録されている政治的発言を順を追って見ていけば，おおよそ以下のとおりである。それらは，かつての民権運動家からは想像もつかないものといってよいだろう。

　まず，大正12（1923）年10月14日付の「有田音松」なる人物宛ての手紙である。その記述によれば，手紙は，前日の13日に同人物が大阪毎日新

聞に掲載した「木堂攻撃論」および「普選反対の卓説」に感銘して書き送られたものとされている。この時期の大矢の思想を知るうえで，貴重な手がかりを与えてくれる文章であるから，引用することにしよう。

> 「明治25年已来の正夫の信条は，第一　皇室尊奉，第二　国体護持，第三　家族制度維持の三点に在りて，此信条ハ，如何なる誘惑にも，如何なる強威にも，屈せざる決心に御座候。故に，普選の如き，家族制度の根底を覆へし，国体の存在を危ふする提案にハ，絶対に反対を唱る所以に在之候。……[41]」

大正デモクラシーの高揚のなかで議会を通過しようとしている普通選挙法にたいして，それは日本の伝統的な家族制度を破壊し，ひいては日本の国体を危うくするというのが，その基本的主張である。大矢はここでは「明治25年已来」といっているが，その内容は先に見た獄中での教誨師宛の文書(「上書」)とほぼ同じであるから，むしろ「明治24年」とすべきだっただろう。しかし，上記の手紙では，さらに「家族制度」の重要性が付け加えられており，むしろこの手紙が晩年の大矢の基本的な考えを示しているといえる。すなわち，日本の国体を根本において支えているのは家族制度であって，普通選挙はその家族制度を危うくするから絶対に認められない，というのが大矢の考えである。大矢の危機感は相当に強く，彼はさらに大正12(1923)年12月初旬，当時の首相山本権兵衛宛に直接，次のような手紙を書き，普通選挙の導入に慎重であるように要請している。一部引用してみよう。

> 「……抑モ吾ガ国民性ハ，三千年来，家族制度ノ下ニ発達シ来レルモノニシテ，其由ル所ノ道ハ権利義務ニ非ズシテ，仁義忠孝，彝倫［いりん―音無］ニアリ，君父ニ対シテハ絶対服従ヲ以テ其分トス。是皇統一系ノ皇室ヲ戴キ，世界無比ノ国体ヲ保ツ所以ニアラズヤ。」

> 「……彼欧米人ハ，本来個人主義ニヨリテ社会ヲナシ，国家ヲ立テタルモノニシテ，家族制度ノ真味ト，忠君愛国ノ本義ヲ解セザルモノナリ。……」

> 「之ヲ要スルニ普選ノ実行ハ，家族制度ヲ破壊スルモノナリ，家族制度ノ

破壊ハ、終ニ世界無比ノ我国体ヲ破壊ニ導ク毒ナリト、絶叫スル所以ナリ。……[42]」

この山本首相宛の手紙ではやや詳しく述べられているが、先の「有田音松」なる人物への手紙と基本的には同じ内容といってよい。次いで、大矢は、法案が議会を通過する直前の大正14 (1925) 年2月26日、両院議長（貴族院徳川家達、衆議院粕谷義三）宛に書面を提出し、「国体ノ基礎タル家族制度ヲ擁護スル」ために、現行の衆議院議員選挙法改正法案を次の2点にそって修正するよう求めている。

「個人本位普選ノ反対。

　家長（戸主又ハ世帯主）本位普選ノ確立[43]」。

以上の手紙や書面から、大矢が、欧米では個人主義が社会の基本原理であるのにたいして、日本では家族制度が根本であり、そのばあい家族は家長によって代表されると考えていることがわかる。そして、個人本位の普通選挙は個人主義を導入することによって、日本社会の根本である家族制度を解体させ、「皇統一系」の皇室を中心とする国体を危機におとしいれるとみなしていることがわかる。そのため、彼は、欧米では普通選挙のさい当然と考えられる無記名投票方式に──『自徐伝』が人目に触れることを意識してか──反対する手記（大正13 (1924) 年5月か6月ころ）[44]を書き残しており、また家父長的な視点にたって女性の参政権に強く反対するメモ（「大正14年春」）[45]さえ書き残している。後者の理由として、容易に推測されるように、家長が家全体の見解を代表するからとされている。

以上、要するに、家長を代表者とする家族制度を根底とし、皇室中心の風俗と国体を護持するのが至上命令である、ということである。こうした見解は、当時としても政治的に最右翼に属する見解であったといってよいだろう。そして、大矢は昭和3 (1928) 年7月に死去しているから、上記の見解はかつて身命を賭して自由民権運動に取りくんだ1壮士の最終的な見解であったといってよい。しかし、注目されるのは、必ずしもたんに大矢だけがそうし

た軌跡を歩んだわけではないということである。本稿では，他の多くの多摩の民権家壮士[46]についてはもはや言及する余裕はないが，ただちに思いだされるのは村野常右衛門のばあいである。石阪昌孝のあと，森久保作蔵とともに神奈川県自由党を率い，原敬総裁のもとで政友会幹事長をつとめた村野も，大正11（1922）年には大日本国粋会会長に就任し，比較的熱心に活動した[47]。したがって，大矢が本節で見てきたような見解をもつにいたったのも，若い時代から神奈川県自由党グループに属し，出獄後もその庇護をうけ，また（いつからかは不明であるが）政友会院外団幹事であったことから，村野と歩調をともにしたとも考えられる。それはともかく，上記のような村野について，色川大吉氏は「矛盾の晩年[48]」と性格づけておられる。しかし，村野のそうした歩みを村野自身における「矛盾」としてのみ理解すべきであろうか。村野自身の内部では一貫していたにしても，時代の移り変わりが彼を政治的に最右翼に位置させることになったことも十分考えられるのである。大矢のばあいも同様である。もしそうだとすれば，民権期における彼らの思想構造そのものが改めて捉えなおされる必要があるのではないだろうか。

6. 結びにかえて

　以上，きわめて大雑把ではあるが，多摩の自由民権運動，それらと透谷との関係および民権運動壮士としての大矢について見てきた。とりわけ，前節の (2) では『自徐伝』にそくして大矢晩年の思想を取りあつかうことになったため，自由民権運動それ自体にたいして否定的な評価をしているとの印象を与えたかもしれない。しかし，それはもとより筆者の意図ではない。筆者は，むしろ明治7（1874）年の民撰議院設立建白書の提出から始まる自由民権運動を高く評価している。民権運動の展開があったからこそ，広範な人びとの権利意識や政治意識を高め，まがりなりにも憲法にもとづく議会制度と

国家的枠組み（立憲政体）を実現することができたのである。その意味で，自由民権運動は日本の「近代化」にとってきわめて重要な意義をもっていたということができる。そして，もし自由民権運動が存在しなかったならば，その「近代化」のプロセスはもっと別様のものになっていたということも十分考えられるのである。

　しかし，他面，自由民権運動の歴史的位置づけや性格について，もう少し慎重に見きわめる必要があるのではないかというのが筆者の見解でもある。とりわけ，本稿の対象とした多摩地域の民権運動は主として豪・中農層によって担われたが，彼らのエートスやエートスを生みだした歴史的背景や基盤について，より突きつめて検討する必要があるのではないかということである。すでに述べたように，多摩地方はその多くが幕府直轄領であり，そこでは士族は半士半農であった。八王子を中心として多摩地域にひろく分布した千人同心はその典型であった。そして，彼らのなかには，幕府直属であることに誇りをもつとともに，封建的な規制や支配が比較的緩やかであるという条件にも助けられて相当に文化的素養や教養を備えた人も少なくなかった。もちろん，千人同心が分布する割合は村ごとに異なり，また全く存在しない村もあったにしても，彼らおよび彼らの一族がひろく分布することによっておよぼした影響は否定しえないだろう。多摩では農民のあいだでも天然理心流などの剣術の修得が盛んであったことや，自由民権運動に参加した人びとのなかにも剣術の修練を受けた人が少なくなかったことは，くり返し見てきたところである。そうした風土は，多摩地域の多くが長年にわたって幕府直轄領であったことや広範囲にわたって散在した千人同心のような武士も半士半農であったことによって形成された独自のものではなかっただろうか。そして，多摩地域では，そのような風土を背景として，薩長新政府の専断的・圧制的な性格にたいする反発とあいまって，むしろ幕府寄りの意識や空気が広範な人びと，とりわけそれまで比較的余裕のあった豪農層・中農層のあいだに存在したのではないだろうか。多摩において彼らを中心として自由民権運動が活発に展開された背景には，そのような広く行き渡った空気や風土があった

第3章　多摩の自由民権運動と三多摩壮士にかんする覚書　69

と考えられる。以上のような推測を裏づける資料として、限られた地域のものではあるが、表3-1を見ていただきたい。

見られるように、表に示されているのは、現在の日野市に属する村むらの自由党員であり、自由民権運動にかかわった人びとである。それらの人びとの多くが重要な公職についているのが見られるが、同時に22人中、ほぼ半数近い人が千人同心および天然理心流の系譜に属していることがわかる。そ

表3-1　現日野市域の自由党員

居住地	氏　名	生　年	公　職	系　譜	投資／南多摩郡納租順位（明治16（1883）年）
日野宿	日野義順	天保10(1839)年	日野学校長・県議	千人同心・天然理心流	日野銀行株主・共融社株主
	天野清助	天保14(1843)年	大区書記・県議・戸長	天然理心流・鎮撫隊	日野銀行・武蔵野銀行・三十六銀行株主／第19位
	佐藤信民	嘉永元(1848)年	郵便局長・戸長	鎮撫隊司令師	日野銀行副頭取
	中島伝之助	嘉永元(1848)年	日野宿戸長	天然理心流	日野銀行役員・共融社株主／第60位
	坂田久七	嘉永2(1849)年	日野宿組頭		日野銀行役員・武蔵野銀行株主
	高木吉造	安政元(1854)年		天然理心流、父は鎮撫隊	日野銀行頭取・共融社株主／第31位
	有山彦吉	文久元(1861)年	県議・日野町長	実父は佐藤彦五郎、養父重蔵（十蔵）は鎮撫隊へ財政支援	日野銀行役員／第1位
	渡辺忠助	慶応元(1865)年		天然理心流、父は鎮撫隊？	日野銀行役員・共融社株主
	田中　力	未詳			
新井村	土方健之助	嘉永元(1848)年		千人同心・天然理心流	共融社社長・日野銀行株主
	土方房五郎	安政2(1855)年	県議・村議		共融社役員・日野銀行株主
	土方元吉	安政5(1858)年	戸長・村用掛・自由党連絡員		共融社株主
石田村	土方久蔵（久三）	弘化元(1844)年	戸長・下田学校世話役・委員	天然理心流、西洋医を学ぶ	共融社役員
	土方隼人（作助）	弘化2(1845)年	村用掛		
川辺堀之内村	岸野新治郎	安政2(1855)年		天然理心流	
程久保村	小宮佐一郎	安政2(1855)年	村議・七生村長		
	田倉竹八	安政2(1855)年	村議		
三沢村	土方啓次郎	未詳	学校世話役・県議	千人同心	共融社役員
高幡村	森久保作蔵	安政2(1855)年	村議・県議・府議・衆議院議員		共融社役員
南平村	平　豊太郎	安政2(1855)年	学校世話役	天然理心流？	共融社株主／第67位
落川村	五十子敬斎	安政3(1856)年		千人同心	共融社株主／第68位
百草村	増島仲蔵	未詳			
	合計22人				

出所：日野市立新選組のふるさと歴史館『第4回特別展　新選組　その後』24頁、および同パンフレット3頁より。

うした人びとが，これほどの割合をしめるということは，それらの人びとの影響が自由民権運動にも当然およんでいたと考えてよいだろう。

　他方，本書に収録されている車田勝彦氏の論文でも指摘されているように，五日市では自由民権運動の中心的な存在であり，千葉卓三郎による五日市私擬憲法草案の作成を支えた深沢家は千人同心であった。また，八王子川口地域には，幕末（1854年）時点で上川口村には23人，下川口村には32人の千人同心が居住し，戸数173軒の3軒に1軒が千人同心であった。同地域では進取の気風があり，同地域の民権運動の拠りどころとなった秋山国三郎家，秋山文太郎家ともに千人同心の子孫であり，久保善太郎は千人同心であった。

　もちろん，そういった人びとだけが自由民権運動に参加したわけではない。例えば，八王子では，前述の山上卓樹は部落出身であり，そうした立場から，おそらく平等をもとめてキリスト教に入信し，自由民権運動に参加したと思われる。透谷や大矢も，千人同心とは無関係であり，藩閥政府に憤慨し，神奈川自由党の人びととの関係をつうじて自由民権運動に加わった。つまり，さまざまな要因や契機から民権運動に加わった人びとも多数いたのであり，とりわけ専制的・専断的な薩長藩閥政府にたいする激しい反感と松方財政による農民窮乏化に反発して立ちあがった多くの人びとがいたことは事実である。しかし，多摩地域では，それらの人びとをふくめ，多くの人びとのあいだに，たとえ旧幕府時代に立ち返ることは望まないにしても，直轄領であったことによる佐幕的な意識や感情と薩長藩閥政府にたいする（侮蔑にも似た）反発とが存在したことが，民権運動の重要な背景のひとつをなしていたといいうるように思われる。

　再び，丸山真男によれば，「民権運動における『士族的』もしくは『郷紳的』要素は，社会的基盤としても，また『精神』の上でも，進歩性にもか̇か̇わ̇ら̇ず̇『封建的』であったという『制約』の観点からだけでなく，同時に『封建̇的̇』であ̇っ̇た̇か̇ら̇こ̇そ̇抵抗のエネルギーとなった，という側面を見すごすことはできない。」(傍点は丸山)。その意味で，「封建世ノ精神」は，当時の「政治運動のダイナミックスにおいては必ずしも『反動的』ではなかった」[49]。

これらの記述の前後から判断すれば，ここで丸山が問題としているのは，明らかに士族階級のばあいである。士族階級における封建的精神の積極的な側面とは「公共事に対する日常的関心」であり，丸山によれば，そのような日常的関心に裏づけられた公共的義務の感覚が専断的・専制的な藩閥政府にたいする批判と抵抗のエネルギーになったということである。つまり，それ自体としては「封建的」でありながら，自由民権運動において積極的な役割を果たしえたエートス（心的態度）がありえたということである。

多摩のばあい，自由民権運動において指導的な役割を果たした豪農層のなかには，前述のように千人同心やその子孫がいたことは事実であるにしても，彼らは上記で丸山が取りあげているばあいよりも，より農民層に近いといえる。それにもかかわらず，彼らをふくめ民権運動に参加した農民たちのあいだにも，ある程度類似した側面（風土や性格）があったのではないだろうか。

多摩地域では，農民が天然理心流をはじめとする剣術を修得する風潮が存在したが，自由民権運動に参加した人びとのかなり多くも同様であった。本稿で対象とした大矢のばあいも，剣術の技量の程度は不明であるが，こよなく刀剣を愛し[50]，ときには青年たちに剣術の指導も行った。彼はきわめて淡泊な性格であったといわれる[51]が，私利にとらわれない，その意味では丸山の指摘する士族階級とも共通する性格をもっていたともいえる。しかし，そうした「士族的性格」云々についてはおくとしても，明治10年代に自由民権運動の活動家として献身的に活動した彼が，早くも20年代半ばには皇室中心の「国体」思想に傾斜し，そして晩年には当時としてもおそらく最右翼に属すると思われる政治思想を抱くにいたった背景には，やはり大矢における「封建的」な要素が作用していたと考えられる。同様のことは，村野についてもいいうるように思われる。すなわち，丸山のいう意味での「封建的」要素が，大矢においても村野においても，明治10年代に積極的な抵抗および批判のエネルギーとして作用しえたが，時代が進み状況が変化するにつれて，その同じ要素が次第にそうした機能を失い，保守的，「反動的」でさえある役割を果たすようになったということである。

たしかに，明治期日本の新政府は国内的にだけでなく，対外的にも厳しい緊張にさらされていた。そのため，独立国家としての地位を維持し強化するために国権拡張論が叫ばれた。こうして，とりわけ明治20年代後半にはいって日清戦争への動きが顕在化してくると，かつての自由民権論も対外的な国権拡張論へと吸収されていくことになった。そうした例を典型的に示すのが徳富蘇峰であるが，そのような時代にも民権思想を貫くには何が必要だったのだろうか。その点で思いだされるのは，福沢諭吉が自由民権運動の将来を予想してか，早くも明治10（1877）年以前に「一身独立して一国独立する事」を論じていたことである[52]。この有名なフレーズのもとで，福沢は諸外国と対抗しうるためにも，まず個々人の知的・精神的・物質的独立が必須であることを主張していた。さらに，明治11（1878）年『通俗国権論』と同時に出版した『通俗民権論』においては，各人の「独立」の具体的内容として「智力」「財力」「品行」「健康」がバランスの取れた状態で保持されていることが大切であることを強調していた[53]。もちろん福沢にとっても，日本の独立への危機意識が強烈であったことは彼の諸著作の随所に示されているが，日本が独立を実質的に担保するためにも，個人の独立が何よりも必要であることを彼は指摘したのである。大矢が生活の資を放棄し，家族を放置して，民権壮士として活動したことが思い出されるであろう。日本の独立や日本社会の真の近代化を達成するためには，まず物心両面における民衆レヴェルでの各人の独立や自律が必要であることを福沢は強調していたのである[54]。

民権論が明治20年代後半から国権論へと吸収され，民権論の担い手だった人びとにおいてさえ，個人の自由や権利への意識が希薄化し，自由民権論の崩壊が決定的となった。そして，自由民権思想はむしろ社会主義的潮流へと継承されることになった[55]が，それもいわゆる「大逆事件」によって窒息させられ，その後，大正デモクラシーが登場することとなった。それゆえ，自由民権運動は，その肯定・否定両面について，そうしたパースペクティヴにおいて，さらには戦後民主主義との関連をも視野に入れつつ，今日改めて

第 3 章　多摩の自由民権運動と三多摩壮士にかんする覚書　73

再検討される必要があるように思われる。

1) 丸山真男「自由民権運動史」(1948 年)『丸山真男集』第 3 巻，225-253 頁。
2) 安丸良夫氏も，例えば，明治 8 (1875) 年 2 月の「愛国社」設立時の「愛国社合議書」等においても「各其自主の権利を伸長し」とか「其通義権利を保護伸張せんと欲す」などの文言はあるにしても，自由民権論はやはり国権論に大きく傾斜していたことを指摘されている。安丸良夫「民衆運動における『近代』」『安丸良夫集』2，221 頁。
3) その後，多摩における西洋医学の導入についても研究が進んでいると思われるが，まとまったものとしては，さしあたり多摩文化研究会編「多摩の洋学」『多摩文化』第 23 号を参照。その後のものとしては，沼謙吉『武相近代史論集』，384-398 頁を参照されたい。
4) 岡村繁雄『草莽の譜』，57-58 頁。
5) 例えば，同上，39 頁を参照。
6) 色川大吉・江井秀雄「三多摩壮士の栄光の時代」『多摩史拾遺記』，4 頁。
7) 同上。
8) 筆者は，最近，かつて「絹の道」に面して立地しつつ，八王子―横浜間の絹取扱い業に従事した豪商小泉家の現在の当主小泉茂氏宅（八王子市鑓水）で，このとき農民に配られた銃の現物を見せてもらう機会にめぐまれた。同宅には，銃とともに長槍の実物も所蔵されており，商人でも武器を備えていた実態を見る思いであった。小泉茂氏宅を紹介し案内する労をとってくださった「柚木つむぎの会」の平野雄司氏に，ここに記して感謝申しあげる。
9) 本書に収録されている車田勝彦氏の論文，および本章「6．結びにかえて」における表 3-1 をも参照されたい。
10) ここに記した筆者の見解とほぼ同様の見解を，以下の冊子およびパンフレットにも見いだすことができる。日野市立新選組のふるさと歴史館『第 4 回特別展　新選組　その後――自由民権運動に仮託した多摩の思い――』，60 頁および同パンフレット，8 頁。「新選組や千人同心のあつい遺志は，その次世代を中心的担い手とする自由民権運動へと継承され，薩長藩閥政府の前に国会開設を求めて，再び噴出したのであった。」上記の企画は，新たな資料にもとづいて新選組の再評価をうながし，その後の歴史観によって固定化された新選組の見方と日本の近代史そのものの見方に「地域の視座」から再考を迫ろうとする狙いをもつものであった。冊子は，パンフレットとともに，その案内書として作成されたものであるが，貴重な情報を数多くふくみ，従来の常識にとらわれないで多摩における新選組と自由民権運動との関連を考えるうえでも貴重な示唆を与えてくれる。本冊子およびパンフレットを利用する便宜を提供していただいた笹原昭五中央大学名誉教授

11) 色川大吉『北村透谷』，71頁。
12) 勝本清一郎編『透谷全集』第3巻，167-168頁。
13) 以下の事件については，色川大吉氏の前掲書，87-89頁における的確・簡潔な記述を採用させていただくことにする。
14) すべての「激化」事件について論述されているわけではないが，最近の研究動向を示すものとして，高島千代・田崎公司編著『自由民権と〈激化〉の時代』をあげておく。なお，一連の「激化」事件については，それぞれ研究書も存在しているので，参照いただければ幸いである。
15) 色川氏によれば，この手紙は同年9月以降，11月15日までの間に書かれた。色川大吉，前掲書，76頁。
16) 『透谷全集』第1巻，389-390頁。
17) 色川大吉，前掲書，80頁。
18) 富松正安と加波山事件をめぐっては高島・田崎編著，前掲書，第6章を参照。また，やや以前のものになるが，桐原光明『加波山事件と富松正安』が便利である。
19) 色川大吉編『大矢正夫自徐伝』(ママ)，12頁。以下，必要な場合以外は『自徐伝』と略記する。
20) 『透谷全集』第1巻，390頁。
21) 『透谷全集』第3巻，198-201頁。
22) 同上，168頁。
23) これらの点については，さし当り小澤勝美編『透谷と多摩——幻境・文学研究散歩——』所収の同氏「〈補論〉『三日幻境』論——透谷の「希望(ホープ)」の故郷と民衆像——」における「透谷と民衆」の項，参照。また，短いが透谷についての鋭い分析をふくむ安丸良夫「透谷，あるいは精神の原風景」『安丸良夫集』6，136-138頁を参照されたい。なお，小澤勝美氏の透谷論として『北村透谷 原像と水脈』，1982年がある。参照されたい。ついでに記しておけば，対象を実世界と想世界とに区分したうえで，両者の関連を分析する方法は，きわめてカント（およびプラトン）的でさえあるともいえる。明治期日本においてそこまで思考を突きつめることができたことは特筆すべきことであり，透谷の卓越性を示すとともに，早すぎる近代的思考を身につけたことが彼の悲劇を生んだともいえる。
24) 筆者は，この両者は明治期日本の文学史においても特筆すべき位置をしめる作品であると考えているが，平岡敏夫氏によれば，それらは「近代日本の精神的革命者としての透谷の中核」をなすものとされている。平岡敏夫「北村透谷——近代日本の精神的革命者」『機』No. 274，18-19頁。なお，同氏の透谷論については，同氏『北村透谷』を参照されたい。
25) これらの点については，『自徐伝』に付された色川大吉氏の「解説　大矢正夫と

北村透谷」を参照。同「解説」はのちに『色川大吉著作集』第1巻に「敗残のナショナリズム——大矢正夫」として収録されている。

26) 『自叙伝』，35頁。
27) 同上。この箇所の記述により，非常手段による資金獲得が多摩地域以外でも行われたことがわかる。
28) 福田英子『妾の半生涯』，32-36頁。なお，福田英子については，少し古いが村田静子『福田英子』が簡便である。
29) 以上の記述は，おおむね『自徐伝』第2篇による。
30) ただし，大阪事件にともなう公権剥奪は，代議士石阪昌孝，星亨の尽力により，明治30（1897）年回復された。石阪は横山内務大臣に働きかけ，星が清浦司法大臣を動かしたことによる。その折，加波山事件，静岡事件，鶴川事件の3件にともなう公権剥奪も同時に回復されたといわれている。『自徐伝』，141頁。
31) 同上，53-54頁。
32) 同上，57頁。
33) 明治23（1890）年6月9日付の「御願書」および「請願趣意書」同上，50-53頁。
34) 以上，同上，74-75頁。
35) 同上，77-78頁。
36) 同上。
37) 同上，100-106頁。
38) 同上，109頁。
39) 町田市立自由民権資料館『村野常右衛門とその時代』，20頁。
40) 『自徐伝』，199頁。
41) 同上，179-180頁。
42) 同上，188-190頁。
43) 同上，198頁。
44) 同上，195-197頁。手記の末尾に「大正13年5月ノ総選挙ニ際シテ，切ニ感ズル所アリテ此論ヲ作ル。」と記されている。
45) 同上，200-202頁に収録されている。末尾に「大正14年春」とある。
46) 多摩の民権家壮士についての概説としては，佐藤孝太郎『三多摩の壮士』，および前掲『多摩史拾遺記』における「1　三多摩壮士について」が便利である。とりわけ，後者の項目に収録されている「座談会『三多摩壮士』を語る」には，関係者の発言がふくまれ，大変興味深いものである。
47) 色川大吉『流転の民権家　村野常右衛門伝』第2部第5章，を参照されたい。
48) 同上，第2部第5章の表題。
49) 丸山真男「忠誠と反逆」『丸山真男集』第8巻，219-220頁。
50) 彼は『自徐伝』において，「余が心魂を籠めたる刀剣」として，関東大震災の折

り焼失した銘入りの刀剣を10振り以上も列挙している。『自徐伝』，171-172頁。
51) 大矢の性格について，透谷の妻美那子（ミナ）がのちに次のように語っているのは有名である。

「……透谷が一番心を開いて交って居ました友人は大矢正夫さんと云ふ方でした。その方は眞實水よりも淡いと云ったような方でした。」北村美那子談「『春』と透谷」『透谷全集』第3巻，附録，8頁。

大矢が私利にとらわれない，きわめて淡泊な性格であったことが語られている。透谷が心を開いて大矢を信頼し愛したのも，大矢の私利にとらわれない性格によるところが大きかったことが示唆されているように思われる。
52) 福沢諭吉「学問のすすめ」（明治4-9（1871-1876）年）第3編，『福沢諭吉著作集』第3巻，27-34頁。
53) こうした主張が「通俗民権論」の結論であった。彼がいかに各人の自律および独立にとってこれら4項目の均衡のとれた存在を重視していたかがわかる。福沢諭吉「通俗民権論」第8章，『福沢諭吉著作集』第7巻，137-139頁。
54) 透谷が明治18（1885）年秋に大矢から強盗計画に参加するように求められたとき断わり，民権運動から離脱した根底には，一連の「激化」事件による「世運傾頽」の認識があったことはすでに見たところであり，一般にもそのように解釈されているようである。しかし，それは外的要因であって，それのみに帰すことはできないだろう。外的要因は無視しえないにしても，透谷にとってむしろより重要だったのは内的要因，つまり内面的な自律の模索だったのではないだろうか。その点こそ，彼の以後の諸作品が示している点だと思われる。
55) かつて自由民権運動に参加した紅一点の景山（福田）英子が，その後，社会主義へとむかっていったことは周知のところであるが，明治期の代表的な社会主義者幸徳秋水が，自由民権運動を担った自由党の変質をどれほど痛恨の思いで見ていたかを示すものとして，『萬朝報』に掲載された論説「自由黨を祭る文」「自由黨の解黨」等を見られたい。『幸徳秋水全集』第2巻，に所収。

参 考 文 献

基本文献

色川大吉編『大矢正夫自徐(ママ)伝』，大和書房，1979年。
勝本清一郎編『透谷全集』（全3巻），岩波書店，1950-1955年。

一般文献

色川大吉・江井秀雄「三多摩壮士の栄光の時代」『多摩史拾遺記』，東京都府中市役所，1972年。
色川大吉『明治の文化』，岩波書店，（1970年），1974年。

第 3 章　多摩の自由民権運動と三多摩壮士にかんする覚書　77

色川大吉『流転の民権家　村野常右衛門伝』，大和書房，1980 年。
『色川大吉著作集』，筑摩書房，第 1，2，4，5 巻，1995-1996 年。
色川大吉『北村透谷』，東京大学出版会，(1994 年)，2007 年。
岡村繁雄『草莽の譜――五日市憲法とその周辺』，かたくら書店，1987 年。
岡村繁雄『透谷の風景』，かたくら書店，(1989 年)，1990 年。
桶谷秀昭『北村透谷』，筑摩書房，1981 年。
桶谷秀昭・平岡敏夫・佐藤泰正編『透谷と近代日本』，翰林書房，1994 年。
小澤勝美『透谷と秋山国三郎　附　秋山竜子句集「安久多草紙」』，清水工房，1974 年。
小澤勝美「『三日幻境』論――透谷の「希望(ホープ)」の故郷と民衆像」『透谷と多摩』，法政大学多摩地域社会研究センター，1977 年。
小澤勝美『北村透谷　原像と水脈』，勁草書房，1982 年。
北村美那子「「春」と透谷」，「透谷の晩年と其言行」『透谷全集』，岩波書店，第 3 巻，附録，1955 年。
桐原光明『加波山事件と富松正安』，崙書房，1984 年。
幸徳秋水「自由黨を祭る文」「自由黨の解黨」『幸徳秋水全集』，明治文献，第 2 巻，1970 年。
坂野潤治『日本憲政史』，東京大学出版会，(2008 年)，2009 年。
佐藤孝太郎『三多摩の壮士』，武蔵書房，1973 年。
高島千代・田崎公司編著『自由民権と〈激化〉の時代』，日本経済評論社，2014 年。
多摩文化研究会編「多摩の洋楽」『多摩文化』第 23 号，1972 年 12 月。
東京都府中市役所編『多摩史拾遺記』，東京都府中市役所，1972 年。
沼謙吉『武相近代史論集』，揺籃社，2013 年。
日野市立新選組のふるさと歴史館『第 4 回特別展　新選組　その後――自由民権運動に仮託した多摩の思い――』，および同パンフレット，日野市，2009 年。
平岡敏夫「北村透谷――近代日本の精神的革命者」『機』，藤原書店，No. 274，2015 年 1 月。
福沢諭吉「学問のすすめ」『福沢諭吉著作集』，慶應大学出版会，第 3 巻，2002 年。
福沢諭吉「通俗民権論」「通俗国権論」『福沢諭吉著作集』，慶應大学出版会，第 7 巻，2003 年。
福田英子『妾の半生涯』，岩波書店，(1958 年)，1968 年。
牧原憲夫『民権と憲法』，岩波書店，(2006 年)，2008 年。
町田市立自由民権資料館『村野常右衛門とその時代』，町田市教育委員会，2012 年。
松尾章一『増補・改定　自由民権思想の研究』，日本経済評論社，1990 年。
丸山真男「自由民権運動史」『丸山真男集』，岩波書店，第 3 巻，1955 年。
丸山真男「忠誠と反逆」『丸山真男集』，岩波書店，第 8 巻，1996 年。
村田静子『福田英子』，岩波書店，(1959 年)，1996 年。

村田静子・大木基子編『福田英子集』，不二出版，1998年。
安丸良夫「民衆運動における『近代』」『安丸良夫集』，岩波書店，2，2013年。
安丸良夫「透谷，あるいは精神の原風景」『安丸良夫集』，岩波書店，6，2013年。
米原謙『植木枝盛』，中央公論社，1992年。
米原謙『徳富蘇峰』，中央公論社，2003年。
渡辺奨・鶴巻孝雄『石阪昌孝とその時代』，町田ジャーナル社，1997年。

第 4 章

武相の自由民権運動と透谷
——八王子市川口地域などでの実地調査にかんする報告を兼ねて——

笹 原 昭 五

1. 北村透谷にとって川口村は——序に替えて

　今日，本学関係者などが実地調査場所になった八王子市川口地域へ行く方策を示してほしいと要望されたとすれば，とにかく京王，あるいはJR八王子駅前のバス乗り場へ行って，川口方面に向かうバスに乗り，目的地点に近い停留場で下車しなさい，とお答えすることになるであろう。しかし電車やバスが存在しない明治初年においてはどうしたか，と問い直されるようであれば，わたくしは文人，ないしは社会運動家北村透谷においては，当人の著名な随想録「三日幻境」のなかで，つぎのような文章に綴られているような，一寸した旅をしてようやく「川口村」に辿り着いた，と申上げたい。(引用文中の〔　〕内はわたくしの注記。以下も同様。また片仮名のルビは原則としてわたくしの付記。)

　「この 境 〔川口村森下〕，都を 距 ること遠からず，むかし〔初回と第二回目に〕行きたる時には〔全行程が徒歩での旅だったので〕幾度か鞋の紐をゆひほどきしけるが，今〔第3回時，つまり明治17 (1884) 年のさい〕は〔甲武鉄道蒸気汽関車の〕汽笛一声　新宿を発して，名にしおふ玉川〔現在は多摩川と書くことが通例になっている〕の 砧 の音も耳には入らで，〔八王子で下車した後は，人力車で甲州街道を進んで〕旅人の行きなやむてふ小仏の峰に近きところより右に折れて，〔五日市街道の〕数里の山径もむかしにあら

で腕車〔つまりかつては徒歩で行った時とは違って今回は人力車で走行したので，車夫〕のかけ声さまじく，月のなき〔夜中の〕桑野原〔を〕，〔当初，来訪したときから数えて〕七年〔来〕の夢を現にくりかへして，幻境に着きたる頃は夜も既に十時と聞きて驚ろきたり。この幻境の名は川口村字森下，訪ふ人あれば俳号竜子と尋ねて　我が老畸人を音づれ〔るも〕よかし。」1)

　この文章中の「川口村森下」は現在は八王子市上川町森下であって，今だに電車の便はなくともバスの停留場ならば存在するので，その気になりさえすれば気安く出向くことができるが，そこに降り立てば市中心部の騒音は遠のいて辺りには青々とした草木が満ち，ゆるやかに続く丘陵も遠望できるから俗界の雑事で疲れた人びとならば，ここはまさしく別天地と感じるであろうが，透谷はべつにそうした風景を期待して一日懸りで八王子市の在郷　森下を訪れたわけではない。しかし，そこを「幻境」，あるいは「希望」2)の地として懐かしんだことは江湖で有名になっており，またそうした賛美の由来として「わが幻境は彼〔竜子，本名は秋山国三郎〕あるによりて幻境なりしなり」，と注釈したこともよく引用されている。

　しかし，そうしたことはともあれ，どのような理由があって，そうした史実が重要になるのか，と問われれば，わたくしはその逸話には当時の社会情勢，加えてこうした世相のなかでの秋山国三郎や透谷の心情がそれとなく語られているからであろう，と答えたいし，そのさいに注目している社会情勢の実状は何か，と問い詰められれば，ひとつは明治10年代の経済界の実態と施策，さらにもうひとつとして，これに起因する社会運動，具体的に言えば自由民権運動の昂揚が挙げられるべきであろう，と考えている。第25回中央大学学術シンポジウム「東京・多摩地域の総合的研究」の一環として，八王子市の歴史，とりわけ明治初年の自由民権運動を研究課題に選んだわれわれがあえて旧川口村を実地調査対象とした所以もまさしく，ここにある。こうした次第でわたくしは先ずもって，当該期における多摩西北部とその周辺における当該運動の推移を概説し，その後で，われわれの実地調査の内容

やそのさいにえた認識などについて順次，説明を進めていく，という所存である。

以上に記したごとく，われわれの実地調査は旧川口村とその周辺の自由民権運動関連の史跡，具体的にいえばそれにかかわる人物の墓地や碑を確と見て，今に伝わる歴史の煙霞をわずかながらも肌で感ずることであった。もっとも史実は忽然と現われたわけではなくて，それが辿る歴史の流れにうながされて登場した，と考えなければならないであろう。とすればこうした流れを感じながらそうした事物を拝観する，という心構えが必要になる。すくなくともわたくしはそう判断しているので，個別の史跡の説明にはいるまえにその底流となった歴史を展望する。なお，ここでは明治初年の状況が考究の対象になるのだが，そうした実情もそれ以前の歴史が尾を引いている。そこで説明にさいしては，もうすこし以前，具体的には幕藩体制末期の出来事から説明を始めるようにする。ところで，記述はおおむね武蔵と相模（つまり武相）の近接地帯（前者の場合は多摩地域）を対象とするけれども，必要と判断した場合には他地域における事柄も加える。なお，記述の方法としては幕末から日清戦争勃発期までを3期に分けて，それぞれにかんしては先ず年譜，次いで当期の出来事の解説を書くが，われわれが特段に関心をもっている明治十年代後期以降にかんしては，次いでふたつの節を設けて本稿の重要関係人，つまり北村透谷・秋山国三郎そして大矢正夫の足跡と，透谷にかんしてはさらに文献についての追補を記述し，最後はわれわれが実行した実地調査に係わる事柄を調査報告として付記する。

2. 幕末期から明治初年の西南戦争期まで

〔年　譜〕

文久3（1863）年

2月　前年暮に清川八郎の献策で募集した浪士組（近藤　勇や土方歳三

らの多摩郡出身者をふくむ）が京都に向けて出発。
3月　京都に着いた後，清川は方針を変更して帰東を決定。近藤らはそれに反発して京都に残留し，清川と対立。次いで同年7月，新撰組（現在はしばしば新選組と記されている）を結成。

文久4 ──改元後は元治1（1864）年
　8月　幕府が第一次長州征討を発令。

元治2 ──改元後は慶応1（1865）年
　4月　幕府が第二次長州征討を発令。

慶応2（1866）年
　6月　武州一揆勃発。しかし八王子組合農兵や五日市組合農兵によって鎮撫される。
　7月　幕府　第二次長州藩征討発令。
　8月　将軍　徳川家茂の死去（7月）にともなって徳川慶喜がその職を継ぎ，長州再征の中止を上奏。
　9月　家茂の後を継いだ将軍慶喜は解兵を奉請して休戦の沙汰を得，10月末までに撤兵完了する。

慶応3 ──改元後は孝明1（1867）年
　10月　長州・芸州出兵を盟約。
　11月　将軍慶喜は大政奉還を上奏。

慶応4 ──改元後は明治1（1868）年
　1月　王制復古の大号令下る。同月，鳥羽伏見で幕府軍と反幕軍が交戦して戊辰戦争が起きたが，幕府軍は敗退し，慶喜は大阪から海路，江戸に向かう。新撰組も帰京。新政府（明治政府）が慶喜追討令を出す。
　3月　近藤　勇は甲陽鎮撫隊をひきつれて江戸を出発し，甲府に向かったが，甲州勝沼で東征軍と交戦することになって敗退し，江戸にもどる。この間，八王子同心は同所に入った東征軍に降伏誓書を提出。また日野宿名主　佐藤彦五郎は春日隊を組織して甲陽鎮撫

隊の後を追ったけれども，同隊敗走の報を受けて立戻り，一時は反政府的活動にたいする処罰を恐れて潜伏したが，幸い許しをえたので帰宅。

　また，慶喜は同月，上野　寛永寺へ閉居。しかし，渋沢成一郎らの旧幕臣は彰義隊と結成して上野に立籠り，佐幕派の八王子千人同心もやがて参加。

4月　近藤　勇，下総流山で総督府に降服し，やがて板橋宿で斬首の刑を受けた。また，同月，八王子千人同心頭（千人同心の最高責任者）石坂弥次右衛門義礼は日光の支配地を抵抗せずに官軍に引渡した責任を負って八王子で自刃。

5月　慶喜，江戸城を新政府に引渡して，自らは水戸へ蟄居。

6月　仙台藩など奥羽25藩は同盟を決議。のち長岡藩などの6藩も加わる。

7月　新政府軍，上野の彰義隊を撃破。他方，朝臣派（新政府側）の八王子同心は甲州府兵として護境隊を結成したが，その後，解隊。

10月　会津若松城，政府軍の攻撃を受けて開城し，奥羽，越後諸藩の抵抗はすべて終る。

明治2（1869）年

6月　新政府軍，函館を総攻撃し，やがて五稜郭の反政府軍も降服したので，反政府軍の活動はおおむね終息。なお，この間，函館政権の首脳部の一人になった土方歳三は戦死した。

7月　版籍奉還

明治3（1870）年

1月　武蔵野新田12か村の農民，社倉問題で門訴したが，政府軍によって弾圧された。

2月　萩藩奇兵隊の脱隊者が萩藩庁を包囲したけれども鎮圧された。

明治4（1871）年

　この年，多摩郡と高座郡は神奈川県に編入され，それ以降，1893年

まで続く[3]。

明治5（1872）年

　9月　新橋と横浜の間に鉄道開通。

　10月　甲州街道馬車会社（東京と八王子間を営業区間とする）の設立が認可された。

明治6（1873）年

　7月　地租改正条例公布。

　10月　陸軍大将　西郷隆盛が参議辞職。

　11月　五日市勧能学校創立。初代校長には仙台藩出身の永沼織之丞が就任。

　　　　この年から千葉卓三郎（校長と同様に仙台藩出身）が五日市に出入りし，勧能学校でも教鞭を執り始めた。

明治7（1874）年

　1月　副島種臣や板垣退助ら8名が民選議院設立建白書提出。

明治9（1876）年

　10月　熊本で神風連の乱，つづいて山口でも萩の乱起きる。

　　　　なお，この年，八王子では萩原彦七が機械製糸場を創立。

明治10（1877）年

　1月　西郷隆盛の指導を受けた鹿児島私学校生徒が同地の造船所を占拠して，西南戦争勃発。

　9月　西郷が自刃し，西南戦争終わる。

［解　説］

　さて，ここでひとまず世情の説明区切りを附けることにして，そうした出来事の底流となった事態を要約することにしたいのであるが，かくなれば幕末から明治初年にかんしては貧民層の不穏な動きに着目しなければならないであろう。その具体例は慶応2（1866）年の武州一揆であるけれども，こうした状況の根因はなにか，と尋ねられたとしたら，わたくしは天候不順による

大凶作のために物価が暴騰して庶民が生活苦に喘ぐようになった点を強調したい。事実，この頃は多摩に限らずに全国で暴動や打壊しが頻発している。

そうなれば自ずと支配層は鎮静，ないしは抑圧に努めざるをえなくなるけれども，多摩の場合は大名ではなくて幕府直轄の代官所，ないしは準士族の八王子同心の配下に置かれていたため村方の有力者となっていた帰農士族あるいはそれに準ずる者や八王子同心にその任務を担わされたことが特徴になっている。したがって前記の農民騒動にたいしては，そうした村方の支配層が組織した農兵隊[4]や八王子同心がその任に当るという状態になっていた。したがって，紛争時においては，おなじ農民同士（八王子同心も日常的には農民であったので，かれらも加えて）が鎮圧されたり，それをするというような理不尽な事態になったことが強調されなければならないであろう。

しかしながら，そうした苦肉の策でいちおうは事態を収拾しても，社会不安の根因が除去されたわけではない。事実，士族――少なくとも下級士族は――同様に物価高に喘いでいたから，こうした経済情勢のなかで，外国貿易問題とからんだ開国論が台頭したり，下級士族が藩界を越えて蠢動するなかで，幕藩体制自身も危機に直面することになった。その最たる結果が長州征討の末路であり，ついに将軍も大政奉還さえ上表するに至ったのである。

もっとも，徳川幕府の総元締があっさりと自分の退任宣言をおこなっても，長年にわたって幕府の組織内に自己の地位を固めて生活の計もそれに支えられていた旗本などの下臣団の場合にはおいそれとは時流に追随できない。そのため江戸城が新政府に明け渡されても，江戸などの強固な反新政府分子は例えば彰義隊を組織して上野に立籠ったし，八王子同心も総体としては将軍の方針に従って，守備地の日光を新政府に引渡して八王子に帰着しても，そうした方針を決断した八王子同心首脳への不満も激しく，そのため最高責任者が割腹自殺までおこなって陳謝せざるをえなかったし，一部の同心は武力抗争も厭わずとして彰義隊に加入している。また，もともとは幕府配下の正規の勢力でなかった新撰組や関連農兵もその政治面の混乱に乗じて権域を固めようとしてか，甲陽鎮撫隊と名乗って，あげくの果ては新政府軍と抗戦す

るまでに至ったが，いずれも政府軍に敗れて，むなしい反抗にとどまった。同じような事態は反新政府側の東北諸藩の場合においてもみられたが，長岡や会津などでの攻防戦に敗れて，旧士族は新政府の時勢下で生活さえ困窮する有様となった。

　こうした経緯を経て新政府は曲なりにも新政権として足場を固めはしたけれども，その内面では反幕の旧大藩，とりわけその新進中級士族の権力に依拠し，しかもそれら大藩間でも終始，所見が調和していたわけではない。その現れの最たるものは西南戦争であったといえるであろう。しかし新政府は強力な財政手段や新興の財界勢力の助けを得て乗り切ったし，戦後におきた下級軍人の不平の高まりも直轄部隊の武力によって鎮撫したので，明治政府は甘んじて新興国家としての態勢固めやそれにともなう施策を推進することになり，「大日本帝国憲法」，つまり明治憲法，ならびに新議会制度の検討を開始して，さらには朝鮮半島進出に向けての蠢動を推進するという情況になっていった。その点は次節で説明する推移を見れば明確になってくるであろう。

3. 西南戦争後から自由民権運動への弾圧期まで

〔年　譜〕

明治11（1878）年

　　1月　千葉卓三郎は西多摩郡の大久野東学校の教員に就任。

　　5月　石坂昌孝(まさたか)[5]，村野常右衛門[6] らが南多摩郡の有名人の賛同をえて責善会を結成。

　　8月　近衛砲兵が反乱（竹橋事件）。

　　　　　同月，千葉卓三郎は西多摩郡草花村の開明学校の教員になったが，かれはこの頃，川口村の上川口学校でも教壇に立って歴史学を教えている。

10月　東京嚶鳴社（自由民権運動関連の政治結社）設立される。
11月　真土村事件（質入地の土地所有権問題が発端）が発生。

明治12（1879）年
3月　第一回神奈川県会議員選挙　南多摩郡では石坂昌孝らが当選。

明治13（1880）年
1月　八王子で第十五嚶鳴社設立。
2月　第三回地方官会議で国会開設問題を討論。
4月　千葉卓三郎、五日市に定住し、勧能学校の助教に就任。この頃、五日市嚶鳴社が設立され、また五日市学芸懇談会も正式に発足した。
6月　相州7郡（鎌倉郡など）が国会開設建言書を元老院へ捧呈。
12月　神奈川県武蔵6郡（三多摩など）懇親会が府中で開催され、石坂昌孝、千葉卓三郎などが出席。なお、この年には神奈川県下で結社の動きが活発化し、演説会も頻発した。

明治14（1881）年
1月　府中で有志の懇親会が開催され、自治改新党発足。
同月　原町田で武相懇親会（第一回）が開かれた。
4月頃　西多摩郡五日市地域で憲法草案起草のための学習会や討論会が活発化し、五日市学芸懇談会関係者内では千葉卓三郎[7]が中心になって「日本帝国憲法」[8]（現在では「五日市憲法」と通称されている）を脱稿。
10月　千葉卓三郎、五日市勧能学校の二代目校長に就任。
11月　石坂昌孝に主唱されて融貫社（自由民権運動の結社）結成の動きが始まり、村野常右衛門らも発起人となった。

明治15（1882）年
4月　板垣退助が岐阜で襲われたので、深沢権八らは上京し、帰京して入院中の板垣を見舞った。なお当人が刺傷を負ったさいに「板垣死すとも自由は死なず」と言ったというエピソードは有名であ

る。
　7月　融貫社幹部の石坂昌孝は社員20余名を率いて自由党に加盟。
　　　　なお，同年秋に，千葉卓三郎は『王道論』を脱稿した。
　8月　川口村に松崎系天然理心流（近藤　勇の流派とは別系統）の道場が開設される。
　12月　大矢正夫は高座郡鶴馬村の鶴馬学校へ転勤明治17（1884）年1月まで在勤）。

明治16（1883）年
　2月　村野常右衛門や石坂昌孝らは南多摩郡野津田村に凌霜館を開設。
　3月　北村透谷は神奈川県会の臨時書記となる（同年5月まで）。
　5月　南多摩郡鑓水村の道了山で村野常右衛門が会主となって県会議員慰労会が開かれ，石坂昌孝らが出席。
　7月　北村透谷は富士山への登山のため八王子を通過したが，そのさい川口村の秋山国三郎邸を訪ねた。この時点ではかれはこの地を「幻境」と認識するまでには至らなかったけれども，結果的には当人にとって初回の「幻境」訪問になった[9]。そうしたことはともあれ，この時に見た八王子などの見聞録や富士山での思考は帰宅後，「富士山遊びの記憶」として記述され，それは同人の優れた素質を証明する著述として高く評価されている。ただしそうした事態は後日の事柄であって，当時は出版されずに終わった。
　11月　千葉卓三郎病死。

明治17（1884）年
　1月　大矢正夫は教職を辞して上京して静修館に入り，同館で北村透谷の知己となる。しかしその後，透谷の扶助を受けて横浜へ転居。
　3月　大住・足柄上郡の困民が七国峠に集合，そのあと相州南西部へ騒擾拡大。
　6月　大矢正夫，病気のため平野友輔の紹介で南多摩郡川口村の秋山栄太郎家へ移転し，上川口学校で教鞭をとる（翌年2月まで）。なお，

その時点から10月までの間に，透谷がおそらくは病気見舞のために同家へ行き，大矢に会ったが，これは透谷の第二回目の「幻境」訪問になった。

8月　八王子の困民などが御殿山に参集。それにたいして警察署長は解散を命じた。しかし，それに服しない224名が拘留された。また，同日，津久井郡の困民党も小比企村で警官隊と遭遇して同郡中沢村におもむいて総代らが交渉をおこなった。

　　　同じころ，板垣自由党総理が八王子に来て，石坂昌孝ら開催の懇親会に出席し，その後，五日市方面におもむいた。

9月　当時はすでに，石坂昌孝らの仲裁活動もおこなわれていたにもかかわらず，八王子警察署は多摩北部困民党の拠点になっていた塩野倉之助宅を急襲して書記の町田克敬を引致し，書類や盟約書を押収した。その後，それに怒った南・北・西多摩郡の村民が町田の釈放を求めて同警察署へ押しかけたが，逆に逮捕された。

　　　また，こうした動きの中にあって多摩北郡困民党も西多摩郡中野村（現在の八王子市中野町）明神山の子安神社で決起し，さらに南部の困民党は御殿峠に結集して，南北の困民党の連合を計ろうとしたけれども，警察側には増援部隊も到着する有様となったので解散せざるをえなかった。しかるにかような動きの係累者として南多摩郡谷野村の須長漣造宅へ警官隊が踏み込んだ。

　　　なお，同月，福島県においては同地の自由民権運動の弾圧に務めた同県県令　三島通庸への報復を企図して一部の活動家が加波山で蜂起したけれども，全員が逮捕され，その後，関係者が死刑や無期徒刑の判決を受けたことは加波山事件として有名である。

10月　この頃，石坂公歴（まさつぐ）らの神奈川県の在京民権運動家が読書会グループを結成したが，そこには後に透谷も出席している。他方，自由党は大阪で党大会を開き，解党を決定した。なおこの会には石坂昌孝が出席した。

しかし，そうした自由党の動きに抗するがごとく埼玉県秩父郡では同月，負債返弁の軽減を求めて，武器さえ帯した蜂起が断行され，大事件（秩父事件として有名）になったが，県当局が憲兵隊も混えて鎮圧に努めたので，参集した困窮農民も解散を余儀なくされた。もっとも，一部の人びとは中仙道を敗走しながらも抵抗をつづけて長野県まで至り，飯田事件にも関与している。なお，こうした負債返弁騒擾は全国に渡っていて，その数は60余件に達する，と言われている。

12月　明治18（1885）年2月までの間に，透谷は第三回目の「幻境」入りをおこなったが，この頃は大矢はすでに秋山国三郎邸へ居を移していたので，透谷，大矢，そして国三郎が揃って昼夜を過すことになった。なお，その後（明治18（1885）年10月ころ）第四回目の「幻境」入りをおこなったという説があるけれども，わたくしはそれとは違った見解をもっている。ついては後の説明を参照してもらいたい。

［解　説］

さて，以上のような推移を理解するためにはその底流となった経済界の状況は抜きにできない。具体的にいえば，いわゆる「松方デフレ」によって景況が悪化し，農村も苦境にあえぐようになったことがそれである。その通称は周知のごとく，明治14（1881）年に松方正義が大蔵卿に就任し，西南戦争に端が発した通貨膨張を逆転させて，整理に努めた結果として物価・金利の低落傾向，つまりデフレが発生したことに由来しているが，通貨増発によるインフレも確かに経済界を混乱させけれども，他方では茶・生系などの輸出増大で潤うというような一面もあったので，社会不安をひき起こすまでには至らなかった。しかし通貨の増大はもともとは西南戦争という異常事に由来する以上，いずれは政策転換をやらざるをえない。かような判断のもとで松方が起用され，かれの持論にしたがって殖産興業策と併行してデフレ政

第4章　武相の自由民権運動と透谷　91

策が断行された。しかし，インフレでようやく活路を得たと夢想した庶民にとってはそれまでとはうって変って，米や生糸などの自家製品の値下りに苦しむうえに，インフレ期に借り入れた借金の返済に苦慮せざるをえない，ということで，その窮状を和らげてもらうべく，集会をしたり，集団を組んで陳情に努めた，という次第であるが，年譜を参照すれば，その実状を垣間見てもらえるであろう。

　なお，ついでながら付言するけれども，こうした状況は多摩郡には限られない。例えばその範囲を越えた場所でもっと大規模，ないしは激烈な事件も起きていた。秩父事件や加波山事件がそれである。こうした次第で年譜にも加えるようにした。ただし，同じ農民騒動ながらも，その内実には注意すべき点も介在している，とわたくしは思っているが，かような相違は多摩地域の地理的，ないしは社会制度上の特徴に由来しているかもしれない。その点を具体的に説明すると，多摩，あるいは，江戸（ないしは東京中心部），あるいは外国文明の流入地域であった横浜に近接していたため，外国の近代思想に触れる機会にめぐまれていたこと，さらに後者にかんしては江戸近辺という地理的特徴のせいで，天領あるいは旗本領が広く分布し，そのため上意下達の持場支配の側で，名主，ないしは地場の有力者の意向さらには責務の重さが高まるという事態が現われたのではなかろうか，とわたくしは推測している。なにはともあれ，こうした訳でつづいては，かような事態を反映していると思われる史実を補足として加筆する，としよう。

　ついては年譜中で，唯今，外国の近代思想影響にかんしてあれこれ述べたことに関連する実例として，近年，自由民権思想興隆の現れとして注目されるようになった「五日市憲法」の附随事項を挙げたので，つづいてはそれにまつわる史実を若干ながらも書いておこう。その場合にはなにをさておいても，同憲法の記述者，千葉卓三郎とその活動を支え，さらにそれが記述された文書を保管して現代に伝えた旧五日市村深沢の名主役を務めた深沢家の人びと，具体的に言えば深沢名生・権八親子にかんして若干なりともふれておくべきであろうと判断されるので，まずはその点にかんして説明しよう。千

葉については戸籍上では平民扱いされているけれども，それは不幸な家庭事情に起因する事柄であって，本来は下級藩士にとどまるとはいえ，歴とした士族の一員を父とする人物であり，したがって仙台藩の藩校で教育を受け，戊辰戦争時には同藩所属の戦士として実戦にさえ参加していることに言及しなければならないであろう。もっとも，仙台藩は明治政府に反抗した側であったため，その後の人生行路には苦労をともなうようになってか，こうした新政府の行政にはおめおめと追随しなかったが，かような側面は後で論評する秋山国三郎や北村透谷などと共通するところであることを序でながら付記しておこう。

　なお，「五日市憲法」はたしかに注目されるべき自由民権史上の産物であるけれども，それが五日市で忽然として出現したわけでないことも承知されなければならない。その点は同「憲法」は，田口卯吉らが中心となった立憲改進党組織の嚶鳴社(オウメイ)の憲法草案を入手し，参考にしたという史実を踏まえればあきらかになるけれども，さらにその流れを汲む組織（第十五嚶鳴社）が八王子に設立されたこと，また同社にたいする規制に抗して発足した武相懇親会には村野常右衛門や石坂公歴（後で詳説する）らの武相7郡の名望家や若手豪農が加入していたことも注意されるべきであろう。

　ところで，そうした地元豪農の活動は学識面だけではなくて，不況下の窮民の地租減免嘆願の取りまとめや，さらに——おそらくは——窮乏者への資金援助面で重大な役目を担当したことも忘失されてはならない。このような事実を裏付ける史実として，年譜に挙げた明治17（1884）年の川口困民党事件のさいには下川口村名主の塩野倉之助宅へ集納されていた減免嘆願書が警官隊の目的となって，それが押収されたことや，そのさいにそれにかかわる事務処理をやっていた下役が八王子署に引連れられたことを不当として同署へ地元民が向ったさいには塩野が事実上，リーダーの役割を演ずることになった点などを参考事項として挙げておく。

4. 自由民権運動の衰退期から日清戦争期まで

〔年　譜〕

明治18（1885）年

　1月　武相困民党の嘆願委員の須長連造ら神奈川県の大書記官宅を訪ねて交渉し，また県令邸にもおもむいたけれどもかえって解党を強要された。

　　　　また，同月，深沢権八らの西多摩郡有志は「国会開設期限短縮建白書」を元老院へ提出した。

　3月　大矢正夫は，南多摩郡川口村の川口学校での教職を辞任して，本所柳島の有一館に入館。

　4月　石坂昌孝，村野常右衛門らの南多摩郡の有志が「国会短縮議建白」を元老院へ提出。また同月，景山英子らが後の大阪事件の根因になる「朝鮮革命計画」のための資金集めを開始している。

　6月　北村透谷は石坂公歴（まさつぐ）（石坂昌孝の子息で，同人の娘ミナの弟）とともに鶴川村の石坂昌孝宅に行って滞留。また同月，大矢正夫らの有一館生は大井憲太郎らから「朝鮮革命計画」に絡む強盗の実行を求められ，数日間，悩んだけれども結局は同意している。

　7月　大矢らは当初，高座郡栗原村での強盗を計画したが，失敗したので，つづいて愛甲郡役所の公金奪取も目論んだ。しかしこの計画も未遂にとどまった。そうしたことがあってか，さらに愛甲郡上荻野村で強盗を決行した。ただし，それによる収益はわずか銭19円と風呂敷1枚にすぎなかった。

　9月　北村透谷は東京専門学校英文科に再入学。

　10月　大矢正夫らは高座郡座間入谷村戸長役場に押入って今度は公金1,172円80銭を奪取し，その大金は大井に進上された。

　11月　大井憲太郎と大矢らは同上事件関連の「朝鮮革命計画」実行の

ため渡韓を企て，東京を出発したけれども，大井らは上記事件（大阪事件）の責任者として大阪で捕縛され，同日，大矢らの渡韓要員も長崎で逮捕された。

明治19（1886）年

6月　荻島信吉が八王子織物組合を設立。

12月　石坂公歴は渡米し，その前後にアメリカに行った同志らと組んでサンフランシスコなどにおいて，天皇および日本政府にたいする批判活動を実行した。

明治20（1887）年

7月　北村透谷は石坂公歴に会うため本郷竜岡町の母経営の葉茶屋（大阪事件後における父，石坂昌孝の隠れ屋敷）へ行き，共立女学校卒業後の石坂ミナ（美那子）に会い，相思相愛の仲になる。

9月　石坂公歴らはカリフォルニア州オークランドで週刊新聞『新日本』発刊。

また大阪事件第一審の判決が下り，村野常右衛門は軽禁錮1年，大矢は軽懲役6年の刑罰を受けることになった。

明治21（1888）年

2月　石坂公歴ら刊行の『新日本』紙が日本で発売禁止となる。

3月　透谷は数寄屋橋教会に入会。

4月　透谷は野津田村の石坂昌孝家を訪問。

11月　透谷と石坂ミナは数寄屋橋教会でキリスト教に則って結婚式を挙行。

明治22（1889）年

2月　帝国憲法の発布と衆議院議員選挙の公布が実施され，大阪事件による在監者などが大赦を受ける。

4月　透谷は『楚囚之詩』を自費出版。

7月　石坂昌孝が県下1市14郡の有志代表となった神奈川県倶楽部が元老院に条約改正中止建白書を提出。

11月　八王子町で全国壮士政談演説会が開催された。

明治23（1890）年

 1月　再興の自由党が結党式を挙行（ただし8月には解散）。

 7月　第一回衆議院選挙が実行され，神奈川県第三区（西，南，北多摩郡）においては石坂昌孝（自由党）らが当選。

11月　帝国議会開会。

明治24（1891）年

 5月　透谷は『蓬莱曲』を自費出版。

 7月　在米日本人愛国同盟機関誌『自由』の日本への輸入が禁止さる。

12月　大矢は特赦で出獄。

明治25（1892）年

 2月　大矢は南多摩郡野津田に迎えられ，青年の指導にあたると同時に，前記の特赦のせいで野津田学校の小使という肩書に甘んじながらも，教鞭もとった。

 3月　鶴川村の医師が自由党壮士によって殺害され（大須賀事件），村野常右衛門と大矢はその首謀者として取調べを受けた。

 3月　透谷は日本平和会機関誌『平和』の編集主筆に就任。

 4月　自由党大会が芝公園内の事務所で開催される。

 6月　石坂昌孝らの在京自由党代議士は現今の自由党組織のもとで活動することを決議。なお，大井憲太郎はその数日後，自由党を脱党。

 7月　透谷は川口村森下の秋山国三郎家を訪問し（7月29日），また，両人は2日後，八王子町に宿泊した後，高尾山に登ったが，その後，さらに鶴川村宿泊の大矢を訪ねて，3人で百草園で余暇を楽しんだりもした。なお，この「幻境」訪問は当人にとっては最終回になったが，そのさいの始終は以前の回の懐古文と合わせ，「三日幻境」として記述され，出版の運びとなった。

明治26（1893）年

 2月　自由党代議士会で石坂昌孝らは東京府と神奈川県との境域変更

の件について反対意見を表明した。ただしその後の帝国議会で政府原案が可決され，3月4日公布された。なお4月1日以降は三多摩郡（南多摩郡，北多摩郡，そして西多摩郡）は東京府に属することになった。

5月　透谷の「内部生命論」所収の雑誌『文学界』が刊行される。

12月　透谷はキリスト教信仰や家計の問題などに悩んで京橋区彌左衛町の父の家にもどったが，その後（12月28日）自らの咽を傷付けたため病院に入院しなければならなくなり，その結果として，勤務していた女学校から自ずと退職するという破目になって，家計はいっそう逼迫した。

明治27（1894）年

5月　透谷は芝公園20号4番の自宅で縊死（5月16日）。

7月　清国に宣戦を布告し，日清戦争勃発。

5. 補　　説

(1)　透谷，大矢，ならびに秋山国三郎と「幻境」物語について

さて，前節の年譜では北村透谷と大矢正夫ならびに秋山国三郎関連の記事を別格扱いとして，やや詳細に取入れたが，それは透谷と「幻境」の主，つまり秋山国三郎との関係で実地調査の重要項目になっていた，という事情に起因している。かような訳で，さらに説明が多少，長文になることに配慮して，すでにお断りしたごとく，そうした事柄は節を改め，補説としてこの後，別個，説明をおこなうようにする。その手始めとしては関係者の略歴を取上げるが，先ずは透谷にかんして書こう。

かれは明治1（1868）年12月29日に神奈川県足柄郡小田原町（現在は小田原市）唐人町で北村快蔵の子息として出生したが，祖父の北村玄快は小田原藩の藩医であったから，士族家を出自としていることになる。もっとも，

小田原藩は幕末期には一時は反政府側に属していたので、いわゆる明治維新下では旧逆族扱いを甘受させられ、家計は苦しくなった、と伝えられている。透谷が自由民権運動へ本格的に参加したのは神奈川県議会の臨時職員になって、三多摩自由党の人々と交流した明治16（1883）年からと主張されているけれども[10]、その端緒はかような家庭の実態に起因したのではないか、とわたくしは思っている。しかし、そうしたこととはともあれ、当人が政治活動について考察する契機としては当時神奈川県下の有志の教導にあたっていた神田錦町所在の静修館に入所し、同様な家庭上の事情に苦しみながらも自由民権運動の闘士になろうとしていた大矢（蒼海）と同館で起居を共にしたことが透谷の足跡を定めることになった。大矢は同県高座郡座間村で文久3（1863）年11月6日に出生しているから透谷よりも5歳年長であり、教わるところも多かったと推測されるけれども、かれの足跡は透谷のそれと同様ではなく、むしろそれと対立していた、と論評できる。しかしその点は後で説明することにして、一時は透谷の「幻境」生活の相手役を務めたことを指摘しなければならないが、そうなれば、なにはさておいてもそれにかかわる史実を記さねばならないけれども、その次第は蒼海とは異なる——見方によってはかれとは対立する——事由で抜き差しならない人物、つまり秋山国三郎との好誼を説明することになるので、あらかじめ同人の為人や世事との係わりを注記しておきたいのであるが、幸いなことに透谷もその一端を記述している。については先ずはその内容を紹介するとしよう。

「竜子〔秋山国三郎〕は当年〔明治17（1818）年〕六十五歳、元と豪族に生れしが少うして各地に飄遊し、好むところに従ひて義太夫語りとなり、江都(えど)に数多き太夫の中にも寄席に出で、は常に二枚目を語りしとぞ。然れども彼は元来一個(ひとり)の侠骨男子、芸人の卑下なる根性を有(も)たぬが自慢なれば、あたらしき才芸を自ら埋没して、中年家に帰り父祖の産を継ぎたりしかど、生得の奇骨は鋤犂(じょり)に用ゆべきにあらず、再三再四家を出で、豪侠を以て自(みずか)ら任じ、業を学ばずして頭領株の一人となり、墨つぼ取っては其道の達人を驚かしめ、風流の遊場(あそびば)に立ちては幾多の佳人を悩殺して今に懺悔(ざんげ)の種

を残し、或時は剣を挺して武人の暴横に当り、危道を踏み死地に陥りしこと数を知らず。然れども我が知りてよりの彼は、沈静なる硬漢、風流なる田人、園芸をわきまへ、俳道に明らかに、義太夫の節に巧みに、刀剣の鑑定にぬきんで、村内の葛藤を調理するに威権ある二十貫男、むかし三段目の角力を悩ませし腕力たしかに見えたり。」[11]

　この文章中で「元と豪族に生れし」と書いている部分はおそらく秋山家が八王子地域の士族、八王子同心にかかわる家柄の系譜を受継いでいることを暗示しているように思われる[12]。もっとも、かれの時期になった段階においてはなんらかの事情でその集団から離れ、したがって家の格式は「農」民になっているが、若年期には武芸に励んで天然理心流剣法の免許皆伝の資格を得ていたことなどに注目すれば、そうした憶測は妥当と認定してもらえるのではなかろうか。もっとも、自由民権運動史の観点からすれば、秋山がこうした活動にも意欲的に取組んでいたことを回顧しなければならないであろう。ついてはそれにかかわる事実として、かれは義太夫語りなどの趣味にふけりながらも、八王子名物の車人形のために「自由」の文字が刺繍された衣装を作ったこともこのさい付記しておくようにしたい。

　さて、ここでまた透谷の八王子訪問記に論題をもどすようにするが、かれの初回の八王子入りは二つの理由で重要である、と考えられている。その第一点は当時、つまり明治16（1883）年7月時点、したがって松方デフレ下の八王子町内の閉塞状況をつぶさに見聞して、その記録を後世に残した、という点である。そのさいの記録はのちに「富士山遊びの記憶」中に記されているので、その一節を以下に引用するとしよう。

　「八王子、横山町は横街ならぬ繁華場、角の角を廻りては、中に、目に着く遊びやの昔の心の思われて、片腹狭き片道を、今日は四の日、市の日にて、二十四日は大祭日、糸や織物（（は市日にて））、山車、神輿（（は祭り日とて））、思ひ思ひの賑かさ、地方の旅には、めづらしけれ、されど不の字の差し響きにて、山車引く事も制せられ、酒のむ場とても静かなり、

…」[13]

　次いで，もうひとつの留意点の説明に移るが，このさいは秋山国三郎宅へ行って，期せずして初回の「幻境」入りも実行したことになるけれども，当時はあくまでも，おそらくは石坂昌孝から西多摩西部の自由民権運動家として指揮されていたので，その片鱗にふれるべく秋山国三郎を訪ねたにすぎず，しかも主目的は富士登山でその日程も迫っていたためであろうが，「二日を此に過しつゝ〔も，秋山国三郎と〕懇ころ別れて，朝早く本(もと)の旅路へ着」[14]くことになってしまった。したがってせっかく「幻境」に初めて入りながらも，そこをそれとしては認識するまでに至らなかったようだ。しかしその後の事柄に配慮すれば有意義であった，と言うべきであろう。

　ところで透谷は平場にかんしては徒歩で長旅をしていたけれども，山登りを趣味としていたという形跡はない。したがって——おそらく富士山講の世話人に導かれながらも——途中の宿所では「疲労の甚しきと空気の稀薄になりしとの二原因に依り，或は腹痛し下利(ﾏﾏ)して困却の折から，晩食とても快よくは食せざりし」[15]も，とにかく山頂に達して，「自鷲(おのずからおどろく)　天地　大恍視　山川一様　清感情　出憶外(いちようにきよしかんじょういずるおれのほか)　悠然下瞰白雲行(ゆうぜんかかんすはくうんのゆくを)」と——おそらくは下山後[16]——唐詩にまとめる運びになったのであるが，研究者の間ではその時の感想は当人の「天界意識や他界感覚」を育んだとして重視されていることを記しておこう。

　次いで第二回目の「幻境」訪問記を説明したいのであるが，それは翌年明治17（1884）年の3月から10月までの間）の出来事で，訪問先は蒼海の保養先の秋山栄太郎宅であったことくらいの事柄しか明らかになっていない。しかしそれからしばらくたった後，第三回目の北川口村訪問を実行し，しかもこのさいは数か月（同年12月から翌年2月まで）にもわたって滞在し，そこを「幻境」の地として自覚するまでに至ったので重要であるが，そのさいは蒼海は秋山国三郎宅に転居していたから，記述は透谷，蒼海，そして秋山国三郎の交情の様を今に伝える貴重な資料になっている。ついてはそれに

かんする有名な文章を以下に引用しよう。

「回顧すれば七歳〔前〕のむかし，我が早稲田〔大学の学生〕にありし頃，我を迷はせし一幻境ありけり。軽々しくも夙少くして政海の知己を得つ，交りを当年の健児に結びて〔も〕，鬱勃沈憂のあまり月〔日〕を弄し，花を折り，遂には書を抛げ筆を投じて，一二の同盟と共に世塵を避けて，一切物外の人とならんと企てき。……この時に我が為めにこの幻境を備へ，わが為にこの幻境の同住をなせしものは，相州の一孤客大矢蒼海なり。

はじめてこの幻境に入りし時，蒼界は一田家〔つまり秋山栄太郎宅〕に寄寓せり，再び往きし時に，彼は〔川口村森下の〕一畸人〔秋山国三郎〕の家に寓せり，我を駐めて共に居らしめ，我を酔はしむるに濁酒あり，我を歌はしむるに破琴あり，縦に我を泣かしめ，縦に我を笑はしめ，我素性を枉げしめず，我をして我疎狂を知るは独り彼〔国三郎〕のみ，との嘆を発せしめぬ。おもむろに庭樹を瞰めて奇句を吐かんとするものは此家の老畸人，剣を撫し時事を慨ふるものは蒼海，天を仰ぎ流星を数ふるものは我れ，この三箇一室に同臥同起して，玉兎幾度か罅け，幾度か満ちし。」[17]

前述のごとく，秋山国三郎は文政11（1828）年生れで当時はすでに56歳にたっしていたから「老畸人」と書かれても余儀なかったであろうが，まだ青年期にあった透谷や蒼海が意気投合して思い思いに羽を伸ばしている様は想像しただけでも思いが柔らげられそうであるけれども，眼前の世相やそれに翻弄されている，かれらの実感まで想い起せば，それは一時の酔狂にすぎなかった，といわざるをえない。ついてはそうした実態を続けて説明するが，そのための準備として先ずは前掲の年譜をみてもらいたい。そうすれば上記のような三人の集いから数カ月しか経たない同年明治17（1884）年9月においては多摩地区で多摩北部困民党の中心的活動家の塩野倉之助宅は警察の捜査の対象になって書類の整理をしていた書記が警察署へ引致され，それを不当として八王子警察署へ行こうとした塩野およびその他農民が逆に拘留されたけれども明神山の子安神社で同地域の困民党員が大挙して結集し，南部

の御殿峠でも同様な集まりがあったことを確認できるはずである。

　さて，ここでまた幻境関係者の去就に説明をもどすようにするが，その場合には，事柄によっては当初の自由民権運動の弱点も時代の流れに曝されるようになり，その結果としてこれまでの方針とは対立するような目標がもてはやされるという事態も起きている。その点がもっとも露骨に現われるのは蒼海の場合であるけれども，その点を具体的に示すと，かれはせっかく川口村の教員に採用されたにもかかわらず，その職を辞して，当時，若手自由党員の教導場所になっていた有一館（館長は磯山清兵衛）に入所したが，その際，当人は前記の加波山事件で首謀者となった人物が投獄され，処刑されたため，あえて安泰な生活を捨て政界に入り，「天下に為すあるの志を決」[18]した，と回想している。

　ところが，こうした決意のもとで加担することになった計画は途方もないものであり，事実，そのために当人の人生も暗澹たるものになる。しかし，その説明は後にまわして，有一館で明かされた計画の内容を先ずもって解説しよう。その第一点は両国川開きの夕方，有力政治家が見物のため集まることに乗じて，政府の要人を暗殺することであり，続いて一部のものは朝鮮へ渡航して親清国派の一派を殲滅して，親日派の政権を樹立し，さらに「此機に乗じて〔わが国内の現存〕藩閥政府を転覆し，完全なる立憲政体を確立して，国利民福を増進」[19]することが企図された。

　こうした思い上がりもはなはだしい「国利民福」のための「革命」論もやがてその浮薄さを露呈することになる。だが，その点の説明は後で記すことにして，こうした計画後の事態をつづいて解説するとしよう。先ず，最初の政府要人の暗殺計画にかんして記すが，これにかんしては政府首脳部の構成員になっていた伊藤博文，井上毅，そして西郷従道が暗殺対象として選出され，その準備が進められたのであるけれども，幸い――かれらにとっては生憎という言葉を使わざるをえないであろうが――当日は天候不良のため行事が延期されたので，計画は頓挫した。そこで第二の計画の実行に努めるこ

とになったけれども，そのためには莫大な資金が必要になる。しかし当時はせっかく組織された自由党も解体状態となって尋上な計画についてさえ活動資金が集められないという有様であったから，企画に関与した有志が手分けして全国的に資金の掻き集めに努めたにもかかわらず，実績があがらなかった。そのため，大井憲太郎[20]らの自由党系暴走派頭目は大矢ら3名を召び寄せ，「非常手段」の実行を迫った。それに対する大矢らの対応やそれにかんする所信は大矢自身はもとよりながら，透谷の足跡にもかかわる重要事項であるから，念のため大矢の自伝の一節をさらに引用してご承知置きを願うようにしよう。

「我等〔大井憲太郎などの頭目〕四五十日の日子を費し，三方に手分けして，金策を試みしも，得る所殆と無し，此上ハ計画を棄るか，非常手段，即ち強盗を以て軍資を得るか，二者其一を撰むの外，道あるなし，夫れ大功ハ細瑾を顧ずと，卿等〔大矢ら〕熟慮決する所あれと。吾等三名答て曰く，事極めて重大なり，三日間熟慮の時を与へよ，然る上各自の決心を確答せんと。時正に明治十八年六月廿日の夕刻なり。」[21]

その後の3日間，かれらはかれらなりに諸否に迷いつづけ，ついにその期限をむかえたが，そのさいにおいても思考が錯綜したけれども，大矢はつぎのごとく述べて「非常手段」の応諾を決したと書いている。ついてはそれにかんする文章も紹介するけれども，その理由として「要するに一身を犠牲に供して，国家の幸福を進めんと欲する」という論理はやがて民権よりも国権を重視し，やがては日清戦争に伴う軍事行動にも加担するという軽薄な自由民権運動家の転向の論理にも通じているので，とくに注意が必要であろう。

「吾々ハ(ママ)，抑も何故に有一館に集りしか，集て又何事を為さんと欲する者なりや，固より藩閥政府を倒して，完全なる立憲政体を確立せんと欲すればなり，而て其目的を達せんが為にハ，生命も，財産も，敢て之を惜まざるなり，要するに一身を犠牲に供して，国家の幸福を進めんと欲するニ外ならざるなり。……〔大江憲太郎ら〕三氏が一致して謀る所ハ，吾等の謀る所より確実りと断ずべく，若し三氏の計画にして破れんか，天なり命

なりと，観念して可ならすや，尚実行に際して，附すべき条件あり，曰く，如何に国事の為とハ言へ，良民が粒々辛苦して，蓄積したる財を奪ふハ，良心の容れざる所なり，故に第一にハ，吾々の対敵たる官金を奪ふべく，第二にハ，世の所謂守銭奴なる者の産を奪ハんと。〔他の〕二人亦賛同す。茲に三名ハ，確乎たる決心をなし，進んで非常手段の実行者たらんと誓盟す。乃ち約束通り〔同月〕廿三日夕刻，大井憲太郎氏の邸に至る〔という次第になって，非常手段の実行に移った〕。」22)

こうした経緯につづいて「非常手段」の実行先の検討が進められることになったが，同年六月末に至って情報がとどき，その実行先が示された。その名を聞けば，同郷の大矢某だったので，恐らくは驚いて，当人は「守銭奴」どころか「郷党随一の慈善家にて，又名望家なり，殊に正夫に取りてハ，恩師にして，又救命主なりと，頗る難色」23) を示したけれども，それでは外で見張だけでもと口説かれたため，家人は負傷させない条件を付けて応諾した。しかし当日は近所の農民が武装したかれらを見て大矢某家に注進したので，警察は巡査を派遣し，農民も防衛のために集められるという状況だったため暴挙は失敗に終った。しかし，「非常手段」はその後もつづき，愛甲郡役所の金庫係，さらには同役所の金庫そのものから金銭を奪わんと試みたけれども，いずれも失敗した。ついで同年10月22日，第四回目の愚行として同郡座間町役場の徴税金の強奪を企図し，この時だけは前記のごとく，幸か，不幸か成功して，金1,172円を入手した。

　こうなって，第二の目的である韓国での革命を実行するの他なし，ということになったのであろう。当人はすでに大阪へおもむいた大井らと会見するため，船で五日市へ行ったあと，さらに人力車や汽車を使って大阪へおもむき，同所において大井らに，自分は「内地にてハ身動き最早成り難し，願くハ渡韓の仲間入りせんと申出……賛同」24) をえた。そしてまた船を使って下関経由で，同年，つまり1885（明治18）年11月22日午後8時頃，長崎着，という次第になった。しかしその夜，宿泊先へ警官隊が現われて監獄へ収容

され，取調べをうけることになったが，同年12月3日には大阪へ送り帰されて同地の監獄に押し込められる，という羽目となっている。なお，そのさいは他の同志もいっしょに獄所入りされているが，史書で「大阪事件」として記述されている事柄はこうした事態を指しているという点もすでに記したところである。

その後は警察の取調べをうけ，裁判所で罪状が審査されたことは言うまでもない。こうして，明治20（1887）年9月24日に，外患にかんする罪にかんしては軽禁錮二年，爆発物取締違反事件については重禁錮2年，強盗犯に関しては軽懲役六年に処す，という判決が下された。しかし明治22（1889）年2月には明治憲法発布にともなう大赦令で外患・爆発物両件にかんする罪状は特赦されたけれども，強盗にかんしては適用外となったので，収監はつづいた。そこで監獄の担当者にいくたびか請願書を提出して仮出獄を哀願しつづけたが，明治24（1891）年12月15日に当時，収容されていた徳島県監獄で仮出獄の特赦を受けることができ，ようやく獄外に出た。なお，その時期の哀願書にはつぎのような所信を記しているが，その段階での当人弁明においては，政界から離脱して宗教界に入るという意向を公示したことをうかがえるので，参考までに一読してほしい。

「我邦開闢以来，于茲二千有余，皇統一系，四海一和，国運連綿トシテ，天壌ト其命ト其命ヲ同フスル所以ノモノ，職トシテ，皇祖ノ威烈，降世ヲ照鑑スルニ由ルト雖トモ，亦国家宗教ノ徳沢ニ由ラザルハナシ。……正夫不敬ト雖トモ，今ヨリ仏教ヲ研究シテ，ソノ真理ヲ領得シ　他日国家ノ為ニ，将タ仏教ノ為ニ大ニ尽ス所アラントス」[25]。「政治ハ政治ニシテ宗教ニ非ラズ，宗教ハ宗教ニシテ政治ニアラズ，二者各其範囲ヲ異ニシテ，全ク独立シ，政治ハ以テ人ノ身体財産，其権利自由ヲ保全シ，宗教ハ以テ人の心性情感，其所作云為ヲ戒護ス，……此二者全ク相離レテ立ツ能ハズシテ，互ニ相須〔待の別字〕ツテ効ヲ国家ニ奏スル，……国家ニシテ宗教ヲ欠カバ，一日モ其命ヲ保ツ能ハズ。其関係ノ重要ナル，固ヨリ論ヲ待タザ

ルナリ。」[26)]

　なお，この文章中では出獄できれば，宗教界で活動するという旨を申立てているけれども，その後における当人はしばらくは自粛したとはいえ，宗教界には入らずに政界へ立戻っているから，文中の所信はどうやら方便にすぎなかった，と言えそうであるけれども，とりあえずはこうした詮索はさておいて，まえに書いた透谷の幻境談をもう一度，振返ってみることにしたいのであるが，そのさいは先ず，大矢は秋山国三郎邸を辞して有一館へ入ったあと，大阪事件関連の暴挙について説明を受け，加担を回答した，と記しているけれども，その点は透谷の回顧記の一節と相違していることを明らかにしておかなければならないであろう。有力学説の，色川氏のご説明においては，それは第四回目の幻境訪問にかかわって当時は大矢は「幻境」を去ったけれども，なんらかの会合で秘かに大矢から大阪事件への関与を求められたにもかかわらず，それを断ったという経緯があって「髪を剃」ってまでして幻境を訪問した，と書かれている。ついてはその有名な箇所を以下に引用しておこう。

　「三たび我が行きし時に，蒼海は幾多の少年壮士を率ゐて朝鮮の挙に与らんと，老崎人〔秋山国三郎〕も亦た各国の点取に雷名を轟かしたる秀逸の吟咏を廃して，自村の興廃に関るべき大事〔つまり川口困民党事件〕に眉をひそむるを見たり。この時に至りて我は既に政界の醜状を悪くむの念漸く専らにして，利剣を把って義友〔大矢蒼海〕と事を共にするの志よりも，静かに白雲を趁ふて千峰万峰を攀づるの談興に耽るの思望大なりければ，義友を失ふの悲しみは胸に余りしかども，私かに我が去就を紛々たる政界の外に置かんとは定めぬ。この第三回の行，われは髪を剃り筇を曳きて古人の跡を踏み，自から意向を定めてありしかば，義友も遂に我に迫らず，遂に大坂の義獄に与らざりしも，我が懐疑の所見朋友を失ひしによりて大に増進し，この後幾多の苦獄を経歴したるは又た是非もなし。」[27)]

この文章をみて，はたと困ることは透谷が何時，大矢から大阪事件への関与を求められたのか？という点である。ご覧のごとく透谷はそこまでは書いていないし，回数の数え方もあいまいであるうえに，大矢も『自徐伝』の中ではすでに数十年前の出来事だと思ってか，それとも累が透谷に及ぶことを心配してかは判断できないけれども，とにかく一切ふれていない。そのため，わたくしが知るかぎりでは，その時期——わたくしのたんなる仮説として書くけれども，それは大矢が秋山国三郎家を去って有一館入りをした明治18（1885）年3月からいくばくもたたない時期に——おそらくは両人はいずれも東京中心部に居住していたから——お互の住居の近傍で密かに会い，大矢が事件への参与を求めた，と推測している。

そうした点はともあれ，大矢はやがて同事件関係者として投獄されたけれども，幸い当人の陳情が実って出獄したことについてはすでに書いた。しかし，そうした暗い話はその程度に止めて，最終（明治25（1892）年7月），つまり第四回目の透谷による「幻境」の訪問記を以下に解説するが，その書き始めとしては当人の秋山国三郎への並々ならぬ期待の弁を引用するとしよう。

「わが幻境は彼あるによりて幻境なりしなりわが再遊を試みたるも寔（まこと）に彼を見んが為なりしなり。我性尤（もっとも）も俠骨を愛す。而して今日の社界まことの俠骨を容るゝの地なくして，剽軽なる壮士のみ時を得顔（えがお）に跳躍せり。昨日（さくじつ）の一壮士，奇運に遭会し代議士の栄誉を荷ひて議場に登るや，酒肉足りて脾下（ひか）見苦しく肥ゆるもの多し，われは此輩に会ふ毎に嘔吐を催ふすの感あり。世に知られず人に重んぜられざるも胸中に万里の風月を蓄へ，綽々（しゃくしゃく）余生を養ふ，この老俠骨に会はんとする我が得意（とくい）は，いかばかりなりしぞ。」[28]

こうして勇躍，秋山国三郎宅に入ったのであるが，夫人の老婆に迎えられて来意を述べたところ，八王子に行ったとの返事，そのため，透谷はがっか

りしたけれども，留守番の人たちに温かく迎えられて床に入った。

翌日は使を八王子へ送って来遊の旨を伝えさせたが，午過ぎになっても国三郎は帰宅しなかったので，同家の子供たちを連れて，近郷の網代へおもむいて浴亭に行ったりしたが，蒼海は出獄後の蟄居先から来訪する約束したにもかかわらず来ず，国三郎も現れなかったので，透谷はなんとも楽しからざる午後を過した。しかしとにかくまた森下にもどってみたら，国三郎が居たのでさっそく当人と顔を合わせた。その時は，「相見ざる事七年，相見る時に驟かに口を開き難し，斯般の趣味，人に語り易からず。始めは問答多からず，相対して相笑ふのみなりしが，漸く談じ漸く語りて，我は別後の苦戦を説き起しぬ」29)と書いているから，おそらくは喜んで言葉が口から出ないほどだったのであろう。しかしやがて七年前の別離後における苦しい思考を一挙にぶちまけたようである。そしてその夜はふたりは枕を並べて床についたのであるが，どうしても寝っかれない。ところが，竜子も同様，そこでまた両人は起きあがってそれぞれの思いを込めて即興の詩句を披露し合ったりした。そのさいの透谷の一作は「七年を夢に入れとや水の音」30)だったのに対して，竜子の返しの句は「夢いくつさまして来しぞほとゝぎす，ここに寝む花の吹雪に埋むまで」31)であった。若い透谷が7年の間の悩みで打ち込んで，夢さえ見れないとぼやいたのにたいして竜子はすでに何回も夢を破られたけれども，今はそうしたことは忘れて，この地の花と埋もれたい，と言っているとしたら，両人の年齢ないしは経験の差が彷彿となるかもしれない。しかしそうした点もさることながら，下記のごとく竜子が「石碑」建立という内緒の願望を語り，いつかまた来訪されたおりに「〔碑〕文」を委嘱したいと言い，透谷も応諾したところは留意されるべきであろう，とわたくしは思っている。そのため後でこの点についてのわたくしの腹案を披露しようと愚考しているので，記憶してほしい。

「翁未だ壮年の勇気を喪はざれど，生年限りあれば，かねて存命〔中〕に石碑を建つるの志あり，我が〔また〕来るを待ちて〔碑〕文を属せし

めんとの意を陳(の)ぶければ、我も快よく之を諾(ゆる)しぬ」[32]。

さて、つづいてはその後の出来事を書こう。翌朝も蒼海の来訪を待ったけれども、結局来なかったのであきらめて「幻境」を去ることになったが、そのさいも竜子の妻の「老婆」が次回の「再遊」にかんしては7年というような間をおかないように、と希望したのにたいして、「この〔年の〕秋再び」と契りて別れたが、後で説明するごとく不幸にして透谷が自ら命を断ったため、今回は当人の最後の「幻境」訪問になってしまった。しかし、こうした点はさておいてその先の行程について説明しよう。透谷は俗気が多い八王子宿でまた一泊したくないと思ったらしいが、老崎人はここで泊ろうと主張したので、当夜はそこで過し、翌日は「高雄山」(つまり高尾山)の山頂に登り、その後は琵琶滝の「神々し」さを感じたり、その近くの施設内で看護されている「狂人」[33]たちにいたく同情しながら下山し、その日の夜は山麓の宿で過して、最後は両人の旅の、おそらくは重要目標であったはずの大矢との面会のため、前記の同人が出獄後居住先、つまり南多摩郡鶴川村へ行ったのであるが、そこでの事柄については、以下の引用文で示されたような、如何にも雑駁な締め括りで終っている辺りを見ると、わたくしは透谷の大矢にたいする不満、ないしは思想上の対立が伺われるように思われて、興味深く読んだことをあえて記しておきたい。

「あくる朝〔竜子と〕連立(つれだっ)て蒼海〔大矢〕を其居村に訪ひ、三個(みたり)再び百草(もぐさ)園(えん)に遊びたることあれど、紀行文書きて己れの遊興を得意顔に書き立つること平生好まぬところなれば、こゝにて筆を擱(か)きしぬ。」[34]

(2) 透谷周辺の人達と当人の著作

北村透谷について伝記を書くとしたら同人の夫人　美那子(戸籍上ではミナであるけれども、当人はこの名を通称)との経緯に触れないわけにはいかないであろう。ついてはその点にかんして簡単に説明するが、同人は前に付

記したごとく石坂昌孝の娘であって，透谷と一緒に自由民権運動に取組んだ石坂公歴の姉に当っている。とにもかくにもこうした事情が背景にあって両人は知り合いになったのであるが，それがたんなる知己に止まらずに結婚にまで至ったのは両人の心の状態が根因になっていたようである。その点を先ず美那子にかんして言えば，当人には当時，すでに父が決めた婚約者が居たのであるが，その点を勘案すると，こうした経緯で自らが父の思案に服することに反発していた，という内情を推測できる。というのはその婚約者，平野友輔[35]は東京大学医学部卒の医者ながら民権医師として政治活動面でも活動した人物だったから，きっかけは平野のプロポーズであったにせよ，父，石坂昌孝が娘　美那子に平野との結婚を望むのはむしろ自然の成行きであったであろう。しかし，美那子は古来の風俗にしたがって父が薦める夫を持つことに抗し，あえて透谷を結婚相手に選んだのは生来の自立志向によるところが大きかったように思われる。しかし，あくまでも自己の信念に従うことには世俗の慣習との兼合いという面で苦しい局面に遭遇せざるをえないがけれども，こうした状況は透谷が直面した事態とも似ている。このような点を明確にするためには，当時の透谷の心情は抜きに出来ないが，そのための準備作業としてわたくしは当人の最晩年作になった「内部生命論」[36]を一瞥しておきたい。

　しかしそのさいには，何故にこうした叙述をあえておこなったか，という点に思いを至らせなければならないであろう。そこで先ずは当時の世相に配慮したいのであるが，その具体策として当時の政界に視点を移すと，そこでは明治憲法の発布や国会開設が現実の事態となって，自由民権運動は過日の課題に化したかのごとき状況になってしまったため，それに替わる政界の目標として国権が強調されるようになったことを指摘しなければならないであろう。少なくとも「幻境」でのかつての仲間，つまり大矢においてはまさしくこうした次第で国内の貧民の問題は二の次に格下げされて，こともあろうに朝鮮での革命までも企図する有様になっている。この点は大矢の事歴の説明のなかですでに説明したけれども，透谷においてはかような時流には同調

できないけれども，かってのような国内改革論が世人の関心外になったとすれば，自らの脱皮も図らざるをえない。少なくとも彼の場合はこんな懊悩のなかで，自己の主張の有為性にかんする論理を展開しようとしたこと，それが「内部生命論」思考の基盤になったのではなかろうか，とわたくしは思っているが，前置きめいた説明はこの程度に止めて，つづいては当人の新規の論理を紹介したいのであるが，その概要は？と問われれば，わたくしも多くの方がたと共に，つぎのような有名な文章を挙げたい。

　「造化(ネーチュア)[37]は人間を支配す，然れども人間も亦た造化を支配す，人間の中に存する自由の精神は造化に黙従するを肯(がえん)ぜざるなり。造化の権(ちから)は大なり，然れども人間の自由も亦た大なり。人間豈に造化に帰合するのみを以て満足することを得べけんや。然れども造化も亦た宇宙の精神の一発表なり，神の形の象顕なり，その中に至大至粋の美を籠むることあるは疑ふべからざる事実なり，之に対して人間の心が自からに畏敬の念を発し，自からに精神的の経験を生ずるは，豈不意(あに)なることならんや，此場合に於て，吾人と雖，聊(いささ)か万有的趣味を持たざるにあらず。
　人間果して生命を持てる者なりや，生命といふは，この五十年の人生を指して言ふにあらざるなり，謂(い)ふ所の生命の泉源なるものは，果して吾人々類の享有する者なりや。この疑問は人の常に思ひ至るところにして，而して人の常に軽んずる所なり，五十年の事を経綸(けいりん)するは，到底五十年の事を経綸せざるに若かざるなり，明日あるを知らずして今日の事を計るは，到底真に今日の事を計るものにあらざるなり，五十年の人生の為に五十年の計を為すは，如何に其計の大に，密に，妙に，精にあるとも到底其計なきに若(し)かざるなり。……」[38]

この文章は「造化」，別言すれば自然(ネーチュア)，言葉を変えて言えば，看視可能な現実の事物や社会の状態と各個人の思考との関係を論ずるために持出したもの，と判断できるけれども，その真意を推量すると，当人は事物や社会の実状

の重大さはそれなりに計量しながらも，それ以上に個人の思考の重大さをとりわけて強調しようとしている，とわたくしは受取った。かような理解が容認されるとしたら，つづいてはそうした所為は別に同人の独特な主張ではなくして，著名な哲人はもちろん，俗界の世人でさえもそれとなくそう考えていた，といえるであろう。かくなれば，さらに当人はかような所信をいかに発揮したか，と問われることになりそうである。しかしまことに遺憾ながらその面にかんしては重大な論理の暴走を犯したと言わざるをえないであろう。なぜならば，前記のごとく「明日あるを知らずして今日の事を計る」ことは「計なきに若かざる」と蔑みつつも，その後のかれの史実を見れば，わずか25余年の人生さえも「すべて夢なり」，と言わんばかりに——「逸楽晏眠を以て残生を送」るどころか——「造化」が許したであろう余生さえあえて拒否して，自らの命を断ってしまったからである。

とは言え，当人が後世に残した作品はいまも脈々としてかれの心中を語り続けていることも強調されて然るべきであろう。そうした意味では「生命といふはこの〔造化が与えたであろう〕五十年の人生を指して言ふにあらざるなり」という発想はけっして空論でなかった，と断定できるし，わたくしもまた，造化が与えた現実の存命期限を越えて，「人間の中に存する自由の精神」によって生みだされた「生命」に託し，潜やかながらも自分の所見を記述したような次第である。

それにしても，当人がわずか享年25歳というような若さで世を去ったことはなんとしても惜しまれる。こうした思いが心中にあって，わたくしは当人が何故に第六回目の「幻境」訪問をしなかったのか，と悔まずにはおれない。前述のような仕事や家計面での悩みがあったことにかんしてはもちろん同情せざるをえないけれども，そうであればなおのこと秋山国三郎に心情を告白して助言を求めるべきだったであろう，と思わざるをえない。なぜならばそうした悩みを聞けば，かれはおそらく明治初年の体制変容にさいして去就に迷ったことや「維新」に対応すべく桑葉の仲買いや旅館業などの生計費

対策を試みたけれども，意のごとくには事が運ばず，借金などもせざるをえなかったこと[39]などを開陳するだろう。あるいは「三日幻境」中で透谷が紹介した，自分の俳句（前の頁に所収）中の桜花を引合いにだして，「ネーチュア」には暗い面もあるけれども，桜の花びらが落下して地面を彩るという，その明るい面に注目して自分は甘んじてそれに埋もれて満足するなどと告げて翻心をうながすであろう，と想像している――なんともはや未練が高じすぎたような所為かもしれないけれども。

6. 西多摩地域所在史跡にかんする実地調査報告――結びとして

(1) 実地調査の予定

最初の節で記したごとく，本稿は本学（中央大学）学術シンポジウム「東京・多摩地域の総合的研究」関連の実地調査にかんする予備的研究の一端を公示する，という目的のため執筆した拙稿である。ついては末尾になったとはいえ，われわれが実施した史跡調査の内容，ならびに現地で確認した史実関連の確認事項なども記述しておく。

ⅰ）調査の準備と企画内容

この調査は当初，わたくしが提案し，音無経済研究所客員研究員のご賛同をえたあと，同研究所の社会哲学と経済思想研究会・思想史研究会，ならびに現代資本主義分析研究会の幹事の了承をえて三研究会の協同企画として本学の教員などに参加を呼び掛け，計画通り実施の運びに至ったが，企画の概要は以下のとおりである。

〔当日の活動予定〕

ⅰ）参加者の集合日時と場所

2013年6月7日（土曜日），11時，本学の多摩キャンパス，11号館横

ⅱ）その後の活動予定

11時30分：経済研究所が用意したマイクロバスに乗車して12時，出発。

八王子市上川町東部会館到着後は同館前の「幻境」の碑を見学し，つづいて同館内で開催される上記三研究所主催の公開研究会に出席する。なお研究会での報告者は車田勝彦氏（当時は川口郷土史研究会会長），テーマは「秋山国三郎と北村透谷の交誼——川口困民党などと関連づけながら」。

14時20分：東部会館を出発して田守神社（伝統芸能の三匹獅子舞の演舞会場，上川町）を見たあと，円福寺（上川町），法蓮寺（川口町）内の史跡を見学して安養寺（犬目町）へ向い，ここでも自由民権運動史関連の墓碑を拝観して小休止する。

16時10分：安養寺を出発し，そのあとは市民の散策地として有名になった川口川上流を車中から眺めながら谷野西公園（谷野町）へ行き，同公園内の「造化」の碑を見たうえで，子安神社（子安町）でも車を止めて「困民党の碑」を見学する。

17時10分：子安神社を出発。その後はJRおよび京王八王子駅附近で車を止めて希望者を下車させ，後は一路，当初の出発地の多摩キャンパスへ向かって走行し，同所で解散する。

〔当日の実地調査への参加者，ならびに実地調査の状況とそれに係わる特記事項〕

　上記のような実地調査要領は参加者募集の公示と合わせて，2013年5月27日に経済研究所所長名で公表されたが，その結果として音無客員研究員とわたくしを含めて18名の参加が確定した。その大部分は当研究所の研究員と客員研究員であったけれども，その他に本学非常勤講師，ならびに多摩キャンパス内の「勝五郎の道」保存のためにしばしば来校して当研究所の活動状況も承知しておられる本学学員諸氏からも参加の申出があって，了承した。

(2)　実地調査当日の活動状況と特記事項

実地調査はおおむね計画どおり実行されたけれども，時間の不足，その他，

予期せぬ事情のため計画変更，ないしは調査の断念なども行なわざるをえなかったので，調査対象にかんして特に留意をうながした事柄をふくめてそうした点を特記事項として以下に記載しておく．

i）実地調査の実状と当日の説明にかんする補足

1）上川町東部会館まで

先ず，参加者にかんして記すが，当日は申込者が全員，所定の場所に参集されたので，18名が研究所によって用意されたマイクロバスに乗車して多摩キャンパスから出発し，公開研究会場所在の八王子市上川町へ向った．なお，そこまでの間の走行ルートにかんしては，後日における内輪の実地調査場所として予定している萩原橋とその近傍の萩原彦七（明治期の著名な製糸家）縁りの工場や職工宿舎跡を車中から遠望していただこうと企図していたけれども，所定の時刻に研究会場へ必着するためには他のルートが無難というバス運転手の忠告があって断念せざるをえなかった．

かくして，12時近くには上川町東部会館に到達し，直ちに「幻境」の碑を直接，見てもらったが，正面はともあれ，裏面の「幻境碑文」は建立後の年月間における余儀ない汚れのため読みにくかったのではないか，と拝察されるので，参考までにその全文を以下に記載しておく．

「幻境碑文　ここ南多摩郡川口村字森下は，明治の天才詩人　北村透谷が，わが希望の故郷と呼び，秋山國三郎翁を慕い，四度訪れし，幻境の地なり．「我が幻境は彼あるによりて幻境なりしなり．世に知られず人に重んぜられざるも胸中に萬里の風月を蓄へ，綽々余世を養ふ，この老侠骨に会はんとする我が得意は，いかばかりなりしぞ」（明治二十五年，透谷「三日幻境」より）

竜子，秋山國三郎は多摩の名望家中屈指の文人なり．演芸，刀剣，俳諧の道に通じ，進取自由の思想を愛し，秋山文太郎，秋山林太郎，小谷田元一，斉藤虎太，乙津良作，小野内蔵太，大矢正夫らを薫陶して其の志を伸ばしむ．義太夫の門人また百を下らず．その侠気，高風，敬慕する者甚だ多し．よって後進相集い，永く翁の人徳を顕彰せんとす．

昭和五十二年五月十五日　撰文　歴史学者　色川大吉　揮毫　奥住忠一」[40]

ii）東部会館から安養寺まで

さて，以上の碑文を見ていただいたあとは企画に従って公開研究会場へ行き，車田勝彦氏のお話を拝聴したのであるが，その内容は本書中のご当人の文章によって知ることができるはずであるから，ここではあえて触れないけれども，同席された経済研究所客員研究員の金原左門氏に急遽お願いしたところ了承され，丁寧なコメントをしていただいたので，その点も付記しておく。

ところで，研究会が終了したあとは同氏のご案内にしたがって，もうひとつの三日幻境の碑「北村透谷　秋山國三郎清遊の地　三日幻境」（同会館向かいの天神山に所在[41]）を見学することを内々，計画していたけれども，その予定時刻になったころ雨が降りだしたため，集団で同地へ行ったのでは山道での昇り下りのさいに難渋すると危惧して，まことに遺憾ながら，同所訪問を断念した。ついで目指したところは，田守神社が所在する上川町の中心部であるが，あいにくそこでも予定変更を余儀なくされた。という訳は，同地にお住いがある地元の方に同乗していただいて，その方のご案内で同地の中部公民館に飾られている舞用の獅子の頭部，つまり獅子頭を近くで見たり，ここが自由民権運動の中核になった旧家がいくつも現存する地区，したがっていうなれば自由民権運動の里である点に配慮して車中からでも地域の雰囲気を味わってみては如何か，とわたくしは考えていたけれども，時間の余裕があまり無いうえに，経済研究所の当事者からマイクロバスには所定の方がた以外は乗車させないようにと注意されたので，そうした番外活動は控えざるをえず，したがって田守神社を車道から遠望するだけで同地を去ることになってしまった[42]。しかしながら，その後の予定にかんしては計画通りに行動したので，その状況を以下に書いておく。

次に行ったところは法蓮寺（川口町）であるが，同寺は徳川家康から直接，千石の所領を受けた時宗の古寺であり，したがって寺自体の参観も重点には

なっていたけれども、主目標はこの寺域内の二つの碑を見ることだった。その二つは原　子剛墓碑と楠　正重翁寿蔵之碑である。なお、前者にかんしては碑裏面の〔造碑〕賛成者氏名欄を注意して見てほしいと要望した。なぜならばその中央部に賛成者のひとりとして「秋山國三郎」という文字が彫り込まれているからである。もっとも、その点を指摘するまえに原　子剛なる人物は如何なる人物であるかを説明すべきであろうから急いで追記するが、当人は八王子千人同心組頭のひとりであったが、戊辰戦争のさいには彰義隊に混って上野で新政府軍と交戦し、同所で戦死している。周知のごとく幕府の大政奉還時においては千人同心は総体としては新政府の命に従うとして、当時、守護役を担当していた日光東照宮域をそのまま政府側に引渡したけれども、内部ではこうした措置を非難する同人もあり、そのため最高位者（石坂弥次郎右衛門義礼）はその責任を取るとして自決までしているが、原はそのさいの批判者の一員であった、ということになるであろう。確かに新政府に同調する同人も多かった。しかし、原同様にそれに反発する同人もけっして少数でなかったことは前記の墓碑氏名欄に多数の名前が見られることを慮れば明らかになるけれども、秋山国三郎もその一人であったことは重視されなければならない。なぜならばすでに記したごとく秋山家は遅くとも国三郎の代においては同人の籍を持っていなかったが、旧同人としての自負心は保持しており、それだけに政府の方針にたいしては安易には同調しなかった。その点は前記の碑文を見れば、明らかになるであろうが、そうした経緯を知れば、その後の政府の諸施策に反発することはむしろ自然の流れと受け止めうるであろう。かような点は現在はあまり強調されていないように思われる。そこであえてその点を強調しておく。

　なお、ついでながら同寺域内のもうひとつの碑にかんしても寸記しよう。実は建碑の対象になった楠も千人同心で、原同様に上野で交戦した。しかし反政府軍側が敗退したあと、当人はからくも同所から脱出して居住地の川口村へ帰村した。そして徳川家が駿府に引籠る折には同人も一時、沼津へ移住したが、やがて川口村へもどってきて、千人同心としての気構えがあったせ

第4章　武相の自由民権運動と透谷　117

いであろうが，天然理心流の道場を開設している。秋山國三郎も同流派の一員だったから，当然，懇意の間柄であって，同人が生存していれば，かならずや建碑者になったであろう。しかし，その時期（大正6（1917）年）にはかれは死去しているので，それにはかかわっていないけれども，関係史跡としてかような碑も存在することを参考事項として記載しておく。

　つぎの訪問先は円福寺（上川町）であったが，ここも鎌倉時代に源実彰の菩提寺として開山した名刹であるけれども，この調査で狙った建造物は寺そのものではなくて，山門直前に建てられた碑であった。もっとも，事前にそう言われて現場に行って，さあご覧ください，と促されたら，まごまごするかもしれない。というのはそこには通例の墓らしき石組みがあり，その正面には「秋山國三郎墓」という文字さえ彫り込まれているからである。だが，歴とした内墓が近くにあることも確かであり[43]，わたくしが参照した文献も民権家，俳人，天然理心流免許皆伝受領者としての同人の活動のなかで直接「薫陶を受けた後進たちが墓石の形をした記念碑として建てたもの」[44]，と解説している。しかし，何故にこのような奇妙な状態になったのか，という疑問が残りそうであるから，あえて私見を挿入するが，秋山はかつてはそれなりの資産を有していても晩年は貧困で苦しむ状況だったから，跡取も国三郎の死後，それなりの格式に富む墓を建立しようとしたけれども，その資力がない。かような状況を見て堪り兼ねた前記のような後進者の資金で建立しようと計った。しかし，当時は菩提寺との土地問題が起因の不和もあったため暫定処置として――円福寺内に建立された。だが幸いその不和は解けた。しかし同寺の墓として知られるようになったものを別所に移すのも大袈裟だ，という次第で従来通りのまま今日に至ったらしい。さて，このように推測してもよい，ということになればさらに自由民権運動家や後継者がその後，味わった同情されるべき世情が反映されているとも言えるであろう。

　とはいえ前記のような混乱を来たすという実状にかんしてはそれなりの対応処置が必要になるであろう。そこでわたくしは関係者に別途，案内板を設

置してその説明文中で，これは墓と彫り込まれていても，その字は事情があった上の処置であって，実は顕彰碑である，と明記してはどうか，と提案したいのであるが，如何であろうか。

なお，関係者の方がたが以下のような処置を了承されるとしたら，もう一点――具体的に言えば――その文章中には当人が透谷だけに披露した「三日幻境」中の，前記の句文――重複を厭わずに再記すれば――「夢いくつさまして来しぞほとゝぎす こゝに寝む花の吹雪に埋むまで」を記入されるように，と願望している。というのはそこには秋山国三郎の思いや人柄がそれとなく唱え込まれている，と思われるからである。

道草はこの程度に止めて先へ進もう，ということになれば，つづいては安養寺（犬目町）での活動を記すことになるが，同寺は南北朝時代建立の名刹で，しかも八王子観音霊場のひとつにもなっており，広大な地所のなかに広々とした駐車場も所在するので，小休息場所としても活用させていただき，主目標の川口困民党首領塩野倉之助の顕彰碑や墓も拝観させていただいた。当日は時刻を気にして，こまかい説明はしなかったので，この原稿で補足をするが，まず碑について付言すると，それは昭和29（1954）年に郷土の有志によって建立されたもので，表面には当人の碑であることが大書されているから難なくそれと判別されるけれども，墓はそこから少々隔たった墓地内にあり，案内板も不十分であるから案内人が居ない場合は思いがけず苦労させられそうである。そうした点はともあれ，墓そのものはさらに注意を要するほどにささやかである。ただし，それを探し出しても墓石の文字を見て戸惑うかもしれない。なぜならば仏教の寺の墓地に在りながらも，その表面には「神霊」という場違いの刻字が彫り込まれているからである。かような訳でわたくしが事前に調査したさいにはその理由を同寺関係者に尋ねたが，そのさいに，実はもともとはそこにあったのではなくて，しかも仏教ではなくて他宗派の形式で同人のご子孫がご自宅にひそかに建てたのである，というご説明を耳にした。ということは当人が死去後の同家後継者のご苦労が反映さ

れている，という訳で，自由民権運動後退期の暗い世相を想起しなければならない，と思慮させられた。

iii）谷野西公園以降

つぎの訪問先の谷野西公園でもそこに存在する碑を見て多くの方がたはびっくりなさったであろう。というのは，これが「造化の碑」です，と言って示されたものは自然石に不粋なコンクリート板をくっつけた，見ただけでは未完成品のような建造物だったからである。じつはこの碑は故橋本義夫氏が企画して，1957（昭和32）年に建立された碑であるけれども，そこに至るまでにはたいへんなご苦労をされている。つまりは期待した八王子市担当者の協力がえられなかったばかりか，事もあろうに，碑縁りの川口村の有力者などからも苦情が寄せられて，碑自体は早々と製作されたにもかかわらず，同村内での建立は不可能になって，数年間，石材店に留置されたうえに，ようやく設置の目安がたった谷野のひよどり山上に設置しようとしたところ，今度はその碑文面で疑念が表明され，不本意ながら「幻境」という文字を削り取って「造化」云々と彫込まれたコンクリート板をセメントで貼り付けたという，まことに不幸な経緯があったそうだからである。ついでながら，こうした次第のため，この碑にかんしては「受難の碑」とか，「傷だらけの碑」という俗称も作られている。「造化」は明らかに透谷の著作と思想に基づいているから，それに関連する建造物として大事にされることはもちろん許されるにしても，秋山国三郎との縁もある「幻境」関連の旧川口村内の他の二石碑，つまり現在の上川町の東部会館前と天神山頂のそれを並べて「幻境」の碑と喧伝することにかんしては，前記の「内部生命論」評のなかで書いたような所見があって，わたくしは戸惑いを感ずる。なぜならば，いずれも幻境関連の碑であっても，ひよどり山の碑は余儀なかったとはいえ，この碑は「内部生命論」にそった碑と化したから，川口村内の碑が人々，あるいは人間と自然との間の和を寿ぐ建造物になったのにたいして，ひよどり山の碑はむしろそれらの間の対抗関係を強調する物体に変ったからである。しかし，そうした指摘は余分かもしれないけれども，もう一点，つまり，あくまでも

尊慮に発した建碑であっても，その碑に関連する方がた，ないしは地域との間の慎重な意思交流が必要である，という教訓をわたくしは拝受したという点については，とりわけて強調しておきたい．

最後は今回の実地調査における最終訪問先，つまり明神山（中野山王二丁目）の子安神社社域内に所在する「困民党之碑」にかんして説明するが，顕上の対象になった困民党については碑裏面に刻された「撰文」が参考になるが，当日は読む間もなかったと思われるので，その文章をここに記すとしよう．

「明治十四年の松方デフレ政策により，農村は疲弊し農民は生活の途を失なった．かれらは各地で困民党を結成し決起していった．明治十七年九月五日，塩野倉之助・小池吉教を指導者とした多摩の農民二百十余名は，蓑笠を着てここ西中野村　子安明神の森に結集した．困民党は，さらに武相の百五十箇村が結束し，武相困民党へと展開していった．撰文　沼　謙吉　揮毫　野島恒久」[45]

なお，この碑にかんしては『建碑誌』（困民党の碑を建てる会編，1985年11月23日，同会発行）が刊行され，その「基調報告」内に建碑活動の実行委員長，沼　謙吉氏が同会結成過程や上記困民党に係わる史実を要約されているが，それらは史実や建碑活動の実行方法にかんする手頃な解説であり，同類の調査・研究を進めてきたわれわれにとっても恰好な参考資料になりうる，と判断される．そこで，その主要内容も引用しておくようにする．

「昨年〔1984年〕は：明治一七年（1884），困民党事件が起りましてからちょうど百年目にあたり，これを記念しまして自由民権百年の行事が全国各地でおこなわれました．……八王子におきましても，昨年の11月に八王〔子〕市民会館で二日間にわたりまして，……武相困民党の演劇『地鳴り』が上演され，四千人近い観客を動員しました．また，〔八王子市内の〕川口を主な舞台としました困民党関係の記録映画『時は蘇る』もつくられ，

多くの人たちが熱心に観賞しました。以上のような背景のもとに，演劇や映画の製作にたずさわった方や武相困民党の研究グループ，地方史研究者，それに「中野の環境を守る会」の代表者があつまり，相談の結果，困民党の碑を建設することに決定をみました。〔昭和〕五九年九月二一日のことでした。会の名は「困民党の碑を建てる会」とし，建碑の目標を〔昭和六〇年一月一五日と設定しました。……募金については百万円を目標とすることにしました。……明治一七年九月五日の日，多摩北部困民党の指導者である川口村の塩野倉之助や，西中野村の小池吉教らをはじめ二百数十名がこの中野明神様に集結しました。それは九月一日の日に，川口村の塩野倉之助宅が八王子の官憲に襲撃され，集められた借金の証文をとりあげられ，書記の町田克敬が逮捕されたため衆議の場所として明神様に決めたわけです。……さきほども申しました通り，昨年，自由民権百年の全国的行事がおこなわれ困民党事件百周年を記念しましたが，武相困民党は明治十八年まで続きます。実は百年〔目〕の今日，一月一五日に，武相困民党は行動を起し，……指導者らが逮捕されました。指導者の一人であった須長漣造は後に捕えられます。そのように今日は武相困民党にとりましては本当に歴史的な日であるわけです。[46]」

この拙稿も，ようやく最終部分に到達したので今後の調査・研究に向けて，言い訳をかねた，わたくの残簡を付記させていただくが，そのさいにはまず本稿の記述内容のなかには，主題関連の著名な文献でのご説明とは相違する解説をあちらこちらで書いたことをお詫びしなければならないであろう。そこで言い弁明めいた事柄を書くことにするけれども，そのさいは，わたくしにとって八王子市史の研究は近年，始めたばかりの課題であり，したがって，実行しなければならない題目は多い，と自らも思っていることを告白しなければならないであろう。例えば，今もって達成できない実地調査なども少なくない。前記の引用中に記された須長漣造に係わる点がそれであるけれども，かれの墓が実地調査実行地域内に存在するという解説を見て，探したけ

れども，いまだに発見できていない，というのが実状である。

かような次第で今後も，同様に関心をお持ちの諸氏ともども，調査研究を推進する，という所存であるので，本稿をご覧くださった諸氏におかれましては，随時，ご意見やご感想をお聞かせくださるように，と衷心からお願いいたしたい。

1) 北村透谷「三日幻境」，『北村透谷選集』昭和45年9月，岩波書店発行，岩波文庫版，159〜160頁。
2) 「三日幻境」，158頁。
3) 当時の武州南多摩郡川口村は明治になってからは神奈川県に属し，やがて（明治26（1893）年に）東京府へ編入された。
4) 農兵は幕府の正規軍ではないけれども幕末期においては士族による戦力が弱体化したため，予備軍として農民が活用されたが，それが農兵である。多摩郡下でも同様に本来は旗本が担当するはずであった。しかし，かれらだけでは手薄になるという判断に基づき，代官の江川大郎左衛門が献策して統括下の村々で農兵組織が成立した。
5) 石坂昌孝は1841（天保12）年4月に野津田村の石坂吉恩家の三男として出生したけれども，すぐに母親の実家，石坂又二郎家の養子となり，戸長・大区長などを歴任したあと，第一回神奈川県会議員選挙で当選し，同議会の最初の議長を務めり，そのあと，衆議院議員や群馬県知事などにも就任した。そうした事情で八王子市とも関係が深かったので，同市心の富士森公園に顕彰碑が建立された（大正5（1916）年）。
6) 村野常右衛門も野津田生れ（安政6（1859）年7月出生）の政治家であるが，一時は大阪事件関係者として自主入獄する有様であったけれども，やがて神奈川県会議員や衆議院議員になった。なお当人は三多摩壮士院外団の中心人物としても知られている。
7) 千葉卓三郎にかんしては例えば下記の本が刊行されているので，わたくしはそれを参照した。
   江井秀雄『自由民権に輝いた青春――卓三郎・自由を求めてのたたかい』
   2002年3月，草の根出版会発行。
8) 同憲法草案には「日本国民ハ各自ノ権利自由ラ達ス可シ他ヨリ妨害ス可ラズ且・国法之ヲ保護ス可シ」（45条）など，自由民権を強調する条文がいろいろと記載されているので，現行の日本国憲法の先駆などとして高く評価された。なお，その全文は「五日市憲法草案の碑」記念誌編集委員会編『五日市憲法草案の碑』

第 4 章　武相の自由民権運動と透谷　123

　　建碑誌』（昭和 55 年 4 月，初版，平成 5 年 5 月，条文改訂版，五日市町立五日市町郷土館発行）に集録されている。
9)　ところで，本文中ではこの時点での八王子入りは同時に，透谷にとっては最初の「幻境」入りを伴った，と記述した。こうした説明は色川大吉氏の，「幻境」訪問回数にかんする五回説に追随することになるけれども，透谷の文章中には確かに秋山国三郎家を訪ねたことが暗示された部分も存在するので，わたくしも甘んじて同氏のご高説に従った。ただし，透谷もたしかに，さらに 4 回にわたって上川口村を訪ねたむね記述しながら，わたくしもそれに従った解説を進めるという所存であるけれども，その内容は同氏のご説明とはかならずしも合致していない。そのため次々節の補記中でわたくしなりの五回説を開陳するので，あわせてご参照たまわりたい。
10)　色川大吉『北村透谷』（近代日本の思想家 6，1994 年 4 月，東京大学出版会発行）などを参考にした。
11)　「三日幻境」，『北村透谷選集』，160 頁，なおルビは原文に基づいている。
12)　秋山国三郎家が八王子千人同心の系譜に属するか，どうかという点にかんしてはすでに沼　謙吉氏が詳細な史料調査をおこなわれ，「秋山国三郎の祖父は千人同心であった，と考えてまちがいない」むねを公示されている。なお，そのさいに同家は遅くとも，国三郎の代になって＜豪農＞ではなくなった点も指摘されている。そうなれば同人が自由民権運動にかかわったのはまさしく自らも＜困民＞になったことと関係している，と解説できるであろう。（この項にかんしては同氏著「幻境」期の上川口村――秋山国三郎と上川口村」，『幻境碑建立記念誌　幻境』（昭和 53 年 5 月，秋山國三郎顕彰会発行）26～44 頁を参照した。）なお同人は豊竹琴太夫と名乗って車人形や歌舞伎の義太夫係りを務めたが，そのさいに使う衣裳にかんしては長女，イサに縫わせ，自らはその衣裳への刺しゆうをおこなった。そのひとつである車人形用の「自由」縫込みの作品は現在，西川古柳家に保存されているけれども，そのレプリカは市役所で拝観できるし，写真だけならば本（八王子市・川口地区町会自治会連合会編『川口地区の今，写真集 2012』119 頁所収）でも見ることができる。
13)　「富士山遊びの記憶」（勝本清一郎編『透谷全集』第三巻，1955 年 9 月，岩波書店発行）137～138 頁。
14)　同上，138 頁。
15)　同上，149 頁。
16)　同上，152 頁。なお，この文書にかんしては同文献で，「明治 18 年夏中　昼寝の隙を見て起草」（同所，155 頁）と書いている。
17)　「三日幻境」，158 頁。
18)　大矢正夫著，色川大吉編『大矢正夫自徐傳』，1979 年，大和書房発行，29 頁。

19) 同上，30頁。
20) 天保14 (1843) 年生れの豊前 (大分県) 出身の自由民権運動指導者。それは近代立憲政治機構を日本に紹介した政治学者ながらも民権論に反対した加藤弘之を批判して，秩父の借金党の指導者の一員になったが，その後，大阪事件の首謀者として投獄された。しかし，明治憲法発布後は普選運動の中心人物にもなっている。
21) 『大矢正夫自徐傳』，30～31頁。
22) 同上，31～33頁。
23) 同上，33頁。
24) 同上，40頁。
25) 同上，65～67頁。
26) 同上，74～75頁。
27) 「三日幻境」，159頁。
28) 同上，160～161頁。
29) 同上，163頁。
30), 31), 32) 同上，164頁。
33) 同上，167頁。
34) 同上，168頁。
35) 平野友輔は安政4 (1857) 年，藤沢宿 (現在は神奈川県藤沢市) 坂戸の薬種商の子息として出生し，東京大学医学部別科を卒業したあと，明治17 (1884) 年に八王子で医院を開院した。なお当人は在学中から自由民権運動に参加した。おそらくはその縁で石坂昌孝に見出され，明治18 (1885) 年に昌孝の娘，ミナと婚約する，という運びになったけれども，本文中で説明するごとくミナは透谷に惹かれたため婚約は破談になった。しかし，そのようなことで社会改革運動を放棄するはずはなく，医者としての仕事の傍ら政治問題にも取組み，明治35 (1902) 年には衆議院議員選挙に立候補して当選している。
36) 北村透谷「内部生命論」，原典は明治26 (1893) 年5月発行の『文学界』に収録された。
37) ルビは透谷自身が付けたものであるが，その語源は"natur"でり，その語意は邦文に直せば「自然」になると，わたくしは解釈している。
38) 「内部生命論」，276頁。
39) 秋山国三郎は明治17 (1884) 年3月に近村の西中野村の某によって訴えられ，上中野村村会議員を辞職しているが，それは明治17年の不況による借金問題のねじれに由来する，と考えられている。沼謙吉「「幻境」期の上川口村——秋山國三郎と大矢正夫」，『幻境碑建立記念誌　幻境』，昭和53年5月，秋山國三郎顕彰会発行，38頁を参照。

40) 同上誌，グラビア頁。
41) この――建立年次に則して言えば――最初（昭和 50 = 1975 年建立）の「幻境」碑は，写真でよければ，下記の図書で見ることができる。
　　川口地域の今　写真集　2012 編集委員会編『川口地区の今　写真集　2012』（平成 25 年 3 月，八王子市・川口地区町会自治会連合会発行），118 頁。
42) 田守神社で毎年 8 月に実演される三匹獅子舞の獅子頭およびその舞の実演状況は上記図書，141 頁所収の写真によって知ることができる。なお，同所は明治期とその前後に多摩地域などで興行された「写絵」の興行元が居住した場所であるが，それにかんしては下記の図書が公刊されている。
　　久保喜一著『写し絵日記――明治の写し絵師・玉川馬蝶の興行の記録』，平成 21 年 2 月，著者発行。
43) 秋山国三郎の正式の墓は上川町黒沢の円福寺に存在するが，その写真は下記の論説の参考資料として前記書（39）の本）中に掲載されているので，その旨を記しておく。
　　楠正徳「秋山国三郎と妻セキのこと」，『幻境碑建立記念誌　幻境』（前記），46 頁。
44) 『川口地区の今　写真集　2012』（前掲）95 頁。
45) 困民党の碑を建てる会編『建碑詩』，1985 年 11 月，同会発行，グラビア頁。
46) 沼謙吉「基調報告」，同書，3 〜 5 頁。

第Ⅱ部

東京・多摩における地方自治およびび財政と道州制

第 5 章
東京圏,東京都をめぐる日本型「州」構想

佐々木 信夫

1. はじめに

　本章では,人口減少期に入った日本において,極点社会のルツボとされ,出生率が全国ワーストワンで人口減少の主要因をなすとされる,東京及び東京圏に焦点を当て統治システムのあり方との関わりについて論じてみたい。

　人口減少社会に入った日本は,これまでの人口増加や経済拡張期につくられたシステムを大胆に見直し,パラダイム転換を図らなければならない。入れるものが小さくなっていくのに,器だけが大きいままというのは誰が見てもおかしい。何も人口減少や縮小社会が望ましいと考え,そう述べている訳ではない。ただ,20世紀の人口大爆発期を終えた日本は,新たな揺り戻し現象に的確に対応すべきだと述べているに過ぎない。

　"この道しかない"と,経済成長優先を政治の最大目標にする安倍政権に対しては,「改革なくして成長なし」という言葉を送りたい。成長を望むなら改革を進めよ,ということだ。20世紀と21世紀の日本は違う歩み方をすべきだ,という認識からである。

2. 人口減少期を迎えた日本と構造転換

　これからも戦後長らく続けてきたように経済成長をめざすべきか,それと

も人口減少期に入った日本だから，低成長ないしゼロ成長を前提にした新たな制度設計を考えるべきか，基本的な国の将来が問われている。アベノミクスと称する金融財政政策の出動を異次元で展開しようという安倍政権は前者に属する。後者についてはあまり明確な政策方向がなくその主張を強く行う野党等は存在しないが，例えば藻谷浩介『里山資本主義』などはこれに属する主張といえよう。

いうまでもないが，東京一極集中はプラスの面もあるが，日本全体を「歪みの構造」に押しやっている点ではマイナス面も大きい。ただ，東京一極集中を否定してみてもにわかに打つ手がない，妙案がないというのが今日の状況ではなかろうか。地方創生の名のもとに，人口減を食い止める策として現在，政府は「まち・ひと・しごと創生本部」（地方創生本部）を設置し，地方創生基本法を定め，専管の担当大臣のもと，「地方創生総合戦略」の実行にやっきである。それは次のような柱立てからなり，年間1兆円の予算が費やされようとしている。

政府は地方創生に向けた総合戦略と人口の長期ビジョンをまとめた。そのなかで，5年間で地方の若者雇用を30万人分創出し，地方への人材回帰の流れをつくろうという意欲的な計画がある。2060年時点で1億人の人口維持も最終的な目標に掲げている。

地方は人口減で経済規模が縮小し，それがさらなる人口減少につながる悪循環に陥っている。これまでも歴代内閣が様々な地域再生に取り組んできたが，短期的な対応にとどまり，中身も旧来型の公共事業に頼る場合が多かった。しかし今回は，5年間の計画としたうえで，政策ごとの雇用創出数の創出といった成果指標も示している。腰を据えて取り組むなら，期待される面もある。

総合戦略で掲げた大きな柱に東京一極集中の是正がある。地方での雇用創出や都市住民の移住促進，企業の地方移転を通じて，現在，年間10万人もある東京圏への転入超過数を2020年にはゼロにして，一極集中を食い止める目標を盛り込んでいる。これ自体実現されていくなら，反対する理由もな

いが，しかし東京集中の流れを変えられるだけの政策効果があるかどうかである。

　日本の人口は2008年をピークに減少に転じ，2010年段階で1億2,806万人であった日本の総人口は，2050年には9,700万人となり，2100年には4,959万人になると推測されている。わずか100年で現在の40%近くに減るという（国立社会保障・人口問題研究所推計）。この人口水準は明治から大正にかけての頃の水準である。

　もとより，人口減少の問題は，いま急に現れたわけではない。筆者らが生まれた戦後の第1次ベビーブーム（1947～49年）のとき，日本の合計特殊出生率（1人の女性が一生に産む子どもの数）は4.32だった。それが以後，低下を辿り，2005年には過去最低の1.26を記録。現在，少し持ち直し1.43（2013年）という水準にある。

　単純再生産という概念に近い考え方として，現在の人口数を維持するのに必要な「人口置換水準」というモノサシがある。現段階でそれは2.07とされる。現在の出生率1.43という数字は，将来人口が7割まで減ることを意味する。

　もう1つ，日本創成会議が昨年5月に発表した「消滅可能性都市896リスト」という問題である。あと25年もすると半数の市区町村が消滅する可能性があるという。この指摘は各方面に大きな波紋を呼び，国も含め多くの自治体が人口減少問題を取り上げる契機となった。ここでは，20～39歳という若年女性の動きに注目し，この若年女性人口が減少し続ける限りは，人口の「再生産力」が低下し続け，総人口の減少に歯止めがかからない。日本創生会議では2010年から30年間でこの年齢層の女性割合が5割以上減る自治体を消滅可能性自治体とし，その数が896市区町村に上るとした（増田寛也編著『地方消滅』中公新書，2014年）。

　しかも，若者が子育て環境の悪い東京圏に移動し続けると，より人口減少の足取りは早まる。多くの地方では，すでに高齢者も減りはじめ，人の住まない空白地域が2割も生ずるのではないかと予測している。

一方，大都市圏は，人口減は緩やかでも高齢者が激増し，ベッドタウンの性格をもつ郊外自治体から崩壊が進む可能性が強まっている。

　現在，東京都には国民の総人口の10％が集まっている。さらに隣接する神奈川，千葉，埼玉県を合わせると，一都三県の東京圏に人口の25％が集中している。このままの状況が進めば，20年後には東京都に20％，一都三県に40〜50％の人口が集まるとの予測もある。東京圏に，わが国の全人口の約半分の5,000万人が居住する，こんな事態もあり得るというのである。

　他の地方圏の人口が急激に減少し，東京の人口だけが急増していく状況，東京がブラックホールのように人々を飲み込んでいく，これを「極点社会」と呼ぶ言い方もある。

　しかしどうだろう。47都道府県のうち，一都三県に国民の半分が住むという事態，国土面積のたった3.6％に人口の半分が住む国など世界のどこにもない。人や企業が集まれば集まるほど災害時の危険度もぐんと高まる。その事態は避けるべきである。

　もとより，永遠に東京都が繁栄し続けるということはなかろう。むしろ社会増を中心とする人口増もあと5〜6年，東京オリンピック開催までとされ，その後，一気に衰退の兆しが露呈してこよう。少子高齢化，とくに高齢化によって東京の活力は落ち，社会保障費用の捻出に行政は苦しむと予想される。

3. 転換点に立つ日本の統治システム

　既に日本の総人口は2008年を境に人口減少に転じている。今後いろいろ対策が行われ多少出生率が上向いてもあと数十年後には8,000万人近くまで人口は減ろう。東京都の絶対人口減少も始まっていこう。

　年々経済が成長し所得も増えた「右肩上がりの時代」が終わって久しい。それにすばやく対応し，生き延びてきた企業もあれば，市場から撤退を余儀なくされた企業もある。そして今度は，人口は毎年増えるものの，お年寄り

より子供の数の方が圧倒的に多いという「人口増時代」が終わる時がきた。もうひとつの「右肩上がりの時代」の終焉といってもよい。

　しかし，政府の対応，統治の仕組みをみると，旧態依然のままにある。省庁統合や平成の大合併がひととき行われたが，大きくは経済成長，人口増時代のまま，あまり変わっていない。予算をみると，国，地方とも依然「右肩上がり」の時代を続けているかのように年々増えている。歳入の4割から5割を借金（赤字国債など）に頼りながら膨張の一途を辿る。

　不都合な真実かもしれないが，日本はこの15年間，膨大な国債，地方債を投入してきたが，経済は全く成長していないのである。アベノミクスという手法は，従来型の金融緩和，財政投入，産業振興の域を出ていない。既に実施済みの政策の焼き直しに過ぎない。いま始まった「地方創生」とて，同じである。

　世界全体のGDPは1995年から2010年の15年間で2倍になっている。アメリカも2倍，韓国も2倍，ロシアは5倍，中国に至っては8倍になっている。しかし，日本は1倍に止まる。結果，どうなったかといえば，世界経済に占めるシェアはアメリカが25％から24％へ，中国が3％から10％に，ロシアが1％から3％に，韓国が2％から2％へ，しかし日本は18％が9％へと大きくシェアを下げているのである。

　つまり，日本はこの15年間，マクロ経済はゼロ成長に止まる。一方で公債残高300兆円から1,200兆円へ膨大な累積額となっている。膨大な梃子いれ，需要喚起で内需を支え続けたが，世界での経済的地位は18％から9％へ半減したのである。

　その大きな要因に垂直型統治機構をそのままにし，政府主導で公需による行政社会主義化の経済運営を続けた点があると筆者は考える。水平型の統治システムへの転換なくして地域活性化も，日本創生もないのではないか。

　この2年間，いわゆるアベノミクスの円安株高で景気は上向いたが，地方や中小企業，部品産業，さらに給与の上昇などにはつながっておらず，広く国民に恩恵が及んでいない。これがほぼ定説化している。それによる内閣の

評判が落ち目になることを避けたいとし，いろいろな手立てを講ずるのも理解できる。景気回復の地方浸透がなく，急速な人口減予測が出る中，施策の立て直しは必要である。「地方創生」を集中的な政策の目玉に掲げ，そこに期待感が集まるのは当り前といえよう。

　しかし，問題は中身である。わが国は戦後60年余にわたり，表現はともかく，つねに地方創生を内政の柱に掲げてきたではないか。工場分散・拠点開発，首都機能移転，本社地方分散，ふるさと創生，地方拠点都市，広域生活圏形成など，まさに「地方重視」の歴史であった。国から注がれる補助金，道路整備など公共事業，ハコモノ整備，合併に伴う支援事業，「自ら考え・自ら行う事業」（ふるさと創生1億円）での温泉掘削などいろいろ試みられた。

　しかし，結果はどうか。残念ながら地方衰退は止まらず，消滅自治体が全国津々浦々に喧伝される始末。どこか，方法論が違うのではないか。個別施策の検証とは別に，そうした中央主導の地方政策に関する骨太の検証が必要ではないか。否，既に答えは出ている。

　要は，職住近接，地方分散を掲げてハードインフラを優先的に整備したが，肝心のソフトインフラが集権的な旧態依然の構造のままだ。ここに諸悪の根源がある。政治，行政，経済，情報，教育，文化などのすべての高次中枢機能が東京に集中したまま，いくら地方創生の旗を振っても，地域産業が活性化し，雇用が生まれ，若い人が残ろうとする環境は生まれない。急がば回れ，ここは「新たな国のかたち」論議から始め，2020年の東京五輪までに道州制移行の道筋をしっかりつけることではないか。地方創生と統治機構改革は別物という見方があるが，それは違う。双方は連動している。抵抗勢力の多い大改革だが，切り札はそれしかない。そこを核に創生論を組み立てないと日本の再生はなかろう。

　明治維新以後，10倍近くにまで増え続けてきた日本の人口社会がマイナスに転じて7年経つ。間もなく毎年100万人ずつ減っていく社会になる。いろいろ食い止め策を講ずる動きはあるが，人口の動態は歴史上，40年，50年かけてもそう大きく変わるものではない。

確実に言えるのは，「20世紀の人口増」時代は終わった。これからの「21世紀は人口減」時代となるということである。それには，私たちの暮らし方を含め，人口減時代にふさわしい「国のかたち」，あるべき姿について歴史的な転換点に立って考え直す必要がある。

人口減少という要素はほとんど入っていなかったが，わが国では，都道府県制に代わる道州制について，長らく議論が続いてきた。既に一部政党からは道州制基本法が国会に提出されており，与党サイドも法案を準備するなど，立法過程で道州制移行が審議されるのも時間の問題と思われるが，抵抗勢力は山ほどあり，その実現は予断を許さない。半世紀以上議論が続いている中，いまだ実現しない改革構想とし，「幻の改革構想」といった見方もないわけではない。

しかし，人口急減社会に突入した日本の次世代の「国のかたち」を考えたら，140年前の馬，船，徒歩の時代の47府県体制を温存し，その単位に広域自治体（都道府県）をおき，あたかもそれぞれがミニ国家であるかのような行動様式を許容していくことが，いかに時代に合わないか。

いまや高度に発展した産業国家，3大高速網の整備，自動車を中心とする交通革命などが起きた日本にあって，広域政策を47の区割りで実施しても「狭域政策」にしかならない。端的にいうと，都道府県を広域自治体と呼ぶこと自体，誤りであるということにもなる。時代の大きな変化に対応できていない都道府県制を解体し，時代に合うような広域政策を担える統治主体を構想する，それが長らく続いてきた「道州制」への移行である。

ただ，この「道州制」という表現は，ある意味，使い古されたイメージが付きまとう。それをもって「幻の改革構想」というレッテルを張る者も出てくるわけである。

そこで筆者は，従来からの「道州制」という表現より，若者にも魅力を感じ支持してもらえる「日本型州構想」と呼ぶ方がフレッシュで分かりやすいと考える。その中身は地域主権型道州制を言い換えて，地域主権型州構想と言い換えてもよい。広域地域圏ごとに州政府を置き，そこを内政の拠点にし

ていくというものである。
　これまでの「道州制」が何を指すか，いろいろなイメージが描かれるが，概ね共通しているのは「47都道府県に代わる，10程度の広域自治体としての道ないし州をおき，それを内政の拠点とする」というものである。
　例えば，政府の第28次地方制度調査会の答申では，道州制のねらいを①日本を分権国家にする，②広域化時代への対応，③行財政を効率化し，簡素な統治機構に変えるとし，「道州制」のかたちとして，次の点を挙げている。
第1. 現行の都道府県を廃止し，広域圏を単位に9～13の道州につくり変えること。
第2. 本省権限の移譲，出先機関，府県機能を整理し，内政の拠点を州政府へ移すこと。
第3. 道州政府を公選の知事と議会をおく地方自治体とする。交通，産業，環境，地域政策など広域政策を展開する内政については，州政府と基礎自治体の2層制に委ねること。
　筆者も，基本的にこの考え方に異論はないが，あえて「地域主権型州構想」と銘打つなら，長らく続いてきた「国が考え，地域が実施する垂直型統治システム」つまり中央集権体制は時代の要請ではなくなっており，それに代わる地域圏に統治権（立法権，行政権，一部司法権）を確立した地域主権国家の形成，その実施主体としての州政府の設立を意味するものである。
　現在は，政策現場で常に変化がおき，情報を共有しながら迅速かつ柔軟に意思決定をしていくことが求められている時代である。それに即応していくには，州や基礎自治体が互いに競い合い，官僚主義を排し，「水平型統治システム，フラットなネットワーク型統治システムへの転換」が不可欠である。それが地域主権型「州」システムへの転換である。
　その転換を図っていくことのメリットは，例示すると以下のようなものとなろう。
① 成長，安心，安全，そして活力ある楽しい日本へ変わる
② 各州が州外，海外との直接貿易，観光誘致に積極化できる

③ イノベーションと税対策による産業の日本回帰と外資の参入が起こる
④ 美しい国，道義道徳の再興，安心安全社会の回復である
⑤ 自由な発想，自由な行動，自由な成果が得られる社会へ
⑥ 個人が人間的な才能を十分発揮できる，地域の持つ潜在能力の顕在化ができる
⑦ 楽しい生活，生きがいのある生活ができる
⑧ 国際社会と競争し，伍していける活力ある日本の創出が可能となる
⑨ 国際社会を舞台に活躍，貢献できる日本国民に変わる
⑩ 簡素で，賢い統治機構への転換ができる（無駄な税の使い方を排除）

もとより，かりに垂直型から水平型の統治システムへの転換をめざし，それを「道州制」より日本型「州」構想と呼ぶ方がよいと言っても，かりに国民的合意が生まれ，大増税より日本型州構想を選ぶとしても，さらに幾つもの課題がある。例えば次の点である。

① 基礎自治体優先の原則をとるとして，その再編，合併など適正規模の確保が不可欠
② 地方税の固有税化は図るべきだが，共有税などで格差是正をしっかり行うこと
③ 集権型道州制に絶対ならないよう，地域主権型の転換を憲法など法的に歯止めする
④ 地域コミュニティが強化される方策を考える。基礎自治体内に地域自治区などをおく
⑤ 大増税に連なる統治機構は無意味。簡素で効率的な賢い国，州，基礎自治体とする

4. 膨張する東京都，東京大都市圏

　言うまでもないが，道州制移行論議の背景には，東京一極集中の問題と中央集権体制の制度疲労が様々なひずみを生み出しているという問題がある。この解決策として従来から道州制が論じられているが，さらに今後は人口減少という要因が大きく加わる。その解決方策として筆者は地域間が水平競争関係におかれる統治機構の道を地域主権型州構想として論じている。本章で扱う東京圏及び東京都は，道州制移行論議の最大の要因になっているその東京一極集中の対象である。

　「東京一極集中」とは，ヒト，モノ，カネ，情報が他の諸都市に対比して東京という大都市に過度に集中し，集積している状態を指している。ここでいう東京は狭く「東京都」を指しているが，それは一般論として言えば関東平野の中心に位置し利便性も高く，首都であることの機能が集積していることの特性ともいえる。わが国の場合，江戸幕府の時代から，事実上，東京が首都の役割を負ってきた400年以上の歴史の蓄積が深く関わる。

　現在，東京には政治，行政，情報，文化などの高次中枢機能（意思決定機能）が一極集中している。それは経済面，財政面で見ても明らかである。行政エリアとしての東京都でみると，2010年の数値でいうと，GDP（国内総生産）の約2割，株式売上高の約9割，本社・本店，外国企業の5割，情報サービス業（売上）の5割，銀行貸出残高の4割，商業販売高の3割，そして国税収入の約4割を占めている。国公私立の大学有名校の多くも東京にあり，大学生の4割近くが東京に学び，そしてその多くが東京に就職している状況にある。

　主要テレビのキィ局はすべて東京から電波を出しており，全国規模の新聞，雑誌，出版物の多くも東京から発信され，情報発信力が非常に強い。地方で採れた特産物ですら東京の市場（店）を経由した方がよく売れるとされる。事実，都民の胃袋を賄うはずの都の築地市場は，築地ブランドと称し全国レ

ベルで水産物の多くを賄っているのが実際である。

対外的には，金融市場はニューヨーク，ロンドン，東京の動きが大きく影響する。もし経済の大きさを都市の力とみるなら，GDP 換算で現在，下記の図のように，東京都は世界第 13 位に位置している（図 5-1）。アメリカ，中国，日本，ドイツ，フランス，イギリスと続き，第 13 位が東京都である。もし東京都を 1 つの国とみなすなら，現在の G20（主要国会議）に日本の都知事を加えてもおかしくないと言えよう。

江戸そして東京へと 400 年以上も実質上首都として機能してきた東京都の強み，いわゆる「東京ブランド」がこうした東京一極集中を生み出している要因といえよう。

こうしたなか，さらなる膨張が続いている。集積が集積を呼ぶメカニズムは未だ衰えていない。むしろ 2020 年の東京五輪の開催に向けて加速しているようにも見える。

例えば東京駅周辺。ここは地図上の起点ともなっている日本橋とも近く，国心ともいえる場所だが，じつは戦後このかた 70 年間，建設工事がなかった日が一日もないのである。2012 年 10 月 1 日，東京駅舎復元工事が完成し

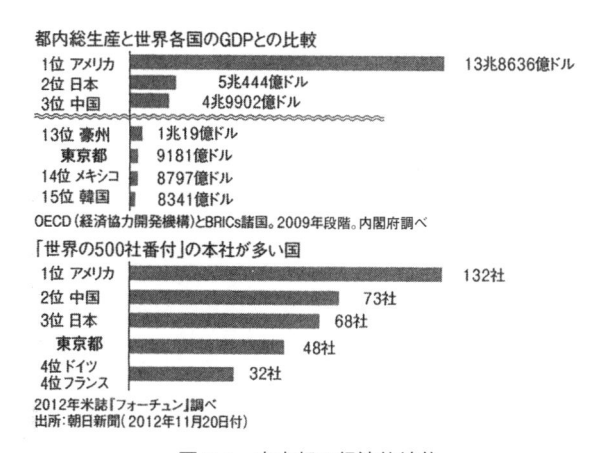

図 5-1　東京都の経済的地位
出所：佐々木信夫『新たな「日本のかたち」』（角川 SSC 新書，2013 年）。

ているが，その一日たりとも工事が止まった日がないという事実と符合する。なぜ，東京では開発が途切れないのか。次から次へと開発の構想が生まれてくるのか。その答えを探すことはそうむずかしくない。単純化していうと，東京に人が集まってくるからといえよう。

ビジネス拠点を求めて企業が東京に進出してくれば，オフィスビルがどんどん建設される。そのオフィスで仕事をする人が増える。すると住まいとして，当然のことながらマンションや戸建て住宅が乱立する。需要があるから供給が増えるのである。至極当たり前の現象である。つまり「負のスパイラル」ではなく，「正のスパイラル」が働いているのである。それが現在の東京であり，「集積が集積を呼ぶメカニズム」が衰えることはないのである。

行政エリアでいうと，現在の東京都には，国民の総人口の10％が集まっている。さらに隣接する神奈川，千葉，埼玉県を合わせると，一都三県に人口の25％が集中している状況にある。このままの状況が進めば，20年後には東京都に20％，一都三県を合わせれば40％から50％の人口が集まるだろうとの予測もある。東京圏に，わが国の全人口の約半分の5,000万人が居住する，こんな事態もあり得る。他の地方圏の人口が急激に減少し，東京の人口だけが急増していく状況，東京がブラックホールのように人を飲み込んでいく，これを「極点社会」と表現する見方もある。はたして47都道府県のうち，一都三県に国民の半分が住むという事態をどう考えるのか。国土面積のたった3.6％に人口の50％が住む国など世界のどこにもないのである。

もとより，永遠に東京都が繁栄し続けるという保証はない。むしろ少子高齢化，とくに高齢化によって東京の活力は落ち，社会保障費用の捻出に行政は苦しむと予想される。既に国家全体としてみれば，日本の人口はすでに2008年を境に減少に転じている。今後いろいろ対策が行われ多少出生率が上向いてもあと数十年後には8,000万人近くまで人口は減るとされる。東京も絶対人口は減少が始まっている。

最近話題になっているのは，増田寛也（野村総研）の調査レポートである。例えば，中央公論2014年6月号に発表された論文の一部を要約すると，現

在の出生率が続いた場合でも，若年女性人口が30年後は半減する地域が相当数に上り，かりに出生率が1.4から2.1に回復しても流出によるマイナス効果の方が上回り，人口減少が止まらなくなるという。

しかも，一定規模の人口（1万人を想定）を維持できない市町村は「消滅可能性」が高く，人口移動が収束しない場合，2040年には，出生可能な女性数が半減し消滅の可能性が高い市町村は896（全体の52.1％）に上るというのである（増田寛也編『地方消滅』中公新書，2014年）。

この中では指摘されていないが，筆者がもう1つ問題視しているのは，豊かだとされてきた大都市圏も人口絶対減社会に入り，構造的問題を内包しているという点である。この点はのちに詳しく述べてみたい。

話を全国に戻すが，2014年1月1日現在の住民基本台帳に基づく全国の人口は，1億2,843万8,348人だが，これは2008年をピークに6年連続で減少している。この数年をみると，毎年約100万人が生まれ約125万人が亡くなっている。これが30年前だと，約145万人が生まれ，約半分の75万人が亡くなっている。生まれる数より亡くなる数が増えていく傾向が強まると，当たり前のことだが，全体の人口減少がより強まるということになる。

先の日本創生会議の調査では，人口減少の最大要因は若者（男女）の大都市圏（特に東京圏）への流出，しかも人口再生産の前提になる出生可能な年齢層の女性（20歳から39歳が95％出生）に着目した点である。この年齢層が絶対数として減るだけでなく，地方を離れてしまい，もともと出生率が低い大都市圏へ流出するため，人口減に拍車がかかるというサイクルに目を付けている点である。

ただ，人口減が始まったといっても，企業の本社が移転してくる流れは止まっていない。例えば，表5-1はそれを表している。大阪から東京へ本社を移転させる企業の動態を表したものである。この表を見ると，集積が集積を呼ぶメカニズムの作用は本社機能の移転という形で鮮明に出ていると理解されよう。

もとより，人口や企業動向だけが東京の問題ではない。過密化し過ぎた東

142 第Ⅱ部 東京・多摩における地方自治および財政と道州制

表 5-1 大阪から東京への本社移転（10 年間）

移転年	件数	企業名（* 4社は兵庫県から）
2000	3	一吉証券、トーメン、ニチモ
2001	6	住友商事、住友金属工業、三井住友銀行、オートバックスセブン、TIS、乾汽船*
2002	2	ポケットカード、JFEスチール*
2003	6	三井住友建設、フクスケ、セラーテム、ミノルタ、りそなホールディングス、メディア・リンクス
2004	6	住友化学工業、住友林業、紀州製紙、マツヤデンキ、コマ・スタジアム、アンドール*
2005	4	三菱東京UFJ銀行、藤沢薬品工業、平和紙業、ダイヤモンドシティ
2006	2	武田薬品工業、日本システムディベロップメント
2007	5	日本板硝子、丸紅、大丸、ローソン、TCM
2008	3	松下電器産業、日清食品、モスインスティテュート
2009	1	日本山村硝子*（予定）

出所：江口克彦『地域主権型道州制の総合研究』（中央大学出版部，2014 年）。

京，東京圏は，他にもさまざまな課題を抱えている。大都市が老いる，東京が老いるということを想定した人がいるだろうか。「老いる」とは人が老いる（少子高齢化問題）面もそうだが，戦後，急速な復興過程で整備された高速道路，一般道，橋，上下水道，学校，公共施設などいわゆる社会的インフラが一斉に「更新期」を迎え，橋が崩落する，高速道路が倒れるというアメリカ映画に出てくるような事態が現実化する様相にある。これから 10 ～ 15 年，大都市は高齢化対策とインフラ更新に膨大な投資が必要となるのである。

例えば大都市圏の拡大，郊外化の動きが今後変わっていく。

かつて日本では高度成長期の人口移動（増加）の受け皿対策として，周辺に多くのニュータウンを開発してきた。郊外の住宅団地や戸建て住宅群もそうだが，いまやそのニュータウンがオールドタウン，シルバータウンの様相を強め，子供，若者の少ないまちになり始めているのである。特に団塊の世代の大量退職に伴い，住民税を納める所得階層が急激に減り始め，一方で増える社会保障需要などに対応しきれず，財政危機が襲っている自治体も出始めている。自治体行政の構造的危機は今後より深刻度を増すのではないか。また地元の地方議会の議員にもなり手がないなど無競争当選が相次ぐ様相も

ある。

　この先には，住民税が減るだけでなく，高齢化に伴い空き家（室）が目立ち，結局，土地，家屋の評価が急落し，固定資産税も入らなくなる。市町村の有力財源である住民税と固定資産税を失う郊外自治体（市町村）はどのようにして行政サービスを維持していけばよいのか。それに拍車をかけるのは，学校，公民館，コミュニティセンター，図書館，博物館，美術館，体育館，老人福祉センター，保育所，市役所，消防署，環境センターといったハコモノ（公共施設）が急速に老朽化し，道路，橋梁，河川，公園，駐車場，市営住宅，水道，下水道，公立病院などのインフラが一気に更新期に入るということである。

　すなわち，光と影の問題といってもよいが，巷間言われるような「大都市は豊かだ」とされた時代は急速に去っていくのである。都心部も例外ではないが，特に郊外自治体は深刻度を増す。それに医療，年金，介護・福祉といった社会保障の需要はうなぎ上りとなる。この問題をめぐっては，日本学術会議と中央大学の共催で2014学術シンポ「少子高齢化/大都市圏郊外自治体の構造的危機」（2014年9月13日，中央大学駿河台記念館）を実施し議論を深めてきている。

5. 日本型「州」構想と東京問題

　こうした実態を見たとき，東京問題を州構想の中でどう扱うかがいかに難しいかが分かる。日本型「州」構想を実現するにあたって，区域割にせよ，税財政にせよ，州制度にせよ，東京ないし東京圏をどう扱うか。これまで多くが論じてきた，膨張する東京圏を北関東と南関東に分割する考え方（これまでの道州制論議の主流），そうではなく大都市圏の一体的管理の視点から関東州は一つという考え方，その際，東京都区部を都市州として独立させるという考え方など様々である。かりに東京都区部を都市州として独立させる

と，関東州として1つにするにせよ，北関東州，南関東州に分けるにせよ，都市州以外は空洞化するという見方が強い。この指摘にどう対処するか，なかなか難しい。

　ここをどう設計するかに合意が生まれると，州構想のあとの設計はしやすくなる。その点，東京問題は道州制を設計する際の「難問中の難問」であるといえよう。

　言うまでもないが，日本の過疎問題の対極にあるのが東京問題である。人口はもとより，政治，行政，経済，文化，教育，情報などの中枢機能が集中し，雇用機会，税収も多い。過集中，過集積問題が東京問題であり，それに伴う過密問題も東京問題といえる。

　少し話を原点に戻そう。ここまで，「東京」を「東京都」を指すと限定してみたり，漠然と「東京」と呼んだりしてきたが，一言で「東京」といっても，人によって指すエリアは異なる点に注意を要する。東京問題を論ずるときのもう一つの難しさもここにある。

　例えば地方から眺める人は，東京，埼玉，千葉，神奈川の1都3県を「東京」（圏）という場合が多い。この東京圏は国土面積のたった3.6％にすぎないが，住んでいる住民は国民の約4分の1に当たる3,500万人である。

　行政エリアとして東京という場合，「東京都」を指そうが，それは国土面積のたった1％にすぎない。しかし，国民の10％，1,300万人が住む地域なのである。東京都のGDP（国内総生産）は92兆円にのぼる。これは日本全体のGDP（約500兆円弱）の5分の1近い。税収も地方税の都道府県税収総額19兆円のうち2割近い，3.4兆円である。国税収入総額54.8兆円のうち，4割にあたる21.5兆円が東京都で徴収されている。

　ちなみに，国税主要5税の約3割を自治体の財源保障と財源調整に充てている「地方交付税」（法定税率分14.4兆円）の約4割（6.3兆円）が東京都から徴収されているのである（平成19年）。

　もう一つ，東京23区を「東京」とする見方がある。東京都1,300万人のうち，850万人が居住し，約6兆円（府県税と市町村税の合計）の税収があ

る（経済同友会『道州制移行における課題—財政面から見た東京問題と長期債務負担問題』2010年5月）。

国税収入は東京23区で20.6兆円だが，これは東京都エリアの国税収入の95％を占める大きさである。いわゆる戦前の旧東京市が核となっており，都民の中でも多摩地域を除く23区を「東京」とみる潜在的な意識はそこにあるともいえる。

さらに，東京の都心区を「東京」という見方もある。都の行政（都政）で問題になるのが都心一極集中という捉え方。幾つかの副都心を育成する多心型都市構造への転換論がそれだが，仮に千代田，中央，港，新宿の都心4区を「東京」というと，東京都税収の4割強の1.5兆円がここに集中し，国税にあっては約3割の14.1兆円がこの都心4区から徴収されているのである。

このように「東京」といっても指すエリアはさまざまだが，東京をどう定義するかによって州構想論議は変わってくる。ただ道州制論議の中でもっとも難問中の難問は，東京ないし東京圏をどう扱うかにある点は間違いない。

ともかく，エリアの問題はともかく，東京圏ないし東京都を道州制の対象にして考える時の難しさについて，行政学者の西尾勝は次のように3点にわたって述べている（西尾勝「道州制ビジョン——東京圏をどうする」『都政研究』（2009年12月））。

第1. 東京圏の道州の人口と財政力が突出して巨大であり，他の道州との均衡を失することになりかねないこと。

すなわち，①関東圏（1都6県ないし7県）を区画とすれば，人口4千万人を越え，総人口の三分の一以上を占めてしまう。②東京圏（1都3県）の区画にしても，人口は3千万人に達し，総人口の4分の1を占める。かりに東京圏を抜き出す場合，関東圏内の周辺各県をどう区割りするかが問題となる。

第2. 他の道州と同様に，首長制の政府形態を採用し首長を直接公選した場合，東京の州知事の政治的権威は国の内閣総理大臣のそれと肩を並べる

ものになりかねないこと。

すなわち、①この問題は首都圏への人口集中が著しい国、例えば韓国のソウル、バングラデシュのダッカなどに共通する問題となる。②首都圏の自治体では、国政上の野党が実権を握ることが稀ではない。③首都圏の警察を国の直轄とするか、自治体警察とするかが問題となる。④要するに、東京圏の道州は、他の道州と政府形態、所掌事務の両面で特例措置が必要となる。

第3．その区割りの如何に関わらず、23特別区の区域について、現行の変則的な都区制度をそのまま維持するのか否かが問われざるを得ない。換言すれば、その際、道州管内の基礎自治体の再編問題に直面せざるをえない。

すなわち、①道州制に移行するため、事前に東京都と周辺各県との自主合併をするとき、対等合併方式なら現行との都区制度は維持できない、編入合併方式なら維持できようが、周辺県の反発は強かろう。②すると、東京圏の道州設置は、国の設置法に頼らざるをえない。かりに東京圏を標準型の道州ではなく特例型の道州とするなら、その設置法は憲法95条の「地方自治特別法」に該当し、関係諸都県の住民投票に付さざるをえない。③23特別区の再編でも、意見は様々。都心3区論、都心5区論、東京市構想、その場合も直轄市へといった意見などさまざまである。

確かに、この西尾勝の意見は、るる述べている理由から東京圏の道州制のあり方は簡単には論じられないという点で筆者も同感を覚える。実際、第28次地方制度調査会（以下「地制調」）でも道州制ビジョン懇談会でも東京都ないし東京都区部を東京特別州的な扱いをしない限り、東京が突出してしまうという見方を示している。その点、この指摘は問題の核心を突いていると言わなければならない。

しかし、だからと言って道州制移行が東京問題でストップするという話にはならない。筆者はむしろ、東京一極集中を、どう解消し、中央依存体制をどう解体していくかが、新たな国のかたちを構想するキーポイントになると考える。それには東京の扱い方を避けては通れないのである（佐々木信夫「大

都市活性化に固有の行財政権限与えよ」『日本経済新聞／経済教室』(2009年3月18日))。

6. 都区制度をどう扱うか

　日本型「州」構想を東京に当てはめる場合，現行制度を無視することはできない。ややこしいところで一番問題になる統治システムは日本で唯一使われている都区制度である。そこでこれを解体するのか，維持するのかで議論は分かれる。そこで議論の前に都と区の現状を把握しておくことにする。東京23区には通常の府県と市町村との関係と異なり，都区制度という東京都との特殊な関係がある（佐々木信夫『都知事』中公新書，2011年）。

　かつて「都制」といわれたこの制度は，都区財政調整制度にひとつ表れている。本来であれば23区の税源となる固定資産税，市町村民税法人税分，特別土地保有税を東京都が徴収し，55％を23区間の財政力格差の是正や財源保障に充て，残る45％を都の実施する消防，上下水，交通などの事業に投入している。日本の地方交付税制度のミニ版に近いものともいえる。

　都は府県業務と基礎自治体の一部の業務を実施する二重自治体とも言える。換言すれば，東京府であり東京市が重なっている自治体なのである。そこでの特別区は法律上，特別地方公共団体と呼ばれ，一般市町村と区別されている。特別地方公共団体は限定された目的を実現する自治団体に使われる用語だが，市町村並みの仕事をしているにも関わらず，こう扱われることに特別区は大いなる不満を抱き，戦後自治権拡充運動をずっと続けている。

　特別区が一般の市町村に適用される普通地方公共団体ではなく，組合や広域連合，財産区といった限定された目的を実現するために自治権を認められた特別地方公共団体という法的地位に止まっている理由は，大きく3つあると考えられる。

　第1は，特別区の区域は沿革的にみて常に1つの大都市を形成しながら発

展してきたということ。すなわち日本の国心にあたる区部は、一般の市のように独立して発展したものではなく、いわば旧「東京市」という巨大都市として一体的に発展してきたものである。

　第2は、それぞれの区は、相互に緊密な関係にあり、区部全体が有機的一体性を有しており、各区は相互に相互補完関係を保ちながら、全体として一つにまとまっていること。

　第3は、区部の住民はその属する区の財政力の強弱に関わらず、一様で均衡の取れた負担を負い、そこで受ける行政サービスは公平、同質であることを求めていることである。ある意味、旧東京市の市民であるという意識・感覚が潜在しているということである。

　こうした理由を一言でいえば、「大都市の一体性」確保ということになろうか。

　もとより、こうした戦後言われ続けた「一体性」も、地域的な変貌は激しい。ひとくちに「区部」といっても、千代田、中央、港のような業務機能が集中する「都心」区もあれば、世田谷、中野、杉並のような住宅機能を受け持つ「山の手」区もある。墨田、荒川、葛飾といった住工混淆の「下町」区もあり、それぞれが抱える問題は全く異なる。

　富裕区と貧乏区では税収格差も十数倍に及ぶ。戦後復興期に1区20万人、区部全体で400万人と想定してはじまった特別区も、現在では区部人口が850万人となり、推計値の2倍以上に膨れ上がっている。しかも、内部は千代田区の約5万人から世田谷区の約85万人まで20倍近い差があるのである（前掲・佐々木信夫）。

　このように、区部全体が一体的に発展したわけでもなく、地域的に多様性が生まれている。東京都政が多心型都市構造と呼ぶように幾つかの副都心を中心に分散型の地域分布となっている。それを一つの大都市と捉え、一体的、画一的に管理しようという発想が時代に合うかどうか、よく考えてみなければならない。

　戦時体制のもと、昭和18（1943）年に東京府と東京市が合体し東京都となっ

て以来，特別区を内部に抱える「都制」（戦後は都区制度と呼んでいる）を使い続ける首都東京の自治制度だが，地方分権の現代にふさわしい自治制度なのか。シャウプ勧告の市町村優先の原則を貫こうとすればするほど，この制度は矛盾を孕んだものとみえる。つまり都への集権化がひとつのキィ概念になっているからである。

　勿論，大都市圏には大都市経営の主体が必要なことは言うまでもない。都という広域自治体に大都市経営の権限を集中し，東京全体のマネージメントを委ねる必要もある。そこに都区制度の必要性を認めざるを得ない。ただ，道州制を構想する際，これをどう扱うかである。

　東京をどう扱うかといった場合，選択肢は大きく3つに分かれるのではないか。一つは，現行の23区体制を温存し強化する選択（特別区制度調査会「中間のまとめ」2005年11月）であり，二つめは23区部を特別市にまとめ「東京市」とする選択である。そして3つめは都市特別州（都と呼称）として他の道州から独立させる選択である。

　この議論に関する文献は少ないが，筆者は『新たな「日本のかたち」』（角川SSC新書，2013年）の第6章でその問題をまとめて扱っている。そこでの議論を紹介しながら議論を進めてみよう。

≪東京○○市構想≫

　1つは，道州制へ移行しても現在の23区体制を温存し，区の自治権を強化し，広域的な問題は23区連合で解決しようという考え方である。

　23区長会の特別区制度調査会はまず次のように現行都区制度を批判した上で，こうした提言を行っているのである（同調査会『第2次報告』（平成19年12月）参照）。

　まず第1に，集権体制としての「都の区」という現行制度の廃止を主張している。

　戦前の大東京市の残像が払拭されない現行の都区制度を清算すべきであるとの考え方をまず打ち出し，特別区が「都の区」であるという実態は変わら

ない。そのうえで今後，東京大都市地域の住民自治を充実していくには，広域自治体と基礎自治体の役割をさらに明確に区分し，都が法的に留保している市の事務のすべてを特別区（東京〇〇市）に移し，都区間で行っている財政調整制度を廃止すべきであるという主張である。

第2に，これまでの「行政の一体性」という考え方から脱却すべきだという主張である。2000年改革（地方自治法を改正し，特別区を基礎自治体と認めた）の際も，23区の存する区域は「行政の一体性」を確保する観点から，都が市の事務の一部を区に代わって一体的に処理するという考え方が継承されている。この「一体性」という観念自体が，これまでの集権体制としての都区制度を支えてきた基本観念であり，都が関与する形での「一体性」論は排除されるべきだとしているのである。

第3に，仮にその一体性といった考え方をとる必要があるなら，それは23区相互間で工夫する。財政調整を含め23区の存在を前提に相互の主体性，自律性を確保しつつ，対等協力の立場から相互補完し広域的，統一的課題に応えていくというのである。

こうした問題認識に沿って出された東京のあり方が，次のような新たな構想である。

1つは各「区」を「東京〇〇市」とする。内部団体をイメージする区という呼び方はやめ，一般市に類似した市制度を導入するというものである。

もう1つは，広域行政の仕組みとして「東京〇〇市」が対等協力の立場から「基礎自治体連合」をつくる。

3つめに，この基礎自治体連合で自主的に財政調整を行う税財政制度をつくる。現行のような都が税金を集め区部に配分する財政調整（垂直的財政調整）ではなく，共有税といった方法で区部が集め，区相互で財政調整（水平的財政調整）するというものである。

確かにこの考え方は，現行制度を大きく変えない中での，ゆるやかな「進歩形」と言える。実際に23区長も受け入れやすい考え方ともいえよう。なぜなら，区割りも変更されず，自治体としての各区が自治権を強め独立した

市になるという話だからである。

　しかし，都の権限を排除する形での広域連合方式が果たしてうまく機能するかどうか。確かに，それぞれ23区は固有のまちづくりを強調し走り出している。公選区長，公選区議会になって40年近くたつ。だが実際，23区には大きな格差がある富裕区，貧乏区の財政力格差は非常に大きい。今後，公選の23区長，23区議会がそれぞれ東京○○市として自立を宣言し自己主張を始めたらどうなるか。これまでの「均衡の原則」から「自治の原則」へ大きく軸足を移していくことになる。そうした場合，水平調整方式でどこまで格差是正ができるのか。この提案が果たして現実的な提案かどうか。報告書のなかでは，道州制に移行しても，この方式なら23の○○市を維持できるとしているが，ほんとうにそうか。筆者には必ずしもそう思えない。23区の大都市としての一体性確保は必要ではないだろうか。

≪東京市復活構想≫

　第2の東京の選択肢は，東京23区を基礎にもう一度「東京市」を復活しようという考え方である。経済界を中心に東京商工会議所などが提言している（東京商工会議所「道州制と大都市制度のあり方」2008年9月11日）。

　その考え方は，現行の政令市制度を区部に当てはめるのは問題が多く，かりに政令市化すると都からの権限移譲は特例的，部分的にとどまるし，広域自治体と市の役割が非常に曖昧なため，二重行政，二重監督の弊害が出てくる。そこから脱皮する意味で都と同格の「特別市」として独立した東京市をつくろうという提案である。最近出てきている特別自治市の発想に近いと言えば近い。

　もとより呼び名は東京市としているが，それは何も戦前の東京に戻そうという話ではない。それとは全く違う都から完全独立した基礎自治体をつくろうというものである。

　その理由について提言から引用すると，──（23区を母体として創設される東京市は）大都市としての役割を明確に規定し，道州の区域に包含され

るが，市域内の問題は市が主体的，総合的に解決できるよう，包括的な事務権限と税財源を確保すべきである。（中略）東京市はこれまで特別区であったこと，また規模が非常に大きいという特性を考慮した制度設計が必要である。（中略）わが国の国際競争力を高め，世界的地位向上を図るためには，一元的な社会資本整備，治安維持，危機管理対策を行える権限とそれに対する財源が確保される制度についても検討する必要がある。──（同提言 P2～4）としている。

ただ，特別市（ないし特別自治市）とした場合，東京区部の850万人を一人の市長がマネージメントし，100名足らずの市議会議員で意思決定をしていく仕組みが，はたして基礎自治体として相応しいものかどうか。巨大な東京市の復活となる訳である。その割に内部の区が自治体になるわけではないので（仮に自治区と呼んでも），現在の自治体である23特別区制度より自治権（とりわけ住民自治）は後退するのではないかとみる。

現在の23特別区を事実上，弱い自治区に変えない限りこの構想は実現しないわけだが，自治権を一度手にした現在の各23特別区がこの改革に応ずるのだろうか。筆者にはそうは思えない。巨大市の復活は是としても内部の自治権制約は非とする動きになるのではないか。

≪東京都市州構想≫

そこで考えたいのが，第3の選択肢，東京特別州構想である。これを都市州と呼んでもよい。つまり関東州なり南関東州なりと同格の都市州を，東京区部ないしプラス武蔵野，三鷹両市を対象に独立させるという考え方である。

翻ってみると，主要国で大都市制度がない国は日本だけである。日本の大都市がもてる力をフルに発揮できる制度が存在しないこと自体が，閉塞不況の大きな要因ともいえる。東京だけが栄えるといういびつな構造は，他の地域に都市州（例えば大阪）などの存在を認めず，すべての草木が「東京になびく」構造にあるところに日本の停滞があるといって過言ではない。しかも首都直下型地震の襲来を考えると，国家の危機管理上，これ以上危ない国土

政策，統治政策はない。

都区制度とは別に，大都市制度らしきものとして1956年から始まったのが政令指定都市制度だが，これは，戦後法律上認められながら実施されなかった「幻の特別市」制度と引きかえに，妥協の産物として生まれた「大都市に関する特例」にすぎない。現在，札幌から熊本まで20都市が指定されているが，ここでは地方自治法をはじめ個別法において，人口100万人以上の基礎自治体に行政裁量によって府県の権限の一部を上乗せする特例扱いを積み重ねてきている。東京，名古屋，大阪，横浜，さらに札幌，仙台，川崎，京都，神戸，広島，福岡といった日本有数の大都市の持つ潜在力を十分発揮するにふさわしい制度とは言いがたい。

≪西多摩リゾート構想≫

もとより，東京都の範囲は23区部だけではない。1893年に神奈川県が東京府に編入した三多摩地域がある。1,300万都民の3分の1に当たる450万人がそこに住んでいる。行政制度は一般の市町村である。良好な住宅地として高度経済成長に人口が急膨張している。その地域も人口増は止まり，人口減少と同時に郊外自治体に抱える衰退の危機問題を抱えている。その中で今後，住宅地としてよりはリゾート地として発展が期待される。

その中で，本書の第7章でくわしく論じているが，西多摩地域（約40万人）がある。ここは福生市，あきる野市，羽村市，青梅市，瑞穂町など8市町村からなっている。

西多摩地域は都心から約1時間（青梅線河辺駅〜東京駅）という通勤圏内にあるが，通勤通学の流れは都心方向に向かうが，土日・休日などは逆の流れもあり，奥多摩などは首都圏民のリゾート地として栄える様相を呈している。

この地域は自然環境を備え，交通の利便性も高い環境にあることから，開発に多くの投資を要することなく今後より整備できる。首都圏民のふるさと創生と海外からの観光客を誘致できる環境にある。自然環境の維持や農業・

林業のシステムをグリーンツーリズムシステムで労働滞在型リゾート圏や週末滞在型リゾート施設として期待できる。既に人口減に入っていることもあり，統廃合される公共施設や空き家の利活用など現在ある地域財産を有効に活かすと，元気で活き活きとしたふるさと創りが可能である。自然，水源を活用した首都圏民のオアシスを提供し，市民が健康で安心して生活できる社会の実現が可能となる要素は西多摩地域には既に用意されている。まさに，地方創生の東京版といえよう。

西多摩地域では日帰りの観光客が増加しており，今後は日帰りリゾート地として伸びる可能性が高い。当該地域の観光の特色は，登山，ハイキング，温泉など「自然」を活かしたもので，他の自治体にはない大自然を生かした観光資源が西多摩地域の強みといえよう。近年は，御岳渓谷や払沢の滝，その周辺でのカヌーやラフティングをはじめとするリバースポーツや河川の岩場でのボルダリングなどが人気の的となっている。

わが国の外国人旅行者数が年間1,200万人を超える動きにある。この中で，当該地域も従来の中国・韓国・台湾・香港からだけでなく，成長著しいタイ，マレーシア，インドネシア等ASEAN諸国からの旅行客も大幅に増えている。この外国人観光客をどれだけ西多摩地域に呼び込めるか，それも西多摩リゾート構想を進める上で重要なポイントとなろう。

7. 大都市の特殊需要と制度構想

話を戻すが，大都市東京は首都であり，大都市として交通，道路，エネルギー，上下水，食糧，防災，犯罪防止，テロ対策など日常生活の安心，安全の確保や危機管理はもとより，企業活動をコントロールする経済的規制や産業政策，観光政策など多くの課題を抱えている。大都市経営の主体となる大都市自治体には，膨大で複雑な行財政需要に的確に応え，高い政策能力を発揮できる仕組みが必要である。

それには，単に府県行政と大都市行政の二重行政の是正やその一元化，大都市に対する国・県の二重監督の解消といった旧来の「大都市の特例」のレベルではなく，明確に大都市を府県（州）区域の権限外と位置づけ，大都市（圏）をマネージメントするための権限を持った大都市制度が必要である。都区制度もその点変則的な制度に止まる。

　むしろ大都市経営が可能な制度にするには，固有の行財政権限を保障する，「大都市制度法」のような単独法で規定した「都市州」が必要ではないかと考える。東京23区部（場合によっては，武蔵野市，三鷹市を加え25区でもよい）を道州制のなかで，独立した特別州として扱う，この考え方が第三の選択肢として今後有力視されるとみている。

　筆者は数年前，大都市制度構想研究会（横浜，名古屋，大阪市の共同設置，2009）に委員（座長代理）として参画し，道州制に移行するなら東京，横浜，名古屋，大阪といった日本を牽引する大都市を「都市州」に移行させるべきだと提言した。

　横浜，名古屋，大阪市共同設置の大都市制度構想研究会はその際，「日本を牽引する大都市―都市州創設による構造改革構想」（2009年2月）として提言をまとめている。

　これはビッグ3といわれる人口200万以上の3大政令市がメンバーとなって構想したものだが，たまたま都区制度を採用する東京は入っていないが，考え方としてはビッグ4を都市州として扱うという捉え方も可能かもしれない。

　4都市州は多すぎるというなら，国土のバランスという国土形成の視点からいうと，横浜，名古屋は外して，首都，副首都の東京，大阪を特別州（都市州）とし，呼び名をそれぞれ東京都，大阪都としてはどうかという考え方を筆者は持っている。東京について区部を東京特別州にすべきだという考え方はすでに経済同友会も提言している。大阪都構想を進める大阪市・府は前提として道州制移行を想定して大阪都をつくろうとしている。政府の28次地方制度調査会や「道州制ビジョン懇談会」も類似の考え方をとっていると

言ってよい。

　区割りについては，これまでいろいろな案が出ている。例えば第28次地制調は9，11，13の3つを例示として挙げている。極端にいうと，PHP総合研究所がまとめたように30通りの案を作ることも可能である。空港，人口，通勤通学の範囲など様々な要素を加味して検討し，また地域によっては県を分割した方が望ましいという意見もあり，そうした要素をいろいろ入れて案を作ると30通りになるという訳である。

　ブロックとして分けやすいのは現在，定着している10の電力会社の営業エリアかもしれない。筆者はここで佐々木案ともいえる10州＋2都市州案（『新たな「日本のかたち」』参照）を紹介しておきたい支持しておきたい。ここで10に全国を区分けし，さらに東京区部と大阪のグレーター大阪地区を都市州（特別州）として二つ加え，12道州が穏当な案として考えている。これは日本列島を東日本，西日本に分け，それぞれ都市州をバランスよく配置することで均衡ある発展に導こうという考え方である点が優れている。

　もとより，ここでいう東京と大阪の特別州は，一般州と区別しそれぞれ「都」と呼ぶべきと考えるが，それは現在の府県制度で位置付けられている都ではない。ドイツの都市州をイメージしたもの。首都は東京，副首都は大阪として，州と同列の特別州を東西に設置し，2都構想を軸に分散型国土の形成をめざすという考え方である。

　第1次安倍内閣の下で設置された道州制担当相の諮問機関である「道州制ビジョン懇談会」も『中間報告』で東京の道州制面でのあり方を提言している（道州制ビジョン懇談会「中間報告」2008年3月）。

　筆者のイメージしている都市州は，図5-2のようなものである。

　これは，国と地方双方の行政を効率化し，世界的な都市間競争にも対応して国の成長に貢献しようというものである。基本的には特別区の自治権は現行より強め中核市並みにするが（住民自治の強化），それ以外の広域行政権限は都市州に包括すべきだと考える（団体自治の強化）。都市州として東京区部が教育や警察，交通，河川管理などの権限を持てば，州知事（都知事と

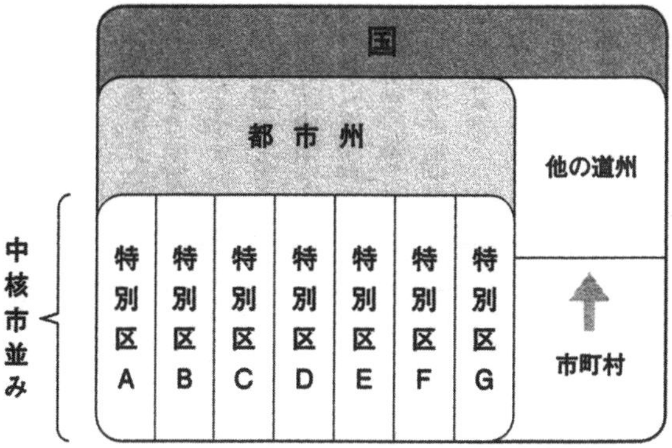

第5章 東京圏,東京都をめぐる日本型「州」構想 157

図5-2 都市州のイメージ
出所：佐々木信夫『新たな「日本のかたち」』(角川SSC新書,2013年)。

呼んでもよい) の判断で市民サービスの向上や行政コストの削減，危機管理が迅速に行えるようになる。大都市特有の政策を進めるため特別区税と道州税を一元化した「都市州税」を共有税として新設することも可能ではないか。

　もとより，自民党などの中にはこれに反対する意見もある。都市州を独立させると，都市州のみが繁栄し，財政上も周辺州が苦しくなるという格差論を持ち出しての反対である。しかし，それは筆者からすると，近視眼的な見方と批判せざるを得ない。というのも，まず"稼げるところに稼がせる"。その"稼ぎ"は周辺道州へ税制や交付金制度を通じて水平調整する。稼ぎの果実が水平調整を通じて周辺を潤すなら，そう大きな問題にならないのではないか。要するに反対論の根拠は格差の拡大であるから，その格差是正は税財政を通じた方法論で解決できる話であって，都市州に反対する大きな理由にはならないと思う。

　さらに言えば，都市州の周辺州だけでなく，それら財源を全国に行きわたる道州間の水平的な財政調整の仕組みも構想する。国債費の元利払いも応分の負担を引き受けるなど，ダイナミズム発揮による成長の果実が全国に行きわたることが可能になる。

　"角を矯めて牛を殺す"従来型の抑え込みの自治制度をやめ，大都市が地

域経済，産業，文化，学術等の外交を含めて，伸び伸びと大都市経営ができる仕組みを構想することが，これからの東京のあり方ではないだろうか。

　もとより，こうした都市州という方法をとらず，例えば東京の首都圏全体で「広域連合」をつくり，もっと広域に対応する方が現実的だという見方もある。すでに大阪府や兵庫県などの奈良県を除く7府県で「関西広域連合」を立ち上げ，産業振興，観光・文化振興，防災，医療，環境保全，資格試験・免許等，職員研修の7分野で連携を強めている例がある。

　大震災が起きれば防災の司令塔の役割を兵庫県が担い，バラバラに消防隊を派遣したり，救援物資を送ったりするのを防ごうというもの。7県知事の互選で「連合長」を選び，広域連合議会も設置し，特別地方公共団体として活動が始まっている。他の地域でも広域連合を組織しなくとも広域連携の中でドクターヘリなどを管理し，実績を上げている。

　こうした広域連合の動きは関西，九州，さらに関東へ波及する動きにあり，国からの権限移譲，国の出先機関の統廃合を促進する受け皿にする考えもある（前掲・佐々木信夫著）。

　確かに，地域主権型州制度の前段階として広域連合を設置するというのもひとつの方法かもしれない。都市州，あるいは特別州を含め道州制実現までに一定の時間を必要とするから，その間，「つなぎ」としての府県間の広域連合ができることは評価されてよい。その点，先に紹介した東京23区の東京〇〇市連合もありうる形だとは思う。

　しかし，もともと広域連合は寄合所帯であり限界がある。広域連合の最大の問題は政治機関が一本化されていないことである。したがって圏域内での利害関係のある問題は処理能力が著しく低下する。ある県にゴミ処分場を集めようとすれば反対する，空港機能を統合しようとすれば，各県一空港の原理に反するとして反対する。すると，広域連合という組織はある県や市の反対で全体が動かなくなる構造的な問題を抱えているのである。

　EU型広域連合は各自治体の自治権を奪わない点でつくりやすいが，連合長のリーダーシップが働かず，対立的な利害関係が想定される廃棄物処理と

か基地問題,空港問題など広域政策の問題処理は避けようとするきらいがある。行政組織上も屋上屋を架すことになり,かえってコスト増になりかねないといった難点も抱えている。

その点,暫定的な制度ならともかく,道州制移行後の本格的な都市州,あるいは特別州に代わって「広域連合を」という代替的な捉え方は選択肢にないと思う。

8. 東京圏を分断する構造的問題

ここまで東京都をどうする,とりわけ東京区部をどうするかについての提言などを考察してきた。しかし大都市と道州制の問題はこれに止まらない。根本的な問題として,大都市圏の一体的管理,マネージメントの視点を欠落させてよいかどうか,である。

この東京をどうするかという問題は,東京圏をどうするかと深く関わる点も議論しておかなければならない。第28次地制調も道州制ビジョン懇も道州制の区割り案として東京圏を北関東州,南関東州と二分し,東京区部は別扱いにするという構想が出されている。

確かに東京圏は巨大だが,だからといって分断が望ましいかどうかである。イギリス並みの経済力を持って大都市圏として一体的,有機的な活動が成り立っている一都三県(東京圏)を分断する考え方が,日本型「州」制度導入のねらいに合うかどうか。

面積こそロサンゼルス並みとそれほど大きくないが(国土面積の3.6％),一都三県をひとつの道州にするとイギリス並みの巨大な国が生まれ,その州知事が国政を支配してしまう可能性は否定できない。よって一都三県を北と南に分割して経済力を殺ぎ,南北の均衡をとる形で州をつくるべきだというのが,これまでの多くの道州制議論である。

筆者からすると,それは経済面からみた議論としては正しいとみえる。し

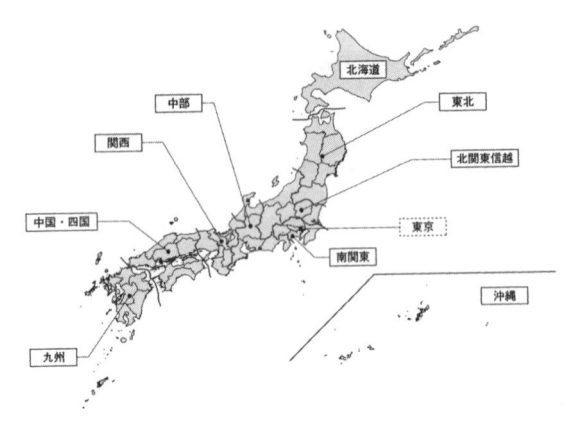

160　第Ⅱ部　東京・多摩における地方自治および財政と道州制

図 5-3　10 州＋東京特別州（案）
出所：第 28 次地方制度調査会答申の例示。

かし，東京大都市圏は相互依存関係のうえに成り立っている。日常の通勤通学，経済活動，さらに水や食糧，エネルギーなど生活のライフラインは一都三県が一つの大都市圏として機能している。これを分断してよいか。一角をなす埼玉県を北関東州に入れるのは，他の北関東諸県だけでは経済力が弱い点を補うためという理由づけがおこなわれるが，そうした理由だけで東京大都市圏を分断してよいかどうか。毎日隣接 3 県からは 350 万余の人々が東京区部に通勤通学している。この人々は住宅を求めて周辺県に居住している人々が大半であって，何も神奈川生まれ，千葉生まれ，埼玉生まれが大半を占めているわけではない。

　区割りについては，第 28 次地制調が 9, 11, 13 の 3 つを例示として挙げているようにいろいろな考え方がある。極端にいうと，PHP 総合研究所がまとめたように 30 通りの区割り案を作ることも可能である。空港，人口，通勤通学の範囲など様々な要素を加味して検討し，また地域によっては県を分割した方が望ましいという意見を加味すると，30 通りの案をつくることも可能になるという訳である。

　筆者はそうした細かな議論にあまり関心がない。むしろ広域ブロックとし

て分けやすいのは現在，定着している10の電力会社の営業エリアかもしれない。筆者はここで佐々木案ともいえる10州+2都市州案（『新たな「日本のかたち」』参照）を紹介しておきたい。ここで10に全国を区分けし（沖縄を単独州），さらに東京区部と大阪のグレーター大阪地区を都市州（特別州）として二つ加え，12道州が穏当な案として考えているからである。

　これは，日本列島を東日本，西日本に分け，それぞれ都市州をバランスよく配置することで均衡ある発展に導こうという考え方である点が優れている。

　もとより，ここでいう東京と大阪の特別州は，一般州と区別しそれぞれ「都」と呼ぶべきと考えるが，それは現在の府県制度で位置付けられている都ではない。ドイツの都市州をイメージしたもの。首都は東京，副首都は大阪として，州と同列の特別州を東西に設置し，2都構想を軸に分散型国土の形成をめざすという考え方である。

　かつて13年余続いた石原都政が首都圏メガロポリス構想をつくったことがある。その構想イコール関東州ということではなかったようだが，関東圏を円状に取り囲む圏央道などを整備し一都三県がさまざまな形で連携を強めれば，イギリスにも匹敵する経済力を発揮できる。首都圏のそれぞれの地域がもつ特性をうまく生かしながら連携し，鉄道，道路，空港など都市インフラのネットワークを強力に進めるなら，東京都心部の通過交通は3割減，NO_xやCO_2も1割減，年間1兆7,000億円の時間短縮効果が生まれると試算まで出している（佐々木信夫著『道州制』ちくま新書，2010年）。

　とするなら，まずメガロポリス構想を首都圏連合として組織し，一都三県が連携する管理主体となるよう権限，財源を付与することも現実的かもしれない。ただそれは一時的なもので，それを経て関東州へ移行することが望ましいのではないか。その際，関東州から東京区部を都市州として抜き出す制度措置も同時に行われなければならない。

　このように大都市圏の統治主体として「州」及び「都市州」を構想するなら，多くの都市問題が解決していくように思う。道州間の「均衡の原則」に

目を奪われると，何のために広域政策を可能とする道州制を採用するのか分からなくなる。「自治の原則」を明確にする，それが地域主権型州構想の考え方でもある。

その点，世界有数の大都市圏に核となる都市州すなわち東京特別州，道州が生まれていく——これは新たな国のかたちを生む喫緊の大きな構造改革のテーマである。

いずれ，東京圏のあり方は大きな議論になろう。現在，国政で提案されようとしている道州制国民会議設置後の最大のテーマかもしれない。関東州として一つにまとめると巨大過ぎて国政を凌駕する政治力をもってしまう。

他方，均衡をとるため北と南に分断すると大都市圏のマネージメント能力が殺がれてしまう。こうしたジレンマを抱えている東京圏の問題をどうするか，である。政府の道州制国民会議でもいずれを選ぶか，東京区部のあり方と並んで東京圏のあり方は大きな争点になるであろう。ここをうまく設計することができるかどうかが，先程来述べている，日本型州構想が実現できるかどうかの大きなキィポイントになる。

ここで筆者が強調しておきたいのは，道州制の問題，大都市圏の問題を国内的視点だけで議論してはならないということである。

一都三県がイギリス並みの経済力を持つなら，まとまりのある大都市圏として道州が主体となって更なる国際競争力の強化を打ちだしたらどうか。関東州が強すぎるといっても，米国カリフォルニア州のロサンゼルス郡（カウンティ）に相当する面積しかないのが関東州である。道州制が日本の国力を強めるねらいをもつ点からすると，他の道州との均衡論だけでなく，大都市圏の自由度を高め稼がせるという視点から東京圏のあり方を議論することも大切ではなかろうか。

9. おわりに

　水平的競争メカニズムを公共分野にも導入する「日本型州構想」への移行こそが，国土の均衡ある発展につながる。その難問中の難問を問題にしたのが，東京圏及び東京都をめぐる道州制問題であった。東京圏分断論が強い中，あえて一体論を唱え，その中核の東京区部を都市州（都と呼ぶ）として独立させる案を提案した。

　つまりいろいろ懸念材料はあるが，大きな方向性として一都三県を関東州として括り，その中心となる東京区部を都市州と扱うというのが，本章の現段階での結論らしい結論である。

　ただもう1つ，立ち止まって考えてみるべき点もある。というのも，人口減が絶対だめなことなのかという点である。長期の視点で考えてみても，なおかつ1億人以上の人々が暮らす日本列島でなければならないのか，という点だ。約100年前，3,500万人であった日本。20世紀という，とりわけ20世紀の半ば以降の「経済成長期」に「人口爆発」が起こり，4倍近くまで人口が増えたのである。もっと遡れば，日本は1,000万人時代が長かった。むしろそれが長い安定期であった。

　農耕社会だったからと言えばそれまでの事かも知れないが，しかし20世紀の人口爆発は正常なのかという点である。逆に言えば，20世紀の1億3,000万人に近づこうという時代こそが特異であり，異常であったともいえるのではないか。

　ひとつ，いまの日本で欠けているのは，日本列島という島国しかも四方が海に囲まれ，山間部が7割を占める（居住の可能な面積が3割しかない）この国で，果たしてどれぐらいが「適正規模」なのか，その試算すらないまま，あたかも1億人を維持することが政策目標であるがごとく語られている，このこと自体，政策論議としてはお粗末ではないか。

　乗り物にも定員がある。車でも，船でも，電車でも，飛行機についてもで

ある。住宅だって，適正な可住人口が面積によって積算されているし，幼稚園や保育園の子供一人当たりの必要面積を積算して許認可が行われている。

　少し冷静に日本の適正人口論を戦わしてみたらどうか。案外，半世紀後に予測される8,000万人の人口規模がわが国にとって適正人口かも知れない。世紀単位でみると，人口揺り戻し現象，それが人口減とみることもできる。問題は，それが東京など大都市のみに人口が集中し，地方がどんどん寂れる，極端な過密と極端な過疎の同時併存が生む「歪み」に問題の本質があるのではないか。日本型州構想はそれを大きく変えようという統治システムの大転換をねらいとする構想である。「この実現なくして真の地方創生はない」のではないか，筆者はそう考えている。

参 考 文 献

佐々木信夫『人口減少時代の地方創生論――日本型州構想がこの国を元気にする』
　　　PHP研究所，2015年。
　　同　『新たな「日本のかたち」――脱中央依存と道州制』角川SSC新書，2013年。
　　同　『大都市行政とガバナンス』中央大学出版部，2013年。
　　同　『道州制』ちくま新書，2010年。

第 6 章

首都圏メガロポリスと首都圏州を見据えた広域連携の模索
―― まずは首都圏メガロポリスを担う九都県市首脳会議を広域連合に ――

成　田　　　浩

1. はじめに

　人口3,500万人を超えるメガロポリス，東京都市圏は行政区域の東京都を越えて広がっており，その経済社会実態に見合った新たな仕組みづくりが求められている。このことは今から約半世紀前の「ロブソン報告」でも指摘されており，その意味では古くて新しい課題である。

　東京都など1都3県とそのエリア内の5政令指定都市で構成する九都県市首脳会議は，発足後35年の歴史を有するが，九都県市という広域的な取り組みは，現在曲がり角にある。関西広域連合の意欲的な取り組みを見るとき，将来の道州制における首都圏州をも視野に入れて，当面はその第一ステップとして，現在の任意組織を地方自治法上の広域連合という仕組みにレベルアップすることが求められている。地方消滅が懸念され地方創生が模索される中，「国のかたち」すなわち日本全体の国と地方を通じての統治構造の改革なくして日本の未来はないが，その梃子となる道州制の導入を実現するうえでのキーストーンは首都圏州の設計と実現である。

　首都圏メガロポリス構想は，この間の関係自治体や国そして民間企業の不断の取り組みにより，机上のプランでなく現実のものになってきている。ま

た，国際的にみても大都市圏すなわちメガロポリスの経営の成否が国の盛衰につながっていることは明白である。日本の国際競争力を確保し，日本の再生を実現するために，この間の都市再生等の取り組みを踏まえ，現時点での広域連携の在り方を実証的に考察するとともに課題を明らかにしてゆきたい。

2. 首都圏メガロポリス構想

(1) 構想の経緯と内容

　東京都が，21世紀の首都像と圏域づくり戦略として2001年に発表した「首都圏メガロポリス構想」は，首都移転問題に対する反論書であるとともに埼玉県，千葉県，東京都，神奈川県のおおむね首都圏中央連絡自動車道に囲まれた首都機能を担う一体的な大都市圏エリアを「首都圏メガロポリス」としてとらえ，イギリス一国に匹敵する生産力と約3,300万人の人口を擁する世界最大の大都市圏が国際競争力を備えて，我が国の経済再生をリードすることを目指して策定されたものである。都民を始め広く国民や国及び首都圏メガロポリスの行政主体に向けて提唱された。

　その提案の骨子は，「やがて到来する人口減少社会においても活力を維持するには約3,300万人の集積のメリットを最大限に生かし，国際競争力を発揮できる魅力ある首都の再生が不可欠とし，そのためには首都圏メガロポリスが備える多様な機能をそれぞれの地域が分担し，緊密な交通ネットワーク等により地域間の活発な交流が行われ，活力と魅力にあふれた都市活動が展開できるよう，圏域の都市構造を新たな『環状メガロポリス構造』に再編することが重要な課題である」ということである。

　①「環状メガロポリス構造」の意味するものは以下のとおりである。（下図6-1参照）

　　○首都圏のメガロポリスの交通・情報ネットワークとりわけ環状方向の

第6章 首都圏メガロポリスと首都圏州を見据えた広域連携の模索 167

ネットワークを強化して活発な交流を実現
○業務，居住，産業，物流，文化など多様な機能を地域や拠点が分担し，広域連携により首都圏メガロポリス全体の一体的な機能発揮を実現
○環境との共生を目指し，首都圏メガロポリスの内外にわたる水と緑の骨格を形成
○首都圏メガロポリスの活発な都市活動を担うコアや都市軸が骨格となり，集積のメリットを発揮
○センターコアなど5つのコアが，首都圏メガロポリスの活力と魅力の発揮を先導
○核都市連携都市軸と東京湾ウォーターフロント都市軸が連結し，首都圏メガロポリスの人，モノ，情報の流れを円滑化，効率化する環状都市軸を形成
○環状都市軸は，環状方向の連携を強化するとともに，センター・コアと接続することにより，首都圏メガロポリス全体の効率的，効果

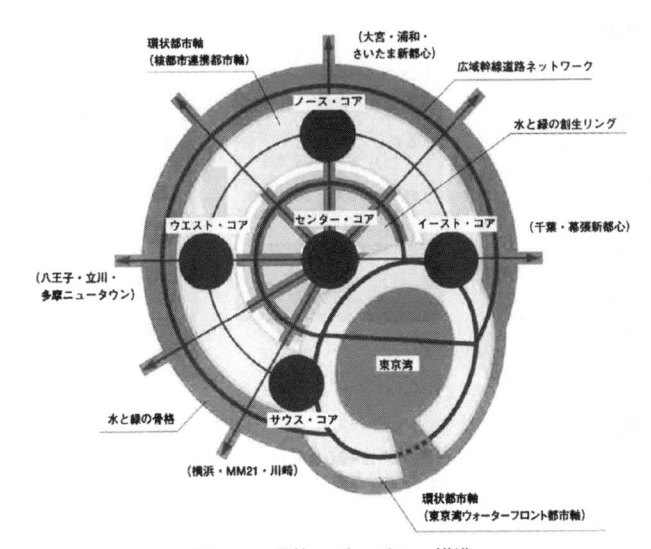

図6-1 環状メガロポリス構造

出所：東京都作成。

的な機能連携を実現

②広域連携戦略の展開による圏域づくり

環状メガロポリス構造の構築とともに，以下の圏域づくり戦略を提示している。

　　○首都圏3環状道路の整備など迅速なアクセスを実現する交通連携
　　○空港間の役割分担の見直しなど都県連携による空港機能の強化
　　○アーバンリゾートの形成など東京湾の一体整備
　　○広域物流ネットワークの構築など効率的な広域物流システムの構築
　　○道路，河川，港湾等を生かした防災拠点の整備など広域防災連携の推進
　　○危機管理体制の強化など首都機能（国家の中枢機能）のバックアップ

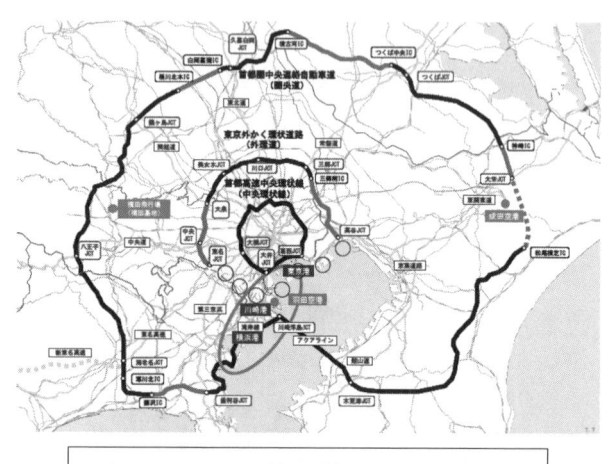

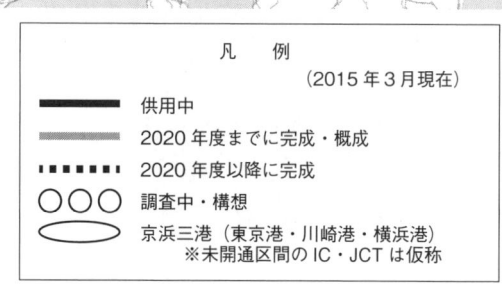

図6-2　首都圏広域交通ネットワーク

出所：東京都政策企画局資料。

第6章　首都圏メガロポリスと首都圏州を見据えた広域連携の模索　169

○東京湾の水質改善に向けた一体的な取り組み
○自動車排ガス規制の一体的取り組みなど大気汚染対策の連携
○リサイクル・廃棄物処理連携
○広域行政ネットワークなど首都圏メガロポリス情報ネットワークの構築
○様々な分野の人材を連携して育成するなど21世紀を支える人づくり
○産業政策における広域ネットワークの構築
○広域行政の新たな展開に向けて広域的自治体のあり方の検討

(2)　構想実現の要である3環状道路の整備状況

　首都圏メガロポリス構想を実現するうえで，その基幹プロジェクトともいえるのが広域連携戦略の一つである首都圏3環状道路の整備である。
　①3環状道路の計画と整備の歩み
　首都圏の道路交通の骨格として，3環状9放射のネットワークが計画されたのは，今から半世紀前の首都圏基本問題懇談会の中間報告書で「都市内交通体系整備」が発表されたのが最初である。以降「首都圏基本計画」の中で内容が固められ，1987年の第四次全国総合開発計画を経て，2000年には小泉純一郎首相の肝いりで発足した都市再生本部で3環状道路の整備が都市再生プロジェクトに位置づけられ，国を挙げての取り組みになった。東京都の石原慎太郎知事が「首都圏メガロポリス構想」を発表し，その旗艦プロジェクトとして3環状道路の整備を打ち出したが，政府もそれに呼応して都市再生プロジェクトに位置付け，タイアップして取り組み始めた。その最大のネックであった外環道の関越道，東名高速道路間の工事（美濃部都政の時代に「橋の哲学」により中断されてかなりの時間が経過していたが）の再開にむけ，扇千景国交大臣と石原知事が手を携えて現地の視察に出向いたのが象徴的出来事だった。
　小泉総理を本部長とし，すべての大臣が参画する都市再生本部で都市再生プロジェクトとして東京圏と大阪圏で「大都市圏における環状道路体系の整備」が決定されたことは，3環状道路整備に大きな弾みとなった。同時に都

市再生プロジェクトとして「大都市圏における国際交流・物流機能の強化」が採択され，国際港湾の機能強化が謳われたのも，その後の港湾の改革として，24時間フルオープン化やリードタイムの縮減さらには港と幹線道路網とのアクセス性の向上の実現につながった。

②整備の効果

国土交通省と東京都は，3環状道路の整備の効果として3点あげている。

　○渋滞の緩和
　○物流の信頼性の向上
　○地域経済と雇用の創出

このなかで渋滞の緩和と物流の信頼性の向上はいわばコインの裏表の関係にもあると言えるが，2014年の圏央道の東京・神奈川間の開通による効果を関東地方整備局は，以下のように試算。

京浜港（横浜港）と中央道・八王子JCTで輸送ルートを国道16号経由ルートから圏央道経由ルートに変更する事で

　○所要時間は124分から53分に約71分，約6割の短縮になる
　○到着時間の遅れが，従来のルートでは渋滞が非常に多い時と少ない時の差が約79分あったのが，圏央道の利用でその差が約4分と95％解消される。

2014年6月の開通からほぼ1年経っているので，物流に及ぼす効果についての実態調査が行われ，その結果発表が待たれるところである。

また，周知のように首都高速都心環状線はこれまで国際コンテナ[1]運搬車の通行が規制されていたが，2015年3月の首都高速中央環状線の全面開通により，東京港では一般道路の環七通りや環八通りに代えて中央環状線の利用が可能になった結果，東名高速や中央道，関越道や東北道さらには常磐道へのアクセスが飛躍的に向上した。中央環状線では背高コンテナの輸送も可能であり，物流に及ぼす効果は計り知れないものがある。

ちなみに中央環状線の開通後1週間の利用状況について，東京都建設局と首都高速道路株式会社は速報として以下の点を発表しているが，期待通りの

効果が得られている。
　（ⅰ）　今回開通した区間の交通量は，一日平均約5万台
　（ⅱ）　都心環状線の一日あたりの交通量は，開通前に比べ約7%減少
　（ⅲ）　中央環状線内側において首都高速一日あたりの渋滞・混雑量は，日によって多少差はあるものの，一週間の平均で開通前に比べ約5割減少
　（ⅳ）　新宿から羽田空港までの所要時間はこれまでの約40分から約19分に短縮
　（ⅴ）　これまで1日9時間発生していた都心環状線の浜崎橋ジャンクション付近における渋滞がほぼ解消

③圏央道と外環道の整備の見通し

　圏央道は2015年の2月そして3月に埼玉・茨城区間，神奈川区間で一部区間の開通を見ているが，関越道から常磐道さらには東関東道までの延伸が実現するのは2015年度中の見込みである。また外環道は，常磐道と東関東道の間は2017年度中の開通が見込まれるが，関越道と東名道の間はオリンピック・パラリンピックの開催される2020年度中の開通が目標とされ両側から工事が進められている。

　3環状道路の整備は，首都圏の一体化に欠かせない基幹インフラであり，3月の中央環状線の全線開通で3環状道路の最初の輪がつながった。今後事業が順調に進捗し，予定の2020年の環状道路の整備率92%が確実に達成されることが望まれる。

(3)　世界の四大都市圏（メガロポリス）の比較の中からみた東京都市圏

　「東京都市白書2013」によると世界の四大都市圏の実態は表6-1のようになっている。
　この四大都市圏を比較すると
　人口順位では①東京②ニューヨーク③ロンドン④パリ
　GRP順位では①東京②ニューヨーク③パリ④ロンドン

表 6-1　世界四大都市圏の比較

東京都市圏	・人口 ・GRP（域内総生産） ・都市圏の範囲と面積 ・幅は約 200km	3562 万人 1652（10 億 US ドル） 東京都，千葉県，埼玉県，神奈川県 13,370km^2
ニューヨーク都市圏	・人口 ・GRP（域内総生産） ・都市圏の範囲と面積 ・幅は約 300km	1890 万人 1214（10 億 US ドル） ニューヨーク州の一部（10 郡）ニュージャージー州の一部（12 郡）ペンシルバニア州の一部（1 郡） 17,319km^2
ロンドン都市圏	・人口 ・GRP（域内総生産） ・都市圏の範囲と面積 ・幅は約 160km	1501 万人 377（10 億 US ドル） グレーターロンドンと周辺 8 州の一部 15,438km^2
パリ都市圏	・人口 ・GRP（域内総生産） ・都市圏の範囲と面積 ・幅は約 160km	1180 万人 403（10 億 US ドル） パリとその周辺の 7 県 12,012km^2

出所：東京都都市整備局資料。

といずれも東京都が第一位であるばかりでなく，人口密度も他の三大都市圏の 2.5 倍と圧倒的に高い。

また，各国内でのそれぞれの都市圏が占める人口及び GRP の集積割合をみると，東京都市圏は国内のそれらの約 30％ が集積しており，他の大都市圏に比べて最も高い割合になっている。このように質量ともに大きなウエートを占めている東京都市圏の育成・発展は，ひとり東京のみならず日本にとっても大きな課題といえよう。地方創生をめぐる議論の中で，東京一極集中の是正が声高に唱えられているが，東京都市圏の力を削ぐだけでは，地方圏の創生も覚束ないし，ましてや日本の再生・活性化につながるとは考えられない。

第 6 章　首都圏メガロポリスと首都圏州を見据えた広域連携の模索　173

3.　行政の広域連携の仕組みとその検討

(1)　九都県市首脳会議

　首都圏の広域的課題は，首都圏の自治体が自ら主体的に取り組んでいかなければならない。現在ではその担い手は，九都県市首脳会議である。

　会議の目的は，9 都県市の知事及び市長が長期的展望のもとに，共有する膨大な地域活力を生かし，共同して広域的課題に積極的に取り組むことである。

　①広域的な取り組みの必要性

　（ⅰ）　会議に期待される役割等

　首都圏は，全国人口の約 3 割を擁し，わが国の政治，経済，文化の中心をなすとともに，大都市圏として一つの地域社会を形成している。そしてこの地域への人口の集中や諸機能の集積による都市化の進展により，例えば，交通インフラや環境問題など個々の都県市の範囲を超えた広域的に対応すべき様々な課題が生じている。このため，広域化した諸課題の解決に向けて，9 都県市が協調した取り組みを進めることが期待されている。

　（ⅱ）　構成員

　1979 年 7 月には，東京都，神奈川県，千葉県，埼玉県，横浜市，川崎市の 6 団体で，六都県市首脳会議としてスタート。その後，千葉市，さいたま市，相模原市が政令指定都市移行に伴い加入し，現在は 9 団体。首都圏サミットの別名もある。

　（ⅲ）　組織

　首脳会議の下に，首脳会議の運営や広域的課題に関しての具体的な調査・検討・協議等をおこなうために，担当部局長で構成する委員会等を設置。委員会の下には担当課長や実務担当者で構成する幹事会，部会等を設置している。

　現在は，企画担当部局長会議，廃棄物問題検討委員会，環境問題対策委員

会，防災・危機管理対策委員会がある。ちなみに九都県市2020年東京オリンピック・パラリンピック連携会議は企画担当課長会議の下に置かれている。

なお，専任の職員はいない。

②誕生の経緯

（ⅰ）首都圏革新首長懇談会

東京市政調査会[2]の三宅研究員によると，六都県市首脳会議の実質的な組織化はその前身である東京都，埼玉県，神奈川県，横浜市，川崎市の5自治体によって，1976年に発足した首都圏革新首長懇談会とされている。この懇談会は，1967年4月に，東京都と東京市政調査会が共同して東京都の直面する諸問題について意見を求めるため，ロンドン大学名誉教授ウィリアム・A・ロブソン博士を招聘して，同年12月に提出された「東京都政に関する報告書」の提言が生かされたものである。ロブソン博士は，広域行政について，都と周辺県の間に行政制度上有機的なつながりがないために，総合的・一体的な計画の欠如，市街地スプロール，行政サービス格差など，多くの問題が生じていると指摘し，「東京都の行政制度は客観的にみて時代遅れと結論せざるを得ない」と断じた。これらの諸問題を解決するには，東京都の区域を少なくとも主要な通勤圏（東京駅を中心とした放射状の30～50km圏）まで拡張すべきであるが，区域拡張に時間がかかる場合には過渡的措置として「東京都ならびに周辺7県の代表からなる合同協議会（joint council）」の結成が考えられ，東京圏の全域にわたる戦略計画を作成し，主要幹線道路，大気汚染の防止，ニュータウンの建設などの実施の権限をもつべきである，との提言を行った。

（ⅱ）ロブソン報告書の今日的意義

半世紀以上前の1968年3月に発行された「東京都政に関する報告書」には，今日でも生きている指摘や提言も少なくない。報告書では，「東京都の行政区域は2,023km^{2}である。しかし，東京圏とよばれる実質的な東京は東京都の行政区域を越えて広がり，現在では少なくとも3,000km^{2}の範囲を占めている。今や多くの大都市に特徴的にみられるこの外延的膨張は，過去数十年

間の交通運輸技術の発展によって可能になったものである。」と大都市圏の存在を指摘する一方,「毎日100万人もの通勤者の軍団が通勤圏から生活の糧を得るため都心に侵入してくる。昼間,これら通勤者は上水供給,街路清掃および照明,消防,警察,下水,清掃,公衆衛生,救急等の経費のかかる行政サービスの必要を引き起こしている。勤務時間が終われば通勤者は都市の行政区域の外にある家庭に帰っていく。これら通勤者の東京都歳入への寄与分は,その受ける行政サービスのコストと比べてまことに小さなものなのである。」と昼間流入人口の存在とそれによってもたらされる行政需要が十分に財政的に担保されていない状況を喝破しているのは驚きだ。そしてそのような状況は「大都市圏として知られるきわめて意義深い現代的現象の典型的なものである。東京における地方自治制度は,都が中心部分を構成している東京圏とほとんど関連を持っていない。」と指摘している。

そして,「東京都と東京大都市圏との間に,行政制度上有機的なつながりがないために,次のような結果が生じている。」と指摘している。

(a) 東京圏全域が総合的一体的に計画されていない。
(b) 首都東京の膨張は限界なく広がり,市街地スプロールが抑止されないでいる。
(c) 都の外側に住んで通勤してくる巨大な軍団のためサービスを行うに当たり,財政上,行政上及び技術上の重い負担がすべて都にかかっている。
(d) 東京都と周辺の地方団体の行政サービスの格差が広がっている。
(e) 市民の政治的関心が,働いている都の帰属意識と住んでいる町への帰属意識とに分かれている。市民精神は,この政治的分裂症ともいえる帰属意識の分裂によって弱められている。
(f) 東京の規模が大きすぎるため,地方自治体と市民の密接なつながりが実現しにくい。
(g) 都が巨大な規模であるために,上水,下水,交通規制,旅客輸送,住宅,公園,運動場,都市計画等の行政サービスに関して特殊な問

題を起こしている。これらの問題は，技術上，財政上および行政上のものである。そしてこれらは地価の暴騰によっていっそう深刻化している。

さらに，「東京大都市圏とは，東京都の行政区域とその周辺の影響圏を指している」とし，「良い行政を行い，均衡のとれた発展をはかるためには，大都市圏全域が戦略的計画その他主要都市行政のうえで，一体的に運営されることが望ましい。東京が直面している最も緊急な課題のうちのいくつかのものを東京都だけが単独で解決することは不可能である。それらの課題は東京圏全体の地域規模で処理されなければならないものである。」としたうえで，「現在の東京都の区域は，少なくとも主要な通勤圏を含むところまで拡張されなければならない。これらの地域は東京駅を中心とした放射状の30～50km圏に入っている。」そしてこうした区域拡張が様々な要因で遅延されるならば，過渡的措置を取ることが必要であるとして，「東京都ならびに周辺7県の代表からなる合同会議（joint council）の結成」を提起している。「こうした過渡的措置は，東京都の区域の拡張よりはるかに劣るものではあるが，現在の状態をそのまま続けるよりはいいといえよう。これは少なくとも人びとに，真の首都東京の一体性と規模を意識させ，東京圏全域が当面する需要と問題の認識を喚起するのに役立つであろう。」と。さらに首都圏整備委員会に代わる強い機関の設置については，「内閣総理大臣ならびに内閣に対して責任を負う，強力な中央からの任命による広域処理機関は，民主的に選挙された東京都の地位を必然的に脅かし，低下させ，ひいては日本全体の地方自治を弱化させることになろう。東京をめぐる都市問題はたしかに困難で複雑だが，その解決策は，中央支配との長い闘いのなかで地方自治を守り，強化する方向で求められるのが望ましい。」と断言している。

③九都県市の活動の状況

1979年7月の発足から既に35年と長い期間活動が継続されており，そのこと自体は評価に値するが，石原知事が提唱し多くのマスコミが取り上げたディーゼル車排ガス規制や低硫黄軽油の利用促進で九都県市の活動が社会的

にも全国的にも注目を集めた時期はあるものの，その後は新聞等で取り上げられるような目立った活動は見られない。

(ⅰ) 首都圏連合協議会で現在検討中の項目
(a) 2020年東京オリンピック・パラリンピック競技大会を契機とした文化芸術施策の強化
　——日本の文化芸術施策の一層の強化を図るため，支援制度の充実など予算の拡充及び国を挙げた推進体制の確立について意見を取りまとめ国に提言するとともに，九都県市が連携して展開する取り組みや，具体的な国への要望事項を検討
(b) 個人住民税の特別徴収推進
　——個人住民税の約8割を占める給与所得者分については「特別徴収」が法令の原則であるが徹底されていない。対象となる事業者や納税義務者が都県域を越えて存在するので周知徹底などを検討
(c) 少子化対策（結婚支援）の推進
　——結婚する・しないは個人の自由選択であるが，結婚したい人が結婚へ一歩踏み出せるような社会気運の醸成を図る取り組みを検討
(d) 持続可能な介護保険制度への取り組み
　——介護保険制度を安定的かつ持続可能制度として維持していくため，よりよい介護サービスの提供と介護給付費上昇の抑制等の喫緊の課題に対する取り組み事例等について検討
(e) 男女がともに活躍する社会の推進
　——「第8回首都圏連合フォーラム宣言」を踏まえ，具体的なアクションを起こすため，女性管理職の登用率向上に向けた取り組みの共有や共通目標について検討
(f) 空き家住宅を含めた中古住宅の流動化
　——首都圏において空き家住宅を含めた中古住宅の流動化に取り組む意義は大きい。地球にやさしく，「真に豊かな」住生活の実現，資産価値や利用価値の向上，ひいては空き家問題の解決等につなげて

いく中古住宅の流動化について検討とのことだが，いずれも広域での取り組みにしては小粒と言わざるを得ない。

（ⅱ）この間の取り組み

関西広域連合のような中期的な「活動のまとめ」が出されていないので，毎回出される首脳会議の「主な報告事項」によって5年前の2010年5月の第57回首脳会議以降の「研究活動を終え，新たな取り組みに移行するもの」のテーマの推移を，見てみると表6-2のとおりである。

表6-2　首都圏首脳会議の取り組み

首脳会議	テーマ
57回 2010年5月	・八都県市連携による広域的な就業支援の実施
58回 2010年11月	・実効性ある流入車対策の構築の検討 ・受動喫煙防止対策の推進 ・避難所等の重要施設の屋上における番号等の表示(ヘリサインの整備) ・障害者支援のための制度の見直し ・介護保険制度の見直し
59回 2011年5月	・首都圏連合協議会の機能強化 ・九都県市で共同利用する自治体クラウドの構築 ・「新しい公共」の研究 ・首都圏の優れた産業技術の共有化及び戦略的な情報の発信
60回 2011年11月	・新型インフルエンザ対策の広域的な取り組み ・首都圏のポテンシャルを活用した国際競争力の強化 ・青少年をインターネットの青少年有害情報から守る取り組み ・高齢者の所在不明問題及び孤立化により生ずる問題
61回 2012年5月	・国の出先機関の事務の先行移管のための協議会の設置 ・帰宅困難者対策 ・大規模災害時における広域的な連携 ・大規模災害時を想定した更なる防災対策の強化に向けた取り組み ・基幹的防災拠点の検討 ・災害時における首都圏の高速道路ネットワークの緊急時マネジメント体制の確立
62回 2012年11月	・九都県市における自転車安全利用対策 ・首都圏のエネルギー問題 ・知識・情報資源としての図書館の活用 ・国の出先機関の事務・権限の移譲に向けた研究 ・地方の税財源の確保に向けた研究 ・首都圏連合フォーラムの廃止 ・行政情報の無い要支援者の早期発見
63回 2013年5月	・石油コンビナート等民間企業の減災対策 ・九都県市における子育て支援策

第6章　首都圏メガロポリスと首都圏州を見据えた広域連携の模索　179

64回 2013年11月	・首都圏の防災力の強化 ・女性の活躍による経済の活性化 ・居所不明児童に係る対策 ・人口減少社会に対応した郊外部のまちづくり ・子どもの笑顔を守る共同宣言の推進 ・生活扶助基準の見直しに伴う他制度に生じる影響等
65回 2014年5月	・ビッグデータ・オープンデータのまちづくりへの活用
66回 2014年11月	・2020年東京オリンピック・パラリンピック競技大会への支援 ――大会機運を盛り上げるため，東京都の1964年東京オリンピック・パラリンピック50周年記念事業への協力を行うとともに，九都県市による支援組織として「九都県市2020年東京オリンピック・パラリンピック連携会議」を設置し，具体的な取組内容を検討，展開していくこととした ・事業所等への太陽光発電設備の導入促進 ――屋根のみを対象とした賃借権の登録制度を整備することなどについて研究を行うとともに，事業所等への太陽光発電設備の導入促進について国に対する要望書を作成した

出所：筆者作成。

（ⅲ）2014年11月時点での「今後も研究会活動を継続していくもの」としては，先の検討中の項目（a～f）に加えて

　（g）アクアライン通行料金引下げを含む首都圏の高速道路の料金施策
　　　――首都圏の高速道路の料金施策に関して，国等の動向を注視しつつ，情報提供と意見交換を行い国へ要望を行ってきた成果として，2014年4月以降の新たな高速道路料金について料金水準の変更，NEXCOの料金割引の再編等が決定され，アクアラインについては，当分の間，通行料金の引下げ継続が決定されたが，国は首都圏の新たな高速料金について有識者検討会等で検討を進めるので，今後も活動を継続。
　（h）首都圏における水素社会の実現に向けた取り組み
　（i）風しん撲滅に向けた九都県市共同での取り組み
がある。

④地方分権改革の推進への取り組み

2014年11月の横浜市で開催された第66回九都県市首脳会議では,「地方分権改革の推進に向けた取り組みについて」の協議が行われた。

個別施策の取り組みにも勝るとも劣らない重要な制度改革にかかるテーマであるので少し詳しく見てみると,以下のような主張がなされている。

Ⅰ．真の分権型社会の実現
　(1)　更なる権限移譲の推進
　(2)　更なる義務付け・枠付け等の見直し
　(3)　地方自治法の抜本改正
　(4)　「国と地方の協議の場」の実効性ある運営
　(5)　「提案募集方式」に基づく改革の推進

Ⅱ．真の分権型社会にふさわしい地方税財政制度の構築
　(1)　地方税財源の充実・確保
　　(イ)　社会保障分野における地方税財源の確保において,軽減税率が導入される場合に国の責任で代替財源を確保する
　　(ウ)　地方法人特別税及び地方法人税の撤廃
　　(エ)　法人実効税率の見直しに伴う代替財源の確保等を新たに求めるとともに,見直しにあたっては法人課税における超過課税の撤廃や見直しを行わないよう釘を刺している
　　(ク)　課税自主権の拡大では,神奈川県臨時特例企業税に対する最高裁判決の法定外税の創設を否定しかねない判断に対する懸念を表明するとともに,地方税法などの関係法令の見直しを求めている
　(2)　地方交付税制度の改革
　　(ア)　地方交付税の総額確保等と適切な運用
　　(イ)　臨時財政対策債の廃止
　(3)　国庫支出金の改革
　　(ア)　国庫支出金の抜本的な改革
　　(イ)　基金事業の見直し

(4) 国直轄事業負担金の見直し

Ⅲ. 道州制の議論に当たって

「真に地方分権に資するものとなるよう，地方の意見を十分に尊重すること」との原則論の表明に留まっている

Ⅳ. 国の財政規律の確立と地方税財源の復元

「国の財政難を地方にしわ寄せする制度についての撤廃と地方税財源の復元」を求めている

以上の協議に加え，次のような重点項目をまとめた「特だし版」も作成され菅官房長官に届けられた。

・「提案募集方式」に基づく改革の推進
・地方法人特別税及び地方法人税の撤廃
・法人実効税率の見直しに伴う代替財源の確保等
・臨時財政対策債の廃止

⑤東西の自治体連合の連携

2014年の3月に締結された「関西広域連合と九都県市との災害時の相互応援に関する協定」に基づき，9月に実施された九都県市合同防災訓練に関西広域連合が参加したのは画期的な出来事である。東西2つのメガロポリスの連携は，歴史上初めてのことであり，広域連携の一層の進展に一石を投じたと言える。今後は防災だけでなく多くの分野で連携が図られることを期待したい。

(2) 関西広域連合の取り組み

関西広域連合は，2014年の12月に4周年を迎えるなど，九都県市の取り組みに比べると歴史は浅いが，琵琶湖・淀川水系の水質保全など長年の関西圏の広域的な連携の蓄積を生かした意欲的な取り組みが行われている。

①歴史と目標

関西広域連合長の井戸兵庫県知事が冒頭に述べているように，関西広域連合は関西の復権と創造をめざし，「地方分権改革の実現」「関西における広域

行政の展開」「国と地方の二重行政の解消」を掲げ2010年12月に2府5県で設立された。2014年4月には，関西の目指すべき将来像と今後3年間の戦略を示した新たな広域計画に基づき，「成長する広域連合」として新たな取り組みをスタートさせた。広域防災など7つの広域事務をはじめ，関西共通の課題である広域インフラ整備の基本方向や中長期のエネルギー戦略の検討，国家戦略特区の提案を行ってきた。また，人口減少社会に対応した地方創生の取り組みにおいても，東京一極集中からの脱却や「国土の双眼構造」への転換など「この国のかたち」の再構築を念頭に取り組みを進めている。さらに，設立のねらいの一つである国の出先機関の移管では，国の地方分権改革推進本部に対して権限の移譲の提案を行うなど，これまでの分権改革の歩みを止めることのないよう引き続き国に対して強く求めている。

②7つの広域事務

7つの広域事務は表6-3のとおりである。

表6-3　関西広域連合の7つの広域事務の取り組み

ⅰ 広域防災	東日本大震災の支援では，広域連合による調整のもと，カウンターパート方式により，構成団体ごとに担当する被災団体を決定し，（たとえば岩手県は大阪府と和歌山県が応援するというように）迅速かつ機動的で継続性を持った責任ある支援を実施。また関西広域応援訓練も持ち回りで実施。
ⅱ 広域観光・文化振興	観光では「KANSAIブランド」の構築を目指し，官民連携により海外に情報発信を行っている。具体的には， ・KANSAI国際観光YEARの実施 ・海外プロモーションの実施 ・山陰海岸ジオパーク活動の推進など 文化振興では，「文化首都・関西」の実現を目指し，各地域の個性あふれる文化をつなぎ，際立たせることを通じて，関西の文化・芸術の継承・発展・創造に取り組んでいる。具体的には ・関西文化の振興と内外への魅力発信 ・連携交流による関西文化の一層の向上 ・情報発信・連携交流等を支える環境（プラットフォーム）づくり

第6章　首都圏メガロポリスと首都圏州を見据えた広域連携の模索　183

iii広域産業振興	「関西広域産業ビジョン 2011」に掲げる 4 つの戦略に基づく具体的な取り組みを実施。 アジアの経済拠点形成に向けての 4 つの戦略にまたがる取り組みに加え， ・戦略 1 の世界の成長産業をリードするイノベーション創出環境・機能の強化 ・戦略 2 の高付加価値化による中堅・中小企業等の国際競争力の強化 ・戦略 3 の「関西ブランド」の確立による地域経済の戦略的活性化 ・戦略 4 の企業の競争力を支える高度産業人材の確保・育成 また，「まず地場産・府県産，なければエリア内産」を基本に，域内での農林水産物の消費拡大運動を展開。
iv広域医療	・関西広域連合による「3 府県ドクヘリ」などの一体的なドクターヘリ運航体制の実現 ・災害時における広域医療体制の整備・充実
v広域環境保全	・再生可能エネルギーの拡大と低炭素社会づくりの推進 ・自然共生型社会づくりの推進 ・環境人材育成の推進
vi広域職員研修	・若手職員を対象に合宿形式での政策形成能力研修を実施 ・団体連携型研修の実施 ・「WEB 型研修」の試行実施などの研修の効率化
vii資格試験・免許等事務	調理師，製菓衛生師及び准看護師資格試験・免許等業務を関西広域連合で実施。

出所：筆者作成

③広域インフラ検討会などの取り組み

このほか関西におけるリダンダンシー[3]確保，北陸新幹線等の広域インフラについて検討するため，2011 年 7 月に「広域インフラ検討会」を設置したことに加え，エネルギー政策の計画的な推進を図るため「関西エネルギープラン」を策定するとともに，夏・冬の電力需要ピーク時の電力需給対策の推進も実施した。

また，改組した「関西イノベーション推進室」で国家戦略特区をはじめとする特区事業に関する事務を継続するとともに，産学官連携スキームを構築している。さらに，関西での首都機能バックアップ構造の構築に向け，経済界とともに，「首都中枢機能のバックアップに関する調査」を実施し，国に対する提案活動を行ってきた。また，シンポジウムやホームページで首都機能バックアップの必要性を広く発信している。

④国の出先機関対策の取り組み

広域連合設立のねらいの一つである国の出先機関の移管については，国出先機関対策プロジェクトチームを設置し，同じ主張を発信している九州地方知事会とも連携して，積極的に取り組んできた。その結果，2012年11月に地方経済産業局，地方整備局，地方環境事務所の移管を内容とする「国の特定地方行政機関の事務等の移譲に関する法律案」が閣議決定されたが，政権交代でその動向が不透明化している。引き続き関西広域連合としては地方分権の推進を政府に強く主張するとのこと。

その一方で，国からの事務・権限の移譲の取り組みとして，政府の地方分権改革推進本部が実施する「地方分権改革に関する提案募集」に対しても，国の事務・権限の受け皿になり得る関西広域連合の存在意義を示すためにきちんと対応している。国の出先機関の"丸ごと"移管に向けた第一段階として，事務・権限の一部であっても移譲を進めるとの観点から，府県域を越える広域的な行政課題に対応する広域連合に相応しい8項目の事務・権限の移譲を求めている。具体的には，国土形成計画法に基づく広域地方計画の策定権限や複数都道府県に跨る直轄国道・河川にかかる権限，観光圏整備実施計画の認定にかかる事務・権限はじめ広域連合が国に移譲を要請できる事務の範囲の拡大，広域連合の規約変更手続きの弾力化などである。

⑤国の道州制検討への対応

広域連合は，府県の存在を前提とし地方自治法に設置根拠を置くもので，道州制とは異なる組織である。従って，広域連合がそのまま道州に転化するものではないとの認識の上に，国主導の中央集権型道州制にならないよう，地方分権改革を推進する観点から，「道州制のあり方研究会」を設置し，2014年3月に最終報告を取りまとめた。そこでは最適な広域自治体のあり方としては，政策分野，各地域によって最適な姿は異なるとの見地から，広大・強力な道州を想定する従前型の画一的な道州制以外の，とはいえ単なる都道府県合併とも異なる道州の形態として，企画立案・総合調整型，基礎自治体補完型，広域連合など府県連合型の三つのイメージを例示する。そして

最適な広域自治体のあり方を見出すには，基礎自治体の役割を重視しつつ，地域の実情に応じた柔軟な選択を可能にすることが重要と指摘している。

このほか「琵琶湖・淀川流域対策に係る研究会」「関西圏域の展望研究会」「関西ワールドマスターズゲームズ 2021 の招致」などの活動も行っている。

⑥広域連合としての組織活動

（ⅰ）普通地方公共団体の議会と同様の権限を有する広域連合議会を年 2 回の定例会，年 2 回程度の臨時会をこれまで計 16 回開催。定数 36 人の議員は構成団体の議会において，各議会の議員から選挙される。

（ⅱ）広域連合委員会

広域連合の運営上の重要事項に関する基本方針及び処理方針を広域連合長が決定するにあたり，構成団体等の多様な意見を反映させるとともに，構成団体の首長の主導のもとに各分野の事務事業を迅速に推進するために設置された関西広域連合独自の組織。各府県知事と市長が事務分野ごとの「担当委員」（例えば広域防災では，兵庫県知事が主で神戸市長が副，広域観光・文化振興では，京都府知事が主で京都市長が副など）として執行責任を担う。なお，委員会には，密接な連携を図る必要がある連携団体（福井県，三重県，奈良県）の知事が出席し，意見を述べることができる。これまで委員会は 51 回開催された。

（ⅲ）広域連合協議会

広域計画や実施事業，関西の課題と今後のあり方等を踏まえた広域連合の将来像について住民等からなる委員が幅広く意見交換する場で，会長は財界人，副会長は学識経験者，構成員は 59 名で，各分野の住民代表，有識者，公募委員，市長会，市議会議長会などの近畿ブロック地方団体等の代表者からなる。連携団体からはオブザーバー参加が認められている。

(3) 東京圏における広域行政に関するアンケート調査結果

関西では，関西経済連合会が半世紀以上前から，広域行政に対する改革案を内容の変遷はあるものの，たびたび提示してきた歴史を有するのに比べ，

東京圏における広域行政に対しては経済団体の発言はあまりなかった。せいぜい約10年前の2002年2月の日本・東京商工会議所政策委員会の「真の地方分権の実現を通じた日本の再生を目指して」ぐらいである。

こうした中，2007年9月に東京商工会議所が23区に事業所を有する会員企業を対象に実施した調査内容は，回収率が約4分の1と低いものの企業からみた広域行政に対する関心や期待が窺われる貴重な資料である。

①質問と回答

（ⅰ）企業活動を行う際に行政との関係で困ったことがあると答えた企業が全体の3分の1あり，その理由として「許認可・納税・各種手続きなどが都県ごとに書式や申請方法が異なる」を選択した企業が，困ったことがある企業290社中185社（63.8％）と突出して多かった。都県の行政間での連携の悪さに企業が負荷を感じていることがわかると指摘している。

（ⅱ）広域的，一体的な大都市行政を行う上で，どの程度の区域の範囲が適当かとの質問に対しては，東京都の区域を越えて他県にまたがる広域を希望する企業が過半数（55.4％）となっている。うち，おおよそ圏央道の内側区域が11.4％，1都3県の区域が38.0％，1都3県よりも広域区域が6.0％。

（ⅲ）東京都の区域を越える広域連携の取り組みに対する期待分野としては，防災・治安・危機管理が73.0％，交通基盤の整備が55.1％，環境・温暖化対策が42.2％と続いている。

（ⅳ）第28次地方制度調査会で道州制の導入の答申が出される中，道州制にかかる議論についてどの程度承知しているかについては，全体の約3分の2が「よく知らない」「知らない」と答えている。そして今後道州制の議論を進めていくためには，住民だけでなく企業の道州制に関する認識を高めていく必要があると指摘している。

（ⅴ）東京圏で広域連携を進めるにあたっての行政の仕組みに関しては，現行の都道府県制度を前提とし，近隣県とより一層連携を深めるが48.7％，道州制を導入し，国から積極的に権限を受け入れるが27.5％，東京都と近隣県とを合併させることで行政の区域を広げるが11.0％の順となっている。こ

れに対して現在のままでよいは 10.3% にとどまっている。

②自由意見

（ⅰ）「東京圏における広域行政」については

- 「広域行政」は，すでに長い間議論してきている。グローバルの潮流が激しく，新興国の台頭が著しい時代のなかで，トライアルそして実行することが大事。
- 1 都 3 県に跨る企業の立場からは，規制緩和とは別に，広域連携によって窓口分散，書式の差異，運用・裁量のばらつきなどがなくなることを望む。

との期待が表明される一方で

- 行政経費の縮小に役立つのであれば意味があると思うが，経費の増大，地方税の増税につながるようなものであれば意味はない。もっと直接民主主義の要素を入れ，行政に対するチェックを厳しくすべき。
- 広域連携もいいが，現在の都県の行政を行う人の資質をアップしないでただ広域にすると混乱を招く恐れがある。

との厳しい意見も表明されていることに留意したい。

（ⅱ）「道州制について」は

- 道州制の検討も大切ですが，前提として現行制度下での地域間連携の強化や行政サービスの質の向上について，今一度意を払うべき。
- 道州制の導入は時間の問題と考えるが，組織をいくら変えても行政を掌るのは官僚であり，一銭たりとも無駄金を使わないというくらいの意識改革が必要。是非実行していただきたい。
- 道州制は，特に企業・経済活動の広域化の視点から規制等の統一的取り扱いをメリットとする考えが強いが，生活者の視点からの自治体の在り方は，広域になればなるほど，サービスが粗くなる欠点を持つ。

との傾聴に値する意見が寄せられている。

(4) 首都圏州の実現に向けての課題——西尾試案の検討

　道州制の設計にあたって1都3県の首都圏州をどうするかは難問中の難問で，その制度設計ができれば道州制は実現に向けて大きく前進する。2010年11月に開催された都庁の幹部OBを対象とする講演会で，当時の市政調査会の西尾理事長から「東京の地方自治に詳しい皆さんが東京圏をどうするのかを考えてほしい」との問題提起があった。正鵠を射た見解なので詳しく紹介したい。

　①難問中の難問になる理由

　（ⅰ）　東京圏の道州の人口と財政力が突出して巨大になり，他の道州との均衡を失する。1都3県で人口は3千万人に達し，総人口の4分の1を占める。

　（ⅱ）　道州の首長を直接公選にした場合は，東京圏の道州知事の政治的な権威は国の内閣総理大臣のそれと肩を並べるものになりかねない。

　　（a）　この問題は首都圏への人口集中の著しい諸国（韓国のソウル，バングラデシュのダッカなど）に共通する難問。

　　（b）　しかも，首都圏の自治体では国政上の野党が実権を握ることが稀でない。

　　（c）　また，首都圏の警察を国の直轄にするか，自治体警察にするかが問題になる。道府県警察と異なる警視庁をどう扱うかが問われる。

　　（d）　要するに，東京圏の道州では，政府形態と道州の所掌事務の範囲との両面において，他の道州とは異なる特例措置が必要になる可能性が高い。

　（ⅲ）　特別区の区域では現行の変則的な都区制度をそのまま維持するか否かが問われる。東京圏の道州の設計に際しては，道州管内の基礎自治体の再編成問題に直面せざるを得ない。

　　（a）　道州制に移行するために，あらかじめ東京都と周辺各県とが自主的に対等合併の方式による場合には，現行の都区制度を維持することはできない。東京都への編入合併の方式によれば，現行の

都区制度を維持することは可能だが，この方式には周辺各県の反発が強いものと思われる。

(b) 東京圏の道州において政府形態と所掌事務が標準型の道州と異なる特例型道州とした場合には，その設置法は憲法 95 条の地方自治特別法に該当するものと解釈され，関係各都県の住民による住民投票に付せられる可能性が高い。

(c) 23 特別区の区域に施行されている現行の変則的な都区制度を再編しようとすると有識者の意見もちぢにわかれる。23 特別区関係者の了承を得ることは至難の業。

と理由を詳しく説明したうえで，次のような試案を提示している。

②西尾試案

（ⅰ） 東京圏の道州の区画は，東京圏の社会経済的な実態に合わせて，1 都 3 県の区域とする。

（ⅱ） 東京圏の道州は 1 都 3 県の「広域連合機構」とする。東京圏の道州においては，これまでの 1 都 3 県を存置し，道州の「広域連合機構」は，東京圏計画の策定をはじめ，国の出先機関から移譲される事務権限のうちの広域的な事務権限のみを所管する。

（ⅲ） 東京圏の道州の「広域連合機構」の首長は東京都知事が兼任する。

（ⅳ） 警察機能を分解し，警備警察と刑事警察の一部（政治犯罪，企業犯罪，麻薬・鉄砲等の取り締まり，暴力団の取り締まり等）は国家警察の直轄とし，道州または都県の警察には市民生活を一般犯罪から防衛する刑事警察と交通警察と保安警察を残す。

（ⅴ） 都心 5 区の区域を統合し，東京市を設置するとともに，その他の 18 特別区は市に改め，東京都を東京府に戻す。東京市は政令指定都市とし，管内に行政区を設置する。

③この西尾試案のベースにある考えは，次の通り。

（ⅰ） 全国一律の道州制構想でなく，標準型と特例型の混在を許容する。

（ⅱ） 北海道と沖縄道については，東京圏や関西圏とは別な意味での特例

型とする。

（ⅲ）道州制は都道府県制に代わるものとする大前提を置かず，その必要があると認められる道州では，道州の下に都府県を存置する余地も残す。

（ⅳ）「屋上屋を架するもの」などの批判が寄せられるが，政府形態を大きく変革する際には，少なくとも一定期間の経過措置として柔軟な対応が不可欠。明治の地方制度設計に際して，市町村，郡，府県という三層構造を採用し，のちに郡を廃止し市町村と府県の二層構造に改めた知恵に学ぶべきである。

④西尾試案をふまえた検討

首都圏州の実現にむけての現実的な工程表として西尾試案は傾聴に値する。具体的には現在の九都県市の取り組みを広域連合に「嵩上げ」するのはその第一歩である。その際，

（ⅰ）現在の取り組みの範囲を拡充し，広域的な計画策定のほかに広域的な産業振興策，観光振興策，環境政策などに加え，地方分権改革を積極的に進めるため国の出先機関の受け皿づくりも視野に入れた取り組みが必要である。

（ⅱ）首都圏3環状道路の整備など，広域的，基幹的なプロジェクトの促進には，関係自治体の連携と協力に加え，整備主体・管理主体である国土交通省関東地方整備局や東日本高速道路（株），中日本高速道路（株），首都高速道路（株）など，国等も加わった組織での協議や調整が欠かせない。関東地方整備局など，国の出先機関が移管される首都圏州の創設時を待つことなく，それまでの間においても関係自治体に加え，国やその出先機関も加わった組織が必要である。九都県市の広域連合が発足した時点では，国とその地方出先機関との連絡協議機関の創設が欠かせない。

（ⅲ）連絡協議機関の設計図を考えてみると，

　　（a）まずは，2001年度以降は連絡会議の開催が見合されている「関東地方行政連絡会議」がある。法定の組織であるが，一都三県に加えて茨城県，栃木県，群馬県，山梨県，長野県と構成団体が幅

広く，協議がままならないので参考にならない。
(b) これに対し，2001年9月に発足した「首都圏再生会議」はたたき台になる。この首都圏再生会議は，都市再生プロジェクトを推進する等首都圏の再生を進めるにあたって必要となる課題を解決するため，国と当時の七都県市で構成する常設の協議機関として設置されたもので，首脳会議は都市再生本部長である内閣総理大臣，副本部長である国土交通大臣さらには関係大臣と七都県市の知事・市長で構成される。また，総合的調整を行う調整会議は，都市再生本部事務局長，国土交通審議官，国土交通省都市・地域整備局長そして七都県市の副知事・助役[4]より構成され，そのもとに，テーマごとに設置される協議会として首都圏広域防災拠点整備協議会，首都圏ゴミゼロ型都市推進協議会，東京湾再生推進協議会，自然環境の総点検等に関する協議会，東京圏ゲノム科学推進協議会があり，後の2協議会については茨城県もオブザーバーとして参加した。
(c) 現在も活動を継続している「東京湾再生推進協議会」では，委員は国側は，内閣官房都市再生本部事務局次長をはじめ，国土交通省からは下水道部長・海上保安庁次長などが，農林水産省からは水産庁漁港漁場整備部長などが，環境省からは廃棄物・リサイ

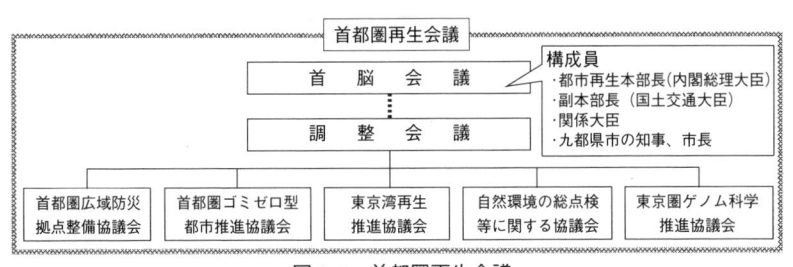

図6-3 首都圏再生会議
出所：都市再生本部資料

クル対策部長などが，また自治体側は，東京都からは下水道局長・港湾局長・環境局環境改善部長が，また神奈川県からは県土整備部長・環境農政部長など県レベルは部長クラスが，また横浜市からは下水道局長・港湾局長・環境保全局長など指定都市からは局長クラスが就任している。

　東京湾再生推進協議会では，都市再生本部で決定されたプロジェクト「海の再生」を推進するため，関係省庁及び関係地方公共団体が，東京湾の水質改善のための行動計画を策定し，これを推進することを目的に，第一期は，「快適に水遊びができ，多くの生物が生息する，親しみやすく美しい『海』をとりもどし，首都圏にふさわしい『東京湾』を創出する」を目標として2003年度から2012年度を目標期間とした行動計画を策定。また，2013年度から2022年度を計画期間とする第二期の行動計画を策定し，2013年11月に立ち上げた多様な主体が参画し連携・協働する組織「東京湾再生官民連携フォーラム」の提案を受けて活動することを決定している。

　（ⅳ）　民間とりわけ産業界との連携

　関西広域連合では，広域行政に対して歴史的にも関西経済団体連合が大きな役割を果たしてきた経緯もあって，経済界を代表する人間を会長とする「広域連合協議会」を開催するなど経済界との連携が意識的に図られている。

　これに対し，九都県市では経済界との連携組織である「首都圏連合フォーラム」が数年前に廃止されるなどその取り組みは十分であるとは言い難い。早急に，九都県市とそれぞれの商工会議所を構成メンバーとする新組織の立ち上げを検討すべきである。周知のように，経団連，日本商工会議所，経済同友会の3団体は道州制推進知事・指定都市市長連合とともに「道州制を推進する国民会議」を開催し道州制推進基本法案の早期成立に向けて活動を展開しているが，こうした取り組みも参考にしたい。

4. おわりに

　少し古くなるが，地方自治制度改革の課題と方向性について検討を行ってきた東京自治懇談会は，2007年の「議論の整理」で，「道州制における広域的自治体のあり方について」の中で，「交通・通信手段の発達などにより生活圏・経済圏が広域化し，道路混雑，大気汚染，防災などの都県境を越えた広域的課題が多数存在していた。」そして「これらの地域の広域的課題を適時効率的，効果的に解決することこそが首都圏の道州に期待される役割である。」とし，「この役割にかんがみた場合，その圏域として，広域的な行政課題を一体的に解決することが可能な範囲を設定する必要がある。その範囲は，人の移動がほぼ完結する同一の生活圏・経済圏であり，一つの指標として，昼間人口割合が総計でおおむね100％になるAライン（おおむね半径40km，人口約2,800万人の圏域）で表すことができるという検討結果を得た。」「したがって，首都圏における道州は，少なくとも，一都三県を包含する範囲でなければならない。」と述べている。道州制についての東京都の考え方について判断できる数少ない資料である。また，様々な議論を通じて首都圏の道州についての検討を行っている。遡ればロブソン報告と軌を一にする考え方に異論はないが，そのような抽象的な制度論だけでは今日新しい仕組みを生み出すことは難しい。

　まずは首都圏メガロポリスを担う九都県市首脳会議を，地方自治法に基づく「首都圏広域連合」にステップアップし，関西広域連合との連携を深めながら，「首都圏州」を目指す具体的な取り組みを開始すべきと考える。

　先般「大阪都構想」が住民投票で信任されなかったのは残念だが，首都圏における大阪都構想に匹敵するような大きな制度改革のテーマは，「首都圏州」の創設である。四都県と五政令市にかかわる広域的な，また難しい課題であるが，「首都圏広域連合」の発足という関係団体の理解を得やすいところからスタートすることが肝要であると考える。

1) 長さ20フィートと40フィート，高さは8フィート6インチと9フィート6インチ（背高）の貨物コンテナ。
2) 現在は，公益財団法人　後藤・安田記念都市研究所。
3) リダンダンシー災害などで道路などのインフラが機能不全に陥った場合の代替手段をあらかじめ確保すること。
4) 当時，現在は副市長。

参考文献

関西広域連合　「関西広域連合4年間の取組」2015年。
九都県市首脳会議　ホームページ。
佐々木信夫　「人口減少時代の地方創生論」2015年。
東京自治制度懇談会　「東京自治制度懇談会　議論の整理」2007年。
東京都　「首都圏メガロポリス構想」2001年。
東京都知事本部　「首都圏の広域行政〜広域連携の必要性を考える〜」2003年。
東京都・東京市政調査会　「東京都政に関する報告書　ウィリアム・A・ロブソン」1968年。
東京都都市整備局　「東京都都市白書2013」2013年。
成田浩　「首都圏3環状道路と物流」流通ネットワーキング5・6月号2015年。
西尾勝　「道州制ビジョン：東京圏をどうするのか」2009年。

第 7 章

道州制の導入を見据え，西多摩地域を展望する

清 水 洋 邦・増 田 俊 一
松 尾 紀 子・大 勢 待 利 明

1. はじめに

　国の行政改革と地方の制度改革には終わりがあるはずがない。明治維新から始まる国の行政改革と地方の制度改革の潮流は道州制へと動き始めている。地方分権改革を進め，「地域主権型国家」を創造するための手段として動き出しているのが国のかたちを変えるという「道州制」への移行である。背景として，佐々木（2013, 285-286頁）によれば，①都道府県行政の空洞化，②1,000兆円の借金財政の再建，③地方分権改革の推進などがあげられる[1]。また世界のグローバル化に伴い国家という単位を超えた都市の時代となり，規模の拡大が必須といっても過言ではない状況下にある。

　また，先般の「平成の大合併」でも市町村の数こそ半減したが「地域内分権」は進んでいない。第2次安倍内閣で「道州制」を巡る与野党の議論が本格化した時期があったが，「道州制の導入」により，新しい国や地方のかたちに変えなければ「地方分権」の時代は訪れて来ないと考える。

　研究対象とした西多摩地域は東京都の西部に位置し，青梅線沿線の青梅市，羽村市，福生市，八高線沿線の瑞穂町，五日市線沿線のあきる野市，日の出町，そして国から過疎指定されている奥多摩町，檜原村の4市3町1村の8市町村で構成されている。総務省が2008年に打ち出した「定住自立圏構想」の圏域と類似しており，西多摩地域の総面積は約573km^{2}と広く，外国人を

含めた総人口は 396,239 人（2013 年 1 月 1 日現在の住民台帳）となることから，合併することにより地方自治法の「都市制度」，広域的な「中核都市」に変貌することが可能となる。

　西多摩地域の特性ともいうべき，広域合併都市に見られる都市的区域・郊外・農山村を内包した豊かな自然と，第 2 次産業を核として発展してきた都市社会とが共有する自立した広域的基礎自治体の姿である。地形・面積・人口・産業といった点からみても，豊かな自然を生かした活力ある地域づくりへの大きな可能性を秘めている。

　将来展望として，首都圏中央連絡道が中央自動車道と接続したことにより青梅 IC，日の出 IC，あきる野 IC から羽田空港や成田空港まで 90 分圏内という流通運輸の改善によって工場立地など産業の集積が期待され，産業の活性化や雇用の創出が見込まれる。また，西多摩地域内の多摩都市モノレールの延伸，米軍横田基地の軍民共用化などにより，都が打ち出した「東京のシリコンバレー」の拠点都市へと変貌できる資質を併せ持っている。中でも，羽田空港の新国際線ターミナルが 2010 年 10 月に開業し，32 年ぶりに国際定期旅客便が再開したことは米軍横田基地の軍民共用化の追い風になる。東京都の試算によると，横田基地の軍民共用化が実現すれば，潜在需要者数は国内線で 260 万人，国際線で 230 万人という大幅な増員が見込まれる。

　そこで，本章では，「人口増加社会」から「人口減少社会」へ移り変わっていく西多摩地域の長期的変化を予見するとともに，縮小していく西多摩地域の経済・社会の姿を描き出すこととした。

　また，男女共同参画の視点から西多摩地域経済社会の維持・成長には女性の活躍が有効であることを明らかにし，最後に道州制の導入を見据え，西多摩地域の生活都市面の活性化を展望するとともに経済のダイナミズムを生み出す要因としての横田基地の軍民共用化，圏央道の経済的影響の分析から経済都市面の活性化を展望し，結果として「西多摩をひとつに」する必要性を提言していく。

第 7 章　道州制の導入を見据え，西多摩地域を展望する　197

2. 西多摩地域の検証

(1) 人口の推移

　人口変動は出生の分だけ増加し死亡の分だけ減少する自然増加と，人口移動（流入・流出）による社会増加の2つの要因によって決まる。人口移動は就業や就学，婚姻，住宅事情等の社会的事情によって発生することを鑑み，ここでは国立社会保障・人口問題研究所『日本の市区町村別将来推計人口』（2009年3月推計）のデータを基に，（図7-1）の折れ線グラフがたどる大きな変化から西多摩地域の人口推移を5つ（第1期～第5期）に分け，人口変動との関わりを概観する。

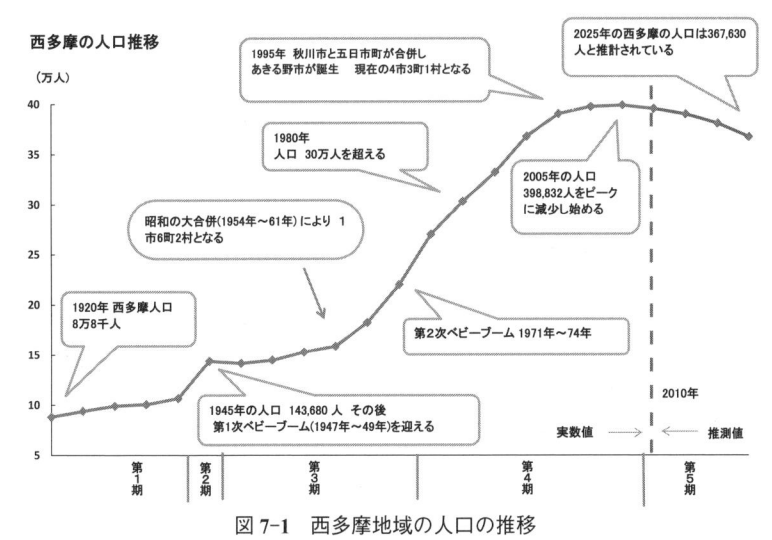

西多摩の人口推移

（万人）

- 1920年 西多摩人口 8万8千人
- 昭和の大合併(1954年～61年)により 1市6町2村となる
- 1945年の人口 143,680人　その後第1次ベビーブーム(1947年～49年)を迎える
- 1980年 人口 30万人を超える
- 第2次ベビーブーム 1971年～74年
- 1995年 秋川市と五日市町が合併しあきる野市が誕生　現在の4市3町1村となる
- 2005年の人口 398,832人をピークに減少し始める
- 2025年の西多摩の人口は367,630人と推計されている

2010年　実数値　推測値

第1期／第2期／第3期／第4期／第5期

図7-1　西多摩地域の人口の推移

出所：総務省統計局『統計データ』（http://www.stat.go.jp/data/）（2014/2/1）及び国立社会保障・人口問題研究所『日本の市区町村別将来推計人口』（2009）（http://www.ipss.go.jp/pp-shicyoson/j/shicyoson13/t-page.asp）（2014/2/1）より作成。

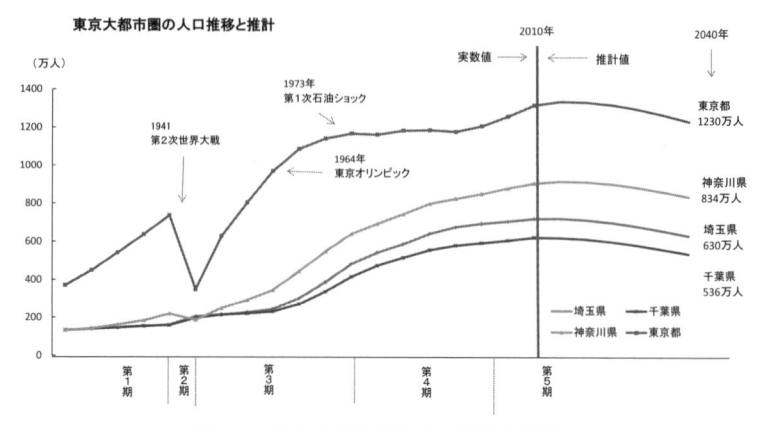

198　第Ⅱ部　東京・多摩における地方自治および財政と道州制

図 7-2　東京大都市圏の人口推移と推計

出所：総務省統計局『統計データ』(http://www.stat.go.jp/data/)(2009/12/1)及び国立社会保障・人口問題研究所『日本の市区町村別将来推計人口』(2009)(http://www.ipss.go.jp/pp-shicyoson/j/shicyoson13/t-page.asp)(2014/2/1) より作成。

①第 1 期　東京への人口集中

　第 1 期は 1872 年～1940 年の 68 年間で，西多摩地域（旧西多摩郡 4 市 3 町 1 村）は神奈川県から南多摩郡，北多摩郡とともに東京都に編入されている。1906 年頃から全国的に鉄道が発展し農村から都市への人口移動が盛んに行われ，中でも第 1 次世界大戦終結後の 1920 年～1940 年の 20 年間では京浜工業地帯の出現により重工業が飛躍的に発達し，(表 7-1) に見られるように東京の人口が約 2 倍（東京都 199％，23 区 202％）に急増していることから，東京への人口集中の時期といえる。西多摩地域の人口の増加は緩やかで，まだ自然増加によるものと考えられる。

②第 2 期　第 2 次世界大戦による人口減少期

　第 2 期は，1940 年～1945 年の 5 年間で，第 2 次世界大戦による人口減少期で，東京大空襲により東京都の人口は 349 万人と半分以下に急減している。西多摩地域はその疎開先として人口が急増しているが，まだ都市化されておらず農業社会であったと考えられる。

第 7 章　道州制の導入を見据え，西多摩地域を展望する　199

表 7-1　東京大都市圏の各地域の人口推移

①第 1 期

①第 1 期	1920 年	1925 年	1930 年	1935 年	1940 年	対1920年
全国	55,963,053	59,736,822	64,450,005	69,254,148	73,114,308	131%
埼玉県	1,319,533	1,394,461	1,459,172	1,528,854	1,608,039	122%
千葉県	1,336,155	1,399,257	1,470,121	1,546,394	1,588,425	119%
神奈川県	1,323,390	1,416,792	1,619,606	1,840,005	2,188,974	165%
東京都	3,699,428	4,485,144	5,408,678	6,369,919	7,354,971	199%
23 区計	3,358,186	4,109,113	4,986,913	5,895,882	6,778,804	202%
多摩（22 市）計	219,980	248,697	287,517	333,888	430,222	196%
西多摩計	88,156	93,922	99,132	100,600	106,617	121%
島しょ計	33,106	33,412	35,116	39,549	39,328	119%

出所：総務省統計局『平成 22 年国勢調査』，『統計データ』(http://www.stat.go.jp/data/)（2014/2/1）及び都総務局統計部人口統計課（2009）『東京都の人口（推計）』(http://www.toukei.metro.tokyo.jp/jsuikei/js-index.htm)（2014/2/1）より作成．

表 7-2　東京大都市圏の各地域の人口推移

②第 2 期	1940 年	1945 年	対 1940 年
全国	73,114,308	71,998,104	98%
埼玉県	1,608,039	2,047,261	127%
千葉県	1,588,425	1,966,862	124%
神奈川県	2,188,974	1,865,667	85%
東京都	7,354,971	3,488,284	47%
23 区計	6,778,804	2,777,010	41%
多摩（22 市）計	430,222	539,386	125%
西多摩計	106,617	143,680	135%
島しょ計	39,328	28,208	72%

出所：総務省統計局『平成 22 年国勢調査』『統計データ』(http://www.stat.go.jp/data/)（2014/2/1）及び都総務局統計部人口統計課（2009）『東京都の人口（推計）』(http://www.toukei.metro.tokyo.jp/jsuikei/js-index.htm)（2014/2/1）より作成．

　東京大都市圏の各地域を戦争前の 1940 年と比較すると，西多摩地域は 135%，多摩（22 市）地域は 125% の人口増で，都心への鉄道網や道路網が整備されている埼玉県が 127%，千葉県が 124% と，都心部の疎開先として急増していることが見てとれる（表 7-2）．

表 7-3　東京大都市圏の各地域の人口推移

③第 3 期	1945 年	1950 年	1955 年	1960 年	1965 年	1970 年	1975 年	対 1945 年
全国	71,998,104	84,114,574	90,076,594	94,301,623	99,209,137	104,665,171	111,939,643	155%
埼玉県	2,047,261	2,146,445	2,262,623	2,430,871	3,014,983	3,866,472	4,821,340	236%
千葉県	1,966,862	2,139,037	2,205,060	2,306,010	2,701,770	3,366,624	4,149,147	211%
神奈川県	1,865,667	2,487,665	2,919,497	3,443,176	4,430,743	5,472,247	6,397,748	343%
東京都	3,488,284	6,277,500	8,037,084	9,683,802	10,869,244	11,408,071	11,673,554	335%
23 区計	2,777,010	5,385,071	6,969,104	8,310,027	8,893,094	8,840,942	8,646,520	311%
多摩(22市)計	539,386	706,623	874,587	1,176,337	1,758,143	2,313,829	2,722,892	505%
西多摩計	143,680	144,676	152,793	158,757	182,415	220,033	270,155	188%
島しょ計	28,208	41,130	40,600	38,681	35,592	33,267	33,987	120%

出所：総務省統計局『平成 22 年国勢調査』,『統計データ』(http://www.stat.go.jp/data/)（2014/2/1）及び都総務局統計部人口統計課（2009）『東京都の人口（推計）』(http://www.toukei.metro.tokyo.jp/jsuikei/js-index.htm)（2014/2/1）より作成。

③第 3 期　第 1 次，第 2 次ベビーブームと高度経済成長期

　第 3 期は，1945 年〜 1975 年の 30 年間で，第 1 次，第 2 次ベビーブームと 1950 年に起きた朝鮮戦争による特需景気から第 1 次石油ショックまでの高度経済成長期で，1962 年には東京都の人口は 1,000 万人の大台に乗せている。特に，多摩（22 市）地域は驚異的な伸びを示し，約 272 万人（505%）となり，東京都全体の 23.3%（1945 年 15.5%）を占め，1975 年の都道府県別人口ランキングでも 10 位の静岡県（3,308,799 人）に次ぐ人口規模となる。なお，西多摩地域は約 13 万人（188%）の増加となっており，1960 年前後まではゆるやかな上昇カーブを描くが，その後，急激なカーブで上昇している（図 7-1，表 7-3）。

　この背景には，「東京一極集中」を加速させた 1962 年からの国の施策,「全国総合開発計画」[2] がある。羽村市は，1962 年に首都圏整備法による市街地開発区域の指定を受けるとともに，青梅市は，1966 年の第 4 次首都圏基本計画により業務核都市に指定されたことから多くの工場が進出している。その働き手と都心へ通勤・通学する居住者などの人口流入（社会増加）が主な要因と考えられる。

表 7-4　東京大都市圏の各地域の人口推移

④第4期	1975年	1980年	1985年	1990年	1995年	2000年	2005年	対1975年
全国	111,939,643	117,060,396	121,048,923	123,611,167	125,570,246	126,925,843	127,767,994	114%
埼玉県	4,821,340	5,420,480	5,863,678	6,405,319	6,759,311	6,938,006	7,054,243	146%
千葉県	4,149,147	4,735,424	5,148,163	5,555,429	5,797,782	5,926,285	6,056,462	146%
神奈川県	6,397,748	6,924,348	7,431,974	7,980,391	8,245,900	8,489,974	8,791,597	137%
東京都	11,673,554	11,618,281	11,829,363	11,855,563	11,773,605	12,064,101	12,576,601	108%
23区計	8,646,520	8,351,893	8,354,615	8,163,573	7,967,614	8,134,688	8,489,653	98%
多摩(22市)計	2,722,892	2,929,508	3,109,018	3,291,618	3,383,501	3,504,234	3,659,372	134%
西多摩計	270,155	303,206	332,143	368,036	390,413	397,539	398,832	148%
島しょ計	33,987	33,674	33,587	32,336	32,077	27,640	28,744	85%

出所：総務省統計局『平成22年国勢調査』,『統計データ』(http://www.stat.go.jp/data/)（2014/2/1），及び都総務局統計部人口統計課（2009）『東京都の人口（推計）』(http://www.toukei.metro.tokyo.jp/jsuikei/js-index.htm)（2014/2/1）より作成。

④第4期　東京一極集中と少子高齢化社会

　第4期は，1975年〜2005年の30年間で，23区の人口が減少しはじめたことで急激にゆっくりとなる。西多摩地域では，第3期の後半にあたる1965年の182,415人から，第4期のなかば過ぎの1995年の390,413人まで，これまでに見られない急激な増加カーブ（約2倍）を描く。その後，第4期後半の2000年〜2005年の5年間では殆ど横ばい状態が続き，伸びが鈍化している。

　因みに，この1965年〜1995年までの30年間の西多摩地域の人口推移を見ると，総人口は21万人の増加で，第1次ベビーブームをピークに人口減少が続く奥多摩町（−37%）と檜原村（−34%）を除くと，羽村市の3.4倍を最大にあきる野市と青梅市が2.3倍，瑞穂町と日の出町が2.1倍，福生市が2倍となっている（表7-5）。

　このことから，人口流入を誘引する工業団地を有する青梅市，羽村市，あきる野市，日の出町はともかく，福生市が倍の伸びを示していることから，西多摩地域の市街地が都心や多摩への通勤・通学圏内にあることが読みとれる。現在，東京の都市構造は中枢性の高い都心部（千代田，中央，港の3区）を核に放射状に広がる連担した地域（区・市町村）で構成されている。都心

部には政治・経済・文化のあらゆる諸機能が集中し，人口・経済活動が外延化している。

表7-5　30年間の人口増減

1965年に対する1995年の人口増減（％）

30年間の人口増減	1965年	1995年	対1965年
全国	99,209,137	125,570,246	127%
埼玉県	3,014,983	6,759,311	224%
千葉県	2,701,770	5,797,782	215%
神奈川県	4,430,743	8,245,900	186%
東京都	10,869,244	11,773,605	108%
23区計	8,893,094	7,967,614	90%
多摩22市計	1,758,143	3,383,501	192%
西多摩計	182,415	390,413	214%
青梅市	60,892	137,234	225%
福生市	30,790	61,497	200%
羽村市	16,027	55,095	344%
あきる野市	32,677	75,355	231%
瑞穂町	15,465	32,714	212%
日の出町	8,086	16,701	207%
奥多摩町	13,082	8,257	63%
檜原村	5,396	3,560	66%
島しょ計	35,592	32,077	90%

出所：総務省統計局『国勢調査』，『統計データ』（http://www.stat.go.jp/data/）（2014/2/1）（2013）及び 都総務局統計部人口統計課（2009）『東京都の人口（推計）』（http://www.toukei.metro.tokyo.jp/jsuikei/js-index.htm）（2014/2/1）より作成。

表7-6　東京大都市圏の範囲と区分

東京大都市圏の範囲のイメージ			
	A	都県境を超える横浜市，千葉市等周辺の都市も包含	40 Km	生活圏・経済圏
	B	23区及び一部周辺市	15 Km	高度集積 連たん区域
	C	ほぼ都心8区	7 km	業務機能 特化区域
	D	ほぼ都心3区 千代田区・中央区・港区	3 Km	コア

出所：東京都『東京自治制度懇談会　議論のまとめ』（2006）13頁より作成。

（表 7-6）のように，東京自治制度懇談会（2006 年 11 月）[3]では大都市の範囲は人口の規模だけでなく，企業の集積や市街地の連担性などによりとらえる必要があるとして，東京大都市圏の範囲を区分している。この範囲は共通の広域的課題を抱える東京，埼玉，千葉，神奈川の 4 都県に跨がる，概ね半径 40km，人口約 2,800 万人の圏域で，西多摩地域の福生市，あきる野市，羽村市，瑞穂町，そして青梅市の一部が A ラインの生活圏・経済圏に属することになる。

これらのことから，西多摩地域の 8 市町村は東京都を構成する基礎自治体（都心部から 40〜50km の都市圏）であることから様々な影響を受けているが，一橋大学社会学部と読売新聞立川支局の共催による連続市民講座で石居（2014）が述べている[4]ように，23 区・多摩（22 市）地域と社会的・経済的に一体性を有するが社会経済的基盤（社会的インフラ）上の格差が存在してきたことも事実である。

⑤第 5 期　少子高齢化の進展による人口減少社会

第 5 期は 2005 年からの推測値で，国立社会保障・人口問題研究所（2013）[5]によると，全ての都道府県で人口が減少に転じる時期を 2020 年〜2025 年以降としている。これは，前回（07 年公表）の予測より 5 年ほど早く，2040 年には日本の総人口は 1 億 728 万人になると予測している。

2005 年と比較して 2040 年の東京大都市圏の人口減少率を昇順に見てみると，23 区（−1%）→多摩（22 市）地域（−2%）→東京都（−2%）→神奈川県（−5%）→埼玉県（−11%）→千葉県（−12%）→全国（−16%）→西多摩地域（−22%）の順で，西多摩地域は高い減少率になると推測される（表 7-7）。

東京都は 2040 年に 1,231 万人に減少すると推測されるが，多摩（22 市）地域は東京都より 5 年ほど遅れて 2020 年の 385 万人をピークに減少に転じ，その 20 年後の 2040 年に 358 万人に減少すると見込まれている。

西多摩地域は，東京都より 10 年早い 2005 年（39.9 万人）をピークに減少

表 7-7　東京大都市圏の各地域の人口推移と推計

第5期	2005年	2010年	2015年	2020年	2025年	2030年	2035年	2040年	対2005年減少率
全国	127,767,994	128,057,352	126,597,298	124,099,926	120,658,816	116,617,659	112,123,571	107,275,851	−16%
埼玉県	7,054,243	7,194,556	7,206,014	7,132,876	6,991,046	6,795,904	6,562,019	6,304,607	−11%
千葉県	6,056,462	6,216,289	6,192,487	6,122,485	5,987,027	5,806,411	5,592,087	5,358,191	−12%
神奈川県	8,791,597	9,048,331	9,147,970	9,122,193	9,009,667	8,833,192	8,606,856	8,343,495	−5%
東京都	12,576,601	13,159,388	13,349,453	13,315,321	13,178,672	12,956,522	12,662,691	12,307,641	−2%
23区計	8,489,653	8,945,695	9,084,451	9,061,086	8,973,870	8,829,189	8,634,634	8,395,687	−1%
多摩(22市)計	3,659,372	3,790,093	3,850,728	3,852,993	3,819,519	3,759,997	3,679,823	3,583,188	−2%
西多摩計	398,832	395,785	387,580	376,128	361,840	345,528	328,012	310,059	−22%
島しょ計	28,744	27,815	26,694	25,114	23,443	21,808	20,222	18,707	−35%

出所：総務省統計局『平成22年国勢調査』,『統計データ』(http://www.stat.go.jp/data/) (2014/2/1) 及び国立社会保障・人口問題研究所『人口統計資料集』(2009) (http://www.ipss.go.jp/pp-shicyoson/j/shicyoson13/t-page.asp) (2014/2/1) より作成。

に転じ，2020年に37.6万人に，2040年には31万人（対2005年減少率−22.3%）と大幅な人口減になると推測される（表7-7）。

(2) 西多摩地域の現状

次に，そのような状況下にある西多摩地域の社会や経済はどのように変化してきたのか，その変化のメカニズムや背景・要因は何かなど，西多摩地域の現状を概観することにする。

①地域社会の現状

ⅰ）家族のかたちの多様化が進む

2004年6月に政府税制調査会の基礎問題小委員会がまとめた『我が国経済社会の構造変化の「実像」について』[6]の中で，家族のかたちの多様化について分析している。

それによると，戦後の日本は1950年代までに「多産多死」から「少産少死」社会への移行という第1次人口転換を経験し，これにより平均寿命が延びて人生が予測可能なものとなり，婚姻や出産などが適齢期化するなど「標準的なライフコース（人生設計，生き方）」が成立したとしている。

第 7 章　道州制の導入を見据え，西多摩地域を展望する　205

表 7-8　東京大都市圏の世帯構造の変化

1995年, 2000年 2005年, 2010年 の世帯構造	一般世帯数（世帯）					核家族世帯数（世帯）				
	1995年 ①	2000年 ②	2005年 ③	2010年 ④	グラフ	1995年 ①	2000年 ②	2005年 ③	2010年 ④	グラフ
全国	43,899,923	46,782,383	49,062,530	51,842,307		25,759,709	27,332,035	28,393,707	29,206,899	
増減		107%	105%	106%			106%	104%	103%	
埼玉県	2,278,736	2,470,487	2,630,623	2,837,542		1,502,520	1,617,277	1,693,052	1,763,958	
増減		108%	106%	108%			108%	105%	104%	
千葉県	2,008,600	2,164,117	2,304,321	2,512,441		1,256,521	1,353,599	1,431,350	1,495,540	
増減		108%	106%	109%			108%	106%	104%	
神奈川県	3,078,608	3,318,332	3,549,710	3,830,111		1,916,713	2,058,621	2,172,367	2,269,363	
増減		107.8%	107.0%	107.9%			107%	106%	104%	
東京都	4,952,354	5,371,057	5,747,460	6,382,049		2,672,683	2,801,039	2,931,367	3,078,860	
増減		108%	107%	111%			104.8%	104.7%	105.0%	
23区	3,474,758	3,763,462	4,024,884	4,531,864		1,791,632	1,860,701	1,938,519	2,036,246	
増減		108%	107%	113%			103.9%	104.2%	105.0%	
多摩(22市)地域	1,333,257	1,455,311	1,560,711	1,683,576		787,521	842,231	891,856	939,893	
増減		109%	107%	108%			107%	106%	105%	
西多摩地域	130,735	140,047	148,260	152,970		85,956	91,472	93,881	95,968	
増減		107%	106%	103%			106%	103%	102%	
島しょ ※	13,604	12,237	13,605	13,639		7,574	6,635	7,111	6,753	
増減		90%	111%	100%			88%	107%	95%	

1995年, 2000年 2005年, 2010年 の世帯構造	単独世帯数（世帯）				
	1995年 ①	2000年 ②	2005年 ③	2010年 ④	グラフ
全国	11,239,389	12,911,318	14,457,083	16,784,507	
増減		115%	112%	116%	
埼玉県	488,804	571,905	662,642	806,579	
増減		117%	116%	122%	
千葉県	483,791	550,847	620,794	761,231	
増減		114%	113%	123%	
神奈川県	872,586	980,305	1,098,441	1,294,051	
増減		112%	112%	118%	
東京都	1,887,862	2,194,342	2,444,145	2,922,488	
増減		116%	111%	120%	
23区	1407629	1639827	1825789	2223510	
増減		116%	111%	122%	
多摩(22市)地域	446,139	516,084	572,541	649,403	
増減		116%	111%	113%	
西多摩地域	29,236	33,799	40,188	43,503	
増減		116%	119%	108%	
島しょ ※	4,858	4,632	5,627	6,072	
増減		95%	121%	108%	

出所：総務省統計局『統計データ』,『国勢調査 1995, 2000年, 2005年, 2010年』(http://www.stat.go.jp/data/) (2014/8/2) より作成.

※ 2000年は三宅村民が離島のため含まれていない.

また，その後高度経済成長が終焉し，出生率の人口置換水準（2.08）以下への低下が始まり，晩婚化・未婚化の進行，離婚の増加，共稼ぎ世帯の増加など『標準的ライフコース』が崩れ，個人の生き方や家族との関わり方が多様になったと分析している。

　そこで，近年の西多摩地域ではどうなのか，各世帯構成の推移，一般世帯数に占める核家族世帯数や単独世帯数の推移をみると，幾つかの変化が見てとれる（表7-8，9）。

　（表7-8）の各地域の上段の折れ線グラフでは，「一般世帯」「核家族世帯」「単独世帯」とも伸び率の違いはあるが，1995年～2010年の15年間は各地域とも（島しょを除く）右肩上がりの直線的な折れ線グラフを描いている。

　だが，2005年～2010年の年次変化の5年間だけを見ると，西多摩地域の「一般世帯」の伸びは103％，「核家族世帯」は102％，「単独世帯」は108％と，いずれも他地域に比べて一番低い伸び率を記録している。将来，右肩下がりとなるような上段の折れ線グラフを描いている。

　さらに，「一般世帯」の下段の折れ線グラフ（5年毎）では，明らかに西多摩地域のみ（島しょを除く）が右肩下がりの直線的な折れ線グラフ（107％→106％→103％）を描いているのが見てとれる。

　このことは，西多摩地域の総人口が2005年をピークに減少に転じており，その影響が「一般世帯数」の伸びの鈍化という形で現れてきたものと考えられる。また，下段の折れ線グラフでは西多摩地域以外は概ねV字型のグラフ線を描き，しばらくは上昇し続けるものと判断される。

　次に，「一般世帯数」に占める「核家族世帯数」と「単独世帯数」の年次割合を見ると，各地域とも「核家族世帯数」は右肩下がり，「単独世帯数」は右肩上がりといった対照的な折れ線グラフ線を描いている。その中での西多摩地域の「一般世帯数」に占める「核家族世帯数」の割合（60％台）は，全国より少し高めの東京大都市圏内の埼玉県，千葉県，神奈川県とほぼ同水準（60％台）で推移していることが見てとれる（表7-9）。

　また，「一般世帯数」に占める「単独世帯数」の割合では，「核家族世帯数」

第 7 章　道州制の導入を見据え，西多摩地域を展望する　207

表 7-9　東京大都市圏の「一般世帯数」に占める「核家族世帯数」と「単独世帯数」の割合

東京大都市圏	一般世帯数に占める核家族世帯数の年次割合					一般世帯数に占める単独世帯数の年次割合				
	1995年①	2000年②	2005年③	2010年④	グラフ	1995年①	2000年②	2005年③	2010年④	グラフ
全国	58.7%	58.4%	57.9%	56.3%		25.6%	27.6%	29.5%	32.4%	
埼玉県	65.9%	65.5%	64.4%	62.2%		21.5%	23.1%	25.2%	28.4%	
千葉県	62.6%	62.5%	62.1%	59.5%		24.1%	25.5%	26.9%	30.3%	
神奈川県	62.3%	62.0%	61.2%	59.3%		28.3%	29.5%	30.9%	33.8%	
東京都	54.0%	52.2%	51.0%	48.2%		38.1%	40.9%	42.5%	45.8%	
23区	51.6%	49.4%	48.2%	44.9%		40.5%	43.6%	45.4%	49.1%	
多摩(22市)地域	59.1%	57.9%	57.1%	55.8%		33.5%	35.5%	36.7%	38.6%	
西多摩地域	65.7%	65.3%	63.3%	62.7%		22.4%	24.1%	27.1%	28.4%	
島しょ　※	−	−	−	−		−	−	−	−	

出所：総務省統計局『統計データ』，『国勢調査 1995，2000 年，2005 年，2010 年』(http://www.stat.go.jp/data/)（2014/8/2）より作成。
※三宅村が 2000 年に全村民離島。

と同様に，1995 年〜 2010 年の西多摩地域は全国，東京大都市圏内の埼玉県，千葉県，神奈川県とほぼ同水準（5.5 〜 6.9%）の伸びで推移している。

　因みに，2010 年の「核家族世帯数」の割合が最も高いのは西多摩地域（62.7%）で，次いで埼玉県（62.2%）→千葉県（59.5%）→神奈川県（59.3%）と続き，全国（56.3%）→多摩（22 市）地域（55.8%）→東京都（48.2%）→23 区（44.9%）の順である。その反対に「単独世帯数」では西多摩地域と埼玉県が 28.4%，次に千葉県の 30.3% →全国の 32.4% →神奈川県の 33.8% →多摩（22 市）地域の 38.6% →東京都の 45.8% と続き，都心部の 23 区は 49.1% と，「一般世帯数」の半数を占めるほどの高い水準となる。

　このことは，近年世帯構成が三世代同居世帯から核家族世帯へとウエイトシフトしてきた流れが，さらに世帯規模が縮小していくという家族世帯類型の多様化の進行によるもので，西多摩地域は東京という大都市の生活圏・経済圏に位置する埼玉県，千葉県，神奈川県とほぼ同じ水準にあり，都心部の 23 区ほど個人化の進行は進んでいないと考えられる。

ii）一般世帯数に占める高齢者世帯数の割合は18.5%

次に，（表7-10）の1995年〜2010年の東京大都市圏の高齢者世帯構成の年次推移を見ると，やはり顕著な変化が見てとれる。島しょを除く，各地域の折れ線グラフは急角度の直線を描いている。西多摩地域の高齢者夫婦世帯数は1995年に比べて2010年には272%に，高齢者単身世帯数も308%の増と，いずれも全国（高齢者夫婦世帯数190%，高齢者単身世帯数218%）より高く，東京という大都市の生活圏・経済圏に位置する埼玉県，千葉県とほぼ同じ高

表7-10　東京大都市圏　高齢者世帯構成の年次変化

東京大都市圏の各地域	高齢者単身世帯（世帯）					
	1995年①	2000年②	2005年③	2010年④	④／①＝	グラフ
全国	2,202,160	3,032,140	3,864,778	4,790,768	218%	
埼玉県	60,766	97,324	143,923	204,212	336%	
千葉県	62,883	97,654	136,972	191,292	304%	
神奈川県	110,419	167,100	226,119	308,463	279%	
東京都	264,636	388,396	498,443	622,326	235%	
23区	206,194	299,358	371,641	459,968	223%	
多摩（22市）地域	52,919	81,461	115,671	147,726	279%	
西多摩地域	4,023	6,128	9,135	12,371	308%	
島しょ※	1,500	1,449	1,996	2,261	151%	

東京大都市圏の各地域	高齢者夫婦世帯（世帯）					
	1995年①	2000年②	2005年③	2010年④	④／①＝	グラフ
全国	2,762,585	3,661,271	4,487,042	5,250,952	190%	
埼玉県	93,183	145,458	209,242	277,297	298%	
千葉県	91,649	137,686	193,483	254,885	278%	
神奈川県	159,672	225,912	295,267	363,535	228%	
東京都	277,072	359,065	432,031	485,749	175%	
23区	197,105	245,610	284,337	309,839	157%	
多摩（22市）地域	72,691	103,206	133,667	158,245	218%	
西多摩地域	5,864	8,873	12,344	15,956	272%	
島しょ※	1,412	1,376	1,683	1,709	121%	

出所：総務省統計局『統計データ』，『国勢調査1995，2000年，2005年，2010年』（http://www.stat.go.jp/data/）（2014/8/2）より作成。
　　※高齢者夫婦1組世帯の増減。※三宅村民は2000年に離島の為除く。

水準にあることが見てとれる。

　因みに，2010年の西多摩地域の一般世帯数（152,970世帯）に占める高齢者夫婦世帯数（15,956世帯）の割合は10.4%，高齢者単身世帯数（12,371世帯）の割合は8%で，合計の一般世帯数に占める高齢者世帯数の割合は18.5%となる。

　これらのことから，核家族で成長した子供たちが独立し他の地域でマイホームを持つことにより必然的に高齢者夫婦のみの世帯や，男性または女性のみの単身高齢者の世帯へと世帯規模が縮小していくという家族世帯類型の多様化が進み，その核家族化で親の家屋を引き継ぐ世帯が減ったことなどから空き家が増えていくといった負の連鎖の進行が懸念される。

　iii）推計西多摩民所得は平均9,157億円で減少傾向に

　一方の地域経済はどのような状況にあるのか，その経済量に関する尺度として県民経済計算があるが，23区，多摩（22市）地域及び西多摩地域は正式な行政単位ではないので，独自に地域間の所得格差を計る指標，いわゆる県民所得と比較可能な「地域民所得」（便宜上，「地域民所得」と呼ぶことにする。）を推計する必要がある。

　その「地域民所得」の推計値の算出の仕方であるが，多摩中央信用金庫業務部地域経済研究所発行の『多摩けいざい10 1999OCT.NO.10』，「多摩の経済量について」[7]の中で，多摩民所得の推計を計算した「表4 多摩民所得の推計計算」が掲載されている（表7-11）。

　その算出の根拠として，「…多摩の課税対象所得額と法人申告所得の合計が東京都全体のそれに占める割合は多摩民所得が都民所得に占める割合にほぼ等しいと考えられる。」として，推計多摩民所得は都民所得に「多摩の課税対象所得額と法人申告所得の合計が東京都全体のそれに占める割合」を乗じることにより求めている。このことは，県民所得が雇用者報酬と法人所得，財産所得で構成されており，その内の雇用者報酬と法人所得が大きな比重を占めていることからも理にかなったものと判断できる。

　そこで，（表7-11）をモデルに，計算可能なデータが収集できた，2002年

表 7-11　推計多摩民所得の計算表

名目多摩民所得の推計計算（億円%）	課税対象所得+法人申告所得 多摩計 ①	課税対象所得+法人申告所得 東京都 ②	名目都民所得 ③	名目国民所得 ④	①÷② (%)	②÷③ (%)	③÷④ (%)	推計名目多摩民所得 ⑤ ③×①÷②	名目国民所得に占める割合 ⑤÷④ (%)
1990 年	67,281	452,324	528,167	3,457,391	14.87%	85.64%	15.28%	78,563	2.27%
1991 年	74,882	477,282	519,281	3,630,881	15.69%	91.91%	14.30%	81,471	2.24%
1992 年	79,000	444,235	506,272	3,690,881	17.78%	87.75%	13.72%	90,032	2.44%
1993 年	75,262	389,474	498,839	3,724,644	19.32%	78.08%	13.39%	96,396	2.59%
1994 年	75,657	369,288	497,826	3,737,720	20.49%	74.18%	13.32%	101,991	2.73%
1995 年	75,963	372,016	502,747	3,802,148	20.42%	74.00%	13.22%	102,657	2.70%
1996 年	75,981	405,581	509,764	3,925,598	18.73%	79.56%	12.99%	95,498	2.43%

出所：多摩中央信用金庫業務部地域経済研究所「多摩の経済量について」（『多摩けいざい』10 号）（1999）30 〜 35 頁より作成。

表 7-12　推計西多摩民所得の推移

推計西多摩民所得（単位：億円）	課税対象所得額+法人申告所得 西多摩①	課税対象所得額+法人申告所得 東京都②	①÷②=（%）	②÷③=（%）	都民所得 ③	推計西多摩民所得 ④=③×①÷②	国民所得 ⑤	③÷⑤=（%）	④÷⑤=（%）
2002 年	6,665	388,217	1.7%	65%	600,332	10,307	3,895,349	15%	0.26%
2003 年	6,447	390,288	1.7%	63%	618,849	10,222	3,931,827	16%	0.26%
2004 年	6,394	416,491	1.5%	67%	623,943	9,579	3,967,033	16%	0.24%
2005 年	6,453	449,826	1.4%	69%	650,828	9,336	3,994,881	16%	0.23%
2006 年	6,581	504,118	1.3%	76%	664,705	8,677	4,042,324	16%	0.21%
2007 年	6,704	528,690	1.3%	80%	663,646	8,415	4,055,365	16%	0.21%
2008 年	6,628	458,516	1.4%	74%	620,609	8,971	3,798,500	16%	0.24%
2009 年	6,410	423,995	1.5%	74%	573,458	8,670	3,637,855	16%	0.24%
2010 年	5,902	409,923	1.4%	72%	566,684	8,159	3,684,176	15%	0.22%
2011 年	−	−	−	−	−	−	−	−	−
平均値	6,465	441,118	1.5%	71%	620,339	9,149	3,889,701	16%	0.24%

出所：政府統計の総合窓口『地域別データベース』（http://www.e-stat.go.jp/SG1/estat/eStatTopPortal.do）（2014/8/2）より作成。国税庁『税務署別課税状況』（https://www.nta.go.jp/）（2014/8/2）より作成。
※「島しょ」は，23 区の「芝税務署」に含まれる。
※課税対象所得とは，各年度の個人の市町村民税の所得割の課税対象となった前年の所得金額（分離課税の対象となる退職所得を除く）で，各所得控除を行う前のもの。 法人申告所得とは法定事業年度分の課税額。

〜 2010 年の 9 年間の推計西多摩民所得の試算を試みたのが，（表 7-12）で

第 7 章　道州制の導入を見据え，西多摩地域を展望する　211

表 7-13　東京大都市圏の推計地域民所得の推移

地域民所得 (単位:億円)	2002年	2003年	2004年	2005年	2006年	2007年	2008年	2009年	2010年
全国	3,895,349	3,931,827	3,967,033	3,994,881	4,042,324	4,055,365	3,798,500	3,637,855	3,684,176
埼玉県	205,348	206,313	211,553	209,352	210,357	210,707	202,870	199,040	200,174
千葉県	170,671	172,083	175,919	177,668	179,903	181,231	172,259	168,746	169,364
神奈川県	271,292	276,623	278,415	279,632	287,078	285,650	273,946	260,740	263,323
東京都	600,332	618,849	623,943	650,828	664,705	663,646	620,609	573,458	566,684
※ 23 区	485,118	502,750	513,560	541,172	559,834	561,810	511,666	467,141	463,379
多摩(22市)地域	104,907	105,877	100,804	100,320	96,194	93,421	99,972	97,647	95,146
西多摩地域	10,307	10,222	9,579	9,336	8,677	8,415	8,971	8,670	8,159

出所：政府統計の総合窓口『地域別データベース』(http://www.e-stat.go.jp/SG1/estat/eStatTopPortal.
　　do) (2014/8/2) より作成。国税庁『税務署別課税状況』(https://www.nta.go.jp/) (2014/8/2)
　　より作成。「島しょ」は，23区の「芝税務署」に含まれる。
　※西多摩地域（青梅）＝青梅税務署管轄地域（青梅市　福生市　羽村市　あきる野市　瑞穂
　　町　日の出町　奥多摩町　檜原村）。
　※課税対象所得とは各年度の個人の市町村民税の所得割の課税対象となった前年の所得金額
　　で，各所得控除を行う前のもの。法人申告所得とは法定事業年度分の課税額（単位：億円）。

ある。西多摩地域の経済力を示す推計西多摩民所得は，2002 年の 10,307 億円から 2010 年の 8,159 億円まで，概ね下がり続け，減少傾向にある。平均の推計西多摩民所得は 9,149 億円で，都民所得に占める割合は平均で 1.5% と試算される。

次に，同様の計算式で求めた東京大都市圏の各地域別の「地域民所得」の推移を表したのが（表 7-13）である。この表を見ると，全国，埼玉県，千葉県，神奈川県，東京都，23 区の地域は日本経済が「いざなみ景気」に入る 2002 年頃から景気は低成長ながら上向きになり，「いざなみ景気」が終わる 2007 年頃を山として景気が後退しているが，西多摩地域と多摩（22 市）地域はそれとは異なり，概して右肩下がりで景気が後退し続けている。

また，（表 7-14）は，2010 年の都道府県別の 1 人当たりの県民所得ランキング表に 4 つの地域（全国，23 区，多摩（22 市）地域，西多摩地域）を加え，それぞれの地域の経済力がどの水準にあるのかを示している。中枢性の高い都心（千代田，中央，港区）を核とする 23 区が不動の第 1 位（516 万円）に，

表7-14　県民所得ランキング表

順位	2002年 1人当たり県民所得(万円)	順位	2002年 1人当たり県民所得(万円)	順位	2010年 1人当たり県民所得(万円)	順位	2010年 1人当たり県民所得(万円)
1	23区 602	27	岐阜県 274	1	23区 516	27	新潟県 263
2	東京都 432	28	新潟県 273	2	東京都 431	28	岐阜県 261
3	愛知県 342	29	福島県 271	3	滋賀県 327	29	福島県 259
4	静岡県 327	30	岡山県 270	4	静岡県 310	30	岡山県 258
5	神奈川県 325	31	山梨県 268	5	愛知県 303	31	和歌山県 255
6	滋賀県 320	32	福岡県 263	6	茨城県 298	32	佐賀県 253
7	富山県 312	33	北海道 262	7	栃木県 294	33	愛媛県 252
8	多摩(22市)地域 304	34	西多摩地域 262	8	神奈川県 291	34	多摩(22市)地域 251
9	大阪府 300	35	大分県 261	9	富山県 290	35	奈良県 249
10	栃木県 299	36	宮城県 259	10	全国 288	36	大分県 248
11	全国 297	37	和歌山県 250	11	三重県 286	37	山形県 246
12	広島県 294	38	島根県 247	12	広島県 285	38	宮城県 245
13	千葉県 294	39	愛媛県 245	13	大阪府 282	39	北海道 244
14	埼玉県 293	40	佐賀県 241	14	山口県 282	40	鹿児島県 240
15	石川県 292	41	岩手県 240	15	山梨県 280	41	青森県 234
16	茨城県 292	42	山形県 240	16	福井県 280	42	熊本県 234
17	三重県 289	43	鳥取県 239	17	埼玉県 278	43	島根県 231
18	山口県 289	44	秋田県 237	18	福岡県 278	44	長崎県 230
19	群馬県 283	45	熊本県 229	19	徳島県 276	45	秋田県 229
20	福井県 281	46	青森県 228	20	京都府 273	46	鳥取県 226
21	京都府 281	47	高知県 227	21	千葉県 272	47	岩手県 223
22	長野県 280	48	宮崎県 227	22	長野県 272	48	宮崎県 221
23	奈良県 279	49	鹿児島県 226	23	群馬県 272	49	高知県 218
24	徳島県 276	50	長崎県 217	24	兵庫県 269	50	西多摩地域 206
25	兵庫県 275	51	沖縄県 205	25	石川県 265	51	沖縄県 202
26	香川県 274			26	香川県 264		

出所：内閣府『県民経済計算（平成13年度－平成23年度）』1人当たりの県民所得（http://www.esri.cao.go.jp/jp/sna/sonota/kenmin/kenmin_top.html）（2014/8/2）より作成．

　当然，第2位には東京都が3位以下を大きく引き離している。

　また，愛知，神奈川，静岡県など工業出荷額規模の大きな地域が上位にあることが見てとれる。都道府県別では，第1位の東京都（約431万円）と最下位の沖縄県（約202万円）とでは2倍以上の差があることが見てとれる。

西多摩地域は2002年では34位（262万円）であったが2010年には50位（206万円）に，多摩（22市）地域は8位（304万円）から34位（251万円）にそれぞれ急落している。

この2002年〜2010年の西多摩の地域社会は「人口オーナス期」の真っ只中にあるとともに，西多摩の工業力を示す製造品出荷額等の額が2009年には大きく急落するなど，過去に経験したことのない不況の時期である。また，多摩（22市）地域の製造品出荷額等の推移も2002年を頂上にほぼ右肩下がりに減少してきており，2009年には同様に大きく急落している。

このように，西多摩地域と多摩（22市）地域の双方ともに，工業力の低迷が地域経済力を示す地域民所得に対してマイナスに作用した時期と確認される。

ⅳ）「地域力」は多摩（22市）地域並みの高水準に

次に，現在の東京大都市圏各地域の「地域力」はどうなのか，西多摩地域と多摩（22市）地域はどのような状況（位置）にあるのかである。（株）三菱総合研究所では，社内研究として開発した「地域力スコアによる分析」[8]により，全国の都道府県，政令指定都市，中核市，一般市の統計データを指標化し分析，偏差値方式により評点して順位づけを行っている。

（図7-3）は，東京大都市圏の各地域を対象にそのデータを活用し，縦軸にポジショニング（暮らしの環境）を，横軸に持続可能性（地域活力維持）を評価したもので，その状況を散布図に表したものである。都道府県の中では東京都をトップに首都圏や愛知県などがポジショニング（暮らしの環境），持続可能性（地域活力維持）のいずれも高い値を示している。

大都市圏の東京都，神奈川県，埼玉県，千葉県，愛知県，大阪府以外の道府県は四角の点線内の福井県，滋賀県，高知県の内側に点在している。

福生市は多摩26市中最も低く，道府県並みの水準にあるが，西多摩地域の4市をひとつに統合すると楕円の点線の枠内（西多摩（4市）の平均）に位置することになる。

また，同研究所のアンケート調査（MIF全国3万人モニターアンケート結

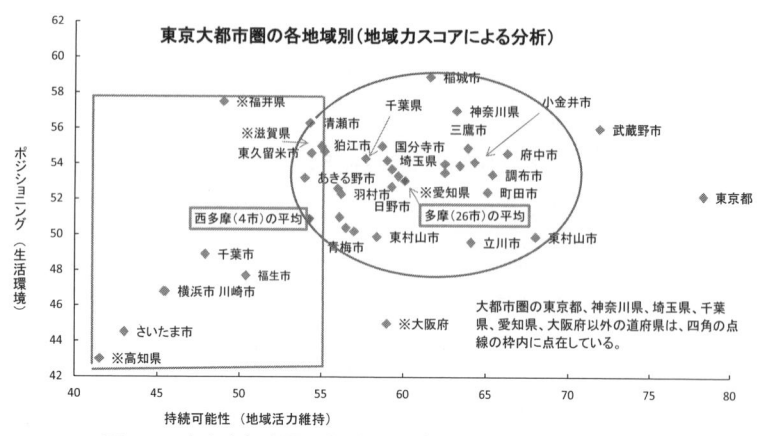

214 第Ⅱ部 東京・多摩における地方自治および財政と道州制

図 7-3 東京大都市圏の各地域別（地域力スコアによる分析）

出所：(株)三菱総合研究所「全国的に見た地域のポテンシャルと持続可能性（地域力スコアによる分析）」(『東京圏の広域行政のあり方への一考察』)(2014/9/14) 2頁中央大学術シンポ／地方自治・財政，道州制チーム研究会配布資料より作成。(※)の府県の評点は推定値。

果)[9]によると，多摩地区居住者の住に関する評価では，「災害の少ない安全な場所(87.1%)」「生活に便利な都市部(83.6%)」「自然が豊かな場所(80.9%)」が全国に比べて高く，今後も同じような傾向にあると評価している。このようなことから，「西多摩をひとつに」すると，地域力（住みよさ）では多摩(22市)地域とほぼ同水準にあることが読みとれる。

②地域生活の現状——男女共同参画の視点から

ⅰ）西多摩地域の女性参画の進捗状況

少子高齢化が急速に進む社会では，女性や高齢者が今まで以上に活躍できる基盤を整備することが重要であることはいうまでもない。中でも，女性が活躍できる社会の実現は政府の「日本再興戦略」でも中核と位置づけられ，経団連でも重要課題として取り組んでいる。その実現には女性の参画促進のための措置を行政と企業が当事者意識を持った主体的な取り組みが求められる。

そこで，西多摩地域ではどうなのか，データが収集できた青梅市，福生市，

第 7 章　道州制の導入を見据え，西多摩地域を展望する　215

表 7-15　女性の労働力比率（M 字カーブ）

女性の労働力比率 年齢階級別	全国 (2010 年)	東京都 (2010 年)	青梅市 (2010 年)	福生市 (2010 年)	羽村市 (2000 年)	羽村市 (2005 年)
15 ～ 19 歳	14.9	15.0	16.2	16.4	19.6	18.2
20 ～ 24 歳	66.0	63.8	69.5	54.7	71.8	67.4
25 ～ 29 歳	72.4	83.5	79.9	59.1	71.3	71.4
30 ～ 34 歳	64.7	73.4	72.9	58.4	54.8	61.7
35 ～ 39 歳	64.0	67.9	69.2	57.1	57.3	61.3
40 ～ 44 歳	68.4	69.6	72.2	58.7	66.2	66.3
45 ～ 49 歳	72.2	72.7	74.6	62.9	66.1	72.6
50 ～ 54 歳	70.5	70.8	70.3	64.6	64.4	63.5
55 ～ 59 歳	61.8	64.4	61.7	57.9	56.2	56.9
60 ～ 64 歳	45.7	51.8	45.2	45.4	35.5	38.2

出所：※『青梅市子ども・子育て支援事業計画（素案）平成 26 年』青梅市, 東京都, 全国のデータ, (https://www.city.ome.tokyo.jp/kosodate/documents/keikakusoan.pdf)（2015/3/24）15 頁
　　　※『福生市子ども・子育て支援事業計画（素案）平成 27 年 3 月』(https://www.city.fussa.tokyo.jp/life/child/rearing/m1cpmb0000038w3y-att/m1cpmb0000038w8q.pdf)（2015/3/24）19 頁。
　　　※『羽村市男女共同参画基本計画（平成 24 年度～平成 28 年度）平成 24 年 3 月』(http://www.city.hamura.tokyo.jp/0000004519.html)（2015/3/24）37 頁。

羽村市の女性の参画の進捗状況（表 7-15）を検証してみた。

　福生市では，出産・育児で一旦就労を中断すると就業継続や再就職が難しい状況にあり，M 字カーブの底が 35 歳から 39 歳で 57.1% であり，全国の 64% より 6.9 ポイント低くなっている。同じく，羽村市では 2000 年には M 字カーブの底が 30 歳から 34 歳が 54.8% でいちばん低く，2005 年は 61.3% とやや緩く浅くなってきているが女性が仕事と家庭を両立し働き続けられる状況にはまだ程遠い状況にある。

　しかし，青梅市では M 字カーブの底が 35 歳から 39 歳で 69.2% で最も低く，全国の 2010 年統計（64.0%）より 5.2 ポイント高くなっており，労働力が改善の傾向にある。

　東京都（2013，15 頁）[10] によると，男女労働者（常用労働者）の 2013 年の平均勤続年数は男性（平均年齢 42.6 歳）が 11.79 年，女性（平均年齢 39.1 歳）は 8.9 年と女性の方が 2.8 年短くなっている。その女性の平均勤続年数

表 7-16　2012 年　女性管理職の占める割合（各自治体管理職員の内訳）

2012年女性管理職数(人)	事務系 女性	事務系 総数	事務系 %	福祉系 女性	福祉系 総数	福祉系 %	技術系 女性	技術系 総数	技術系 %	技能系 女性	技能系 総数	技能系 %	合計 女性	合計 総数	合計 %
東京都	273	1629	16.8%	5	29	17.2%	272	1470	18.5%	0	11	0%	550	3139	17.5%
西多摩地域	18	281	6.4%	0	0	0%	35	135	25.9%	0	0	0%	53	416	12.7%
青梅市	4	61	6.6%	0	0	0%	34	114	29.8%	0	0	0%	38	175	21.7%
福生市	3	51	5.9%	0	0	0%	0	3	0.0%	0	0	0%	3	54	5.6%
羽村市	7	59	11.9%	0	0	0%	0	0	0%	0	0	0%	7	59	11.9%
あきる野市	3	45	6.7%	0	0	0%	0	11	0.0%	0	0	0%	3	56	5.4%
瑞穂町	0	30	0.0%	0	0	0%	0	0	0%	0	0	0%	0	30	0.0%
日の出町	0	19	0.0%	0	0	0%	0	0	0%	0	0	0%	0	19	0.0%
奥多摩町	0	8	0.0%	0	0	0%	1	6	16.7%	0	0	0%	1	14	7.1%
檜原村	1	8	12.5%	0	0	0%	0	1	0.0%	0	0	0%	1	9	11.1%

出所：東京都生活文化局『区市町村の男女平等参画推進状況』平成 25 年度（平成 24 年 4 月 1 日現在）職員の内訳 (http://www.seikatubunka.metro.tokyo.jp/index8files/nenjihoukoku.top/25suishin/25-11shokuin.pdf)（2015/3/24）　65-76 頁より作成。

※東京都の係長級総数は 10,087 人，うち女性は 2,949 人（29.2%），青梅市（16.3%），福生市（26.7%），羽村市（12.0%），あきる野市（10.8%），瑞穂町（13.2%），日の出町（5.2%），奥多摩町（14.3%），檜原村（23.1%）。
西多摩地域全体では係長級総数は 548 人，うち女性は 245 人（44.7%）。

が短い理由として，妊娠出産を機に退職が 46.2%，結婚を機に退職が 43.2%，配偶者の都合で自ら退職が 30.9% と，ほぼ，この 3 点の理由を女性が退職理由にあげている。

　東京都での管理職に占める女性の割合は全体の 17.5% で，最も高い係長級職では 29.2% となっている。西多摩地域の市町村別の管理職に占める女性の割合をみると，青梅市（21.7%）が東京都を上回るものの，羽村市（11.9%），檜原村（11.1%）が 10% 台の前半で，奥多摩町（7.1%），福生市（5.6%），あきる野市（5.4%），瑞穂町（0%），日の出町（0%）と低い水準にある。

　西多摩地域全体でみても，管理職に占める女性の割合は 12.7% と 4.8 ポイント減で，国の推進 30% 目標設定にはまだ程遠い状況にある。なお，西多摩地域全体の係長級では 44.7% となり，逆に東京都を 15.5 ポイントと大きく上回っており，今後に期待するところでもある（表 7-16）。

　次に，西多摩地域の待機児童の状況を見てみると，西多摩地域の 2001 年

第7章 道州制の導入を見据え，西多摩地域を展望する　217

表7-17　東京大都市圏の保育所待機児童の状況　（単位：人）

保育所待機児童数の推移（単位：人）	2001年	2002年	2003年	2004年	2005年	2006年	2007年
全国	21,031	25,447	26,383	24,245	23,338	19,794	17,926
埼玉県	1,285	1,534	1,921	1,628	1,790	1,386	1,217
千葉県	601	862	1,081	983	1,259	1,066	974
神奈川県	2,593	3,204	2,944	3,078	2,233	1,577	1,822
東京都	4,982	5,056	5,208	5,223	5,221	4,908	4,601
23区	2,826	2,691	2,555	2,583	2,734	2,670	2,451
多摩（22市）地域	2,029	2,101	2,423	2,363	2,250	2,057	2,028
西多摩地域	123	264	226	277	237	181	121
島しょ	0	0	0	0	0	0	0

保育所待機児童数の推移（単位：人）	2008年	2009年	2010年	2011年	2012年	2013年	2014年
全国	19,550	25,384	26,275	25,556	24,825	22,741	21,371
埼玉県	1,216	1,509	1,310	1,186	1,075	902	905
千葉県	960	1,293	1,373	1,432	1,352	1,340	1,251
神奈川県	2,132	3,245	4,117	3,095	2,039	1,462	1,079
東京都	5,479	7,939	8,435	7,855	7,257	8,117	8,672
23区	3,016	4,613	4,885	4,506	4,314	5,279	5,666
多摩（22市）地域	2,374	3,196	3,380	3,238	2,846	2,751	2,922
西多摩地域	89	130	170	111	96	87	84
島しょ	0	0	0	0	1	0	0

出所：厚生労働省『保育関連状況とりまとめ』(http://www.mhlw.go.jp/stf/houdou/0000057750.html)
　　（2014/8/29）各年度版より作成。

～2011年の10年間の推移ではバラツキはあるものの大きな変化は見られず，的確な対策が講じられてきたとは考えにくい。

　また，2011年の待機児童数は全国で25,556人，東京都全体では7,855人，23区が4,506人（1区当たり196人），多摩（22市）地域が3,238人（1市当たり147人）で，西多摩地域全体の待機児童数は111人と低い水準にあることが判る（表7-17）。

　この待機児童数111人ということは，ほぼ，1保育所の児童数に相当し，新たに西多摩地域内に1保育所増設するか，あるいは既設の保育所で対応するかの人数である。

なお，2013年4月1日の日本全体の待機児童数は22,741人。2014年4月1日の東京都においては8,672人，西多摩地域では84人となっている。ただし，待機児童数の多くは0歳児および1歳児の入所待機児数である（表7-17）。

2013年の育児・介護休業法の改正に伴い女性および男性の育児休業・育児休暇・看護休暇の取得が得やすく法整備はされてきたが，女性の職場環境は非正規雇用やパート従業員，契約社員などはこの育児休暇等の取得が当然の権利として取得しにくく，まだまだ中小零細企業における女性従業員には公平な取得となっていない。

東京都福祉保健基礎調査[11]によると，父親が育児休業を利用したことがある人は1.5%，看護休暇を利用したことがある人は5.6%で，母親が育児休業を利用したことがある人は25.4%，看護休暇を利用したことがある人は12.8%のデータが示しているように，職場環境で育児休業や看護休暇は取りづらく，また，家計のため早く職場復帰を望んでも保育所の入所が困難となっている。

ⅱ) 西多摩地域の男女共同参画推進計画からみえるワークライフバランス

次に，西多摩地域の男女共同参画推進計画および進捗状況報告からワークライフバランスの今後を考える。西多摩地域において，男女共同参画推進計画等に数値目標設定を計画としている地域は羽村市のみであり，また，意識調査・実態調査報告が出されている地域は羽村市（2004年3月）と福生市（2006年9月）のみであったことから，主としてこの2市の状況から西多摩地域における今後に向けての課題を抽出することとした。

2004年3月に羽村市が公表した『羽村市内の事業所に働く女性の意識と実態調査』の結果[12]によると，女性が働く理由として「家計・お金に関する」が38%。その就労形態でパートタイムを選択した人の多くは，育児・介護の両立や時間の自由として選択している。正社員として就労している女性の66.5%が満足と答えている。満足度の内容としては，「仕事が自分にあっていると評価されている」の回答が59.3%と高く，職場の雰囲気・人間関係

表7-18 ワークライフバランスへの取り組みの実績

福生市・羽村市の意識・実態調査	福生市 2006年 意識調査	福生市 2006年 実態調査	羽村市 2004年 実態調査
男女の地位は平等になっている	－	－	25.5%
家庭の中で男女の地位は平等になっている	39.4%	14.7%	36.2%
職場の中で男女の地位は平等になっている	30.7%	14.6%	19.8%
地域の中で男女の地位は平等になっている	50.0%	30.7%	42.1%

出所：羽村市『羽村市内の事業所に働く女性の意識と実態調査』調査報告書』2004年3月 調査結果の分析（http://www.city.hamura.tokyo.jp/cmsfiles/contents/ 0000000/89/chousa1.pdf）（2015/2/21）27-58頁。
福生市『福生市男女共同参画に関する意識調査・実態調査報告』2006年9月 調査結果の分析（https://www.city.fussa.tokyo.jp/life/environment/gender/m1cpmb0000002xi5.html）（2015/2/21）8-57頁。

に関係することが37.9%,「通勤時間が適当である」（35.9%）など，正社員で働く女性はおおむね満足度が高いことにより仕事が継続できていると考えられる。

これに対して不満と考える要因としては,「仕事の結果が正当に評価されない」28.6%,「賃金が安い」35.7%,「職場の雰囲気・人間関係が悪い」30.4%となっており，仕事の評価や賃金の不満と同様に会社での人間関係も重要視していることがわかる。

さらに「ずっと仕事を持ち続ける」が48.2%,「出産育児で一旦仕事をやめ子どもが成長したら再び仕事をする」が34.8%となっている。また，現在の働き方を今後も続けたいかの問いには,「続けたい」と答えた人は68.4%で，女性が生き生きと働き続けるために何が必要かの問いには,「家族の協力・理解」66.4%,「男性もともに家事責任を担い合う支援が必要」30.3%,「職場の雰囲気や意識改革が重要」48.2%といった意見が多い。また，女性が仕事と家庭の両立には何が必要かの問いに対しても,「産前産後，育児休業制度の充実」が35.1%,「この期間の賃金補償」が31.6%となっており，「短時間勤務やフレックスタイム就労制度の充実」が40.7%,「育児や介護の退職後の再雇用制度」40.9%といった雇用制度に対する意見が高い。

なお，羽村市においては2012年度から2016年度の羽村市男女共同参画基本計画の中で，計画の基本目標を2010年度および2011年度の実績に基づき，以後の基本計画に数値目標として取り入れている。

　また，福生市の『男女共同参画に関する意識調査・実態調査報告書（2006年9月）』[13]を見てみると，家庭における男女の役割分担についての質問に対し，「男女とも仕事をし，家事・育児も男女で分担する」と答えた人は，全体で39.4％（男性30.2％・女性46.1％）。「男性が仕事，女性は家事・育児に差し支えない範囲で仕事をする」と答えた人は，全体で35.5％（男性41.1％・女性31.6％）と高い割合となっている。

　しかし，その実態は「男女とも仕事をし，家事・育児も男女で分担する」と答えた人は全体で10.8％（男性12.5％・女性9.7％）で，意識調査と比べると28.6ポイントも低い。また，「男性が仕事，女性は家事・育児に差し支えない範囲で仕事をする」では全体で24.5％（男性28.7％・女性21.6％）と意識調査と比べると11ポイントも低い結果となっている。

　さらに，「男性が仕事，女性は家事育児」の意識調査では，全体で15.2％（男性19.8％・女性11.5％）と意識の変化は見られるが，実態調査では全体で26.8％（男性22.4％・女性30.1％）となっており，女性の方が意識は低いことが見てとれる。また，「男性は，家事・育児に参加するためにどのようなことが必要か」の問いかけには，「男性が仕事優先の考え方を見直し，家事・育児を担う自覚が必要」が32.5％（男32.8％・女32.3％），「男性が家事や育児に参加することへの抵抗感をなくすこと」が29.0％（男26.0％・女31.2％），「家族の話し合い」が35.1％（男37.5％・女33.5％）となっている。

　男女の役割については，「社会通念，慣習などの見直し」が30.3％（男27.1％・女32.7％），「育児休暇制度の定着と休暇をとりやすい就労環境」が31.0％（男32.8％・女29.7％）となっている。

　地域・社会参画活動については，「町会や自治会活動に参加している」30.7％，「趣味やスポーツ参加」24.7％，「何も参加していない」40.7％であった。男女ともに同程度の割合である。

ボランティア活動への参加については,「参加しやすい日時や場所」が58.2％と高く,趣味や特技を生かした活動の場への参加については42.4％を上回っているが,「参加には配偶者の理解や支援が必要」が28.1％もあり,地域社会等では「男女の役割分担の意識が残っている」との回答が50％,「男性優位の組織運営や制度が残っている」の回答も54.3％と高い割合となっており,依然としてこのような組織のあり方が残っている地域が,まだ西多摩では多いことが覗えた。

また,市の審議会や委員会の役職には,福生市では18.4％,羽村市では34.2％の女性の参画が見られるが,その市民意識では「特に男女との比率にはこだわらない」とする回答が50.6％となっている一方で,政策や方針の決定の場に女性が参画するためには「女性自身が自覚し,政策・方針決定の場へ参加できるように力をつける」とした回答が,ほぼ同じ45.9％もあった。

こうしたことから,女子が仕事を継続するには結婚・出産・育児・介護休業や休暇に対して家族の協力,社内制度の充実,雇用制度による就労条件の安定化,自治体の福祉サービスの充実と男女の意識改革が進めば,それぞれの人生設計にかかるワークライフバランスの実現ができると考える。

いずれにしても,男女共同参画社会は男性,女性の問題ではなく,男女が平等に参画できる社会において個々のワークライフバランスを構築でき,ひとりひとりが生き生きとした生活ができる共働社会をめざすことで希望を持てる家庭や社会の実現ができると考える。

③ 地域経済の現状

ⅰ) これまでの経緯

戦後の日本経済を長期的な間隔で概観すると,景気は常に循環している。戦後の朝鮮戦争による特需「神武景気：三種の神器（冷蔵庫・洗濯機・白黒テレビ）」(1954～1957),「岩戸景気：池田内閣所得倍増計画」(1958～1961),「いざなぎ景気：車,エアコン,カラーテレビが新三種の神器」(1965～1970) を経た高度経済成長,そして,プラザ合意後 (1985～) のバブル

経済に移る。

そして，バブル崩壊（1991～1993）と，その後の「失われた20年」，2013年の大規模な金融緩和のアベノミクスと変遷を経てきた。その間，世界のグローバル化により産業の空洞化が進んできた。日本の製造業は競争力を維持しようと生産拠点を海外へ移転。しかし，その流れにも変化が現れ工場の国内回帰の現象も起きている。

このような流れの中，今日，経済不況が長期間にわたっていたことと，アベノミクスの効果が市民のレベルまで実感できていないことにより，「経済成長をあきらめて，慎ましく生活しよう。」という質素倹約の世論も少なくない。

しかし，倹約すること自体が少子高齢化を迎えている日本社会にとって，大きな痛手となることは間違いない。経済成長が停滞することは，市民一人当たりの所得も減ることである。そして，市民一人当たりの所得が減ることは年金や医療費などの高齢化対策，出生率の向上のための少子化対策など福祉政策の分野に必要な所得再分配を実施することが非常に困難になってくる。

また，現役世代が家庭を持ち次世代の子どもたちを育てていくためにも，経済成長は必要なのである。経済が上手く回り，各個人が所得など豊かさの獲得を可能とし，かつ所得の再分配の機能が充実している社会こそが追求していく社会の姿であると考える。

ⅱ）産業構成

総務省統計局ホームページの『平成21年経済センサス―基礎調査』より，西多摩地域，日本全国（以下，国と記す），東京都における産業分類別の事業所数と従業員数の一覧表（表7-19）を作成した。

まずは西多摩地域の事業所数の産業別の割合をみてみる。産業別の構成は，卸売業・小売業が24.3%，宿泊業・飲食サービス業が13.8%，建設業が12.2%，製造業が11.8%，医療福祉が6.4%となっている。全国と東京都と西多摩地域の産業構成を比較してみると，西多摩地域は建設業と製造業の割合

表 7-19　西多摩地域の産業分類別事業所数（2009 年）

	総数	農林漁業・鉱業	建設業	製造業	電気ガス熱供給水道業	情報通信業	運輸業・郵便業
青梅市	5,092	17	649	630	9	32	91
福生市	2,300	4	199	131	2	20	27
羽村市	2,241	1	194	175	9	25	49
あきる野市	2,674	9	424	261	5	22	40
瑞穂町	1,682	5	202	458	1	7	88
日の出町	698	8	106	99	2	1	13
檜原村	183	1	35	16	1	0	2
奥多摩町	344	8	49	25	3	0	11
西多摩地区	15,214	53	1,858	1,795	32	107	321
シェア	100.0%	0.3%	12.2%	11.8%	0.2%	0.7%	2.1%
国	6,043,300	36,832	583,616	536,773	8,897	77,996	148,559
シェア	100.0%	0.6%	9.7%	8.9%	0.1%	1.3%	2.5%
東京都	684,895	568	47,235	59,851	394	25,690	19,471
シェア	100.0%	0.1%	6.9%	8.7%	0.1%	3.8%	2.8%

	卸売業・小売業	金融保険業	不動産業・物品賃貸業	宿泊業・飲食サービス業	医療福祉	その他
青梅市	1,208	58	280	646	309	1,163
福生市	598	37	123	468	158	533
羽村市	486	20	145	432	169	536
あきる野市	681	29	98	280	194	631
瑞穂町	439	10	57	105	61	249
日の出町	168	7	21	59	62	152
檜原村	45	0	2	33	8	40
奥多摩町	71	2	1	84	16	74
西多摩地区	3,696	163	727	2,107	977	3,378
シェア	24.3%	1.1%	4.8%	13.8%	6.4%	22.2%
国	1,555,486	91,982	408,691	781,265	374,737	1,438,466
シェア	25.7%	1.5%	6.8%	12.9%	6.2%	23.8%
東京都	168,224	11,294	61,643	97,600	38,490	154,435
シェア	24.6%	1.6%	9.0%	14.3%	5.6%	22.5%

出所：総務省統計局『平成 21 年経済センサス―基礎調査』(2009)（http://www.stat.go.jp/data/）(2014/11/30) より作成。

が高い。とりわけ西多摩地域における製造業のシェアが 11.8% であるのに対して国は 8.9%，東京都が 8.7% である。西多摩地域においては，比較にお

いても製造業の割合が高く，製造業が西多摩地域の基幹産業であることがわかる。

　一方，商業にあたる卸売業・小売業と宿泊業・飲食サービス業の西多摩地域におけるシェアは38.1%である。国で見てみると38.7%，東京都においては38.8%であり，西多摩地域における商業のシェアは全国と東京都を若干下回るものの，ほぼ同様のシェアと考えてよい。

　次に，西多摩地域の産業分類別の従業者数の割合（表7-20）を見てみる。西多摩地域においては製造業が22.4%，卸売業・小売業が17.7%，医療福祉が14.2%，宿泊業・飲食サービス業が9.3%，運輸業・郵便業が5.2%，建設業が6.0%となっている。国と東京都と比較すると，西多摩地域の従業員数は，製造業と医療福祉において割合が高い。

　西多摩地域において，製造業における従業員数のシェアは22.4%である。それに対して，国は15.6%，東京都が10.2%である。西多摩地域では，比較においても製造業は，地域の雇用を支えている大きな産業であることがわかる。

　一方，商業にあたる卸売業・小売業と宿泊業・飲食サービス業の西多摩地域でのシェアは27.0%である。それに対して国は29.3%，東京都は31.1%である。比較によると西多摩地域では，商業に従事する従業員の割合は全国と東京都に比べるとやや少ないことがわかる。

　以上のデータからわかるのは，西多摩地域における「工業部門にあたる製造業」と「商業部門にあたる卸売業・小売業と宿泊業・飲食サービス業」の事業所数と従業員数は西多摩地域の全体の約半数を占めており，西多摩地域の人々の生活を支える大きな産業であることがわかる。

　西多摩地域の製造業の割合は国と東京都の比較においても高く，西多摩地域の特色として製造業が主力の産業となっていることがわかる。また，西多摩地域の卸売業・小売業と宿泊業・飲食サービス業の割合については全国と東京都の割合をやや下回るが，そもそも商業は日本国全体の産業の中で最も事業所数の多い産業であり地域の経済を支える産業であることは西多摩地域

表 7-20 西多摩地域の産業分類別従業者数（2009 年）

	総数	農林漁業・鉱業	建設業	製造業	電気ガス熱供給水道業	情報通信業	運輸業・郵便業
青梅市	57,236	228	3,128	13,622	292	648	2,166
福生市	20,264	20	1,346	1,981	67	182	821
羽村市	27,681	23	1,110	8,386	131	387	1,077
あきる野市	24,362	52	2,236	2,628	65	206	1,047
瑞穂町	21,312	29	1,088	7,552	7	57	2,676
日の出町	8,684	66	467	1,916	10	2	496
檜原村	1,096	13	153	126	4	0	35
奥多摩町	2,582	107	281	327	34	0	100
西多摩地区	163,217	538	9,809	36,538	610	1,482	8,418
シェア	100.0%	0.3%	6.0%	22.4%	0.4%	0.9%	5.2%
国	62,860,514	418,372	4,320,444	9,827,416	302,327	1,724,978	3,611,602
シェア	100.0%	0.7%	6.9%	15.6%	0.5%	2.7%	5.7%
東京都	9,046,553	6,231	500,812	921,523	29,051	852,562	502,095
シェア	100.0%	0.1%	5.5%	10.2%	0.3%	9.4%	5.6%

	卸売業・小売業	金融保険業	不動産業・物品賃貸業	宿泊業・飲食サービス業	医療福祉	その他
青梅市	9,653	1,011	834	4,727	9,761	11,166
福生市	4,203	493	587	2,854	2,644	5,066
羽村市	3,941	261	603	3,069	2,331	6,362
あきる野市	4,862	306	329	2,240	4,154	6,237
瑞穂町	4,115	118	250	1,070	1,583	2,767
日の出町	1,684	28	68	621	2,004	1,322
檜原村	114	0	3	163	209	276
奥多摩町	263	18	2	383	517	550
西多摩地区	28,835	2,235	2,676	15,127	23,203	33,746
シェア	17.7%	1.4%	1.6%	9.3%	14.2%	20.7%
国	12,696,990	1,588,681	1,551,345	5,736,967	6,386,056	14,695,336
シェア	20.2%	2.5%	2.5%	9.1%	10.2%	23.4%
東京都	1,918,756	408,422	349,257	896,676	578,769	2,082,399
シェア	21.2%	4.5%	3.9%	9.9%	6.4%	23.0%

出所：総務省統計局『平成 21 年経済センサス―基礎調査』(2009)（http://www.stat.go.jp/data/）（2014/11/30）より作成。

も例外ではない。

　西多摩地域の産業構成からわかる全体像を言うならば，西多摩地域は製造

業を中心に財を生み出し，その財を移出することで他の地域から資金を稼いでいる。そして，その稼いできた資金を西多摩地域内で，卸売業・小売業と宿泊業・飲食サービス業という形で循環させることにより新たな需要と富の再分配を生み出し，「持続可能な地域」を形成してきたと言える。

iii) 工業の現状

次に，西多摩地域において財の生産の中心である製造業の現状について分析する。地域の基盤産業がどのような状況であるかを認識しておくことは重要である。まずは西多摩地域の日本国内における地位をみてみる（表7-21）。

『平成26年度首都圏白書』より，データを作成した。西多摩地域における製造業の事業所数は1,347件，従業員数は29,900人，製造品荷額等は1兆211億7,900万円となっている。

この西多摩地域の数値が東京都全体の中でどれだけの割合を占めているかというと，事業所数が8.1％，従業員数は9.3％，製造品荷額等は11.7％を占めている。事業所数と従業員数の割合に対して製造品荷額等の割合が高くなっている。ゆえに，西多摩地域は東京都において，製造業の拠点としての

表7-21　東京大都市圏の製造業（2011年）

東京大都市圏の製造業	事業所数（所）	従業員数（人）	製造品荷額等（百万円）
全国	233,186	7,472,111	284,968,753
首都圏合計	64,695	1,986,707	78,318,242
東京都	16,664	321,859	8,699,292
神奈川県	9,452	368,660	17,850,594
埼玉県	13,431	380,449	12,143,721
西多摩地域	1,347	29,900	1,021,179
西多摩地域の全国でのシェア	0.6％	0.4％	0.4％
西多摩地域の首都圏でのシェア	2.1％	1.5％	1.3％
西多摩地域の東京都でのシェア	8.1％	9.3％	11.7％

出所：国土交通省（2014）「第2章 首都圏整備の状況」『平成26年版首都圏白書』（http://www.mlit.go.jp/hakusyo/syutoken_hakusyo/h26/h26syutoken_.html）（2014/11/30）56頁，及び東京都総務局統計部『東京の工業 経済センサス―活動調査（工業統計相当集計結果）』（2011）（http://www.toukei.metro.tokyo.jp/kougyou/kg-index.htm）（2014/11/30）より作成。

一定の地位を得ていることがわかる。

　一方，西多摩地域の首都圏でのシェアを見てみると，事業所数が2.1%，従業員数は1.5%，製造品荷額等は1.3%となっている。比較の対象を首都圏とすると，事業所数と従業員数の割合に対して製造品荷額等の割合が低くなっており，製造業の拠点としての地位はそれほど高くないことがわかる。ゆえに，他の地域からシェアを獲得する対策が必要であるといえる。

　そこで，次に西多摩地域の工業の状況を見てみる。東京都総務局統計部商工統計課のホームページより利用可能な直近のデータを加工し，西多摩地域の事業所数，従業者数，製造品出荷額等の2005年と2011年の一覧表（表7-22）を作成した。

　まず，事業所数について2005年と2011年を比べてみると，西多摩地域全体では1,598事業所から1,347事業所へと15.7%の減少となっている。西多摩地域の各市町村を見てみると，瑞穂町が20.8%の減少，青梅市が18.2%の減少となっており，檜原村を除いて，全ての自治体で減少している。従業者数について2005年と2011年を比べてみると，西多摩地域全体では34,460人から29,900人と13.2%の減少となっている。西多摩地域の各市町村を見てみると日の出町以外は軒並み減少となっている。常用労働者数について2005年と2011年を比べてみると，西多摩地域全体では，33,819人から29,706人と12.2%の減少となっている。西多摩地域の各市町村を見ても日の出町以外は軒並み減少となっている。

　個人事業主及び無給家族従業者について2005年と2011年を比べてみると，西多摩地域全体では641人から433人と32.4%の減少となっている。西多摩地域の各市町村を見てみると，福生市で43.6%の減少，日の出町で51.3%の減少，奥多摩町で66.7%の減少となっている。

　最後に，製造品出荷額等であるが，2005年と2011年を比べてみると，西多摩地域全体では1兆3,360億4,695万円から1兆211億7,901万円と23.6%の減少となっている。西多摩地域の各市町村を見ると，瑞穂町で67.5%の減少，檜原村で69.0%の減少となっている。

表 7-22 西多摩地域の事業所数, 従業者数, 製造品出荷額等 (工業)

2011 年

2011 年	事業所数	従業者規模別事業所数 1～9人	10～99人	100～299人	300人～	従業者数(人)	常用労働者数(人)	個人事業主及び無給家族従業者(人)	製造品出荷額等(万円)
青梅市	458	323	117	9	9	10,317	10,266	198	23,474,780
福生市	89	69	18	1	1	1,595	1,564	31	3,263,012
羽村市	122	72	38	10	2	8,659	8,658	24	54,304,215
あきる野市	201	142	55	3	1	2,439	2,380	62	3,601,492
瑞穂町	362	244	114	4	0	4,891	4,843	82	10,772,361
日の出町	81	50	28	2	1	1,694	1,707	19	6,022,599
檜原村	16	14	2	0	0	77	64	13	55,327
奥多摩町	18	13	5	0	0	228	224	4	624,115
西多摩地域	1,347	927	377	29	14	29,900	29,706	433	102,117,901

出所:東京都総務局統計部『東京の工業 経済センサス―活動調査 (工業統計相当集計結果)』(2011)
(http://www.toukei.metro.tokyo.jp/kougyou/kg-index.htm) (2014/11/30) より作成。

2005 年

2005 年	事業所数	従業者規模別事業所数 1～9人	10～99人	100～299人	300人～	従業者数(人)	常用労働者数(人)	個人事業主及び無給家族従業者(人)	製造品出荷額等(万円)
青梅市	560	393	148	11	8	11,616	11,346	270	29,331,589
福生市	103	78	23	0	2	1,684	1,629	55	3,551,642
羽村市	138	72	50	11	5	9,539	9,509	30	56,858,704
あきる野市	215	157	54	3	1	2,742	2,649	93	3,898,434
瑞穂町	457	325	126	5	1	6,819	6,687	132	33,190,385
日の出町	89	62	25	2	0	1,643	1,604	39	6,009,290
檜原村	14	10	4	0	0	136	126	10	178,261
奥多摩町	22	17	5	0	0	281	269	12	586,390
西多摩地域	1,598	1,114	435	32	17	34,460	33,819	641	133,604,695

出所:東京都総務局統計部『東京の工業 経済センサス―活動調査 (工業統計相当集計結果)』(2005)
(http://www.toukei.metro.tokyo.jp/kougyou/kg-index.htm) (2014/11/30) より作成。

第 7 章　道州制の導入を見据え，西多摩地域を展望する　229

2011 年と 2005 年の比較

2011 年と2005 年の比較	従業者規模別事業所数					従業者数(人)	常用労働者数(人)	個人事業主及び無給家族従業者(人)	製造品出荷額等(万円)
		1〜9人	10〜99人	100〜299人	300人〜				
青梅市	81.8%	82.2%	79.1%	81.8%	112.5%	88.8%	90.5%	73.3%	80.0%
福生市	86.4%	88.5%	78.3%		50.0%	94.7%	96.0%	56.4%	91.9%
羽村市	88.4%	100.0%	76.0%	90.9%	40.0%	90.8%	91.1%	80.0%	95.5%
あきる野市	93.5%	90.4%	101.9%	100.0%	100.0%	88.9%	89.8%	66.7%	92.4%
瑞穂町	79.2%	75.1%	90.5%	80.0%	0.0%	71.7%	72.4%	62.1%	32.5%
日の出町	91.0%	80.6%	112.0%	100.0%		103.1%	106.4%	48.7%	100.2%
檜原村	114.3%	140.0%	50.0%			56.6%	50.8%	130.0%	31.0%
奥多摩町	81.8%	76.5%	100.0%			81.1%	83.3%	33.3%	106.4%
西多摩地域	84.3%	83.2%	86.7%	90.6%	82.4%	86.8%	87.8%	67.6%	76.4%

出所：東京都総務局統計部『東京の工業 経済センサス―活動調査（工業統計相当集計結果）』(2011)
　(2005) (http://www.toukei.metro.tokyo.jp/kougyou/kg-index.htm) (2014/11/30) より作成。

　以上のことから，西多摩地域の工業の現状は事業所数，従業者数，常用労働者数，個人事業主及び無給家族従業者，製造品出荷額等の全ての項目において減少傾向となっており，非常に厳しい状況であることがわかる。東京都（2014，62 頁）によると，多摩地域においても大規模工場の撤退，事業所数や製品出荷額の減少など産業を取り巻く環境は厳しい状況にあり，西多摩地域でも同様の傾向が続いている[14]。

　ⅳ）商業の現状
　次に，西多摩地域における商業の動向について見る。商業統計調査報告（卸売・小売業）の利用可能な直近のデータから西多摩地域の商業における 1997 年と 2007 年の事業所数，従業者数，年間販売額の一覧表（表 7-23）を作成した。
　事業所数について 1997 年と 2007 年との比較によると，西多摩地域全体では 4,028 事業所から 3,419 事業所へと 15.1％の減少となっている。西多摩地域の各市町村を見てみると，福生市が 22.6％の減少，奥多摩町が 21.6％の減少となっている。事業所数について卸売業と小売業の個別の内訳を見てみ

ると，卸売業では 1997 年と 2007 年を比較すると，西多摩地域全体では 565 所から 518 所と 8.3％の減少，小売業では，3,463 所から 2,901 所と 16.2％の減少となっている。

従業者数について，1997 年と 2007 年とを比較すると，西多摩地域全体では，

表 7-23　西多摩地域の商業の状況

2007 年

2007 年 6 月 1 日	従業者規模別事業所数						分類別事業所数		従業者数 (人)	年間販売額 (百万円)
		1～2人	3～9人	10～29人	30～99人	100人～	卸売業	小売業		
青梅市	1,128	433	451	208	31	5	176	952	8,337	179,180
福生市	577	207	262	97	10	1	78	499	3,725	103,164
羽村市	473	144	221	90	16	2	72	401	3,701	125,055
あきる野市	637	222	274	126	14	1	62	575	4,459	82,095
瑞穂町	363	103	176	72	9	3	89	274	3,420	103,661
日の出町	109	36	51	19	3	0	25	84	670	15,039
檜原村	45	30	14	1	0	0	10	35	115	697
奥多摩町	87	41	40	5	1	0	6	81	340	3,137
西多摩地域	3,419	1,216	1,489	618	84	12	518	2,901	24,767	612,028

出所：東京都総務局統計部『商業統計調査報告（卸売・小売業）』(2007)（http://www.toukei.metro.tokyo.jp/syougyou/sg-index.htm）（2014/10/30）より作成。

1997 年

1997 年 6 月 1 日	従業者規模別事業所数						分類別事業所数		従業者数 (人)	年間販売額 (百万円)
		1～2人	3～9人	10～29人	30～99人	100人～	卸売業	小売業		
青梅市	1,344	579	554	172	36	3	180	1,164	8,717	218,740
福生市	745	300	326	102	15	2	92	653	4,859	126,171
羽村市	561	333	175	41	11	1	80	481	4,467	230,354
あきる野市	702	287	313	90	11	1	76	626	4,242	89,555
瑞穂町	384	157	158	54	13	2	103	281	2,819	93,569
日の出町	131	62	51	16	2	0	22	109	662	15,068
檜原村	50	35	14	1	0	0	3	47	116	907
奥多摩町	111	61	45	4	1	0	9	102	408	5,738
西多摩地域	4,028	1,814	1,636	480	89	9	565	3,463	26,290	780,102

出所：東京都総務局統計部『商業統計調査報告（卸売・小売業）』(1997)（http://www.toukei.metro.tokyo.jp/syougyou/sg-index.htm）（2014/10/30）より作成。

1997 年と 2007 年の比較

1997 年と2007 年の比較	従業者規模別事業所数					分類別事業所数		従業者数(人)	年間販売額(百万円)
	1～2人	3～9人	10～29人	30～99人	100人～	卸売業	小売業		
青梅市	83.9%	74.8%	81.4%	120.9%	86.1%	166.7%	97.8%	81.8%	95.6%	81.9%
福生市	77.4%	69.0%	80.4%	95.1%	66.7%	50.0%	84.8%	76.4%	76.7%	81.8%
羽村市	84.3%	43.2%	126.3%	219.5%	145.5%	200.0%	90.0%	83.4%	82.9%	54.3%
あきる野市	90.7%	77.4%	87.5%	140.0%	127.3%	100.0%	81.6%	91.9%	105.1%	91.7%
瑞穂町	94.5%	65.6%	111.4%	133.3%	69.2%	150.0%	86.4%	97.5%	121.3%	110.8%
日の出町	83.2%	58.1%	100.0%	118.8%	150.0%		113.6%	77.1%	101.2%	99.8%
檜原村	90.0%	85.7%	100.0%	100.0%			333.3%	74.5%	99.1%	76.8%
奥多摩町	78.4%	67.2%	88.9%	125.0%	100.0%		66.7%	79.4%	83.3%	54.7%
西多摩地域	84.9%	67.0%	91.0%	128.8%	94.4%	133.3%	91.7%	83.8%	94.2%	78.5%

出所：東京都総務局統計部『商業統計調査報告（卸売・小売業）』(2007),(1997)（http://www.toukei.metro.tokyo.jp/syougyou/sg-index.htm）(2014/10/30) より作成。

26,290 人から 24,767 人へと 5.8% の減少となっている。従業者規模別事業所数でこの減少の内訳を見てみると，1～2 人の事業所が 33.0% の大幅な減少，その一方で，100 人以上が 33.3% の増加となっている。

西多摩地域では個人商店の廃業が続くなか，大型店舗の出店が進んでいる。また，その中で 10～29 人の中規模な店舗が 28.8% の増加を見せて健闘していることが見てとれる。

最後に，年間販売額について，1997 年と 2007 年を比べてみると，西多摩地域全体では，7,801 億 200 万円から 6,120 億 2,800 万円へと，21.5% の減少となっている。西多摩地域の各市町村を見てみると，羽村市で 45.7% の減少，奥多摩町で 45.3% の減少と減少率が著しい。一方，瑞穂町では 10.8% の増加となっている。瑞穂町においては，この間に大規模店舗が開店したことが年間販売額の増になったと考えられる。

このように，西多摩地域の商業の現状は事業所数，従業者数，年間販売額は，いずれも減少傾向にある。傾向としては個人商店の廃業が進み，その一方で大型店舗の出店が進んで雇用を吸収している。その中で中規模店舗も伸

びている。しかし，全体としての年間販売額は減少しており，厳しい状況であることは間違いない。

以上，西多摩地域の工業，商業の現状を分析してきた。西多摩地域の産業構成は，「工業部門にあたる製造業」と「商業部門にあたる卸売業・小売業と宿泊業・飲食サービス業」が約半数を占めている。西多摩地域の工業の現状は事業所数，従業者数，常用労働者数，個人事業主及び無給家族従業者，製造品出荷額等の全ての項目において減少傾向となっており，非常に厳しい状況であることがわかった。西多摩地域の商業の現状は事業所数，従業者数，年間販売額は，いずれも減少傾向である。小規模小売店が減少し，一方で大店舗・中規模店舗の数が伸びている。しかし，雇用の増加と年間販売額の増加にはつながっていない。

いずれにしても，西多摩地域は製造業を中心に財を生み出し，その財を移出することで他の地域から資金を稼いできた。そして，その稼いできた資金を西多摩地域内で卸売業・小売業と宿泊業・飲食サービス業という形で循環させることにより，新たな需要の創出と富の再分配を形成してきた。これが西多摩地域の「持続可能な経済体制」の仕組みである。この経済体制が衰退の方向に向かっている今日，次の展開に向けての対策を練っておかねばならない。

v) 観光業の現状

次に，西多摩地域における観光業の動向について見る。西多摩地域入込観光客数調査が1985年に開始され，1991年に2回目，以降，5年ごとに調査されている。観光客の現状とニーズを捉える観光統計である。直近の3回分の「西多摩地域入込観光客数調査報告書」のデータを並べたものが（表7-24）である。

直近の報告書によると，西多摩地域では日帰りの観光客が増加しており宿泊が苦戦をしている。行祭事は横ばいという状況である。注意するべき点は西多摩地域の各自治体で観測を行っているので，合計は西多摩地域に来た観光客が重複して加算されている値である。それを補正したものが合計（重複

第 7 章　道州制の導入を見据え，西多摩地域を展望する　233

表 7-24　西多摩地域への観光客の推移

西多摩地域への観光客の推移 （単位：万人）	2002 年	2007 年	2013 年
日帰り	474	448	557
宿泊	60	42	34
行祭事	238	241	228
合計	772	732	819
合計（重複補正）	718	692	508

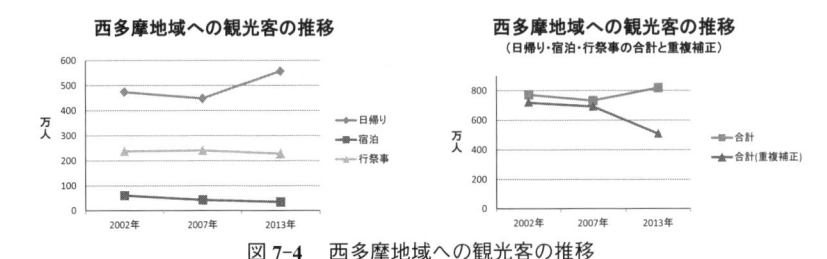

出所：西多摩地域広域行政圏協議会
　　　『西多摩地域入込観光客数調査報告書』（2013）より作成。

図 7-4　西多摩地域への観光客の推移

出所：西多摩地域広域行政圏協議会
　　　『西多摩地域入込観光客数調査報告書』（2013）より作成。

補正）であり，西多摩地域に来た観光客の実数である。その数値を見てみると，合計は増加傾向で実数が減っている。このことから西多摩地域に来る観光客は減少しているが，個人の回遊性は高まっていることがわかる（図 7-4）。

そこで，西多摩地域の観光についてどのような分野に強みがあるのかを見てみる。西多摩地域入込観光客数調査（2013 年）の西多摩地域への観光客の訪問地点数調査（図 7-5）によると，圏央道沿いではあきる野インター近くにある東京サマーランドが夏場に集客力があることがわかる。

圏央道あきる野インター下車地点に位置するレジャー施設に集客力があるのは当然として，西多摩地域の観光業の特色は登山，ハイキング，温泉など「自然」を活かしたものである。他の自治体にはない大自然を生かした観光資源が西多摩地域の強みである。

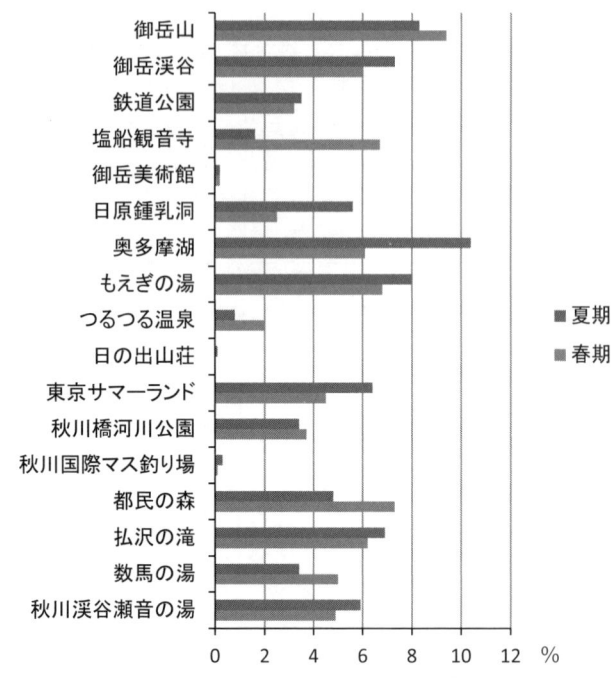

234　第Ⅱ部　東京・多摩における地方自治および財政と道州制

図 7-5　西多摩地域への観光客の訪問地点数調査
出所：西多摩地域広域行政圏協議会
『西多摩地域入込観光客数調査報告書』（2013）より作成。

　また近年，御岳渓谷周辺では，カヌーやラフティングをはじめとするリバースポーツや河川周辺の岩場でのボルダリングが人気となっている。特にラフティングに関する年間の来場者が3万人を超える勢いで，集客力のあるソフト面での新たな動きもみられている。
　その他，マスコミで周知のとおり，外国人旅行者数は年間一千万人を超え過去最高となっており，中国・韓国・台湾・香港からだけでなく経済成長著しいタイ，マレーシア，インドネシア等ASEAN諸国からの旅行客も大幅に増加している。
　これら，外国人観光客をどれだけ西多摩地域に呼び込めるかも重要であるが，いずれにしても，西多摩地域の観光業は大きく伸びる可能性があると考

えてよい。

3. 道州制の導入を見据え，未来への展望

(1) 将来の人口構造

①将来，「少産少死」から「少産多死」の形態に

磯田（2003：763 頁）[15]によると，「日本の人口減少は，これまでの一時的なものとは異なり長期的な人口減少局面に入った可能性が高い点できわめて重要である」と指摘しているように，急速な「多産」から「少産」への移行により，出生率の大幅な低下と低い水準が今もなお続いている。

その人口減少の変化を 15 年毎の 4 段階に大きく区分し，①過去：1995 年→②現在：2010 年→③近い将来：2025 年→④遠い将来：2040 年の西多摩地域の人口ピラミッドを作成すると，（図 7-6）のようになる。

西多摩地域の人口構造上の特徴としては，第 1 次ベビーブーム（1947～49 年）生まれと，第 2 次ベビーブーム（1971～74 年）生まれの 2 つの世代に膨らみがあり，出生数の減少で若い世代の裾が狭まっていることや，どの段階においても後期高齢者（75 歳以上）以上になると男女のバランスが崩れ女性が多いことが見てとれる。

また，西多摩地域は全国平均よりも人口減少が進み「超少子高齢社会」となるが，男性よりも女性の高齢者が多く，また子どもの数も少ない「少産少死」から「少産多死」の形態となる。

やがて，「高層タワー」のような形になると推測される。少子高齢化の進行に伴い，これまでにない第 3 段階の「少産少死」から「少産多死」へと移り変わる形態が西多摩地域にも現れてくるものと考えられる。

②いち早く「人口増加社会」から「人口減少社会」へ

次に，西多摩地域の人口構造の変化を探るべく東京都,23 区,多摩（22 市）地域,西多摩地域の年齢(3 区分)別人口の割合の推移(少子高齢化の進み方)

236　第Ⅱ部　東京・多摩における地方自治および財政と道州制

① 1995年　西多摩人口ピラミッド…ツリガネ型（都市型，転入型）

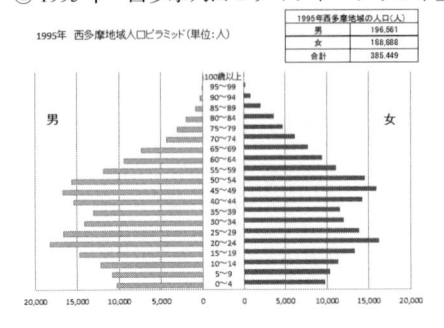

1995年西多摩地域の人口（人）	
男	196,561
女	188,888
合計	385,449

1995年　西多摩階層別人口ベスト10

	年令階層	（人）	対総人口
1位	20〜24歳	34,448	8.9%
2位	45〜49歳	32,554	8.4%
3位	25〜29歳	30,406	7.9%
4位	50〜54歳	30,142	7.8%
5位	40〜44歳	29,613	7.7%
6位	15〜19歳	27,987	7.3%
7位	30〜34歳	26,133	6.8%
8位	35〜39歳	24,569	6.4%
9位	10〜14歳	23,509	6.1%
10位	55〜59歳	22,942	6.0%

※第1, 2位は, 第1, 2次ベビー・ブーム世代

② 2010年　西多摩人口ピラミッド…ツリガネ型（ツボ型に近い少子高齢社会）

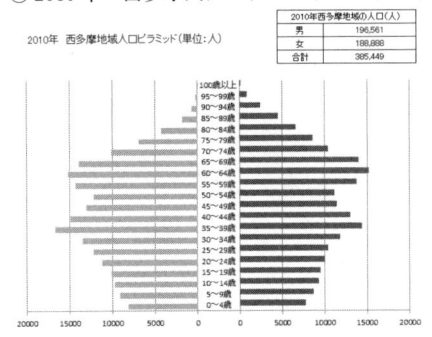

2010年西多摩地域の人口（人）	
男	196,561
女	188,888
合計	385,449

2010年　西多摩階層別人口ベスト10

	年令階層	（人）	対総人口
1位	35〜39歳	31,064	7.9%
2位	60〜64歳	30,380	7.7%
3位	55〜59歳	28,080	7.2%
4位	65〜69歳	27,924	7.1%
5位	40〜44歳	27,923	7.1%
6位	30〜34歳	25,921	6.6%
7位	45〜49歳	24,500	6.2%
8位	50〜54歳	23,346	5.9%
9位	25〜29歳	22,565	5.7%
10位	20〜24歳	21,257	5.4%

※10代が消え, 60代が現れる

③ 2025年　西多摩人口ピラミッド…ツボ型（超少子高齢社会に突入）

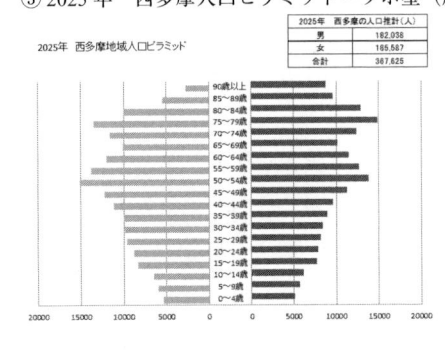

2025年　西多摩の人口推計（人）	
男	182,038
女	185,587
合計	367,625

2025年　西多摩階層別人口ベスト10

	年令階層	（人）	対総人口
1位	50〜54歳	28,896	7.9%
2位	75〜79歳	28,347	7.7%
3位	55〜59歳	26,421	7.2%
4位	70〜74歳	23,915	6.5%
5位	60〜64歳	23,469	6.4%
6位	45〜49歳	23,444	6.4%
7位	80〜84歳	22,880	6.2%
8位	40〜44歳	20,745	5.6%
9位	65〜69歳	20,244	5.5%
10位	35〜39歳	18,964	5.2%

※20代が消え, 70代以上が急増

第 7 章　道州制の導入を見据え，西多摩地域を展望する　237

④ 2040 年　西多摩人口ピラミッド…ツボ型（進んだ超少子高齢社会）

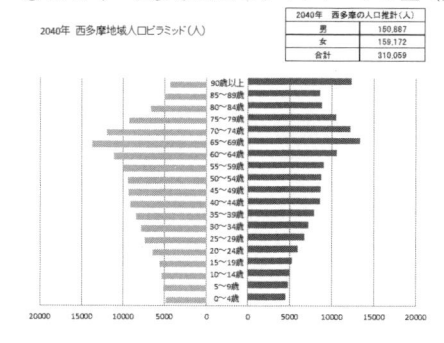

	2040年 西多摩の人口推計(人)
男	150,887
女	159,172
合計	310,059

2040 年　西多摩階層別人口ベスト 10

	年令階層	（人）	対総人口
1 位	65 〜 69 歳	27,013	8.7%
2 位	70 〜 74 歳	24,195	7.8%
3 位	60 〜 64 歳	21,723	7.0%
4 位	75 〜 79 歳	19,797	6.4%
5 位	55 〜 59 歳	19,038	6.1%
6 位	50 〜 54 歳	18,132	5.8%
7 位	45 〜 49 歳	18,059	5.8%
8 位	40 〜 44 歳	17,692	5.7%
9 位	90 歳以上	16,721	5.4%
10 位	35 〜 39 歳	16,338	5.3%

※ 60 歳以上が 4 位までを独占し，9 位に 90 歳以上が出現する

図 7-6　西多摩地域の人口ピラミッド

出所：国立社会保障・人口問題研究所（2013）男女・年齢（5 歳）階級別データ『日本の地域別将来推計人口』（平成 25 年 3 月推計）（http://www.ipss.go.jp/pp-shicyoson/j/shicyoson13/t-page.asp）（2014/8/2）より作成。

を検証する。（表 7-25）のように，国立社会保障・人口問題研究所の将来推計による 2010 年を基準に 2040 年の年齢別（％）の変化を見てみると，

i)　西多摩地域の年少人口（0 〜 14 歳）の割合は，13.1% → 9.0% と 3 分の 2 に縮小し，一番の下げ幅（4.1 ポイントの減）になる。東京都が 8.6%，神奈川県が 9.8%，千葉県が 9.8%，埼玉県が 9.9% と東京大都市圏の 4 都県全域において全国平均（10.0%）を上回る低さとなる。

ii)　西多摩地域の生産年齢人口（15 〜 64 歳）は，64.1% → 52.7% の 11.4 ポイントの減で，下げ幅は東京大都市圏（埼玉県 11.2 ポイント，神奈川県 11.4 ポイント，千葉県 11.8 ポイント）とほぼ同水準になる。

iii)　65 歳以上の高齢化率は，2040 年には全都道府県で 30% を超える。
　　西多摩地域が 14.8 ポイント増の大幅な伸びで 37.7% に，次いで，多摩（22 市）地域の 13.7 ポイント増の 34.2% →東京都の 13.1 ポイント増の 33.5% →区部の 12.8 ポイント増の 33.0% と，いずれも 30% を超えると見込まれる。

つまり，将来の西多摩地域は生産年齢人口（15 〜 64 歳）の減少幅が東京

表 7-25 東京大都市圏 年齢（3区分）別人口の割合の変化

(0～14歳)の割合	2010年(%)	2040年(%)	差	(15～64歳)の割合	2010年(%)	2040年(%)	差	(65歳以上)の割合	2010年(%)	2040年(%)	差
全国	13.1	10.0	-3.1	全国	63.8	53.9	-9.9	全国	23.0	36.1	13.1
埼玉県	13.3	9.9	-3.4	埼玉県	66.3	55.1	-11.2	埼玉県	20.4	34.9	14.5
千葉県	13.0	9.8	-3.2	千葉県	65.5	53.7	-11.8	千葉県	21.5	36.5	15.0
神奈川県	13.1	9.8	-3.3	神奈川県	66.6	55.2	-11.4	神奈川県	20.2	35.0	14.8
東京都	11.3	8.6	-2.7	東京都	68.3	57.9	-10.4	東京都	20.4	33.5	13.1
23区	10.7	8.2	-2.5	23区	69.2	58.8	-10.4	23区	20.2	33.0	12.8
多摩(22市)地域	12.6	9.5	-3.1	多摩(22市)地域	66.9	56.3	-10.6	多摩(22市)地域	20.5	34.2	13.7
西多摩地域	13.1	9.0	-4.1	西多摩地域	64.1	52.7	-11.4	西多摩地域	22.9	37.7	14.8
青梅市	12.9	9.0	-3.9	青梅市	63.9	50.7	-13.2	青梅市	23.2	40.3	17.1
福生市	11.9	8.5	-3.4	福生市	67.6	54.9	-12.7	福生市	20.5	36.6	16.1
羽村市	14.1	10.6	-3.5	羽村市	66.3	54.8	-11.5	羽村市	19.6	34.6	15.0
あきる野市	14.1	11.0	-3.1	あきる野市	62.2	53.3	-8.9	あきる野市	23.8	35.7	11.9
瑞穂町	13.9	9.4	-4.5	瑞穂町	65	54	-11.0	瑞穂町	21.1	36.7	15.6
日の出町	11.8	7.8	-4.0	日の出町	59	51.3	-7.7	日の出町	29.3	40.9	11.6
奥多摩町	7.0	5.0	-2.0	奥多摩町	51.7	41.9	-9.8	奥多摩町	41.3	53.1	11.8
檜原村	7.2	4.8	-2.4	檜原村	49.4	36.1	-13.3	檜原村	43.4	59.1	15.7
島しょ	11.9	10.9	-1.0	島しょ	58.7	49.1	-9.6	島しょ	29.4	39.9	10.5

出所：国立社会保障・人口問題研究所（2013）男女・年齢（5歳）階級別データ『日本の地域別将来推計人口』（2013年3月推計）(http://www.ipss.go.jp/pp-shicyoson/j/shicyoson13/t-page.asp)(2014/8/2) より作成。

大都市圏（3県）とほぼ同水準で，年少人口（0～14歳）の減少幅が最も大きく，老年人口（65歳以上）の割合は一番高くなる（表7-25）。

このことから，西多摩地域は「少子高齢化」の進み方が早く，いち早く「人口増加社会」から「人口減少社会」へと移り変わっていくことが確認される。

因みに，日本は1997年（15歳未満：19,366,000人＜65歳以上：19,758,000人）に「少子社会」に。東京都は1996年（15歳未満：1,491,832人＜65歳以上：1,545,928人）に，西多摩地域は5年遅れの2002年（15歳未満：58,525人＜65歳以上：61,127人）に「少子社会」に突入している。少子高齢化の原因は，国・東京都・西多摩地域とも出生数が減る一方で高齢者が増え，平均寿命が延びているためと考えられる。

③30代半ばの「成長社会」から50代前半が中心の「成熟社会」へ

そこで，西多摩地域の平均年齢の推移（試算）を見ると，1995年に平均年齢が37.6歳と国や東京大都市圏内の地域と比べると埼玉県（37.4歳）に次いで若い水準にあったが，15年後の2010年に，ほぼ全域（島しょを除く）が同じ水準（43〜44歳前後）になる。

さらに，その15年後の2025年には，島しょとともに50歳台に突入する。そして，30年後の2040年には，西多摩地域の平均年齢は島しょ（53.2歳）に次いで高い52.6歳となる。全国の平均年齢も50.4歳と50歳台に突入すると試算される（表7-26）。

日本の高齢化はレベルだけでなくその進行スピードも世界に類を見ないと云われているが，西多摩地域はそれをも上回るレベルとスピードで高齢化が進行していくことになる。

表7-26　東京大都市圏の各地域の平均年齢（試算）の推移

東京大都市圏地域別平均年令（歳）の推移	1995年	2010年	2025年	2040年	平均年令の推移（歳）	1995年	2010年	2025年	2040年
全国	39.8	44.6	48.3	50.4	西多摩地域	37.6	44.2	51.1	52.6
埼玉県	37.4	43.6	48.5	51.3	青梅市	37.4	44.3	51.8	53.9
千葉県	38.1	44.3	49.2	52.0	福生市	36.7	43.7	50.0	52.7
神奈川県	38.0	43.4	48.2	51.3	羽村市	35.6	42.4	49.0	50.5
東京都	39.4	43.7	48.0	51.5	あきる野市	38.5	44.3	49.9	50.9
23区	40.1	43.8	48.0	51.6	瑞穂町	36.5	43.3	50.1	52.3
多摩（22市）地域	38.0	43.2	47.9	51.1	日の出町	39.2	47.4	59.0	55.7
西多摩地域	37.6	44.2	51.1	52.6	奥多摩町	45.9	55.5	63.4	61.7
島しょ	43.6	49.6	52.4	53.2	檜原村	47.6	56.1	60.4	64.5

出所：国立社会保障・人口問題研究所（2013）男女・年齢（5歳）階級別データ『日本の地域別将来推計人口』（2013年3月推計）　※除く，不詳者数（http://www.ipss.go.jp/pp-shicyoson/j/shicyoson13/t-page.asp）（2014/12/1）より作成。
『平成17年国勢調査 最終報告書「日本の人口」統計表（時系列表，都道府県一覧表）　住民基本台帳による東京都の世帯と人口』
男女別平均年齢及び年齢中位数―全国，都道府県（1920年〜2005年）　2025，2040年は国立社会保障・人口問題研究所2013年3月推計より作成。
平均年齢は5歳階級で算出。平均年齢＝（Σ各年齢階級の中央値×各年齢階級人口）÷総人口。
5歳階級の中央値は，0〜4歳は2.5，5〜9歳は7.5…とした。また，90歳以上の場合の中央値は90.5とした。

西多摩地域は，30代半ばが中心という「成長社会」から50代前半が中心という「成熟社会」へと地域社会の基盤の変容とも言うべき構造変化が全国に先駆けて起きる，あるいはすでに起きはじめていることになる。

④「消滅可能性が高い」自治体に，奥多摩町と檜原村

また，西多摩地域には過疎指定を受けている奥多摩町と檜原村がある。改正過疎法が2014年4月から施行され，北海道富良野市など22の市町村が追加指定となり「過疎」指定された市町村の総数は，神奈川県を除く，46都道府県の797の市町村（全体の46％）に増えている。

増田寛也編『地方消滅』によると，「2040年時点で人口が1万人を切る市町村は523自治体，全体の29.1％にのぼる。これら523自治体は，このままでは消滅可能性が高いといわざるをえない。」と記されていることが現実味を増している。

下記の（表7-27）は，増田寛也の編『地方消滅』[16]の末尾に掲載されている全国市区町村別の将来推計人口の一覧表より東京都を抜粋したもので，東京都内の若年女性（20～39歳）人口の減少率（2010年→2040年）を高い順に並べてある。人口の再生産を中心的に担う「20～39歳の女性人口」の変化を取り上げ，若年女性人口の減少率が5割を超える（推計），896の自治体が「消滅可能性都市」で，都内では33の自治体が該当する。

西多摩地域では第1位の奥多摩町（－78％），第2位の檜原村（－74％），第6位の日の出町（－58％）が該当し，圏外ではあるが50％近い青梅市（－48％）が第12位，福生市（－47％）第13位，そして瑞穂町（－44％）が第15位にある。また，網のかかっているのが2040年には「消滅可能性が高い」自治体で，全国では人口1万人未満（推計）の523の自治体が該当し，都内では奥多摩町，檜原村を含めた9の自治体が該当している。

第7章 道州制の導入を見据え，西多摩地域を展望する　241

表 7-27　若年女性（20〜39歳）人口と総人口の減少率

東京都若年女性(20〜39歳)人口の減少率(2010年→2040年)が高い順		2010年 若年女性人口	2010年 総人口	2040年 若年女性人口	2040年 総人口	若年女性人口変化率	総人口人口変化率
1	奥多摩町	415	6,045	91	2,306	−78%	−62%
2	檜原村	152	2,558	39	1,206	−74%	−53%
3	八丈町	632	8,231	192	4,224	−70%	−49%
4	御蔵島村	66	348	20	287	−70%	−18%
5	利島村	31	341	10	229	−66%	−33%
6	日の出町	1,738	16,650	734	11,437	−58%	−31%
7	青ヶ島村	23	201	10	119	−57%	−41%
8	神津島村	151	1,889	65	1,083	57%	−43%
9	大島町	663	8,461	297	4,983	55%	−41%
10	新島村	219	2,883	101	1,649	−54%	−43%
11	豊島区	50,136	284,678	24,666	272,688	51%	−4%
12	青梅市	15,608	139,339	8,084	99,880	−48%	−28%
13	福生市	7,677	59,796	4,101	42,594	−47%	−29%
14	足立区	90,107	683,426	49,931	520,662	−45%	−24%
15	瑞穂町	3,898	33,497	2,194	25,920	−44%	−23%
16	杉並区	85,802	549,569	48,466	468,653	−44%	−15%
17	多摩市	19,809	147,648	11,454	125,856	−42%	−15%
18	三宅村	188	2,676	111	1,625	−41%	−39%
19	武蔵野市	23,120	138,734	13,831	122,899	−40%	−11%
20	渋谷区	36,240	204,492	21,943	179,551	−40%	−12%

出所：増田寛也編著（2014/12/1）『地方消滅』中公新書2282　220・221頁より作成。※消滅可能性が高い自治体には網をかけている。

※若年女性人口及び総人口の減少率：羽村市（−29.9%：−13.2%），あきる野市（-31.3%：114.7%）

※国立社会保障・人口問題研究所『日本の地域別将来推計人口』（2013年3月推計）（http://www.ipss.go.jp/pp-shicyoson/j/shicyoson13/t-page.asp）（2014/12/1）より作成。

表7-28 2040年将来人口動向 第1～3段階
※各カテゴリーごとに総計を求め，2010年を100とし，2040年の人口を指数化した。

2040年将来人口動向第1～3段階	西多摩地域	23区	中核市・特例市	人口5万人以下の市町村	過疎市町村	将来人口動向：「3つの減少段階」
	第1→2段階	第1段階	第1段階	第2段階	第3段階	※第1段階：老年人口増加，年少・生産人口減少
(0～14歳)	57	72	64	56	47	
(15～64歳)	64	80	72	61	51	※第2段階：老年人口維持・微減，年少・生産人口減少
(65歳以上)	129	153	136	102	82	
総人口	78	94	85	72	78	※第3段階：老年人口減少，年少・生産人口減少

2040年将来人口動向第1～3段階	青梅市	福生市	羽村市	あきる野市	瑞穂町	日の出町	奥多摩町	檜原村
	第1段階	第1段階	第1段階	第1段階	第1段階	第2→1段階	第1→2段階	第3段階
(0～14歳)	70	71	75	78	68	66	71	32
(15～64歳)	79	81	83	86	83	87	81	35
(65歳以上)	174	179	177	150	174	140	129	65
総人口	75	76	87	85	79	71	41	48

出所：増田寛也編著（2014）『地方消滅』中公新書2282 16頁より作成。
※国立社会保障・人口問題研究所『日本の地域別将来推計人口』（2013年3月推計）（http://www.ipss.go.jp/pp-shicyoson/j/shicyoson13/t-page.asp）（2014/12/1）より作成。
※西多摩地域の3段階の区分けは筆者の判断。

また，地域別に見ると，様相は大きく異なるとして「3つの減少段階」に分けている（表7-28）。

福生市，羽村市，青梅市，瑞穂町，そしてあきる野市は①第1段階にあると見てとれる。次の日の出町は，第2段階から第1段階に移行しつつあるように読みとれる。そして，第2段階にあるのが奥多摩町で，檜原村は明らかに第3段階に突入していることが見てとれる（図7-7）。

仮に「西多摩をひとつに」すると，現在の西多摩地域は第1段階の「中核市・特例市」とほぼ同水準にあると判断されるが，10年後の2020年になると，第2段階に突入しており，西多摩地域は「人口5万人以下の市町村」の水準となる。このことは，西多摩地域にとって「人口減少」は現実の問題で，深刻な事態にあることを意味している。

因みに，2010年現在，全国に1,719の市町村（政令指定都市20，中核市42，特例市40，その他の市685，町村932）がある（表7-29）。そして，西多摩地域と広域的な中核市（人口：30〜50万以下，面積：500 km^{2}以上）とを比較してみたのが（表7-30）である。その内，787団体ある市の行政面積の平均は274.3km^{2}で，500km^{2}以上の市では岐阜県高山市（2,177.7km^2）が最も広く，大分県大分市（501.28km^2）までの140団体ある。その140団体のうち，西多摩地域と行政面積及び人口規模がほぼ同じ水準にあるのが秋田市，長野市，大分市など中核市（42）に属する（10）団体である。

西多摩地域は東京都の西部に位置し，青梅市，福生市，羽村市はそれぞれ青梅線沿線の主要都市として都市機能が集積し，また，あきる野市は五日市線沿線の主要都市として都市機能が集積し，「都市型社会」を形成している。

244　第Ⅱ部　東京・多摩における地方自治および財政と道州制

東京23区　第1段階

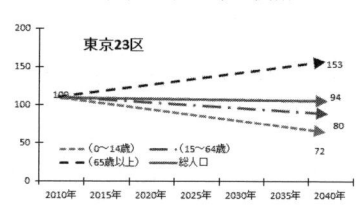

中核市　第1段階

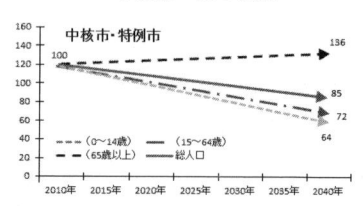

人口5万人以下の市町村　第2段階

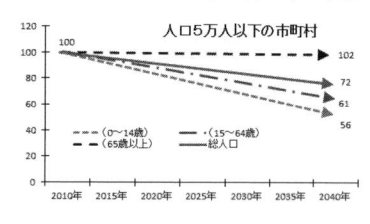

過疎市町村　第3段階

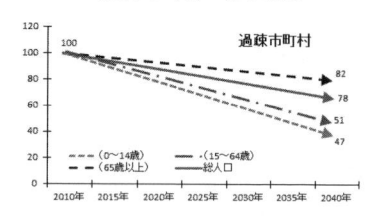

西多摩地域　第1→2段階

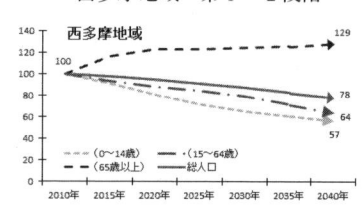

青梅市　第1段階

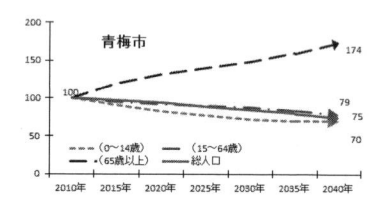

福生市　第1段階

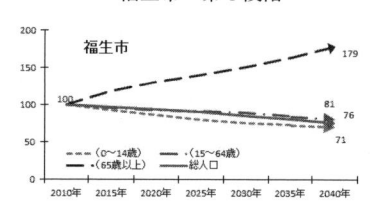

羽村市　第1段階

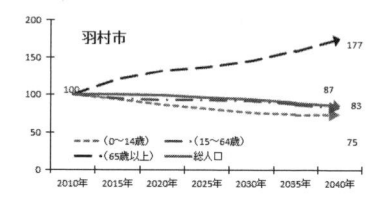

第 7 章　道州制の導入を見据え，西多摩地域を展望する　245

あきる野市　第 1 段階

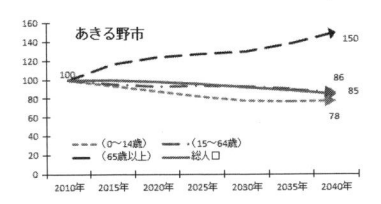

瑞穂町　第 1 段階

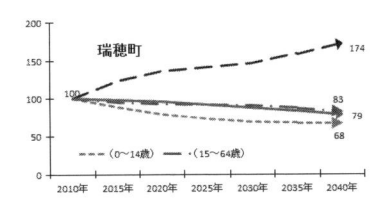

日の出町　第 2 → 1 段階

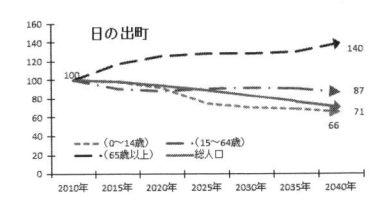

奥多摩町　第 2 段階

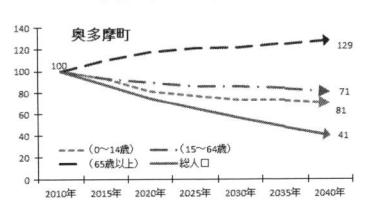

檜原村　第 3 段階

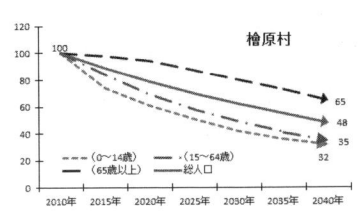

図 7-7　西多摩地域の市町村別将来人口動向

出所：増田寛也編（2014）『地方消滅』中公新書，16・18 頁より作成。
※国立社会保障・人口問題研究所『日本の地域別将来推計人口』（2013 年 3 月推計）（http://www.ipss.go.jp/pp-shicyoson/j/shicyoson13/t-page.asp）（2014/12/1）より作成。
※各カテゴリーごとに総計を求め，2010 年を 100 とし，2040 年の人口を指数化した。

表 7-29 行政種類別の行政規模に関するデータ

団体数	区分	2010年 人口数 (人)	(%)	(平均)	2010年 行政面積 (km²)	(%)	(平均)	2010年 歳出決算総額 (百億円)	(平均)
23	23区	8,945,695	7.0	388,943	617	0.2	27	−	−
787	市計	107,430,947	83.8	136,507	215,878	57.9	274	4243.98	5.39
20	政令指定都市	27,152,386	21.2	1,357,619	11,993	3.2	600	1208.03	60.40
42	中核市	16,919,495	13.2	402,845	18,852	5.1	449	614.25	14.63
40	特例市	10,541,486	8.2	263,537	9,451	2.5	236	352.93	8.82
685	一般市	52,817,580	41.2	77,106	175,583	47.1	256	2068.77	3.02
932	町村計	11,680,710	9.2	12,533	156,307	41.9	168	609.16	0.65
748	町	10,839,636	8.5	14,491	133,291	35.7	178	542.74	0.73
184	村	841,074	0.7	4,571	23,016	6.2	125	66.42	0.36
1719	市町村計	119,111,657	93	69,291	372,185	99.8	217	4853.14	2.82
1,742	全国計	128,057,352	100	73,512	372,802	100	214	−	−

団体数	区分	2010年 財政力指数 単純平均	2011年 一般行政部門職員数 (人)	(%)	(平均)	2011年 課税対象所得額 (百億円)	(%)	(平均)
23	23区	−	52,078	7.7	2,264	1,882.03	10.7	81.83
787	市計	0.67	531,267	78.8	675	14,409.95	82.1	18.31
20	政令指定都市	0.86	125,216	18.6	6,261	4,024.49	22.9	201.22
42	中核市	0.80	74,199	11.0	1,767	2,251.47	12.8	53.61
40	特例市	0.87	46,548	6.9	1,164	1,470.67	8.4	36.77
685	一般市	0.64	285,304	42.3	417	6,663.31	38	9.73
932	町村計	0.41	90,971	13.5	98	1,253.61	7.2	1.35
748	町	0.43	81,519	12.1	109	1,170.22	6.7	1.56
184	村	0.32	9,452	1.4	51	83.39	0.5	0.45
1719	市町村計	0.53	622,238	92.3	362	15,663.56	89.3	9.11
1,742	全国計	−	674,316	100	387	17,545.59	100	10.07

出所：政府統計の総合窓口『地域別データベース』(http://www.e-stat.go.jp/SG1/estat/eStatTopPortal.do) (2014/8/2) より作成。総務省『地方自治制度』、『統計データ』(http://www.soumu.go.jp/main_sosiki/jichi_gyousei/bunken/) (2014/8/2) より作成。

※参考
- 全国の市町村数：1999年 (3,232団体：市670、町1,994、村568)、2010年 (1,719団体：市787、町748、村184)。全国の市町村平均面積：1999年 (115km²)、2010年 (217km²)。
- 全国の500km²以上の市：140団体。その140団体のうち、西多摩地域と行政面積及び人口規模がほぼ同じ水準にあるのが秋田市、長野市、大分市など中核市 (42) に属する (10) 団体。
- 全国の市町村人口総数・平均人口数：1999年 (117,602,632人・36,387人)、2010年 (119,111,657人・69,291人)。
- 全国の市町村平均財政力指数 (単純平均)：1998年度 (0.42)、2010年度 (0.53)。
- 全国の市町村一般職員数：2001年 (730,657人)、2010年 (627,883人)。
- 全国の市町村課税対象所得：2001年 (16,971.06百億円)、2010年 (15,663.56百億円)。

それらに隣接して八高線の箱根ヶ崎駅や工業団地を有し都市化しつつある瑞穂町，工業団地を有する日の出町，山林が大半を占め「農村型社会」を形成する奥多摩町と檜原村の4市3町1村で構成され，総人口は397,730人（2010年），総面積は約572.7km^2（山間森林部が3分の2）で東京都総面積の約26％を占め，23区に匹敵する区域を有する。

　財政状況を見てみると，2010年度の市町村の財政力指数（0.53）を下回る奥多摩町（0.41）と檜原村（0.21）を抱えながらも，地方交付税の不交付団体の瑞穂町（1.11）と羽村市（1.05）を有することから，2010年の西多摩地域の財政力指数は0.86（3ヶ年平均）と広域的中核市である福山市と同水準にある。歳出決算総額も大分市（1,597億円），富山市（1,627億円），豊田市（1,617億円）と，ほぼ同水準（1,600億円）にあることが確認される。

(2)　生活都市面の活性化──展望

　時節，日本の再生に向けて道州制導入の必要性が高まってきている。今後，政府内に道州制に向けて国民会議が設置され，道州制をめぐる国民的論議が本格化するものと考えられる。明治以降，長らく続いてきた中央支配体制から地域主権型の国へと移行する，いわゆる中央集権体制と官僚依存から抜け出し，広域圏を内政の拠点に多色の地域をつくり出そうという政治の大改革の流れである。

　道州制が導入された場合，東京の西多摩はどうなるのか，道州制と西多摩地域との関わりについて，認識を深めておく必要がある。

　これまでの多摩の時代背景を振り返った時，1893年に西多摩，南多摩，北多摩の3郡が神奈川県から東京都へ移管された。移管後の多摩地域は交通網及び教育機関等の移管，織物産業の隆盛などのもとに，少しずつ都市化が進行していった。

　また，第2次世界大戦後の多摩地域は戦後の高度成長期に鉄道沿線を中心に爆発的な人口増加と急激な都市化が進み1955年の100万人から1975年の300万人と20年間で3倍の人口になった。

表 7-30　2010 年　西多摩地域と広域都市の比較（人口:30～50万以下，面積:500 km² 以上）

2010年 全国の市（人口：30万～50万以下 面積：500km² 以上）	人口総数（人）	総面積（km²）	歳出決算総額（億円）	財政力指数	一般行政部門職員数（人）
1 大分県　大分市	474,094	501	1,597.4	0.91	2,097
2 広島県　福山市	461,357	518	1,742.1	0.86	2,406
3 富山県　富山市	421,953	1,242	1,627.3	0.79	2,267
4 愛知県　豊田市	421,487	918	1,616.7	1.58	2,152
5 宮崎県　宮崎市	400,583	645	1,528.3	0.63	1,608
6 長野県　長野市	381,511	835	1,454.7	0.70	1,817
7 北海道　旭川市	347,095	748	1,518.2	0.50	1,447
8 福島県　いわき市	342,249	1,231	1,223.3	0.68	1,695
9 福島県　郡山市	338,712	757	1,055.8	0.77	1,462
10 秋田県　秋田市	323,600	906	1,260.2	0.65	1,559
東京都　西多摩地域	397,730	573	1,600.2	0.86	1,749
青梅市	141,262	103	560.7	0.93	487
福生市	60,152	10	215.5	0.77	262
羽村市	56,949	10	202.2	1.05	282
あきる野市	80,727	73	288.7	0.76	331
瑞穂町	33,457	17	149.9	1.11	159
日の出町	16,368	28	89.6	0.80	121
奥多摩町	6,148	226	59.8	0.41	73
檜原村	2,667	105	33.9	0.21	34

出所：政府統計の総合窓口『地域別データベース』(http://www.e-stat.go.jp/SG1/estat/eStatTopPortal.do)（2014/8/2）より作成。総務省『地方自治制度』，『統計データ』(http://www.soumu.go.jp/)（2014/8/2）より作成。
政府統計の窓口より作成。(2013年11月) 全国の500㎢以上の市：140団体。その140団体のうち，西多摩地域と行政面積及び人口規模がほぼ同じ水準にあるのが大分市，長野市，秋田市など中核市（42）に属する（10）団体。
※中核市以上の行政規模。

　このような人口増の状況から，多摩ニュータウンなど大規模な団地の開発が進められたこともあり，京浜工業地帯などからの工場の移転等も活発になり労働者の職住接近も計られ，さらに発展をしていった。
　しかし，一方では急激な都市化の発展に対して行政サービスが追いつかず，23区との格差が生じ（三多摩格差），東京都と多摩地域の自治体は格差解消を計ってきたが，現在までもこの問題は続いている部分がある。

第7章 道州制の導入を見据え，西多摩地域を展望する　249

　東京都は2001年より「多摩の将来像」，2003年には「多摩アクションプログラム」，「多摩リーディングプロジェクト」，「多摩振興プロジェクト」など順次策定推進してきた。
　現在の多摩地域の人口は東京都の約1/3の400万人を超える人たちが生活し，多くの大学や研究機関，高度な研究基盤を有する中小企業などが首都東京を支え活力となってきたが，多摩地域における少子高齢化のスピードは既に表面化してきている中で確固たる自治体の連携による政策はなされていないと考える。
　西多摩地域において，女性の社会進出を促すためのワーク・ライフ・バランスを考慮した生活設計については，ひとりの人間が自分らしく活き活きとした希望を持った大人になる仕組みを男女問わず平等な価値観を持たせるべき教育が必要と考えられる。
　そこで，2の(2)の男女共同参画に関する西多摩地域の現状分析から浮き彫りとなった問題と課題を取り上げ，それぞれ，未来への展望を考えてみた。

①女性の社会進出を促すワーク・ライフ・バランスを考慮した若い世代の
　生活設計
　現在の日本の家庭教育および学校教育制度の在り方を根本的に見直し，全てのこどもは国の宝であり，人材を育てひとりの人間が自分らしく活き活きとした希望を持った大人になる仕組みには男女を問わず平等な価値観を持たせるべき教育が必要と考えられる。
　基本的に女性が結婚，家庭，子育てに係る期間の就労形態は拘束時間の勤務ではなく，在宅就労形態を含んだ成果報酬として仕事を多様化した評価により社会参加を継続でき，かつその後の能力発揮によりあらゆる分野において活躍できる場が増加していくと考えられる。
　特に西多摩地域は首都東京を支えるすべての女性の活躍の場が整えられる環境にある。しかし，国や自治体による行政が整えた制度で誘引するのでは

なく，女性自らが社会参加を望む場を女性の考えや力に耳を貸し，共に創りあげていくことが必要である。

　例えば，女性が働きやすい職場環境，地域環境，家族環境を考えたとき，西多摩地域が道州制を見据えた中核都市として出発できた際には，各居住地域にあらゆる男女及び世代を問わず地域に密着した労働者が望むすべての育児サービス対応システム，介護支援サービスのシステムが整えば，スウェーデンの福祉政策の「ゆりかごから墓場まで」と同様な施策を実践できる制度を住民すべてが責任を以って制度を担い，他人を思いやる人間性，共に働く協調性，共に生きる協働の中で次世の西多摩，ひいては日本全体が世界に向けて経済力を持ったクールな日本を示すことができると考えられる。

②年代を問わない男女共同参画社会の在り方

　日本の高度成長を支えた団塊世代の定年後の社会への参加の活用を計り，持っている多くの能力を社会へ還元していただく場を整え，子どもたちへの持つ夢の実現や文化の伝承，奉仕の在り方を伝え，協働社会の大切さ，共に支えあう絆の大切さなど，発揮できる活躍の場を整えていくことが必要である。また，生涯現役の考えで個人の力を社会へ還元し次世代を支える役割を果たすシステムを構築することが求められる。

③福祉政策の在り方

　西多摩地域には多くの介護施設および老人医療施設が設置されているが，道州制を見据えた今後の多くの公共施設や空き家の有効活用を考えるとき，特に交通手段としてのインフラ整備の在り方を再構築し，病院，施設，通所，在宅をスムーズにサービスできるシステムと，施設に閉じ込めるのではなく在宅介護の在り方を大々的にした施策を計り，高齢者都市宣言の地域として，男女共同参画の人材を活かし，また西多摩の自然環境，子育て，高齢者の介護に向けた地域全体を開放的介護都市と位置付けたまちづくりができると考える。

また，この地域に率先して福祉教育機関を整備し若い世代の移住を進め，教育の場・雇用の場という環境を整備し人口構造を整えるための人口増を計ることが肝要と考える。

④首都圏民の故郷構想（グリーンツーリズム）

首都東京の面積の約26%を占める西多摩地域には自然環境を備えまた交通の利便性を併せ持つ整った環境は既にあり，開発に多くのお金を掛けることなく整備でき，首都圏民のふるさと創生や海外からの観光客を誘致出来る環境にある。

自然環境の維持や農業・林業のシステムをグリーンツーリズムシステムで労働滞在型リゾート圏を週末滞在型リゾート施設として今後統廃合される公共施設や空き家の利用など現在の地域財産を有効に活用し，元気で活き活きとしたふるさと創りができると考えられる。自然，水源を活用した首都圏民のオアシスを提供し，市民が健康で安心して生活できる社会の実現が可能となる要素は西多摩地域には既に用意されている。

⑤課題

現在，日本が抱える大きな課題である少子高齢化社会の改善をいかに計り，グローバル化を目指す指針が国からの発信ではなく，中核都市各々が自立した都市となり，自ら発展させる方法を考え，経済基盤づくりや福祉政策をどう整えていくか。

そして，元気な高齢者の経験能力活用と女性が社会参加しやすい社会をいかに早く整えることができるかが課題とするならば，西多摩地域に道州制が導入された場合は実現の可能性が大きいと考えられる。

(3) 経済都市面の活性化——展望

①圏央道の開通

次に，この節では，人や物の流れを変えることのできる都市の動脈といえ

る，2014年9月28日に開通した圏央道について述べる。(図7-8)にあるように，圏央道の正式名称は首都圏中央連絡自動車道と云い，首都圏三環状道路網の外周にあたる道路である。内側に中央環状線，その外側に東京外郭環状道路が位置づけられている。

横溝（2014，3頁）によると，首都圏三環状道路網の整備の日本国での位置付けは日本の経済を活性化させ，国際競争力を強化するとともに震災時や緊急物資輸送を支え，日本の中枢機能を守るためにも，三環状道路をはじめとする道路ネットワークの整備が必要であると述べている[17]。西日本から東日本及び都心へ向かう交通の複数ルートが確保され，首都の中枢機能を堅持し日本の交通の東西分断を回避，通過交通の都心流入抑制等により，慢性的な交通渋滞が解消，環境への負荷が低減するとしている。現在，三環状道路の整備率は2013年7月時点で59％となっており，2015年までに90％の整備を目標としている。その西多摩地域への影響であるが交通の流れが大きく変わることにより，経済のパイが西多摩地域に動いて来る可能性がある。

西多摩地域と首都圏の各都市，京浜三港及び空港などの国際旅客・物流拠点が結ばれるので，広域での人の流れと物流が円滑化する。また高速バスによるアクセスの複数経路の選択が可能になる。特に首都圏周辺の交通や羽田空港・成田空港へのアクセスが向上する。このアクセス改善の効果は当然，西多摩地域にも波及する。

交通と物流の変化にあたり，西多摩地域が経済効果を高めるためには何らかの政策が必要である。例えば，東京都（2008，別紙1頁）によると，東京都西南部は近県と比較しても流通業務施設が少なく，他県や東京都区部に依存している状況にあり，都民の暮らしの向上，環境改善や産業活動の競争力強化の観点から流通業務施設の整備が必要であるという[18]。具体的な流通業務施設の整備に関しては西多摩地域の青梅市に設置する計画が浮上している。

周辺地域では，圏央道の相模原愛川IC～高尾山IC間（延長14.8km）の開通によって既に動きがある。NEXCO中日本のホームページ発表の圏央道

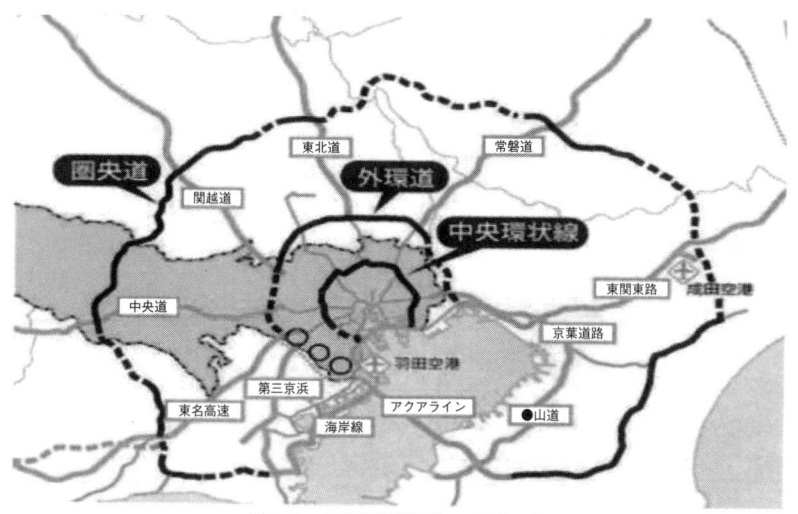

第 7 章　道州制の導入を見据え，西多摩地域を展望する　253

図 7-8　三環状道路ネットワーク
出所：東京都『新たな多摩のビジョン行動戦略』(2013)
　　　(http://www.metro.tokyo.jp/INET/KEIKAKU/2014/03/7o3v400.htm)(2014/11/10) 84 頁。

表 7-31　圏央道の月別交通量

圏央道の 2014 年の月別の区間交通量（出入と区間）

IC 名	2014 年 4 月	2014 年 5 月	2014 年 6 月	2014 年 7 月	4〜6 月平均と 7 月の交通量比較
青梅	11,645	11,697	11,424	12,971	111.9%
日の出	5,055	5,093	4,705	5,771	116.6%
あきる野市	8,490	9,002	7,968	8,614	101.5%
計	25,190	25,792	24,097	27,356	109.3%

圏央道の相模原愛川 IC〜高尾山 IC 間が 2014 年 6 月 28 日に開通

圏央道の 2014 年の月別の区間交通量

IC 区間	4 月	5 月	6 月	7 月	4〜6 月平均と 7 月の交通量比較
入間〜青梅	35,789	37,507	34,086	46,355	129.5%
青梅〜日の出	33,386	34,635	31,577	45,095	135.8%
日の出〜あきる野	32,254	33,329	30,704	44,732	139.4%
あきる野〜八王子西	26,308	26,811	25,368	40,912	156.4%

出所：NEXCO 中日本『圏央道の交通量（平成 26 年 7 月末時点）』(http://www.c-nexco.co.jp/corporate/project/hachioji/traffic.html)(2014/9/30) より作成。

の交通量は，（表7-31）のとおりである。

開通前と開通後では，西多摩地域におけるIC（インターチェンジ）の月別の出入交通量は9.3％上昇している。また，月別の区間交通量は29.5％から56.4％もの上昇がみられている。圏央道の開通によって交通の流れが大きく変わっていることが窺える。この変化に対しては，既に相模原や厚木においては大規模物流施設が立地されており，地域の活性化や産業の創出・育成・誘致の取り組みがなされている。一方で，未だ物流施設の計画のみである西多摩地域はやや出遅れている感がある。

②横田基地の軍民共用化

次に，交通ネットワークの拠点となる空港，いわゆる，米軍横田基地の軍民共用化について述べる。東京都（2013，3頁）によると，首都圏の空港容量は羽田空港の拡張や成田空港の滑走路の延長などにより段階的な拡大が行われているが，近い将来には飽和状態になると予測されている[19]。小熊（2011，296頁）によれば，日本国内の空港需要のおよそ6割を占める大都市圏拠点空港が慢性的な容量不足を引き起こしている。

今後，空港の整備にあたっては大都市圏拠点空港の整備を進め，計画の段階から長期的な計画を立て，最適なタイミングのもとで整備にあたる必要がある[20]という。また，寺井・三橋（2008，151頁）によると，首都圏における空港は羽田空港では拡張工事が進んでいるが，航空容量の制約のため利用者の利便性を満たしていない[21]という。

そこで，横田基地の滑走路を軍民共用化して首都圏第三空港として位置づけ，既存空港施設として有効活用することは日本の国にとって非常に大きな意義があると主張している。立地の問題や空港整備の資金に関しても横田基地であるならば問題ないであろう。

大根田（2005，81頁）によると，多くの空港整備は事業費を抑えるため，市街地から離れた山間部や海上が建設候補地として選ばれることが多い[22]というが，横田基地の場合，既に空港は用意されており，アクセス面の心配

表 7-32　2012 年の輸出額

2012 年の輸出額	（単位：百万円）
全国空港総額	13,239,687
成田空港	7,839,671
羽田空港	172,968
関西空港	3,913,691
中部空港	676,278
福岡空港	531,137
東京湾	4,687,725

出所：東京税関調査部調査統計課（2013）
『平成 24 年分 羽田空港貿易概況（確定）』
（http://www.customs.go.jp/tokyo/content/haneda24kaku.）（2014/11/20）1 頁。

もない。横田基地の軍民共用化による海外とのアクセスの向上は，西多摩地域にとってグローバル化による経済活動の拡大と外国人観光客の増加という経済のパイを獲得する大きな機会である。

　西多摩地域が，横田基地の軍民共用化の流れにどう対応するかが重要な課題である。それでは，横田基地の軍民共用化による経済のパイの移動はどれだけあるのだろうか。首都圏の空港ということで，成田空港と羽田空港からシェアを獲得するとした場合を考えてみる。井尻（2006, 1 頁）によると，日本の国際貿易と航空貨物輸送の現状は，2005 年において日本の国際貿易額の 30% が航空輸送にある[23]という。

　そこで，成田国際空港と羽田空港の国際貿易額を見てみる。（表 7-32）は 2012 年の空港の輸出額である。2012 年の輸出額は成田空港が 7 兆 8,396 億 7,100 万円。羽田空港が 1,729 億 6,800 万円である。

　また，東京都（2013, 7 頁）によると，空港アクセスに資する道路等の基盤整備や周辺のまちづくりなどが促進され，地域振興に大きな効果をもたらすことが期待される[24]という。この経済波及効果については財団法人統計研究会によると，横田飛行場の国内航空旅客需要は約 560 万人であり，経済効果は約 1,610 億円，雇用効果は約 8,850 人に達するという。

③考察

　圏央道の開通と横田基地の軍民共用化が，西多摩地域に与える影響について考察する。西多摩地域の工業に関しては事業所数，従業者数，常用労働者数，個人事業主及び無給家族従業者，製造品出荷額等の全ての項目において減少傾向である。その中で，2014年6月に圏央道が開通したことにより交通量は劇的に変わり，物流の流れも変化を遂げている。この状況に関して，開通区間では相模原や厚木においては大物流施設が既に設置されている一方，西多摩地域では青梅ICへの物流施設の計画止まりの状況である。経済のパイを獲得する機会に関しては相当に出遅れていると判断してよい。

　圏央道の開通は，輸送という面においては大きく時間短縮され輸送コストの低下が期待されるが，それはすなわち近隣の自治体との競争，圏央道沿いまたは圏央道と連結する高速道路沿いの自治体との新たな競争が始まることを示している。今後，西多摩地域が他の地域との比較において優位になる可能性は，横田基地の軍民共用化が実現した場合である。実現した場合，輸入・輸出・物流において，西多摩地域が首都圏での輸出入の拠点の一つになる。

　西多摩地域からアジア圏等への販路拡大により輸出の増加，製造業が活性化する。空港への中継地点としての物流施設の設置は，他の地域に対して大きな優位点となるだろう。長期的な計画に基づいた工業の輸出増加を想定した対策が求められる。

　次に，西多摩地域の商業に関しては事業所数，従業者数，年間販売額は，いずれも減少傾向である。小規模小売店が減少し，一方で大店舗・中規模店舗の数が伸びている。

　しかし，雇用の増加と年間販売額の増加には繋がっていない。その中で，圏央道の開通により，まずは，商業全般に関しての輸送コストの削減が期待される。また，今まで西多摩地域が観光の対象とならなかった層が西多摩地域を訪れて経済の活性化を促す可能性もある。

　一方，横田基地の軍民共用化により，ビジネスと観光の需要は確実に増加する。西多摩地域を拠点に，アジア各国とのビジネスを広げる機会が広がる

と同時に,外国人観光客が西多摩地域を訪れる機会も拡大する。西多摩地域からアジア圏に積極的に売り出せる地域特産物を整理し,外国人観光客の増加に向けた域内の整備も必要となるだろう。

西多摩地域へのビジネスと観光客の増加により,卸売業・小売業と宿泊業・飲食サービス業と観光業が活性化する。一つの政策としては,西多摩地域の各自治体が,戦略的に世界各国の自治体,とくにアジア圏の都市と姉妹都市の関係を築いていくことが重要になる。

文化的交流を深めることによって,観光客の誘致に努め,また西多摩地域の特産品や工業製品を売り出すルートを確保する。その他の経済効果としては,空港周辺の開発促進によって不動産価格が上昇,土地の価値が高まり,西多摩地域への企業立地や建設が進むことが考えられる。

また,工業と商業の活性化の結果として安定した雇用と自治体の税収増加により,適切な再分配,社会保障の充実が図られる。西多摩地域の「持続可能な経済体制」の回復が期待される。

(4) 結 論

以上のようなことから,西多摩地域をひとつの基礎自治体,「西多摩をひとつに」すると,行政規模が人口30万～50万人未満の広域な都市(面積:500km^{2}以上)である中核市(10団体)とほぼ同水準となる。換言すれば,「西多摩をひとつに」することにより地方自治法の「都市制度」,広域的な「中核都市」に変貌することが可能となる。

西多摩地域の特徴としては,広域合併都市に見られるように都市的区域・郊外・農山村を内包し第2次産業を核として発展してきている。また,西多摩地域は「都市型社会」と「農村型社会」が混在した地域でもある。中でも,青梅線,五日市線に点在する「住工混在地域」は駅へのアクセシビリティが高く,「職住近接」の環境は働く人たち,とくに子育てや介護などと両立させながら働く人たちにとってはワーク・ライフ・バランス(仕事と生活の調和)のとりやすい,「強み」を持った地域といえる。地理的な近接性に加え

古くから歴史・文化・経済・生活など多くの面で共通性と結びつきをもち，そこに住む人たちにとっては「ひとつの生活圏・経済圏」であることから，「西多摩をひとつに」するといった新たな行政圏域の形成が望まれるところである。

道州制の導入を見据えた場合，西多摩地域は将来の「成熟社会」に適合した「まちなか居住」の「都市型社会」と，若い世代が集落に定住できる新たな 6 次産業[25]を創出した「農村型社会」とを共有する「自立した基礎自治体」とならなければならないと考える。

そこへ到達できれば，増田寛也編著『地方消滅』の中でいう地方中核都市のあるべき姿と合致することになる。抜粋すると，「地方中核都市に再生産能力があれば，人材と仕事が集まってくる。東京圏に比べて住環境や子育て環境が恵まれているから，若者世代の定住が進み，出生率も上がっていくだろう。それだけでなく，規模の集積が進めば，その広域ブロック全体のビジネスを支え，かつ外貨を稼げるだけの頭脳，マネジメント機能も地方中核都市に期待できる。地方中核都市が稼げる場所となれば，周辺の都市にも同様の生活・雇用環境が整い，若者世代が定住できるようになるはずだ。」[26]ということである。

いずれにしても，今日までの長い間広域的な取り組みを積み重ねてきていることは事実である。西多摩地域内の一体感は醸成されつつあると考えるが，市民の間ではどの程度そうした問題意識があるのかである。佐々木教授が指摘するように，道州制への移行がなかなか国民的議論にならないのと同様に，「西多摩をひとつに」が「当該圏域の住民の共通議論にならないのはベースが同じ。」ということである。公共施設の老朽化の問題や消滅可能性圏域の危機管理的な視点から，次の段階であるその社会化へ向けてステップアップすることで「西多摩をひとつに」するという市町村合併へと，進めていかなければならない。危機的な指標が突き付けられ夕張的な状況に追い込まれてからでは遅いことは誰もが知るところである。

第 7 章 道州制の導入を見据え，西多摩地域を展望する　259

1) 佐々木信夫『日本行政学』学陽書房，(2013) 285-286 頁。
2) 国土庁資料によると，全国総合開発計画は日本国土の利用，開発及び保全に関する計画。
地域間の均衡ある発展を目指して 1962 年に策定されたのが第 1 次の全国総合開発計画で，その中で首都圏整備法，第 4 次首都圏基本計画などが制定・策定されている。
3) 東京都「大都市の範囲のイメージ」『東京自治制度懇談会　議論のまとめ』(2006) 13 頁。
4) 石居人也が次のように述べている。「東京都ができて多摩が制度上，東京と一体になると，地域の様子や生活のあり方の違いが目立つようになった。特に 1960 年代，主に道路や下水道といったインフラを巡る「三多摩格差」が大きな話題になった。戦前にも格差は指摘されていたが，当時は農村地域である多摩と，都市である東京との格差として論じられていた。戦後，多摩のベッドタウン化が進み，東京と多摩が一つの都市として論じられるようになったことが格差が問題化した背景にあった。」と述べていることからも明らかなことである。
(2014 年 9 月 20 日　一橋大学社会学部と読売新聞立川支局の共催による連続市民講座「再生と変容――移りゆく社会をとらえる――」，第 5 回「『東京』と向きあう地域社会の近代――多摩から考える――」，一橋大学国立西キャンパス兼松講堂)
5) 国立社会保障・人口問題研究所 (2013)『人口統計資料集』2013 年 3 月 27 日の公表資料概要 (http://www.ipss.go.jp/pp-shicyoson/j/shicyoson13/t-page.asp) (2014/8/2) 6 頁。
6) 政府税制調査会の基礎問題小委員会 (2004)『我が国経済社会の構造変化の「実像」について』(http://www.cao.go.jp/zeicho/tosin/pdf/160622.pdf) (2014/8/2) 7 頁。
7) 多摩中央信用金庫業務部地域経済研究所 (1999)「多摩の経済量について」(『多摩けいざい』10 号) 30-35 頁。
8) (株)三菱総合研究所 (2014)「全国的に見た地域のポテンシャルと持続可能性 (地域力スコアによる分析)」『東京圏の広域行政のあり方への一考察』2 頁。
9) (株)三菱総合研究所 (2014)「アンケート調査 (MIF 全国 3 万人モニターアンケート結果)」『東京圏の広域行政のあり方への一考察』4-5 頁。
10) 東京都 (2013) とは，「結果女性の活躍促進への取組等企業における男女雇用管理に関する調査 (第 2 章事業調査)」『平成 25 年度東京都男女雇用平等参画状況調査結果報告書』(http://www.sangyo-rodo.metro.tokyo.jp/monthly/koyou/sankaku_25/index.html) (2015.3.24) 15 頁。
11) 東京都福祉保健局 (2013)「平成 24 年度東京の子供と家庭報告書第 3 部子育てに関する実態と意識」『東京都福祉保健基礎調査』(http://www.fukushihoken.metro.tokyo.jp/kiban/chosa_tokei/zenbun/24houkokusyozenbun.files/3bu1kara3made.pdf) (2014/8/29) 131-149 頁。
12) 羽村市 (2004)『羽村市内の事業所に働く女性の意識と実態調査』調査報告書」調査結果の分析 (http://www.city.hamura.tokyo.jp/cmsfiles/contents/0000000/89/chousa1.pdf) (2015/2/21) 27-58 頁。
13) 福生市 (2006)『福生市男女共同参画に関する意識調査・実態調査報告』調査結果

の分析（https://www.city.fussa.tokyo.jp/life/environment/gender/m1cpmb0000002xi5.html）（2015/2/21）8-57頁。

14) 東京都（2014, 62 頁）は, 東京都（2014）『新たな多摩のビジョン行動戦略』62 頁。
15) 磯田則彦（2003, 1 頁）は,「日本における人口減少と出生・死亡の動向」（『福岡大学人文論叢』第 38 巻第 3 号-763-）（http://www.adm.fukuoka-u.ac.jp/fu844/home2/ronso/jinbun/l38-3/l38303_0763.）（2014/8/2）1 頁。
16) 増田寛也編『地方消滅』中央公論新社,（2014）30-31, 220-221 頁。
17) 横溝良一（2014, 3 頁）は,「東京の道路整備」（『第 25 回東京都道路整備事業推進大会』東京都建設局 2014 年 10 月 3 日）, 3 頁。
18) 東京都（2008 別紙）は, 東京都市整備局（2008）『東京都西南部の流通業務施設に関する整備方針について』, 別紙 1 頁（http://www.toshiseibi.metro.tokyo.jp/kiban/seinan/）（2014/9/30）。
19) 東京都（2013, 3 頁）は, 東京都市整備局（2013）『横田基地の軍民共用化に向けて』（http://www.toshiseibi.metro.tokyo.jp/base_measures/13may_japanese.pdf）（2013/5）3 頁。
20) 小熊仁編（2011, 296 頁）は,「第 13 章空港の選択的投資・整備と運営方策, 制度改革の課題」『人口減少下の制度改革と地域政策』（中央大学経済研究所研究叢書 5）中央大学出版部, 296 頁。
21) 寺井・三橋（2008, 151 頁）は, 5093 寺井　好・5123 三橋正典「横田基地軍民共用化に伴う空港ターミナルのデザイン」『平成 20 年度日本大学理工学部社会交通工学科　卒業論文概要集』（http://www.trpt.cst.nihon-u.ac.jp/design/cts/h-9.pdf）（2014/11/20）, 151 頁。
22) 大根田（2005, 81 頁）は, 大根田秀明（2005）「我が国の空港整備とその経済効果」『平成 17 年度国土技術政策総合研究所講演会講演集』国土技術政策総合研究所国総研資料第 267号（http://www.nilim.go.jp/lab/bcg/siryou/tnn/tnn0267pdf/ks0267014.pdf）（2014/11/20）, 81頁。
23) 井尻（2006, 1 頁）は, 井尻直彦（2006）「羽田空港の経済効果を高める戦略的な空港経営」『羽田空港の再拡張・国際化についての有識者論文集』県・横浜・川崎空港対策研究協議会,（http://www.pref.kanagawa.jp/cnt/f12233/p416195.html）（2014/11/20）1 頁。
24) 東京都（2013, 7 頁）は, 東京都市整備局（2013）『横田基地の軍民共用化に向けて』（http://www.toshiseibi.metro.tokyo.jp/base_measures/13may_japanese.pdf）（2014/11/20）7 頁。
25) 6次産業とは, 経営の多角化をめざした農業や水産業などの第1次産業が食品加工・流通販売にも業務展開している経営形態のことで, 農林水産省では地域の第 1 次産業とこれに関連する第 2 次, 第 3 次産業（加工・販売等）に係る事業の融合等により地域ビジネスの展開と新たな業態の創出を行う取組（6次産業化）を推進している。総務省『農山漁村の6次産業化』（http://www.maff.go.jp/j/shokusan/sanki/6jika.html）（2014/12/1）より。
26) 増田寛也編『地方消滅』中央公論新社（2014）, 50 頁。

第 8 章

東京多摩 26 市の財政状況に関する一考察
――主成分分析およびクラスター分析を用いて――

飯 島 大 邦

1. はじめに

　東京の西部に広がる多摩地区を取り巻く状況は，大きく変化している。2013 年 3 月，東京都によって策定された「新たな多摩ビジョン」は，4 つの変化を指摘している。第 1 に，今後の多摩地区が縮小に向かいつつある。つまり，人口は減少し，高齢化が進み，製造品出荷額，事業所数が減少傾向にある。第 2 に，都市インフラの更新，および老朽化した団地や公共施設の更新や維持管理が課題となる。第 3 に，2011 年 3 月に発生した東日本大震災の教訓から，多摩地区においても，これまで以上の災害への備えの必要性が生じている。第 4 に，多摩地区の自治体財政の悪化，とりわけ，経常収支比率に注目し，財政の硬直化の懸念が指摘されている。実際，2013 年度の多摩 26 市の経常収支比率を見ると，稲城市の 84.1％から小金井市の 96.7％まで分布し，平均は 91.9％である。

　「新たな多摩ビジョン」では，このような多摩地区を取り巻く状況を踏まえて，2030 年頃を目指して，多摩地区が進むべき方向性が明示されている。さらに，2014 年 3 月，東京都によって策定された「新たな多摩ビジョン行動戦略」では，その方向性を踏まえたさまざまな取組が具体的に示されている。このような取組を進めるにあたっては，公共部門，いわゆる「官」のみならず，民間企業や NPO などの「民」の力も結集すべきことが指摘されて

いるが，多摩地区の自治体は，一定以上の財政負担を避けることができない。

このような近年の多摩地区の将来をめぐる議論を踏まえて，本章では，多摩地区を取り巻く状況のうち，多摩地区の26市の財政状況について考察する。具体的には，次節以降，以下のように分析を行う。第2節において，分析に用いた財政データについて説明し，分析の視点について言及する。第3節では，第2節で説明したデータを用いて主成分分析を行い，より少ない変数で財政状況を捉えることを試みる。その上で，東京多摩26市の財政状況に関する主成分得点の平均値の時系列的変化により，東京多摩26市の全体的な財政状況の時系列的変化について検討する。第4節では，第3節で導出した主成分得点を用いて，東京多摩26各市の財政状況について検討する。第5節では，第3節で導出した主成分得点を用いて，階層的クラスター分析を行い，東京多摩26市のグループ分けをする。さらにそれぞれのグループの主成分得点の平均値を比較することにより，それぞれのグループの財政状況の特徴付けを行う。第6節において，結論付ける。

2. 東京多摩26市の財政状況を捉える財政指標

本節では，第3節以降の分析で用いる財政データの定義およびその記述統計について説明し，あわせて財政状況を検討するにあたっての視点について言及する。

自治体の財政状況を捉える財政指標には，さまざまなものがある。例えば，財政収支に関する指標，財政力の強さを示す指標，財政構造の弾力性を示す指標などがある。本章の分析では，財政状況について考察するにあたり，分析視点の期間の違い，つまり短期的視点および長期的視点という違いに注目する。

短期的視点から見る指標として，「単年度財政力指数」，「義務的経費比率」，「投資的経費比率」，「人件費比率」を考える[1]。まず，「財政力指数」は，財

政の基盤の強さを示すものであり，基準財政収入額を基準財政需要額で除した数値の過去3年間の平均値である。本章の分析では，財政基盤の変化がより明確にわかるように，基準財政収入額を基準財政需要額で除した数値の過去3年間の平均値ではなく，その単年度数値を用いるので，単年度財政力指数と呼び，一般的な財政力指数とは区別している。

　義務的経費比率および投資的経費比率は，歳出構造を示す指標である。義務的経費比率は，自治体が任意に削減できず，硬直的な義務的経費，つまり人件費，扶助費，公債費の合計が歳出総額に占める割合である。一方，義務的経費比率に対して，任意的経費比率は，自治体が任意に支出できる任意的経費，つまり義務的経費以外の経費の歳出総額に占める割合である。したがって，義務的経費比率と任意的経費比率の和は1である。なお，人件費比率は，義務的経費に含まれる人件費の歳出総額に占める割合であるので，歳出構造を示す一つの指標である。

　投資的経費比率は，普通建設事業費や災害復旧事業費など，支出の効果が長期にわたる投資的経費の歳出総額に占める割合である。一方，投資的経費比率に対して，消費的経費比率は，支出の効果が短期間で終わる投資的経費以外の消費的経費の歳出総額に占める割合である。したがって，投資的経費比率と消費的経費比率の和は1である。なお，投資的経費比率は，支出の効果が長期にわたる投資的経費にかかわるものであるので，長期的視点と考えることができるが，とりあえずこの時点では，単年度の予算の経費比率という点に着目し，短期的視点から見る指標と考える。

　長期的視点から見る指標として，「地方債残高比率」，「積立金残高比率」および「将来にわたる実質的財政負担比率」を考える。地方債残高比率は，標準財政規模に対する地方債現在高の比率である。標準財政規模は，経常的一般財源の規模を表すもので，標準税収入額等に普通交付税を加算したものであり，地方債現在高は，前年末の地方債現在高と本年度の地方債発行額を加えたものから本年度の地方債元金償還額を控除したものである。また，積立金残高比率は，標準財政規模に対する積立金現在高の比率である。積立金

現在高は，「財政調整基金」，「減債基金」および「特定目的のための基金」の合計である。さらに，将来にわたる実質的財政負担比率は，標準財政規模に対する将来の財政負担の見込額の比率である。将来の財政負担の見込額は，地方債現在高と債務負担行為翌年度以降支出予定額の合計から積立金現在高を控除したものである。

短期的視点と長期的視点の違いは，フロー変数とストック変数の違いという見方もできる。実際，単年度財政力指数，義務的経費比率，投資的経費比率，人件費比率はフロー変数であり，地方債残高比率，積立金残高比率，将来にわたる実質的財政負担比率はストック変数である。

本章では，このような短期的視点および長期的視点からなる7つの財政指標を用いて分析を試みるが，ここで分析に用いるデータについて確認する。まず分析対象とする自治体は，東京多摩26市，具体的には，あきる野市，稲城市，羽村市，国分寺市，国立市，狛江市，三鷹市，小金井市，小平市，昭島市，清瀬市，西東京市，青梅市，多摩市，町田市，調布市，東久留米市，東村山市，東大和市，日野市，八王子市，府中市，武蔵村山市，武蔵野市，福生市，立川市である。また分析対象期間は，2004年から2013年までの10年間である。

分析に用いる7つの財政指標の記述統計は，表8-1にまとめられている。なお，サンプル・サイズは，26（市）×10（年）＝260である。変動係数から相対的なばらつきの程度を見ると，積立金残高比率（0.63）が最も大きく，

表8-1 財政指標の記述統計

財政指標	最小値	最大値	平均値	変動係数
単年度財政力指数	0.65	1.82	1.01	0.20
地方債残高比率	52.10	194.50	117.63	0.24
積立金残高比率	3.70	97.20	32.19	0.63
将来にわたる実質的財政負担比率	20.00	325.00	126.28	0.42
人件費比率	12.17	27.53	18.64	0.15
義務的経費比率	36.50	61.01	48.93	0.11
投資的経費比率	2.57	29.43	10.07	0.45

＊最小値，最大値，平均値の単位は，％である。
出所：本章内図表は全て「NEEDS 地域データベース都市財政比較 2014」より筆者作成。

第8章　東京多摩26市の財政状況に関する一考察　265

それに引き続き，投資的経費比率（0.45）と将来にわたる実質的財政負担比率（0.42）が大きい。積立金残高比率と将来にわたる実質的財政負担比率はストック変数であり，投資的経費比率はフロー変数であるという違いがあるが，いずれも将来に影響をもたらす指標であるということでは共通点をもっている。一方，同じように将来に影響をもたらす指標である地方債残高比率の変動係数は0.24であり，それほど大きくない。つまり自治体間で，財政赤字に関する傾向にそれほど大きな違いは見られないが，それ以外の将来に影響をもたらす要因には相対的に大きな違いが見られる。

　フロー変数であり，かつ短期的視点に関係する，単年度財政力指数，義務的経費比率，人件費比率の変動係数は，それぞれ0.20，0.11，0.15であり，それほど大きくはない。つまり自治体間で，短期的な財政構造は，相対的に大きな違いは見られない。

　表8-2には，7つの財政指標のピアソンの積率相関係数が示されている。相関係数の絶対値が0.7以上で，強い相関があると考えられる関係は存在しない。しかし，相関関係の絶対値が0.4以上0.7未満であり，中程度の相関があると考えられる関係は存在する。負の相関関係として，義務的経費比率と投資的経費比率（-0.62），義務的経費比率と単年度財政力指数（-0.56），

表8-2　財政指標間の相関係数

	単年度財政力指数	地方債残高比率	積立金残高比率	将来にわたる実質的財政負担比率	人件費比率	義務的経費比率	投資的経費比率
単年度財政力指数	1	-0.52**	0.36**	-0.38**	0.13*	-0.56**	0.29**
地方債残高比率	-0.52**	1	-0.55**	0.69**	0.35**	0.26**	-0.10
積立金残高比率	0.36**	-0.55**	1	-0.27**	-0.21**	-0.51**	0.37**
将来にわたる実質的財政負担比率	-0.38**	0.69**	-0.27**	1	0.15*	0.08	0.27**
人件費比率	0.13*	0.35**	-0.21**	0.15*	1	0.15*	-0.23**
義務的経費比率	-0.56**	0.26**	-0.51**	0.08	0.15*	1	-0.62**
投資的経費比率	0.29**	-0.10	0.37**	0.27**	-0.23**	-0.62**	1

** は，1％水準で有意であることを示す。
* は，5％水準で有意であることを示す。

地方債残高比率と積立金残高比率（－0.55），地方債残高比率と単年度財政力指数（－0.52），義務的経費比率と積立金残高比率（－0.51）がある。また，正の相関関係として，地方債残高比率と将来にわたる実質的財政負担比率（0.69）がある。なお，人件費比率は，いずれの財政指標とも，弱い相関関係があるか，または相関関係がほとんどない。

　中程度の負の相関関係より，単年度財政力指数が大きいほど，義務的経費比率および地方債残高比率は小さい，つまり財政基盤がしっかりしているほど，財政を硬直化させる要素は小さいことがわかる。また，義務的経費比率が大きいほど，投資的経費比率および積立金残高比率が小さい，つまり歳出構造が硬直的であればあるほど，将来に影響をもたらす投資や積立金残高の比率は小さくなることがわかる。また，ともに将来の財政状況に反対の影響をもたらす地方債残高比率と積立金残高比率は，トレード・オフの関係にあることがわかる。一方，中程度の正の相関関係より，将来にわたる実質的財政負担比率は，その一部を構成する地方債残高比率によってある程度左右されることがわかる。

　第3節においては，本節で説明したこのようなデータを用いて，東京多摩26市の財政状況の時系列的推移について検討する。

3.　東京多摩26市の財政状況の時系列的変化

　本節では，第2節で説明されたデータ，つまり，東京多摩26市について，2004年から2013年までの7つの財政指標（単年度財政力指数，義務的経費比率，投資的経費比率，人件費比率，地方債残高比率，積立金残高比率，将来にわたる実質的財政負担比率）に対して，主成分分析を行う。

　まず，主成分分析の手順について説明する。本章で扱うデータは，東京多摩26市の10年間にわたるデータであるので，繰り返しのあるデータである。繰り返しのあるデータに対する主成分分析としては，サンプルを合併する方

第 8 章　東京多摩26市の財政状況に関する一考察　267

法または変数を合併する方法，さらに合併したデータ全体を一括して分析する方法またはデータ全体をいくつかに分けて分析する方法などがある[2]。しかし本章では，東京多摩 26 市の財政状況の時系列的変化を分析するにあたり，合併したデータ全体を一括して分析する方法をとることにする。具体的には，東京多摩 26 市の 10 年間にわたる 7 つの財政指標に主成分分析を行い，7 つの財政指標から，固有値の大きさおよび累積寄与率を基準にして，少数の合成変数（主成分）をつくる。さらに主成分負荷量を考慮して，それぞれの主成分の意味づけを行い，7 つの財政指標の関係づけを探る。

　表 8-3 には，7 つの財政指標に対する主成分分析の結果が示されている。なお，Kaiser-Meyer-Olkin の標本妥当性の測度の値が 0.57 であり，Bartlett の球面性検定の結果は $p < 0.01$ であるので，主成分分析を行うことは妥当であると結論づけることができる。

　主成分の数の決定にあたっては，固有値の値が 1 以上となる主成分まで採用した。すなわち，第 1 主成分の固有値が 2.92，第 2 主成分の固有値が 1.63，第 3 主成分の固有値が 1.15 であるので，3 つの主成分を採用した。なお寄与率より，第 1 主成分のみで全体の情報の 41.68％ を説明することができる。以下，全体の情報のうち，第 2 主成分のみで 23.34％，第 3 主成分のみで 16.38％，それぞれ説明することができる。また累積寄与率より，3 つの主成

表 8-3　主成分分析の結果（固有値，寄与率，累積寄与率，主成分負荷量）

変数	第 1 主成分	第 2 主成分	第 3 主成分
地方債残高比率	**0.79**	0.47	0.13
積立金残高比率	**−0.76**	0.08	−0.10
義務的経費比率	**0.74**	−0.49	−0.15
単年度財政力指数	**−0.73**	−0.04	0.55
将来にわたる実質的財政負担比率	0.52	**0.77**	−0.04
投資的経費比率	−0.50	**0.76**	−0.11
人件費比率	0.34	0.01	**0.89**
固有値	2.92	1.63	1.15
寄与率	41.68	23.34	16.38
累積寄与率	41.68	65.02	81.39

分で，全体の情報の 81.39％を説明することができる。

　表 8-3 に示されている主成分負荷量に基づいて，3つの主成分の解釈をする。第1主成分に関する主成分負荷量について，地方債残高比率（0.79），積立金残高比率（-0.76），義務的経費比率（0.74），単年度財政力指数（-0.73）が大きい。正の主成分負荷量を示す地方債残高比率および義務的経費比率が大きくなればなるほど財政は窮迫する，一方，負の主成分負荷量を示す積立金残高比率および単年度財政力指数が大きくなればなるほど財政は余裕をもつ。したがって，第1主成分を，「財政の窮迫度」と解釈することにする。ただし，義務的経費比率と単年度財政力指数はデータ取得時の財政の窮迫度に関係し，地方債残高比率と積立金残高比率はデータ取得時以降の財政の窮迫度に関係する。

　第2主成分に関する主成分負荷量について，将来にわたる実質的財政負担比率（0.77）および投資的経費比率（0.76）が，いずれも正の値で絶対値が大きい。将来にわたる実質的財政負担比率および投資的経費比率は，いずれも将来の財政負担に関係するものである。したがって，第2主成分を，「将来の財政負担度」と解釈することにする。

　第3主成分に関する主成分負荷量について，人件費比率（0.89）が，正の値で絶対値が大きい。したがって，第3主成分を，「人件費負担度」と解釈することにする。

　このような3つの主成分について，分析対象である東京多摩26市の主成分得点の平均について検討する。図 8-1 には，3つの主成分について，2004年から2013年までの東京多摩26市の主成分得点の平均値の時系列的推移が示されている。第3主成分である人件費負担度の主成分得点が急激に小さくなっていることがわかる。さらに，第2主成分である将来の財政負担度の主成分得点も，第3主成分ほど急激ではないが，緩やかに小さくなっている。第2主成分および第3主成分の主成分得点は，ともに財政負担を軽減する方向で時系列的に推移している。なお，第3主成分の主成分得点が第2主成分のそれよりも変化が大きいのは，第3主成分はフロー変数の影響のみ受けて

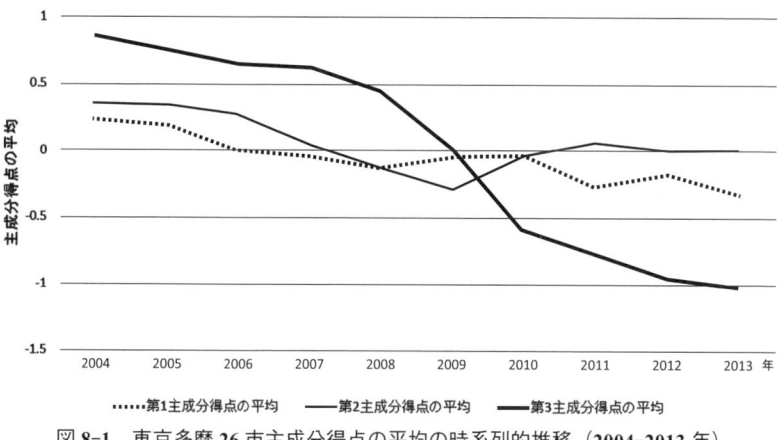

図8-1 東京多摩26市主成分得点の平均の時系列的推移（2004-2013年）

いるが，第2主成分は，フロー変数だけではなくストック変数の影響も受けているからではないかと推察される。ところで，第2主成分および第3主成分の主成分得点は，財政負担を軽減するように推移しているが，財政の窮迫度を示す第1主成分の主成分得点は，時系列的に一様に推移しているわけではない。つまり，当初は，財政の窮迫度は緩和する方向で推移したが，世界金融危機が発生した後に，財政の窮迫度が少し高まり，高止まりの状態で推移している。

　表8-4および表8-5には，3つの主成分に関して，2004年および2013年の東京多摩各市の主成分得点が大きい順に並べられ，その順位が示されている。まず，第1主成分の財政の窮迫度について，2004年および2013年の東京多摩各市の主成分得点を見ると，狛江市，八王子市，清瀬市，東村山市，東大和市，あきる野市の主成分得点は，両年において大きい。一方，羽村市，福生市，調布市，稲城市，府中市，武蔵野市の主成分得点は，両年において小さい。さらに両年の主成分得点を比較すると，西東京市と青梅市は財政の窮迫度が上昇し，立川市と多摩市は財政の窮迫度が緩和している。ところで，両年において財政の窮迫度が高い市は，両年において財政の窮迫度が低い市よりも，平均して，住民1人あたり個人住民税額，住民1人あたり小売業販

270　第Ⅱ部　東京・多摩における地方自治および財政と道州制

表 8-4　東京多摩 26 市に関する 3 つの主成分得点順位（2004 年）

順位	市名	第1主成分得点	順位	市名	第2主成分得点	順位	市名	第3主成分得点
1	狛江市	2.00	1	稲城市	4.48	1	小金井市	2.75
2	八王子市	1.77	2	羽村市	2.05	2	武蔵野市	2.25
3	清瀬市	1.65	3	あきる野市	1.72	3	東久留米市	2.10
4	東久留米市	1.64	4	日野市	1.49	4	国立市	1.81
5	東村山市	1.60	5	国分寺市	0.87	5	狛江市	1.78
6	東大和市	1.36	6	西東京市	0.79	6	国分寺市	1.62
7	あきる野市	0.79	7	狛江市	0.78	7	昭島市	1.40
8	昭島市	0.79	8	八王子市	0.71	8	西東京市	1.35
9	小金井市	0.78	9	三鷹市	0.67	9	多摩市	1.30
10	国分寺市	0.75	10	清瀬市	0.67	10	三鷹市	1.24
11	小平市	0.66	11	武蔵野市	0.30	11	立川市	1.18
12	国立市	0.60	12	府中市	0.29	12	東村山市	1.07
13	立川市	0.27	13	東村山市	0.15	13	町田市	1.02
14	西東京市	0.25	14	調布市	0.12	14	調布市	1.02
15	武蔵村山市	0.18	15	小平市	0.06	15	日野市	0.81
16	三鷹市	0.02	16	立川市	-0.03	16	小平市	0.79
17	多摩市	0.02	17	東久留米市	-0.04	17	東大和市	0.60
18	日野市	-0.02	18	多摩市	-0.17	18	八王子市	0.46
19	町田市	-0.35	19	小金井市	-0.20	19	清瀬市	0.22
20	羽村市	-0.72	20	福生市	-0.33	20	武蔵村山市	0.00
21	福生市	-0.73	21	町田市	-0.41	21	府中市	-0.12
22	調布市	-0.78	22	東大和市	-0.70	22	あきる野市	-0.27
23	青梅市	-0.89	23	武蔵村山市	-0.76	23	羽村市	-0.31
24	稲城市	-0.91	24	国立市	-0.86	24	青梅市	-0.48
25	府中市	-1.90	25	昭島市	-0.90	25	福生市	-0.62
26	武蔵野市	-2.82	26	青梅市	-1.28	26	稲城市	-0.72

売額，住民 1 人あたり製造品出荷額が低く，高齢人口比率が若干高い。

　第 2 主成分の将来の財政負担度について，2004 年および 2013 年の東京多摩各市の主成分得点を見ると，稲城市，あきる野市，国分寺市，狛江市，八王子市の主成分得点は，両年において大きい。一方，福生市，町田市，東大和市，国立市，昭島市の主成分得点は，両年において小さい。さらに両年の主成分得点を比較すると，小金井市と青梅市は将来の財政負担度が上昇し，羽村市と小平市は将来の財政負担度は低下している。ところで，両年において将来の財政負担度が高い市は，両年において将来の財政負担度が低い市よりも，平均して，住民 1 人あたり小売業販売額，住民 1 人あたり製造品出荷

第 8 章　東京多摩26市の財政状況に関する一考察　271

表 8-5　東京多摩 26 市に関する 3 つの主成分得点順位（2013 年）

順位	市名	第1主成分得点	順位	市名	第2主成分得点	順位	市名	第3主成分得点
1	清瀬市	1.25	1	稲城市	2.25	1	国立市	-0.19
2	狛江市	0.94	2	あきる野市	1.10	2	狛江市	-0.28
3	あきる野市	0.84	3	小金井市	0.68	3	小金井市	-0.42
4	八王子市	0.83	4	八王子市	0.64	4	武蔵野市	-0.42
5	西東京市	0.80	5	三鷹市	0.42	5	多摩市	-0.43
6	東村山市	0.77	6	国分寺市	0.38	6	国分寺市	-0.45
7	東大和市	0.61	7	狛江市	0.28	7	町田市	-0.49
8	青梅市	0.57	8	府中市	0.28	8	調布市	-0.58
9	武蔵村山市	0.47	9	東村山市	0.00	9	三鷹市	-0.66
10	東久留米市	0.45	10	西東京市	-0.16	10	日野市	-0.68
11	小金井市	0.30	11	日野市	-0.26	11	羽村市	-0.69
12	昭島市	0.19	12	調布市	-0.35	12	立川市	-0.90
13	町田市	0.18	13	武蔵野市	-0.36	13	西東京市	-1.00
14	三鷹市	0.10	14	青梅市	-0.69	14	小平市	-1.05
15	国立市	0.07	15	東久留米市	-0.71	15	昭島市	-1.14
16	国分寺市	-0.06	16	武蔵村山市	-0.74	16	福生市	-1.37
17	小平市	-0.10	17	立川市	-0.81	17	東大和市	-1.37
18	日野市	-0.18	18	清瀬市	-0.82	18	八王子市	-1.39
19	稲城市	-0.22	19	羽村市	-0.83	19	東村山市	-1.39
20	羽村市	-0.23	20	町田市	-1.02	20	稲城市	-1.40
21	福生市	-0.42	21	東大和市	-1.09	21	清瀬市	-1.41
22	立川市	-0.42	22	昭島市	-1.11	22	青梅市	-1.45
23	調布市	-0.63	23	国立市	-1.14	23	東久留米市	-1.53
24	多摩市	-0.93	24	多摩市	-1.23	24	府中市	-1.86
25	府中市	-1.78	25	小平市	-1.26	25	あきる野市	-1.88
26	武蔵野市	-2.89	26	福生市	-1.84	26	武蔵村山市	-2.07

額が低い。

　第 3 主成分の人件費負担度について，2004 年および 2013 年の東京多摩各市の主成分得点を見ると，小金井市，武蔵野市，国立市，狛江市，国分寺市の主成分得点は，両年において大きい。一方，清瀬市，武蔵村山市，府中市，あきる野市，青梅市，稲城市の主成分得点は，両年において小さい。さらに両年の主成分得点を比較すると，羽村市と福生市は人件費負担度が上昇し，東久留米市は人件費負担度が低下している。ところで，両年において人件費負担度が高い市は，両年において人件費負担度が低い市よりも，平均して，住民 1 人あたり個人住民税額が高く，住民 1 人あたり製造品出荷額が低い。

このような 2004 年および 2013 年の東京多摩各市の主成分得点を踏まえると，とりわけ小売業や製造業の経済活動が活発な自治体ほど，財政の窮迫度および将来の財政負担度は低い。また，とりわけ住民 1 人あたり個人住民税額が高い自治体ほど，人件費負担度は高いことがわかる。

本節では，7 つの財政指標から 3 つの主成分を抽出し，それぞれの主成分得点について，東京多摩 26 市全体および各市の動向について検討し，一部の市について特徴付けを試みた。しかし，個々の市に注目する特徴付けには限界もあるので，第 4 節では，東京多摩 26 各市の主成分得点に対して階層的クラスター分析を適用して，東京多摩 26 市の類型化を試みる。

4. 東京多摩 26 市の類型化

本節では，第 3 節において行われた主成分分析から導出された東京多摩 26 各市の主成分得点に対して階層的クラスター分析を適用して，東京多摩 26 市をグループ分けし，類型化を試みる。

まず，階層的クラスター分析の手順について説明する。分析にあたって，東京多摩 26 各市に関して，3 つの主成分得点それぞれについて，分析対象期間である 10 年間の平均値を導出した。さらに主成分ごとに，各市の主成分得点の平均値を標準化した。また，各市の間の距離の測定には，平方ユークリッド距離を用い，さらにクラスター間の距離の測定には，ウォード (Ward) 法を用いた。

図 8-2 には，上記のデータを用いた階層的クラスター分析から得られたデンドログラムが示されている。デンドログラムからクラスター数を決定する客観的基準は存在しないが，本章の分析より 6 個のクラスターを抽出した。

表 8-6 には，図 8-2 のデンドログラムの結果に基づいて，東京多摩 26 市のグループ分けの結果が示されている。なお，市名の左側の数字は，その市が所属するグループ番号である。まず，第 1 グループは，あきる野市と稲城

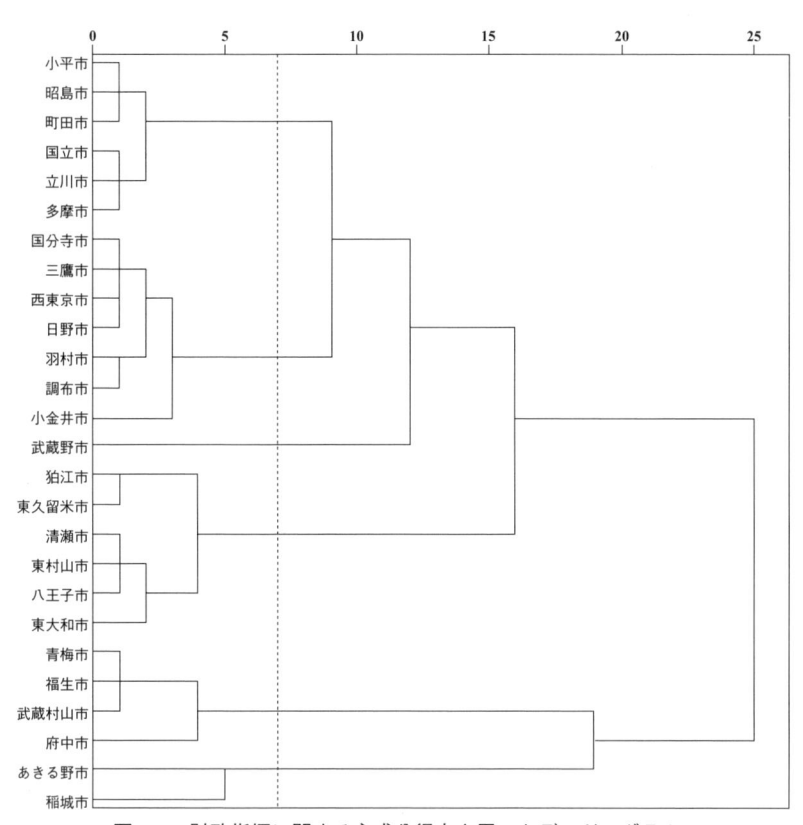

第 8 章　東京多摩26市の財政状況に関する一考察　273

図 8-2　財政指標に関する主成分得点を用いたデンドログラム

市，第 2 グループは，調布市，羽村市，日野市，小金井市，国分寺市，三鷹市および西東京市，第 3 グループは，昭島市，小平市，国立市，町田市，立川市および多摩市，第 4 グループは，八王子市，東久留米市，東村山市，東大和市，清瀬市および狛江市，第 5 グループは，府中市，福生市，武蔵村山市および青梅市，第 6 グループは武蔵野市からなる．

　図 8-3 には，東京多摩 26 市について，上記の 6 つのグループに属する市の地理的分布が示されている．第 1 グループに属する市は ▨，第 2 グループに属する市は ▨，第 3 グループに属する市は ▨，第 4 グループに属する市は ▨，第 5 グループに属する市は ▨，第 6 グループに属する市

274 第Ⅱ部 東京・多摩における地方自治および財政と道州制

は ■ で示されている。

図8-3より，東京多摩26市からなる各グループの地理的分布について考察すると，■ で示された第2グループと ■ で示された第3グループに属する多くの市は，多摩東部に位置していることがわかる。また，■ で示された第4グループは，八王子市と狛江市を除いて，互いに隣接し，埼玉県と境界を接する多摩北東部の4市からなる。さらに，■ で示された第5グループの多くの市は，多摩北西部に位置する。このように，6つのグループのうち一部のグループは，地理的に偏在する傾向が見られる。

次に，第3節において行われた主成分分析から導出された東京多摩26各市の主成分得点を用いて，6つのグループそれぞれについて，財政に関する特徴について検討する。

図8-4には，6つのグループそれぞれに関して，第1主成分である財政の窮迫度の主成分得点の平均値の時系列的推移が示されてい

表8-6 財政指標に関する3つの主成分によるグループ分け

グループ番号	市名
1	あきる野市
1	稲城市
2	調布市
2	羽村市
2	日野市
2	小金井市
2	国分寺市
2	三鷹市
2	西東京市
3	昭島市
3	小平市
3	国立市
3	町田市
3	立川市
3	多摩市
4	八王子市
4	東久留米市
4	東村山市
4	東大和市
4	清瀬市
4	狛江市
5	府中市
5	福生市
5	武蔵村山市
5	青梅市
6	武蔵野市

る。分析対象期間である2004年から2013年にかけて，主成分得点の平均値の大小関係は安定しており，6つのグループは概ね3つに分けることができる。つまり，財政の窮迫度に関して，最も高い第4グループ，最も低い第6グループ，両者の中間にある第1グループ，第2グループ，第3グループおよび第5グループである。

図8-5には，6つのグループそれぞれに関して，第2主成分である将来の財政負担度の主成分得点の平均値の時系列的推移が示されている。分析対象期間である2004年から2013年にかけて，主成分得点の平均値の大小関係は

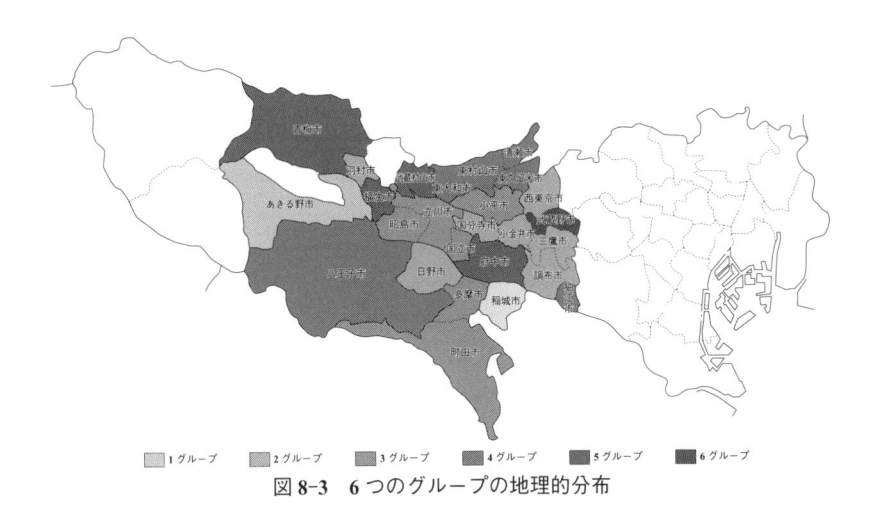

第 8 章　東京多摩26市の財政状況に関する一考察　275

図 8-3　6 つのグループの地理的分布

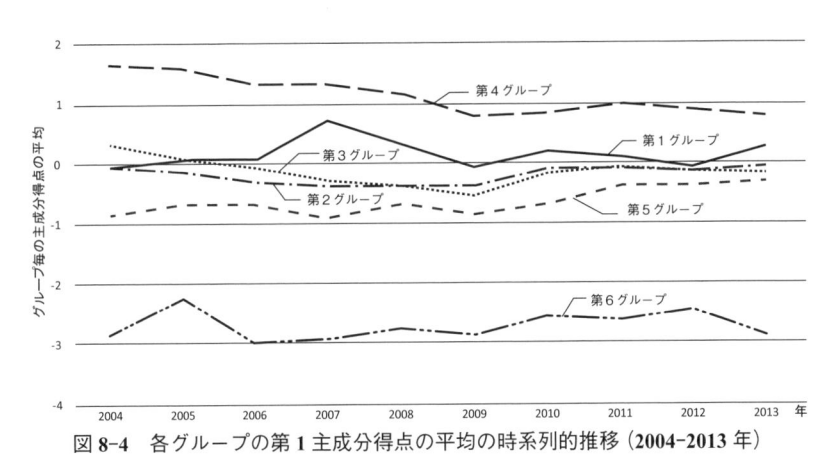

図 8-4　各グループの第 1 主成分得点の平均の時系列的推移 (2004-2013 年)

安定しており，6 つのグループは概ね 2 つに分けることができる。つまり，将来の財政負担度に関して，他のグループと比較して際立って高い第 1 グループとそれ以外のグループである。

図 8-6 には，6 つのグループそれぞれに関して，第 3 主成分である人件費負担度の主成分得点の平均値の時系列的推移が示されている。分析対象期間

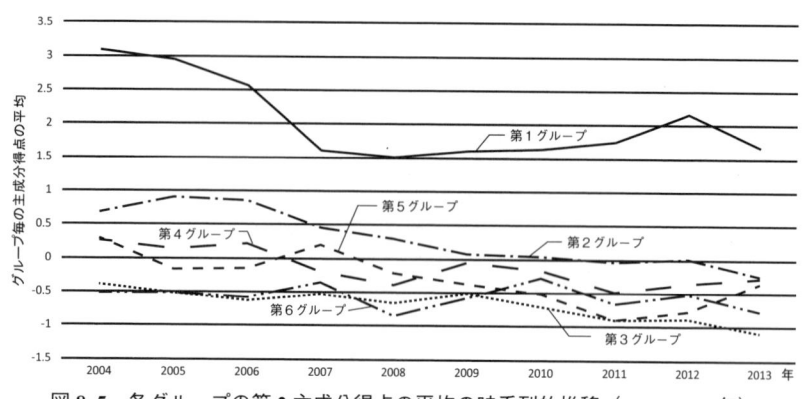

276 第Ⅱ部 東京・多摩における地方自治および財政と道州制

図 8-5 各グループの第 2 主成分得点の平均の時系列的推移（2004-2013 年）

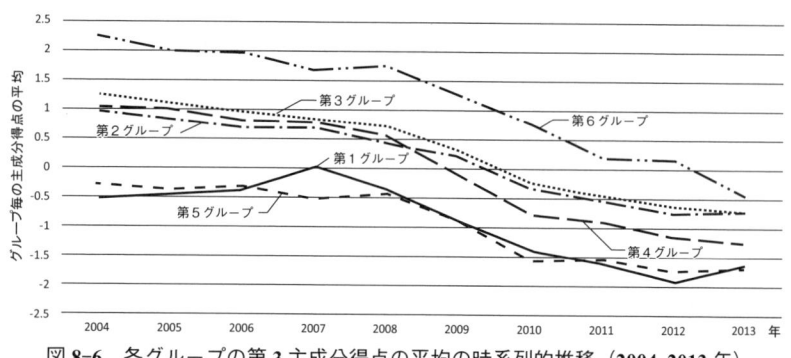

図 8-6 各グループの第 3 主成分得点の平均の時系列的推移（2004-2013 年）

である 2004 年から 2013 年にかけて，主成分得点の平均値は低下傾向を示しつつも，その大小関係は安定しており，6 つのグループは概ね 3 つに分けることができる。つまり，人件費負担度に関して，最も高い第 6 グループ，最も低い第 1 グループと第 5 グループ，両者の中間にある第 2 グループ，第 3 グループおよび第 4 グループである。

6 つのグループに関する 3 つの主成分得点の平均値の時系列的推移の結果を，次のようにまとめることができる。第 1 に，あきる野市と稲城市からなる第 1 グループは，将来の財政負担度が際だって高く，人件費負担度が最も低い。第 2 に，八王子市，東久留米市，東村山市，東大和市，清瀬市および

狛江市からなる第4グループは，財政の窮迫度が最も高い。第3に，府中市，福生市，武蔵村山市および青梅市からなる第5グループは，人件費負担度が最も低い。第4に，武蔵野市からなる第6グループは，財政の窮迫度が最も低く，人件費負担度が最も高い。調布市，羽村市，日野市，小金井市，国分寺市，三鷹市および西東京市からなる第2グループおよび昭島市，小平市，国立市，町田市，立川市および多摩市からなる第3グループは，3つの主成分得点の平均値の時系列的推移において，際だった特徴はない。

このような6つのグループに関する3つの主成分得点の平均値の時系列的推移の結果，および第3節における表8-4および表8-5に示された東京多摩26各市に関する3つの主成分得点の推移との関係について確認する。まず，財政の窮迫度を示す第1主成分得点に関して，第4グループの平均値は一貫して高いが，第4グループに属する6市のうち5市（八王子市，東村山市，東大和市，清瀬市および狛江市）が，第3節において一貫して第1主成分得点が高いと指摘された市に含まれる。また，将来の財政負担度を示す第2主成分得点に関して，第1グループの平均値は一貫して高いが，第1グループのすべての市（あきる野市と稲城市）が，第3節において一貫して第2主成分得点が高いと指摘された市に含まれる。さらに，人件費負担度を示す第3主成分得点に関して，第5グループの平均値は一貫して低いが，第5グループに属する4市のうち3市（府中市，武蔵村山市および青梅市）が，第3節において一貫して第3主成分得点が低いと指摘された市に含まれる。ところで，単独で一つの第6グループとなる武蔵野市は，他のグループと比較して，第1主成分得点が一貫して最も低く，第3主成分得点は一貫して最も高いが，第3節において，第1主成分得点が一貫して低いと指摘された市，および第3主成分得点が一貫して高いと指摘された市に含まれる。

このように，本節における東京多摩26市のグループ分けは，第3節における各市の3つの主成分得点とある程度整合的であることがわかる。次に，第3節と同様に，本節において導かれた東京多摩26市の各グループを，表8-7に示された社会経済データを用いて特徴付けを試みる。

278　第Ⅱ部　東京・多摩における地方自治および財政と道州制

表 8-7　6 つのグループの社会経済データ

グループ番号	若年人口比率	生産年齢比率	高齢人口比率	住民1人あたり個人住民税額	住民1人あたり小売業販売額	住民1人あたり製造品出荷額	第1次産業従事者の割合	第2次産業従事者の割合	第3次産業従事者の割合
1	14.70	64.45	20.50	6.47	62.90	39.50	1.45	21.00	67.75
2	12.26	67.81	19.33	7.83	62.73	248.06	0.69	16.64	71.59
3	12.50	66.37	20.55	7.10	87.00	88.37	0.65	16.75	71.67
4	12.62	64.45	22.42	6.31	62.53	65.28	0.97	17.45	71.82
5	13.40	65.65	20.60	5.94	75.00	154.78	0.83	23.75	68.48
6	10.40	69.40	19.50	11.13	142.50	9.30	0.30	11.30	76.10
平均	12.65	66.36	20.48	7.46	82.11	100.88	0.81	17.82	71.23

＊若年人口比率，生産年齢比率，高齢人口比率，第1次産業従事者の割合，第2次産業従事者の割合，第3次産業従事者の割合の単位は%住民1人あたり個人住民税額，住民1人あたり小売業販売額，住民1人あたり製造品出荷額の単位は万円。

　将来の財政負担度が際だって高く，かつ人件費負担度が最も低い第1グループ（あきる野市と稲城市）は，第1次産業従事者の割合が高く，第2次産業従事者の割合も高いが，住民1人あたりの製造品出荷額が小さい。したがって，経済的基盤が強くないため，将来の財政負担度が高いが，人件費負担を引き下げるように調整がなされていると推察される。ただし，第3節の分析よりわかるように，両市の財政の窮迫度は対照的である。つまり，あきる野市は，一貫して財政の窮迫度が高いのに対して，稲城市は一貫して財政の窮迫度は低い。

　財政の窮迫度が最も高い第4グループ（八王子市，東久留米市，東村山市，東大和市，清瀬市および狛江市）は，住民1人あたり個人住民税額は比較的少なく，住民1人あたり製造品出荷額も比較的少なく，第1次産業従事者の割合が比較的高い。したがって，経済的基盤がそれほど強くないので，財政の窮迫度が高いと推察される。ただし，第3節の分析よりわかるように，将来の財政負担度に関して，八王子市は一貫して高いのに対して，東大和市は一貫して低い。また，人件費負担度に関して，狛江市は一貫して高いのに対して，清瀬市は一貫して低い。このように，財政の窮迫度が最も高い第4グループに属する市の間でも，将来の財政負担度や人件費負担度において違い

が見られる。

　人件費負担度が最も低い第5グループ（府中市，福生市，武蔵村山市および青梅市）は，住民1人あたり個人住民税額は最も低いが，住民1人あたり製造品出荷額は比較的多く，第2次産業従事者の割合は最も高い。したがって，第2次産業の活発さが窺えるが，住民1人あたり個人住民税額は高くないので，人件費負担度を引き下げるように調整がなされているように推察される。なお，第3節の分析よりわかるように，府中市と福生市は財政の窮迫度が低く，さらに福生市は将来の財政負担度も低い。

　財政の窮迫度が最も低く，人件費負担度が最も高い，武蔵野市のみからなる第6グループは，住民1人あたり個人住民税額は非常に高く，住民1人あたり小売業販売額は非常に多く，住民1人あたり製造品出荷額は非常に少なく，第2次産業従事者の割合は最も低い。このように，武蔵野市のみからなる第6グループについて，第2次産業は活発ではないが，第3次産業が活発であり，さらに個人住民税が多く集められていることにより，財政的に余裕があり，財政の窮迫度が最も低く，人件費負担度が最も高くなっていると推察される。

　第2グループ（調布市，羽村市，日野市，小金井市，国分寺市，三鷹市および西東京市）と第3グループ（昭島市，小平市，国立市，町田市，立川市および多摩市）に関しては，3つの主成分得点の観点からは際だった特徴はない。また，社会経済データの観点からは，第2グループの住民1人あたり製造品出荷額が際だって大きいことを除いて，目立った特徴はない。第2グループの住民1人あたり製造品出荷額が際だって大きいことは，日野市と羽村市のそれが際だって大きいためである。

　以上より，第3節において行われた主成分分析から導出された東京多摩26各市の主成分得点に対して階層的クラスター分析を適用して，東京多摩26市の類型化を試みた。その結果，3種類の主成分得点に注目して，東京多摩26市が6つのグループに分けられ，社会経済データも考慮して，ある程度特徴付けをすることができた。

5. 結　　論

　本章では，東京多摩26市に関して，2004年から2013年までの7つの財政指標を用いて主成分分析を行い，東京多摩26市全体の財政状況の時系列的推移について検討した。さらに東京多摩26各市の財政状況に関する主成分得点を用いて階層的クラスター分析を行い，東京多摩26市のグループ分けを試み，各グループの財政データおよびそれ以外の社会経済データによる特徴付けを試みた。その結果，次のような結果を得ることができた。

　第1に，7つの財政指標（単年度財政力指数，義務的経費比率，投資的経費比率，人件費比率，地方債残高比率，積立金残高比率，将来にわたる実質的財政負担比率）を用いて主成分分析を行い，財政状況に関して3つの主成分を抽出することができた。具体的には，財政の窮迫度，将来の財政負担度，人件費負担度である。

　第2に，東京多摩26市の主成分得点の平均値に注目して，26市全体の財政状況の時系列的推移を見ると，人件費負担度が急激に低下し，将来の財政負担度も低下し，ともに財政負担を軽減する方向で時系列的に推移している。しかし，財政の窮迫度は時系列的に一様に推移しているわけではない。つまり，当初は，財政の窮迫度は緩和する方向で推移したが，世界金融危機が発生した後に，財政の窮迫度が少し高まり，高止まりの状態で推移している。

　第3に，2004年および2013年の東京多摩26各市の主成分得点より，とりわけ小売業や製造業の経済活動が活発な自治体ほど，財政の窮迫度および将来の財政負担度は低い。また，とりわけ住民1人あたり個人住民税額が高い自治体ほど，人件費負担度は高いことがわかる。

　第4に，東京多摩26各市の財政状況に関する主成分得点を用いて階層的クラスター分析を行い，東京多摩26市を6つにグループ分けすることができ，一部のグループを除き，ある程度グループの特徴付けをすることができた。

　第5に，あきる野市と稲城市からなるグループは，第1次産業従事者の割

合が高く，第2次産業従事者の割合も高いが，住民1人あたりの製造品出荷額が小さい。したがって，経済的基盤が強くないため，将来の財政負担度が高いが，人件費負担を引き下げるように調整がなされていると推察される。

第6に，八王子市，東久留米市，東村山市，東大和市，清瀬市および狛江市からなるグループは，住民1人あたり個人住民税額は比較的少なく，住民1人あたり製造品出荷額も比較的少なく，第1次産業従事者の割合が比較的高い。したがって，経済的基盤がそれほど強くないので，財政の窮迫度が高いと推察される。

第7に，府中市，福生市，武蔵村山市および青梅市からなるグループは，住民1人あたり個人住民税額は最も低いが，住民1人あたり製造品出荷額は比較的多く，第2次産業従事者の割合は最も高い。したがって，第2次産業の活発さが窺えるが，住民1人あたり個人住民税額は高くないので，人件費負担度を引き下げるように調整がなされているように推察される。

第8に，武蔵野市からなるグループは，住民1人あたり個人住民税額は非常に高く，住民1人あたり小売業販売額は非常に多く，住民1人あたり製造品出荷額は非常に少なく，第2次産業従事者の割合は最も低い。このように，武蔵野市のみからなる第6グループについて，第2次産業は活発ではないが，第3次産業が活発であり，さらに個人住民税収を多く集められていることにより，財政的に余裕があり，財政の窮迫度が最も低く，人件費負担度が最も高くなっていると推察される。

ところで，本章の分析では，階層的クラスター分析により抽出された6つのグループのうち2つのグループについては，十分な特徴付けができなかった。具体的には，調布市，羽村市，日野市，小金井市，国分寺市，三鷹市および西東京市からなるグループ，および昭島市，小平市，国立市，町田市，立川市および多摩市からなるグループである。十分な特徴付けができなかったことを，別の角度から見ると，多摩地区の平均的な市であるとも考えられる。しかし，この2つのグループに属する市の面積は，多摩地区東部のかなりの割合を占めるものであるので，これらのグループの特徴付けをすること

は一定以上の意味があるとも考えられる。この問題については，今後の課題としたい。

1) 本章の分析および図表の作成で用いる財政データは，「NEEDS 地域データベース 都市財政比較 2014」に収録されているものである。
2) 繰り返しのあるデータに対する主成分分析については，内田（2013）を参照せよ。

参 考 文 献

Romesburg, C. *Cluster Analysis for Researchers*, Robert E. Krieger Publishing（西田英郎，佐藤嗣二訳『実例クラスター分析』内田老鶴圃），1990 年。
内田治『主成分分析の基本と活用』日科技連出版社，2013 年。
衣笠達夫『実践　自治体財政の経済分析』中央経済社，2013 年。
東京都『新たな多摩ビジョン』，2013 年。
東京都『新たな多摩ビジョン行動戦略』，2013 年。

第 9 章

選挙競争の構造：政党・候補者の集票と有権者の棄権

三 船　　毅

1. はじめに

　選挙は有権者から観れば，自分が選好する政策を掲げる政党・候補者へ票を投じることである。政党・候補者から観れば，選挙とは自らの主義，主張，政策について，有権者を説得し同調させて票を投じてもらうことである。つまり選挙とは，政党・候補者が競争を通して有権者と集票の交渉をすることである。

　だが，現実の選挙においては有権者の票で政党・候補者に投票されない票が棄権票として存在する。従来，有権者の票と政党・候補者の選挙競争を捉える枠組みは，主に2つ有ると考えられる。1つは，有権者の政策選好と政党・候補者の政策選好を因子分析などで集約し比較する方法である。もう1つは，小選挙区などの場合に，候補者による集票の地域偏重などを指標化して選挙区内の競争を分析する方法である。

　しかし，これらの分析では有権者の棄権票は全く顧みられていない。つまり，棄権票がどのように発生して，選挙競争に影響を及ぼしているのかは分析されてこなかった。本章は選挙における政党・候補者の競争のなかに有権者の棄権を組み込み，集票構造をグラフィカルモデリングの手法から分析する。

2. グラフィカルモデリング

(1) 選挙競争を分析する視座

　選挙における政党・候補者の選挙競争の分析方法は，先行研究からは大きく2つに分類される。1つめは空間理論といわれる方法であり，有権者と政党・候補者の政策選好データを因子分析で集約して複数の政策軸を析出して政策空間を構成する方法である。この方法では，因子得点から各政党・候補者，有権者を政策空間に配置することにより，その位置関係から実際の選挙の状況や勝敗を説明しようとするものである。この方法は日本の選挙分析でも小林（1997），谷口（2006）により用いられてきた。この方法を，ゲーム理論や凸解析を用いてより数学的に精緻化したのがスコフィールドとセネッド（Schofield and Sened, 2006），ローマー（Romer, 2001）である。

　2つめは集票力を指数として表して分析する方法である。この方法では，各選挙区単位における政党・候補者の集票力の強さを指標化し，各選挙区の総体として，選挙の勝敗を分析する。この研究はレイ（1967），ラクソとタゲペラ（Laakso and Taagepera, 1979）が嚆矢であり，日本では水崎・森（2007）が中選挙区，小選挙区を対象に分析をしている。しかし，1つめの空間理論による分析，2つめの政党・候補者の集票力の指標化においても，選挙競争を包括的に捉えるという点で欠如している視点がある。それが棄権である。

　棄権とは有権者が投票しないことである。この要因は，数多の先行研究の結論からは政治関心の低さ，政党支持の衰退の2つに集約される。有権者の政治関心の低下や，支持政党の衰退をもたらす要因は多く考えられるが，やはり有権者の政策選好を代表する政党が無いからに他ならない。有権者の集票方向として政党を捉えるのであれば，棄権も1つの集票方向であり，それを政党とみなすことは理に適っているであろう。有権者がある政党を支持して投票するには，その背後に多くの要因がある。棄権も同様である。投票する要因を正反対にすると棄権の要因になるとは限らないが，モデルを単純化

し，棄権による票をあたかも政党が獲得した票と同じ水準で分析することにより，どのようにして棄権票が生じてきたのかのメカニズムを推測することが可能になる。本章では，このメカニズムをグラフィカルモデリングにより描写し分析する。

(2) グラフィカルモデリングの考え方

グラフィカルモデリングは，多次元量的・質的データから得られる相関係数，偏相関係数から確率変数間の関係をグラフでモデル化して，モデルの妥当性を諸種の統計量から判断して，確率変数間の関連性を解釈する統計的手法である。グラフとは，グラフ理論における無向・有向・連鎖の独立グラフである。グラフィカルモデリングで使用可能なデータは，量的データの連続変数，質的データのカテゴリカル変数である[1]。

多変量解析において複数の確率変数間の関係を捉える方法は，クロス表や相関係数が最も単純な方法であるが，基本的には2変数間の関連しか示すことができない。3変数以上の関連を示す方法としては主成分分析などがある。しかし，主成分分析は相関行列のスペクトル分解であるが故に，相関行列が有している以上の情報を得ることは無理である（宮川，1997，6頁）。主成分分析では，各主成分間の関係を明示的に把握することはできるが，各主成分を構成する変数間の関係，さらに各主成分を跨いでの変数間の関係，3つ以上の変数間の絡みを明示してはくれない。その関係を把握するためには，相関関係について考察する必要がある。このような3つ以上の変数の関連の絡みに関する情報も相関行列に含まれる。しかし，その絡みに関する情報を引き出すのはスペクトル分解ではなく，逆行列により引き出される偏相関係数なのである（宮川，1997，7頁）。グラフィカルモデリングは，多変量確率変数の相関行列から偏相関行列を作成し，共分散選択（Dempster, 1972）の手法により偏相関係数の値の小さいものを順次ゼロとして行くことにより，確率変数間の関係を減らし，AICなどの適合度が最も良い偏相関行列をグラフで表現して解釈する。この方法は工学分野での適用事例は多いが，政

治学分野で適用した研究は管見の限りない。日本におけるグラフィカルモデリングの理論的研究と解説は宮川 (1997), 日本品質管理学会他 [編] (1999) が嚆矢である。以下, 本節の各項におけるグラフィカルモデリングの理論的説明は宮川 (1997, 25-94 頁) に依拠し, 必要に応じて確率論, グラフ理論を分かりやすいように記述する。では, グラフィカルモデリングを理解する上で必要最小限の確率とグラフ理論の概念を次項以下で説明する。

(3) グラフィカルモデリングの基礎:確率変数の条件付き独立

グラフィカルモデリングは多次元確率変数による偏相関係数の関係を有向・無向・連鎖の独立グラフで表し, 確率変数間の関係を解釈する。このときに必要となる概念は, 確率変数の条件付き独立である。まず, 事象の条件付き独立を理解し, 確率変数の条件付き独立の性質を確認する。

3つの事象を A, B, C としたときに, 事象 A が生起する確率を $P(A)$ とする。同様に B が生起した確率を $P(B)$ とする。事象 B が生起したという条件の下で A が生起する確率が条件付き確率であり, (1) 式で定義される。

$$P(A|B) = \frac{P(A \cap B)}{P(B)} \quad (ただし, P(B) > 0 である。) \quad (1)$$

A と B が独立とは,

$$P(A \cap B) = P(A)P(B) \quad (2)$$

が成り立つことである[2]。

事象 A と B が独立であることを $A \perp\!\!\!\perp B$ と表す[3]。

3つの事象 A, B, C があり, 事象 C が生起したという条件の下で, A と B が条件付き独立である条件は,

$$P(A \cap B|C) = P(A|C)P(B|C) \quad (3)$$

であり, これを $A \perp\!\!\!\perp B | C$ と表す (宮川, 1997, 26 頁)。

次に, 事象を確率変数に拡張して条件付き独立を定義する。ここで, 表記に関して注意しておく。一般に確率変数 X が値 x をとる確率 $P(X = x)$ は x の関数であり, その関数を $f(x)$ と記す (松原, 2003, 13 頁)。X が離散確率

第9章　選挙競争の構造：政党・候補者の集票と有権者の棄権　287

変数のとき$f(x)$を確率関数といい，Xが連続確率変数のとき$f(x)$を確率密度関数という。

　2つの離散確率変数をX, Yとして，$X = x$であり同時に$Y = y$である確率$P(X = x, Y = y)$を(X, Y)の同時確率分布という。$f(x, y)$[4]を同時確率関数[5]といい，$0 \leq f(x, y) \leq 1$かつ$\sum_x \sum_y f(x, y) = 1$を満たす。

　2つの連続確率変数をX, Yとして同時分布を考えると，$f(x, y)$は同時確率密度関数であり，$0 \leq f(x, y) \leq 1$かつ$\int_{-\infty}^{\infty} \int_{-\infty}^{\infty} f(x, y) = 1$を満たす。このとき$X, Y$が区間$a_0 \leq X \leq a_1, b_0 \leq Y \leq b_1$の値をとる確率は，$\int_{a_0}^{a_1} \int_{b_0}^{b_1} f(x, y) dxdy$で表される。以下，特に断らない限り確率変数は連続確率変数として扱い，グラフィカルモデリングを説明する。

　同時確率分布からXとYの個別の分布が求められ，それらを周辺確率分布という。Xの周辺確率分布とは，Yの値にかかわらずにXの確率分布を表したものであり，yについて積分した形で表され，$g(x) = \int_{-\infty}^{\infty} f(x, y) dy$となる[6]。同様に$Y$の周辺分布は，$x$について積分した形で表され，$h(y) = \int_{-\infty}^{\infty} f(x, y) dx$となる。

　このことは，3変数X, Y, Zでも成立する。$f(x, y, z)$を同時確率密度関数として，X, Yの区間に加えてZが$c_0 \leq Z \leq c_1$となる確率は$\int_{a_0}^{a_1} \int_{b_0}^{b_1} \int_{c_0}^{c_1} f(x, y, z) dxdydz$で表される。このとき$z$を一定とした2次元周辺確率分布は，$k(x, y) = \int_{-\infty}^{\infty} f(x, y, z) dz$となる。$y$と$z$を一定とした1次元周辺確率分布は，$l(x) = \int_{-\infty}^{\infty} \int_{-\infty}^{\infty} f(x, y, z) dydz$となる。

　同時確率密度関数から得られる周辺確率分布から，条件付き確率密度関数は$f(x, y, z)$においていずれかの確率変数について周辺を積分したものであることが理解できる。たとえば，zについて周辺を積分すれば，条件付き2次元周辺密度関数となる。それはzをある値に固定したときの$f(x, y, z)$であるから，条件付き確率と同様に考えることができる。条件付き2次元周辺密度関数は，$f(x, y|z) = f(x, y, z)/f(z)$と表される。同様に条件付き1次元周辺密度関数は，$f(x|z) = f(x, z)/f(z), f(y|z) = f(y, z)/f(z)$と表される（宮川，1997，27頁）。

確率変数の独立性は，(2) 式と同様にすべての変数 X と Y に対して $f(x, y) = f(x)f(y)$ が成り立つことである。このとき確率変数 X と Y は独立であり，$X \perp\!\!\!\perp Y$ と表す。確率変数の独立性の定義から次の4つの定理が成り立つ（宮川，1997，28-29頁）。

【定義1】　確率変数の独立性の定義
すべての x, y, z の値に対して，
$$f(x, y|z) = f(x|z)f(y|z) \tag{4}$$
が成り立つとき，X と Y は Z を与えたもとでの条件付き独立といい，$X \perp\!\!\!\perp Y | Z$ と表す。

この定義は (3) 式 $P(A \cap B|C) = P(A|C)P(B|C)$ を確率密度関数として表したものである[7]。(4) 式と条件付き密度関数の定義から
$$f(x, y, z) = f(x, z)f(y, z)/f(z) \tag{5}$$
が導き出される。(5) 式の意味は，条件付き独立が成り立つための必要十分条件であるが，実際の分析と解釈で重要となるのは，確率変数の独立性から因数分解基準を中心として導かれる定理【1.1】〜【1.4】である[8]。

【定理 1.1】　因数分解基準
　　　　$X \perp\!\!\!\perp Y | Z$ の必要十分条件は，同時確率密度関数 $f(x, y, z)$ に対して
$$f(x, y, z) = g(x, z)h(y, z) \tag{6}$$
を満たす関数 g と h が存在することである。

【定理 1.2】　$X \perp\!\!\!\perp Y | Z$ かつ $X \perp\!\!\!\perp Z | Y$ ならば，$X \perp\!\!\!\perp (Y, Z)$ である。

【定理 1.3】　4つの確率変数 X, Y, Z_1, Z_2 において，$X \perp\!\!\!\perp Y | (Z_1, Z_2)$ かつ $X \perp\!\!\!\perp Z_1 | (Y, Z_2)$ ならば，$X \perp\!\!\!\perp (Y, Z_1) | Z_2$ である。

【定理 1.4】　4つの確率変数 X, Y_1, Y_2 において，$X \perp\!\!\!\perp (Y_1, Y_2) | Z$ ならば $X \perp\!\!\!\perp Y_1 | Z$ である。

これらの確率変数の条件付き独立は確率変数間の関係を規定し，グラフを解釈するときの基礎となる。だが，さらに確率変数間の関係を考察するうえで重要な役割を果たすのはマルコフ連鎖の確率過程である。確率過程とは確

第9章　選挙競争の構造：政党・候補者の集票と有権者の棄権　289

率変数の時間的変化である。マルコフ連鎖は，確率変数X_{n+1}がある値をとる確率がX_nの結果のみに依存している確率過程であり(7)式で表される。

$$f(x_{n+1}|x_1,\cdots,x_{n-1},x_n) = f(x_{n+1}|x_n) \tag{7}$$

(7)式は次のように証明できる。3つの事象A, B, Cにおいて，$A \perp\!\!\!\perp B|C$のとき，(8)式が成り立つ。

$$P(A|B,C) = P(A|C) \tag{8}$$

これは(1)式の条件付き確率の定義より，

$$P(A|B,C) = \frac{P(A\cap B\cap C)}{P(B\cap C)} = \frac{P(A\cap B\cap C)}{P(C)P(B|C)} = \frac{P(A\cap B|C)P(C)}{P(C)P(B|C)} = \frac{P(A\cap B|C)}{P(B|C)}$$

である。また，$A \perp\!\!\!\perp B|C$は(3)式より，$P(A\cap B|C) = P(A|C)P(B|C)$であるから，これを上式の右辺に代入すれば(8)式となる。これらのことから，(7)式は(4)式をもとにして(9)式として表すことができる。

$$f(x_1,\cdots,x_{n-1},x_{n+1}|x_n) = f(x_{n+1}|x_n)f(x_1,\cdots,x_{n-1}|x_n) \tag{9}$$

マルコフ連鎖はx_{n+1}の分布が「直前」のx_nにのみ依存することを意味する。よって，(9)式は，X_nを所与とするとX_{n+1}と$X_1,\cdots,X_{n-1}$は条件付き独立であることも意味している。この「直前」を「隣接」に解釈することで，グラフにおいてマルコフ性を成り立たせることができる。これらの定理は，確率変数を確率ベクトルと置き換えても成立する（宮川，1997，30頁）。

(4)　グラフィカルモデリングの基礎：多変量正規分布での条件付き独立

確率変数$X_1,\cdots,X_p$のそれぞれが正規分布をするとき，それらは全体としてp次元正規分布と考えることができる。この分布をp次元多変量正規分布といい，(10)式の確率密度関数で表される。

$$f(\boldsymbol{x}) = \frac{1}{\sqrt{(2\pi)^p|\Sigma|}} \exp\left\{-\frac{1}{2}(\boldsymbol{x}-\boldsymbol{\mu})'\Sigma^{-1}(\boldsymbol{x}-\boldsymbol{\mu})\right\} \tag{10)[9]}$$

グラフィカルモデリングを行う上で，多変量正規分布の重要な性質は次の[1]〜[6]である（宮川，1997，31-35頁）。

[1]　任意の$1 \leq i \leq p$について，X_iは平均μ_i，分散σ_{ii}の正規分布にしたがう。

μ_i は μ の第 i 要素であり，σ_{ii} は $\Sigma = (\sigma_{ij})$ の第 i 対角要素である．分散共分散行列における分散は σ_i^2 と一般には表記されるが，本章では宮川（1997, 31頁）にならい分散を σ_{ii} と表記する．

[2] 任意の $1 \leq i < j \leq p$ について，2つの確率変数 (X_i, X_j) は平均ベクトル $(\mu_i, \mu_j)'$，分散共分散行列 Σ の2次元正規分布に従う．このとき，2変数の相関係数は（11）式で表される．$\sigma_{ij} = 0$ のときに無相関であり，X_i と X_j は独立である．

$$\rho_{ij} = \frac{\sigma_{ij}}{\sqrt{\sigma_{ii}}\sqrt{\sigma_{jj}}} \tag{11}$$

[3] 任意の $1 \leq i < j \leq p$, $i \neq j$ について，$X_j = x_j$ を与えたときの X_i の条件付き確率密度関数の分布は，（12）式の正規分布となる．

$$\left.\begin{array}{l} 平均: \mu_i + \dfrac{\sigma_{ij}}{\sigma_{jj}}(x_j - \mu_j) \\ 分散: \sigma_{ii} - \dfrac{\sigma_{ij}^2}{\sigma_{jj}} = \sigma_{ii}(1 - \rho_{ij}^2) \end{array}\right\} \tag{12}$$

[4] p 次元確率ベクトル $X = (X_1, \cdots, X_p)'$ を2つに分割し，
$X = \begin{pmatrix} X^{(1)} \\ X^{(2)} \end{pmatrix}$, $X^{(1)} = (X_1, \cdots, X_q)'$, $X^{(2)} = (X_{q+1}, \cdots, X_p)'$, とする．

μ と Σ を以下のように分割する．

$$\mu = \begin{pmatrix} \mu^{(1)} \\ \mu^{(2)} \end{pmatrix}$$

$$\Sigma = \begin{pmatrix} \Sigma_{11} & \Sigma_{12} \\ \Sigma_{21} & \Sigma_{22} \end{pmatrix} \tag{13}$$

このとき，$X^{(1)}$ は $N(\mu^{(1)}, \Sigma_{11})$ に，$X^{(2)}$ は $N(\mu^{(2)}, \Sigma_{22})$ に，それぞれ従う．$\Sigma_{12} = 0$ のとき，$X^{(1)}$ と $X^{(2)}$ の任意の要素が独立である．

[5] $X^{(2)} = x^{(2)}$ を与えたもとでの $X^{(1)}$ の条件付き分布は，平均ベクトルが $\mu^{(1)} + \Sigma_{12}\Sigma_{22}^{-1}(x^{(2)} - \mu^{(2)})$ 分散共分散行列が $\Sigma_{11} - \Sigma_{12}\Sigma_{22}^{-1}\Sigma_{21}$ の q 次元正規分布に従う．

ここまでの［1］〜［5］の性質をもとにして，条件付き独立の必要十分条

第9章 選挙競争の構造：政党・候補者の集票と有権者の棄権

件が導出できる。$\Sigma = (\sigma_{ij})$ の逆行列を $\Sigma^{-1} = (\sigma^{ij})$ と表わす。$\Sigma = (\sigma_{ij})$ は分散共分散行列の逆行列の要素である。(13) 式と同じ次数で $\Sigma^{-1} = (\sigma^{ij})$ を分割して，

$$\Sigma^{-1} = \begin{pmatrix} \Sigma^{11} & \Sigma^{12} \\ \Sigma^{21} & \Sigma^{22} \end{pmatrix}$$

とすると，逆行列の性質から

$$(\Sigma^{11})^{-1} = \Sigma_{11} - \Sigma_{12}\Sigma_{22}^{-1}\Sigma_{21} \tag{14}$$

となり，これは〔5〕の分散共分散行列と一致する[10]。

ここから，仮に (13) 式での分割で，$q = 2$ とすると，Σ^{-1} の分割行列 Σ^{11} は，

$$\Sigma^{11} = \begin{pmatrix} \sigma^{11} & \sigma^{12} \\ \sigma^{21} & \sigma^{22} \end{pmatrix}$$

であり，

$$(\Sigma^{11})^{-1} = \frac{1}{\sigma^{11}\sigma^{22} - \sigma^{12}\sigma^{22}} \begin{pmatrix} \sigma^{22} & -\sigma^{12} \\ -\sigma^{21} & \sigma^{11} \end{pmatrix}$$

は，$X_3, \cdots, X_p$ を与えたときの X_1 と X_2 の条件付き確率分布の分散共分散行列 $\Sigma_{11} - \Sigma_{12}\Sigma_{22}^{-1}\Sigma_{21}$ となる。よって，ここから $(\Sigma^{11})^{-1}$ の非対角要素が 0（$\sigma^{12} = 0 = \sigma^{21}$）ならば，$X_3, \cdots, X_p$ を与えたときに，X_1 と X_2 は条件付き独立となるのである。

この条件付き確率分布における相関係数が偏相関係数（$\rho_{ij \cdot rest}$）である。$q = 2$ のときは (15) 式となる。

$$\rho_{12 \cdot rest} = \frac{-\sigma^{12}}{\sqrt{\sigma^{11}}\sqrt{\sigma^{22}}} \qquad (rest = 3, 4, \cdots, p \text{ である。}) \tag{15}$$

これは任意の $1 \leq i < j \leq p$ においても成り立つ。p 個の変量からなる多変量正規分布の相関行列を $\Pi = (\rho_{ij})$，その逆行列を $\Pi^{-1} = (\rho^{ij})$ とすると，X_i と X_j の偏相関係数は (16) 式となる（宮川, 1997, 34頁）。

$$\rho_{ij \cdot rest} = \frac{-\sigma^{ij}}{\sqrt{\sigma^{ii}}\sqrt{\sigma^{jj}}} \qquad (rest = \{1, 2, \cdots, p\} \setminus \{i, j\} \text{ である。}) \tag{16}$$

よって，ここから多変量正規分布の性質［6］として「条件付き独立の必要十分条件」が導出される。

［6］X_i と X_j が，その他のすべての確率変数を与えたときに，条件付き独立 $X_i \perp\!\!\!\perp X_j | (X_1, X_2, \cdots, X_p \setminus X_i, X_j)$ となる必要十分条件は，Σ^{-1} の (ij) 要素が $\sigma^{ij} = 0$ となること，つまり偏相関係数 $\rho_{ij \cdot rest} = 0$ となることである（宮川，1997，35頁）。

(5) 無向独立グラフとマルコフ性

①グラフィカルモデリングにおける無向独立グラフ

グラフィカルモデリングは，最終的に確率変数間の関係を条件付き独立という形で表して解釈する。このときに，確率変数間の関係において因果関係が明確に想定できる場合とできない場合がある。明確に因果関係が想定できる場合のグラフは有向独立グラフ，連鎖独立グラフ，想定できない場合が無向独立グラフとなる。

本章で用いる確率変数は，8市町村における各政党候補者の得票数，および棄権者数である。したがって，確率変数間の時間関係などを特定化することはできず，因果関係を明確に想定することはできない。よって，これらの確率変数間のそれぞれに因果関係を設定することは難しい。本章では，一貫して無向独立グラフを用いて分析する。

②グラフ理論

無向独立グラフで用いるグラフ理論の基礎概念を整理しておく[11]。グラフとは，いくつかの頂点（vertex）とそれらを結ぶ辺（edge）からなる1つの構造であり，グラフの構造から社会における人間や企業などの主体の特性を分析するための図であり，グラフ理論として数学的に体系化されている。

一般に頂点の集合を V，辺の集合を E として，$G = (V, E)$ としてグラフを表す。2つの頂点 α, β において，これら2つの頂点の対 (α, β) と (β, α) を区別しないときに，それを表す辺には方向を示す矢印は付けないことにする。この場合は線（line）ともいう。辺すべてに向きがないグラフを無

第9章　選挙競争の構造：政党・候補者の集票と有権者の棄権　293

向グラフという。辺に向きがあるグラフを有向グラフ（directed graph）という。さらに，1つの頂点で(a, a)を結ぶ辺が存在するとき，その辺を輪（roop）という。輪が無く任意の2つの頂点を結ぶ辺が1つしかないグラフを単純グラフといい，辺が2つ以上，輪を含むグラフを多重グラフという（宮川，1997，46頁）。本章では単純無向グラフをもとに，頂点間に条件付き独立関係を組み込んだ無向独立グラフにより確率変数間の関係を表す。

【無向独立グラフの定義】p個の確率変数があり，p個の変数で無向グラフを考える。このとき存在する変数対の組み合わせは，$p(1-p)/2$通りである。これらの(X_i, X_j) $(1 \leq i, j \leq p)$のそれぞれについて，X_iとX_jが残りの$p-2$個の確率変数を与えたもとで条件付き独立か否かを判断する。つまり，偏相関係数$\rho_{ij \cdot rest} = 0$か否かを判断するのである。そして，$\rho_{ij} \neq 0$のときにX_iとX_jを表す頂点を辺で結び，(X_i)——(X_j)と表す。$\rho_{ij} = 0$のときには，X_iとX_jを表す頂点を辺で結ばない。これは，変数の分散共分散行列を$\Sigma = (\sigma_{ij})$として，その逆行列$\Sigma^{-1} = (\sigma^{ij})$のある成分が$\sigma^{ij} = 0$となることは，「$X_i$と$X_j$が，その他のすべての変数を与えたときに，条件付き独立になる」ことを意味するのである（宮川，1997，45-46頁）。

$p=4$とすると，具体的にはΣ^{-1}は，

$$\Sigma^{-1} = \begin{array}{c} \\ X_1 \\ X_2 \\ X_3 \\ X_4 \end{array} \begin{array}{cccc} X_1 & X_2 & X_2 & X_2 \\ \end{array} \left(\begin{array}{cccc} * & & & \\ * & * & & \\ * & * & * & \\ 0 & 0 & * & * \end{array} \right) \quad (* \neq 0 \text{であり，} \Sigma^{-1} \text{は対称行列である})$$

となる。このとき，条件付き独立を無向独立グラフで表すと，図9-1のようになり，$X_1 \perp\!\!\!\perp X_4 | (X_2, X_3)$と$X_2 \perp\!\!\!\perp X_4 | (X_1, X_3)$が成り立っている。

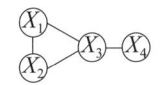

図 9-1　条件付き独立の無向独立グラフ
出所：宮川，1997，45頁。

では，分析していく上で必要となるグラフ理論の用語を，ウィルソン

(Wilson, 1996 = 01, 11-34頁), 宮川（1997, 46-47頁）から定義しておく。

❶隣接（adjacent）：頂点αとβに辺$\alpha\beta$があるとき，αとβは隣接しているといい，$\alpha \sim \beta$で表す。

❷完全（complete）：グラフGのすべての頂点が互いに隣接しているとき，そのグラフは完全であるという。n個の頂点を持つグラフは，$n(n-1)/2$の辺がある。

❸部分グラフ（adjacent）：グラフGの$V(G)$と$E(G)$の部分集合からなるグラフをG'とするとき，G'はGの部分グラフである。

❹クリーク（clique）：$c \subseteq V$において，cが生成する部分グラフが完全グラフとなる極大頂点集合である。

❺道（path）：異なる頂点列$a_0, a_1, \cdots, a_n$は，$(a_{j-1}, a_j) \in E, j = 1, \cdots, n$のとき長さ$n$の道という。道においては，ある1つの頂点は1度しか現れない。

❻連結（connected）：頂点αとβを含む道があるとき，αとβは連結しているという。

❼境界（boundary）：$\alpha \in V$に対して，αと隣接している頂点の集合をαの境界といい，$bd(\alpha)$と表す。

❽閉包（closure）：$\alpha \in V$に対して，境界と$\{\alpha\}$の和であり，$cl(\alpha)$と表す。

❾分離（separate）：頂点α, βを結ぶ任意の道が頂点集合sのある要素を含むとき，sはαとβを分離しているという。

❿閉路（cycle）：長さnの道$a_0, a_1, \cdots, a_n$で，$a_0 = a_n$を許したものを長さnの閉路という。閉路ではある1つの頂点が2度現れる。

⓫弦（chord）：閉路において連続していない頂点を結ぶ辺を弦という。長さnの閉路$a_0, a_1, \cdots, a_n = a_0$ならば，$a_1 a_3$などの辺である。

⓬三角化（triangulated）：長さ4以上の弦のない閉路が存在しないグラフを三角化しているという。

③マルコフ連鎖と因数分解性

図9-1の無向独立グラフでは，$X_1 \perp\!\!\!\perp X_4 | (X_2, X_3)$かつ$X_2 \perp\!\!\!\perp X_4 | (X_1, X_3)$が成り立っている。よって，定理1.3より$(X_1, X_2) \perp\!\!\!\perp X_4 | X_3$となる。すると，この

第9章　選挙競争の構造：政党・候補者の集票と有権者の棄権　295

式が成立するための必要十分条件は，因数分解基準である定理1.1より，4つの変数 X_1, X_2, X_3, X_4 の同時分布が，

$$f(x_1, x_2, x_3, x_4) = f(x_1, x_2|x_3) f(x_4|x_3) f(x_3)$$
$$= g(x_1, x_2, x_3) h(x_3, x_4)$$

と因数分解されることである。図9-1のグラフには2つのクリーク $c_1 = \{X_1, X_2, X_3\}$，$c_2 = \{X_3, X_4\}$ が存在しており，これらは g と h に対応している。つまり，確率変数の因数分解とクリークを形成する頂点（確率変数）は一致する。これは，定理2.5として成立する。

図9-1の条件付き独立の関係 $X_1 \perp\!\!\!\perp X_4|(X_2, X_3)$ と $X_2 \perp\!\!\!\perp X_4|(X_1, X_3)$ は，X_3 を条件として与えれば，2つの条件付き独立 $(X_1, X_2) \perp\!\!\!\perp X_4|X_3$ が成立することを示している。図9-1のグラフは，X_1 と X_4 は X_3 で分離されている。さらに，X_2 と X_4 は X_3 で分離されている。このことは，2つの確率変数（頂点）がグラフのなかで隣接していないときには，それら2つの確率変数を分離する変数だけを与えれば，条件付き独立が成立することを意味する。これらのことは定理2.1～2.3で一般化され，そこから定理2.4の「3つのマルコフ性の同値性」と定理2.5の「因数分解とマルコフ性の関係」が導出される。以下，宮川（1997, 48-53頁）に依拠して定理を示しておく。

【定理2.1】連結していない確率変数間の独立性

頂点集合 V が背反な部分集合 a と b に分割されているとする。このとき無向独立グラフで，$^\forall \alpha \in a$ と $^\forall \beta \in b$ が連結していないならば，$a \perp\!\!\!\perp b$ である[12]。

【定理2.2】連結していない確率変数間の任意の条件付き独立性

頂点集合 V が背反な部分集合 a と b に分割されているとする。また $u \in V$ で，$u \setminus \{\alpha, \beta\}$ であるとする。このとき無向独立グラフで，$^\forall \alpha \in a$ と $^\forall \beta \in b$ が連結していないならば，$a \perp\!\!\!\perp b |u$ である[13]。

【定理2.3】分離定理

無向独立グラフにおいて，2つの頂点 α と β が頂点集合 s により分離されているならば，$\alpha \perp\!\!\!\perp \beta |s$ が成立する[14]。

無向独立グラフの定義から，2つの頂点aとβが隣接していないならば，$a \perp\!\!\!\perp \beta | V \setminus \{a, \beta\}$という性質が成立する。これを「対ごとのマルコフ性」といい，（P）で表す。

また，定理2.3の$a \perp\!\!\!\perp \beta | s$を「大域的マルコフ性」といい，（G）で表す。

定理2.3は「（P）ならば（G）」であることを意味する。

さらに，この中間に位置する「局所マルコフ性」がある。bd(a)をaを頂点とする集合とし，cl(a) = bd(a) + aとするときに，$^\forall a$について，$a \perp\!\!\!\perp V \setminus$ cl(a) | bd(a)が成り立つ。これを「局所マルコフ性」として（L）と表す。このとき，次の定理2.4が成り立つ。

【定理2.4】3つのマルコフ性の同値性

任意の無向グラフにおいて，（G）→（L）→（P）が成り立つ[15]。

さらに，ここから定理2.3と定理2.4から（G）→（L）→（P）→（G）が成り立つことがわかる。そして，この3つのマルコフ性と同じ性質が「グラフGに従う因数分解性」であり，（F）と表す。ここから，定理2.5が成り立つ。

【定理2.5】因数分解とマルコフ性の関係

任意の無向独立グラフにおいて（F）→（G）が成り立つ。

以上，これらの定理が本章の分析結果のグラフ解釈で必要となる[16]。

(6) 共分散選択によるモデル探索

①共分散選択

共分散選択はグラフィカルモデリングにおけるモデル作成の本質的部分である。確率変数の条件付き独立における偏相関係数の意味は，確率変数X_iとX_jの偏相関係数が$\rho_{ij \cdot rest} = 0$のとき，$X_i \perp\!\!\!\perp X_j | (X_1, X_2, \cdots, X_p \setminus i, j)$である。これをグラフで表すと図9-2のようになる。つまり，X_iとX_jはX_kを与えたときに独立となることを示している。

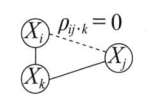

図9-2 グラフ，偏相関係数からみた条件付き独立

出所：以下本章の図表は全て筆者作成。

第9章　選挙競争の構造：政党・候補者の集票と有権者の棄権　297

　共分散選択は多変量正規分布にある確率変数間の構造を単純化するための手法であり，その原理はデンプスター（Dempster, 1972）により考案された。p 次元多変量正規分布では，$p(p-1)/2$ 個のパラメータがある。だが，観測値（データ）による標本共分散行列を説明するためには，$p(p-1)/2$ 個より少数のパラメータで十分な可能性もある。統計解析の目的は，自然・社会現象をより少数のパラメータによる単純な統計モデルで説明することである[17]。このパラメータを減らす1つの方法が共分散選択であり，$\Sigma = (\sigma_{ij})$ の非対角要素のいくつかをゼロにするのではなく，$\Sigma^{-1} = (\sigma^{ij})$ でいくつかの非対角要素をゼロにする。Σ が正則行列ならば Σ^{-1} は一意に定まる。σ^{ij} をゼロにすることは確率変数間に条件付き独立を付与することになり，変数間の関係を解読し易くするのである。共分散選択を定式化するうえで基礎となるのは，Σ の要素である。添え字 (i, j) の集合を Ω として，$1 \leq i < j \leq p$ とする。なぜならば，(i, j) は Σ の要素の添え字であり，下三角行列であるから，$i < j$ だけを考えればよい。Ω を2つの背反な部分集合 I と J に分割し，$(i, j) \in I$ では $\sigma^{ij} = 0$，$(i, j) \in J$ では σ^{ij} は任意とするモデルを考える（宮川，1997，76-77頁）。

　共分散選択は p 次元正規分布において，それぞれ p 次元変量の観測値 $x_1, \cdots, x_n$ があるとき，標本共分散行列を

$$S = (s_{ij}) = \sum_{k=1}^{n} (\boldsymbol{x}_k - \bar{\boldsymbol{x}})(\boldsymbol{x}_k - \bar{\boldsymbol{x}})' / n$$

と定義する。

　p 次元正規分布の確率密度関数は（10）式である。その対数をとると

$$\log f(\boldsymbol{x}) = -\frac{p \log(2\pi)}{2} - \frac{\log |\Sigma|}{2} - \frac{(\boldsymbol{x} - \boldsymbol{\mu})' \Sigma^{-1} (\boldsymbol{x} - \boldsymbol{\mu})}{2} \quad (17)$$

観測値 $x_1, \cdots, x_n$ の対数尤度は

$$\log L(\boldsymbol{\mu}, \Sigma) = -\frac{np \log(2\pi)}{2} - \frac{n \log |\Sigma|}{2} - \frac{\sum_{k=1}^{n} (\boldsymbol{x}_k - \boldsymbol{\mu})' \Sigma^{-1} (\boldsymbol{x}_k - \boldsymbol{\mu})}{2} \quad (18)$$

となる。$\log L(\boldsymbol{\mu}, \Sigma)$ は尤度関数である。

ここから次の定理が成り立つ（宮川，1997，79-81 頁）。

【定理 3.1】 パラメータに制約のない μ と Σ の最尤推定値
μ と Σ の最尤推定値 $\tilde{\mu}$ と $\tilde{\Sigma}$ は，

$$\tilde{\mu} = \bar{x} \qquad \tilde{\Sigma} = S \tag{19}$$

となる。

問題は $(i,j) \in I$ で，$\sigma^{ij} = 0$ とした制約下での最尤推定値である。(18) 式の右辺第 3 項は，

$$\sum_{k=1}^{n}(x_k-\mu)'\Sigma^{-1}(x_k-\mu) = \sum_{k=1}^{n}(x_k-\bar{x})'\Sigma^{-1}(x_k-\bar{x}) + n(\bar{x}-\mu)'\Sigma^{-1}(\bar{x}-\mu) \tag{20}$$

と分解され，μ は (20) 式の右辺第 2 項だけで尤度に寄与することから，$\hat{\mu} = \bar{x}$ となる。

この Σ の推定値 $\hat{\Sigma}$ は，(20) 式の右辺第 2 項をゼロとして対数尤度から求められる。このとき $\Sigma^{-1} = (\sigma^{ij})$ の最尤推定値 $\hat{\Sigma}^{-1} = (\hat{\sigma}^{ij})$ は，$\dfrac{\partial L(x, \Sigma^{-1})}{\partial \sigma^{ii}}$
$= \dfrac{n}{2}\dfrac{\Sigma^{-1}_{ii}}{|\Sigma^{-1}|} - \dfrac{ns_{ii}}{2} = 0$ と $\dfrac{\partial L(x, \Sigma^{-1})}{\partial \sigma^{ij}} = n\dfrac{\Sigma^{-1}_{ij}}{|\Sigma^{-1}|} - ns_{ij} = 0$ の解として求められ，デンプスターは Σ に次の定理を与えた（宮川，1997，81-82 頁）。

【定理 3.2】 共分散選択の基本定理

$(i,j) \in I$ では $\sigma^{ij} = 0$ として，$(i,j) \in J$ では σ^{ij} の値を任意とするモデルにおける Σ の最尤推定値は次の 2 つの条件を満たす正定値行列である。

(1) $(i,j) \in I$ では，$\hat{\sigma}^{ij} = 0$
(2) $(i,j) \in J$ では，$\hat{\sigma}^{ij} = s_{ij}$[18]

なお，この計算のアルゴリズムは宮川（1997，83-86 頁）では，Wermuth and Scheidt（1977）の方法をもとに紹介している。本章における共分散選択のアルゴリズムは，これを発展させた R のパッケージ ggm（Marchetti, Drton and Sadeghi, 2015）のアルゴリズムである。

②適合度指標

共分散選択により定まった S の最尤推定値 $\hat{\Sigma}$ を評価するために，適合度指標が必要になる。グラフィカルモデリングでは，AIC と逸脱度の 2 つを併用するのが標準的と考えられる[19]。AIC は，これまでに多くの統計モデ

で用いられてきた。ここでは，逸脱度の概要を示しておく。(18) 式と (19) 式から，何の制約もないモデルをフルモデルとして FM と表す。FM の最大対数尤度は $\log L(\mathrm{FM}) = -\frac{np\log(2\pi)}{2} - \frac{n\log|S|}{2} - \frac{np}{2}$ である。

$(i,j) \in I$ でいくつかの σ^{ij} を $\sigma^{ij} = 0$ と制約を課すモデルを縮小モデルとし，RM で表す。以下，制約の数により RM1，RM2，…とする。RM の最大対数尤度は $\log L(\mathrm{RM}) = -\frac{np\log(2\pi)}{2} - \frac{n\log|\hat{\Sigma}|}{2} - \frac{np}{2}$ となり，これら FM と RM の対数尤度の差の 2 倍を RM の FM に対する逸脱度 (deviance) として，dev (RM) と表す。逸脱度は

$$\mathrm{dev}(\mathrm{RM}) = 2[\log L(\mathrm{FM}) - \log L(\mathrm{RM})] = n\log\frac{n\log|\hat{\Sigma}|}{2}$$ の式で表される。

RM が真のとき dev(RM) は漸近的に χ^2 分布に従う。このとき自由度は制約したパラメータ数である。縮小モデル RM1（1つのパラメータを制約）と RM2（さらにもう1つのパラメータを制約，合計2つのパラメータを制約）には RM1⊃RM2 の包含関係にあり，dev(RM2) ≥ dev(RM1) となる。この関係からパラメータを減少させることにより逸脱度は増加する。そこで，dev(RM2) − dev(RM1) から RM1 から RM2 へとパラメータを縮小したモデルにしたときに，ゼロとしたパラメータの有意性を χ^2 検定から検証できる（宮川，1997，83 頁）[20]。

共分散選択は，分析に用いる確率変数から構成されるグラフが完全であるところから出発する。まず，偏相関係数を導出し，値がゼロに近い，つまり絶対値最小のものから順次偏相関係数をゼロとする制約を課して，再度偏相関係数を導出する手順を繰り返し，モデルの適合度 AIC や dev(RM) が最適となるモデルを最終的なモデルとして選択するプロセスである。

では，統計解析ソフト R のパッケージ ggm による具体的分析手順を示しておく。

共分散選択は，分析モデルを構成する確率変数から構成される完全グラフから出発し，以下の手順で行う。

〈1〉 データの標本分散共分散行列を Σ_0 とする。そこから標本相関行列 R_0

$=(r_{ij})$ および，標本偏相関係数行列 $P_0=(r_{ij \cdot rest})$ を作成する。P_0 をフルモデル（FM）で推定したときに AIC＝0，dev(FM)＝0 である。

〈2〉 P_0 のなかで，絶対値最小の $r_{ij \cdot rest}$ をみつけ，FM において $r_{ij \cdot rest}$ に相当する箇所の母偏相関係数を $\rho_{ij \cdot rest}=0$ とする。

〈3〉 この $\rho_{ij \cdot rest}=0$ としたモデルを，RM1 とする。この RM1 に対して R_0 から母分散共分散行列 $\hat{\Sigma}_1$ を推定する。

〈4〉 $\hat{\Sigma}_1$ から RM1 における母偏相関行列 P_1，さらに母相関行列 M_1 を作成する。M_1 から AIC$_1$, dev(RM1) を算出する。AIC$_0$ ＜ AIC$_1$, dev(RM1)-dev(FM) の p 値を p_1 として p_1 ＜ .15 程度ならば分析を終了し，FM が最適モデルとなる。しかし，普通は AIC$_0$ ＞ AIC$_1$ となるので，〈5〉へ進む。

〈5〉 P_1 の絶対値最小の要素 $\rho_{ij' \cdot rest}=0$ としたモデルを RM2 とする。この RM2 に対して，R_0 から $\hat{\Sigma}_2$ を推定する。

〈6〉 $\hat{\Sigma}_2$ から RM2 における P_2, M_2 を作成する。M_2 から dev(RM2) と AIC$_2$ を算出する。dev(RM2)-dev(RM1) の p 値を p_2 とする。

〈7〉 AIC$_1$ ＜ AIC$_2$, p_2 ＜ .15 程度ならば，ここで推定を終了する。最適モデルは RM1 となる。

AIC$_1$ ＞ AIC$_2$, p_2 ＞ .15 程度ならば，〈8〉に進む。

〈8〉 〈1〉～〈7〉で行った FM と RM の推定を，RM2 と RM3, …, RMk と RMk＋1 で行い，その都度 AIC$_k$ と AIC$_{k+1}$, dev(RMk+1)-dev(RMk) の p_{k+1} 値の変化を見て，最適モデルを判断する。

3. 集票構造の分析

（1） 共分散選択

本章の分析対象は，日本の衆議院選挙小選挙区における選挙競争としての，各政党の集票構造と棄権のメカニズムである。その1つの事例として，東京25区西多摩群地域をとりあげる。この地域は長年居住している人と，ベッ

ドタウンとして近年居住した人も多くいる。職業構成，年齢構成なども現代日本の縮図に近似している。しかし，この 25 区は東京の他の小選挙区に比べると比較的保守層が多く，投票率も相対的に安定して高い。しかし，25 区でも 2014 年選挙ではやはり投票率は低下しており，小さな地域ではあるが選挙競争と棄権のメカニズムを分析するに適した対象である。では，25 区を政党間の集票構造から棄権のメカニズムを含めて選挙競争を分析する。分析に用いるデータは，2014 年の衆議院選挙東京 25 区の 8 つの市町村における各政党の候補者の得票数である。東京 25 区では，自民党，民主党，共産党の 3 候補者が立候補しており，これらに棄権も集票先の 1 つとして政党と見なし，4 つの集票先（＝政党）の政党間競争として分析を進める。分析は統計解析ソフト R でグラフィカルモデリングを実行するための ggm というパッケージを用いた[21]。

分析における変数名と政党の対応関係は表 9-1 に示す。

表 9-2 はフルモデル（FM），つまり 8 つの確率変数間の相関係数と偏相関係数である。確率変数は連続変数であるから，相関係数はピアソンの積率相関係数である。表 9-2 の偏相関係数で絶対値最小は X_2 と X_4 の係数で .080 である。よって $\rho_{24 \cdot rest} = 0$ という制約を課した縮小モデル（RM1）として分析を進める。分析結果は表 9-3 に示す。AIC = −1.948, dev(RM1) = .0517 である。この逸脱度を χ^2 分布で近似すると p = .820 である。つまり，RM1 が真のときに，dev(RM1) = .0517 以上となる確

表 9-1　変数名

変数	政党名の略記
X_1	LDP（自民党得票数）
X_2	JDP（民主党得票数）
X_3	JCP（共産党得票数）
X_4	ABSTE（棄権者数）

表 9-2　FM の相関係数と偏相関係数

相関係数	X_1	X_2	X_3	X_4	偏相関係数	X_1	X_2	X_3	X_4
X_1	1.000				X_1	−			
X_2	.997	1.000			X_2	.700	−		
X_3	.991	.997	1.000		X_3	−.522	.813	−	
X_4	.997	.997	.993	1.000	X_4	.509	.080	.230	−

$AIC_0 = 0$, dev(FM) = 0, df = 0

表 9-3　RM1 の相関係数と偏相関係数

相関係数	X_1	X_2	X_3	X_4	偏相関係数	X_1	X_2	X_3	X_4
X_1	1.000				X_1	−			
X_2	.997	1.000			X_2	.721	−		
X_3	.991	.997	1.000		X_3	−.546	.820	−	
X_4	.997	.997	.993	1.000	X_4	.550	.000	.291	−

$AIC_1 = -1.948$, $dev(RM1) = 0.052$, $df = 1$

表 9-4　RM2 の相関係数と偏相関係数

相関係数	X_1	X_2	X_3	X_4	偏相関係数	X_1	X_2	X_3	X_4
X_1	1.000				X_1	−			
X_2	.997	1.000			X_2	.668	−		
X_3	.991	.997	1.000		X_3	−.373	.857	−	
X_4	.997	.994	.988	1.000	X_4	.635	.000	.000	−

$AIC_2 = -1.553$, $dev(RM2) = 2.447$, $df = 2$

率が .820 ということである。表 9-3 の偏相関係数で，絶対値最小は X_3 と X_4 の係数で .291 であるから $\rho_{34 \cdot rest} = 0$ という制約を課して分析を進める。

　結果は表 9-4 に示す。$AIC_2 = -1.553$, $dev(RM2) = 2.447$ であり，AIC は若干大きくなっている。逸脱度は $dev(RM2) - dev(RM1) = 2.395$, $p_2 = .122$ であり，当てはまりはよい。表 9-4 の偏相関係数で絶対値最小は X_1 と X_3 の係数で −.373 である。よって $\rho_{13 \cdot rest} = 0$ という制約を課して分析を進める。詳細な結果は割愛するが，$AIC_3 = 36.742$, $dev(RM3) = 42.742$ であり，AIC は極端に大きくなっている。$dev(RM3) - dev(RM2) = 42.742 - 2.447 = 40.295$ (df = 1)，$p_3 = 6.247e - 11$ であり，逸脱度の p 値はかなり小さい。よって，$\rho_{13 \cdot rest} = 0$ という制約は課さない方がよいと判断できる。以上の結果から，最終的モデルは，表 9-3 の偏相関係数から無向独立グラフを構築して解釈するのが最適であると考えられる。

(2)　グラフの解釈

　表 9-4 の相関係数をみると，各政党間の相関係数は大きい[22]。
　詳細なデータは割愛するが，全ての市町村で各党の得票の分布はほぼ同じ

形である。よって，これらのことから，全ての政党は人口の多い市で，得票総数の大部分を得ていることが分かる。

偏相関係数をみると，各政党間の様相は大きく変化する。偏相関係数は他の確率変数の値を固定したときの2変数間の関連の強さである。グラフィカルモデリングの結果（図9-3）をみると，X_1(LDP) と X_2(JDP)，X_1(LDP) と X_4(ABSTENTION)，X_2(JDP) と X_3(JCP) の関係は相関係数とほぼ同じであるが，相関係数と比較すると偏相関係数の値は小さくなっている。X_1(LDP) と X_3(JCP) では偏相関係数が負の値であるから，相関関係とはその構造の意味が異なってくる。X_1(LDP) と X_3(JCP) の偏相関係数は負であるから，X_2(JDP) を固定するとトレードオフの関係になっている。このことは，どの市町村においても X_2(JDP) が同じような得票数を得るならば，X_1(LDP) の得票数が増加して，X_3(JCP) の得票数は減少することを示している。しかし，市町村の人口規模にはかなりばらつきがあることから，X_2(JDP) が各市町村で同じような得票数を得ることはできない。よって，X_2(JDP) の得票数が同じになることは現実にはない。ありうるのは，X_2(JDP) の得票数が小さく一定数になることだけである。よって，現代日本政治，特に自民党優位の状況を前提とすると，X_2(JDP) が弱体化すると X_1(LDP) がますます有利になり，X_3(JCP) はますます不利になると考えられる。

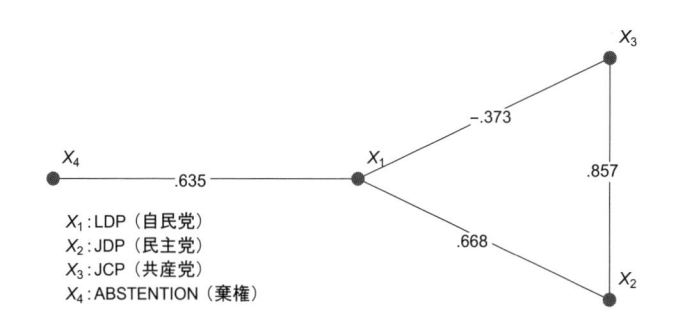

図9-3 5つの変数による無向独立グラフ

X_1：LDP（自民党）
X_2：JDP（民主党）
X_3：JCP（共産党）
X_4：ABSTENTION（棄権）

数値は偏相関係数である。

X_2(JDP) と X_3(JCP) は，X_1(LDP) を条件として X_4(ABSTENTION) と独立である。つまり X_1(LDP) の得票数が各市町村で一定であるならば，X_3(JCP) と X_2(JDP) の得票数は X_4(ABSTENTION) と独立である。そして，X_1(LDP) は X_4(ABSTENTION) と強い偏相関をもつ。これは X_3(JCP) と X_2(JDP) を一定にしたときの偏相関係数が.635 である。よって，もし X_3(JCP) と X_2(JDP) が各市町村で一定の少ない得票数しかないのであれば，相対的に X_1(LDP) の得票数は多くなるが，同時に X_4(ABSTENTION) も増加させる構造になっているのである。

　X_1(LDP) の得票数は各市町村で相対的に多いけれども，それは 25 区が保守的だからに他ならない。だが，選挙情勢，特に野党勢力が相対的に弱いときには，棄権も多く生じるのである。この棄権を作り出す主因は，本来的に X_1(LDP) に入ることが期待された票が，批判票として野党に流れず棄権となったのである。2014 年選挙では争点が不明瞭であったことから，何を選択すべき選挙なのかを有権者が認知できずに，野党も決定的な対抗策を出せなかった。このような状況下で，X_1(LDP) から流出した票が行き場を失い棄権となったのである。

4. おわりに

　本章は選挙競争を，選挙構造の特徴，特に小選挙区における政党・候補者の集票構造の観点からグラフィカルモデリングという方法を適用して分析を行った。政党・候補者の集票構造の研究は，古典的ともいえるテーマである。だが，そうであっても棄権については，先行研究では触れられてこなかった。そこで，本章では，棄権をモデルに組み込んで分析を行った。棄権がどのようにして発生するのかについては，従来の投票行動分析における標準的な方法である回帰分析や因子分析のモデルでは，そのメカニズムを推測するには大きな障壁が存在していたのである。グラフィカルモデリングは，用いる確

率変数が多くなると，分析と解釈の困難さが指数関数的に上昇する。しかし，このように少数の確率変数のモデルでは，これまで観ることのできなかった確率変数間の関係について新たな知見をもたらすのである。

　棄権率の上昇，特に1993年から続く投票率の低水準は選挙研究のみならず政治学における大きな課題である。自由民主主義の根幹が，議会制民主主義，政党政治にあることは言うまでもないが，その根幹にあって病巣となっている棄権発生のメカニズムの一端を明らかにしたことは意味があると考えられる。

1) グラフィカルモデリングでは，量的データでは後述する共分散選択という方法からグラフを構成する。質的データでは対数線型モデルからグラフを構築する。
2) つまり，B が起こる確率が，A が起こるか否かと関係ないときに A と B は独立であり，$P(B|A) = P(B)$ である。このとき (2) 式は，独立を乗法定理で表している。
3) ⊥⊥は Dawid の記号といい，「独立」と読む。独立関係を示す記号は，一般には⊥を用いる場合が多い。
4) 一般に，確率変数は大文字 $X, Y\cdots,$ で記す。X, Y が具体的な値をとるときには，$x, y\cdots$ の小文字を用いる（松原，2003，13頁）。
5) 離散変数の場合は，密度関数でなく確率関数である。
6) 離散変数では $g(x) = \sum_y f(x, y)$ となる。
7) ここで注意すべきことは，事象の水準で独立が成立しても，その補事象まで含めた確率変数としてみると，独立が成立しない場合が存在することである（宮川，1997，28頁）。
8) 4つの定理の証明は，宮川（1997，28-29頁）を参照していただきたい。
9) $\mu = (\mu_1, \cdots, \mu_p)'$ は X の平均ベクトル，$\Sigma = (\sigma_{ij})$ は X の分散共分散行列である。$|\Sigma|$ は Σ の行列式である。$\exp x = e^x$ である。
10) m+n次正方行列 G の行と列を m と n に分割し，$G = \begin{pmatrix} A & B \\ C & D \end{pmatrix}$ とする。A（m次正方行列）とD（n次正方行列）は正則である。Gが対称行列のときは，A および B は対称であり，$C = B'$ である。このとき G^{-1} は以下の式で表される。

$$G^{-1} = \begin{pmatrix} A^{-1} + A^{-1}B(D - B'A^{-1}B)(A^{-1}B)' & -(A^{-1}B)(D - B'A^{-1}B)^{-1} \\ -(D - B'AA^{-1}B)^{-1}(A^{-1}B)' & (D - B'AA^{-1}B)^{-1} \end{pmatrix}$$

ここで，$(AB)' = B'A'$，$(A^{-1})' = (A')^{-1}$，$A' = A$，$B' = C$ であるから，G^{-1} の1行1列の成分に注目すると，$A^{-1} + A^{-1}B(D - B'A^{-1}B)(A^{-1}B)' = A^{-1} + A^{-1}B(D - B'A^{-1}B)B'(A')^{-1} = (A - BD^{-1}C)^{-1}$ である。よって，この関係を (14) 式に対応さ

せると，$\Sigma^{11}=(\Sigma_{11}-\Sigma_{12}\Sigma_{22}^{-1}\Sigma_{22})^{-1}$ であるから，$(\Sigma^{11})^{-1}=\Sigma_{11}-\Sigma_{12}\Sigma_{22}^{-1}\Sigma_{22}$ である。

11) グラフ理論の用語には標準的なものはなく，研究者独自の用語を用いる場合も少なくない（Wilson, 1996 = 01, 11 頁）ことに注意して頂きたい。
12) 証明は宮川（1997, 49 頁）を参照のこと。
13) 証明は宮川（1997, 50 頁）参照のこと。
14) 証明は宮川（1997, 51 頁）参照のこと。
15) 証明は宮川（1997, 52 頁）参照のこと。
16) 証明は宮川（1997, 53-54 頁）参照のこと。
17) これをケチの原理（Principle of Parsimoney）という（宮川, 1997, 76 頁）
18) 証明は宮川（1997, 81 頁）参照のこと。
19) 宮川（1997）では適合度指標は主に逸脱度に依っている。しかし，近年の動向を見ると AIC を併用するのがよいのかもしれない。
20) このとき自由度は，RM1 から RM2 に縮小したパラメータ数であるから通常は1となる。なぜならば，RM で $\sigma^{ij}=0$ とする制約は各 RM で1つずつ課すからである。
21) グラフィカルモデリングを行うための R のパッケージは他にも gRim がある。線形対数モデルによるグラフィカルモデリング用には glm というパッケージがある。
22) 相関係数，偏相関係数は1%水準で有意である。

参 考 文 献

[1] Almond, Gabriel A. and Sidney Verba, *The Civic Culture*: Political Attitudes and Democracy in Five Nations. Princeton University Press, Princeton, 1963.

[2] Dalton, Russell J. and Christian Welzel. eds, *The Civic Culture Transformed*: From Allegiant to As-sertive Citizens, 2014.

[3] Dempster, A.P. Covariance selection. *Biometrics*, 28, pp157-175.
 Cambridge:Cambridge University Press, 1972.

[4] Inglehart, Ronald, *THE SILENT REVOLUTION-Changeing Values and political Styles Among Western Publics-*. Princeton: Princeton University Press, 1977.

[5] Laakso, Markku and Rein Taagepera, "Effective Number of Parties:A Measure with Application to West Europe." *Comparative Political Studies* 12, 1979, pp3-27.

[6] Lane, Robert A. Political Life: *Why People Get Involved in Politics*. New York: Free Press, 1959.

[7] Marchetti, Giovanni M., Mathias Drton and Kayvan Sadeghi, https://cran.r-project.org/web/packages/ggm/index.html, 2015.

[8] Milbrath, Lester W. *POLITICAL PARTICIPATION:HOWAND WHY DO PEOPLE GET*

INVOLVED IN POLITICS? Chicago: Rand McNally and Campany, 1965.
[9] Ray, Douglas W., *The Political Consequences of Electoral Laws*. New Haven: Yale University Press, 1967.
[10] Roemer, John E, *Political Compitition*. Cambridge: Cambridge University Press, 2001.
[11] Schofield, Norman and Itani Sened, *Multiparty Democracy: Electiona and Legislative Politics*, Cambridge University Press, 2006.
[12] Verba, Sidny, Norman H. Nie, and Jae-on Kim, "The Modes of Demovratic Participation: A Cross-National Analysis," *Sage Professional Papers in Comparative Politics 2*, 1971, no. 01-013.
[13] Verba, Sidny, Norman H. Nie, and Jae-on Kim, *Participation and Political Equality: A Seven-Nation Comparison*, Cambridge: Cambridge University Press, 1978（三宅一郎・蒲島郁夫・小田健［訳］『政治参加と平等』，東京大学出版会，1981）．
[14] Wermuth, N. and Scheidt, E. "Fitting a covariance selection to a matrix." *Algorithm* AS 105. *Apple. Statist.*, 26, 1977, pp88-92.
[15] Wilson, Robin. J. *Introduction to Graph Theory* 4th ed, Addison Wesley, 1996（西関隆夫・西関裕子［共訳］『グラフ理論入門原書第4版』近代科学社，2001）．
[16] 蒲島郁夫，『政治参加』，東京大学出版会，1988年。
[17] 小林良彰，『制度改革以降の日本型民主主義』木鐸社，2008年。
[18] 谷口将紀，「衆議院議員の政策位置」『日本政治研究』，第3巻第1号，2006年。
[19] 日本品質管理学会・テクノメトリックス研究会［編］『グラフィカルモデリングの実際』日科技連，1999年。
[20] 松原望『入門確率過程』，東京図書，2003年。
[21] 水崎節文・森裕城，『総選挙の得票分析―1958-2005』木鐸社，2007年。
[22] 三船毅『現代日本における政治参加意識の構造と変動』慶應義塾大学出版会，2008年。
[23] 三宅一郎，「京都市民の社会・政治意識と政治参加」三宅一郎・村松岐夫［編］『京都市政治の動態』，有斐閣，1981年。
[24] 宮川雅巳，『グラフィカルモデリング』朝倉書店，1997年。

第Ⅲ部

多摩の地域振興における地方公共団体の役割と政策

第 10 章

東京・多摩の地域振興と
グローバル都市としての東京圏

田　中　廣　滋

1. グローバル社会と東京圏

　1980年代から加速された，経済社会のグローバル化は都市の構造や機能に大きな影響を与えた。Friedmann（1986）やTaylor（2001）などで代表される都市の研究者は，世界都市あるいはグローバル都市と呼ばれる都市の性質と役割に注目する[1]。東京圏もその代表的な都市として研究の対象とされる。田中（2011）は，グローバル都市のネットワーク構造を解明する理論モデルの構築を目指して，田中（2004）で開発された企業，地域，社会の持続可能性に関する統合モデルを用いて，東京圏のグローバル都市の形成を天津市と比較して論じた。

　都市・地域の発展は国際社会で存在感がある世界の主要都市をグローバル都市に向かわせる。産業革命後の大都市の形成は大規模な製造業の存在に支えられているが，経済社会のグローバル化と情報サービス産業の成長は大都市の形成と大規模な製造業の関連性を薄めていく。この新たな成長産業はそれまで都市を支えてきた大規模製造業と較べると土地や労働の投入量が減少する特徴を有している。これらの生産性が高い産業が集積するグローバル都市の中核地区の生産性は高くなる一方で，中核地区のDown sizingが生じる。2000年代の研究の成果に基づき，RichardsonとNam（eds）（2014）やLeighとBlakely（2013）は地域マネジメントの主要な課題を次のように整理する。

グローバル経済社会において，国境を超える企業活動と消費活動の相対的な重要性が顕著になるとともに，グローバル都市における国家の役割低下が認識されるようになる。

グローバル都市において，その中心地区の縮小を伴いながら，都市全体の規模が拡大することが，経験的に確かめられてきた。そのグローバル都市の構造変化の過程において，以下の現象が進行すると考えられる。グローバル都市とそれ以外の地域との生産性の格差が拡大して，労働者や資本が国境を超えてグローバル都市に引き寄せられる。総務省が発表した住民基本台帳に基づく人口移動報告では，2014年の「東京圏への転入超過は19年連続で，前年度比1万2,884人増の10万9,408人と5年ぶりで10万人を超えた。東京都が7万3,280人と突出している。」[2] グローバル都市の中核産業が規模縮小する中で，地域的な規模拡大を続けるグローバル都市は多様な（あるいは雑多な分類の）産業を集積する。田中（2013）およびその英語版のTanaka（2013）はグローバル都市の内部と外部の都市あるいは地域ネットワークの機能を分析するために，統合モデルを構築して，東京圏における地域ブロックの都市の内部と外部のネットワークの相互関係の存在を証明した。また，上記の統合モデルは次の2つの事実を論証する。各企業あるいは産業はグローバル都市から選別される。地域は産業および企業をグローバル都市への貢献度によって選別を進め，都市の成長の源泉となる再構築を実現する。本章は，各産業あるいは自治体がグローバル都市である東京圏の構成要素として受け入れられる条件に関する実証的な分析を展開する。その分析の前提として，グローバル都市の内部と外部のネットワーク構造の解明が不可欠であることから，分析の対象として都道府県よりも小規模な地域・自治体を対象とすることが適当であるといえる。都道府県より小規模な市区の地域・自治体に焦点が当てられる。特に，自治体の活動におけるグローバル都市内のネットワークにおける貢献と都市内外のネットワークの中での役割の戦略的な強化を評価する分析のアプローチが提案される。また，以上の議論が日本の行政の担当者により容易に理解可能になるように，本章はTanaka（2014）の日本語

でのガイドブックの役割を担う。

　本章の議論は以下のように要約される。グローバル都市の研究の中で，そのネットワーク構造の存在と役割が中心的なテーマに設定される。東京圏の繁栄もこのネットワークの支えなくして実現しない。東京圏の地域あるいは自治体の特性はグローバル都市としての東京圏との対比で論じられなければならない。グローバル都市の内部あるいは外部のネットワークのメカニズムによって，東京圏は協調と競争のメカニズムに支配される。この仕組みはステークホルダーと都市の関係を分析するために構築された統合モデルによって合理的に解明される。現状では，このグローバル都市の存在そのものが仮説として認識されているが，その仕組みの解明と政策手段の整備は実証研究の作業の積み重ねを必要とする。本章は東京圏の自治体に対するアンケート調査に基づき，この理論モデル分析の実証研究を展開する。本章の考察で，いくつかの重要な事実が確認されたが，そのなかで，多摩地区の特徴として，東京圏の中では，地域的なまとまりが強く，ダイナミックな成長よりも，安定した持続可能な環境の実現を目指す傾向が見られる。

2.　ステークホルダー社会の Agency Model と東京圏での実証研究

(1)　モデルと推論

　Tanaka（2011）はグローバル都市のネットワークの構造に関する分析をする。グローバル都市を構成する個々の自治体は，このグローバル都市のネットワークからの便益を活用しながら，企業の参入を促進し，コミュニティの建設に取組む。地域マネジメントの前提として，自治体（地域）とステークホルダーとの関係の解明が必要である。上記の統合モデルは，田中（2004）によって企業による社会的責任行動のために開発されたモデルがグローバル社会経済活動の分析に有効であると主張する。企業と住民はより大きなシナジー効果の実現を求めて立地競争を展開する。この意味において，大きなシ

ナジー効果を有するグローバル都市の自治体（地域）は，企業と住民による立地競争の対象となるが，この競争によってこのグローバル都市は成長を遂げると想定される。このシナジー効果がグローバル都市の成長源になると考えることができる。その反面，企業や住民は地域に対して課税や雇用機会などの貢献をすることが求められる。地域は企業や住民の受け入れに際して地域活性化や持続可能性に関して戦略を有することができる。その企業と住民の選択に関して Tanaka（2011）は，グローバル都市内部のネットワークを構成する地域独自の発展あるいは役割分担を論じ，地域間競争のシナジー効果に基づくグローバル都市成長のメカニズムを解明する。この理論的な帰結として次の 2 つの命題の成立が確かめられた。

命題 1． グローバル都市内において各ローカル地域が置かれる条件に応じて，個々の地域に対して異なった都市改革の内容が決まってくる。言い換えると，グローバル都市内の個々のローカル地域は，一様な発展の経路を進むわけではない。同一のグローバル都市においても，各ローカル地域が独自の成長を遂げるようなメカニズムが存在する。

命題 2． グローバル都市に拠点を持つことで得られるネットワークのシナジー効果は多くの企業にとって大きな魅力となる。このシナジー効果は，グローバル都市からの便益が立地に関する企業間競争をもたらし，グローバル都市自身の成長の源となる。

(2) 東京圏での実証研究

2013 年の 8 月～11 月の間，学術シンポの本研究グループは「東京多摩の地域振興と自治体の役割アンケート」を実施した。この調査結果の概要が田中（2014）において述べられていることから，アンケートの詳細に関心を持たれる読者は上のレポートを参照されることをお勧めする。本章はこのアンケート調査の結果から，上記の 2 つの命題が東京圏の特徴を整理分析するうえで，有効な視座を提供することを明らかにする。議論を開始するのに当たって，分析対象が東京圏[3]を形成する東京都，埼玉県，千葉県，神奈川県内

第10章　東京・多摩の地域振興とグローバル都市としての東京圏　315

図 10-1　東京圏
出所：筆者作成。

の地域に限定される。ところで，研究の焦点はグローバル都市における地域間の有機的な関係であるが，その中でも中心地区とそれを取り巻く地区との関係の解明は重要な課題となる。都市の理論でモデル化される中心地区が東京圏ではどの地区に該当されるのかを規定しなければならない。その候補として，港区，中央区，千代田区などの都心の業務地区が挙げられるが，以下では，他の地区との回答数の比較が可能なように，中心地区として，東京都区部が想定される。東京都のうち東京都区部が除かれた西部の東京都市部（多摩地区）が一つの地域として他の地域と比較分析される。図10-1で示される東京圏の地図は，東京都区部を他の4つの地域が取り囲むように構成される。東京圏の地域のネットワーク構造が命題1と2を上記のアンケート結果と対照させることによって明確にされる。その議論を先に進める前に，アンケートに回答する地方公共団体の一覧が表10-1で示される。神奈川県の回答において，回答率が30%で他の地域の数字より低い。また，神奈川県の回答には大きな自治体である横浜市が含まれていないが，横浜市は規模が大きすぎて，多様な政策課題に同時に対応する必要があり，今回の自治体の統一的な回答を期待するアンケートに応えることが困難であると推察される。

　以下では，グローバル都市として世界的にも成功した地域として評価される東京圏において，どんな形で命題1と2が成立するかが考察される。まずはじめに，命題1との関連において，異なる特徴を有する地域が統合される

316 第Ⅲ部 多摩の地域振興における地方公共団体の役割と政策

表10-1 東京多摩の地域振興と自治体の役割アンケートへの回答自治体の一覧

	回答があった自治体	回答率
東京都市部 (27)	昭島市，あきる野市，青梅市，国立市，小金井市，小平市，狛江市，調布市，西東京市，八王子市，東久留米市，東大和市，日野市，三鷹市，武蔵野市，武蔵村山市（16）	59.3%
東京都23区 (24)	東京都庁，千代田区，中央区，台東区，江東区，新宿区，品川区，世田谷区，中野区，練馬区，足立区，葛飾区，江戸川区（13）	54.2%
埼玉県（41）	埼玉県庁，上尾市，朝霞市，春日部市，川口市，川越市，熊谷市，鴻巣市，草加市，秩父市，所沢市，戸田市，新座市，飯能市，東松山市，深谷市，富士見市，三郷市，八潮市，和光市（20）	48.8%
神奈川県(20)	神奈川県庁，小田原市，鎌倉市，川崎市，茅ヶ崎市，三浦市（6）	30%
千葉県（38）	市原市，千葉市，船橋市，松戸市，市川市，佐倉市，成田市，柏市，八千代市，我孫子市，銚子市，東金市，浦安市，館山市，鎌ヶ谷市，八街市，南房総市，匝瑳市，大網白里市（19）	50.0%

出所：田中（2014）。

大きな規模の地域が形成されることによって期待される項目に関する調査が実施される。個々の地域を代表する自治体は統合された地域社会において各自治体にとって独自のメリットを追求する。そのなかにおいて，各自治体にとって公共施設の整備，安全面で優れた居住環境への期待は比較的に共通する社会的ニーズである。また，商業施設と余暇活動および必要な資金の確保は都市集積のメリットとして評価が一様に低い。その他の項目に関しては，自治体によって評価が異なる。各自治体にとって大きな都市ブロックの一員となることから相対的な利益を得られることができる項目には高い評価が与えられる。言い換えると，各自治体がお互いに協働行動をとることから異なる利点を見出す。この帰結は図10-2において，確かめられる。東京都市部と千葉県は地域住民に対する仕事の確保を大都市のメリットとして高く評価する。埼玉県と千葉県は消費活動と便利な生活に高い比重を置く。千葉県，東京都区部，埼玉県は交通手段の発展と海外との交流を集積のメリットとし

第10章　東京・多摩の地域振興とグローバル都市としての東京圏　317

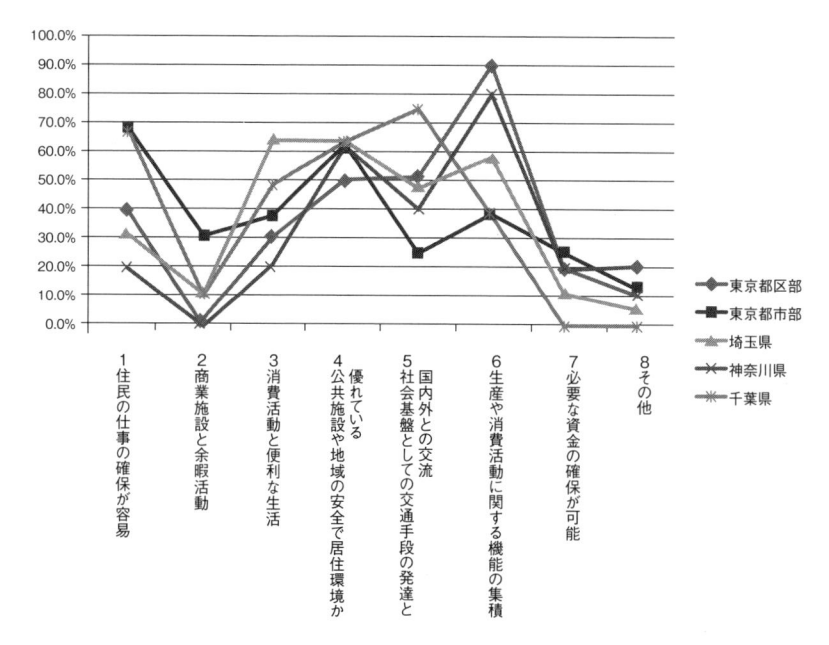

1-1競争と協調：広域的な地域が形成・発展される意義と期待される役割(3)

図10-2　期待される協調行動の利益

出所：田中（2014）以下の図も同様なので表示を省略。

て評価する。東京都区部と神奈川県は生産や消費活動における集積の効果を重視する。命題1で主張されるように，各地域は自らの繁栄の可能性を都市の集積に求める。

　この論点に各自治体の競争戦略という観点から焦点を当てる。生産と消費活動の中心地となる神奈川県と埼玉県はその強みを活かすことを強調する。東京都市部，埼玉県と千葉県は質の高い住環境を提供することに競争における強みを見出そうとする。東京都市部と千葉県は自然環境に競争上の優位性を求める。千葉県，埼玉県，東京都区部は教育環境が優れていることを地域の競争の利点とする。東京都区部と千葉県は医療サービスの提供に競争上の優位性として表明する（図10-3参照）。

318 第Ⅲ部 多摩の地域振興における地方公共団体の役割と政策

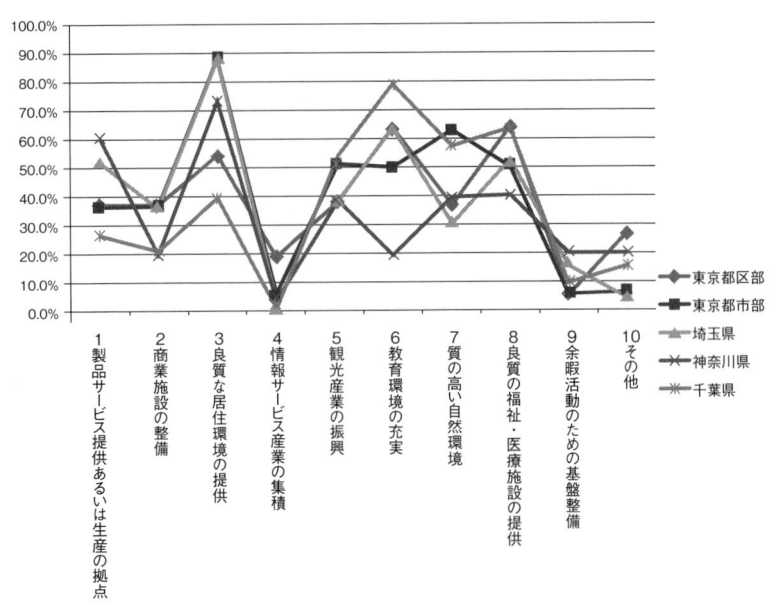

1-2広域連携あるいは地域間競争のなかでの戦略：自治体の持続可能性にとって重要な要因(4)

図10-3 自治体（地域）の競争力

3. 地域の結びつき——複数の地域ネットワークが重層する東京圏

　Richardson and Nam（eds）（2014）は縮小都市における地域の相互関係において中心地区と周辺地域という放射線的構図から，各地域間の相互作用を柔軟に表現するネットワーク構造の重要性が高まると主張する。田中（2011）はグローバル都市の相互関係の強化を説明するモデルを提示する。東京圏においても，この都市連携の枠組みのなかに包含される都市内部のネットワークと東京圏以外との結びつきを志向するネットワークの存在が確認される[4]。これらの多様な個別のネットワークが存在する理由を考察すると東京圏という広域の都市ネットワークの構造と性質が明らかになる。

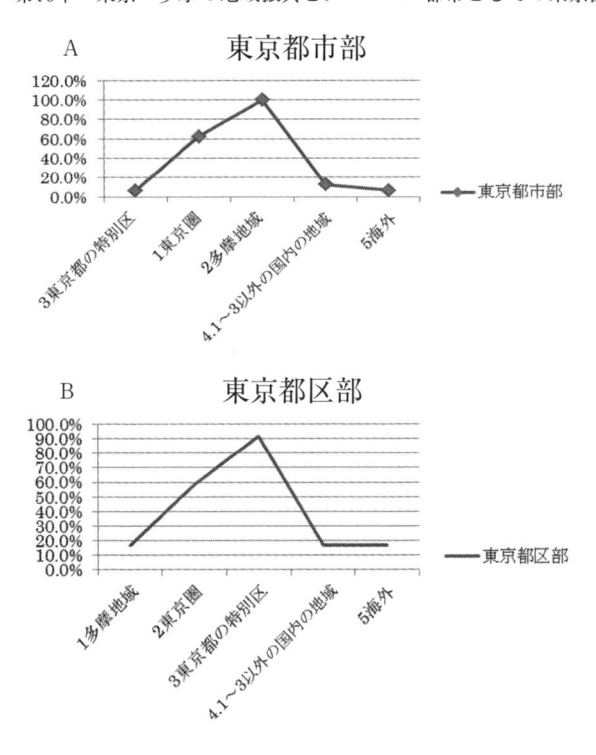

第10章　東京・多摩の地域振興とグローバル都市としての東京圏　319

A 東京都市部

B 東京都区部

図 10-4　ネットワークの核が明確な地区ネットワーク

　図 10-4～6 は，各自治体にとっての有力な連携先の回答結果である。図 10-4 は，それぞれの地域内での結びつきが強い地域に関する分析結果である。その結びつきの理由は異なると考えられる。東京都市部（多摩地域）においては，図 10-3 で示されるように住環境に優れ，東京圏という大きな地域連携の中にあっても，自らの地域内での繋がりを重視する住民の嗜好がこの結果（図 10-4-A）に顕著に影響すると考えられる。これに対して，図 10-4-B において，東京都区部は，地域内での結びつきが強く表れる。この連携の強さは生活空間だけでなく，中心業務地区の特性から生じるビジネス上のネットワークの機能によってサポートされていると考えられる。
　図 10-5 において，埼玉県と神奈川県が東京圏が有するスケールメリット

320　第Ⅲ部　多摩の地域振興における地方公共団体の役割と政策

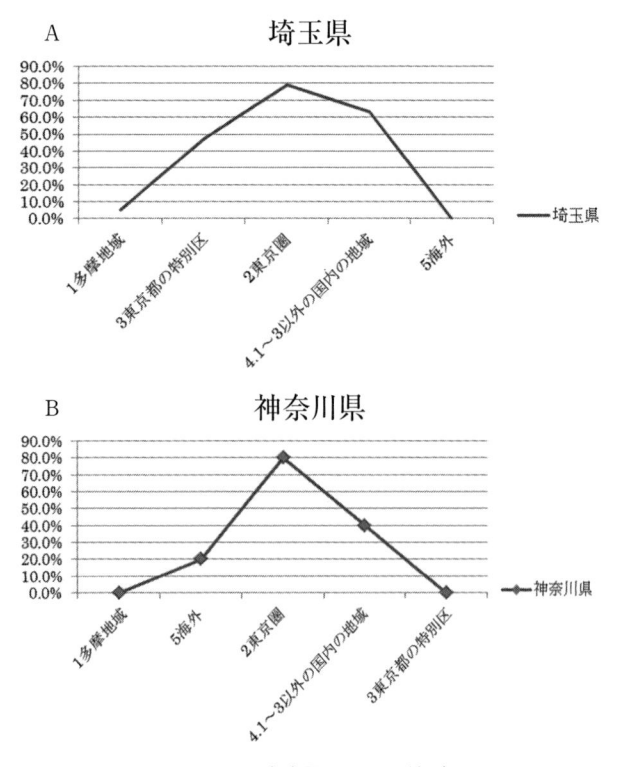

A　埼玉県

B　神奈川県

図 10-5　東京圏としての結びつき

を追求することが明らかにされる。埼玉県では隣接する北部の地域との連携を重視していることが数字に表れる。神奈川県は，太平洋に面して海外との交流が盛んであることが数字の上でも現れる。

　埼玉県と神奈川県は東京圏の一員でありながら，隣接する地域や海外との連携を重視する方針を持つことが数字の上からも読み取られる。ところで，図 10-6 は，千葉県が特別の地理的な特徴を持つことを明らかにする。千葉県は東京圏の一員として，近接する東京都区の強い経済力の影響を受ける一方で，茨城県などの北部の工業地域との強まる連携を重視する。図 10-4〜6 の分析を通じて，東京圏はこのネットワークに属する地域にとって有力な経済と生活の面での支えとなることが期待されているが，各地域は隣接する他

千葉県

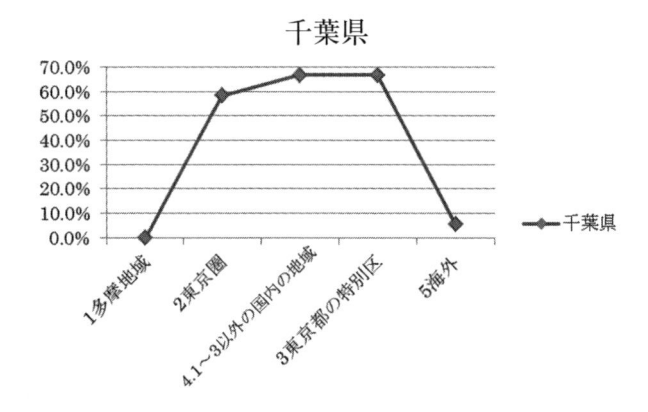

図10-6 隣接する地域との重層する地域ネットワーク

の地域ネットワークとの良好な共存を願っており，東京圏においても東京都区部を中核とする一層の地域ネットワークが形成されるわけではないことが明らかになった。

4. グローバル経済社会と地域的な対応

グローバル都市の議論は，Friedmann (1986) をはじめとして，経済社会のグローバル化が都市の役割と構造変化に与える影響に焦点を当てる。これまでの節の議論を通じて，都市のネットワークが一層の単純な構造ではないことが確かめられた。このグローバル都市の実態は地域の行政の仕組みからも明らかにされる。

国際的な企業誘致はある特定の地域において進行すると考えられることから，ローカルな地域では成功例があったり，なかったりという状況だと推察される。比較的に狭い範囲の地域では，グローバルな経済活動は確率に支配される社会リスクの要因の一つであるといえるが，都県などある程度広域の地域で見れば，着実に国際的な企業誘致が進行する。地域の経済規模と企業

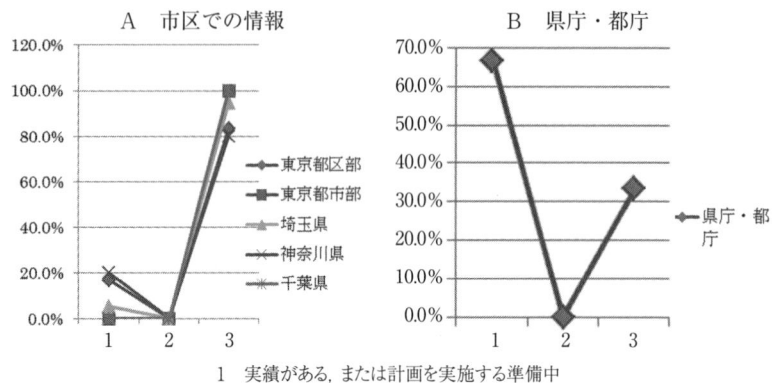

322　第Ⅲ部　多摩の地域振興における地方公共団体の役割と政策

A　市区での情報

凡例：東京都区部、東京都市部、埼玉県、神奈川県、千葉県

B　県庁・都庁

1　実績がある，または計画を実施する準備中
2　計画を検討中
3　具体的な計画はまだない

図10-7　地域による国際的な企業誘致の実績のばらつき

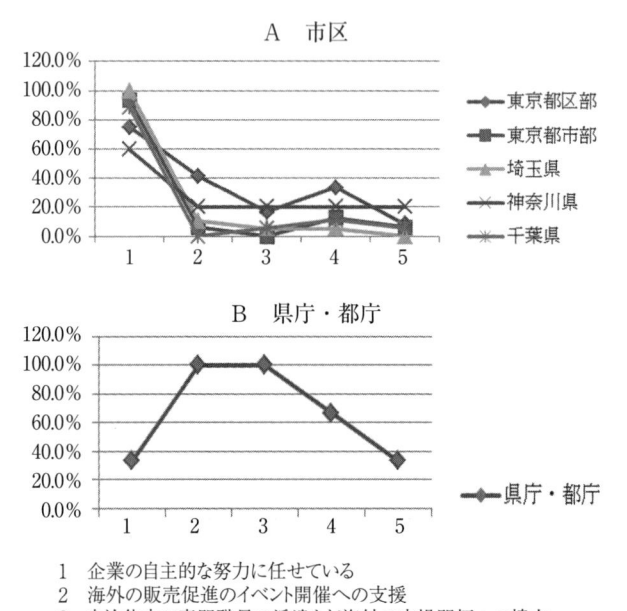

A　市区

凡例：東京都区部、東京都市部、埼玉県、神奈川県、千葉県

B　県庁・都庁

1　企業の自主的な努力に任せている
2　海外の販売促進のイベント開催への支援
3　自治体内の専門職員の派遣など海外の市場開拓への協力
4　政府機関などとの情報の収集と交換
5　NGOや民間団体を含めた地域の国際化を推進するための組織作りあるいは支援

図10-8　企業の海外経済活動への支援

誘致の実績の関係が，図10-7のAとBで対称的な形で特徴的に表れる。

図10-8は市区と県・都とで，輸出あるいは海外支援の態勢が対称的であることを示す。少数の例外的な地域を除いて，個々の地域内での事例が限られていることから，市区は企業の自主的な取組に委ねている。これに対して，都県レベルでは企業の海外での経済活動を支援する体制が整えられている。この項目に関して，市区と都県の間に実態に基づく役割分担が成立していると推察される。

企業の現地生産が地域にとって経済の空洞化の要因となる恐れがあることから，その対応は地域にとって重要なテーマとなる。県や都のレベルでの情報収集は実施されていても，市区の対応は遅れている。楽観的な見解として，次のような仮説も成立する。これまで，比較的に順調に発展してきた東京圏にとって，現地生産は，経済社会の新陳代謝の一つに過ぎないが，新たな成長の糧となる。現地生産に関しては，自治体のレベルでの役割分担があるという事実を確認することができたが，政策の前提となる楽観的なシナリオが現実のものとなるか，悲観的な展開に東京圏の将来がおおわれるのか，現時点では明確ではない。いずれにしても，グローバル都市のネットワークの機能における東京圏の実力，あるいは，相対的な評価が，これからの経済社会の変遷に大きな影響を与えると予想される（図10-9参照）。

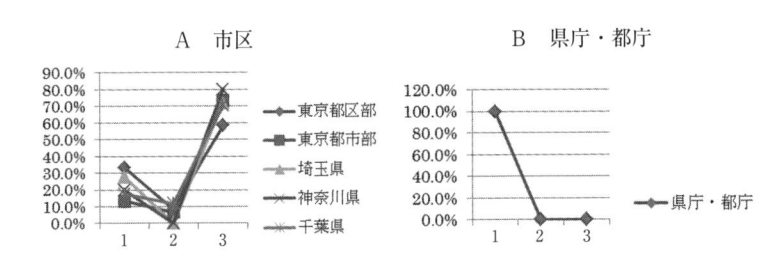

1　実施例を把握している
2　実施例はない
3　自治体として重要課題でないので，調査していない

図10-9　企業の現地生産の実施例の情報

現地生産にともなう産業の空洞化への懸念は市区の自治体において都県の自治体よりも大きく現れる。都県の自治体は，日本の発展の原動力となる社会改革の一環として現地生産を理解していると考えられる。東京圏は何度も大きな産業社会の改革を経験しており，新しい活力をもたらした実績に対する確信が存在すると考えられる。これに対して，個々の市区の自治体にとって，地場産業の海外への流失が地域経済にとって大きな打撃となる事例が存在することは「縮小都市」の典型として学習済みの内容であろう。図10-10は都市の構造変化の評価は，どのような地域的な規模で考えるかによってかなり異なることを明示している。

図10-11はグローバル社会を設計する主体に関して，市区単位の地域と都

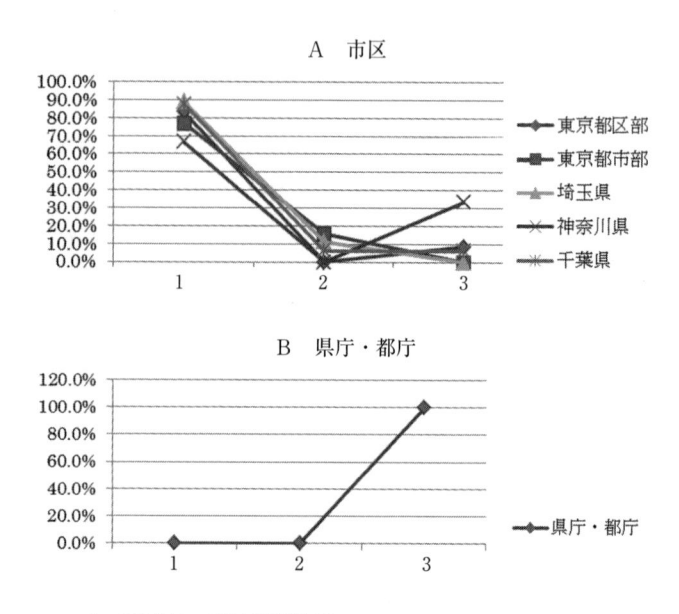

A　市区

B　県庁・都庁

1　自治体としてそれほど影響がない
2　地域経済に与えるマイナスの影響が大きいので対策を講じている，あるいは検討中
3　日本の構造改革に役立つので，推進に協力している

図10-10　現地生産と地域の経済社会

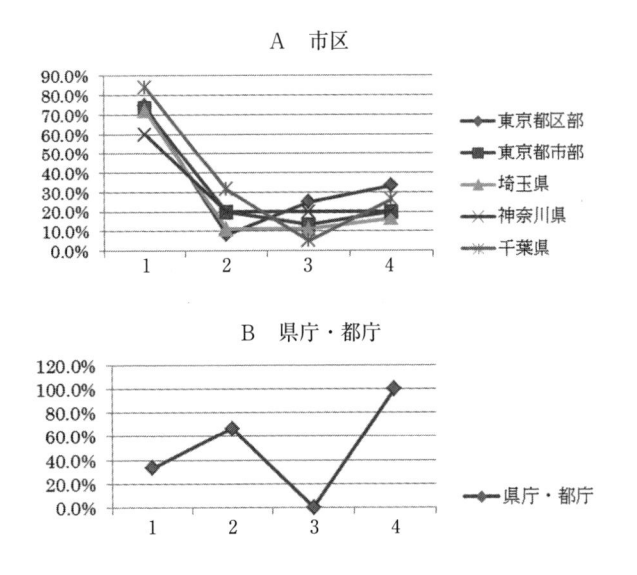

第10章　東京・多摩の地域振興とグローバル都市としての東京圏　325

A　市区

B　県庁・都庁

1　企業や機関などの自主的な取組に任せる
2　複数の自治体と企業が共同で取り組む
3　東京都や政府が定めた基本方針あるいはガイドラインを実行する
4　各自治体が自ら方針を立てて国際化を推進する

図10-11　グローバル社会の政策主体

県単位の地域で処方箋が対称的であることを説明する。比較的狭い範囲の地域では，グローバル化の波は制御不能なシステム外の要因だと考えられるが，都県レベルの地域では，地域の発展にとって重要な制御の対象となる要因として認識されている。言い換えると，グローバル社会に対応する地域開発はある程度の規模で取組まれるのが合理的であると言える。

5.　グローバル都市の地域振興

命題1で各地域はその地域経営に貢献する企業を選択することを主張する。図10-12はグローバル都市において，各地域が競争を勝ち抜くために有

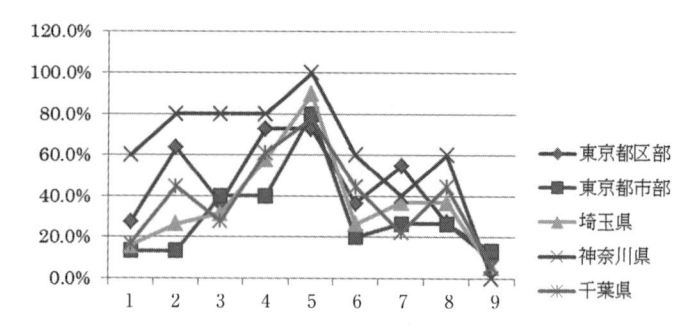

[グラフ: 地域間競争に有利な立地条件に関する5地域（東京都区部、東京都市部、埼玉県、神奈川県、千葉県）の回答結果]

1　地域として研究開発の実績がある
2　新規の事業を始める資金の調達が容易である
3　近くに研究機関が立地している
4　自治体の積極的な支援策がある
5　交通網が発達している
6　研究開発と製品開発が連動している
7　製品・サービスの市場が近く消費者とのコミュニケーションが容易である
8　能力が高い労働者の確保あるいは養成が容易である
9　その他

図 10-12　地域間競争に有利な立地条件

利な立地条件に関する自治体の回答結果である。多くの地域にとって交通網の整備は地域の競争条件として有利に作用することが共通に認識されている。これに対して資金調達力は各地域で評価が大きく異なる。東京都区部と神奈川県は生産と消費の集積を競争上の優位性とする。この2つの地域が他の地域活性化要因を高く評価して実践していることで、競争と組み合わされた地域活性化の政策を推進していると考えられる。これとは正反対とでも言えるように、東京都市部の地域は各項目への評価を低く設定する。図10-4のAで示されたように、東京都市部では、地域内での結びつきが強く、地域発展のために競争の要因が強調されないと考えられる。この事実は、東京都区部と神奈川県の対応と東京都市部の戦略が非常に異なることを明確にしており、命題1の成立の根拠づけとして役立つであろう[5]。

地域によって求められる企業の貢献は地域の主力企業の変遷によって影響される。東京都区部では、企業間の熾烈な競争の結果として、最先端の情報

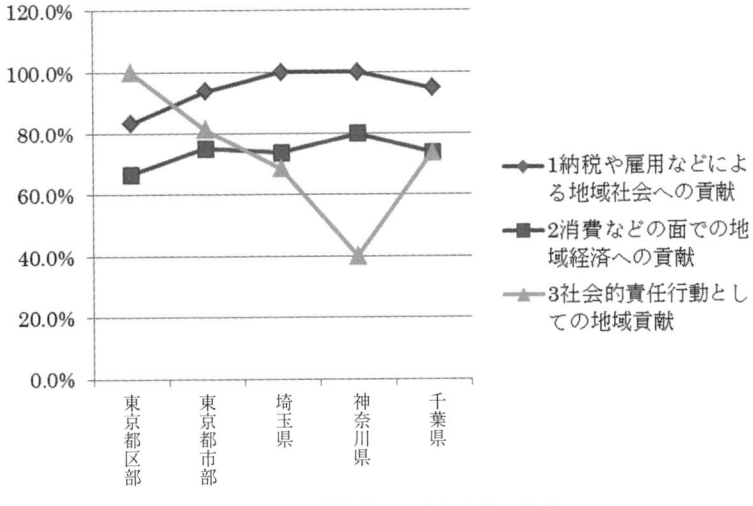

第10章　東京・多摩の地域振興とグローバル都市としての東京圏　327

図10-13　産業構造の変化と企業の役割

や金融サービス関連の企業が多数立地する。これに対して，神奈川県は比較的に規模が大きい製造業が主要産業を形成する。企業に求められる地域への貢献として，図10-13は東京都区部がCSRを第1位に位置付けるのに対して，神奈川県は納税と雇用を最も高く評価する。地域での産業の技術が高度に発展すると地域は企業のCSR行動への期待を高める。その理由は，高度の技術を有する企業は地域に急激で大きな変化をもたらすだけでなく，企業自体が短時間で売り上げや収益の大きな振れをもたらすなど，地域に不確実性も増大させる。地域社会はこのような不安定な要因からのリスクの回避を願ってCSRへの評価を高くする[6]。CSRは，自治体と住民にとって地域の持続可能性を実現するために不可欠な政策手段となっている。このCSR，課税と雇用の地域社会における役割は命題1の意義に新たな観点を与える。

6. 人口減少と東京圏

　図10-14は，最初の3つの項目が社会における人口減少の予測と問題の認識に関するものであり，右側の項目は政策的な対応に関する設問である。最初の3つの項目に関する回答率が60%を超えているのに対して，後の4つの項目は回答率が60%以下という非対称的なグラフが描かれる。人口減少社会対策が政策的な課題として議論を引き起こしているが，地域自治体のレベルでは，現実的な対応はこれから徐々に整えていくという段階にある。地方自治体としては，問題が顕在化しないと対応を決めることは困難であるという事情が推察される。あるいは，2020年に東京オリンピックが開催される東京圏は人口減少社会の進み方が他の地域とは異なる可能性があり，グローバル都市の変遷に関する重要な研究テーマを提供するであろう。

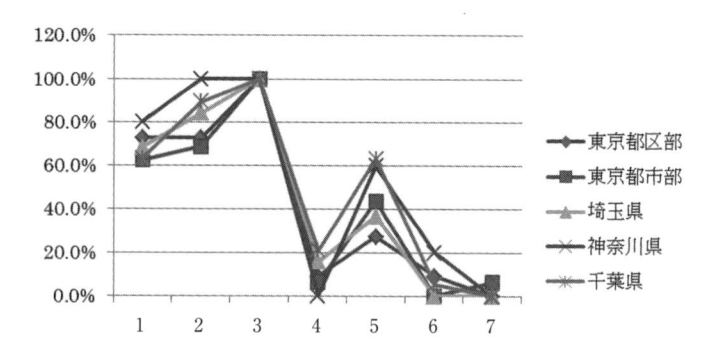

1　労働力の確保が困難になり，地域の活力が失われる
2　住民税などの税収が減少する
3　福祉・社会は使用などの経費が増大する
4　人口規模および消費額の減少による経済活動の縮小が10年以内に生じる
5　人口減少・空家管理などを円滑に進めるためのまちづくり計画の見直しが必要になる
6　これから10年ぐらいの期間内で人口年齢構成に見合った自治体経営を見直す余裕がある
7　楽観的なビジョンがある

図10-14　予測と計画

7. 東京圏と市場機構の共存

　Tanaka（2011），（2013）は Agency 理論がグローバル都市の発展を特徴づける要因を明確に説明する理論モデルを開発する。利他係数は自発的な地域マネジメントシステム，情報の開示，住民の参加などの要因をモデル分析に組み込むことを可能とするだけでなく，リスク係数は規制，法令順守，課税と罰則などを地域マネジメントの政策手段に加える。この2つの係数を効果的に導入することを通じて，都市間および都市内の競争的および協力的な関係が理論的に解明される。このような理論的なアプローチはグローバル都市の機能解明に有効であるだけでなく，東京圏の自治体に対するアンケート調査の設計と分析に大きな支えとなった。

　東京圏は全体として有機的なシステム構造を有しているが，個々の地域はそれぞれの役割を認識している。個々の地域の自主的な活動が東京圏の活力の源となる。グローバル都市としての東京圏は地域ネットワーク社会として，国家の機能と異なる仕組みによって推進されるグローバル・マーケットと共存することが必修の課題となっている。持続可能な地域政策がグローバル・マーケットを柔軟に包摂する仕組みが重要になる。この柔軟性は構成の単位である個々の自治体と地域が，しっかり役割を果たすことから生み出される。本章の研究対象である多摩地域の特徴は，他の地域と比較することによって鮮明になる。たとえば，多摩地域では企業および地域社会の安定的な関係が志向されているのに対して，東京都区部や神奈川県では，企業間の競争と地域内での流動性の存在は容認される。特に，東京都区部では，産業構造が高度化して，社会の安定性や持続可能性に予測困難な影響を与えることが懸念されており，CSRによる企業の貢献が地域政策の面でも重要な柱として認識される。これから，多摩地域においても，企業や住民による社会貢献の内容が徐々に見直されていくと予想される。

1) 以下で紹介される多くの研究者が the Global City または the World City を精力的に研究を展開する。Alderson and Beckfield (2007), Friedmann (1986), (2002), Kennedy (2011), Korff (1987), Taylor (2001),Taylor, Derudder, Saey, and Witlox (2007) と Short (2004)。
2) 「日本経済新聞」, 2015 年 2 月 5 日。特に, 千代田区や中央区への増加が目立つ (同紙, 2 月 6 日)。
3) 田中 (2013) は, 東京首都圏の地域の連携に焦点を当てるが, 東京圏の地域内で緊密な関係が見られることを確かめる。
4) この章は複数の都市の間の関係を論じるが, Tanaka (1994) は伝統的な単一都市の分析に一般均衡分析を適用する。
5) 田中 (2011) は, この議論の基礎となった議論を不完全ながら展開する。
6) Becchetti and Berzaga (2010) および Benn and Bolton (2011) は CSR とグローバル化された社会との関係を論じる。

参 考 文 献

田中廣滋,「企業の社会的責任の経済理論」『地球環境レポート』9 号, 2004 年, 1-9 頁。

田中廣滋, 『グローバル都市形成における東京都と天津市の比較研究』中央大学教育 GP, 2011 年。https://www2.chuo-u.ac.jp/econ/gp/img/publish/2010bookj/bookj_mokuji.pdf (2015 年 2 月 5 日)。

田中廣滋,「2008 年世界金融危機後の都市構造変化に関するモデル分析」, 『経済学論纂 (中央大学)』, 53 巻, 2013 年, 285-303 頁。

田中廣滋,「東京・多摩地域の発展グローバル政策の検証——東京・多摩の地域振興と自治体の役割アンケートの集計結果——」Discussion Paper No.214, 中央大学経済研究所, 2014 年, 1-23 頁。http://www.chuo-u.ac.jp/research/institutes/economic/publication/discussion/pdf/discussno214.pdf (2015 年 2 月 5 日)。

Alderson. A.S.and J. Beckfield, "Globalization and The World City System : Preliminary Results from a Longitudinal Data Set," 2007. Taylor, P.J., B. Derudder,P.Saey and F.Witlox (eds), *Cities in Globalization : Practices, policies, theories*, New York, Routledge, 2007, pp.21-36.

Becchetti, L. and C. Borzaga, *The Economics of Social Responsibility : The world of social enterprises*, London, Routledge, 2010.

Benn, S. and D.Bolton, *Key Concepts in Corporate Social Responsibility*, Los Angeles, Saga, 2011.

Capello, R. and T.P.Dentinho, *Network, Space and Competitiveness : Evolving Challenges for Sustainable Growth*, Cheltenham, Edward Elgar Publishing, 2012.

Friedmann, J., "The World City Hypothesis," *Development and Change* 17 (1), 1986, pp. 69-

83.

Friedmann, J., *Prospect of Cities*, Minneapolis, University of Minnesota Press, 2002.

Kennedy, C., *The Evolution of Great World Cites : Urban Wealth and Economic Growth, Guestioning Cities Series*, Toronto, Buffalo and London, University of Toronto Press, 2011.

Komninos, N., *Intelligent Cities and Globalization of Innovation Networks*, Routledge, London and New York, 2008.

Korff, R., "The World City Hypothesis : A Critique," *Development and Change*, 18 (3), 1987, pp.483-493.

Leigh, N. G. and E.J.Blakely, *Planning Local Economic Development : Theory and Practice* (Fifth Edition), Los Angeles, Sage Publications, 2013.

Richardson, H. W. and C. W. Nam (eds), *Shrinking Cities : A Global Perspective*, London and New York, Routledge, 2014.

Short, J.R., *Global Metropolitan: Globalizing Cities in a Capitalist World*, London and New York, Routledge, 2004.

Tallon, A., *Urban Regeneration in the UK*, Second Edition, London, Routledge, 2013.

Tanaka, H., "Quality of Buildings and Redevelopment in Cities," *The Institute of Economic Research Chuo University, Research Paper* No.3, 1994, pp.1-18.

Tanaka, H., "Sustainability and Net work Effects in Global Cities," *Long Finance and London Accord Web Papers*, 2011, pp.1-24. http://www.longfinance.net/programmes/london-accord/396-report-template.html（2015.2.5）

Tanaka, H., "A Theoretical Model Analysis of Urban Transformation after Global Financial Crisis 2008," *Long finance and London Accord* (*Web Papers*), 2013, pp.1-18.http://www.longfinance.net/component/longfinance/?view=report&id=397（2015年2月5日）.

Tanaka, H., "The Cooperative and Competitive Urban Municipality Policies in the Tokyo Area to Target Transforming Community Needs, " *Long finance and London Accord Web Papers*, 2014, pp.1-19,http://www.longfinance.net/component/longfinance/?view=report&id=463（2015年2月5日）.

Taylor, P.J., "Specification of The World City Network," *Geographical Analysis* 33 (2), 2001, pp.181-194.

Taylor, P.J, Derudder, B., Saey, P. and Witlox, F., *Cities in Globalization : Practices, Policies and Theories*, London and New York, Routledge, 2007.

第 11 章

ごみ有料化とリバウンドに関する実証分析
——多摩市域を中心に——

薮 田 雅 弘・中 村 光 毅

1. はじめに

　本章は，多摩地域の26市部（以下，多摩市域）を対象にして，家庭ごみの動向に関する実証的分析を行うことを目的としている。当該地域に関しては，すでに薮田・伊勢（2007）において検討を行っており，主としてごみ有料化の効果について，その要因を計量分析によって実証した。地域のごみ削減に関しては，各自治体で一様ではなく，ごみ有料化のごみ削減効果に加え，高齢化や世帯規模などの人口要因，所得などの経済要因の他に，ごみ分別や頻度，収集方式などのごみ収集サービス要因，さらに，ごみ減量や収集に対する住民態度要因などを仮定して回帰分析し，ごみ有料化前後の1人当たりごみ量の変化を要因分解した。結果として，自治体によって，ごみ有料化後のごみ減量は様々であり，特に，日野市のように，有料化によるごみ減量効果は全体の約7割程度であって，住民態度要因なども重要な要因として認められる場合があることを示した。ごみ有料化が導入される以前には，多くの自治体で有料化のもたらすマイナス面として，不法投棄の増加に加え，その効果の持続性に疑問が持たれていた。確かに，ごみ有料化という施策は，ほとんどの場合単発的なものであり，指定有料袋などへの費用負担に慣れてくれば，その後の効果は漸次的に小さくなっていくであろう，とする論調はある。本章では，一般的にごみ有料化のごみ削減に対して，その効果を減衰さ

せる「リバウンド」と称される事象に焦点をあてて検討を加える。

　本章の記述にあたって，対象地域を，東京23区および島嶼を除く多摩市域に限定した主な理由を述べておく。多摩市域（26市）は，日野市をはじめ自治体の廃棄物管理政策が比較的有効に機能している地域であって，実際全国平均（963g/人日＝2012年度），東京都平均（1032g）と比較しても790g程度と極めて少なく，その背後には，所得や人口構造などの他に，ごみ排出と処理に関わる施策の先見性，住民関与があると思われる。また，後述するように，ごみ有料化に関しても，1993年の全国市長会での有料化導入の方向性が出されて以降，1998年の青梅市を端緒に2014年現在26市中85％に当たる22市が実施し全国平均（約6割）を上回っている。有料化が進む中で，その効果の時間的推移を評価，分析できる状況になってきたといえる。

　本章の構成は以下のようである。2では，ごみ有料化の先行研究の議論を纏める中で，とくにリバウンドに言及した研究についてその分析方法ならびに論点を整理する。3では，リバウンドが起こると考えられる論拠を説明するモデルを論じる。4では，多摩26の市域に対して行ったごみ削減に関わる自治体アンケートをベースに分析を行い，5では，多摩市域のごみ削減の動向を分析する。本章では，ごみの組成分析を利用し，有料化導入の前後のごみ排出量の動向について推計を行い，分別による可燃ごみ，不燃ごみの資源ごみへの移転，ならびに全体としてのごみ排出量の変化について検討を加える。最後に，6において，本章のまとめと政策的インプリケーション，ならびに残された課題を述べる。

2. 先行研究——ごみ有料化とリバウンド

　本節では，ごみ有料化の効果とその持続性に関する先行研究を整理し，とくにリバウンドに関する論点を明確にする。

(1) ごみ有料化とごみ削減の効果について

ごみ有料化の効果に関しては，藪田・伊勢（2007）でレビューを行った。たとえば，落合（1996）では，全国527市を対象に，平均世帯人員，昼夜間人口比等の地域特性を考慮した重回帰分析を行い，有料化によるごみ減量効果を示しており，また，大阪府廃棄物減量化・リサイクル推進会議（2000）では，219自治体を対象に指定袋導入後の制度特性，不法投棄の状況，ごみ量の経年変化等を調査し，地域特性および制度特性にかかるごみ減量効果の持続性について分析している。他方，碓井（2003）は，1人1日当たりごみ総排出量と1人1日当たりリサイクル量を被説明変数とし，社会的特性や政策的特性を説明変数とした計量分析を行い，従量制有料化価格が上昇することによる，ごみ排出量の減少とリサイクル量の増加を示している。また，中村（2004）は，一般ごみと粗大ごみを被説明変数として区分し，家計タイプを考慮して，単身世帯と高齢者比率を説明変数とし，有料化によるごみ減量効果を分析している。Fullerton and Kinnaman（1996）は，米国の事例を対象に，有料化がごみの重量，密度に与える影響を調査し，家計はごみ袋数を減らすもののごみ重量はさほど減少していないことを示した。分析手法の多くは，地域の社会的，経済的および制度的要因のいくつかの変数を説明変数として，ごみ排出量の削減効果を回帰分析によって示している。このうち，制度的要因に関する変数としては，有料化価格の他に，ごみ収集頻度や分別数，回収方式などが選択されているケースが多く，とくに，有料化価格はおおむね5%の有意水準を示しており，有料化のごみ削減効果が実証されている（碓井（2003），日引（2004），仙田（2005）参照）。

(2) ごみ有料化とリバウンドについて

標準的なミクロ経済学の考え方によれば，ある物品に対する課税は相対価格を上昇させ，需要量を減少させる。この場合，ごみ有料化によって，自治体によるごみ処理サービス価格は上昇し，その結果，ごみ処理サービスへの需要水準は低下する。ごみ処理サービスへの需要低下は，人々の消費活動水

準や消費後の残存物が固定的である限り，可燃ごみや不燃ごみの削減と，代替的に資源ごみの増加（Recycle）へとつながる。併せて，そもそも排出源レベルでの削減（ReduceやReuse）をもたらす可能性をもっている。その意味で，有料化がごみ削減効果を持つという多くの先行研究の分析結果は容易に理解できる。問題は，ある時点の価格上昇がもたらす消費削減効果が，どれだけの期間継続するのか，あるいは一定期間を経たのちその効果を失うのか，という点である。これらは，ごみ減量のリバウンド効果として知られた事象である。

碓井（2011）は，665市を対象に1995-2002年を期間としてパネル分析を行い，長期的には減量効果は失われないこと，有料化からの経過年数を考慮した価格弾力性を用いることで，資源ごみの長期の分別促進効果は継続することを示した。有料化の効果を，所得などの社会経済的な変数を制御して，価格の弾力性に帰着させてその効果を考える点，また，有料化→可燃ごみ，不燃ごみから資源ごみへの移転，という効果を考えた点で有意義な研究である[1]。ただし，ある時点の有料化については，毎回ごみを排出する個人あるいは家計にとって，他の事情が等しい限り，それ以後のごみ排出時に常に費用負担を迫るために，ごみ排出削減（したがって，有料ごみ袋の使用量削減）の効果を継続的に持つことは，いわば価格効果の継続として容易に理解することができる。この意味で，有料化がごみ排出に関して持続的な削減効果を持つのは，ある意味当然である。実際に，自治体のごみ減量施策にとって重要なのは，ごみ排出量が様々な排出の規定要因を含めてどのように推移していくか，という点である。たとえば，吉岡・小林（2006）は，埼玉県秩父地域を対象に，有料化後3年間の効果の持続とその後のリバウンドの発生を明らかにし，その原因として，有料化の価格自体が低すぎることなどを挙げている。また，石川（2006）では，全国100市町村を対象に，リバウンドが生じているパターンが多くあること，概ね2-3年後にリバウンドが生起していることが示されている。山本・山川（2009）では，有料化次年度と5年後のごみ排出量の変化の割合としてリバウンド値を定義し，32%の自治体でリ

バウンド値が5%以上であることを示し，また，リバウンド値に影響する要因として資源ごみや課税対象所得，古紙価格の差などを挙げている。

有料化単独の影響が長期的な効果をもつか否かは別としても，ごみの排出量が様々な要因に影響を受けていることは明らかである。したがって，リバウンドを含むごみ排出の状況を分析する場合，各自治体の個別の状況，個別の要因が存在することが想定される点，可燃，不燃ごみの排出に関して，資源ごみへの転移（代替）の状況を検討する必要があること，有料化をきっかけとして短期的な効果と長期的な推移を個別自治体で比較する必要があること，などが重要である。

3. リバウンドのモデル分析

ところで，人々の消費財購入量を不変とし，消費財の費消後，廃棄されるごみの量を不変とすれば，ごみ処理サービスへの需要はその価格に対して非弾力的となり有料化の効果はない。有料化によってごみ処理サービスの需要に変化が生じるのは，価格変化のもたらす価格効果と所得効果による。ごみの排出および処理の行動を消費行動と考え，以下のような簡単なモデルを考える。代表的家計は，予算制約 Y のもとで，消費から廃棄物処理サービスへの支払いまで，一連の物質管理を余儀なくされる。ここでは，消費可能な財で，リサイクルが困難で一定割合（α）を，ごみとして排出せざるを得ない財 x_1 と，リサイクルが可能な財 x_2 を考える。ごみ排出 αx_1 に対するごみ処理サービスには有料化によって費用が掛かる（s）が，リサイクル可能財（資源ごみ）についてはかからないと仮定する。ただし，現実には，可燃ごみや不燃ごみなどに雑紙や廃プラなど資源ごみが混入している場合がある。ごみを分別する日常的行為は，排出者からみれば一種の潜在費用（e）であって，この存在が資源ごみの一部（$\beta(e)$）をごみ排出へと向かわせると考える[2]。

家計の消費財に向けられる予算 Y を一定と仮定すると，

(1) $Y = p_1 x_1 + p_2 x_2 + s(\alpha x_1 + \beta(e) x_2)$, $(1 > \alpha, \beta > 0, \beta' < 0, \lim_{e \to 0} \beta(e) = 1)$

となる。ここで，β は資源ごみのうちごみとして排出される割合である。p_1 はリサイクル困難な消費財価格，p_2 はリサイクル可能な消費財価格，s はごみ処理サービス価格を意味する。このような消費活動から，家計は

(2) $U = U(x_1, x_2, \alpha x_1) = x_1^a x_2^b (\alpha x_1)^{-c} = \alpha^{-c} x_1^{a-c} x_2^b$, $(a, b, c > 0, 1 > a - c > 0)$

で与えられる効用を得ると仮定する[3]。効用最大化のもとで

(3) $x_1 = \dfrac{(a-c)Y}{(a-c+b)(p_1+s\alpha)}$

(4) $x_2 = \dfrac{bY}{(a-c+b)(p_2+\beta(e)s)}$

を得る。(3) および (4) より，ごみの実際の排出量（$G = \alpha x_1$ と $R = \beta(e) x_2$ の合計）の変化は

(5) $\Delta G = G \left\{ \dfrac{b}{(a-c+b)(a-c)} \Delta(a-c) - \dfrac{1}{(a-c+b)} \Delta b + \dfrac{p_1}{(p_1+s\alpha)\alpha} \Delta\alpha \right.$

$\left. - \dfrac{1}{(p_1+s\alpha)} \Delta p_1 - \dfrac{a}{(p_1+s\alpha)} \Delta s + \dfrac{1}{Y} \Delta Y \right\}$

と

(6) $\Delta R = R \left\{ \dfrac{-1}{(a-c+b)} \Delta(a-c) + \dfrac{(a-c)}{(a-c+b)b} \Delta b + \dfrac{\beta' p_2}{(p_2+\beta s)\beta} \Delta e \right.$

$\left. - \dfrac{1}{(p_2+\beta s)} \Delta p_2 - \dfrac{\beta}{(p_2+\beta s)} \Delta s + \dfrac{1}{Y} \Delta Y \right\}$

の和となる。

したがって，本来のごみ処理サービスに対する需要（G）を減少させる要因としては，

① $a-c$ の低下，b の上昇

② p_1，s の上昇

③ α の低下

④ Y の低下

などが考えられる。①は消費財がリサイクル可能かどうかに関わる家計行動の規定要因を表しており，リサイクル可能財に対する志向の高まり，リサイクル不可能な財に対する忌避行動を反映している。②は，インセンティブ要因を示しており，リサイクル不能な財の価格上昇やごみ有料化などが考えられる。③は，購入した財に対して派生するごみ処理サービスへの需要を規定する要因である。消費者の財の選択にさいして，α（つまり，財が費消された後にごみとなる部分）がより小さくなるためには，過剰包装の削減や，食品残渣の削減などが必要である。④は所得の効果を示している。

ただし，上記モデルでは，分別が不十分である場合，資源ごみがごみとして混入する可能性があることを示している。たとえば，①の $a-c$ が低下（あるいは b が上昇）し，x_1 の限界代替率の低下が x_2 の代替的な消費拡大をもたらせば，資源ごみの混入が誘発され，総ごみ量の低下は抑えられる。一方，②のごみ有料化については，結果的に，G も R も削減する効果を持っていることがわかる。後述の多摩市域のアンケート調査でも示したように，ごみの有料化を行なう場合には，他のごみ収集に関する施策が同時に行なわれることが多い。例えば，多くは，ステーション方式から戸別収集方式に変更しているが，これは，ごみの排出者の立場からどのように考えればよいのであろうか。碓井（2003）などでは，戸別収集方式への変更はごみ排出量を削減するという結果が示されている。戸別収集方式は，排出者が特定化されやすく不徹底な分別を防止すると考えられるからである。モデルでは，資源ごみの分別が徹底された場合，分別費用 e は上昇し β が低下することで資源ごみのより多くが適切に分別されると考えられる。

ところで，リバウンド現象は，上記モデルではどのように説明されるであろうか。ごみ排出量について，それが的確に分別されていない状態での排出水準は，ΔG と ΔR の総和である。(5) と (6) が示すように，ひとたび有料化が実施された場合（s が引き上げられた場合），ごみは，他の事情にして等しい場合，

$$(7) \quad \Delta s \times \left[G\left\{\frac{a}{(p_1 + s\alpha)}\right\} + R\left\{\frac{\beta}{(p_2 + \beta s)}\right\} \right]$$

の大きさだけ減量する。この削減効果が反転し上昇する現象は，各財の価格の動向，所得水準の変化をはじめ，家計の選択行動の状況に依存して生起することは明らかである。したがって，この単純なモデルにおいてさえも，家計や各自治体の状況に応じて，ごみ排出量の変化が異なったものになることが理解できる。

4. 多摩市域へのアンケート調査と分析

以下，一般廃棄物のうち家庭ごみに絞って検討する。多摩地域でみた場合，家庭ごみの排出は，可燃ごみ（68%），不燃ごみ（6.4%），資源ごみ（22.9%），ならびに粗大ごみ（2.6%）と有害ごみ（0.1%）からなり，以上の総計は総ごみ量（111万1千トン；平成25（2013）年度）と呼ばれる。他に集団回収（8.4万トン）によるものがある。このうち，総ごみ量と集団回収分や焼却処理されたものから，44.8万トンが資源化される（この資源化されたものと総ごみ量＋集団回収の割合は総資源化率と呼ばれ37.5%を占める）。ごみ有料化という場合，例外的に資源ごみ排出についても適用される場合があるが，一般的には，可燃ごみ，不燃ごみの排出に関して，有料指定袋が指定されることを指す。ごみが有料化されることによって，これまで，可燃ごみや不燃ごみに含まれていた資源となりえるものを資源ごみとして排出しリサイクルへと回すことを通じて，ごみ処理サービスへの支出を抑えるインセンティブが生じたり，最初からごみになるものを回避し，結果的に排出削減を実現したりすることが期待される。

本章では，多摩市域の各自治体におけるごみ排出の状況，削減に関わる施策や対策，自治体としての評価のほか，有料化導入とその効果の評価，リバウンドの可能性の認識，あるいはリバウンドが生じた場合に必要と考えられ

る施策に関して，26市に対してアンケート調査を行った。表11-1はアンケートの質問項目と結果をまとめた総括表である[4]。なお，回答いただいた担当者は，各市によって幾分異なり（課長補佐3名，係長9名，他に主任等の皆様），ごみ減量に関わる部署名も「ごみ減量推進課」，「ごみ対策課」や「ごみゼロ推進課」など様々である。まず，各市の経済社会状況の評価については，評価の低い項目として，財政状況（5段階スケール中2.6），グローバル化（2.8）や人口高齢化（2.9）が挙げられており，他方，自然環境（3.8）や住民活動・住民協力（3.5），安全安心（3.4），教育環境（3.3）などは比較的高い評価となっている。

各市のごみ推進体制であるが，市の主催する審議会などを中心としつつ，他の市民や事業所の団体があるとする市が13市あった。ごみ減量の審議会は，平均14名の構成員で年平均6回程度の会議開催，任期はおおむね2年となっている。ごみ減量に関わる施策の計画立案に際して，他近隣市町村を参考にする，ある程度参考にすると答えたのは，18市であり，逆に全くあるいは余り参考にしないとの回答も4市あった。参考にする自治体として具体的な記述があったものについては，おおむね，隣接する市町が挙げられていた。

ごみの分別状況については，とくに，分別の項目がわかりにくいと回答した市は20市に上り，具体的にうまく分別されていないと指摘されているものは，可燃ごみの場合，紙類20市，布類12市，プラスチック12市であり，不燃ごみの場合，金属11市，プラスチック11市となっている。分別のわかりにくさと不徹底さに問題があるとされている。本章の5節では可燃ごみ，不燃ごみの混在する資源ごみの問題も検討しているが，たとえば，可燃ごみに混在する紙ごみなどは，雑紙や新聞折り込み広告など，ほとんどの場合，資源ごみに回せるものであるが，行政を悩ませている問題である。他方，資源ごみについては，紙類（8市。分別の問題，回収時の持ち去りなど），ペットボトル（8市。キャップの処理，汚れたボトルなど）の他に，その他の課題として，「容器包装プラスチックと製品プラスチックの区分がわかりにく

第Ⅲ部　多摩の地域振興における地方公共団体の役割と政策

表 11-1　多摩地域 26 市アンケート総括表

問 1-1	経済社会財政環境の評価（5 段階）		問 2-5	2R への対応	
	人口高齢化	2.94	問 2-5-1	リサイクル推進活動の評価	
	自然環境	3.82		大変進んだ	4
	教育環境	3.29		まずまず進んだ	18
	経済活動	3.12		どちらでもない	4
	グローバル化	2.76		あまり進まなかった	0
	観光・交流人口	3.06		全く進まなかった	0
	安全安心	3.41			
	文化活動	3.18	問 2-5-3	小型家電リサイクル法への対応	
	歴史環境	3.29		すでに対応し分別回収	12
	NPO など市民活動・協力	3.47		認定業者への引き渡し	13
	行政サービス	3.29		未対応	0
	財政状況	2.59	問 2-5-4	2R への対応で重要な事項（五択）	
問 2-1	審議会等（平均人員 14.1 名, 会議年回数 6 回）			既存の分別の徹底	11
問 2-2	民間団体（あり＝ 13 市）			分別品目数の拡大	1
問 2-3	排出削減施策の他自治体の参照			消費者への啓発活動	24
	参考にする（した）	6		可燃・不燃ごみの有料化の導入・継続	9
	ある程度参考にする（した）	12		資源ごみの有料化の導入・継続	2
	どちらでもない	4		過剰包装をやめるなど事業者・商店街への協力要請	10
	あまり参考にしない（しなかった）	1		マイバッグの持参	10
	全く参考にしない（しなかった）	3		環境教育の推進	16
問 2-4	ごみの分別状況			リサイクルショップの活用	4
問 2-4-1	可燃ごみ			フリーマーケット開催の拡充（回数・規模など）	1
	分別が不徹底			自治会, 子供会などへの働きかけ強化（集団回収など）	13
	分別項目がわかりにくい			市のグリーン購入のさらなる推進	0
	混在　紙類	20		その他	0
	繊維・布類	12	問 3-1	ごみ有料化	
	プラスチック	12		導入期	
	その他	0		再値上げ期	
問 2-4-2	不燃ごみ			導入時の金額	
	分別が不徹底			再値上げ時の金額	
	分別項目がわかりにくい			未導入, 導入予定なし	4
	混在　金属	11		（小平市, 国立市, 東久留米市, 武蔵村山市）	
	プラスチック	11			
	ガラス	3			
	その他	-	問 3-2	有料化の評価	
問 2-4-3	資源ごみ		問 3-2-1	料金体系（単純従量制）	22
	紙類	8		（超過従量制）	1
	布類	0	問 3-2-2	料金設定の基準	
	金属（鉄・アルミ）	0		総ごみ処理費用の一定割合を勘案	16
	ペットボトル	8		近隣自治体の水準を勘案	10
	ガラス瓶	2		市民の受容性を勘案	6
	紙パック	2		指定袋の製造・流通費用を勘案	0
	発泡トレイ	2		市の財政状況を勘案	0
	その他	8		その他（世帯月 500 円の負担）	4

問3-2-3	有料化の効果		問3-3-1	ごみ処理費用総額（市平均　億円）	28.0
	期待した以上	5	問3-3-2	ごみ処理手数料収入（市平均　億円）	5.0
	ほぼ期待通り	17	問3-3-3	ごみ処理手数料の使途	
	期待したほどではない	0		有料化の運営費用	16
問3-2-4	ごみ減量の状況（1人当たりベース）			排出抑制に資する費用	6
	減量効果は，持続している	12		再生利用に資する費用	5
	減量効果は次第に小さくなり，失われつつある	10		住民意識の向上に資する費用	3
	増加傾向にある	0		ごみ処理施設に資する費用	7
問3-2-5	10年後のごみ減量			その他	0
	大変心配	0	問4-1	リバウンド発生に対する施策（五択）	
	心配	18		分別を徹底させる	16
	とくに心配はしていない	2		分別品目数の拡大	5
	安心している	0		拡大生産者責任（EPR）の仕組み	19
問3-2-6	料金設定			大量のごみ排出者ほど負担が大きくなる仕組み	4
	適切	21		資源ごみの有料化	2
	低すぎた	1		リサイクルの仕組みを強化	9
	高すぎた	0		ごみに関する環境教育の推進	24
問3-2-7	他の施策の遂行			市と住民の連携組織の強化	15
	実施	19		減量方法についての講習会などの開催	13
	とくに実施せず	3		ごみ処理手数料の再値上げ	8
問3-2-8	実施した施策			その他	0
	収集方式の変更	14	問4-2	地域連携の重要施策（三択）	
	収集回数の変更	6		ゴミ削減の政策に関する都や国との情報交換	21
	拠点回収の変更	3		ごみ削減の先進かつ有効な事例に関する市町村同士の情報交換	23
	集団回収の拡充	4		不法投棄対策	11
	分別方式の変更	9		広域的な市民活動の共同支援	5
	その他	7		越境ごみ対策	7
				その他	1

注　料金体系に関しては，少量袋（5リットル）などについてはわずかに割安になっており，厳密な意味では単純比例にはなっていない。
出所：筆者作成。

い」などの指摘もあった。資源ごみとして分別する客観的な費用を引き下げる施策が必要であろう。

　循環型社会形成推進基本法のもとで，環境省は，これまでのRecycleに加えて2R（Reduce, Reuse）による環境負荷削減に力点を移しつつある。これまでのリサイクル推進活動の評価については，どちらでもないとする市が4ある中で，まずまず進んだが18市，大変進んだが4市あり，これまでの取

り組みに対して一定の評価を与えている。その理由として，多くがごみ減量と資源化の進展を掲げており，具体的な施策としてリサイクルマーケットの実施や集団回収の奨励などが挙げられている。加えて，2Rの推進にとって今後重要になると思われる施策としては，消費者への啓発活動（24市）や自治会・子供会への働きかけ（13市），環境教育の推進（16市）といった情報宣伝の強化や，既存の分別の徹底（11市）の他に，事業者・商店街の協力要請（10市），マイバッグ持参（10市）が挙げられている。有料化の導入・継続（9市）の他に，少数ではあるが資源ごみの有料化（2市）を挙げる市も見受けられた。

ところで，有料化（導入済み22市）については，料金設定それ自体については，おおむね適切な料金設定であったとの回答であったが，1市で低いという評価が示された。有料化の料金設定に関する算定根拠については，総ごみ処理費用の一定割合を勘案（16市），近隣自治体の水準を勘案（10市），市民の受容性を勘案（6市）といった理由が多く，中には，「ごみ収集経費の1/3」や「一世帯月500円程度の負担（4市）」との回答があった。なお，有料化の導入に際して，多くの市（14市）は戸別収集方式への変更を実施しており，他に，収集回数の変更（6市），分別方式の変更（9市）があった。

有料化の効果としては，期待した以上（5市），ほぼ期待した通り（17市）とする一方で，現在の状況として，1人当たりベースでのごみ減量効果が継続しているとするのは12市で，増加傾向にあると答えた市はなかったが，効果が失われつつあるとする市は10市あった。加えて，今後の10年間での推移については，とくに心配ないとする市が2市あるものの，18の市が「心配である」と答えており，今後の動向に注視する必要がある。

他方，ごみ処理費用とごみ処理手数料の徴収総額（年間）については，それぞれ，平均約28億円，5億円となっており，その使途としては，有料化制度の運営（16市），ごみ処理施設関連費用（7市），排出抑制に資する費用（6市）の他に，再生利用や住民意識向上に資する施策に向けられており，他に，一部基金化し処理施設整備に向けるとの回答もあった。回答ベースで

の人口1人当たりのごみ処理経費は平均約1万6千円であり，ごみ処理手数料のごみ処理経費に占める割合（手数料比率）と1人当たりベースの手数料（年間）の関係は，図11-1で示されている（図は各市の回答に基づいて作成したものである）。

先述したように，今後のごみの動向に関しては，ほとんどの市が懸念を表明していた。今後，仮にリバウンドが生じた場合，この問題に対峙するためにどのような施策が重要か，という問いについては，環境教育の推進（24市），EPRの導入（19市），分別の徹底（16市），市民との連携組織強化（15市），減量方法に関する講習会の開催（13市）に加えて，再値上げを含むごみ有料化（8市）などが挙げられている。このうち，有料化未実施の市を除いた5市で，再値上げが効果的と考えられており，うち，一つの市では，有料化時の手数料設定が低いという認識が示されている。

他方，ごみ削減に向けた多摩地域を含む近隣自治体との連携に関しては，おおむね必要な活動があるとの回答であり，中でも，「ごみ削減に関する先進的で有効な事例情報の交換」，「都や国との情報交換」，「不法投棄対策」の

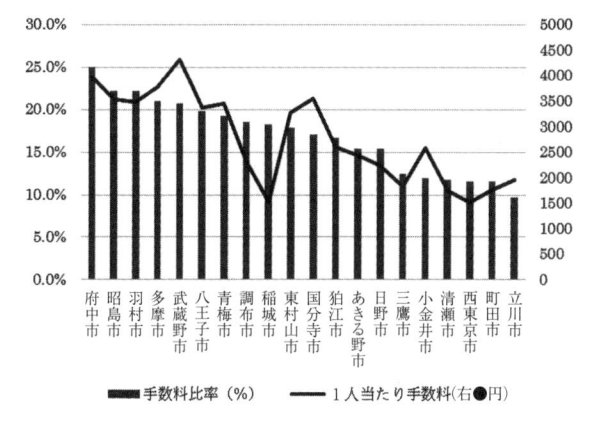

図11-1　手数料比率と1人当たり手数料

出所：筆者作成。

点での連携の重要性が指摘されている。また，処理困難物対象のEPRを前提とした制度構築やレジ袋有料化など事業者への働きかけが必要となる施策推進のために，国・事業者への働きかけ，法改正への要求が必要であるとの指摘もあった。地域連携がネットワークの正の外部性をもたらすことは知られている[5]が，地域間の連携強化の必要性のみならず，国や都への働きかけが必要であるとする現場の認識は，さらなる2Rの推進に向けた施策の展開に関しては，行政の枠を超えた率直な議論が必要であることを示唆している。実際には，先述したように，ごみの削減計画を立案する際に，他の自治体の施策を相互に参考にしているかを問う質問では，概ね相互に参考にしており（18市），とくに，先のEPRの導入に関しては国や都への働きかけが重要課題になり，ごみ削減に向けた協働的な政策立案が必要であると考えられる。

5. 多摩地域におけるごみ有料化とごみ減量の動向

本節では，多摩地域26市を対象に，家庭系ごみ有料化がごみの減量に及ぼした効果を検証する。

(1) ごみ有料化の動向

まず，わが国のごみ有料化をめぐる国・自治体等の動きと多摩地域の有料化の状況を概観する。

① ごみ有料化をめぐる国・自治体等の動き

表11-2はごみの有料化をめぐる国および自治体等の主な動きをみたものである。ごみ有料化へ向けた機運は，2000年前後から高まっていったことが見て取れる。たとえば，1993年に，全国市長会が提言を公表し，その中で家庭系ごみの有料化の必要性を示している。その後，1999年には東京商工会議所が，また2001年には環境省と東京都市長会が有料化の推進の必要性を表明し，さらに，2005年には中央環境審議会が一般廃棄物処理の有料

化の導入を推進すべきとの意見を具申した。意見具申を受けて，環境省は「基本方針」を改正し，その中で，地方公共団体の役割として，一般廃棄物処理の有料化の推進を図るべきことを明確にし，2007年には『一般廃棄物処理有料化の手引き』を作成した。また，2008年の第二次および2013年の第三次『循環型社会形成推進基本計画』においても，地方公共団体の役割として有料化などによる廃棄物の減量化の推進があげられている。

表11-2 ごみ有料化に向けた国・自治体等の動向

年 月	国・団体等	公表物	有料化に関する記述・内容
1993年6月	全国市長会	『廃棄物問題を中心とした都市の環境問題に関する提言』	「家庭系ごみについても極力有料制の導入を推進する必要がある。」
1999年7月	東京商工会議所	『資源循環型社会「廃棄物という概念のない社会」の構築に向けて』	「その（家庭系ごみの）回収と適正処理に関わるコストを全面的に負担すること（家庭系ごみの全面有料化）は，国民の役割であり責務である。」
2001年5月	環境省	『廃棄物の減量その他その適正な処理に関する施策の総合的かつ計画的な推進を図るための基本的な方針』	「一般廃棄物処理の有料化の推進を図るべきである。」
2001年10月	東京都市長会	『多摩地域におけるごみゼロ社会をめざして－家庭ごみの有料化について－』	「平成15年度までを目途に，全市において家庭ごみの有料化を進める。」
2005年2月	中央環境審議会	『循環型社会の形成に向けた市町村による一般廃棄物処理の在り方について（意見具申）』	「国が方向性を明確に示した上で，地域の実情を踏まえつつ，有料化の導入を推進すべきと考えられる。」
2005年5月	環境省	『廃棄物の減量その他その適正な処理に関する施策の総合的かつ計画的な推進を図るための基本的な方針』（改正）	「一般廃棄物処理の有料化の推進を図るべきである。」
2007年6月	環境省	『一般廃棄物処理有料化の手引き』	（市町村あての手引き）
2008年3月	政府	『第二次循環型社会形成推進基本計画』	「一般廃棄物処理の有料化の取組については，一般廃棄物処理有料化の手引き等の普及等により，その全国的な導入を推進します。」
2013年5月	政府	『第三次循環型社会形成推進基本計画』	地方公共団体の役割「一般廃棄物処理の有料化などによる廃棄物の減量化」

出所：表中の国・団体等の公表物をもとに筆者作成。

上記の動きを受けて，自治体ではごみの有料化が進み，2013年度実績では，粗大ごみを除く生活系ごみについて，全国1,742市区町村のうち，ごみ収集手数料が有料の自治体は1,099自治体（63.1％）となっている[6]。

② 多摩地域における家庭系ごみ有料化の動き

ⅰ）多摩地域の家庭系ごみ有料化の進捗状況

多摩地域でも，家庭系ごみの有料化が進んでいる。多摩地域26市のうち

青梅市が1998年ともっとも早く有料化を実施し，2015年4月現在，22市（84.6%）が実施済みである（表11-3）。特に2002年度から2005年度にかけて有料化の導入が集中している（12市）。最近では，東大和市が2014年10月に有料化と戸別収集を実施した。また，未実施の4市（小平市，国立市，東久留米市，武蔵村山市）も，ごみ有料化について検討を進めている。

表11-3 多摩地域26市の家庭系一般ごみ有料化の実施時期

		実施時期	1998	1999	2000	2001	2002	2003	2004	2005	2006	2007	2008	2009	2010	2011	2012	2013	2014
1	八王子市	2004年10月							●										→
2	立川市	2013年11月																●	→
3	武蔵野市	2004年10月							●										→
4	三鷹市	2009年10月												●					→
5	青梅市	1998年10月	●												▲				→
6	府中市	2010年2月													●				→
7	昭島市	2002年4月					●												→
8	調布市	2004年4月							●										→
9	町田市	2005年10月								●					▲				→
10	小金井市	2005年8月								●									→
11	小平市	未導入																	
12	日野市	2000年10月			●														→
13	東村山市	2002年10月					●												→
14	国分寺市	2013年6月																●	→
15	国立市	未導入																	
16	福生市	2002年4月					●												→
17	狛江市	2005年10月								●									→
18	東大和市	2014年10月																	●
19	清瀬市	2001年6月				●													→
20	東久留米市	未導入																	
21	武蔵村山市	未導入																	
22	多摩市	2008年4月											●						→
23	稲城市	2004年10月							●										→
24	羽村市	2002年10月					●												→
25	あきる野市	2004年4月							●										→
26	西東京市	2008年1月											●		▲				→
	有料化実施自治体の数		1		1	1	4		5	3			2	1	1			2	1

注　▲印は手数料を改定。
出所：東京市町村自治調査会（2014）『多摩地域ごみ実態調査　平成25年度統計』，東大和市ホームページ（http://www.city.higashiyamato.lg.jp/）より作成。

ⅱ）有料化の内容

有料化を実施した22市の有料化の内容については，大きなばらつきはみられない。たとえば，可燃の場合，40リットル袋1枚あたりでみると，ほとんどの市が60円から80円の範囲にある[7]。また，収集方式はアンケートにもあったように戸別収集が主流となっている（表11-4）。

第11章　ごみ有料化とリバウンドに関する実証分析　349

表 11-4　多摩地域 26 市の家庭系一般ごみ有料化の内容および収集方式（2014 年現在）

		有料化実施時期	有料化の内容（袋1枚あたり）							収集方式
			5ℓ	10ℓ	15ℓ	20ℓ	30ℓ	40ℓ	45ℓ	
1	八王子市	2004年10月	9円	18円		37円		75円		戸別収集
2	立川市	2013年11月	10円	20円		40円		80円		戸別収集
3	武蔵野市	2004年10月	10円	20円		40円		80円		戸別収集
4	三鷹市	2009年10月	9円	18円		37円		75円		戸別収集
5	青梅市	1998年10月	7円	15円		30円		60円		戸別収集
6	府中市	2010年2月	10円	20円		40円		80円		戸別収集
7	昭島市	2002年4月	7円	15円		30円		60円		戸別収集・ステーション
8	調布市	2004年4月	8.4円		27.3円		55.6円		84円	戸別収集
9	町田市	2005年10月	8円	16円		32円		64円		戸別収集・ステーション
10	小金井市	2005年8月	10円	20円		40円		80円		戸別収集
11	小平市	未導入								ステーション
12	日野市	2000年10月	10円	20円		40円		80円		戸別収集
13	東村山市	2002年10月	9円	18円		36円		72円		戸別収集
14	国分寺市	2013年6月	10円（可燃3ℓ袋5円）	20円		40円		80円		戸別収集
15	国立市	未導入								ステーション
16	福生市	2002年4月	7円	15円		30円		60円		戸別収集
17	狛江市	2005年10月	10円	20円		40円		80円		戸別収集
18	東大和市	2014年10月	10円	20円		40円		80円		戸別収集
19	清瀬市	2001年6月	7円	10円		20円		40円		ステーション
20	東久留米市	未導入								戸別収集・ステーション・ダストボックス
21	武蔵村山市	未導入								ステーション
22	多摩市	2008年4月	7円	15円		30円		60円		戸別収集・ステーション
23	稲城市	2004年10月	8円	15円		30円		60円		戸別収集
24	羽村市	2002年10月	7円	15円		30円		60円		戸別収集
25	あきる野市	2004年4月	7円	15円		30円	45円（不燃）	60円（可燃）		戸別収集
26	西東京市	2008年1月	7.5円	15円		30円		60円		戸別収集

注　不燃ごみ，容器包装プラスチック等で，可燃ごみとは別の手数料体系（無料を含む）を採用している市がある。
出所：東京市町村自治調査会（2014）『多摩地域ごみ実態調査　平成25年度統計』，東大和市ホームページ（http://www.city.higashiyamato.lg.jp/）より作成。

（2）　ごみ有料化によるごみ減量の動向

　多摩地域におけるごみの有料化は，どの程度ごみの減量に結び付いたのであろうか。以下では，有料化によるごみ減量の効果について検討する。
　① 　有料化後のごみ減量効果――「初期効果」と「持続効果」の検証――
　まず，本節でとりあげる「家庭系ごみ」を定義しておこう。本節では，「収集ごみ」を「家庭系ごみ」とする。そのうえで，家庭系ごみの「総ごみ量」

を「可燃ごみ量」+「不燃ごみ量」+「資源ごみ量」とする。また，ごみ量は1人1日当たりで観察することとする。なお，特に断らない限り，本節の分析では，東京市町村自治調査会『多摩地域ごみ実態調査』の平成9年度から平成25年度統計のデータを用いた。

以上の定義とデータにより，多摩地域26市（うち，有料化実施22市，未実施4市）のごみ排出量の推移を概観する。この場合，まず，市ごとの有料化時期はさまざまであること，有料化後現在までの経過期間が異なっていること，さらに，ごみ排出に関わる経済や人口構造などの社会環境も市ごとに異なる点に注意する必要がある。こうした中でごみ有料化のごみ減量効果を把握するためには，個別の市の動きを観察するだけでは十分ではない。そこで次のような工夫を行った。

まず，有料化後のごみ排出量の推移を10年間の長期にわたり観察可能な市を抽出した。具体的には，1998年度から2004年度にかけて有料化を実施した12市[8]を抽出した。次に，抽出した市ごとに，有料化前年度から有料化10年度目までの11年間の各年度のごみ排出量を整理した。そのうえで，有料化前年度から有料化10年度目までの各年度の12市の平均排出量を算出

表11-5 有料化後のごみ減量効果（12市平均）

（1人1日当たり排出量。有料化前年度の水準比増減率，%）

	可燃ごみ	不燃ごみ	資源ごみ	総ごみ量
有料化年度	-13.0	-16.4	22.0	-7.3
有料化2年度目	-20.6	-34.1	36.6	-12.4
有料化3年度目	-20.8	-32.7	37.3	-12.2
有料化4年度目	-22.1	-29.5	33.9	-13.3
有料化5年度目	-22.9	-32.4	32.7	-14.4
有料化6年度目	-24.3	-42.0	31.3	-16.9
有料化7年度目	-25.1	-46.0	28.7	-18.5
有料化8年度目	-25.2	-50.4	24.4	-19.8
有料化9年度目	-25.6	-51.6	22.4	-20.6
有料化10年度目	-25.5	-56.6	21.5	-21.4

注　対象市は，八王子市，武蔵野市，青梅市，昭島市，調布市，日野市，東村山市，福生市，清瀬市，稲城市，羽村市，あきる野市の12市。

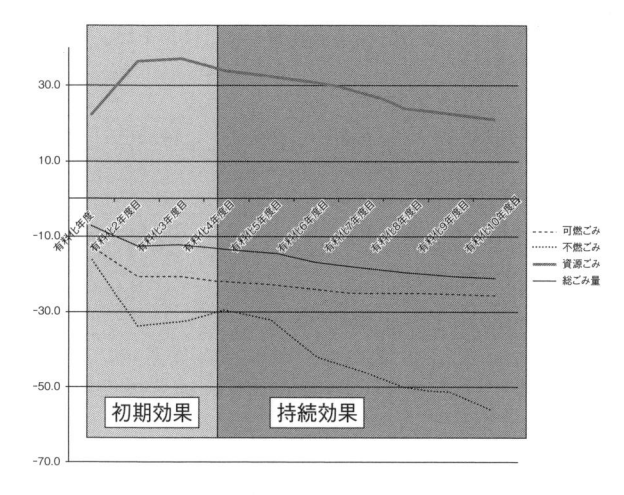

第11章　ごみ有料化とリバウンドに関する実証分析　351

図 11-2　有料化後のごみ減量効果（12 市平均）
（1 人 1 日当たり排出量。有料化前年度の水準比増減率，%）

した。これにより得られた 12 市平均でみた各年度の排出量の有料化前年度の排出量に対する増減率は，表 11-5 および図 11-2 で示されている。これらは，12 市平均でみた有料化後のごみ減量効果の推移を表している。

表 11-5 および図 11-2 からは，ごみ減量効果は有料化 3 年度目までと，それ以降の 2 つのフェーズが存在することが示唆される。

ⅰ）第 1 フェーズ：有料化 3 年度目（有料化年度の 2 年後）まで

この時期は，ごみ有料化（および，ごみ有料化と同時期に実施された収集方式の変更や住民の意識の向上なども含む（既述のモデル分析参照））のいわば初期（減量）効果（以下「初期効果」という）が現れた時期であるといえる。有料化 3 年度目までに総ごみ量は 12.2% と大幅に減少した。ごみの区分別でみると，可燃ごみは 20.8%，不燃ごみは 32.7% 減少した。半面，資源ごみは 37.3% の大幅な増加となった。このことを排出量の推移でより具体的にみてみよう（表 11-6）。有料化 3 年度目までに「可燃ごみ」＋「不燃ごみ」は 149.6 グラム減少したが，この間に「資源ごみ」は 52.3 グラム増加した。有料化に伴い，可燃ごみおよび不燃ごみとして排出されていたごみの

表 11-6　有料化後のごみ減量効果（12市平均）

(1人1日当たり排出量，グラム)

	可燃ごみ	不燃ごみ	資源ごみ	総ごみ量
有料化前年度(A)	552.6	106.4	140.3	799.2
有料化年度	480.9	88.9	171.2	741.0
有料化2年度目	438.6	70.1	191.6	700.3
有料化3年度目(B)	437.8	71.6	192.6	701.9
B-A	-114.8	-34.8	52.3	-97.3
B/A(増減率,%)	-20.8	-32.7	37.3	-12.2

注　対象市は，八王子市，武蔵野市，青梅市，昭島市，調布市，日野市，東村山市，福生市，清瀬市，稲城市，羽村市，あきる野市の12市。

一部が，分別の徹底により，資源ごみとして排出された，すなわち，可燃ごみ・不燃ごみから，資源ごみへシフトした可能性がある。

しかし，この間の資源ごみ量の変化は，可燃・不燃ごみからのシフトの可能性のほかに，資源ごみ自身の増減分も含まれているはずである。この点については，本節の(3)でより詳細な検討を加える。

ⅱ) 第2フェーズ: 有料化4年度目以降

この時期は，ごみ有料化の初期効果を経た後の，いわば（減量の）持続効果[9]（以下「持続効果」という）が現れている時期と位置付けられる。可燃ごみの減量持続に加えて，不燃ごみ，資源ごみが減少に向かい，有料化10年度目では，総ごみ量は有料化前年度に比べて21.4%と大きく減少した。有料化，および有料化と併せて実施したさまざまな施策の効果が特に不燃ごみ，資源ごみの減少となって現れた時期である。

以上，12市平均でみたごみ排出量の動きから示唆されることは，ごみ有料化の初期効果は有料化3年度目までにほぼ顕在化し，その後10年度目にかけて不燃ごみ，資源ごみを含めて，総ごみ量がなだらかな減少を続けている，すなわち，ごみ有料化の持続効果がなお現れている，ということである。

このように，ごみ有料化の初期効果によって，有料化当初，ごみ量は急減する。しかし，その後のごみのリバウンドの発生を回避するためには，ごみ有料化の持続効果をいかに長期間，維持していくかが重要な政策課題になる。

もっとも，市ごとの動きには差がみられるはずである。以下では，この点についてより詳細な検討を加える。

② 有料化の時期とごみ排出量との関係

ⅰ）有料化時期が早いほどごみ排出量は少ないのか

まず明らかにしたいことは，ごみ有料化の時期が早い市ほど，ごみ排出量が少ないのかどうか，という点である。有料化の時期が早いことは，市民のごみ削減への意欲が強いことの表れととらえることも可能だからである。

有料化22市を対象に，有料化年度と2013年度の1人1日当たり総ごみ量との関係をプロットしたものが図11-3である。有料化の時期と総ごみ量との関係は明確ではない。有料化施策以外の要素の影響も大きいことが示唆される。

次に，早期に有料化を実施した青梅市（1998年有料化），日野市（2000年有料化），清瀬市（2001年有料化）の3市のごみ量の推移をみてみよう。図11-4に，可燃ごみおよび総ごみ量の推移を示している。3市ともに総ごみ量は緩やかな減少を続けており，有料化の効果が持続していることをうかがわせる。ことに，日野市，清瀬市は多摩地域26市の平均を下回って着実に減少を続けている。ただし，青梅市については，2005年度から2008年度にかけて一時的に可燃ごみの小幅な増加がみられた（図11-4左）。

ⅱ）2004年度に有料化を実施した5市の推移

次に，同時期にごみ有料化を実施した市でも，その後のごみ排出量に差が生じていないのかどうかを検討する。2004年度には，調布市，あきる野市，八王子市，武蔵野市，稲城市と，1年間でもっとも多くの市が有料化を実施した。これら5市の有料化後の総ごみ量の推移をみたものが図11-5である。5市ともに概ね減少傾向を持続しているが，ごみ排出量の差は依然，存在する。ごみの有料化はごみ減量に効果はあるものの，1人当たりベースのごみ排出水準の差を解消するためには，さらなる施策が必要であると考えられる。

③ 有料化未実施の市のごみ排出量

最後に，有料化未実施4市の総ごみ量の推移を検討する。4市とも総ごみ

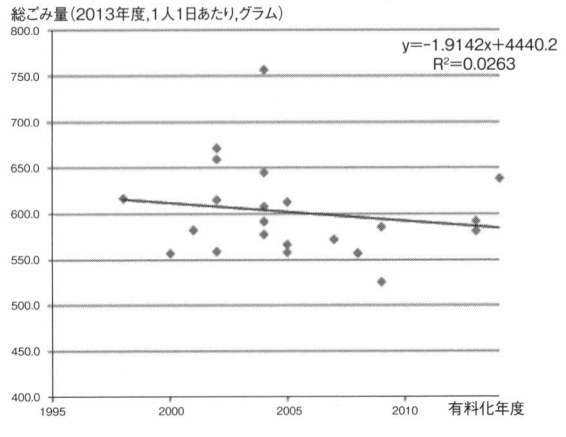

354　第Ⅲ部　多摩の地域振興における地方公共団体の役割と政策

図11-3　有料化時期と総ごみ量との関係

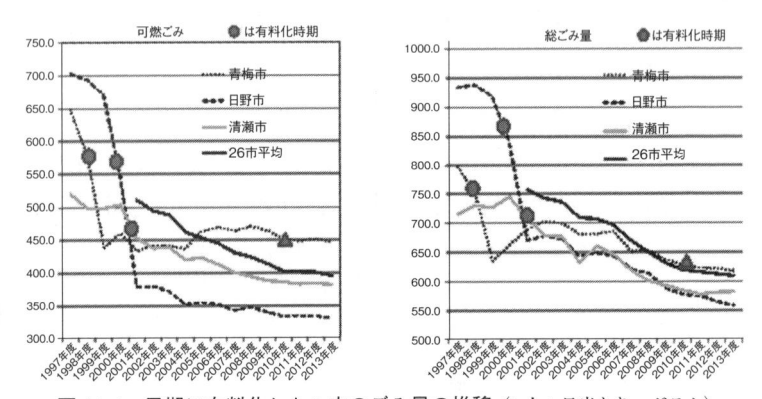

図11-4　早期に有料化した3市のごみ量の推移（1人1日当たり，グラム）
（注）　青梅市は，2010年10月にごみ手数料を改定（▲印）。

量はなだらかに減少を続けている。このうち東久留米市は，26市平均を下回って推移している（図11-6）。有料化未実施にもかかわらず，ごみ減量傾向が続くためには，モデルで示した有料化以外の様々な要因が作用していると考えられる。実際，小平市では，この間，プラスチック容器の分別収集や生ごみ減量化の施策が継続して行われ[10]，国立市では，せん定枝の資源回収

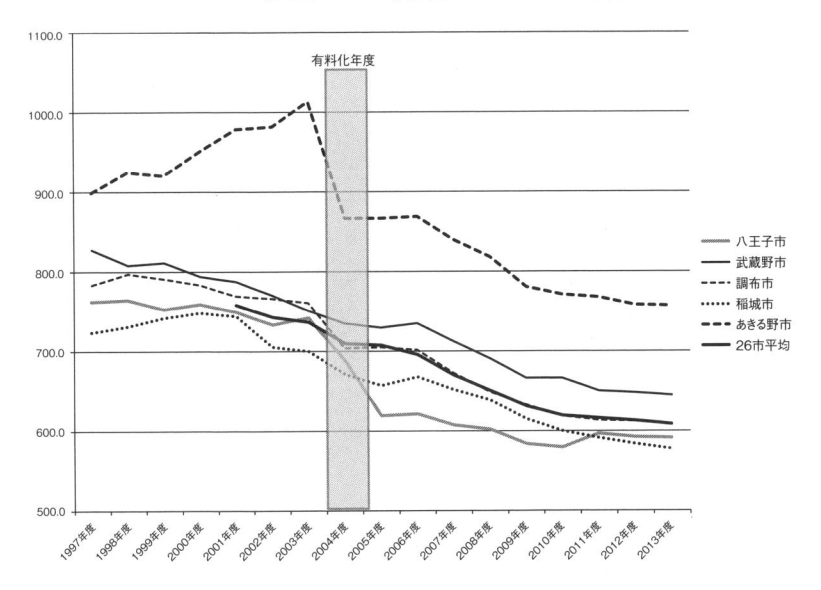

図 11-5　2004 年度に有料化した 5 市の総ごみ量の推移（1 人 1 日当たり，グラム）

や市民説明会が開催[11]されている。また，東久留米市では，容器包装プラスチックの分別収集や環境学習事業の強化[12]が行われ，武蔵村山市は分別収集の推進や環境教育・環境学習の浸透施策[13]などが実施されている。制度変更や人々のごみ削減に対する対応の変化など，さまざまな要因が作用した結果であると考えられる。

(3) ごみ減量の要因分析

　ごみ有料化は，ごみ減量と併せて，分別の徹底を通じて，有料ごみ（可燃ごみ，不燃ごみ）から有料化対象外のごみ（資源ごみ）へのシフトを生じさせることが考えられる。ここでは，ごみ有料化の第 1 フェーズ，すなわち，有料化前年度から有料化 3 年度目の間のごみ排出量の変化（初期効果）の要因を，①ごみ排出量の変化と，②可燃・不燃物から資源ごみへのシフト，に分解することにより，ごみ減量の実態をさらに詳しく検討する。

① 分析対象市，分析上の仮定，および分析のステップ

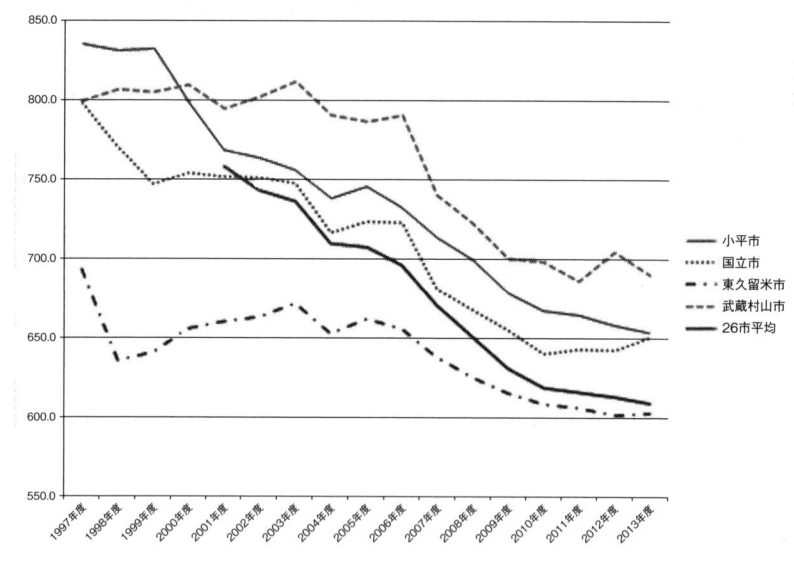

356　第Ⅲ部　多摩の地域振興における地方公共団体の役割と政策

図 11-6　有料化未実施 4 市の総ごみ量の推移（1 人 1 日当たり，グラム）

ⅰ) 分析対象市

分析の対象は，八王子市，府中市，日野市，東村山市，福生市，多摩市，稲城市，羽村市，西東京市の 9 市である。これらの市を選定した理由は，有料化を実施した 22 市のうちでこれらの 9 市が要因分析に使用する対象年度の「ごみ組成[14)]」のデータが入手可能であることによる。

ⅱ) 分析上の仮定の設定

分析は一定の仮定をおいて行った。仮定は以下のとおりである。

❶ 有料化前年度から有料化 3 年度目の間に，ごみ有料化およびこれに付随する施策以外のごみ排出環境の変化（所得の変化，世帯構成の変化，年齢構成の変化，不法投棄の増減，など）はない。

❷ 分析に用いるごみ組成調査では，調査の対象となるごみが，「収集ごみ」のみ，あるいは「収集ごみ」と「持込ごみ」など，市によって異なるが，ここでは，ごみ組成調査の結果を「収集ごみ」の組成とみなす。

❸ ごみ組成調査の検体数は市ごとに数体〜数十体と極めて少ないが，ご

み組成調査の結果は「可燃ごみ」「不燃ごみ」の実態を表しているものと仮定する。

③ 算出に用いたごみ

1人1日当たりの「総ごみ量」＝「可燃ごみ」＋「不燃ごみ」＋「資源ごみ」として算出する。

④ 算出のステップ

市ごとに次のステップで算出したうえで，9市の平均値を求める。平均化することで，個々の市の事情の影響をできるだけ緩和し，多摩地域全体の傾向を探る。

第一ステップ

「可燃ごみ」「不燃ごみ」の排出量データから「可燃物」「不燃物」の排出量を推計する。データとして得られる「可燃ごみ」の中には「可燃物」のほかに「不燃物」が，また，「不燃ごみ」の中には「不燃物」のほかに「可燃物」が含まれている。分別が必ずしも十分でないことを反映したものである。そこで，「可燃ごみ」「不燃ごみ」の内容を分解して「可燃物」「不燃物」に整理しなおす。これにより，より実態に即した可燃ごみ，不燃ごみの排出量が把握できる。

「可燃物」「不燃物」の排出量を推計する作業は次のように行われる。ごみ組成調査では，可燃ごみの組成（「可燃物（紙類，厨芥，など）の割合」＋「不燃物（プラスチック，ゴム・皮革，など）の割合」＝100%），および不燃ごみの組成（「可燃物の割合」＋「不燃物の割合」＝100%）が乾ベースと湿ベースで公表されている。ここでは，湿ベースのごみ組成調査結果を用いて，「可燃ごみ」，「不燃ごみ」の内容を分解し，「可燃物」の排出量と「不燃物」の排出量を推計する。表11-7が推計結果（9市平均）である。「有料化前年度実績」は表の中段の「A」欄，「有料化3年度目実績」は「C」欄に記載されている。

第二ステップ

「可燃物」「不燃物」「資源ごみ」の「総ごみ量」に対する構成比を算出する。

「有料化前年度実績」の構成比は「A」欄の左,「有料化3年度目実績」の構成比は「C」欄の左に記載されている。

第三ステップ

有料化3年度目の構成比(「C」欄の左の数値)を用いて有料化前年度の「可燃物」「不燃物」「資源ごみ」の排出量を推計する。これは「B」欄に記載されている。「B」欄の数値は,有料化3年度目と同様の分別(「C」欄の左の構成比)で排出されたと仮定した場合(すなわち,「可燃物」「不燃物」の一部が「資源ごみ」へシフトしたと仮定した場合)の,有料化前年度の「可燃物」,「不燃物」および「資源ごみ」の排出量を表しているものと解釈できる。

第四ステップ

有料化前年度から有料化3年度目の間のごみ排出量の変化(有料化の初期効果)を「排出量の純増減」(純増減効果)と「資源ごみへの移行分」(分別効果)とに要因分解する。

❶「排出量の純増減」(純増減効果) =「C − B」
❷「資源ごみへの移行分」(分別効果) =「B − A」

となる。

② 9市平均でみたごみ組成変化の要因分析結果

9市平均でみたごみの組成変化と,それをもとに推計したごみ排出量変化の要因分析結果は表11-7のとおりである。

分析結果のポイントを列挙すれば次のとおりである。

ⅰ)「可燃ごみ」の中に「不燃物」が14~15%程度含まれている。この割合は,有料化後も大きな変化はない。他方,「不燃ごみ」の中には「可燃物」は6~8%程度しか含まれていない(表11-7上段)。「可燃ごみ」の分別が「不燃ごみ」の分別よりも不十分であった。

ⅱ) 有料化3年度目までに,「可燃ごみ」は22.0%,「不燃ごみ」は36.5%減少したが,「資源ごみ」は35.7%増加した。この結果,「総ごみ量」は13.8%の減少となった[15]。

ⅲ)「可燃ごみ」および「不燃ごみ」を「可燃物」および「不燃物」に整

理すると，有料化 3 年度目までに，「可燃物」，「不燃物」ベースではそれぞれ 22.9% および 28.2% の減少となった（表 11-7 下段）。

iv) 有料化 3 年度目までに，「可燃物」は 22.9% 減少したが，要因分解すると，「資源ごみへのシフト要因」（分別効果）はマイナス 10.5% ポイント，「純減要因」はマイナス 12.4% ポイントであった。

v) 有料化 3 年度目までに，「不燃物」は 28.2% 減少したが，要因分解すると「資源ごみへのシフト要因」（分別効果）はマイナス 16.7% ポイント，

表 11-7 ごみ有料化効果の要因分析結果（9 市平均）

(単位：%，グラム)

		有料化前年度		有料化 3 年度目		増減率(%)
		構成比	排出量	構成比	排出量	
可燃ごみ	可燃物	85.6	439.2	85.2	341.4	−22.3
	不燃物	14.4	73.9	14.7	59.1	−20.1
	計	100%	513.2	100%	400.5	−22.0
不燃ごみ	可燃物	8.3	8.2	5.8	3.7	−55.5
	不燃物	91.8	91.0	94.2	59.4	−34.8
	計	100%	99.2	100%	63.0	−36.5
資源ごみ			129.5		175.7	35.7
総ごみ量			741.9		639.2	−13.8

	有料化前年度		有料化前年度 有料化 3 年度目と同様の分別を実施した場合の想定		有料化 3 年度目		有料化前年度〜3 年度目増減	要因内訳	
	実績				実績			排出量純増減	資源ごみへの移行
	A		B		C		C−A	C−B	B−A
	構成比	排出量	構成比	排出量	構成比	排出量			
可燃物計	60.3	447.4	54.0	400.5	54.0	345.0	−102.4	−55.5	−46.9
不燃物計	22.2	165.0	18.5	137.5	18.5	118.4	−46.5	−19.0	−27.5
資源ごみ	17.5	129.5	27.5	203.9	27.5	175.7	46.2	−28.2	74.5
総ごみ量	100%	741.9	100%	741.9	100%	639.2	−102.7	−102.7	0.0

	増減率 (%)		
	有料化前年度〜3 年度目増減	要因内訳	
		排出量純増減	資源ごみへの移行
	(C − A)/A	(C − B)/A	(B − A)/A
可燃物計	−22.9	−12.4	−10.5
不燃物計	−28.2	−11.5	−16.7
資源ごみ	35.7	−21.8	57.5
総ごみ量	−13.8	−13.8	0.0

注　対象は八王子市，府中市，日野市，東村山市，福生市，多摩市，稲城市，羽村市，西東京市の 9 市。

「純減要因」はマイナス11.5%ポイントであった。

vi）有料化3年度目までに,「資源ごみ」は35.7%増加したが,要因分解すると,「可燃ごみ,不燃ごみからのシフト要因」(分別効果)がプラス57.5%ポイントにのぼる。また,「純減要因」はマイナス21.8%ポイントであった。有料化により,「資源ごみ」も実質的に純減した。

なお,分析にあたっては前述のとおり,いくつかの仮定をおいているため,導出された推計値はある程度の幅をもって解釈される必要がある。

(4) ごみ減量効果の持続性——「リバウンド」の検証

第5節の(2)では,ごみ有料化のごみ減量効果には有料化後3年程度の間に生じる「初期効果」と,有料化後4年後ころから観察できる「持続効果」があることが分かった。また,第5節の(3)では,「初期効果」にはごみ排出量の純減と分別の徹底による可燃・不燃ごみから資源ごみへのシフトの2つの要因に分けられることがわかった。これらの観察結果をふまえて,ここでは,リバウンド現象が生じているのかどうかを検証することとする。

① リバウンドの定義

まず,本節における「リバウンド」を定義しておこう。リバウンドは,有料化後のごみ減量効果の持続性とごみ排出水準の2つの要素によって定義できるであろう。

有料化後のごみ排出水準の経路は図11-7のようにAからEまで大きく5通りに区分できる[16]。それぞれを「ごみ排出水準」と有料化の「初期効果」・「持続効果」の発現状態との関係でみたものである。ごみ排出水準をゾーンⅠからゾーンⅢまで3区分している。ゾーンⅠは,「ごみ有料化による「初期効果」が発現した後のごみ排出水準を下回る水準」の領域である。ゾーンⅢは,「ごみ有料化前年度の排出水準を上回る水準」の領域である。ゾーンⅡは「ごみ有料化前年度の排出水準」と,「「初期効果」が発現した後の排出水準」の間の領域である。それぞれのゾーンと,「持続効果」の発現の程度により4つに区分した[17]。こうしたうえで,経路をみてみよう。

経路Aは有料化の「初期効果」「持続効果」とも発現させながら，着実にごみ減量が進んでいる。ここでは，この経路を「リバウンド回避経路」と表現した。他方，経路C，D，Eでは，「持続効果」が発現した後に消滅している（経路Cのケース）か，あるいは発現しなかった（経路Dおよび経路Eのケース）。これらの経路を「リバウンド経路」と表現した。これらの中間に位置する経路Bは，「初期効果」が発現してゾーンⅠにありながらも「持続効果」が減衰しており，このまま推移すると「持続効果」が消滅し，ゾーンⅡに移行する懸念がある。経路Bを「リバウンド要注視経路」と表現した[18]。

このように分類すると，いわゆるリバウンドは広義には「リバウンド経路」上にある経路C，D，Eを指し，狭義には経路Eを指すものと考えられる。本節ではリバウンドを広義にとらえて，「リバウンド経路」上にある経路C，D，Eをリバウンド状態と定義する。

以上の定義のもとで，多摩地域の各市のリバウンド発生の有無を検証することとする。

ごみ排出水準	有料化効果の発現状況		有料化後の経路
	初期効果	持続効果	
ゾーンⅢ	発現	なし，または消滅	リバウンド経路 (C,D,E)
ゾーンⅡ	発現	なし，または消滅	
ゾーンⅠ	発現	減衰	リバウンド要注視経路 (B)
	発現	発現	リバウンド回避経路 (A)

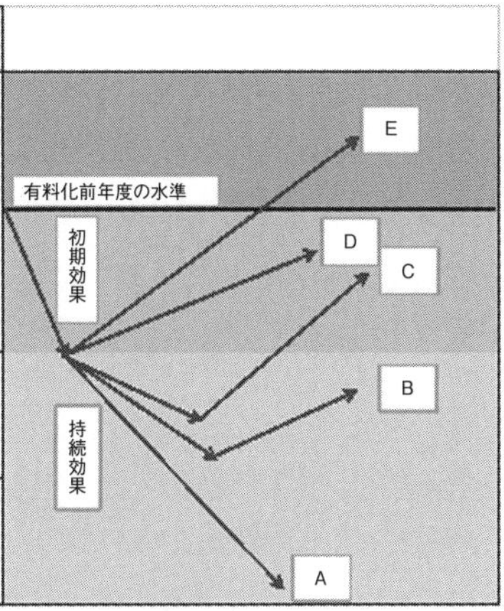

図11-7 ごみ排出水準の時間経路の分類

362　第Ⅲ部　多摩の地域振興における地方公共団体の役割と政策

表11-8　多摩地域17市の総ごみ量の時間経路

(1人1日あたり，グラム)

		有料化年度	有料化前年度の排出量 ①	有料化3年度目の排出量 ②	有料化後の最少排出量 ③	現在(2013年度)の排出量 ④	「現在」-「有料化前年度」⑤=④-①	初期効果 ⑥=②-①	持続効果 ⑦=④-②	「現在」-「最少」⑧=④-③	経路符号	経路タイプ
1	八王子市	2004年度	742.4	621.8	579.6	592.1	-150.3	-120.6	-29.7	12.5	B	リバウンド要注視経路
2	武蔵野市	2004年度	750.8	735.2	645.3	645.3	-105.5	-15.6	-89.9	0.0	A	リバウンド回避経路
3	青梅市	1998年度	796.7	663.4	617.2	617.2	-179.5	-133.3	-46.2	0.0	A	リバウンド回避経路
4	昭島市	2002年度	796.0	686.5	615.6	615.6	-180.4	-109.5	-70.9	0.0	A	リバウンド回避経路
5	調布市	2004年度	761.3	702.3	608.4	608.4	-152.9	-59.0	-93.9	0.0	A	リバウンド回避経路
6	町田市	2005年度	711.6	601.8	558.6	558.6	-153.0	-109.8	-43.2	0.0	A	リバウンド回避経路
7	小金井市	2005年度	715.3	635.4	566.1	567.1	-148.2	-79.9	-68.3	1.0	B	リバウンド要注視経路
8	日野市	2000年度	918.5	678.2	557.5	557.5	-361.0	-240.3	-120.7	0.0	A	リバウンド回避経路
9	東村山市	2002年度	722.3	627.5	559.5	559.5	-162.8	-94.8	-68.0	0.0	A	リバウンド回避経路
10	福生市	2002年度	827.7	746.8	659.7	659.7	-168.0	-80.9	-87.1	0.0	A	リバウンド回避経路
11	狛江市	2005年度	781.2	688.2	613.4	613.4	-167.8	-93.0	-74.8	0.0	A	リバウンド回避経路
12	清瀬市	2001年度	745.4	676.8	578.1	582.7	-162.7	-68.6	-94.1	4.6	B	リバウンド要注視経路
13	多摩市	2008年度	653.6	569.7	557.6	557.6	-96.0	-83.9	-12.1	0.0	A	リバウンド回避経路
14	稲城市	2004年度	700.7	668.2	578.1	578.1	-122.6	-32.5	-90.1	0.0	A	リバウンド回避経路
15	羽村市	2002年度	815.4	747.2	655.7	671.6	-143.8	-68.2	-75.6	15.9	B	リバウンド要注視経路
16	あきる野市	2004年度	1013.7	869.0	757.3	757.3	-256.4	-144.7	-111.7	0.0	A	リバウンド回避経路
17	西東京市	2007年度	673.3	566.6	564.2	572.6	-100.7	-106.7	6.0	8.4	C	リバウンド経路

② 多摩地域17市のリバウンドの検証

　表11-8は，多摩地域17市の総ごみ量（1人1日あたり）の時間経路を見たものである。検証対象となる市は，有料化の「持続効果」の推移が3年以上継続して観察可能な，有料化から6年以上を経過した市とした[19]。また，観察するごみ量を総ごみ量（可燃ごみ量＋不燃ごみ量＋資源ごみ量）とする。総ごみ量とすることにより，可燃ごみ・不燃ごみから資源ごみへのシフトの影響を除いたごみ量の推移（リデュースの実態）を観察することができる[20]。

　表11-8にみられるように，2013年度までのところ，多摩地域17市のうち，「リバウンド回避経路」すなわち，着実に減量が進行中の市が12市にのぼる（「初期効果」「持続効果」ともに発現し，かつ「現在水準」が「最少水準」になっている。）。また，4市は，「持続効果」が減衰してはいるものの（「現在水準」が「最少水準」をやや上回るものの），ごみの排出量が「初期効果」

が発現した水準を下回って推移する「リバウンド要注視経路」上にある[21]。なお，1つの市は「リバウンド経路」（経路符号C）上にある。有料化の初期効果は106.7グラムと大きかったが，その後，持続効果が減衰・消滅し，2013年度では有料化3年度目の排出水準を6グラムとわずかながら上回っている[22]。

ただし，これらの時間経路は，有料化前のごみ排出水準の高低に影響される部分も大きく（排出水準が高いほど減量余地が大きい，いわゆる限界削減コストが小さい），また，市が置かれた社会的・経済的条件に左右されることにも留意する必要がある。さらに，ごみの排出量は年ごとに多少の変動がありうるので，リバウンドが生じているのか否かを確実に判断するには，より長期間の観察が必要である。

本節では，多摩地域26市のごみ有料化の動向とごみ有料化のごみ減量効果について検討した。多摩地域（26市）では全国平均よりもごみ有料化が進展している。ごみ有料化当初，有料化の初期効果によりごみ量が急減したが，この間，分別の徹底が進んだことにより，可燃ごみ，不燃ごみから資源ごみへのシフトもみられた。ごみ有料化4年度目以降からは有料化の持続効果の大きさが重要になるが，12市平均でみれば，有料化10年度目までは持続効果が維持されている。さらに，17市を対象にしたリバウンドの有無の検証では，2013年度までのところ，12市が「リバウンド回避経路」上，4市が「リバウンド要注視経路」上，1市が「リバウンド経路」上にある。多摩地域を全体としてみれば，有料化の効果が概ね持続しているものと判断される。

しかし，第4節のアンケート調査の回答にもあるように，自治体担当者の多くは，将来的なリバウンド発生を懸念しており，この点からも，あらかじめ，リバウンド対策としての施策を考える必要がある。リバウンドの発生を回避するためには，アンケートで示されたように，環境教育の推進，分別の徹底，市と住民の連携強化，講習会の開催など，不断の政策努力と予防的な施策が必要であろう。とくに，EPRの構築によって，ごみにならない消費，

廃棄を少なくし2Rを進めるシステム作りが必要となるが，このためには，国や都を含めて，ごみ削減に関する地域連携の強化が求められている。

6. まとめと政策的インプリケーション

本章では，とくに多摩市域の一般廃棄物のうち家庭ごみを対象に，有料化の効果とごみ排出の動向について，自治体アンケートとデータに依拠して実証分析を行った。主要な結果は，次のようである。

まず，理論的には，ごみ削減をもたらす要因は，有料化の他に所得要因や人口要因，市民のごみ削減に対する態度，ごみ削減の施策，など様々な要因が指摘できる。有料化の削減効果は，他の事情にして等しい場合には持続するが，他の要因の影響によってごみ削減量は変化する。したがって，リバウンドの傾向も，この観点から分析される必要がある。多摩地域（26市）において，有料化を導入している市を対象にごみ排出の動向を精査し，有料化後の動向を，有料化にともなって生じる「初期効果」とその後の要因変化によって規定される「持続効果」に区分して分析した。さらに，ごみの組成分析を利用して，ごみの排出削減について，可燃や不燃などのより適切な分別によって，それまでごみとして排出された一定部分を資源ごみとして排出する分別効果と，消費によって排出される総ごみ量の純減部分とに分解し，両者の効果が看取される点を確認した。加えて，リバウンドについては，2013年度までのところ，検証の対象とした17市のうち1市が「リバウンド経路」上にあることが分かった。さらに，この点に関連して，26市に対するアンケート調査をもとに，リバウンド対策としては，ごみ手数料の再値上げ以外に，むしろ，ごみ削減にむけた市民の行動への働きかけ強化や，EPRの仕組みづくりなどが重要である点，これらの施策をさらに有効ならしめるために，国や都を含めた地域の連携強化が必要とされている点を明らかにした。

すでに言及したように，資源循環型社会形成にむけて2Rの重要性が論じ

られている。その中で，発生量の多い一般廃棄物（紙ごみ，厨芥ごみ，プラスチック）について，供給（生産），需要（消費）および，両者の協働による対策，取り組みが求められているのである。

1) ただ，そこで示されている所得の弾力性が 0.135 から 0.292 と大きく，この影響が現象としてのリバウンドにとって大きいことが想像できる。また，資源ごみの所得弾力性は 0.558-0.760 の値をとり，モデルによって異なるものの，おおむね，1％の所得の増大が，非資源ごみ以上に資源ごみを増大させることを明らかにしている。
2) より厳密には，分別などごみ管理にかかる余暇時間の削減として定式化すべきものであるが，本論文では，分析の目的のために単純化している。
3) なお，効用関数については，意図しない形で排出される「資源ごみからのごみ排出分」も家計に限界不効用を与えると考えられる。ここでは，資源ごみのうち通常ごみとして排出される部分（β）は，有料化に対応する負担をもたらす（(1)式）が，他方で限界不効用をもたらさないと仮定している。ただし，(2) 式で，βx_2 に関わる不効用を考慮しても，モデルの結論には大きく影響しない。
4) 本アンケートは，事前に電話でアンケート調査をする旨お伝えし，アンケート用紙を郵送し返送していただいた。多忙な時期であったため，再度返信をお願いした市もあったが，全 26 市のデータを得ることができた。本アンケートに当たって親切に対応いただいた自治体当局の皆さまには，記して感謝申し上げます。また，本事業にあたって労をお取りいただいた経済研究所に謝意を表したい。
5) たとえば，地域のもつ情報や生産能力のスピルオーバー効果などによって，個別地域の生産について，規模に関する収穫逓増が作用することが期待されることなどを指す。自治体のごみ削減についても，多摩地域の情報や施策に関する相互連携によって，より効果的な結果を生み出すことが考えられる。
6) 環境省大臣官房廃棄物・リサイクル対策部廃棄物対策課（2015），『一般廃棄物の排出及び処理状況等（平成 25 年度）について』。
7) 清瀬市は 40 リットル袋 1 枚あたり 40 円である。
8) 八王子市，武蔵野市，青梅市，昭島市，調布市，日野市，東村山市，福生市，清瀬市，稲城市，羽村市，あきる野市，の 12 市。
9) すなわち，「初期効果」が発現以降の，「初期効果」を上回る減量効果部分。
10) 小平市（2014），『小平市一般廃棄物処理基本計画』。
11) 国立市（2006），『国立市循環型社会形成推進基本計画』。
12) 東久留米市（2012），『東久留米市一般廃棄物処理基本計画』。
13) 武蔵村山市（2014），『武蔵村山市一般廃棄物処理基本計画』（改訂版）。

14) 東京市町村自治調査会『多摩地域ごみ実態調査』の「ごみ組成」調査参照。
15) この数値は，表11-5の12市平均（12.2％の減少）に近い。これらの結果から，多摩地域における総ごみ量でみた有料化の平均的な初期効果は，概ね12〜14％程度と推定される。
16) 経路をさらに細かく区分することも可能であるが，ここでは一般的に想定される主な経路をとりあげて論じることとする。
17) 「3 リバウンドのモデル分析」で示したとおり，理論上は，ごみの有料化によって，他の事情において等しい場合に，ごみは (7) 式の大きさだけ減量し，これが持続する。本節においてもこの考え方に基づき「初期効果」は常に「発現」することとしている。
18) もっとも，①基準年の設定時期（本節では，有料化前年度を基準年とした），②「有料化なし」と「有料化あり」の場合のごみ排出水準の将来予測（本節では，「有料化なし」の場合は，有料化前年度の排出水準を，「有料化あり」の場合は有料化の「初期効果」が発現したあとの排出水準を将来予測値とした）などによってもリバウンド発生の有無の判定が異なる。この点については，環境省（2013）『一般廃棄物処理有料化の手引き』47-48ページにも同様の指摘がある。
19) 従って，有料化から6年を経過していない，立川市，三鷹市，府中市，国分寺市，東大和市は検証の対象に含めていない。
20) もちろん，可燃ごみ，不燃ごみに分けてリバウンド発生の有無を検証することにより，それぞれのごみ固有の問題を論じることも有用である。
21) 小金井市については，「現在」−「最少」が1グラムとごく小さく，また「現在」と「最少」の時点の間隔もわずか1年であることから，実態としては「リバウンド回避経路」と「リバウンド要注視経路」の境界上にあると考えられる。
22) 「有料化3年度目」の水準をわずか6グラム上回る排出水準から判断すると，実態としては，「リバウンド要注視経路」と「リバウンド経路」の中間に位置するものと考えられる。「有料化3年度目」と「現在（2013年度）」とを比較すると，可燃ごみは12.9グラム減少している一方，不燃ごみは3グラム，資源ごみは15.9グラム増加している。資源ごみの削減が総ごみ量の減少につながる余地がある。

参考文献

（なお，詳細な統計データ出所については本文，図表内も併せ参照されたい）

Fullerton, D. and T. C. Kinnaman, "Household Responses to Pricing Garbage by the Bag," *American Economic Review*, 86 (4), 1996, pp. 971-984.

中央環境審議会，『循環型社会の形成に向けた市町村による一般廃棄物処理の在り方について（意見具申）』，2005年

（http://www.env.go.jp/press/press.php?serial = 5711）（最終アクセス日2015年5月3

日）．

廃棄物学会編,『ごみ読本』,中央法規, 1995 年．

廃棄物学会編,『市民がつくるごみ読本 C&G』, 第 7 号, 中法法規, 2003 年．

日引聡,「ごみ処理手数料有料制のごみ削減効果に関する実証分析」, 平成 14 年度国立環境研究所主催セミナー報告論文, 2004 年．

東久留米市,『東久留米市一般廃棄物処理基本計画』, 2012 年
（http://www.city.higashikurume.lg.jp）（最終アクセス日 2015 年 4 月 17 日）．

石川誠,「ごみ処理の有料化に関する調査報告」『京都教育大学環境教育研究年報』, 第 14 号, 2006 年, pp.1-10．

石川禎昭,『図解 循環型社会づくりの関係法令早わかり』, オーム社, 2003 年．

閣議決定,『第二次循環型社会形成推進基本計画』, 2008 年
（http:/www.env.go.jp/recycle/circul/keikaku.html）（最終アクセス日 2015 年 4 月 3 日）．

閣議決定,『第三次循環型社会形成推進基本計画』, 2013 年
（http:/www.env.go.jp/recycle/circul/keikaku.html）（最終アクセス日 2015 年 4 月 3 日）．

環境省,『廃棄物の減量その他その適正な処理に関する施策の総合的かつ計画的な推進を図るための基本的な方針』, 2001 年
（http://www.env.go.jp/press/）（最終アクセス日 2015 年 4 月 24 日）．

環境省,『廃棄物の減量その他その適正な処理に関する施策の総合的かつ計画的な推進を図るための基本的な方針』, 2005 年
（http://www.env.go.jp/press/）（最終アクセス日 2015 年 4 月 24 日）．

環境省編,『循環型社会白書』各年度板, 2001-2004 年．

環境省編,『環境白書』各年度版, 2002-2006 年．

環境省,『一般廃棄物処理有料化の手引き』（2007 年版の改訂版）, 2013 年
（http://www.env.go.jp/recycle/）（最終アクセス日 2015 年 4 月 24 日）．

環境省,『日本の廃棄物処理 平成 24 年度版』, 2014 年
（http://www.env.go.jp/recycle/）（最終アクセス日 2015 年 4 月 24 日）．

環境省,『一般廃棄物の排出及び処理状況等（平成 25 年度）について』, 2015 年
（http://www.env.go.jp/recycle/）（最終アクセス日 2015 年 4 月 24 日）．

国立市,『国立市循環型社会形成推進基本計画』, 2006 年
（http://www.city.kunitachi.tokyo.jp/）（最終アクセス日 2015 年 4 月 17 日）．

小平市,『小平市一般廃棄物処理基本計画』, 2014 年
（http://www.city.kodaira.tokyo.jp/）（最終アクセス日 2015 年 4 月 17 日）．

武蔵村山市,『武蔵村山市一般廃棄物処理基本計画』（改訂版）, 2014 年
（http://www.city.musashimurayama.lg.jp/）（最終アクセス日 2015 年 4 月 17 日）．

中村匡克,「ごみ減量政策の有効性と効果に関する全国および地域別の検証」『計画行政』27（2）, 2004 年, pp., 52-61．

落合由紀子,『家庭ごみ有料化による減量化への取組み――全国533市アンケート調査結果と自治体事例の紹介――』,ライフデザイン研究所,1996年。
大阪府廃棄物減量化・リサイクル推進会議,『ごみ有料制に関する調査・研究報告書』,2000年(2015年5月現在,大阪府リサイクル社会推進会議と名称を変更しており,本報告書にはアクセスできない)。
左巻健男・金谷健編,『ごみ問題100の知識』東京書籍,2004年。
仙田徹志,「一般廃棄物排出量に関するパネルデータ分析」,寺田宏洲編『環境問題の理論と政策』,晃洋書房,2005年。
田中信寿・吉田英機・亀田正人・安田八十五,『一般家庭における資源節約型生活に対するごみ有料化に関する研究』,平成7年度科学研究費研究成果報告書,1996年。
東京市町村自治調査会,『多摩地域ごみ実態調査』平成9年度～平成25年度統計,1998～2014年。
東京市町村自治調査会,『多摩地域データブック(平成17年版)』,2006年。
東京都,『東京都統計年鑑』各年度版,東京都総務局統計部,2000～2006年。
東京商工会議所,『資源循環型社会「廃棄物という概念のない社会」の構築に向けて――共創と連携をベースに――』.(https://www.tokyo-cci.or.jp/)1999年(最終アクセス日2015年3月25日)。
東京都市長会,『多摩地域におけるごみゼロ社会をめざして――家庭ごみの有料化について――』,2001年(http://www.tokyo-mayors.jp/)(最終アクセス日2015年3月25日)。
植田和弘,『廃棄物とリサイクルの経済学』,有斐閣,1992年。
碓井健寛,「有料化によるごみの発生抑制効果とリサイクル促進効果」『会計検査研究』,第27号,2003年,pp.245-261。
碓井健寛,「ごみ有料化後にリバウンドは起こるのか?」『環境経済・政策研究』,4,2011年,pp.12-22。
藪田雅弘,『コモンプールの公共政策 環境保全と地域開発』,新評論,2004年。
藪田雅弘・伊勢公人,「市町村における家庭ごみ有料化の検討――多摩地域を中心に」片桐正俊・御船洋・横山彰編著『分権化財政の新展開』,中央大学出版部,2007年,pp.93-123。
山川肇・植田和弘,「ごみ有料化研究の成果と課題:文献レビュー」『廃棄物学会誌』,12(4),2001年,pp.245-258。
山川肇・植田和弘・寺島泰,「有料化によるごみ減量効果の持続性」『土木学会論文集』,No.713,2002年,pp.45-58。
山川肇・植田和弘・寺島泰,「有料化自治体における不法投棄の状況とその影響要因」『廃棄物学会論文誌』,13(6),2002年,pp.419-427。
山本香苗・山川肇,「ごみ有料化自治体におけるリバウンドの実態とその要因分析」,

環境経済・政策学会 2009 年大会報告要旨集，2009 年，pp.355-356.（http://www.seeps.org/meeting/2009/abst_0816_2009.pdf）（最終アクセス日 2015 年 4 月 24 日）。

山谷修作,「ごみ処理有料化の公共政策——湯沢市と高山市のケーススタディから」『経済研究年報』，第 19 号，東洋大学経済研究所，1994 年，pp. 67-93。

山谷修作,「ごみ処理有料化における市民の意識と行動」『公益事業研究』，52（1），2000 年，pp. 31-39。

山谷修作・和田尚久,「全国都市のごみ処理有料化施策の実態——全都市アンケート調査結果から——」『公益事業研究』，52（3），2001年，pp. 113-123。

山谷修作編著,『廃棄物とリサイクルの公共政策』，中央経済社，2002 年。

安田八十五・外川健一,『循環型社会の制度と政策』，岩波書店，2003 年。

吉岡茂・小林未歩,「家庭ごみ処理の有料化による減量効果」『地球環境研究』，Vol.8，2006 年，pp. 29-35。

全国市長会,『廃棄物問題を中心とした都市の環境問題に関する提言』，1993 年（http://www.mayors.or.jp/），（最終アクセス日 2015 年 3 月 25 日）。

URL

小平市ホームページ
（http://www.city.kodaira.tokyo.jp/）（最終アクセス日 2015 年 4 月 17 日）

東久留米市ホームページ
（http://www.city.higashikurume.lg.jp）（最終アクセス日 2015 年 4 月 17 日）

東大和市ホームページ
（http://www.city.higashiyamato.lg.jp/）（最終アクセス日 2015 年 3 月 25 日）

国立市ホームページ
（http://www.city.kunitachi.tokyo.jp/）（最終アクセス日 2015 年 4 月 17 日）

武蔵村山市ホームページ
（http://www.city.musashimurayama.lg.jp/）（最終アクセス日 2015 年 4 月 17 日）

付記

本章の作成にあたっては，特に多摩市域自治体当局の皆様方の協力をいただいた。記して感謝申し上げます。なお，本章は，中央大学経済研究所 Discussion Paper（No256, 2015 年 7 月）で刊行したものに加筆修正を加えたものである。

第 12 章

環境ビジネスの国際展開に資する行政組織の役割と政策

佐々木　創

1. はじめに

　21世紀に入り，中国を筆頭にアジア諸国は「世界の工場」から「世界の市場」として世界経済を牽引している。アジア開発銀行の推計によれば，「2050年にアジア地域の名目GDP（購買力平価基準）は，世界の50%を超える」と予想している（ADB 2012）。

　これらアジア諸国に共通する課題の一つに，都市化の進展による環境問題が挙げられる。アジア主要諸国の都市化率の推移では，アジア諸国は一様に

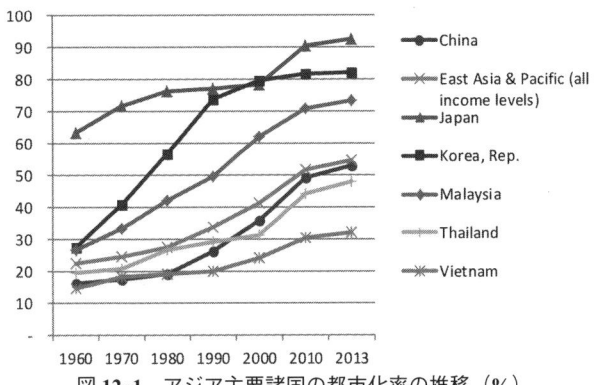

図12-1　アジア主要諸国の都市化率の推移（%）
出所：World Development Indicators より作成。

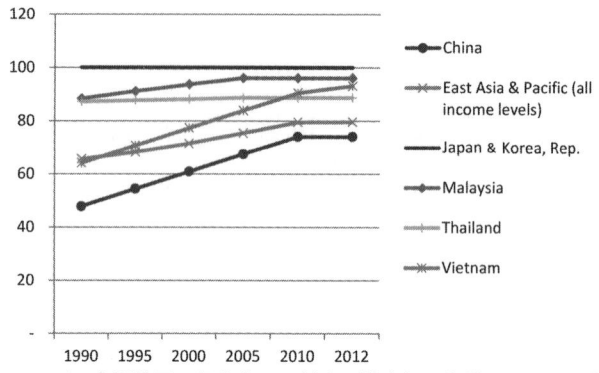

372　第Ⅲ部　多摩の地域振興における地方公共団体の役割と政策

図 12-2　アジア主要諸国の都市人口に対する排水処理施設のアクセス率（%）
出所：World Development Indicators より作成。

　1960年から都市化が進み，中国における都市化率は1960年の16%から2013年には53%となり，総人口の半数以上が都市に居住していることになる（図12-1）。

　しかしながら，急速な都市化に対して，環境関連サービスや環境関連インフラの整備が追いつかず，都市型の環境問題が発生している。例えば，通常数ある環境問題の中でも優先されるべき排水処理においても，都市人口に対する排水処理施設のアクセス率は，中国は74%と低くなっているなど，改善の余地が指摘できる（図12-2）。

　したがって，今後アジアがさらに経済発展していく中で，アジア各国において発生している都市型の環境問題を改善するための環境ビジネスが拡大すると考えられている。例えば，経済産業省・環境省「アジア経済・環境共同体」構想によれば，アジアの環境ビジネス市場は2008年時点の64兆円から2030年には300兆円と4.7倍に拡大すると推計されている。

　このようなアジアにおける環境ビジネスへの参入の機会に対して，日本企業は優れた環境技術を持つものの，グローバル市場において運営・管理を含むトータルマネジメントの実績が少ない状況であることが憂慮されている。そこで，経済産業省や環境省，国際協力機構（JICA）によって環境関連ビ

ジネスの国際展開に関する研究会や実証事業等が数多く実施されている[1]。

　本章では，まず環境企業の国際展開状況について分析し，従来の「日本の環境企業の国際展開が欧米企業と比較して出遅れている」という指摘について考察する。次に，行政組織による環境ビジネス国際展開支援の内容について概観し，日本の中で突出して事例を有する北九州市や，環境企業の国際展開で先行しているといわれるフランスの事例を紹介する。最後に，都市環境問題を改善する環境ビジネスの国際展開支援策の在り方について政策的含意について付言する。

2. 環境企業の国際展開状況

(1) 環境サービスの国際展開の把握方法

　環境関連機器を販売・輸出する，いわゆる「機器売り」だけではなく，グローバル市場で運営・管理を含むトータルマネジメント事業として環境ビジネスを実施するならば，必然的に輸出国に進出し，機器のメンテナンスや汚染物の回収・収集を実施することが必要となる。これは「環境サービスの国際展開」に他ならず，グローバル環境ビジネスが内包する「サービス貿易」の観点に着目する必要がある。

　サービス取引の属性として，「サービスを利用するためには供給者と消費者が時間的に同時に，空間的に同じ場所にいる必要[2]」がある。世界貿易機関（WTO）が定義したサービス貿易の4態様のうち，企業による環境ビジネスの国際展開は「業務上の拠点を通じてのサービス提供（第3モード）」に該当する[3]と考えられる。

　しかしながら，WTO，国際通貨基金（IMF），経済協力開発機構（OECD），欧州連合統計局（EUROSTAT）などの各国際機関における環境サービス貿易の把握状況は，貿易量どころかその定義さえも定まっていない状況である。こうした中で，唯一OECD/EUROSTATがIMFの国際収支マニュアル第5版

を細分化し,独自に Waste treatment and depollution の環境サービス貿易状況を公開している[4]。

ただし,筆者の OECD 統計局へのヒアリングにおいては,Waste treatment and depollution の定義だけが確定しているが,その他の環境サービスは定義すら確定していないこと,また同貿易量の大半は,インターネットを通じたコンサルティングサービスといった「国境を超える取引(第 1 モード)」しか把握できておらず,第 3 モードは困難であることが明らかになっている。

そこで,本節では世界各国の株式市場に上場している環境企業の個社データを活用した分析を行う。個社データの入手方法としては,世界最大級(約 1 億 1 千万社)の企業・財務データベースである ORBIS(ビューロー・ヴァン・ダイク社提供)を活用した。

分析対象となる環境企業の抽出方法は,業種分類として US SIC(Standard Industrial Classification)codes を活用し,下水道処理サービス(SIC code4952 -Sewerage systems),廃棄物処理サービス(同 4953-Refuse systems),その他の衛生サービス(同 4959-Sanitary services, not elsewhere specified)を主業または副業として登録している全世界の上場企業を対象とした。同分類の全世界の上場企業は,2014 年 7 月末現在で 261 社となっている(非上場企業も含めると 630,407 社)。これらの上場企業の子会社の所在地や売上高(非公開の場合も含む)について詳細に分析を行った。

(2) 環境ビジネス上場企業の分析結果

分析対象となる上場企業の本社の所在地は,アメリカが 85 社(全体の 29%),次いでロシアが 39 社(同 13%),カナダが 16 社(同 6%)と続く。日本は 7 社(同 2%)となっている(図 12-3)。

分析対象となる上場企業の主業の内訳は,下水道処理サービス(US SIC 4952)が 22 社(全体の 9%),廃棄物処理サービス(同 4953)が 95 社(同 36%),その他の衛生サービス(同 4959)が 36 社(同 14%)となっており,全体の 41% の企業の主業は環境ビジネスではない他の業種であることが分

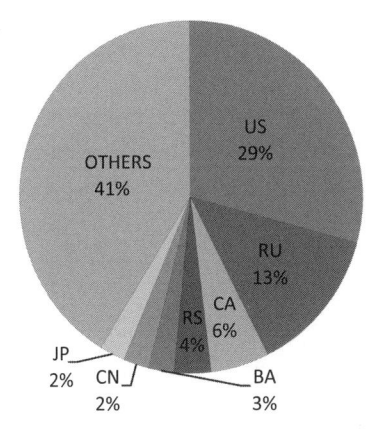

第12章　環境ビジネスの国際展開に資する行政組織の役割と政策　375

図 12-3　分析対象となる上場企業の本社の所在地
注　US：アメリカ，RU：ロシア連邦，CA：カナダ，RS：セルビア，
　　BA：ボスニア・ヘルツェゴビナ，CN：中華人民共和国，JP：日本
出所：ORBIS より作成。

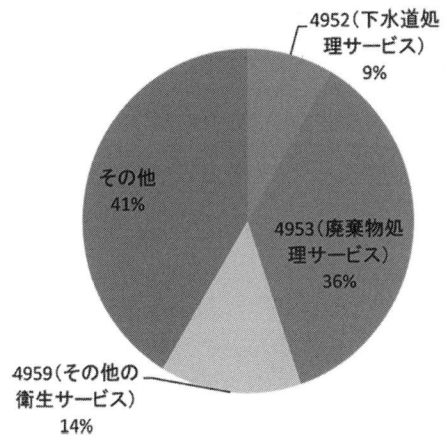

図 12-4　分析対象となる上場企業の主業の内訳
出所：ORBIS より作成。

かる（図 12-4）。

　分析対象となる上場企業の直近売上額では，下水道処理サービスが 95 億ドルであり，廃棄物処理サービス 413 億ドル，その他の衛生サービス 10 億ドルとなっている（図 12-5）。

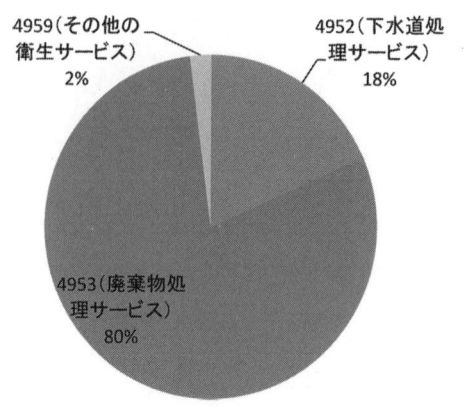

376 第Ⅲ部 多摩の地域振興における地方公共団体の役割と政策

図 12-5 分析対象となる上場企業の直近売上額の割合
出所：ORBIS より作成。

ただし，上場企業の一社あたり直近売上額では，下水道処理サービスは 4.3 億ドル，廃棄物処理サービスも 4.3 億ドルと拮抗している。その他の衛生サービスは 0.3 億ドルとなっている（図 12-6）。

分析対象となる上場企業の子会社の立地分布においては，アメリカが最も多く 174 社，次いでドイツが 28 社，イギリスが 27 社と続く。オーストリアやカナダ及びブラジルは突出して海外子会社の割合が高い。しかし，この 3 か国を除けば大半の子会社は，親会社が立地する国に分布している。また，

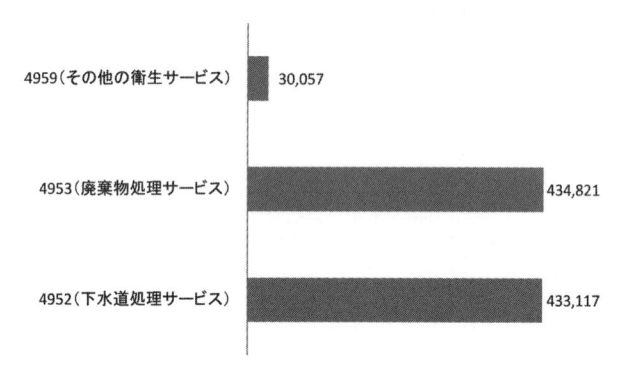

図 12-6 分析対象となる上場企業の一社あたり直近売上額（**1,000** ドル）
出所：ORBIS より作成。

第12章　環境ビジネスの国際展開に資する行政組織の役割と政策　377

表12-1　分析対象となる上場企業の子会社の立地分布

	AT	AU	BA	BG	BR	CA	CL	CN	CZ	DE	ES	FR	GB	GR	IL	IN	IT	JP	KR	KY	LK	MY	PE	PL	BO	RS	RU	SE	SG	SK	TH	TW	UA	US	ZA	AR	BE	BF	BO	CG	CY	BE	GH	GN	HK	HU	ID	IE	KZ	LT	LU	ML	MR	MD	MV	MX	NL	PR	PT	PY	SA	TN	TR	TT	TZ	UG	UY	VE	VG	ZM	ZW	合計	海外子会社数	親会社所在地に立地する子会社数	海外子会社の割合
AT								2		1																																																													2	2	0	100%
AU	440																																																																					45	5	440	11%
BA			8																																																																			8	0	8	0%
BG				7																																																																		7	0	7	0%
BR	2				19							4																			1			1																																			36	17	19	47%
CA						23		15																										4																								3	1											46	23	23	50%
CL							5																																																														5	0	5	0%
CN								10																																																														10	0	10	0%
CZ									10									1																																																				11	1	10	9%
DE	1							11		74							1	3																3			1													1							2													102	28	74	27%
ES								6			30																																																											36	6	30	17%
FR					2			1				75																						15																																					102	27	75	26%
GB								1																										1																																				3	3	0	100%
GR														3																																																							3	0	3	0%
IL															31																			1																																				32	1	31	3%
IN								2							1	3															1																																								47	6	41	13%
IT																	7																																																					7	0	7	0%
JP																		24																																																				24	0	24	0%
KR								3											18																																																			21	3	18	13%
KY								22												6																																																			28	6	6	21%
LK																					5													1																																					6	1	5	17%
MY																						257												1																																					258	1	257	0%
PE																							4																																																4	0	4	0%
PL																								34										6																																					40	6	34	15%
RS																									9																																														9	0	9	0%
RU																											3																																												3	0	3	0%
SE																												2																																											2	0	2	0%
SG																													80																																										80	0	80	0%
SK																														3																																									3	0	3	0%
TH																															2																																								2	0	2	0%
TW																																800																																							800	0	800	0%
UA																																																																										
US	9				55			20																									1970			2									1		1								18							1							2144	174	1970	8%
ZA																																		4																																				5		8	1	4	6%

注: AT: オーストリア, AU: オーストラリア, BA: ボスニア・ヘルツェゴビナ, BG: ブルガリア, BR: ブラジル, BS: バハマ, CA: カナダ, CL: チリ, CN: 中華人民共和国, CZ: チェコ, DE: ドイツ, ES: スペイン, FR: フランス, GR: ギリシャ, IL: イスラエル, IN: インド, IT: イタリア, JP: 日本, KR: 大韓民国, KY: ケイマン諸島, LK: スリランカ, MD: モルドバ共和国, MY: マレーシア, PE: ペルー, PL: ポーランド, RO: ルーマニア, RS: セルビア, RU: ロシア連邦, SE: スウェーデン, SG: シンガポール, SK: スロバキア, TH: タイ, TW: 台湾, UA: ウクライナ, US: アメリカ, ZA: 南アフリカ, AR: アルゼンチン, BE: ベルギー, BF: ブルキナファソ, BO: ボリビア多民族国, CG: コンゴ共和国, CY: キプロス, EE: エストニア, GH: ガーナ, GN: ギニア, HK: 香港, HR: クロアチア, HU: ハンガリー, ID: インドネシア, IE: アイルランド, KZ: カザフスタン, LT: リトアニア, LU: ルクセンブルク, ML: マリ, MR: モーリタニア, MU: モーリシャス, MV: モルディブ, MX: メキシコ, NL: オランダ, PR: プエルトリコ, PT: ポルトガル, PY: パラグアイ, SA: サウジアラビア, TN: チュニジア, TR: トルコ, TT: トリニダード・トバゴ, TZ: タンザニア, UG: ウガンダ, UY: ウルグアイ, VE: ベネズエラ・ボリバル共和国, VG: イギリス領ヴァージン諸島, ZM: ザンビア, ZW: ジンバブエ.

出所: ORBIS より作成。

表12-2 複数国の海外子会社を保有する上場企業の海外子会社売上割合

複数国の海外子会社を保有する環境ビジネス上場企業名	本社所在国	本社の直近売上（1000ドル）	海外子会社割合	海外子会社売上割合
Shanks Group PLC	GB	1,125,732	53%	53.35%
Clean Harbors INC	US	3,509,656	30%	26.54%
JBS S.A.	BR	39,704,049	63%	21.49%
Layne Christensen CO	US	859,283	51%	18.59%
Hargreaves Services PLC	GB	1,343,707	15%	13.44%
Stericycle INC	US	2,142,807	59%	10.36%
Santec 株式会社	JP	25,593	100%	7.25%
Waste Management INC	US	13,983,000	6%	4.37%
Alba SE	DE	2,437,323	74%	2.11%
Gelsenwasser AG	DE	1,620,718	8%	2.09%
Seche Environnement SA	FR	653,339	18%	0.82%
アサヒホールディングス株式会社	JP	1,023,558	33%	0.71%
Transaction Solutions International Limited	AU	3,287	50%	0.60%
Precision Drilling Corporation	CA	1,907,873	64%	0.22%
Vorarlberger Kraftwerke AG	AT	617,367	100%	0.16%
Calpine Corp	US	6,301,000	5%	0.11%
Anaeco Limited	AU	7,408	75%	n.a.
Bonvests Holdings Ltd	SG	175,596	22%	n.a.
Ecology And Environment, Inc.	US	134,937	50%	n.a.
RTS Oil Holdings INC	US	161	100%	n.a.
Beyond Technology Inc.	US	0	100%	n.a.

注　AT：オーストリア，AU：オーストラリア，BR：ブラジル，CA：カナダ，
　　DE：ドイツ，FR：フランス，GB：イギリス，JP：日本，SG：シンガポール，
　　US：アメリカ
出所：ORBISより作成．

　上場企業の海外子会社平均割合は13%となり，これは日本の上場企業の海外子会社割合と同率となっている（表12-1）。

　分析対象となる上場企業から複数国の海外子会社を保有する企業を抽出し，その海外子会社の売上割合を求めると，海外子会社の割合が高ければ海外子会社の売上割合も高い傾向にある（表12-2）。ただし，海外子会社売上は未報告のデータも多く，また多角経営している場合は環境ビジネス以外の売り上げも含まれることに留意が必要である。

第12章　環境ビジネスの国際展開に資する行政組織の役割と政策　379

(3)　個社データの分析

ここからは，表 12-2 で海外子会社売上割合が 20% を超えている Shanks Group PLC，Clean Harbors INC，JBS S.A. の 3 社と，比較対象として廃棄物メジャーと呼ばれる Waste Management INC の海外展開状況について分析を深める。

① Shanks Group PLC

Shanks Group PLC はイギリスを拠点とする企業であり，同国に 47% の子会社が集中している。海外子会社はオランダが最も多く 34% である。海外子会社の売上構成のうち衛生サービスは 11% となっている。

② Clean Harbors INC

Clean Harbors INC はアメリカを拠点とする企業であり，同国に 70% の子会社が集中している。海外子会社はカナダが最も多く 24% である。海外子会社の売上構成のうち衛生サービスは 6% となっている。

③ JBS S.A.

JBS S.A. はブラジルを拠点とする企業であり，同国に 37% の子会社が集中している。海外子会社はアメリカが最も多く 15% である。海外子会社の売上構成のうち衛生サービスは 0% となっており，海外子会社は衛生サービ

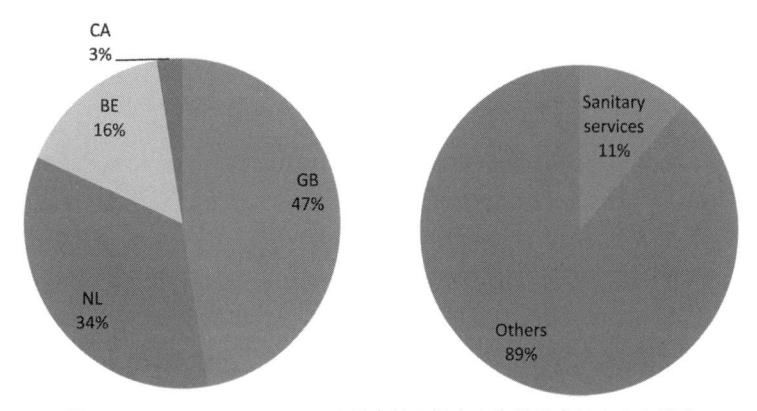

図 12-7　Shanks Group PLC の子会社の拠点と海外子会社の売上構成
出所：ORBIS より作成。

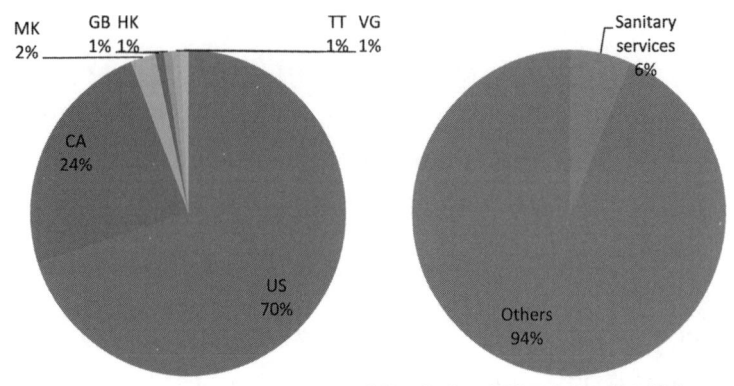

380　第Ⅲ部　多摩の地域振興における地方公共団体の役割と政策

図 12-8　Clean Harbors INC の子会社の拠点と海外子会社の売上構成
出所：ORBIS より作成。

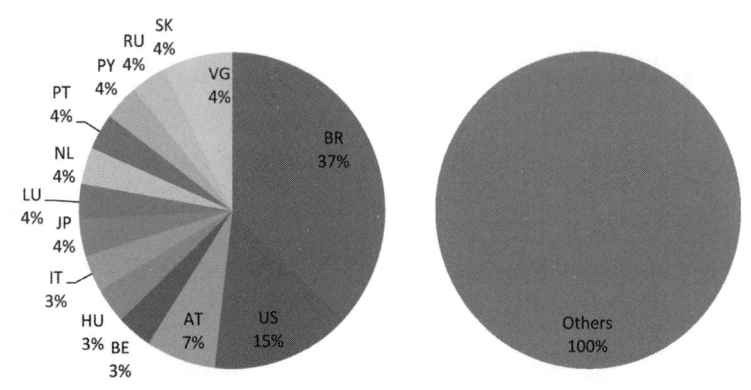

図 12-9　JBS S.A. の子会社の拠点と海外子会社の売上構成
出所：ORBIS より作成。

スの事業を行っていない。

④　Waste Management INC

Waste Management INC はアメリカを拠点とする企業であり，同国に 94%の子会社が集中している。海外子会社は最も多いイギリスでも 2% に過ぎない。海外子会社の売上構成のうち衛生サービスは 96% となっている。

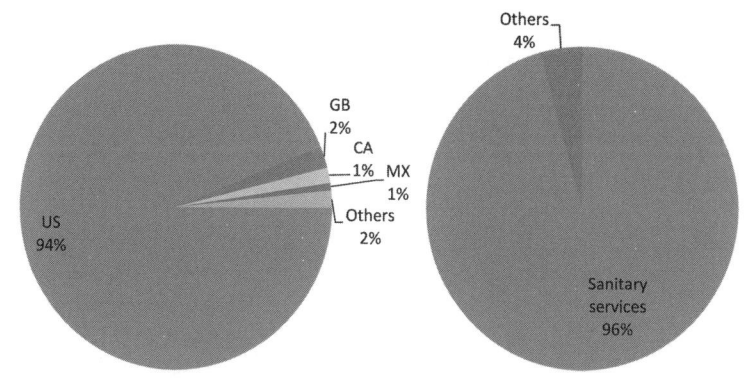

図12-10 Waste Management INC の子会社の拠点と海外子会社の売上構成
出所：ORBIS より作成。

(4) 小　括

本節では，世界各国で上場している環境企業の個社データを活用し分析を行った結果，全体の41%が主業は環境ビジネスではない異業種からの参入であった。一社あたり直近売上額では，下水道処理サービスが4.3億ドルであり，廃棄物処理サービスも4.3億ドルと拮抗しており，子会社の多くは親会社が立地する国に分布している。海外子会社の割合が高ければ海外子会社の売上割合も高い傾向にある。さらに，上場企業の海外子会社平均割合は13%と，日本の環境ビジネス上場企業の海外子会社割合と同率となっている。

したがって，本結果からは，従来から指摘されてきた「日本の環境企業の国際展開が欧米企業と比較して出遅れている」とはいえないことがわかる。むしろ，本結果から特筆すべきことは「環境企業の海外展開はどの国でもそれほど進んでいない」ということである。これは廃棄物メジャーと呼ばれるWaste Management INC であっても海外子会社売上割合は4.37%であることや，海外子会社売上割合が20%を超えている企業の個社データでも海外子会社の衛生サービスの売上割合が低いことからも裏付けられる。

さらに，本分析では対象外となったが水メジャーと呼ばれるフランス・Veolia Environment の売上高（2012年）は388億ドルであり，子会社（全4,052

社）の34％がフランス国に，欧州に78％が立地しており，欧州以外の地域の売上規模は12％に過ぎないことも注目に値する。Environmental Business International（2012）によると，2010年におけるグローバル環境サービス市場の規模は5,055億ドルであり，その内訳はアメリカ39％，西欧諸国28％，日本11％と主要先進諸国で78％を占めている。したがって，世界各国で上場している環境企業であっても，環境問題が深刻化しているアジアなどの新興国市場の売上高はまだ高くないといえる。

そうであるならば，水メジャーや廃棄物メジャーという環境企業は，「本社が立地する国・地域に限定し，寡占市場を形成」という定義の下では存在しても，穀物・資源・金融メジャーと同義で「グローバル市場で寡占市場を形成」という定義であれば，疑義があると考えられる。

他方で，アジアを中心とする新興国市場においては韓国や中国，シンガポールの環境企業の進出が盛んであることが現地調査や現地報道から指摘できる。これらの企業の多くは上場企業ではないため本分析の対象外となったため，今後の課題として残っている。

3. 行政組織による環境ビジネス国際展開支援

前節において，世界各国で上場している環境企業の個社データを活用し分析を行い，その結果から従来から指摘されてきた「日本の環境企業の国際展開が欧米企業と比較して出遅れている」とはいえないことを明らかにした。本節では，環境ビジネス国際展開支援策の中で行政組織による支援策について，日本とフランスの事例から考察を深める。

(1) 日本の自治体の関与の必要性と留意点

日本企業によるインフラ・システムの海外展開や，エネルギー・鉱物資源の海外権益確保を支援するとともに，日本の海外経済協力（経協）に関する

重要事項を議論し、戦略的かつ効率的な実施を図るため、「経協インフラ戦略会議」が首相官邸で定期的に開催されている。同戦略会議の第9回の資料では、自治体が都市インフラ面で有する強みとして、1) 都市インフラ整備の豊富な経験、2) 都市インフラ運営の包括的ノウハウ、3) 地元企業支援のための地方政府間の協力関係の構築の3点が挙げられている。

これらの3点の強みの中で、2) 都市インフラ運営の包括的ノウハウについて、「都市インフラのうち、上下水道、廃棄物処理、防災等では、地方自治体に運営面でのノウハウ（料金設定、住民対応等）が蓄積」とされている。確かに、日本の環境インフラの大半は、プラントメーカーが設備を納入し、環境サービスのマネジメントは自治体が担ってきた。逆説的に言えば、日本の環境企業の多くは環境サービスのマネジメントのノウハウを有していないことになる。

これに対して、欧米では官民連携（PPP：public-private partnership）により、民間企業による環境サービス提供が主流になっており、また需要先であるアジアの環境市場においても PPP での環境インフラの運営の拡大が予想されている[5]。したがって、日本企業がトータルマネジメント事業として環境ビジネスを国際展開するためには、環境サービスのマネジメントのノウハウを有する自治体と連携することが、大規模な環境インフラにおいて不可欠な要素となっている。

また、3) 地元企業支援のための地方政府間の協力関係の構築については、「リサイクルや水など特定分野でポテンシャルを有する中小・中堅企業の海外展開を支援するためには、都市インフラを管轄する地方政府との関係を構築することが重要」とされている。高い技術力を有する日本企業であっても、都市インフラを管轄する地方政府との関係を構築することは容易ではなく、自治体と連携することが有効と考えられる。

ただし、日本の自治体と途上国との姉妹都市関係が奏功するとは限らない。なぜならば、途上国では中央政府が環境政策を所管し、さらに執行していることが多いからである。姉妹都市関係が有効に作用する国としては、全般的

に環境政策の執行を省（日本の都道府県・政令市レベル）が担っている中国が挙げられる。また分野としては，他のアジア諸国では都市ゴミ（一般廃棄物）管理は自治体に執行権限が委譲されている傾向があり有望といえる。したがって，多くの環境分野では中央政府が環境政策を所管しており，例えば北九州市が産業廃棄物処理を所管するタイ王国工場省工場局との協力協定を締結[6]しているように，対象とする環境分野によっては，日本の自治体と途上国の中央政府との連携を構築する戦略を練らなければならない。

(2) 北九州市における取組状況

既述の通り，北九州市は姉妹都市関係を超えて中央政府と協力協定を締結するなど，戦略的に国際環境協力を推進し，日本における国際環境ビジネス支援に先進的な自治体といえる。「先進地方自治体による都市インフラ輸出

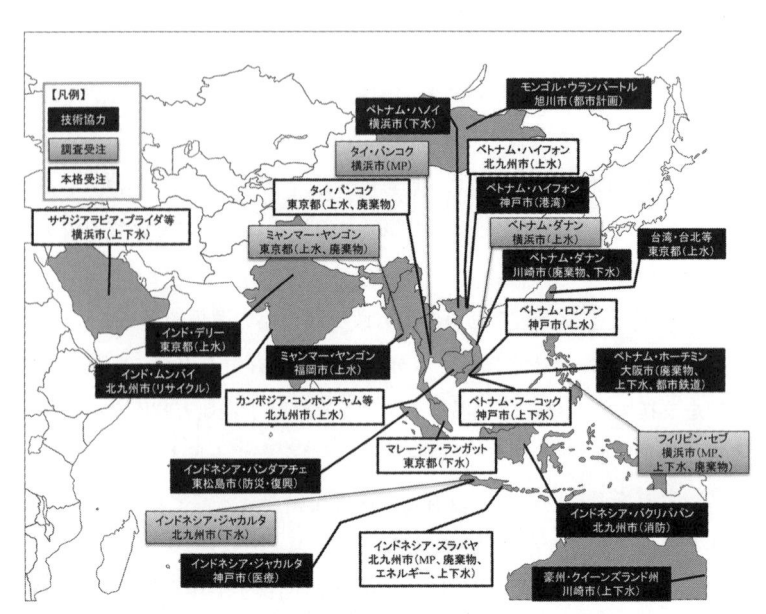

図 12-11 先進地方自治体による都市インフラ輸出

出所：首相官邸「先進地方自治体による都市インフラ輸出」第9回経協インフラ戦略会議資料を基にヒアリングや報道発表のデータを更新して作成。

（図12-11)」においても，都市インフラの本格受注件数は他の自治体よりも多い。ここでは北九州市における国際環境ビジネス支援の特徴から，他の自治体への政策的含意について整理する。

北九州市における国際環境ビジネス支援の実行機関は，2010年に開設されたアジア低炭素化センターであり，環境モデル都市として2050年には，CO_2排出を市内で2005年比50％，アジア地域で150％削減するという目標を掲げ，国際展開を図る市内民間企業等を積極的に支援している。2015年2月時点で，アジアの45都市で日本企業81社と連携し79のプロジェクトを実施している。

他の自治体と北九州市へのヒアリング結果を比較すると，北九州市が上記のように数多く民間企業と共同でプロジェクトを実施できる背景には，1）国際環境協力の実績の活用，2）市外企業との連携，3）各種補助金・調査予算の積極的申請，4）行政組織一丸となった積極的関与，の4点が指摘できる。

まず1）国際環境協力の実績の活用では，北九州市は1988年よりJICAと連携してアジア等の研修員の受け入れを行っており，約30年に渡る実績は150ヶ国7,453人にもなっていることが挙げられる。アジア各国のどの環境所管官庁においても「北九州市研修員OBが在籍している」といっても過言ではなく，長年に渡る取り組みで初期の研修員OBが意思決定権者になっていることも多く，研修員の受け入れ実績は財産といえよう。

このような実績は一朝一夕で形成できるものではないため，他の自治体においては近隣自治体と連携して，相互に国際環境協力の実績を活用することが求められる。例えば，廃棄物減量化に実績があり関連する研修員の受け入れ実績のあるA市が，排水処理分野で国際環境協力の実績を有するB市と連携することなどが考えられよう。

次に2）市外企業との連携である。北九州市としても他の自治体と同様に，一義的には市内企業の国際展開支援が優先されている。しかし，北九州市では相手国のニーズに市内企業がマッチングしなければ，市内に事業所がある企業，次いで市外企業，という優先順位で積極的に連携しプロジェクトを遂

行している。これに対して，他の自治体が管内企業の国際展開支援だけに留まっていることが多いのが現状である。

一般に低所得国の場合，環境政策に対する3M（Money, Management, Man Power）が不足しており，概して民間企業によるワンストップサービスで環境対策が進むような統合処理施設が好まれる。また，水ビジネスで先行するフランス企業が，水ビジネスから参入し廃棄物処理サービスに展開していくような複合的な出口戦略も検討する必要がある。つまり，自治体にとって国際環境協力の枠組みは構築できたとしても，さらに，その先の低所得国の多様なニーズに対応できる企業の事業化までを見据えると，自治体管内だけでは対応できない場合も生じ，管外の大手環境企業と管内の中小環境企業の連携も視野に入れて検討することが肝要であり，北九州市の市外企業との連携は，相手国のニーズに応える現実的な選択といえる。

続いて3）各種補助金・調査予算の積極的申請においては，経済産業省や環境省，JICA等の環境関連ビジネスの国際展開に関する実証事業への応募を民間企業に積極的に働きかけ，アジア低炭素化センターが補助金申請の助言を実施するだけなく，センター自身がプロジェクトメンバーと参加していることに特徴がある。国際環境協力の実績を有する北九州市が参画することにより申請企業の採択率が高まるだけでなく，プロジェクト予算の中で北九州市職員が専門家として調査や相手国行政組織との交渉に同行でき，さらに事業化の可能性も高まり，かつ市の財政負担を軽減できるという相乗効果を生み出しているといえる。この点においては他の自治体でも，企業が保有する環境技術の情報や国際展開に積極的な企業の情報を持ち合わせていれば，比較的容易に模倣できる可能性があろう。

最後に4）行政組織一丸となった積極的関与であるが，アジア低炭素化センターを実質的に運営しているのは，同市の環境局環境国際戦略室であり，現在20名の市の職員が在籍している。行政組織による環境ビジネス国際展開支援は注目されており，他の自治体でも取り組んでいるが，多くても7, 8人規模の職員が対応しているのが実情である。これは実績やプロジェクト

数を増やすのが先か，それともそれを支えるための職員の拡充が先かという鶏卵の議論に陥る可能性がある。職員規模よりも北九州市が行政組織一丸となっている点は，他の自治体と異なり，通常管内企業の国際展開支援を担う産業部局との人事交流により，風通しの良い連携が遂行されており，他の自治体のモデルとなろう。

　以上の4点が個別に作用するだけではなく，相乗効果を持つようにプロジェクトを形成しており，北九州市が日本で有数の環境ビジネスの国際展開支援を可能にしている。

(3) フランスにおける取組状況

　前節において「環境企業の海外展開はどの国でもそれほど進んでいない」ことを明らかにした。しかし，定説として水メジャーと呼ばれるフランス・Veolia Environment は，水ビジネス以外にも廃棄物・リサイクル分野で国際展開を実施しているといわれている[7]。また，インフラ・ビジネスにおいては，フランス大統領によるトップセールスも有効に作用していると指摘されている。ここでは，フランスの政府による政府開発援助（ODA）関連予算を所管する財務・公会計省（Ministère des Finances et des Comptes publics），フランス企業の国際展開と貿易振興を担当する Ubifrance[8]，フランスの環境企業である Séché Environnement，CNIM へのヒアリング調査から環境ビジネス国際展開支援策について整理する。

　最初に，財務・公会計省が所管する環境ビジネス国際展開支援予算としては，1）フランスの調査企業に契約が付与されることを条件する実現可能性調査，およびデモンストレーターに対する支援である FASEP と，2）長期の低金利融資 RPE の二つに大別される。

　FASEP の特徴として，受益者となる受益国の政府や地方自治体，関連公共団体がプロジェクト支援事務局（Bureau Aide-Project）に対して申請することが挙げられる。その後，審査が通過し FASEP の付与が決定したら，受益国の企業選定手続き（フランス企業による入札）を経て実施される。2000

年来，総額2億7,300万ユーロを助成し，150社以上のフランス企業が恩恵を受けている。

　FASEPは受益国の政府や地方自治体，関連公共団体が申請し，実施主体はフランス企業に実質的に限定されるタイド（ひも付き）の補助金となっており，受益国の環境関連所管官庁とフランス企業が連携することが必須の条件となっている。これは「ヨーロッパ諸国が2000年のMDGsを契機に，自治体国際協力を増強している[9]」という指摘と合致している。

　長期の低金利融資であるRPEの対象となるプロジェクトは，水管理，エネルギー，医療，輸送などで，2000年に導入され，これまで83ヵ国に総額35億ユーロ（年間約3億8,000万ユーロ）の融資を付与されてきた。融資額の70％について，フランス企業の製品やサービスを購入しなければならないというタイド融資となる。

　FASEPは中小・中堅のフランス企業が実現可能性調査に応札することが多いが，RPEは事業に対する融資が対象となるため，環境関連インフラ輸出を担うヴェオリアやスエズなど大企業が多い。

　FASEPやRPEの審査段階では，受益国に対してエコロジー・持続可能開発・エネルギー省（Ministère de l'Écologie, du Développement durable et de l'Énergie）による政策提言や，フランス開発庁（Agence Française de Developpement）や在外大使館が受益国に対して申請のサポートを行うなどオール・フランスで取り組まれている。

　また，事後評価の項目としてFASEPは事業化がチェック項目であり，RPEは対象プロジェクトの事業が他国などに横展開しているか否かが評価項目となっているなど，事業化に重点が置かれている。

　日本と比較すると，経済産業省や環境省，JICA等の環境関連ビジネスの国際展開に関する実証事業については，プロジェクトの予算額や件数の他に，中小・中堅企業に限定せず大企業も申請できる調査予算があるなど，財務・公会計省の担当者は日本の方が充実していると指摘していた。RPEが実質的にタイド融資になっている点については，OECD/DAC（開発援助委員会）

の基準に留意しながらも,先述したオール・フランスの取り組みにより,実質的にフランス企業だけが応札できるような入札条件を事前交渉で得ているなど,日本の円借款の制度改善への示唆に富む取り組みといえる[10]。

次に,Ubifrance においては,フランスが貿易赤字基調となっていることから輸出振興が至上命題となっており,フランス企業に競争力がある食品,保健,通信,都市計画・環境を重点4分野に指定しており,環境分野ではアフリカの旧植民地国を重点としている[11]。具体的な輸出振興策としては,日本のJETROの取り組みとほぼ同様である。異なる点としては,欧州委員会の持続可能な開発に対する補助金や援助[12]をフランス企業が申請する際にアドバイスなどを行っている点が挙げられる。

最後に,フランスの環境企業である Séché Environnement, CNIM へのヒアリングから国際展開において両社に共通していることは,1)国営企業が民営化した上場企業であること,2)国内市場の飽和が積極的な国際展開の契機となったこと,3)受益国のパートナーとの連携,4)国際機関との連携の4点が挙げられよう。

まず,1)国営企業が民営化した上場企業であることは,水メジャーの Veolia Environment とも共通している。これに対して,日本の環境企業は各種の規制と許認可によって守られ,上場企業が少なく,規模の経済が働きにくいことが指摘されている[13]。

次に,2)国内市場の飽和が積極的な国際展開の契機となったことが挙げられる。前身が国営企業であったことも影響し,各社が比較優位のある環境技術とそのマネジメントに特化し発展してきた。その後,フランスの市場が飽和したことを契機に,東欧諸国やアフリカの旧植民地へと国際展開を推進してきた。これらを担う人材獲得も積極的であり,国際営業部門だけで数十人規模を有している。人材不足は国際展開の課題として常に列挙されたままである日本の環境企業の範といえる。

さらに3)受益国のパートナーとの連携であるが,両社とも受益国にニーズがあっても,実現可能性調査の段階において,有望なパートナーとなる自

治体や地場のメーカーが見つからなければ，進出国として適当ではないことを指摘している。日本の各種の実現可能性調査においても「有望なパートナーが見つからない」ことは課題として指摘されている。

一般のビジネスマッチングと異なり，途上国での環境ビジネスマッチングは，①料金を負担するサービス需要者の技術ニーズと，②料金を徴収するサービス供給者の技術ニーズに大別できる（図12-12）。端的に言えば，これらの①と②の技術ニーズと，③提供側の環境技術シーズの3つの領域が重なった領域Aに位置する技術を導出するための入念な市場調査が求められる。したがって，領域Bの場合は，既存の環境企業と競合することを避け，途上国にはない新規技術を現地資本の事業者に提供すること，領域Cの場合は，環境基準の策定・改変など法の執行能力を向上させる政策対話を通じて，領域Aに移行させる戦略が有効と考えられる。

両社ともに実現可能性調査の段階から，現地の自治体や資本の環境企業との連携を出口戦略として当初から視野に入れておくことは，事業化に有効なスキームであろう。

最後に4）国際機関との連携については，日本の環境企業ではまだ事例が稀有であるが，両社ともに世界銀行や国連などとプロジェクトを多数実施し，そこから横展開に繋げている。フランス政府のODAやUbifranceとも連携しているが，国際機関とのプロジェクトの方が次の案件の引き合いに資する

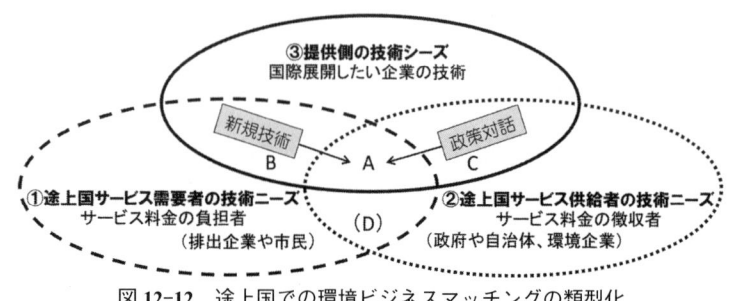

図12-12　途上国での環境ビジネスマッチングの類型化

出所：筆者作成。

と指摘している。国際連合工業開発機関（UNIDO）が技術移転を促進する事業の一環として，途上国へ移転可能な環境・エネルギー関連技術に関する情報をウェブサイト上に公開しており，そのサイト上に掲載された日本の環境企業が案件形成している事例があり，国際機関との連携も有効な手段と考えられる[14]。

（4）小　　括

本節では，日本とフランスの環境ビジネス国際展開支援策を考察した。

日本の環境ビジネス国際展開支援策においては，途上国の環境市場ではPPPによる環境インフラの運営の拡大が予想されており，環境サービスのマネジメントのノウハウを有する自治体と日本の環境企業が連携することが不可欠な要素といえる。ただし，対象とする環境分野によっては，日本の自治体と途上国の中央政府との連携を構築する戦略を練ることが肝要である。また，国際環境協力の実績の活用は有効な手立てであるが，その実績は一朝一夕で形成できるものではないため，他の自治体においては近隣自治体と連携して，相互に国際環境協力の実績を活用することが求められる。さらに，相手国の多様なニーズに対応できる企業の事業化まで見据えると，自治体管内だけでは対応できない場合も生じ，管外の大手環境企業と管内の中小環境企業の連携も視野に入れて検討することが必要となる。

自治体と環境企業の連携は，環境ビジネスの国際展開で先行しているといわれるフランスの行政組織の支援策と環境企業双方からも確認された。また，実現可能性調査の段階から，現地の自治体や資本の環境企業との連携を出口戦略として当初から視野に入れておくことや，国際機関と連携することなどは，日本の環境ビジネス国際展開支援策においても活用できる事例といえる。

4. おわりに

　本章では，まず環境企業の国際展開状況について分析し，従来から指摘されてきた「日本の環境企業の国際展開が欧米企業と比較して出遅れている」とはいえないことを明らかにした。
　次に，行政組織による環境ビジネス国際展開支援の内容について概観し，日本の中で突出している北九州市やフランスの支援策内容からも，自治体と環境企業の連携は有効な手段であることや，経済産業省や環境省，JICA等の環境関連ビジネスの国際展開に関する実証事業については，フランス政府の支援策よりも充実していることを確認した。
　したがって，定説となっている日本の環境企業の国際展開が欧米企業と比較して出遅れているというよりも，まだ萌芽段階である途上国の環境ビジネスに日本企業や自治体は本格参入していないといえる。例えば，多摩地域の中堅・中小企業の製品開発力の強化と市場の拡大並びに新規創業環境の整備を図ることなどを目的とした首都圏産業活性化協会においても環境ビジネスの国際展開の事例はほとんどないといってよい。
　また，筆者が委員として参画している関東経済産業局の産業公害防止等技術に関するアンケート調査では，地方自治体・支援機関等の支援策の中で国際展開支援策の活用実績は，技術開発支援等の他の支援メニューと比較して，利用実績も有効性も相対的に低い傾向にあり，支援策の改善により効果を一層高められる可能性があることを指摘できる[15]。
　本章で論じたとおり，実現可能性調査の段階から，現地の自治体や資本の環境企業との連携を出口戦略として当初から視野に入れておくことや，国際機関と連携することなどは，日本の環境ビジネス国際展開支援策においても活用できる。
　持続可能な社会を構築するためには，持続可能なビジネスを創出することが不可欠な要素である。日本の優れた環境技術を海外展開し途上国の環境を

改善することは,グローバル経済社会において,Win-Win となるはずである。環境企業の国際展開状況の分析結果で指摘した通り,「環境企業の海外展開はどの国でもそれほど進んでいない」現時点において,行政組織が積極的に環境ビジネスの国際展開を支援することで,途上国の環境改善と日本の環境企業の国際展開が進展することを期待したい。

1) 例えば,経済産業省「海外水インフラPPP協議会」,同省「アジアリサイクルビジネス展開可能性調査」,環境省「日系静脈産業メジャーの育成・海外展開促進事業」,JICA「中小企業連携促進基礎調査」といった事業があり,各事業の目的や背景では優れた環境技術を保有するが,海外市場で導入実績や運営・管理の実績の不足していることが共通して指摘されている。
2) 井上博 (2006), pp.41-66。
3) この他にも,インターネットを通じたコンサルティングサービスといった「国境を超える取引(第1モード)」や,技術者の短期滞在による支援など「自然人の移動によるサービス提供(第4モード)」も環境サービスとして提供される可能性がある。しかし,本章の問題関心は,企業による運営・管理を含むトータルマネジメントとしての海外展開を主眼としており議論の対象から除外する。
4) 佐々木 (2014)。
5) 加賀隆一 (2013), pp.128-191。
6) 北九州市環境局環境国際戦略室・アジア低炭素化センター2012年8月23日付け報道発表。
7) Ubifrance (2011), p.4.
8) 2015年1月より対フランス投資庁(AFII)とフランス企業振興機構(ユビフランス)の統合により「フランス貿易投資庁──ビジネスフランス」となり,フランスへの対内直接投資も担当し,日本貿易振興機構(JETRO)と同様の機能を有している。
9) 竹原憲雄 (2014), p.502。
10) 経済産業省・外務省・財務省2014年6月3日報道発表「円借款・海外投融資の制度改善」。
11) 担当者によれば,フランスはアフリカに,日本はアジアにおいて競争力があることから,相互に協力関係を構築できることや,アジア同様に中国の援助も台頭しており,援助の量ではなく質で対抗する必要性を指摘している。
12) 2015年の欧州委員会の重点分野はEC (2015) を参照。EU内に現地法人があれば日系企業も申請可能。

13) 例えば，廃棄物・リサイクルビジネスにおいては細田（2015）を参照。
14) ただし，同サイトでは動画も公開することで，途上国サイドが現場視察を行う前に，当該環境技術の理解への訴求力を高めていることも注目に値する。
15) 関東経済産業局「広域関東圏における産業公害防止等技術実態調査」。

参考文献

ADB（Asian Development Bank）, *Asia 2050: Realizing the Asian Century*, ADB, 2012.

European Commission（EC）, *2015 Annual work programme for grants and procurement in the Environment and Climate Action policy areas*, EC, 2015.

Environmental Business International, "The Global Environmental Market: Regions & Segment Matrix in 2010." *Environmental Business Journal*, 25, No.6-7, 2012.

Ubifrance, "Le marché de la gestion des déchets et du recyclage", *Ubifrance et les Missions Economiques*., 2011.

井上博「サービス多国籍企業の諸特徴」関下稔他編『サービス多国籍企業とアジア経済』ナカニシヤ出版，2006年，pp.41-66。

加賀隆一『実践 アジアのインフラ・ビジネス：最前線の現場から見た制度・市場・企業とファイナンス』日本評論社，2013年。

佐々木創「国際機関における環境サービス貿易に関する議論の進展状況——グローバル環境ビジネスの国際比較に向けて——」，『経済学研究』第63巻第2号，北海道大学，2014年，pp.123-132。

竹原憲雄『日本型ODAと財政——構造と軌跡』ミネルヴァ書房，2014年。

細田衛士『資源の循環利用とはなにか——バッズをグッズに変える新しい経済システム』岩波書店，2015年。

※本章はJSPS科研費25870745「環境サービス貿易に着眼した国際環境ビジネスの経済分析とその促進策の導出」による成果の一部である。環境ビジネス上場企業の分析ではビューロー・ヴァン・ダイク社・増田歩氏，フランス現地調査ではKSM NEWS & RESEARCH・斉藤あや子氏・松井みちる氏にご協力頂いた。ここに記して，感謝の意を表す。

第 13 章

多摩地域における公共施設の再編のあり方について

神 山 和 美

1. 財政制約下での公共施設再編

　わが国の学校，公営住宅等の公共施設や道路，上水道等のインフラは，戦後の復興期から高度成長期にかけて集中的に整備が行われ，それから40〜50年が経った現在，老朽化が進み，更新時期を迎えている。地方自治体においては，人口減少，少子高齢化の進展等による厳しい財政状況の下で，公共施設等の老朽化にどのように対応するかが，喫緊の課題となっている。

　公共施設等の更新にかかる財政負担を軽減するには，公共施設等の再編による総量圧縮や，官民連携が有効と考えられるが，前者については個別の地方自治体による取組みでは限界がある，市民生活に大きな影響を及ぼすが検討過程に市民の意向が反映されていない等の課題が，後者については対象施設の選定過程において採算性のチェックが十分でない，資金調達・参画事業者が限られている，官民連携手法導入施設の運営状況等が明らかにされない等の課題がある。

　多摩地域も厳しい財政状況の下で公共施設等の老朽化に取り組まなければならない状況にあるが，多摩地域の地方自治体においては，後述する通り，既に公共施設マネジメントの取組みが全国よりも進み，今後公共施設等の再編が具体的に進んでいく段階にあると言える。更に多摩地域の地方自治体は，公共施設の相互利用等に関する自治体間連携，総合計画等の計画段階における市民参加，PFI（Private Finance Initiative）等官民連携について豊富な実績

を有する。多摩地域における公共施設等の再編を進めるために，それら豊富な経験を通して蓄積されたノウハウを活かし，多摩地域に相応しい手法を検討することが有効と考える。

意思決定プロセスにおける市民参加については，Michels & Graaf（2010）による地域の民主主義において市民参加が果たす機能の研究や，Bingham, Nabatchi & O'Leary（2005）によるニュー・ガバナンスのプロセスにおける市民参加の研究等がある。

また，官民連携については，Owen and Merna（1997）等による英国，米国，フランス等の事業の検証，Ward, Chapman and Curtis（1991）等によるリスクマネジメントの研究，Hart（2003），Parker and Hartley（2002）等による契約理論をベースとしたPPPの分析等がある。

田中（1995）は「参加権」という概念を用いて，地方分権社会における効率的な都市経営のあり方を論じている。この「参加権」の概念は公共施設の再編における市民や民間の参加のあり方を検討する上で有益である。神山（2015）は，再編が容易には進め難い上水道等生活基盤インフラの更新に参加権と公共施設等運営権を活用した場合の比較を通して，社会資本の更新のあり方を論じている。

本章は，現在進められている公共施設等の再編や官民連携の課題を検討し，公共施設再編に対する公共施設等運営権や参加権の活用のあり方を検討することで，多摩地域の公共施設等再編の望ましいあり方を考察するものである。

本章の構成は次のように述べられる。第2節において，全国及び多摩地域の公共施設の老朽化に対する取組みが整理され，公共施設再編の課題が示される。第3節においては，全国及び多摩地域における官民連携の動向が整理され，公共施設再編に対する官民連携導入の課題が示される。第4節においては，田中（1995）で示された「参加権」の概要が示され，そのモデルと「公共施設等運営権」との相違点が示される。第5節においては，本章の分析結果が整理され，多摩地域の公共施設の再編の望ましいあり方が示される。

2. 公共施設再編の課題

(1) 公共施設の老朽化への対応

わが国の公共施設等の老朽化の状況を，総務省が2012年3月に公表した「公共施設及びインフラ資産の将来の更新費用の比較分析に関する調査結果」により見ると，耐用年数まで10年未満及び耐用年数を超えた公共施設等の割合は，公共施設が43.1%，上水道管が33.7%，橋りょうが13.2%，下水道管が9.7%である。公共施設や上水道管については更新時期を迎えている資産が既に一定程度存在し，今後その割合が増加していくとともに，それらの更新時期を過ぎた後にも，橋りょう，下水道の更新時期が控えている。

表13-1 公共施設及びインフラ資産の老朽化の状況

(耐用年数まで10年未満及び耐用年数を超えたものの割合)(単位：%)

公共施設 (建設後30年以上)	橋りょう (整備後50年以上)	上水道管 (整備後30年以上)	下水道管 (整備後40年以上)
43.1	13.2	33.7	9.7

出所：総務省『公共施設及びインフラ資産の将来の更新費用の比較分析に関する調査結果』[1] 2012年，2頁より一部を抜粋。

公共施設等の老朽化に伴い，更新費用の負担も現在より重くなると想定される。総務省前掲書によれば，公共施設等の更新にかかる人口1人当たりの将来の1年あたり[2]の費用は約64千円と試算され，現在の2.6倍以上の負担が必要と見込まれている。

地方自治体の財政は，人口減少により，個人住民税の増加を期待することが難しい一方，少子高齢化の進展に伴い，扶助費の増大が見込まれる等，厳しい状況にある。しかしながら，財源の不足によりその適切な維持管理，更新が行われないと，公共施設等の機能不全により，人々の生活に影響を及ぼす恐れや，老朽化による事故や災害等を引き起こす可能性がある。財政制約下において，公共施設等の維持管理費・更新費用をどのように捻出するかが，地方自治体の喫緊の課題となっている。

表 13-2　公共施設及びインフラ資産の将来の更新費用

	公共施設	道路	橋りょう	上水道管	下水道管	総合計
人口1人当たりの将来の1年あたりの更新額の見込み額（千円／人）	32.91	9.98	1.93	10.74	9.91	63.95
現在の既存更新額に対する将来の1年あたりの更新費用の割合（％）	243.6	194.5	507.3	363.4	283.1	262.6

出所：総務省　前掲書，1頁を一部抜粋。

　こうした状況に鑑み，総務省は，2014年4月に「公共施設等総合管理計画の策定にあたっての指針」を発表した。本指針は，厳しい財政状況の下，人口減少等による公共施設等の利用需要の変化を踏まえ，早急に公共施設等の全体を把握し，長期的な視点をもって，更新・統廃合・長寿命化等を計画的に行うことにより，財政負担を軽減・平準化するとともに，公共施設等の最適な配置を実現するため，地方自治体に公共施設等管理計画の策定を要請するものである。地方自治体による公共施設等総合管理計画の策定を促進するため，本計画の策定に要する経費にかかる特別交付税措置や策定に基づく公共施設の除却について地方債の特例措置が創設された。こうした政策動向も踏まえて，全国の地方自治体においては，公共施設等総合管理計画の策定等公共施設のマネジメントが進んでいる。

(2)　多摩地域の状況

　多摩地域の人口動向について，国立社会保障・人口問題研究所の「日本の地域別将来推計人口（2013年3月推計）」に基づき整理すると，その人口は2010年の418.6万人から2040年には389.3万人に減少するとともに，高齢化率は，2010年の20.7％から2040年には34.5％に上昇すると推計されている。多摩地域の人口減少の進行は全国よりも大きく遅いものの，東京都23区よりもやや早く進むものと見込まれる。一方，多摩地域の高齢化率については，2010年には東京都23区に近い値であるが，2030年以降急速に進み，より全国の高齢化率に近づいていくものになると推計されている。

第13章　多摩地域における公共施設の再編のあり方について　399

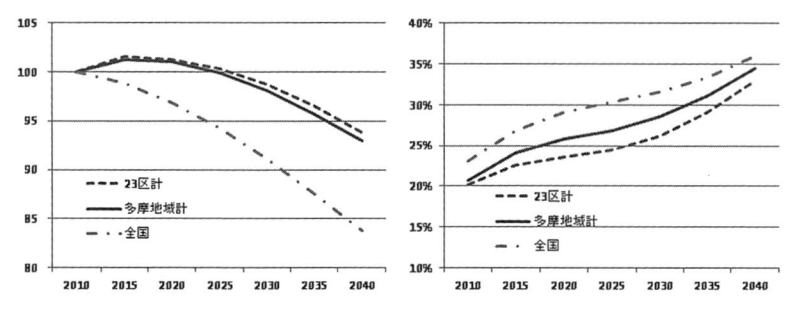

図13-1　多摩地域の将来人口（2010年を100とした指数）と高齢化率
出所：国立社会保障・人口問題研究所「日本の地域別将来推計人口（2013年3月推計）」に基づき，著者が作成。

　人口減少や高齢化に伴い，住民税の減少が見込まれるが，多摩地域の地方自治体の財政はこれに耐えられるであろうか。多摩地域においては，財政構造の弾力性を示す経常収支比率（人件費，扶助費，公債費等経常的な支出に対して，市町村民税などの経常的収入がどの程度充当されているかを示す）が90%超の地方自治体が多く，財政の硬直化が懸念される。公共施設等の更新にかかる投資的経費が今後大きく増加した場合，財政的にどのように対応するかが大きな課題となる。

　多摩地域の公共施設にかかる現在・将来の更新費について，近年公共施設マネジメント白書を公表した府中市と立川市を例に見ると，府中市公共施設白書（2012年）によれば，2001年度〜2010年度までの公共施設に係る投資的経費が約37億円／年であったのに対して，2014年から2053年の40年間

表13-3　経常収支比率90%超の市町村数の割合

	2009	2010	2011	2012	2013
多摩地域	70.0%	66.7%	73.3%	76.7%	70.0%
全国	43.4%	20.9%	31.8%	34.6%	31.1%

出所：総務省「地方自治体の主要財政指標一覧」(2009年度, 2010年度, 2011年度, 2012年度, 2013年度) に基づき，著者が作成。
注　東京都23区は，経常収支比率の算定方法が他の市町村と異なるため，全国から外して計算している。

では，約1.9倍の約70億円／年のコストが必要になると推計されている。一方，立川市公共施設白書（2013年）によれば，市民関連施設にかかる2006年度から2009年度における投資的経費が29.5億／年であったのに対して，2011年度～2030年度にはこの約1.6倍の47.5億円／年，2031年度～2050年度には約1.7倍の51.3億円／年が必要と推計されている。

いずれにしても，公共施設の更新にかかる将来のコストは現在よりも大幅な増加が見込まれ，多摩地域の地方自治体においては，人口減少，高齢化に伴い，ますます厳しくなる財政状況下において，老朽化が進む公共施設のマネジメントが大きな課題になっている。

地方自治体における公共施設のマネジメントは，地方自治体等が保有，あるいは借り上げている全公共施設を，自治体経営の視点から総合的かつ統括的に企画，管理及び利活用する取組みである。公共施設のマネジメントの主な流れは，まず「公共施設白書」の作成を通して，地方自治体が所有，あるいは借り上げている公共施設の建築年，面積，構造や利用状況，管理運営コスト等の実態を把握する。次に「公共施設白書」をもとに，「公共施設マネ

表13-4　公共施設白書を作成済みの多摩地域の地方自治体

団体名	作成年	資料名
八王子市	2002年	施設白書
小平市	2007年	小平市施設白書
狛江市	2009年	狛江市公共施設再編方針
西東京市	2007年	施設白書
武蔵野市	2011年	武蔵野市公共施設白書
府中市	2009年	府中市公共施設マネジメント白書（平成21年度版）
立川市	2011年	立川市公共施設白書
小金井市	2012年	小金井市公共施設白書
国立市	2012年	国立市公共施設白書
多摩市	2008年	多摩市施設白書
東村山市	2013年	東村山市公共施設白書
青梅市	2013年	公共施設白書
三鷹市	2012年	三鷹市公共施設維持・保全計画2022

出所：各地方自治体HPに基づき，著者が作成[3]。

ジメントの方針」を作成し，施設の更新，統合・再配置の方針や運営体制の見直し等を検討する。最後に，個々の施設について，統合・再配置等の実施計画を作成し，計画を実行するというものである。

2014年4月現在，公共施設白書を作成しているのは，全国1,741市区町村のうち，7.4%に過ぎない129の市区町村に留まる。多摩地域においては，30市町村のうち43.3%の13の市町村が公共施設白書を既に公表済みであり，その取り組みは全国と比較して大きく進んでいる。また，公共施設白書を作成済の地方自治体の多くが，学校，図書館，公民館，市営住宅等ハコモノ分野のみを対象としたのに対して，府中市は，道路，橋梁，公園，下水道といったインフラ分野も対象とした公共施設白書も既に作成済みであり，先駆的な取組みが行われている。

(3) 多摩地域において公共施設再編を進める上での課題

多摩地域においては，以上のように公共施設白書の作成が既に進んでおり，今後，具体的な公共施設の再編のための検討が行われていくものと思われる。公共施設の再編を進める上では，複数の課題があると考えられる。

第1の課題は，公共施設白書に基づく公共施設の統合・再配置は，従来各地方自治体が個別に検討を進めてきたが，各地方自治体が自らの財政制約を念頭に，自らの公共施設のみを考えて統合・再配置計画を立てると，公共財・サービスが不足する可能性があるという点である。

財政制約下において公共財・サービスの提供を一定程度維持するためには，地方自治体間での公共施設の相互利用が一つの有効な手段と考えられる。公共施設の相互利用とは，公共施設を設置地方自治体の住民と同じ料金で利用可能としたり，当該設置地方自治体の住民に利用が限られていた施設を他の地方自治体の住民も利用可能とすることである。

多摩地域の地方自治体間においては，既に以下に示すような公共施設の相互利用の実例がある。また，地域・都道府県の境を越えた相互利用も行われており，町田市は，隣接する神奈川県の相模原市・川崎市との間でも図書館

表13-5　多摩地域の地方自治体における公共施設の相互利用

団体名	相互利用を行う公共施設
八王子市・調布市・町田市・日野市・国分寺市・多摩市・稲城市・小金井市・国立市	図書館
武蔵野市・三鷹市・小金井市・西東京市	文化芸術施設，図書館，スポーツ施設，科学・美術・記念館，郊外施設
小平市・国分寺市	図書館，体育館

出所：各地方自治体のHPに基づき，著者が作成。

等の相互利用を実施している。

　各地方自治体が，公共施設の統合・再配置にあたって，自らの公共施設のみならず，近隣の地方自治体の公共施設の相互利用を視野に入れる等，地方自治体が相互に連携すれば，公共財・サービスの不足を補完することができるとともに，地方自治体間及び市民間のネットワークの密度の向上や拡大に繋がると考えられる。

　第2の課題は，公共施設の統合や再配置等により，学校，図書館，スポーツ施設，市民センター等，市民がこれまで身近に利用していた施設がアクセスのしにくい場所に移転する可能性がある等，利便性等の点で市民生活に直接大きな影響を及ぼすという点である。財政支出削減のために公共施設の総量を圧縮するという総論には賛成であっても，個別施設の廃合や再配置については反対する市民は一定程度存在すると考えられる。したがって，その計画に対して市民に大きな関心を持ってもらうとともに，市民の意向を計画に反映させることが望ましい。

　地方自治体は，市民利用施設の統廃合や再配置等の計画策定にあたって，市民生活への影響を考慮し，地域の特性，地域間のバランス，財政状況等を勘案することが一般的である。また，市民は，代表民主制により，首長や議会に行政の執行を委ねている。しかしながら，市民ニーズの多様化・拡大により，議会や行政が市民の意向をくみ上げるのは困難になってきている。

　公共の意思決定過程における市民参加において，パブリックコメントや公募市民の審議会入り等で行われることはあるが，木寺（2013）によれば，前

表13-6　Arnstein (1969) による市民参加の8階梯モデル

自主管理 (Citizen Control)	市民権力としての参加
権限移譲 (Delegated Power)	(Degrees of citizen power)
パートナーシップ (Partnership)	
懐柔 (Placation)	名ばかりの参加の段階
相談 (Consultation)	(Degrees of tokenism)
情報提供 (Informing)	
不満回避 (Therapy)	不参加の段階
世論操作 (Manipulation)	(Non participation)

出所：Arnstein, Sherry R. (1969) "A Ladder Of Citizen Participation,"Journal of the American Institute of Planners, 35：4, p. 217. に基づき，著者が翻訳。

者はArnstein (1969) による市民参加の8階梯モデルにおける相談 (Consultation)，後者は懐柔 (Placation) に該当し，どちらも名ばかりの参加の段階と捉えられる。

多摩地域における計画策定段階の市民参加の状況についてみると，三鷹市における「みたか市民プラン21会議」[4]や東村山市における「東村山市版株主総会」[5]等，先進的な取組みが行われている。多摩地域におけるこうしたノウハウを活かして，公共施設の統廃合や再配置等の計画に市民の意向をより的確に政策に反映するために，計画段階において，市民ワークショップや

表13-7　公共施設をめぐる市民の様々な立場

立場	内容
利用者	公共施設を利用，満足度向上を求める
受益者	公共施設により，何らかの便益を受ける
周辺住民	公共施設の周辺に居住し，公共施設により影響（プラス，マイナスともあり）を受ける
納税者（費用の負担者）	公共施設の整備・維持管理・運営の費用を負担，効率性を求める
協働者	自治体と協働して，公共施設を運営，行政と対等な立場での運営参加を求める
株主	企業の株主のような立場で，施設運営に意見を表明，経営の透明性を求める

出所：著者が作成。

市民討論会を開催し，そこで出された意見を吟味した上で，取り入れることが有効と考えられる。

なお，公共施設の統廃合や再配置等においては，既存の利用者が存在することから，市民参加の制度設計にあたっては既存施設の利用者を強く意識しがちであるが，利用者の他にも，受益者，周辺住民，納税者（費用の負担者），協働者，株主といった様々な立場の市民が存在することを認識し，これを念頭においた，市民参加のあり方の検討が必要である。

3. 公共施設の再編に対するPFI導入の課題

(1) 官民連携の動向

わが国においては，1999年7月における「民間資金等の活用による公共施設等の整備等の促進に関する法律」（本章においては，この法律名は，「PFI法」と略記される。）の制定以降，これまで国や地方自治体が担っていた公共サービス分野に民間ノウハウ・資金を活用する動きが広まってきた。

内閣府民間資金等活用事業推進室の『PFI実施状況について』（2014年6月16日）によれば，2012年度末までのPFI事業件数（実施方針公表済み）は418件，うち市区町村は227事業（政令指定都市53事業を含む）である。事業件数について経年変化を見ると，2010年度以降，その伸びは鈍化している。

多摩地域の地方自治体によるPFI事業件数は2012年度末現在，7事業である。多摩地域のPFIの特徴として，施設の内容は，図書館，学校関連等，教育・文化施設が多いことがあげられる。また，PFIではないが，広域組合でのDBO（Design Build Operate）[6]事業について複数の実績を有しており，自治体連携による官民連携も進んでいる。

政府は，財政の下で必要な社会資本整備を推進するため，PFIの積極的な導入を図ろうと，PFI法を2011年に改正し，PFIの対象施設の拡大，民間提

表 13-8 多摩地域における PFI 事業及び DBO 事業

事業手法	入札説明書等公表年	公共施設等の管理者	事業名
PFI	2000 年	調布市	調布市立調和小学校整備並びに維持管理及び運営事業
	2002 年	国分寺市	(仮称) 国分寺市立市民文化会館整備運営事業
	2003 年	稲城市	(仮称) 稲城市立中央図書館等整備運営事業
	2005 年	府中市	府中市市民会館・中央図書館複合施設整備事業
	2006 年	稲城市	稲城市 (仮称) 新文化センター整備運営事業
	2010 年	立川市	立川市新学校給食共同調理場 (仮称) 整備運営事業
	2011 年	八王子市	(仮称) 八王子市新体育館等整備・運営事業
DBO	2002 年	東京都三多摩地域廃棄物広域処分組合	多摩地域廃棄物エコセメント化施設整備運営事業
	2009 年	ふじみ衛生組合	ふじみ衛生組合ふじみ新ごみ処理施設整備事業
	2010 年	西秋川衛生組合	西秋川衛生組合ごみ処理施設整備・運営事業

出所：各地方自治体 HP により，著者が作成。

案を受けた場合の公共側における手続きの一部の明確化とともに，「公共施設等運営権」の導入を可能とした。

「公共施設等運営権」は，公共が所有権を有し，利用料金を徴収する公共施設等について，民間が運営等を行い，利用料金を自らの収入として収受する事業を実施する権利であり，公共から，事業期間に渡って，公共施設の運営を実施する者として選定された運営権者に公共施設等運営権が設定される。公共施設等運営権を活用した公共施設等運営事業においては，運営権者が利用料金の決定等を含め，自由度の高い事業運営を可能とすることにより，民間の知恵やノウハウが生かされる。公共は，当該施設の所有権を有したまま運営リスクを民間に移転することができ，運営権対価を徴収することにより施設にかかるコストの早期回収の実現が期待できる。公共施設等運営権は物権とみなされ，不動産に関する規定を準用することから，第三者への譲渡が可能であるとともに，金融機関による抵当権設定が可能である。

(2) 公共施設再編に対するPFI導入の課題

公共施設再編にあたって、民間資金を活用することは有効である一方、課題もあると考えられる。そこで、以下では公共施設再編のツールとして見た場合のわが国PFIの活用の有効性と課題を検討する。

公共施設の再編に対するPFIの活用は、以下の点で効果的と考えられる。

第1に、従来のサービス購入型PFI[7]では、公共は、民間に対して支払う公共施設の再編コストを延べ払いすることができるため、補助金や起債対象分以外の財政負担を平準化することが可能である。多数の公共施設の更新時期が重なると、財政負担が一時期に集中してしまい、更新の制約となるため、この財政負担の平準化効果は公共施設再編の促進に大きな効果を及ぼすものと考えられる。

第2に、PFIでは、公共や、民間に対して融資を行う金融機関等が、民間による事業をモニタリングする仕組みが導入されている。このモニタリング機能により、事業期間に渡って適正な公共サービスが提供されることが期待される。

一方、公共施設の再編にPFIを活用する場合には、以下の課題もあると考えられる。なお、これらは制度的な課題というよりも、運用上の課題と言える。

第1に、PFIの導入検討過程では、公共がPFIの導入可能性を検討すると決定した公共施設に対してフィジビリティ・スタディを実施するのが一般的だが、その施設が収益性等の観点から、民間にとって魅力的でない場合もあり得る。特に財政制約下における公共施設の統合・再配置については、一般に事業規模が小さく、立地等の制約も受け、その傾向が強まる可能性が高い。公共はフィジビリティ・スタディにおけるサウンディングという過程で、民間の意見等を把握して、最終的にPFIの導入可能性を判断するが、仮にフィジビリティ・スタディの検討結果として、当該施設へのPFIの導入可能性がないという判断になった場合、時間的にも費用的にも非効率となる。フィジビリティ・スタディを実施する公共施設を選定する過程で、民間の採算性等

の観点からも検討を行うことが効率的である。

　2011年のPFI法改正では「民間事業者による提案制度」が導入され，民間提案を受けた場合の公共側の手続きの一部が明確化された[8]とともに，PFI事業への民間提案制度導入を普及させるため，2014年には内閣府民間資金等活用事業推進室から『PFI事業民間提案推進マニュアル』が公表された。こうした民間事業者による提案制度等を活用して，公共施設の統合・再配置の検討段階に，民間の意見を反映することが有効と考えられる。

　第2に，財政制約下における公共施設の再編を安定的に実施するために，多様な参加者や多様な資金が必要である。わが国におけるPFIにおける主な参加者は大手の民間企業であり，その資金調達の大部分は金融機関からの借入金であり，参加者や資金が限定されている。

　PFIの導入が進んでいる英国においても，財務省が2012年にPFIの抜本的見直しを図った『A new approach to public private partnerships』で示されたPFIの新モデル「PF2」では，PFIについて7項目の見直しの[9]一つに「Future debt finance」があげられ，資金調達の多様化の方向性が示された。英国のPFIにおいても，多様な種類の資金の導入が課題になっていたことを示している。

　わが国のPFIにおいては，中小規模の企業が多い地元企業が参画できないという傾向が見られ，この点はPFIの課題として地方自治体において広く認識されているところである。また，既存の公共施設について利用者等である市民に運営のノウハウが既に蓄積されている場合も十分あり得ることから，市民が再編後の施設の運営に加わることも想定される。地域の公共施設の再編に対するPFIの導入に際して，地元のニーズをよく把握している市民や地元企業の参画を促進することが有効と考えられる。

　第3に，公共施設の再編及び再編された公共施設の運営は，市民生活に大きな影響を及ぼすため，事業の透明性の確保等の観点から，事業の経営状況等が公表されることが必要である。内閣府民間資金等活用事業推進室による「モニタリングに関するガイドライン」においては，「そもそも，PFI事業は，

基本方針においても「特定事業の発案から事業の終結に至る全過程を通じて透明性が確保されなければならない（透明性の原則）」とされ，管理者等は，当該選定事業の実施に係る透明性を確保するため，PFI事業契約等に定めるモニタリング等の結果について，住民等に対し公表することが必要である。」とされている。しかしながら，モニタリングの結果を公表している事例はわずかである。また，PFI導入効果について事後の検証もあまりされていないのが実状である。

公共施設の再編においては，再編の計画等のみならず，再編された公共施設の運営状況が公表されることにより，地域で広くその情報が共有され，透明性が確保された事業運営がなされることが望ましい。

4.「参加権」と「公共施設等運営権」

(1)「参加権」の概念

田中（1995）は，地方自治体のサービスの効率的な経営方式により，地方分権の効果をあげる行政システムの可能性を持つ「参加権」市場の創設を提唱した。以下では，この「参加権」の概念を示す。

各自治体が，複数の独立した事業体を編成して，一定の事業期間における「事業権」を与え，事業を担当させる。この「事業権」は「参加権」として小口に分割され，一般市場での販売が認められる。この参加権は一定期間後に当該事業の利益や損失を反映した価格で事業体により買い戻されることから，個人や法人等は，この参加権の購入により，収益を得ることのみならず，事業体の事業内容，自治体経営に参加することが可能となる。したがって，市民は，参加権の購入を通じて，事業の料金設定・サービス内容等に関して要望等を反映しやすくなる。一方，自治体においては，その経営に効率性あるいは利用者の要求に応えようという誘因が働きやすいとともに，都市経営に関するリスクを分散させることができる。

第13章　多摩地域における公共施設の再編のあり方について　409

　参加権市場における自治体と事業体と市民の関係，市民・法人による参加権の活用については以下の通り説明されている。

　自治体Ａから事業体Ｂに事業期間 n に渡って事業権が交付される。事業体は，この事業権を m 単位に分割して市民あるいは法人Ｃに販売する。市民と企業が購入する参加権の単位数は各々mh と mf であり，mh+mf=m である。

　この１単位当たりの市場価格が q，市場から調達可能な資金は mq である。自治体Ａは事業期間終了時に事業体Ｂから１単位あたり価格 p で運営権の買い戻しを行う。市場利子率を r とし，$q(1+r)^n < p$ が満たされる場合，市場の資金を活用した事業展開が財政を悪化させるとして，自治体は市場からの資金調達を禁止する。これに対して，$q(1+r)^n \geq p$ が満たされる場合，資金調達が許可される。

　Ｂは市場における調達資金を用いてＡが予算において決定した投資計画を上回る投資を実施する。ＢはＡの投資計画自体を変更する。その変更には財政からの制約が課されていて，追加投資額は（1）式に定められる。

$$I = m\left\{q - \frac{p}{(1+r)^n}\right\} \tag{1}$$

　私的財の消費と価格を x と 1，所得を M，参加権市場が機能しなくても，自治体が責任をもって供給する公共財の数量を G とする。

　参加権は，高い価格を提示した市民または企業に割り当てられる。参加権市場において，企業が提示した評価を qf，市民が提示した評価を qh とする。

　市民の効用関数と所得制約条件が各々（2）式・（3）式で表示される。

$$u(x, G+I) \tag{2}$$

$$x + q^h - \frac{p}{(1+r)^n} = M \tag{3}$$

　$qf > qh$ の場合には，市民は参加権を購入せず，その間接効用関数は（4）式となる。企業の主導の下，参加権市場が機能し，市民が追加的な負担をせずに，行政サービスの向上を享受することができるため，市民の間接効用関

数は上方へシフトする。

$$u\left(M, G+m\left\{q^f - \frac{p}{(1+r)^n}\right\}\right) \quad (4)$$

一方，$qf < qh$ の場合には，企業は参加権を購入せず，その利潤は（5）式で示される。なお，y は企業の産出量，C は費用関数である。

$$\Pi(I) = y(I) - C(y(I), I) \quad (5)$$

市民の参加権の市場価格の設定が追加投資の水準を定めることから，企業の利潤は，市民の市場価格の関数として，（6）式で示される。市民負担の下，企業は利潤の増加を期待でき，その利潤関数は上方にシフトする。

$$\frac{d\Pi}{dq^h} = m\frac{dy}{dI} - m\frac{dC}{dI} > 0 \quad (6)$$

つまり，参加権市場の開設によってもたらされる利益は，その市場の取引に関与する関係者に限られずに，広範囲に及ぶ。

(2) 参加権と公共施設等運営権の相違点

第2節では，公共施設再編の課題として，自治体連携，市民参加が，第3節では，公共施設再編に対するPFI活用の課題として，計画段階における民間の参画，多様な主体と資金の導入，事業運営の透明性が抽出された。田中前掲書における「参加権」の概念と「公共施設等運営権」は，これらの課題を解決し，公共施設の再編のあり方を検討する上で有益と考えられる。

そこで，以下ではこの「参加権」の概念と公共施設等運営権の相違点を，事業の仕組みと，公共施設再編及びPFI導入の課題として抽出された各観点から検討する。

① 事業の仕組み

i） 事業における役割

参加権市場においては，証券のような性格を有する参加権を企業や市民に売却することで公共施設の資金調達の一部を行うことが想定されており，その購入を通じて事業への市民や民間の参加も可能である。

一方，公共施設等運営権は，公共施設等の管理者が，一定期間，公共施設等の運営を実施する権利を民間に付与するものであり，運営権対価の収受という点では公共側の資金調達機能の一翼も担うが，基本的には公共施設等の運営手法として機能する。

ⅱ) 事業の担い手

参加権では，事業体が地方自治体の一部局であり，その実施主体は地方自治体職員であることが想定されている。

一方，公共施設等運営事業における事業の実施主体は公共施設を運営することを目的に，複数の民間企業から構成されるコンソーシアムにより設立された特別目的会社であり，当該施設の運営を行う主体も民間の職員となる。

ⅲ) 公共施設の投資額の決定

参加権においては，市民や企業の参加権の購入価格により，公共施設の追加投資額が決定される。

これに対して，公共施設等運営権は，公共が所有権を有する公共施設に適用されるため，基本的に既に整備されている公共施設が対象となることが多いと想定されるが，運営権者は事業期間中，新たに投資を行うことが可能であり，この場合の投資額は運営権者が決定する。

② 自治体連携

参加権については，複数の自治体が連携して編成した事業体が事業を実施し，参加権の売却も複数の自治体が連携して行うことも可能と考えられる。

公共施設等運営権については，一部事務組合等によるPFI等，既に自治体が連携して取り組んでいる実績も多数あることから，可能と考えられる。

③ 市民参加

参加権市場では，市民が参加権の購入により，事業体の事業内容，自治体経営に参加することが可能と想定されている。

一方，公共施設等運営事業において想定される市民参加の形態は，モニタリング等において，公共施設等の利用者としての意見を表明する等であり，参加権市場における市民参加とは異なっている。参加権市場では，資金提供

者として参加することで市民の事業への参加意識がより高くなると考えられる。

④　民間参加

参加権市場では，市民と同様，民間についても参加権の購入により，事業体の事業内容，自治体経営に参加することが可能と想定される。参加権の購入数・購入価格により公共施設の追加投資額が決定されることから，民間の採算性等の視点から，投資について事前のチェックがなされるものと考えられる。

一方，公共施設等運営権においては，民間提案制度が設けられていることから，これが十分機能し，その導入を検討する公共施設の選定において，民間が採算性等の視点から，事前のチェックが行われることが期待される。

⑤　多様な参加者・多様な資金

参加権を活用した事業においては，公共による事業実施，資金調達に加えて，市民や民間の資金の導入・事業内容への参加が想定されており，多様な参加者・資金が導入される。

一方，公共施設等運営事業においては，複数の民間企業からなるコンソーシアムである特別目的会社が，資本金に加えて，金融機関からの借入金，ファンド等から資金を調達する。海外の投資信託形態等によるインフラファンドでは，個人投資家も参画するケースも見られる。なお，当該特別目的会社が需要変動リスクを負担し，借入金（シニアローン）の調達に限界が生じることから，官民共同出資のファンドとして「株式会社民間資金等活用事業推進機構」が2013年10月に設立され，メザニンファイナンス（優先株出資，劣後ローン融資）等によりリスクマネーを供給する。

⑥　経営の透明性

参加権については，市民や民間がその購入により，収益を得ることのみならず，事業体の事業内容，自治体経営に参加することが可能と想定されていることから，そうした状態を実現するためには，施設の運営状況等に関する情報の開示が求められる。

一方，公共施設等運営権については，類似の制度を導入したオーストラリアのメルボルン空港等について，契約の当事者ではない第三者が価格や経営状況やサービスの質等に関するモニタリングレポートを公表しており，こうした試みはわが国においても参考になる。

5. 多摩地域における公共施設再編のあり方

多摩地域で公共施設の統合・再配置等を継続的且つ安定的に実施するためには，市場の仕組みを活用するなど，資金調達手段の多様化が有効である。民間の資本を社会資本の資金として調達するためには，この分野での市場の整備と公正な運営が不可避の課題となる。「公共施設等運営権」や田中前掲書による「参加権」はその可能性に関する理論的な基礎を与える有効なアプローチと考えられる。

本節では，以上の分析結果を踏まえて，多摩地域における公共施設再編の望ましいあり方を，自治体連携，市民参加，民間参加，多様な主体や多様な資金の導入，事業運営の透明性の観点から検討する。

第1に，公共施設再編に際しては，地方自治体が相互に連携し，公共財・サービスの不足に繋がらないよう，留意する必要がある。具体的には，地方自治体が近隣の地方自治体等の公共施設の状況を相互に把握した上で，その再編計画を策定することが有効と考えられる。その上で，公共施設の再編に対する官民連携の導入に際しては，全国的に自治体連携によるPFIの実績も多数存在し，多摩地域においてはDBOの実績もあることから，複数の自治体が連携して実施することが望ましいと考えられる。また，参加権を活用する場合には，複数の自治体が連携して編成した事業体が事業を実施し，参加権の売却も連携して行うことで，より効率化した事業運営が可能になると考えられる。

第2に，公共施設再編の計画過程で，様々な立場の市民の意向を十分把握

し，その理解を得た上で，計画を進めることが検討の効率性や計画の妥当性向上等の観点から望ましい。参加権については，その購入を通して，様々な立場の市民が参加し，機能向上や費用削減等，公共施設に対する様々な要望を反映させることは可能と考えられる。なお，再編された施設の運営に市民が加わることも十分に想定されることから，公共施設再編の計画策定過程で事業内容のみならず運営主体に関しても市民の意向を把握することが有効と考えられる。

　第3に，公共施設再編への官民連携を検討するに際して，対象施設を選定するための検討に民間の意向を反映し，検討の効率性や官民連携による公共施設の再編の実現性を高めることが望ましい。特に公共施設等運営事業のような利用料金で投資回収を図る事業を想定した場合には，対象施設の選定段階における民間の採算性チェックは重要となる。このために民間提案制度を活用して，官民連携の導入を検討する公共施設の選定段階において，民間が採算性等の観点から，積極的に意見を表明する仕組みを導入することが考えられる。なお，民間提案を促進するためには，ノウハウの保護やインセンティブに関する設計も必要となる。また，参加権を活用し，民間が参加権の購入数や購入価格の表明を通して，採算が確保できる事業内容を誘導することも有効と考えられる。

　第4に，継続的且つ安定的に公共施設の再編を進めるために，事業に対して多様な参加者や多様な資金を導入することが望ましい。PFIでは，主に大手の民間企業が参画し，資本金や借入金，ファンド等により資金調達を行っており，参加者や資金が限定されているが，地域における公共施設の再編においては，地域のニーズを把握している市民や地元企業が運営も含めて参画することが望ましい。多様な参加者や多様な資金を導入するには，参加権市場の活用や英国におけるPFIの新モデル「PF2」のように一部の資金を公共が拠出するなど，市民や地元企業が参画しやすくする環境を整備することも有効と考えられる。

　第5に，公共施設の再編は公共サービスの低下に繋がりかねない等，市民

生活に少なからぬ影響を与えることから，事業の公正性や透明性を確保するために，公共施設の再編計画のみならず，再編された公共施設の運営状況，経営状況等が公表され，その内容が広く地域で共有されることが望ましい。参加権については，それら情報開示が，事業に関する市民や民間の理解を促進するとともに，より広い参画者の獲得に繋がることから，事業の妥当性を高めることができる。また，公共施設等運営権においても公共や第三者がモニタリングを行い，その結果を公表することが，経営の透明性のみならず，公共施設運営権の導入効果の検証にも繋がり，有効と考えられる。

以上の課題を解決するためには，多摩地域の公共施設の再編の計画段階から，地方自治体・民間・市民がその特性を踏まえた，連携を行うことが望ましい。表13-9は，公共施設の再編における地方自治体・民間・市民の機能案を示したものである。

地方自治体は計画段階において近隣自治体との連携や，民間や市民の意見を引き出すための適切な情報開示やコーディネーターとしての機能が求めら

表13-9 公共施設の再編における関係者の機能案

	地方自治体	民間	市民
構想計画	・施設の老朽化状況・地区別の人口の将来予測等開示 ・近隣自治体等との相互利用等，連携の可能性の検討 ・民間・市民の参画のコーディネート ・計画策定	・対象施設の選定に対する提案 ・事業スキームの検討（複数のプロジェクトの組み合わせも含む） ・収益性，コスト削減可能性の検証	・施設再編について利便性等の観点からの意見表明 ・施設の機能について意見表明
施設整備・運営者募集	・施設整備・運営者の選定 ・計画段階で有益な提案をした民間等にインセンティブ付与	施設整備・施設運営者として応募	施設運営者として応募
資金調達	事業費の一部を調達	公共施設等運営権や参加権を購入	公共施設等運営権や参加権を購入
施設運営	・事業実施状況についてモニタリングを実施，公表 ・事業リスク管理	・施設整備 ・施設維持管理 ・施設運営 ・事業リスク管理	・施設運営（市民利用部分等） ・モニタリング

れるとともに，事業運営段階においては適切な事業運営のためのモニタリングやリスク管理等が求められる。民間には，再編施設の検討段階において収益性等の観点から，適切な事業内容・事業スキームを提案するとともに，施設の運営段階においては公共サービスの提供者として，サービスの質の向上を目指しつつ，事業リスクを適切に管理することが求められる。市民については，公共施設再編の議論に積極的に参加し，様々な立場の市民の意見把握を通じて，相互の立場を理解するとともに，施設の運営段階においても，運営への参加やモニタリング等を通して積極的に参加することが望ましい。

以上のような，「公共施設等運営権」や田中前掲書による「参加権」を参考にした制度設計により，地域にとって望ましい公共施設の統合・再配置の実現を図ることが期待される。

なお，市場の枠組みが適正に機能して，公共施設再編を円滑に進めるためには，様々な立場の市民，収益性を重視する民間を念頭に置いた制度設計，事業のリスク管理，透明性の高い経営，インセンティブ，事業のモニタリングの仕組みをあわせて整備することが必要と考えられる。

1) 本調査は，市区町村に調査協力を依頼し，回答があった111市区町村の取り纏めを行ったもの。調査協力市区町村の人口（1,802万人）の全国の人口（2010年3月31日現在の住民基本台帳人口）に占める割合は14.2%。
2) 市区町村が現在保有する公共施設及びインフラ資産を建設・整備した年度からそれぞれ設定された耐用年数の経過後に現在と同じ面積・延長等で更新すると仮定して，試算の翌年度以降40年度分の更新費用をそれぞれ試算し，その年平均を算出し，人口で除して算定。
3) 複数の公共施設白書関連資料を公表している団体もあるが，本表においては，最初に公表された資料を対象に作成した。
4) 三鷹市基本構想・第3次基本計画策定に際して市民の意見を反映させるため，市民の自立的な組織である「みたか市民プラン21会議」を1999年に発足，2001年に解散。
5) 市民に「東村山市のオーナー」という意識を高めてもらうとともに，自治体経営のヴァージョンアップを図ることを目的として，2011年度から開催されている。
6) 公共が資金調達を負担し，設計・建設，運営を民間に委託する方式のこと。

7) PFIの事業類型の1つであり，民間は自ら調達した資金により施設を設計・建設し，維持管理及び運営を行う。地方公共団体はそのサービスの提供に対して対価を支払う。
8) 民間発意による事業提案は2011年のPFI法改正前も可能であったが，十分には機能していなかった。
9) 「A new approach to public private partnerships」において示された7項目は，Equity, Accelerating delivery, Flexible service provision, Great transparency, Appropriate risk allocation, Future debt finance, Delivering value for money である。

参 考 文 献

Arnstein, Sherry R., " A Ladder of Citizen Participation", *Journal of the American Institute of Planners*, Vol. 35, No. 4, 1969, pp.216-224.

Bingham, Lisa B., Nabatchi,T., and O'Leary, R., "The New Governance: Practices and Processes for Stakeholder and Citizen Participation in the Work of Government", *Public Administration Review*, September/October, Vol.65, No.5, 2005, pp.547-558.

Hart,O., "Incomplete Contracts and Public Ownership : Remarks, And An Application to Public-Private Partnership, " *The Economic Journal*, Vol.113, No.486, 2003, pp.69-76.

Her Majesty Treasury, *A new approach to public private partnerships*, 2012.
https://www.gov.uk/government/uploads/system/uploads/attachment_data/file/221555/infrastructure_new_approach_to_public_private_parnerships_051212.pdf（2015年3月31日）．

Michels, A. and Graaf, L.de, "Examining Citizen Participation : Local Participatory Policy Making and Democracy", *Local Government Studies*,Vol 36, No.4, 2010, pp.477-491.

Owen,G. and A.Merna, "The Private Finance Initiative Engineering", *Construction and Architectural Management*, Vol.4, No3,1997,pp.163-177.

Parker, D. and K.Hartley, "Transaction Costs, Relational Contracting and Public Private Partnerships: A Case Study of UK Defence, " *Journal of Purchasing and Supply Management*, Vol.9, No.3, 2002, pp.97-108.

Ward, S.C., C.B.Chapman and B.Curtis, "On the Allocation of Risk in Construction Project, " *International Journal of Project Management*, Vol.9, No.3, 1991, pp.140-147.

稲城市，『(仮称) 稲城市立中央図書館等整備運営事業　入札説明書』，2003年。
http://www.library.inagi.tokyo.jp/central/pfi/koukoku.pdf（2015年3月31日）．

稲城市，『稲城市公告第12号（仮称）新文化センター整備運営事業に伴う総合評価一般競争入札の実施について』，2006年。http://www8.cao.go.jp/pfi/pdf/180804koukoku.pdf（2015年3月31日）．

青梅市，『青梅市公共施設白書』，2013年。http://www.city.ome.tokyo.jp/shinchosha/

documents/koukyoushisetuhakusyo.pdf（2015 年 3 月 31 日）．
神山和美，「公共施設等運営権と地域の社会資本整備への市場アプローチ」（『中央大学経済研究所年報』第 46 号，2015 年）151-162 頁．
木寺元「市民参加と取引費用アプローチ：ニューヨーク市コミュニティ・ボードの比較政治」（『開発論集』第 92 号（北海学園大学開発研究所，2013 年））63-83 頁．
国立市，『国立市公共施設白書』，2012 年。http://www.city.kunitachi.tokyo.jp/dbps_data/_material_/localhost/100000/102100/pdf/shisetuhakusyo.pdf（2015 年 3 月 31 日）．
小金井市，『小金井市公共施設白書』，2012 年。http://www.city.koganei.lg.jp/kakuka/kikakuzaiseibu/kikakuka/siryou/sisetuhakusho.files/01hyousimokuji.pdf（2015 年 3 月 31 日）．
国分寺市，『(仮称)国分寺市立市民文化会館 整備運営事業の実施に関する方針（見直し)』，2002 年。http://www8.cao.go.jp/pfi/029_13214_140201_1_c1.pdf（2015 年 3 月 31 日）．
国立社会保障・人口問題研究所，「日本の地域別将来推計人口（2013 年 3 月推計)」，2013 年。http://www.ipss.go.jp/pp-shicyoson/j/shicyoson13/3kekka/Municipalities.asp（2015 年 3 月 31 日）．
小平市，『小平市施設白書』，2007 年。http://www.city.kodaira.tokyo.jp/kurashi/034/attached/attach_34749_1.pdf（2015 年 3 月 31 日）．
狛江市，『狛江市公共施設再編方針』，2009 年。http://www.city.komae.tokyo.jp/index.cfm/36,31437,c,html/31437/koukyoushisetusaihenhoushin.pdf（2015 年 3 月 31 日）．
佐藤公俊，「住民参加研究の理論的視座——ガバナンス論の視点から——」（『地域政策研究』第 10 巻第 2 号，2007 年）45-61 頁．
総務省『地方自治体の主要財政指標一覧』2009 年，2010 年，2011 年，2012 年，2013 年。http://www.soumu.go.jp/iken/shihyo_ichiran.html（2015 年 3 月 31 日）．
総務省，『公共施設及びインフラ資産の将来の更新費用の比較分析に関する調査結果』，2012 年。http://www.soumu.go.jp/main_content/000153119.pdf（2015 年 3 月 31 日）．
総務省，『公共施設等総合管理計画の策定にあたっての指針』，2014 年。http://www.soumu.go.jp/main_content/000287574.pdf（2015 年 3 月 31 日）．
立川市，『立川市新学校給食共同調理場（仮称）整備運営事業 入札説明書（修正版)』，2010 年。http://www.city.tachikawa.lg.jp/gakkok_yushoku/kosodate/kyoiku/kai/gakko/choriba/documents/0000000175_0000018141.pdf（2015 年 3 月 31 日）．
立川市，『立川市公共施設白書』，2011 年。http://www.city.tachikawa.lg.jp/kikakuseisaku/shise/sesaku/kakushukekaku/kokyoshisetsu/documents/0000000009_0000022802.pdf（2015 年 3 月 31 日）．
田中廣滋，「都市経営の効率化と参加権市場」（『中央大学経済研究所年報』第 26 号（Ⅰ）），1995 年）73-85 頁．

多摩市, 『多摩地域廃棄物エコセメント化施設整備運営事業入札説明書』, 2002 年。http://www.tama-junkankumiai.com/eco_cement/history/details/nyusatu.pdf（2015 年 3 月 31 日）.

多摩市, 『多摩市施設白書』, 2008 年。http://www.city.tama.lg.jp/dbps_data/_material_/localhost/02kikakuseisaku/10kikaku/shisetsuhakusho/H20.2shisetsu_hakusho.pdf（2015 年 3 月 31 日）.

調布市, 『調布市立調和小学校整備並びに維持管理及び運営事業入札説明書』, 2000 年。http://www8.cao.go.jp/pfi/121225_a1.pdf（2015 年 3 月 31 日）.

内閣府民間資金等活用事業推進室, 『モニタリングに関するガイドライン』, 2003 年。http://www8.cao.go.jp/pfi/guideline_m.pdf（2015 年 3 月 31 日）.

内閣府民間資金等活用事業推進室, 『PFI 実施状況について』, 2014 年。http://www8.cao.go.jp/pfi/pfi-jisshizyokyo.pdf（2015 年 3 月 31 日）.

内閣府民間資金等活用事業推進室, 『PFI 事業民間提案推進マニュアル』, 2014 年。http://www8.cao.go.jp/pfi/minkanteian-manual.pdf（2015 年 3 月 31 日）.

西秋川衛生組合, 『西秋川衛生組合ごみ処理施設整備・運営事業入札説明書』, 2010 年。http://www.nishiakigawa.or.jp/nyusatukoukoku/1nyusatusetumeisyo.pdf（2015 年 3 月 31 日）.

西東京市, 『西東京市　施設白書』, 2007 年。http://www.city.nishitokyo.lg.jp/siseizyoho/sesaku_keikaku/kakusyuresearch/sisei/sisetu_hakusyo/files/hyoushi_mokuji.pdf（2015 年 3 月 31 日）.

八王子市, 『施設白書』, 2002 年。http://www.city.hachioji.tokyo.jp/dbps_data/_material_/localhost/soshiki/gyokakusuishinka/shisetsu.pdf（2015 年 3 月 31 日）.

八王子市, 『八王子市教育委員会会議録 平成 23 年度第 15 回定例会』, 2011 年。http://www.city.hachioji.tokyo.jp/dbps_data/_material_/_files/000/000/028/759/23.15kaigiroku.pdf（2015 年 3 月 31 日）.

東村山市, 『東村山市公共施設白書』, 2013 年。http://www.city.higashimurayama.tokyo.jp/shisei/keikaku/shisetusaisei/hakusyo.files/2603hakusyo_full.pdf（2015 年 3 月 31 日）.

ふじみ衛生組合, 『ふじみ衛生組合新ごみ処理施設整備・運営事業入札説明書』, 2009 年。http://fujimieiseikumiai.jp/docs/2013082100054/files/news090327-1.pdf（2015 年 3 月 31 日）.

府中市, 『府中市市民会館・中央図書館複合施設整備事業　入札説明書』, 2005 年。http://www8.cao.go.jp/pfi/1703231000058179_02setumei.pdf（2015 年 3 月 31 日）.

府中市, 『府中市公共施設マネジメント白書（平成 21 年度版）』, 2010 年。http://www.city.fuchu.tokyo.jp/gyosei/kekaku/kekaku/koukyoushisetu/koukyousisetumanejimenntonotorik/hakusho.files/H21hakusho.pdf（2015 年 3 月 31 日）.

三鷹市, 『三鷹市公共施設維持・保全計画 2022』, 2012 年。http://www.city.mitaka.

tokyo.jp/c_service/031/attached/attach_31933_1.pdf（2015 年 3 月 31 日）．
武蔵野市，『武蔵野市公共施設白書』，2011 年。http://www.city.musashino.lg.jp/dbps_data/_material_/_files/000/000/008/832/shisetsuhakusyo.pdf（2015 年 3 月 31 日）．

第 14 章

東京・多摩の地域振興と企業の地域での
　　　　　ネットワーク効果

米　田　篤　裕

1．グローバル都市と企業

　大都市圏は，グローバリゼーションによって，その重要性を増している。
　大都市圏は，大都市とそれを中心として広がった後背地域で形成され，人材や文化などの多様な社会の資源の集積であり，グローバリゼーションにより資本・情報・企業・個人が移動可能となったことから，企業がグローバル市場での恩恵を享受しうる場所として中心的な役割を果たす。大都市と後背地域は，グローバル経済の恩恵を受けるべく，優位性のある機能を持つことによりその競争力を高める成長戦略を進める。大都市圏は，グローバル社会に評価される独自の情報を公開して，競争を乗り切ろうとする。競争力のある大都市は，製造業のみならず，IT技術の進歩を事業に生かした情報産業やサービス産業の成長を可能にする。反面，大都市圏は，産業構造や人口動態の変化により，雇用機会の減少や老齢者社会への対応など新たな社会的課題への対応を求められている。
　企業は，大都市圏の成長に欠かせない役割を果たす。各企業は，輸送網や通信・金融・法務・情報のサービスなど本社機能を支える社会的インフラなど大都市圏が提供する高度な機能を活用し，私的な利潤だけでなく，仕入先や顧客などとの地域で生じるネットワークからの便益を受ける。一方で，企業は労働者や地域住民の生活を配慮した費用を負担しなければならない。企

業は，取引先や顧客など事業に期待する協力的なステークホルダーのみならず，企業の事業活動に懸念を示す非協力的なステークホルダーを含めて，事業に関するリスクを評価する。企業は，多様なステークホルダーから受け入れられ評価されるために，より多くのステークホルダーとともに持続可能な経営を展開しなければならない。企業を中心とするネットワークは，ネットワークの持続可能性が実現されるためには，個々の企業の単独の取り組みの評価だけでなく，ステークホルダーの評価も反映される持続可能な仕組みが必要になる。

　また，企業は，新製品や新たなサービスを製造・流通させ提供することで新たな市場や雇用機会を生み出し地域を振興し，更に社会的課題への解決策につながる新たな事業を提供する場合もある。

　本章は，東京・多摩地区を含む東京圏に本社を置く，いわば地場の上場企業に注目し，各企業が有価証券報告書に記載するリスク管理の情報と今後の経営課題に関する情報から，地域の振興，雇用機会の創出や社会的課題への取り組みによって新たな市場を創出する事例を確認する。企業は，事業の持続性を図ることから，地域で生じるネットワーク効果が企業に与える影響と，企業側から見た地域への示唆を検討する。

　本章の構成は次のとおり。つづく第2節は，グローバル都市東京圏の機能と都市間の競合について確認する。第3節は，グローバル市場で活動する企業の地域で生じるネットワーク効果に関する理論について，ステークホルダーと企業との関係をもとに検討する。地域内ネットワーク効果と，地域相互間ネットワーク効果に関する理論が確認される。第4節は，東京圏のうち，東京都市部，隣接県に本社を置く上場企業273社の有価証券報告書の記載から，地域内ネットワーク効果と地域相互間ネットワーク効果を活用して国内外で行われる事業の持続的成長を図る際のリスクおよび経営課題について，とくに地域で生じるネットワーク効果への影響が強いと思われる特徴が検討され，東京・多摩地区の地域振興への示唆が検討される。第5節はまとめである。

2. 企業の活動環境としてのグローバル都市と競争力

(1) グローバル都市と機能

大都市圏は，大都市とそれを中心として広がった後背地域で形成され，経済的・社会的な成長を可能とするとともに，新たな政策課題を抱える。大都市圏が，グローバル化の進展によって恩恵を享受することから，大都市圏の機能に関する議論が行われてきた[1]。

CSD (1999) は，1990年1月のEU統合後，加盟国内の地域の間に格差があることから，政治的社会的結束，自然資源と文化遺産の管理と保護，そして欧州地域のより均衡の取れた競争力が欧州全体で均等に達せられることが目標であるとして，地域政策を示した[2]。この地域政策は，欧州地域もグローバル経済の一部分となっていることから，地域的にバランスのとれた多極型の発展の考え方を追求する。欧州地域では，ロンドン，パリ，ミラノ，ミュンヘンそしてハンブルクの5つの大都市は，高水準の所得が得られる機会があり，よく発達したインフラをもち，グローバルな経済的機能とサービスを提供する。

Sassen (2001) は，先進国の大都市がグローバル都市となるために，グローバル企業の本社の中枢管理機能を支える金融業などの高度なサービス業が集積されるとする。

Short (2004) は，グローバル社会でグローバル都市 (global city) を位置付け，その定義を，人・もの・考え方や業務の流れのグローバルな都市間ネットワークの中核となる世界都市であるとしており，人口が多い世界都市に差異を設ける。

また，浅妻 (2004) は，日本の都市では，永続的な都市化を前提にしてきたが，重厚長大型産業の衰退と関連して，都市部の衰退現象が顕著にみられるようになる。都市の再生においては，都市の市民全体のアメニティや総合的な文化を考慮し，クリエイティビティを軸にすることが最重要であるとす

る。

　グローバル都市の機能の向上は，それ以外の地域への効果も併せ持つ。大都市圏とそれ以外の地域と，国内あるいは国境を越えたネットワークとして連携することは，共通の課題の解決と繋がることと期待される。

(2) グローバル都市の競争力

　グローバル都市は，世界都市のうち，より中核となる性格をもち，グローバル都市の競争力は，グローバル経済の恩恵を享受する際の優位性として議論される。

　EIU（2013）は，世界120都市のグローバルな競争力について，競争力に関係する指標を集計する。

　東京は，全体では5位であるが，第3位のシンガポール，第4位の香港が都市国家であることから，アジアで最も競争力のある都市であるとする。EIU（2013）の競争力に関係する27の指標は，8つのテーマ別にウエイトをつけられている。実質GDP成長率で示される「経済力」が30％，公共交通機関や通信インフラなどの「物的資本」10％，「金融成熟度」10％，地方公共団体の財政的自治性や選挙制度などの「制度的特徴」が15％，表現の自由・人権や文化の活性などの「社会的文化的な特徴」が5％，労働年齢人口の比率や教育の質などの「人的資本」が15％，自然災害の可能性など「環境ガバナンスや自然災害」が5％と，グローバル事業者への訴求力などの「グローバルなアピール力」10％，である。

　東京の主要な強みは，金融成熟度と非の打ちどころのない物的資本であるが，経済力では17位である。更に東京は，自然災害への対処の点で環境ガバナンスや自然災害の指標では36位である。EIU（2013）は，労働力の高齢化と政府機能の有効性に限界があることが，東京の競争力の足枷であると指摘している。

　FCF（2015）は，世界の金融センターの評価を行い，東京は，ニューヨーク，ロンドン，香港，シンガポールに次ぐ5位である。東京の評価指標のうち，

インフラでは4位，事業環境や金融部門の発展度合や人的資源では，総合順位並の5位の評価であるものの，安全性や競争的な市場であるかを示す評判の点では，6位と自然災害の懸念で評価を下げている。

また，EIU（2013）は，後背地域を合わせた東京圏をさして，2025年には，東京は，ニューヨーク，ロンドンを上回る37百万人の人口を擁するとして注目しながら，人口規模のみでは，グローバル都市のなかでより優位をもつとは評価されないと念押しし，グローバル都市としての機能に注視していることを示している。

(3) グローバル都市としての東京圏

東京圏は，東京都，埼玉県，千葉県，神奈川県及び茨城県の区域のうち，東京都区部及びこれと社会的経済的に一体である地域（具体的には，首都圏整備法に規定する既成市街地及び近郊整備地帯並びに都市開発区域のうち土浦・阿見地区，筑波地区及び熊谷・深谷地区）と法的には定義されている[3]。しかしながら，統計利用の利便性などから，1都3県あるいは1都3県と茨城県の南部を「東京圏」とする例が多い。

まず，グローバル経済社会と東京圏の関係について，中澤（2014）は，1989（平成元）年は，東欧革命や天安門事件によって新しい国際秩序が形成される年であり，日本が国際社会から役割分担を求められ始める年で，中央政府がより国際的要因に目を向けざるを得ない年であったとし，平成の大合併を経て勢いのある地方への選別的投資が続くなかで，世界と競争するglobal city-regionとして，東京圏はその性格を強めているとしている。

田中（2011）は，グローバル経済社会の発展は，地球規模に拡大した市場における競争による革新あるいは進歩によって実現されることもできるが，グローバルなネットワーク社会における広範囲で多様な知識がその支えとなっているとする。また，各国は，グローバル社会の利益を求めて，国際的な産業の役割分担に適合する産業政策の推進という観点だけでなく，国内で形成される産業を育成する有効なビジョンの構築に取組まねばならず，各国

にとってもグローバルな社会の利益を活用して，国内の諸問題の解決を図るという政策の形成あるいは戦略が重要になっている，とする。

　田中（2014）によれば，東京圏は，戦後に全国から人材と資源を集積し，多くの都市問題を克服しながら，日本の経済の発展と変革を牽引する成長センターとして象徴的な存在であり，世界の都市あるいは地域モデルとしては成功事例とされる機会が多かった。2008年〜2009年のグローバルな金融危機の影響は，東京圏には当初は軽微であったと思われていたが，所得や中心市街地における都市の経済と生活の経済活動を示す指標がマイナスに転じて，東京圏がグローバルな都市ネットワークに組み込まれたことが確かめられた。

　また，田中（2014）は，東京都（23区，都市部），埼玉県，神奈川県，千葉県の計150自治体にアンケートを実施し（平均回答率48.5％），財サービスの輸出と輸入だけでなく，新たな繋がりが威力を発揮するグローバルな都市ネットワークの機能を地域の活力に変えることができる転換点にあるとの考え方から，以下を発見する。「各地域グループの市区は，居住環境，消費活動での便利さ，交通機関の発達，生産・消費活動の集積などで強みを発揮できるように特化している。各都市は周囲の自治体と経済社会生活を共有するグループ形成に心がけている。グローバルに社会の経済に関する企業と自治体との関係では，企業誘致や現地化などの影響は同じ地域グループ内で異なっており，各市区が単独では効果的な対応を取るのが困難な状況に置かれている。都県などのある程度広い視野から見るとグローバル化の全体像が明らかになり，都県と各市区との情報交換や知識の共有の過程が重要になる。各市区は，地域振興のための立地条件は，地域の強みと重ね合わせて考察していることが確かめられる。自治体は成熟するとともに多様な社会的ニーズに対応する必要性を感じており，東京都区部はNPOや社会的企業の成長を望んでおり，企業には納税より社会的責任の実行を求める傾向にある。高齢化の対応に関して，各自治体は，不確実な将来像を正確に把握することができないで，慎重で幾分受け身の対応をとる傾向はある。」

企業は，グローバルなネットワーク社会で成果をあげるために，その存在価値が認められる必要がある。このため，企業は，自身の独創性に鑑みて，自身の判断で各地域の経済社会に参加する。ネットワークには，特定の産業の地域相互間ネットワークが発揮される様な単位での枠組みのほか，イノベーションの場合のようにある特性の業種，社会的資本などと深くかかわる地域内ネットワーク，そして企業の対象とするマーケットにより，国内外の地域内ネットワークを結んだ，広域的な地域相互間のネットワークが存在する場合もあり，次節で検討する。

3. 地域で生じるネットワーク効果に関する理論

(1) 地域内ネットワーク効果と地域相互間ネットワーク効果に関する理論

田中（2011）は，地域で生じるネットワーク効果を分析する。地域で生じるネットワーク効果は，企業にとって外生的であると想定され，金融など企業の本社機能を支援する地域の要因，大きな消費を支える市場のネットワーク，広域的なマーケットの大きさなどで構成され，多様な主体により実現される。企業は，都市の多くのステークホルダーとの協力的なネットワークの機能によって，企業と都市の経済と社会活動にステークホルダーの影響力に依存する。グローバル市場で活動する企業にとって，その事業を展開する都市の自治体は，ステークホルダーとしての役割を果たす。

さらに，田中（2011）は，地域で生じるネットワーク効果を，「地域内ネットワーク効果」と「地域相互間ネットワーク効果」に分けて，検討をすすめる。地域内ネットワーク効果は，金融や本社機能が集中する地区など地域の特性を生かした要因によってもたらされる効果であり，イノベーションの場合のように特定の業種では深くかかわり合う場合がある。また，地域相互間ネットワーク効果は，広域な市場や近隣都市間における部品調達ネットワークのような効果である。都市の規模が大きくなると，消費者や取引先など，

企業の活動に有利な正のステークホルダーの数は多くなる。一方でその地域での人口集中により環境問題，地価の上昇，交通の混雑などが発生し，影響の緩和のため新たな社会資本の整備などが必要となり，企業と利害が反する住民などの負のステークホルダーの数も増加する。負のステークホルダーによる評価を小さくして社会的費用を小さくするためにも，地域の自治体は企業に対して要望を強めていく。従って，ネットワーク効果は，地域内ネットワーク効果と地域相互間ネットワーク効果が発揮されるような単位で地域が構成されることによって強力となる。企業は，都市での，参入や起業を含めて活動を活性化し，地域振興の起因となり，グローバルなネットワークの中で都市が拠点となると期待される。

　田中（2011）では，企業は，自身で設定した社会的な純便益を最大化することを目標とすると仮定し，地域で生じるネットワーク効果に関する理論を説明する。企業は，私的財あるいは公共財だけを供給する活動を行い，市場における取引を通じて評価可能な純便益額である純利潤を得る。企業の活動は，雇用の創出，環境の保全，政府への対応や，国内外の部品・部材の調達から販売までバリューチェインの各取引先，株主や金融機関など資金提供者，地域活性化への貢献やガバナンスの整備などの点で様々なステークホルダーから社会的評価を得る。企業とステークホルダーとの間には，情報の非対称性が発生するため，企業は対策費を支出するが，企業は，企業の活動の水準について，ステークホルダーの外部評価のある割合を認識ができるにとどまる。ステークホルダーへの対策費が，社会から適正であるとする水準からかけ離れて低水準のまま放置されていると，訴訟や不買運動など企業に対しての大きな損害を生じるリスクが生じ，社会問題化する場合もある。

　図 14-1 において，負のステークホルダーと正のステークホルダーのネットワーク効果が存在しない場合，負と正のステークホルダーの社会的限界費用は，OA，OF で近似される。OB は純社会的限界費用を示す。ネットワーク効果が発揮されれば，正のステークホルダーの社会的限界費用は，EG へと下方にシフトし，結果として純社会的限界費用も OB から CD へとシフト

第14章　東京・多摩の地域振興と企業の地域でのネットワーク効果　429

```
費用・便益           A 負のステークホルダーの社会的限界費用
                    B　純社会的限界費用
                      D
                  ネットワーク効果              企業活動水準
  0
     C
  E
                  F　正のステークホルダーの社会的限界費用
      ネットワーク効果 G
```

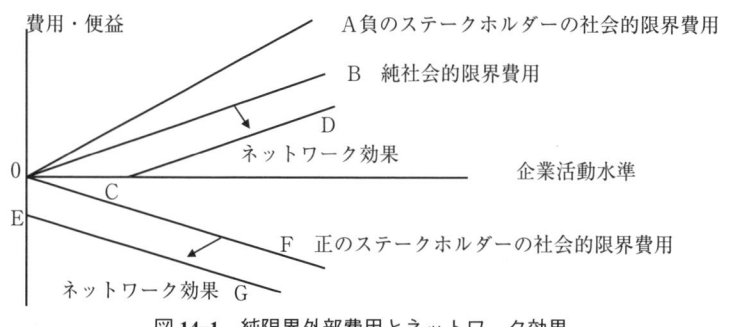

図 14-1　純限界外部費用とネットワーク効果
出所：田中（2011）。

する。

4. 東京・多摩の地域振興における地域で生じるネットワークの効果

(1) 地域振興における企業の役割

　企業は，事業の成果による雇用や納税等の本来的な地域振興への貢献はもとより，社会的責任行動を果たすことで貢献する。しかしながら，地域の高齢者の人口比率が増加する現象は，技術的な変革やグローバル化などによる市場の変動を起因として当該地域で主産業が衰退し，これに関連する人口が減少するなどの要因により発生している。SchlappaとNeill（2013）によれば，先進諸国では，大都市のみならず既に中小都市でも発生している。この現象は，北米・欧州では，都市の衰退（Urban Shrinking, Shrinking Cities）と言われ，縮小した人口規模と財政規模に適合し，高齢者や児童への住民の新たな価値観に沿った規模の地域へ調整する政策がみられる[4]。

　SchlappaとNeill（2013）は，1950年代を境に人口が減少に転じ，経済的にも下降に向かい，都市の衰退が明らかとなった1960年代以降の，米国デトロイト市での公的部門による地域活性化の政策を検討する。デトロイト市は，新たな会議場としての新市民センターやカジノの建設，野球やフットボー

ルチームの誘致などを行ったものの功を奏さなかった。また，1990年代には，雇用促進地域を創設し税制優遇を図った。デトロイト市の地域活性化には，住民間の社会的な課題があり，大きな障害となっていたが，2013年に新たな将来計画が公表され，経済成長の低下と縮小した人口規模に適するような遊園地，都市型の森林公園など，これまでに検討されていなかった事項の実現を図るとしている。また，都市の人口の減少は，経済的な趨勢や経済活動の中心がグローバルに変移することにより歴史上珍しい現象ではないが，人口動態的な変化とグローバルな都市のネットワークとが相まって，雇用の機会を縮小させ，都市が経済的困難からなかなか抜け出せないような状況に陥るという顕著な課題となっていることに，注意を向けるべきであるとしている。

　Marttinez-Fernandezほか（2012）は，政府は，都市部の過疎化を止めることや遡らせる過程に市場を利用することはできず，公的部門は，実効性の高い介入を進展させようとする政府部門，市民社会や商業組織のステークホルダーを参加させる自身の能力を高めなければならない，とする。

　企業は，自身の持続的成長のために，研究開発を行い，新製品や新事業を開拓する。企業の持続的成長は，地域の成長を生むことから，企業の活動が，従前と同様に地域に密着した活動となる成長戦略が求められる。地域の自治体は，企業のステークホルダーの一人である。Marttinez-Fernandezほか（2012）の主張にみられるように，地域の自治体は，都市が経済的困難からなかなか抜け出せないような状況に陥るという都市の衰退の課題を意識し，異なる価値観を持ったステークホルダーを取り込むあるいはその見解を代弁する機会を設けることによって地域でのイノベーションを促す取組みの議論の活性化を図ることが期待される[5]。

　ちなみに，我が国の総人口は，2013年10月1日現在，1億2,730万人で，このうち，65歳以上の高齢者人口は3,190万人で，高齢化率は，25.1％である。東京圏（茨城県は全体）では，総人口3,150万人に対し，65歳以上の高齢者人口は718万人で，高齢化率は，22.8％である[6]。高齢者人口は，「団塊の

世代」(1947年〜1949年に生まれた人)が65歳以上となる2015年には3,395万人となり，その後も増加するが，2042年に3,878万人でピークを迎え，高齢化率は36%程度となるが，その後高齢者人口は減少に転じる[7]。高齢化率は上昇すると見込まれることは，都市の衰退が検討の課題となる場合もある。グローバル化の影響もあり，少子高齢化による人口動態の変化は，雇用の機会を縮小させ，デフレマインドの育成につながった。しかしながら，企業は2012年以降の非製造業の設備投資の増加，2014年後半からの原油価格の下落，米国・中国向けの輸出品の在庫指数の低下傾向，インバウンドによる民間消費支出の増加など，成長戦略を再検討する契機にある。

(2) 地域内ネットワーク効果とイノベーションを促す取組み

地域内ネットワーク効果は，金融や本社機能が集中する地区など地域の特性を生かした要因によってもたらされる効果である。企業は，金融機関の地域での支店，交通網や情報通信インフラが整備され，本社機能としての研究開発部門が充実した，地域内ネットワークを活用して企業活動を行ってきた。地域内には，部材や部品あるいはサービスの質に関してのニーズと解決策に関する知識をもつ取引先（サプライヤー）というステークホルダーがパートナーとしており，利益が共通するステークホルダーの間にネットワーク関係が成立している。

Dumbach (2013) は，個人あるいは企業などの組織などでイノベーションが発生している過程に注目し，これらの各パートナーは自発的に行動し，組織の壁を越えて行うオープンイノベーションを発生させるイノベーション・コミュニティーに注目し，先行研究やインタビューによる事例研究から検討をすすめている。個人や組織などで構成されるイノベーション・コミュニティーのパートナーの機能を，表14-1に整理する。

Dumbach (2013) は，新製品の開発に強いプレッシャーのある玩具製造業者に対する13件のインタビュー，技術・イノベーション担当の人材開発部門への10のインタビュー，直接の関係を持たない多岐に渡る業種・業務に

表 14-1 イノベーション・コミュニティーでのオープンイノベーションとその関連

オープンイノベーションとは何か	オープンイノベーションに関する文献は，知識，アイディアほかの資源へのアクセスを得るために，イノベーション過程の内と外の双方のパートナーを統合するイノベーション過程を検討する		
オープンイノベーションでしばしば議論されるパートナー	ユーザーと顧客	サプライヤー	大学
	グループのなかで最大多数のユーザーより早くニーズを経験するリードユーザーは，ニーズと同様に解決策の知識を保有することから，特段の注目を受ける	資産物の一部品に関する明確な知識をもっていることから，サプライヤーはイノベーション過程において期待できるパートナーである。	技術的問題の具体的解決方法から最新の科学的知識に関する意見交換までの範囲でのイノベーション過程での大学の潜在的貢献
文献例	von Hippel（1996），Lilenほか（2002）	Takeeishi（2001），Lauほか（2010）	SalterとMartin（2001），Babaほか（2009）
イノベーションコミュニティとの関連	イノベーションコミュニティは，オープンイノベーション過程を支援する方向にのみ働く。結果，オープンイノベーションとイノベーションコミュニティに関する文献は相互に関係が高い。		

出所：Dumbach（2013）．

参入し，多角的事業の相互間の相乗効果を期待してグローバルな市場で事業を行うコングロマリットへの 11 のインタビューをもとに，イノベーション・コミュニティーにおける創造的な課題設計（creative task design）がイノベーション・コミュニティーを構成する各パートナーに大きなインセンティブを与えているとする。企業が，グローバルな市場に対応すべく，各地域内ネットワークを活用している際に，社会的なニーズを汲み取って新たな事業や市場を開拓することが可能となるようなイノベーションの実現が期待される場合がある。

山本（2011）は，多摩地区の多様な資産（総合的文化）の活用として，八王子織物の「ガチャ万」の歴史をもつモノづくりの集積の状況と付加価値の高い製品を製造している企業に注目する。多摩地区は，大手企業の有力工場，試験研究機関，優れた理工系大学が多数立地していること，市場把握力と技術力に優れた製品開発型の中小企業と，高精度かつ短納期に対応できる高度な製造技術を有する基盤技術型中小企業が地域の資源であることから，多摩地域の「技術先行優良企業」に注目し，大学学生数と産学連携の地域内ネッ

第14章　東京・多摩の地域振興と企業の地域でのネットワーク効果　433

表 14-2　東京・多摩地区の技術先行型優良中小企業

会社名	本社所在地	上場	創業年	国内拠点数	（うち23区）	海外拠点数	事業概要	URL
京王電化工業株式会社	調布市調布ヶ丘 3-6-1	－	1968	1	－	－	環境にやさしいめっき	http://www.keio-denka.co.jp/
株式会社NBCメッシュテック	日野市豊田 2-50-3	東証2部	1934	8	－	5	ナノ粒子との組み合わせによる機能性メッシュ	http://www.nbc-jp.com/
アツデン株式会社	三鷹市上連雀 1-12-17 三鷹ビジネスパーク	－	1952	2	－	2	放送機器向けプロオーディオ，各種マイク	http://www.azden.co.jp/
相田化学工業株式会社	府中市南町 6-15-13	－	1963	18	1	－	貴金属の精製分析と産業廃棄物の適正処理	http://www.aida-j.jp/
イナガキグループ	武蔵野市吉祥寺本町 2-4-14 メディコープビル 4F	－	1938	36	5	－	総合医療・福祉企業	http://www.inagaki-group.jp/
京西テクノス株式会社	多摩市愛宕 4-25-2	－	1946	7	－	－	医療環境他でのシステム設計・運営	http://www.kyosaitec.co.jp/
株式会社コスモ計器	八王子市石川町 2974-23	－	1970	8	－	13	工業用計測機器製造販売	http://www.cosmo-k.co.jp/
株式会社大和テクノシステムズ	町田市玉川学園 4-24-24	－	1967	2	－	－	電子顕微鏡の心臓部品，世界シェア7割	http://www.daiwatechno.co.jp/
株式会社東興電機製作所	武蔵野市中町 1-9-5 第一中央ビル 4F-A	－	1963	1	－	1	医療機器，精密機器など超微細はんだ加工	http://www.tokods.com/tds/
ワイエイシイ株式会社	昭島市武蔵野 3-11-10	東証2部	1973	11	－	5	プラズマエッチング，アッシング等の微細加工	http://www.yac.co.jp/
日本分光株式会社	八王子市石川町 2967-5	東証2部	1958	6	－	10	分析機器，科学計測機器，計装機器，医用機器，公害計測機器	http://www.jasco.co.jp/jpn/home/index.html

出所：山本（2011）をもとに一部の事例につき筆者が作成。URL は 2015 年 3 月 31 日現在。

トワークを明らかにしている[8]。表14-2はその事例である。

　また山本（2011）は、一般社団法人首都圏産業活性化協会の事例を取り上げる。同協会は、TAMA（Technology Advanced Metropolitan Area）産業活性化協議会が、任意団体当時の旧称であり、1998年に産学官金の連携によるモノづくりの支援団体として設立された。同協会は、地域名の冠された組織で地域社会における信用力などが背景となっているが、定款を見る限り、会費基準が法人や個人によって設定され、在日公館や第三セクターといった組織でも年会費を払うことで会員となれることから、排他性はない[9]。この事例は、地域の自治体の参画の一例である。イノベーション・コミュニティーに貢献するパートナーは、企業にとって協力的なステークホルダーとなり、地域内ネットワーク効果を促進させるものであり、ものづくりの分野におけるイノベーションへの取組みは、新たな市場への萌芽として期待される。

　Dumbach（2013）および山本（2011）は、部品・部材調達のサプライヤーのように、技術開発分野の人材は、企業の内外に自身の研究を基盤とするネットワークを保有しており、このネットワークの事例を説明している。各事例は、技術に関する創造的な課題設定がなされることによりイノベーションが促されることを示唆しており、社会的課題の解決に関してソーシャル・イノベーションを期待する際にも、関係する当事者のネットワークで創造的な課題設定がなされることにより促されることを示唆する。

(3)　東京圏のもつ地域相互間ネットワーク効果の恩恵を受ける企業

　東京都区部に本社を置いている上場企業数は、1,618社である[10]。東京圏で、東京都区部および横浜市以外の地域に本社を置いている上場企業は、表14-3のとおり273社である[11]。

　対象とした273社は、東京圏では馴染みのブランドの企業など、地域の顧客の価値観を反映しニーズに対応して事業を進める企業がみられる。ちなみに、有価証券報告書の期数の平均は60期であるが、平均より期数の少ない企業数は、埼玉県、神奈川県以外では約6割を占めており、事業環境の変化

第14章 東京・多摩の地域振興と企業の地域でのネットワーク効果　435

表14-3　地域別産業別　本社を置く上場企業数

中分類	製造業																		計
	食料品	飲料・たばこ・飼料	繊維工業	木材・木製品	パルプ・紙・紙加工品製造業	印刷業	化学工業	石油製品・石炭製品	プラスチック製品	ゴム製品	なめし皮・同製品	窯業土石製品	鉄鋼業	非鉄金属製造	金属製品	はん用機械器具	生産用機械器具	業務用機械器具	電子部品・デバイス・電子回路製造	情報通信機械器具	電気機械器具	輸送用機械器具	その他	
東京都市部 21市	2					2			1			1	1						10	5	2	3	5	3	35
千葉県 14市	2	1				2			2			1		1	1				1	1	1	2			16
埼玉県 24市	1		2			3		2	2			3	1			1	6	3	8	1		10	3		46
神奈川県 13市1郡			1	1	1		3		1			2			4	5	6	11	1	2	11				54
茨城県 6市													1									1			2
																									153

大分類（卸売・小売業は中分類を示す）	非製造業																	計	総計
	建設業	電気・ガス・熱供給・水道	情報通信業	運輸業・郵便業	卸売・小売業（小計）	飲食料品卸売業	建築材料・鉱物・金属材料等卸売業	その他の卸売業	各種商品小売業	織物・衣服・身の回り品小売業	飲食料品小売業	機械器具小売業	その他の小売業	無店舗小売業	金融業・保険業	不動産業・物品賃貸業	学術研究専門・技術サービス業	宿泊業・飲食サービス	生活関連サービス・娯楽業	教育・学習支援	医療・福祉	サービス業（他に分類されないもの）		
東京都市部	4		3	2	6			1		4	1				2	1	3	1	2				24	59
千葉県	1	2	3	2	14	1		1	1	1	2	3	4	1	3	1		1	2	1		1	31	47
埼玉県	1	1	4	1	16		1	1	5	1		1	2	4	1	1		5					30	76
神奈川県	3		5	2	7		1					1	3		2			2	2	1			24	78
茨城県	2	1			5		1	1	2		1					1							11	13
																							120	273

注　産業分類は，日本標準産業分類による。農業，鉱業・採石業・砂利採取業，複合サービス事業で対象企業は無かった。公務，分類不能を除く。
出所：https://kmonos.jp/locate/ より筆者作成。

に対応していることが窺える[12)]。

　これらの企業は，本社の所在する市町のみならず，日本国内あるいは海外

にもつ地域相互間のネットワークによって企業が持続的に成長を図っていくため，有価証券報告書に，事業特性を反映した経営課題（第2章の3．対処すべき課題）と経営上のリスク認識（第2章の4．事業等のリスク）を記載して，投資家などステークホルダーに情報開示している。

東京都市部の対象企業59社は，このうち48社が直近期の売上高で100億円を超えており，単体ベースで約48千人，グループベースで約209千人の正社員の雇用機会を生み出している。製造業企業は，日野自動車（日野市，輸送用機器，売上高1兆5,414億円），横河電機（武蔵野市，生産用機械器具，同3,478億円），シチズン（西東京市，その他，同2,720億円）ほかで，半導体，精密測定機器，産業用ロボットなどを製造し，過半数の35社である。非製造業は，地域サービス型の食品宅配サービス，教育関連などの地域の多様なニーズを反映して成長した企業がみられる。スーパーマーケット店舗を近郊地域に展開するいなげや（立川市，卸売・小売業，同2,130億円）をはじめ，消費者が所得の変化など先行きを考えた上でも購入できる価格帯での住宅商品を提供するアーネストワン（西東京市，建設業，同2,034億円），カラオケ事業から食事宅配等に事業を拡大するシダックス（調布市→渋谷区に本社を移転，宿泊・飲食サービス業，同1,862億円），飯田産業（武蔵野市，不動産業，同1,564億円），ファストフードチェーンを展開する松屋フーズ（武蔵野市，宿泊・飲食サービス業，同790億円）また，東進ハイスクールや四谷大塚を傘下にもつナガセ（武蔵野市，教育・学習支援業，同376億円），学究社（国立市，教育・学習支援業，同79億円）など24社である。

神奈川県と埼玉県は，東京都市部と同様に，製造業の企業数が，非製造業の企業数を超えている。大手自動車メーカーへ部品を納入するカルソニックカンセイ（さいたま市，輸送用機械器具製造業，売上高7,608億円），日産車体（平塚市，輸送用機械器具製造業，売上高4,648億円），ショーワ（行田市，輸送用機械器具製造業，同2,329億円），および電子部品等製造業の富士通（川崎市，電子部品・デバイス・電子回路製造業，売上高4兆3,817億円），ルネサスエレクトロニクス（川崎市，電子部品・デバイス・電

子回路製造業，同 7,857 億円），富士電機（川崎市，電子部品・デバイス・電子回路製造業，同 7,857 億円），パイオニア（川崎市，電子部品・デバイス・電子回路製造業，同 4,518 億円），サンケン電気（新座市，電子部品・デバイス・電子回路製造業，同 1,264 億円）など，それぞれ 54 社，46 社である。

埼玉県は，物流インフラの利便性が高いことから，地域のネットワークをもつ卸売・小売業の企業が他地域に比して企業数が多く特徴的である。子供衣料のしまむら（さいたま市，織物・衣服・身の回り品小売業，同 4,911 億円），食育授業や参加型イベントの開催，女子栄養大学との産学連携での食生活提案も行う食品の小売りのスーパーマーケットのベルク（寄居町，各種商品小売業，同 1,308 億円）をはじめとして，同じくスーパーマーケットのヤオコー（川越市，各種商品小売業，同 2,373 億円），マミー（東松山市，各種商品小売業，同 802 億円），マルヤ（春日部市，各種商品小売業，同 223 億円）である。また，宿泊・飲食サービス業で，居酒屋やレストランを首都圏のニーズに対応して事業を展開するサイゼリヤ（川越市，飲食店，同 1,042 億円），ラーメンチェーンを主力事業とするハイデイ日高（さいたま市，飲食店，同 295 億円），カッパ・クリエイト HD（さいたま市；2014 年から横浜市，飲食店，942 億円），ベルナー（上尾市，無店舗小売業，同 1,179 億円），またホームセンターの島忠（さいたま市，その他小売業，同 1,595 億円）などで，非製造業の企業数は，30 社である。製造業企業の多い神奈川県でも，地域ニーズに基づきネットワークを発展させた企業がみられる。ブックオフコーポレーション（相模原市，その他の小売業，同 777 億円），文教堂 HD（川崎市，その他の小売業，同 361 億円），冠婚葬祭の平安レイサービス（平塚市，生活関連サービス業，同 97 億円），サクセス HD（藤沢市，社会福祉・介護事業，同 72 億円）である。

千葉県は，非製造業の企業数が製造業の企業数より多い。コンビニ，医薬や食材の卸売，インターネット上のショッピングサイトの事業を行う企業など，近年の地域のニーズに対応した企業が多い。イオン（千葉市，飲食品小売業，売上高 5 兆 6,853 億円），あらた（船橋市，その他の卸売業，同 6,163

億円),マツモトキヨシHD(松戸市,その他の小売業,同4,563億円),間接業務に特化した職業紹介・人材派遣のエイジス(千葉市,サービス業(他に分類されないもの),同186億円)など31社で,製造業の企業数16社を上回っている。

　茨城県でも,家電量販のケーズHD(水戸市,その他の小売業,同6,374億円),スーパーマーケットのかすみ(つくば市,各種商品小売業,同2,204億円)など地域にネットワークを持つ非製造業企業が11社ある。逆に,茨城県に本社を置く上場企業で製造業は2社である。

(4) 地域相互間ネットワーク効果に関する企業のリスク認識

　企業は,ステークホルダーの評価をうけて事業を持続的に営んでおり,地域相互間のネットワーク効果によって,地域の経済の活性化と雇用機会の創出で貢献している。企業が表明する事業等のリスクは,事業遂行への支障を表明しているのではなく,取締役会が,善管注意義務を果たして経営管理した上で,今後に新たな経営判断する可能性が想定される事象に関する企業としての見解を報告書に公開したものである。投資家などのステークホルダーは,自身が得た情報や投資機関などから,この経営の情報を企業に対する評価の検討材料のひとつとして利用する。事業などのリスクの情報は,その地域で貢献度の極めて高い企業のものである場合,雇用機会や納税規模などから地域の自治体においても配慮に値する場合もある。列挙されたリスク項目の中で,「地域相互間ネットワーク効果」,すなわち企業が持続的に事業活動を行っている現況に影響を及ぼす項目を選別してカウントしたところ,表14-4のとおりである。

　各企業は,事業のリスクに関して,事業の需要動向・為替や金利変動などの市場リスク,自然災害のリスク,情報ネットワーク・セキュリティのリスク,人材の確保から経営陣の育成に至る人的資源に関するリスク,コンプライアンスなど内部統制に関するリスク,など経営の情報を表明している。単純平均で1社当たり9個程度のリスクを表記している。これらのリスクは,

第14章　東京・多摩の地域振興と企業の地域でのネットワーク効果　439

表 14-4　地域別事業等のリスク数

	企業数		リスク件数 1社当り平均リスク数	うち: 新製品・技術開発に関するリスク	地域相互間ネットワークに関するリスク				競合に関するリスク
					海外拠点に関するリスク	国内拠点に関するリスク	関係取引先(自グループ外)に関するリスク		
東京都市部	35	製造業	296	15	44	25	3	16	4
	24	非製造業	206	2	24	6	13	5	5
	59	計	502	17	68	31	16	21	9
			9	29%	115%	53%	27%	27%	15%
千葉県	16	製造業	145	6	12	6	1	5	4
	31	非製造業	294	0	15	10	2	3	6
	47	計	439	6	27	16	3	8	10
			9	13%	8%	34%	6%	17%	21%
埼玉県	46	製造業	348	5	43	28	4	11	3
	30	非製造業	285	1	8	4	2	2	1
	76	計	633	6	51	32	6	13	4
			8	8%	67%	42%	8%	17%	5%
神奈川県	54	製造業	475	21	49	31	3	15	0
	24	非製造業	213	3	15	6	3	6	7
	78	計	688	24	64	37	6	21	7
			9	31%	10%	47%	8%	27%	9%
茨城県	2	製造業	10	0	2	1	0	1	0
	11	非製造業	113	0	1	1	0	3	5
	13	計	123	0	3	2	0	4	5
			9	0%	2%	2%	0%	3%	4%
計	273		2,385	53	213	110	31	67	35
				19%	78%	43%	11%	25%	13%

注　各地域最下段の%は、各地域別企業数計に対するそれぞれのリスク表明企業数の比率。すなわち、同じリスクを複数件表明する企業もあったが、企業単位で計算したもの。計欄も同様。
出所：https://kmonos.jp/locate/ より筆者作成。

　今後の事業環境の変化で顕在化する可能性があるという認識を表明しているものであり、訴訟中あるいはその可能性が高いなど顕在化した障害（hazard）を示したものではない。

　まず、「研究開発など新製品や新市場開拓に関するリスク」は、技術の急速な進歩や消費者の嗜好の変化により、製品が時代遅れになる可能性や新製品・新技術を開発したとしても、市場から支持されるとは限らず、これらの

製品の販売が成功する保証がないといった見解であるが，当該企業が技術開発に関するステークホルダーのプレッシャーが高いことを示すものである。東京都市部と神奈川県で，とくに製造業でこのリスクを表明している企業が多い。これは前述4.(2)の地域内ネットワーク効果の検討に符合している。

また，「競合に関するリスク」は，既存のビジネスモデルの優位性が，業種業態を越えた競合により，あるいはビジネスモデルの模倣などによって新たな競合先が参入し，急速に業績が低下する状況をリスクとしており，情報通信産業，小売業などの企業が表明している。

地域相互間ネットワークに関するリスクに該当するリスクのうち，まず，「海外拠点に関するリスク」は，部材の調達や製品販売など事業のバリューチェインを構成する海外の拠点の立地環境に関するリスクとして，予期しえない法律・規制の変更，不利な影響を及ぼす租税制度の変更，不利な政治的要因の発生，社会騒乱・テロ・戦争等による社会的混乱といった所謂カントリーリスクである。表明している企業は，東京都市部，埼玉県，神奈川県の製造業の過半である。これは，当該企業のグローバルな生産から販売に至る東京圏の地域相互間ネットワークを示す。非製造業でも，海外への無店舗販売を行っている小売業，生活関連サービス・娯楽業，衣料小売業，建設業の企業が表明する。更に，千葉県，埼玉県に多い，卸売業・小売業をはじめとする非製造業は，海外から輸入する食品用の原材料の品質に関するリスクという形で，海外から調達する際のリスクとして同趣旨の表明をしている。

「国内拠点に関するリスク」は，東京都市部の非製造業で多い。建設業，教育・学習支援業，飲食店の企業で，近隣地域で店舗展開を行っている企業が多い。

「関係取引先に関するリスク」は，千葉県が最も少ないが，各産業において，国内外の調達・販売の関係取引先との現状について，事業に影響を及ぼすことを配意している企業が多く，リスク要因とならないように新たな取引先を開拓することへの配意を示している。

製造業・非製造業を合せて，地域相互間ネットワークに関するリスクは管

理されるべきとして78％の企業が指摘していることが注目される。このうちリスクに関する経営管理の情報は，表14-4のとおり東京圏全体で集計すれば，製造業の企業数が多いことから，「海外拠点に関するリスク」が最多で，43％の企業が指摘している。海外拠点に関するリスクは，地域に生じるネットワーク効果によってグローバル経済の恩恵を東京圏が受けており，逆に，グローバリゼーションは，新興国経済の減速や米国以外の先進国の景気低迷の長期化など，これまでとは異なった局面が見込まれている場合を想起すれば，脆弱性を示すものである。しかし，これは個別の企業が管理の対象としていることを示し，また地域に生じるネットワーク効果に基づいた東京圏の競争戦略が求められていることを示す。

(5) 地域相互間ネットワーク効果と企業の課題認識

対象とした企業のうち，卸売業・小売業を含む非製造業企業の有価証券報告書から，企業が持続的成長を図るための「対処すべき課題」を表14-5に整理する。地域相互間ネットワーク効果を活用して事業を行う企業は，この

表14-5　地域別　非製造業企業の表明する対処すべき課題

	対処すべき課題 非製造業企業数	主として国内					海外
		店舗展開・物流網整備・市場拡充	新商品・新事業開発	ITの活用	既存事業内容の改善	定期採用・雇用増	店舗展開・物流網整備・市場拡充
東京都市部	24	14	17	5	13	3	6
	100%	58%	71%	21%	54%	13%	25%
千葉県	31	15	19	9	7	4	9
	100%	48%	61%	29%	23%	13%	29%
埼玉県	30	17	14	0	15	6	3
	100%	57%	47%	0%	50%	20%	10%
神奈川県	24	13	9	5	9	4	2
	100%	54%	38%	21%	38%	17%	8%
茨城県	11	5	4	1	7	0	1
	100%	45%	36%	9%	64%	0%	9%
合計	120	64	63	20	51	17	21
	100%	53%	53%	17%	43%	14%	18%

注　対処すべき課題の下は，地域/県別対象企業数。％は課題別の回答した企業数の地域別の比率。
出所：表14-1の企業のうち，対象となる非製造業企業につき，筆者が作成。

効果が失われないことが事業の持続性につながることから，対処すべき課題に注目する。

　国内を主として対処すべき課題は，内部統制，事務経費の合理化，ロイヤリティや顧客満足の向上，人材の育成に関するものなどで，事業のみならず経営管理に関するものまで広範囲であり，また業種によっても異なる。このうち地域間相互ネットワーク効果に関するものとして，「店舗展開・物流網の整備・市場拡充」といった市場獲得の課題，「新商品・新事業開発」といった新規事業の課題，「ITの活用」によって事業内容の改善・遠隔地の市場の獲得や新規事業の課題，「定期採用・雇用増」による人的資源の量的増加の課題として，表明された課題が整理された。また，「既存事業の内容の改善」は，経営管理に関する課題とは別に事業課題に関する課題である。「海外に関する課題」は，国内市場での商圏拡大の延長としての製造・販売の拠点に関する課題に加えて，デジタル市場を海外に広げる課題，多言語対応やカード決済の整備など，受け入れ態勢の強化によりインバウンドの市場獲得を目指し，海外企業との業務提携をすすめる上での課題などである。

　「店舗展開・物流網の整備・市場拡充」の課題は，市場のシェア獲得であり，業種の特性でもあり千葉県，茨城県ではやや低いが，各地域でほぼ半数強の企業が表明している。物流拠点の増設，食品小売業をはじめ新規出店あるいは不採算店の整理統合などが実態的な業務課題である。

　「ITの活用」の課題は，ビッグデータの経営戦略への反映，e-ビジネス（インターネット通販）での利便性・収益性の向上，仕入先・仕入地域の多様化・分散化に対応する調達の最適化，遠隔地への教育サービスの提供などといった内容で，東京都市部，千葉県の企業が多く挙げている。

　「新商品・新事業開発」は，東京都市部，千葉県の企業で多く表明されているが，少子高齢化，金利の上昇，特に住宅では雇用環境の変化などの先行きを考えた上でも安心して購入できる価格帯の選好，住宅など耐久消費財への長寿命化への嗜好の転換，多様化するライフスタイルを反映した消費者の意識の変化に対応して商品開発や店舗改装などの対応を急ぎ収益成果を求め

る，厳しい事業環境が窺える。
　これらの対応は，企業が地域相互間ネットワーク効果をより高めようと自主的に活動していることを示しており，事業性を確保するための企業の取組みを示す。

(6) 企業の社会的課題に対する取組み

　更に，対処すべき課題の表明の中で，社会的課題に対する解決策を新たな事業として提供する事例が見られた。
　「新商品・新事業開発」の課題では，ランシステム（狭山市，その他小売業，売上高74億円）は，複合カフェ「スペースクリエイト自遊空間」等を経営するが，「コミュニケーションクリエイト健遊空間　太田の森」は，シニア・シルバーとキッズの「憩いの森」をテーマに囲碁・将棋・健康マージャン・カラオケ・キッズガーデンなどの遊びのスペースを提供することを，事業の課題として表明している[13]。
　同じく「新商品・新事業開発」の課題では，シダックス（調布市→渋谷区に本社を移転，宿泊・飲食サービス業，同1,862億円）は，企業の淘汰や寡占化が進む中，「健康創造企業」として医療施設・障害者施設・高齢者施設での給食事業を行い，さらには「社会問題解決型企業」として，路線バス規制緩和が実施され，利用者減少による民間路線バスの減退，財政難の中での補助金の交付，地域住民の交通手段確保などの社会的課題に対応し2006年の道路運送法等の一部改正による同法78・79条に基づき，2013年12月現在大阪府，島根県，長野県，栃木県等の16か所で合計134台民間路線代替の白ナンバーバスの運行管理業務を受託している事業に関して表明している[14]。
　また，「既存事業の内容の改善」の課題では，ワンダーコーポレーション（つくば市，その他の小売業，同637億円）は，家でも職場や学校でもない顧客の居場所として，顧客の「体験」を豊かにする「サードプレイス」を創出するため，書籍・化粧品・ゲームソフト・映像ソフト・音楽ソフトの販売・

リサイクルショップ運営などスタッフが様々なニーズにチャレンジできる環境を提供する事業に関して課題として表明している[15]。

これらの事例は，地域のニーズに応じ，地域内ネットワーク効果を活用して，コミュニティに「創造的な課題設計」を適用した新たな事業，あるは既存の事業から特化した事業に関する課題の表明である。また，地域相互間ネットワークを既に持っている企業の自主的行動であることから，この効果を維持し事業性をより確実にするための「対処すべき課題」であり，地域の自治体はじめ，異なる価値観を持ったステークホルダー社会において，企業のステークホルダーに対して経営情報を公開し，社会的課題の解決に対応する事業について，事業性を確認する取組みであることは，地域の自治体に示唆を与える点である。

5. 地域で生じるネットワーク効果を高める事業性の確認

創造的な課題設定がなされることが，製品や技術のイノベーションを促すコミュニティの事例にみられた。東京・多摩の地域振興において，地域の住民が社会的課題の解決を検討する際に，関係する当事者のネットワークに，企業など多様なステークホルダーの自主的な参画を促すように，創造的な課題設定を確認することは，新たな市場という社会的価値の実現につながる場合もあり，地域内ネットワーク効果を更に高めることとして期待される。また，東京圏の地域相互間ネットワーク効果を維持し，グローバル経済の恩恵を得るため企業が配意するリスクや対処すべき課題として開示している内容は，事業性を確保する企業の取組みを示すものである。地域の自治体が，事業性を確保するための手法に関する情報を確認することは，ステークホルダーとして有益であり，地域相互間ネットワーク効果を確実にする示唆を与える。

1964年の東京オリンピック後に，証券不況後を越えて，車，エアコン，

冷蔵庫という耐久消費財「三種の神器」という製品と付帯する文化を求めるライフスタイルへの価値観の変化は，いざなぎ景気を実現した。その後の景気停滞の際に，田中角栄（1972）は，産業と自然と文化が融合した地域社会を全国に押し広めるとして，「人間の一日の行動半径の拡大に比例して国民総生産と国民所得は増大する」を原則とし，全国新幹線と高速自動車道の建設，情報通信のネットワークの形成などをテコとして，都市と農村，表日本と裏日本の格差をなくすと主張した。更に，「福祉は天から降ってこない」として「福祉が成長を生み，成長が福祉を約束する」として積極的な財政政策による社会的インフラの整備を図り，景気は上向きに転じた。

2020年の東京オリンピックに向けて，首都圏の環状線など輸送網，地産地消の自立分散型のエネルギー供給の導入など社会的インフラへの投資・整備は，企業活動をより活性すると期待されている。また，ウエアラブル端末を利用した高齢者医療サービス，自動運転技術やパーソナルモビリティ，水素を利用した燃料電池車など新しい技術を導入して画期的な技術的優位性を持ったサービスを提供することなどによって，新たな社会的インフラ，新たな市場が実現することが期待されている。更に，規制緩和・税制措置・金融支援などの政策は，国際的なビジネスの拠点として東京圏の機能を高めて経済成長が図られ，グローバル都市間の競争力で優位性をより高めることが期待されている。しかしながら，新たな技術による社会的インフラには，ハードのみならず，活用可能な経営資源，社会的信頼，経済力や地域で生じるネットワーク効果などの潜在的能力の検討と，新たに創出される社会的価値が正のステークホルダーからの共感や支持が得られるかどうかという市場性の実情把握を踏まえた事業性に関する評価が求められる。

安定成長期の経済状況は，多様化した価値観をもつ社会で，ステークホルダーである住民に，働き方や住居の求め方についても影響を与えた。すでに，空き地・空き家となった資産を地域の価値を反映しポジティブな公共の空間とする活用方法，また所得・年齢・国籍など多様な文化を背景とする構成員を地域が抱える変化など，大都市圏の地域社会に生じ始めた課題には，税制

改正などの解決策も提示されるなど取組みが図られている[16]。NPOなど自発的な市民組織も，持続的な運営の課題に取り組んでおり，公民協働が図られている。地域の自治体は，企業が事業化にポジティブに適応し新たな事業を発展させる事例を踏まえて，地域に生じるネットワークの効果をより活用するため，外部の専門家やNPOなど自発的な市民組織といった異なった組織と異なった価値観をもった人材や見解を取り込み，企画の際には創造的な課題設計と事業性を確保するための手法に関する情報の確認をすすめることが期待される。

1) Scott（2001）は，大都市と郊外および周辺都市（edge cities）を含め「グローバル都市地域」としている。
2) http://eu-un.europa.eu/articles/fr/article_160_fr.htm （2015.3.31）。
3) 多極分散型国土形成促進法（1988年公布）第22条 すなわち，東京都，埼玉県，千葉県，神奈川県及び茨城県の各県内全地域が対象とされているわけではない。
4) 社会的包摂を実現し，持続可能な地域づくりを担う新しい経済主体としてソーシャルエコノミー（Social Economy）の活性化として，コミュニティー・ビジネスや協同組合を利用し，健康管理や貧困者対策を行うかたわら，高齢者の地域への参加を促し，児童や若年者への教育・訓練に参加させる，高成長の都市の政策ではなく，高齢者の人口比率の高まりに適合する安定成長向けの政策がポツダムやグラスゴーで行われている。
5) Schutz（1932）は，ある特定の社会集団の構成メンバーの日常的なものの見方，価値観などを律している暗黙のルールが，地域外あるいは異業種・異分野から新たな視点をもたらす人材（stranger）の働きで，軋轢が調整され，闊達議論を経て普遍的でなくなると，地域の意識が画期的に変化する，とする。この過程がイノベーションへの貢献が大きいとされる。
6) http://www8.cao.go.jp/kourei/whitepaper/w-2014/zenbun/s1_1_2.html （2015.3.31）。
7) http://www8.cao.go.jp/kourei/whitepaper/w-2014/gaiyou/s1_1.html （2015.3.31）。
8) 2010年度決算時点で多摩地区に本社がある株式公開企業は，東証1部33社，東証2部10社，JASDAQスタンダード21社，マザーズ3社，JASDAQグロース1社，計68社である
9) 太田（2005）は，地縁組織やNPO法人，同業者組合，地元企業などは，地域のニーズや課題に対して敏感に反応して柔軟に対応できる強みがあるが，特に，商店街や商工会議所等や自治会等の地縁的なつながりをもとにした既存の組織では，閉

第14章　東京・多摩の地域振興と企業の地域でのネットワーク効果　447

鎖性，排他性，半強制的な関係性などを課題として挙げている。また，これらの組織が，ライフスタイルの変化や長年の活動による活動内容のマンネリ化によって，組織率や参加率の低下を招いている場合があるとする。

10) 港区 331 社，中央区 283 社，千代田区 280 社，渋谷区 139 社，新宿区 132 社，品川区 125 社，文京区 43 社，江東区 40 社，台東区 39 社，大田区 36 社，豊島区 36 社，墨田区 28 社，目黒区 23 社，世田谷区 15 社，北区 14 社，杉並区 13 社，中野区 12 社，練馬区 10 社，足立区 7 社，荒川区 7 社，葛飾区 5 社。https://kmonos.jp/locate/　(2015. 3. 31)。

11) 横浜市 98 社を除く。

12) (参考) 従業員数および上場年数 (有価証券報告書の期数)

	従業員数 (含む非開示)		有価証券報告書の期数					
	単体の従業員数(人)	グループの従業員数(人)	平均	最多	最少	平均より期数が若い企業数(A)	企業数(B)	(A)／(B)%
東京都市部	45,364	205,300	56	137	5	34	59	58%
千葉県	28,524	170,989	56	181	6	27	47	57%
埼玉県	43,845	145,199	44	190	2	35	76	46%
神奈川県	80,159	345,858	75	139	3	32	78	41%
茨城県	14,702	20,301	68	122	25	7	13	54%
計	212,594	887,647	60				273	

13) http://www.runsystem.co.jp/work_kenyu.html　(2015. 3. 31)。

14) http://www.shidax.co.jp/group/index.php　(2015. 3. 31)。

15) http://www.wonder.co.jp/corporation/company/ (2015. 3. 31)。服部 (2013) は，コミュニティの一員である青少年が立ち寄れるスペースとして，コミュニティ内での結び付きを生み出すとして欧州での利用例を報告している。

16) 自治体が空き地を借り上げ，管理を NPO などが行う事例などが朝見 (2014) に見られる。土地の固定資産税は，住宅が建っていれば本来の 6 分の 1 に軽減される。高度成長期の 1973 年に農地などの宅地化を進めるために導入された。空き家でも軽減されるため，荒廃したまま取り壊さずに放っておく原因になっているとして，2015 年度の税制改革で固定資産税制の軽減措置の見直しが目指されている。http://www.nikkei.com/article/DGXLASFS01012_R00C14A8MM8000/ (2015. 4. 8)。

参 考 文 献

Dumbach, M., *Establishing Corporate Innovation Communities : A Social Capital Perspective*, Springer Gabler, 2013.

EIU, *Hot Spots 2025 Benchmarking the future competitiveness of cities*, The Economist Intelligence Unit Limited, 2013.
　http://www.citigroup.com/citi/citiforcities/pdfs/hotspots2025.pdf　(2015. 3. 31)。

Financial Center Future（FCF）, The GlobalFinance Center Index17, Long Finance, 2015. http://www. longfinance. net/images/GFCI17_23March2015. pdf （2015. 3. 31）.

Jacobs, J., *The Economy of Cities*, Vintage; Vintage Books, 1969.

Jacobs, J., *City and the wealth of Nations : Principles of Economic Life*, 1984 中村達也訳『発展する地域　衰退する地域　地域が自立するための経済学』ちくま学芸文庫　筑摩書房　2012年。

Leigh, N.G. and Blakely, E.J., *Planning Local Economic Development ――Theory and Practice*（Fifth Edition）SAGE Publications, Inc, 2013.

Marttinez-Fernandez, C., et al., "Shrinkiing Cities: Urban Challenges of globalization", *International Journal of Urban and Regional Research*, 1-13, 2012.

Sassen, S., *The Global City : New York, London, Tokyo*（2nd Edition）, Princeton University Press 2001 伊豫谷登士翁監訳『グローバル・シティ――ニューヨーク・ロンドン・東京から世界を読む』筑摩書房，2008年。

Schlappa, H. and Neill, W.J.N., *From crisis to choice: Re-imaging the future in Shrinking Cities*, URBACT, 2013,
http://www.academia. edu/4516404/From_Crisis_to_Choice_Re-imagining_the_Future_in_Shrinking_Cities（2015. 3. 31）.

Schutz, A., *Der sinnhafte Aufbau der sozialen Weit :Eine Einleitung in die Verstehende Soziologie*, Springer Verlag, 1932 佐藤嘉一訳『社会的世界の意味構成：理解社会学入門（改訂版）』木鐸社，2006年。

Scott, A.J., *Global City-Region*, Oxford University Press 2001 坂本秀和訳『グローバル・シティー．リージョンズ：グローバル都市地域への理論と政策』ダイヤモンド社，2004年。

Short, J.R., *Global Metropolitan:Globalizing Cities in Capitalist World*, Routledge, 2004, p. 2

Tanaka, H., The corporative and competitive urban municipality policies in Tokyo Area to target transforming community nuls., London Accord, 2014. http://www.longfinancc.net/programmes/londmn-accord/la-reports.htm?.view=repcrt&id=463.

Taylor, P.J., Derudder, B., Saey, P.and Witlox, F., *Cities in Globalization: Practices, Policies and Theories*, Routledge, 2007.

the Committee on Spatial Development（CSD）, *Development Perspective Towards Balanced and Sustainable Development of the Territory of the European Union*, the European Commission, 1999, pp.13-34.
http://ec. europa. eu/regional_policy/sources/docoffic/official/reports/pdf/sum_en. pdf（2015. 3. 31）.

浅妻裕「都市化時代の終焉と都市政策の課題」（『季刊北海学園大学経済論集』第51巻第3・4号，2004年），北海学園大学経済学会，117-194頁。

第14章　東京・多摩の地域振興と企業の地域でのネットワーク効果　449

朝見泰司『都市の空閑地・空き家を考える』プログレス，2014年。
磯部知彦「超高齢社会のまちづくり」，磯部知彦他著『都市計画総論』鹿島出版会，2014年，7章。
太田圭子「地域コミュニティの再構築とソーシャル・キャピタル」（『21世紀社会デザイン研究』No.4, 2005年）立教大学。http://www.rikkyo.ne.jp/~z3000268/journalsd/no4/no4_thesis16.html（2015.3.31）。
倉沢進・浅井達人編『新編東京圏の社会地図1975-90』東京大学出版会，2004年，6章。
田中角栄『日本列島改造論』日刊工業新聞，1972年，2頁，34頁，63頁，72頁，第5章。
田中廣滋編著『グローバル都市形成における東京都と天津市の比較研究』中央大学経済学部教育GP，2011年，第1章，第2章，第5章。
田中廣滋「東京・多摩地域の発展とグローバル政策の検証：東京・多摩の地域発展と自治体の役割アンケートの集計結果」(Discussion Paper No. 214, 2014年) 中央大学経済研究所。
中澤秀雄「地方と中央：「均衡のある発展」という建前の崩壊」，小熊英二編『平成史』河出書房新社，2014年，217-266頁。
中島恵理「EU・英国における社会的包摂とソーシャルエコノミー」，（大原社会問題研究所雑誌　No.561　2005年）。http://oohara.mt.tama.hosei.ac.jp/oz/561/561-02.pdf（2015.3.31）。
西村仁志「企画とプロデュースの方法」，西村仁志編『ソーシャル・イノベーションが拓く世界』法律文化社2014年，第3章。
日本建築学会『スマートシティ時代のサステナブル都市・建築デザイン』彰国社，2015年。
野村総合研究所編『未来計画2020；東京・首都圏はこう変わる！』日本経済新聞社，2014年。
服部圭郎『若者のためのまちづくり』岩波ジュニア新書752　岩波書店，2013年，第5章。
畑仲哲雄『地域ジャーナリズム　コミュニティとメディアを結びなおす』勁草書房，2014年　第2章。
山本文明『多摩のものづくり22社　独自技術で成長する企業群』ダイヤモンド社，2011年。

第Ⅳ部

東京・多摩地域の経済的特徴と国際競争力

第 15 章

首都圏空港の容量制約解消に向けた政策的課題
―発着枠の運用と「首都圏第三空港」整備の可能性をめぐって―

塩 見 英 治・小 熊 仁

1. はじめに

わが国における首都圏空港の発着枠は，2010年の東京国際空港再拡張以降段階的な見直しがすすみ，2015年4月の成田国際空港北側延伸事業完了をもって年間74.7万回（うち国際線36万回）に到達する。発着枠の増枠は，直接的にはサービスの運航頻度の増加や施設運用の効率化を通し，利用者に高品質で利便性の高いサービスを供給する効果が期待される。間接的には，中間投入財としての航空サービスの増大を通し，本源的生産財に対して生産力の上昇を促す効果が期待できる（石倉・土谷（2007））。とくに，世界最大規模の人口・産業が集積する首都圏において，国内外のゲートウェイとなる空港の容量拡大は，あらゆる分野の経済競争力を高め，国家全般の経済活性化や国際競争力の強化に貢献する。そして，各地域が1つのネットワークで結ばれることで，ヒト・モノの移動や交流が活性化し，地域間交流の増大に大きく寄与する（屋井ら（2008））。

ところで，国土交通省が2012年に発表した向こう30年間のわが国の航空需要予測によれば，国内線については少子高齢化の進展や整備新幹線開業の影響から，現状とほぼ横ばい，もしくは，微減で推移する一方で，国際線に関してはアジアの経済発展や国際地域間交流の伸展を背景に高い成長が見込まれている。このなかでも首都圏空港の発着枠は，少なくとも2020年代後

半までには現在の発着枠（年間74.7万回）を超過し，2030年代からは年間7〜23万回の容量制約が生じるとの予想が出されている。

　今回の増枠に合わせ，首都圏空港では東京国際空港における内際分離の原則の見直しや小型機乗り入れ規制の撤廃，および成田国際空港におけるLCCターミナルの整備等がすすめられ，新規航空会社の参入や就航地の多様化が進展している。しかし，それでも国内線・国際線を含め首都圏空港に乗り入れを希望する国・地域は多く，未だ数多くの就航要請に応えることができていない。

　この対応として，国内航空会社は，国内線では発着枠を維持するため，地方航空ネットワークの充実化につとめ，他方では地域との綿密なコラボレーションを基軸に「政策コンテスト枠」などの「制限付枠」を活用し，路線の維持に取り組んでいる。国際線では，関西国際空港や中部国際空港等の内際乗り継ぎを促進し，これらに首都圏空港の機能を一部補完させる試みを試行している[1]。その一方で，海外航空会社は国内航空会社と戦略的提携を結び，自社便については関西国際空港や中部国際空港に迂回させ，その代わりに，首都圏空港には国内航空会社とのコードシェアによって間接的に乗り入れを行っている[2]。

　このような制約に対し，国土交通省は2020年の東京五輪開催までに滑走路運用方法の改良，管制機能の高度化，飛行航路の一部変更などをベースに，発着枠を年間82.6万回まで増枠し，東京国際空港E滑走路や成田国際空港第三滑走路の整備についても関係箇所との協議を開始するとしている。ただ，既存施設を活用するとしても空港周辺の環境対策などにおいて様々な調整が求められるし，滑走路の新設にあたっては用地の確保や買収をめぐって交渉コストが生じる。そのため，そのような取り組みが容量制約の本質的な解消に結びつくか否かは明らかではなく，将来を見据えた容量拡大を実現する上では，既存施設の活用や既存施設の拡張に加え，首都圏第三空港の整備を交えた多様な政策選択肢の可能性について検討しておくことが重要である。

　本論文は，首都圏空港の整備の内容と容量制約の要因を整理し，首都圏空

港の拠点性と容量拡大の必要性を明らかにした後，今後の航空需要に対する対応について，発着枠運用方式の改善や首都圏第三空港の整備を含む各種政策選択肢の可能性と政策的課題について検証することを目的としている。本論文の構成は，以下の通りである。はじめに，首都圏空港の整備の経過と容量制約を生み出した要因について整理する。次いで，首都圏空港における発着枠配分の内容と空港の拠点性について分析し，最後に，容量拡大の必要性と首都圏空港を含めた各種政策選択肢の可能性，およびその政策的課題について考察する。最後にまとめを述べる。

2. 首都圏空港整備の経過と容量制約の要因

（1） 首都圏空港整備の経過

わが国は終戦以後，官民を問わず一切の航空活動が禁止され，首都圏空港を含む空港施設も全て GHQ の管理下に置かれた。しかし，1951 年からは航空活動の禁止が解除され，「羽田飛行場」の一部も日本側に返還された。翌年には民間の財界主要企業の協力を経て「日本空港ビルディング」が創設され，本格的な空港ターミナルビルを備えた「東京国際空港」が誕生した。航空輸送についても，1951 年に日本航空のノースウエスト航空への運航委託によって民間航空輸送が再開し，ノースウエスト航空との契約が満了となった 1952 年以降は同社による自主運航が開始された。

わが国は，首都圏・関西圏を中心とした都市構造と南北に細長い列島からなる国土特性を備えているため，都市と地域間，あるいは都市間を結ぶ輸送手段をどのように確保するかが従来から問われていた。航空輸送はこれらの要請に適う最適な手段であり，そのなかで核をなす首都圏空港に対しては東京国際空港開港直後の早い段階から国の一般会計をもとに整備がすすめられてきた。具体的には，1956 年から 8 年間・総額 86 億円の予算で東京国際空港 A 滑走路（3,000m）・B 滑走路（1,570m）の延伸，C 滑走路（3,150m）の

新設,高速誘導路の整備,エプロンの拡張が実現し,次いで,東京オリンピック開催直前の 1964 年までには首都高速羽田線と東京モノレールが開業した。このような取り組みによって,空港の質・量の両面が向上し,利用者数も過去最高の 425 万人にまで到達した。

ところで,1960 年代の高度経済成長期以降,わが国は国民所得の増加やヒト・モノの流れの効率化に対するニーズの増大に伴い,国際・国内を問わず航空需要が年々右肩上がりでの成長を辿った。また,この頃から航空技術の高度化や技術革新がすすみ,航空産業はジェット化・大型化の時代に入った。こうした流れを受け,首都圏空港をはじめ全国各地ではジェット機対応の空港整備や航空ネットワークの充実化を求める声が高まり,国は空港のジェット化や空港の新設に向けた準備に着手していった。

その結果,1956 年に空港の港格や整備・管理主体,および整備事業費の補助率・負担率を規定した空港整備法(現:空港法)が制定された。さらに,計画的な空港整備と安定的な財源確保を目指すため,1967 年に「空港整備五カ年計画(現:社会資本整備重点計画)」,1970 年に「空港整備特別会計(現:空港整備勘定・2014 年解体)」が創設され,これら 3 つの法制度からなる「空港整備三種の神器」を原動力に国全体での空港整備が展開されていった(引頭(2012))。

首都圏空港との関係では表 15-1 の通り,まず 1967 ～ 1970 年の第 1 次空港整備五カ年計画において,東京国際空港 A 滑走路の沖合移転,B 滑走路の延長(1,570m から 2,000m),整備地区の再開発等を含む施設拡充が重点整備事項の 1 つに掲げられ,4 年間総額 170 億円の予算で工事が着工した。計画終了年の 1971 年までには B 滑走路のジェット機発着が可能になり,既にジェット化に対応していた C 滑走路を加え合計 2 本の滑走路でジェット機の就航が始まった。

続いて,1971 ～ 1975 年の第 2 次空港整備五カ年計画では,新東京国際空港の整備が重点整備事項に追加され,候補地として内定していた千葉県成田市三里塚地区において工事が開始された。ところが,着工直後から地元農家

第15章　首都圏空港の容量制約解消に向けた政策的課題　457

表15-1　首都圏空港整備の経過

空港整備計画	計画期間	重点整備事項		達成事項
第1次空港整備五カ年計画	1967～1970年度	首都圏空港関係	・東京国際空港A滑走路の沖合移転 ・B滑走路の延長（1,570mから2,000 m） ・整備地区の再開発	・東京国際空港B滑走路のジェット化
		その他の空港関係	・大阪国際空港の整備 ・地方空港の整備	・地方空港の開港（55空港）
第2次空港整備五カ年計画	1971～1975年度	首都圏空港関係	・東京国際空港A滑走路の沖合移転 ・新東京国際空港の整備	・新東京国際空港整備工事着工（千葉県成田市三里塚地区）
		その他の空港関係	・地方空港の整備＆ジェット化 ・空港保安施設等の整備 ・空港周辺環境対策事業の推進	・17地方空港のジェット化
第3次空港整備五カ年計画	1976～1980年度	首都圏空港関係	・新東京国際空港の開港	・成田国際空港開港（1978年）
		その他の空港関係	・空港周辺環境対策事業の推進 ・空港保安施設等の整備 ・関西国際空港整備調査，計画決定，整備推進 ・地方空港の整備・ジェット化	・騒音対策 ・9地方空港のジェット化
第4次空港整備五カ年計画	1981～1985年度	首都圏空港関係	・東京国際空港の沖合移転 ・成田国際空港並行滑走路の整備	・東京国際空港沖合移転工事 ・成田国際空港平行滑走路整備工事の着工
		その他の空港関係	・関西国際空港の開港 ・中部国際空港の調査検討 ・地方空港の整備＆ジェット化 ・空港周辺環境対策事業の推進 ・空港保安施設等の整備	・騒音対策 ・11地方空港のジェット化
第5次空港整備五カ年計画	1986～1990年度	首都圏空港関係	・東京国際空港の沖合移転 ・成田国際空港並行滑走路の整備	・東京国際空港A滑走路の沖合移転工事完成 ・関西国際空港第一期工事の着工
		その他の空港関係	・関西国際空港の開港 ・中部国際空港の調査検討 ・地方空港の整備＆ジェット化 ・空港周辺環境対策事業の推進 ・空港保安施設等の整備	・騒音対策 ・9地方空港のジェット化

計画	年度	分類	施策	実績・成果
第6次空港整備五カ年計画	1991～1995年度	首都圏空港関係	・東京国際空港の沖合移転 ・成田国際空港並行滑走路の整備	・成田国際空港第2空港ターミナルビルの完成 ・東京国際空港第1旅客ターミナル，貨物ターミナルの移転
		その他の空港関係	・関西国際空港の開港 ・中部国際空港の調査検討 ・地方空港の整備＆ジェット化 ・空港周辺環境対策事業の推進 ・空港保安施設等の整備	・関西国際空港の開港 ・50地方空港のジェット化
第7次空港整備五カ年計画	1996～2002年度	首都圏空港関係	・東京国際空港の沖合移転 ・成田国際空港並行滑走路整備工事の完成 ・首都圏第三空港の調査	・東京国際空港B滑走路・C滑走路沖合移転工事の完成 ・成田国際空港第2滑走路供用開始
		その他の空港関係	・関西国際空港第二期工事の推進 ・中部国際空港の整備 ・地方空港の整備＆ジェット化 ・空港周辺環境対策事業の推進 ・空港保安施設等の整備	・関西国際空港第二期工事 ・中部国際空港整備工事着工
社会資本整備重点計画	2003～2007年度（第1次計画）	首都圏空港関係	・東京国際空港再拡張の推進 ・成田国際空港北側延伸事業の推進	・東京国際空港第2旅客ターミナルビルの完成・再拡張工事の着工 ・成田国際空港北側延伸工事開始
		その他の空港関係	・関西国際空港二期工事の完成 ・中部国際空港の開港 ・地方空港の質的向上＆就航率改善 ・空港周辺環境対策事業の推進 ・空港保安施設等の整備	・関西国際空港第2滑走路供用開始 ・中部国際空港開港 ・97地方空港の整備（67空港ジェット化）
	2008～2012年度（第2次計画）	首都圏空港関係	・東京国際空港再拡張の完了 ・成田国際空港北側延伸事業の推進	・東京国際空港D滑走路の供用開始・国際線旅客ターミナルビルの完成 ・成田国際空港第2滑走路の2,500M化
		その他の空港関係	・地方空港の質的向上＆就航率改善 ・空港周辺環境対策事業の推進 ・空港保安施設等の整備	・静岡・茨城・岩国空港の開港（70空港ジェット化） ・弟子屈・広島西・枕崎空港廃港

出所：国土交通省資料より筆者作成。

や地権者の激しい反対運動を受け，計画期間内の完成はほぼ不可能になった。その一方で，東京国際空港では，第1次空港整備五カ年計画で目標とされたA滑走路の沖合移転に関し，あくまで空港の拡張による沖合移転を求める国と空港の完全移転を求める東京都の間で意見が紛糾し，工事は先延ばしの状態が続いていた。最終的には，10年後の1984年に工事が開始されるが，この10年の空白が，後に発生する容量制約の問題に大きな影響を及ぼすことになる（酒井（2010））。

　第3次空港整備五カ年計画では，オイルショック後の経済成長を背景に，再び航空需要が持ち直す一方で，ジェット化の急速な進展に伴い，市街地に隣接した空港を中心に騒音問題が深刻に取り上げられるようになった。このため，計画の重点は環境対策にシフトし，空港周辺の環境整備に多大なコストを費やすことになった。首都圏空港でも1970年に地元と国の間で結成された「東京国際空港騒音対策協議会」の協議が本格化し，既に1960年代後半から合意されている深夜・早朝時間帯（23～6時）におけるジェット機発着規制の継続のほか，首都圏上空迂回コースの設定をはじめ様々な取り決めが地元との間で交わされた[3]。

　しかし，航空需要は1980年代以降のバブル景気の影響を受け右肩上がりで増加し，東京国際空港の容量はもはや限界の域に達していた。1978年に成田国際空港が開港し，国際線の多くが移転したものの，その余剰枠は程なく国内線によって埋められた。航空会社は国内ローカル線にも大型機を投入し，1機あたりの利用者数を増やすことで容量制約に対応していた。このようななか，東京国際空港A滑走路の沖合移転に関する交渉が1983年にようやく妥結し，翌年から工事が開始された。ただ，沖合移転に要するコストは膨大で，工期も長期にわたることから，1982年以降財政投融資資金が投入され，これによって資金調達の裏付けをとることになった。そして，第4次空港整備五カ年計画（1981～1985年）から第6次空港整備五カ年計画（1991～1995年）に至るまでの15年間，この東京国際空港の沖合移転に加え既に整備・検討の目途が整っている関西国際空港の開港・中部国際空港の調査検

討・成田国際空港の平行滑走路の整備が「三大プロジェクト」として計画の重点におかれ，施設の整備に向けた工事がすすめられた。東京国際空港A滑走路の沖合移転は1988年に完了し，その後，1997年と2002年にC滑走路，B滑走路も沖合に移転した。成田国際空港でも，2002年に第2滑走路(2,180m)が暫定的に供用を開始し，国内線・中距離国際線の増枠が実現した。

航空需要は1990年代後半以後もなおも堅調な伸びを続けた。首都圏空港では，再び東京国際空港の沖合移転と成田国際空港拡張後における発着枠不足の問題が持ち上がった[4]。そのため，1996～2002年の第7次空港整備五カ年計画（7カ年計画）では，東京国際空港の沖合移転・成田国際空港の平行滑走路の整備のほか，「首都圏第三空港」の調査が計画の重点項目に追加され，2000年には「首都圏第三空港調査検討会」が創設された。ここでは，2年間の歳月をかけ，首都圏第三空港建設候補地の選定・調査が行われ，10以上の地域が候補地として浮上した。2年間に及ぶ議論の結果，首都圏空港が3つに分かれることに難色を示した航空会社の意見をふまえ，「首都圏第三空港を新たに整備するよりも，既存ストックの有効活用，アクセス利便性確保の意味合いから東京国際空港の再拡張が望ましい」との結論に達した。

2003～2007年の社会資本整備重点計画（第1次計画）では，航空需要の増大に対応し，国際競争力を一層強化するとの見地から，東京国際空港再拡張の推進と成田国際空港第2滑走路の2,500m化（＝北側延伸事業）を骨子とする大都市圏拠点空港の整備，空港保安施設の整備，空港周辺環境対策が重点項目に盛り込まれた。一方，計画発表直前の2002年に閣議決定された「経済財政運営と構造改革に関する基本方針2002」では東京国際空港再拡張後の運用方針が出され，①年間3万回程度の国際線を就航させること[5]，②再拡張に要するコスト約6,900億円のうち，2割については地方自治体一般会計（東京都，神奈川県，横浜市，川崎市）からの無利子貸付金に求めること，③国際線旅客ターミナルビル・貨物ターミナルビル・エプロン整備事業の整備資金約2,000億円に関しては，公募型プロポーザルで選出された特別目的会社（Specific Purpose Company: SPC）が空港ターミナルビルの営業収

入を原資として負担することが発表された[6]。社会資本整備重点計画（第1次計画）の内容は2008～2012年の第2次計画に引き継がれ，2010年の東京国際空港D滑走路・国際線旅客ターミナルビルの供用開始をもって東京国際空港の再拡張は終了した。残る成田国際空港の北側延伸事業は2015年以内に全て完成する見込みである。

(2) 首都圏空港における容量制約の要因

以上のように，首都圏空港は航空需要の増大に対応し，戦後一貫して計画的な整備や拡張が展開されてきた。東京国際空港の再拡張と成田国際空港の北側延伸事業の完成によって，発着枠は大幅に増加し，これによって新規航空会社の参入や就航地の多様化がすすんでいる。その一方で，首都圏空港への就航希望を表明する国・地域は多く，今のところ全ての要請には応じられていないというのが実情である。発着枠の増枠は容量制約の本質的な解消に結びついておらず，需要と供給のミスマッチが続いている。では，なぜ首都圏空港の容量は慢性的な制約をきたしているのか。その理由は，第1に，財源配分上の要因である。わが国の空港整備資金は空港整備勘定に基づく収入プール制が敷かれ，東京国際空港を含む国管理空港の空港使用料収入は一旦空港整備勘定にプールされた後，空港法によって規定された配分割合に応じて，全国の各空港に資金が配分されてきた。そのため，必然的に需要追随型の財源調達システムになりがちで，個別での空港収益がそのまま当該空港の新設や維持管理の資金に反映されない。最も需要が多い東京国際空港の歳入比率は全体の約60％を占め，その資金は同空港の整備には使用されず，全国の空港整備に回されている。会社管理空港の成田国際空港に至っては，出資金の形で空港整備勘定から財源が調達されているものの，その収益については空港整備勘定の歳入対象外となっている。こうした限られた範囲での財源調達をもとに，全国に薄く広く財源を分配する仕組みは，必然的に受益と負担の乖離を生み出し，首都圏空港に対しては資金が十分にあてられず，その容量拡大に遅れをもたらす結果をまねいている。

第2に，整備計画上の要因である。空港整備勘定の使途の裏付けとなる社会資本整備重点計画は，その前身となる空港整備五カ年計画と合わせ，45年にもわたってわが国の空港整備における整備指針としての役割を果たしてきた。計画の経過を辿れば，第1次空港整備五カ年計画が着手された1967年から第4次空港整備五カ年計画が終了する1985年までは，首都圏空港の整備と地方空港整備・ジェット化が計画の柱として掲げられていた。1986年の第5次空港整備五カ年計画以降は，三大プロジェクトの整備が配分の対象となり，1996年の第7次空港整備五カ年計画からは，もっぱら首都圏空港を含む大都市圏空港の整備が計画の中心を占めている。ところが，現実には首都圏空港の容量制約や地方における不況対策との兼ね合いから，第1次空港整備五カ年計画から第7次空港整備五カ年計画まで地方空港の整備とジェット化には継続的に比重が置かれており[7]，これが計画の実効性を曖昧にし，容量制約につながった点は否定できない。

　第3に，空港運営上の要因である。会社管理空港を除く全ての空港では，空港ターミナルビルと空港本体の整備の主体が異なるという理由から，空港ターミナルビルの収益が空港の基本施設や附帯施設の整備，および維持管理に使われることはない。ただし，空港ターミナルビルの収益は空港の存在と空港を利用する旅客から生ずる「たなぼたの利益 (Windfall gain)」であって，このような外部効果は直ちに空港本体にも還元される必要がある（加藤 (2010)）。この運営上の体制の違いを起因とする非効率な資源配分は，空港整備勘定の存在と併せて，首都圏空港に対して資金調達面におけるロスと整備の遅れを生んだばかりか，財政投融資からの借入金による世代間負担や周辺自治体の負担金に関わる分担のあり方についての問題を残している。もちろん，これらの資金は返済義務を伴うので，返済の完了までは引き続き誰かが何らかの形で負担しなければならない。

　最後に合意形成上の要因である。航空需要の増大に対して，本来ならば即座に空港を拡張し，航空機の就航便数を増やすことによって対処すべきである。しかし，首都圏空港では用地買収や土地の埋め立てをめぐって，住民や

地権者から合意を得にくく,都や区などもこれらの見解を尊重してきた経緯がある。このことは,東京国際空港の沖合移転において工事の計画から完成までに35年の歳月を要したことや成田国際空港の北側延伸事業が工事着工から11年目の2015年に入ってようやく完成の目途がついたことからも読みとることができる。もっとも,首都圏空港のような大規模空港の整備ではある程度の工期を要するから,整備期間の延長は避けることができない。ただ,それでも以上のような合意形成上の要因が整備の進行に与えた影響は無視できない。

3. 首都圏空港の発着枠配分と空港の拠点性

(1) 首都圏空港における発着枠配分の内容

わが国の航空輸送の40%を占める首都圏空港は,2000年の航空法改正以後も「混雑空港」として規制が継続されており,その発着枠に対しては,事前届出を原則とする許可制度が敷かれている[8]。ここでは5年間を1サイクルとする発着枠の回収・配分を基本とし,安全性,使用実績,広範囲な航空ネットワークの構築,事業者間競争への貢献などの評価項目に従って枠が配分されている。また,枠の利用においては,不採算路線からの撤退と採算路線への集約化を防ぐためにいくつかのルールが設けられており,航空会社はこれらの制度や規則に則りつつ,路線ネットワークを展開している。

表15-2は,東京国際空港における発着枠の種類と内容を示したものである。まず,発着枠配分の前提として,第1に,規制の対象は日中の「権益時間帯(出発・到着合計1,114便／日)」のみで,それ以外の深夜早朝時間帯(出発・到着合計112便／日),特定時間帯(60便／日)については「権益外時間帯」とみなし,航空会社の希望に従い枠が配分される。第2に,発着枠は,航空会社の自由裁量で路線展開が可能な「自由枠」のほか,事業者間競争促進の意味合いから新規航空会社に優先的に配分される「新規優遇枠」,多様

表 15-2 東京国際空港における発着枠の種類と内容

対象路線	用途制限の有無	発着枠の種別	根拠となる制度・法令等	内容
国内線	なし	新規優遇枠	混雑飛行場スロット配分方式懇談会（2000年2月）	東京国際空港において配分を受けている発着枠数が12枠未満の航空会社を対象に，競争の促進を通じた利用者利便の向上を目指す観点から，一定の範囲で優先的に配分される発着枠【対象航空会社】ADO，SKY，SNA，SFJ
		自由枠		各航空会社が配分された発着枠を用いて自由に路線設定可
	あり	政策枠	羽田空港の発着枠の配分基準検討懇談会（1999年3月）	C滑走路供用開始時にローカル線の頻度向上，新規開港路線の運航促進のために配分された発着枠【対象路線】石見（1枠），中標津（1枠），稚内（1枠），佐賀（2枠），大館能代（1枠）
		特定路線枠	混雑飛行場スロット配分方式懇談会（2000年2月）	C滑走路の供用開始後，2005年に予定されている発着枠回収＆配分までの間，新規開設が予定される空港に就航する便の路線開設を推進するために配分された発着枠【対象路線】能登（1枠），オホーツク紋別（1枠）
		評価枠（航空会社評価枠）	混雑飛行場スロット配分方式懇談会（2000年2月）	航空会社の事業活動について一定の評価項目を設定し，各評価項目による評価を基に配分する発着枠（各航空会社グループ単位でのローカル線ネットワークの充実度＆経営効率改善に向けた取り組みを評価）
		内際乗継枠	アジアゲートウェイ構想（2007年5月）	東京国際⇔関西国際⇔海外の路線展開と乗り継ぎ利便の改善を推進するため，東京国際⇔関西国際間を運航する航空会社に配分される発着枠（暫定枠として4枠配分）【対象路線】東京国際⇔関西国際（SFJ）
		地方路線枠	アジアゲートウェイ構想（2007年5月）	航空ネットワークの更なる充実を図る観点から，高速誘導路整備に伴う増枠分について，ローカル線を運航する航空会社に配分される発着枠（暫定枠として2枠配分）※政策コンテスト枠設置のため2013年度末廃止
		開設枠	羽田空港発着枠の配分基準検討懇談会（2009年7月）	地域が主体となって，航空会社の協力を得つつ，小型機（座席数100席未満の航空機）であれば成立するローカル線の新規開設に向けてパイロット事業として取り組むための発着枠（暫定枠として1枠配分）※政策コンテスト枠設置のため2013年度末廃止
		政策コンテスト枠	羽田空港発着枠の配分基準検討懇談会（2012年11月）	航空会社の自助努力のみでは維持・充実が困難なローカル線について，地域と航空会社のコラボレーションを軸とした共同提案について評価を行い，優れた提案に配分される発着枠【対象路線】萩石見（1枠），鳥取（1枠），山形（1枠）
国際線	なし	国際線枠		二国間協定の内容に基づき，各航空会社に配分される発着枠
	あり	リレー枠	アジアゲートウェイ構想（2007年5月）	成田国際空港において発着便が設定されていない6時台，22時台に東京国際空港からの発着を可能とし，両空港の国際航空輸送をリレーするために配分される発着枠

出所：国土交通省資料より筆者作成。

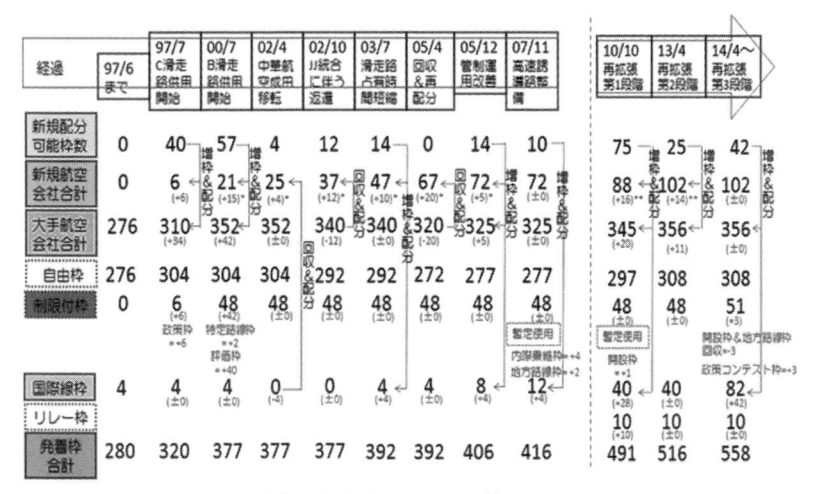

第15章　首都圏空港の容量制約解消に向けた政策的課題　465

図15-1　東京国際空港における発着枠の配分の推移
*「新規優遇枠」として配分された発着枠（ADO，SKY，SNA，SFJが対象）
**「新規優遇枠」としてSFJに対し配分された発着枠（SFJ＝12枠以下）
出所：国土交通省資料より筆者作成。

な航空ネットワークを網羅するため就航路線に制限を設けた「政策枠」をはじめ様々な枠が設けられている。第3に，発着枠の利用にあたっては，ローカル線からの撤退と特定路線への集中を回避するための「1便ルール」と「3便ルール」の2つのルールが適用される。前者は，ある航空会社による減便の結果，1便未満となる路線に対してこの発着枠を回収し，運航を希望する競合他社に発着枠を配分するルールである。後者は総便数3便以下の路線についてこれをグループ化し，減便時にはその他のグループ内路線にのみ枠を転用できるルールである[9]。

図15-1は，発着枠配分の推移を図示したものである。東京国際空港の発着枠は，1997年のC滑走路供用開始以後，これまで合計11回に及ぶ配分が行われている。全体的には，滑走路新設に伴う増枠・配分，航空会社の移転・統合による枠の回収・配分が中心で，許可制度に則った大規模な発着枠の回収・配分は1度しか施行されていない。もっとも，航空会社の規模・市場シェアの形成過程や回収前の規模・市場シェアを所与と仮定すれば，回収・

再配分の結果は回収前と大幅に変わることはないであろうし，枠そのものの回収も定率回収法と効率性基準回収法（Use it, Loose it ルール）の組み合わせからなっているから，航空会社は運航能力に応じた配分枠数を申請せざるを得ず，その帰結は回収前とさほど変化しない。従って，発着枠配分の本来の目的である広範囲な航空ネットワークの形成と事業者間競争の推進の2つを達成するためには，枠の大掛りな回収・配分は必要なく，枠の配分に競争刺戟を与え，他方で，用途に制約を課す枠の方法をとるだけで良い（中条(2001））。

現在，東京国際空港の発着枠は合計558枠に到達している。このなかで，新規航空会社については，2000年7月のB滑走路沖合移転から1社あたりの新規優遇枠の最低配分枠数が6枠から12枠に引き上げられ，以後，増枠・配分，あるいは，回収・配分の際には優先的に枠が配分されてきた。その結果，発着枠配分数は102枠まで増大し，新規就航会社数もSKY，ADO，SNA，SFJの4社に上っている。対照的に，大手航空会社に対してはローカル線からの撤退防止と全国的な航空ネットワークの貢献に対応させるため，自由枠の数を段階的に減らし，その一方で制限付枠を増枠する対策が講じられてきた。大手航空会社は，自由枠の多くを広島，岡山，松山をはじめとする国内準幹線に集約する代わりに，就航機材のダウンサイジングや運航の効率化を推し進め，ローカル線の維持につとめている[10]。

なお，東京国際空港では2003年から日韓航空自由化交渉の締結を受け，権益時間帯に4枠の国際線枠が配分されている。この国際線枠は後の航空自由化交渉の伸展やアジア・ゲートウェイ構想の発表に従い段階的に増枠され，2010年の再拡張第1段階では40枠に増加している。内際分離の原則から規制されてきた「ペリメータールール」は2010年の国土交通省成長戦略会議最終報告において廃止が決定され，成田国際空港のカーフュー時間帯を補完するための「リレー枠」も整備された。その後，国際線枠は再拡張第3段階で82枠まで増枠され，深夜早朝時間帯や特定時間帯との発着便の組み合わせも可能となった。これによって，首都圏近郊からの国際線アクセスが

飛躍的に上昇し，旅客の利便性も高まることが期待されている[11]。

(2) わが国の航空輸送における首都圏空港の拠点性

　取り扱い旅客数や貨物量が空港の規模であるならば，その大きさは空港を取り巻く後背地の人口や生産活動に左右される。航空需要は派生需要であるから，後背地の人口規模や生産活動の多寡は直接空港の規模に影響を与える。航空会社は空港の規模に従い便数や路線を設定し，規模が大きい空港には路線や便数を集中させ，そうでない空港には路線も便数も限定的にしか割り当てない。すなわち，空港の拠点性は空港の規模に応じて決まり，それを有しているか否かは後背地の人口や生産活動の規模によって変化する。

　周知のように，首都圏空港は旅客数・貨物量はもちろん，後背地の人口規模も生産活動の規模も他の空港を凌駕しており，わが国の拠点空港としての地位を確立している。首都圏に次ぐ規模を持つ大阪国際空港，中部国際空港，福岡空港，新千歳空港は「準拠点空港」としての機能を担っている。

　では，首都圏空港の拠点性は以上の準拠点空港と比較してどの程度の評価に上るのか。以下では，加藤ら（2014）で示されたグラビティモデルを援用し，首都圏空港の拠点性について比較検討してみたい[12]。

　いま，出発空港 i と到着空港 j 間の年間取り扱い旅客数，あるいは貨物量 T_{ij} を被説明変数，基本説明変数として出発空港 i の後背地1人あたり実質GDP を G_i，到着空港 j の後背地1人あたり実質GDP を G_j，出発空港 i の後背地人口を P_i，到着空港 j の後背地人口 P_j，出発空港 i と到着空港 j 間の距離を R_{ij} とする基本モデルを組み立て，ここに三大都市圏に所在する3空港（＝東京国際空港，大阪国際空港，中部国際空港），および国内線年間取り扱い旅客数1,000万人（貨物については年間取り扱い貨物量1億トン）を超える合計6空港の「空港ダミー変数（$D_1 \sim D_6$；D_1＝東京国際空港，D_2＝新千歳空港，D_3＝大阪国際空港，D_4＝福岡空港，D_5＝那覇空港，D_6＝中部国際空港）」を導入する（A は定数項）。

$$T_{ij} = A \frac{(G_i G_j)^\alpha (P_i P_j)^\beta e^{\delta D_i} e^{\varepsilon D_2 \cdots} e^{\eta D_6}}{(R_{ij})^l} \quad (1)$$

ここで，加藤ら（2014）は（1）式に「ダミー変数のパラメーター乗」という指標を用いて拠点性の計測を試みている。ダミー変数のパラメーター乗とは，ダミー変数に組み込まれた空港が 1 人あたり実質 GDP，人口，距離で説明される取り扱い旅客数・貨物量と比べ何倍の量を取り扱っているのかをあらわす指標で，被説明変数と基本説明変数の値に応じ変化する。言い換えれば，空港の拠点性とは 1 人あたり実質 GDP，人口，距離で説明される取り扱い旅客数・貨物量からのスピルオーバーを意味し，本論文でもこの考えに基づき，このダミー変数のパラメーター乗＝空港の拠点性と解釈し分析を行う。

分析の対象は直近の『航空輸送統計年報 2013』から抽出した首都圏空港と都道府県庁所在地間の空港[13]，および都道府県庁所在地空港相互間を結ぶ 134 路線である（貨物は 100 ネットワーク）[14]。なお，各パラメーターの推計にあたっては，(1) 式を対数変換した（2）式について，最小二乗法によって推定を試みる（は誤差項）。

$$\ln T_{ij} = \alpha + \beta_1 \ln G_i + \beta_2 \ln G_j + \beta_3 \ln P_i + \beta_4 \ln P_j - \beta_5 \ln R_{ij} + \beta_6 D_1 \cdots \beta_{11} D_6 + \varepsilon \quad (2)$$

表 15-3 には，各パラメーターについて予想される符号条件が掲載されている。第 1 に，ダミー変数として選択した 6 空港は取り扱い旅客数も貨物量も都道府県庁所在地空港のなかでは群を抜いており，パラメーターの値は正の値をとることが予測される。第 2 に，出発空港後背地人口・到着空港後背地人口はそれが増加するほど空港利用者の増加に結びつくため，この符号は正の値をとることが予測される。第 3 に，出発空港と到着空港間の距離については，両者間の距離が長くなれば長くなるほど利用者は効率的な移動を選択するため，この符号は正の値をとることが予測される。最後に，後背地 1 人あたり実質 GDP に関しては，後背地の生産活動の規模が高いほど輸送の迅速性や速達性に対する需要が高くなるため，この符号は正の値をとること

表15-3　パラメーターの符号条件

説明変数		符号条件
出発空港後背地1人あたり実質GDP	G_i	＋（ケースによってはー）
到着空港後背地1人あたり実質GDP	G_j	＋（ケースによってはー）
出発空港後背地人口（人）	P_i	＋
到着空港後背地人口（人）	P_j	＋
出発空港〜到着空港間距離（km）	R_{ij}	＋
東京国際空港ダミー	D_1	＋
新千歳空港ダミー	D_2	＋
大阪国際空港ダミー	D_3	＋
福岡空港ダミー	D_4	＋
那覇空港ダミー	D_5	＋
中部国際空港ダミー	D_6	＋

が予測される。ただ，注意しなければならないのは，わが国は広域に及ぶ高速陸上交通ネットワークが整備されており，地域によっては航空輸送にまさる迅速性が確保されている地域もある。陸上交通機関の代替性が高い場合，必ずしも後背地の生産規模が航空需要に反映されるとは言えないため，パラメーターは負の値をとる可能性がある。

表15-4は推計結果を示したものである。旅客・貨物ともにモデルのあてはまりはまずまずで，説明変数は那覇空港ダミー（旅客）を除き全て1％水準で有意である。各説明変数の符号についても，あらかじめ想定した通りの符号である。後背地1人あたり実質GDPは，陸上交通機関の代替性が高い理由から負の値を示している。しかし，これはわが国の国内特有の環境で起きたもので，実質GDPが取り扱い旅客数・貨物量と全く相関しないと言い切ることはできない。

ダミー変数のパラメーター乗の値は旅客・貨物を合わせ東京国際空港の値が最も高く，前者で2.32，後者で5.01である。大阪国際空港とは旅客で1.9倍，貨物で2.8倍もの開きがある。中部国際空港との比較ではその差が旅客2.2倍，貨物3.5倍に広がっており，首都圏空港の拠点性が三大都市圏の空港のなかでも圧倒している状況が読み取れる。

① 推計結果

表 15-4　推計結果

説明変数		旅客 係数	旅客 判定	貨物 係数	貨物 判定
定数項	A	1.66	[　]	−25.53	[**]
出発空港後背地1人あたり実質GDP	G_i	−3.82	[**]	−3.97	[*]
到着空港後背地1人あたり実質GDP	G_j	−3.80	[**]	−9.62	[**]
出発空港後背地人口（人）	P_i	0.39	[**]	0.63	[**]
到着空港後背地人口（人）	P_j	0.39	[**]	1.23	[**]
出発空港〜到着空港間距離（km）	R_{ij}	0.95	[**]	2.49	[**]
東京国際空港ダミー	D_1	3.19 (**2.32**)	[**]	6.26 (**5.01**)	[**]
新千歳空港ダミー	D_2	0.92 (**0.95**)	[**]	1.47 (**1.07**)	[**]
大阪国際空港ダミー	D_3	1.77 (**1.22**)	[**]	3.72 (**1.80**)	[**]
福岡空港ダミー	D_4	0.99 (**1.00**)	[**]	1.86 (**1.14**)	[**]
那覇空港ダミー	D_5	0.21 (**0.94**)	[　]	1.78 (**1.42**)	[**]
中部国際空港ダミー	D_6	1.24 (**1.05**)	[**]	3.00 (**1.42**)	[**]
R − squared		0.53 [**]		0.70 [**]	
Adjusted R-squared		0.51		0.68	
Observations		268		200	

注1　（　）内の太字の数値はダミー変数のパラメーター乗の値を示す。
　2　[　] は ** = 1%，* = 5% 有意である。

② 相関行列（旅客）

	1	2	3	4	5	6	7	8	9	10	11	12
1. 出発空港後背地1人あたり実質GDP	1	−0.18	0.73	−0.22	−0.13	0.33	−0.08	−0.04	−0.04	−0.38	0.15	0.07
2. 到着空港後背地1人あたり実質GDP	−0.18	1	−0.22	0.73	−0.12	0.33	−0.08	−0.04	−0.04	−0.38	0.15	0.07
3. 出発空港後背地人口（人）	0.73	−0.22	1	−0.41	−0.04	0.23	−0.01	0.13	−0.04	−0.23	0.06	0.20
4. 到着空港後背地人口（人）	−0.22	0.73	−0.41	1	−0.03	0.23	−0.01	0.13	−0.04	−0.23	0.06	0.19
5. 出発空港〜到着空港間距離（km）	−0.13	−0.12	−0.04	−0.03	1	0.01	0.17	−0.17	−0.07	0.47	−0.09	0.26
6. 東京国際空港ダミー	0.33	0.33	0.23	0.23	0.01	1	−0.18	−0.16	−0.17	−0.16	−0.13	0.48
7. 新千歳空港ダミー	−0.08	−0.08	−0.01	−0.01	0.17	−0.18	1	−0.12	−0.13	−0.18	−0.09	0.05
8. 大阪国際空港ダミー	−0.04	−0.04	0.13	0.13	−0.17	−0.16	−0.12	1	−0.12	−0.10	−0.15	0.20
9. 福岡空港ダミー	−0.04	−0.04	−0.04	−0.04	−0.07	−0.17	−0.13	−0.12	1	−0.11	−0.09	−0.03
10. 那覇空港ダミー	−0.38	−0.38	−0.23	−0.23	0.47	−0.16	−0.18	−0.10	−0.11	1	−0.14	0.03
11. 中部国際空港ダミー	0.15	0.15	0.06	0.06	−0.09	−0.13	−0.09	−0.15	−0.09	−0.14	1	−0.05
12. 取り扱い旅客数（人／年）	0.07	0.07	0.20	0.19	0.26	0.48	0.05	0.20	−0.03	0.03	−0.05	1

③ 相関行列（貨物）

	1	2	3	4	5	6	7	8	9	10	11	12
1. 出発空港後背地1人あたり実質GDP	1	−0.23	0.73	−0.27	−0.13	0.38	−0.08	−0.03	−0.05	−0.39	0.13	0.18
2. 到着空港後背地1人あたり実質GDP	−0.23	1	−0.27	0.73	−0.12	0.38	−0.08	−0.03	−0.05	−0.39	0.13	0.09
3. 出発空港後背地人口（人）	0.73	−0.27	1	−0.46	−0.03	0.24	−0.01	0.14	−0.04	−0.24	0.03	0.22
4. 到着空港後背地人口（人）	−0.27	0.73	−0.46	1	−0.02	0.24	−0.01	0.14	−0.04	−0.24	0.03	0.31
5. 出発空港〜到着空港間距離（km）	−0.13	−0.12	−0.03	−0.02	1	0.01	0.15	−0.24	−0.17	0.50	−0.05	0.39
6. 東京国際空港ダミー	0.38	0.38	0.24	0.24	0.01	1	−0.24	−0.23	−0.20	−0.22	−0.24	0.50
7. 新千歳空港ダミー	−0.08	−0.08	−0.01	−0.01	0.15	−0.24	1	−0.16	−0.14	−0.22	−0.11	−0.11
8. 大阪国際空港ダミー	−0.03	−0.03	0.14	0.14	−0.24	−0.23	−0.16	1	−0.13	−0.14	−0.18	0.14
9. 福岡空港ダミー	−0.05	−0.05	−0.04	−0.04	−0.17	−0.20	−0.14	−0.13	1	−0.12	−0.09	−0.16
10. 那覇空港ダミー	−0.39	−0.39	−0.24	−0.24	0.50	−0.22	−0.22	−0.14	−0.12	1	−0.17	0.08
11. 中部国際空港ダミー	0.13	0.13	0.03	0.03	−0.05	−0.24	−0.11	−0.18	−0.09	−0.17	1	−0.13
12. 取り扱い貨物量（トン／年）	0.18	0.09	0.22	0.31	0.39	0.50	−0.11	0.14	−0.16	0.08	−0.13	1

4. 首都圏空港の容量拡大に向けた運用方式の改善と首都圏第三空港の可能性

(1) 首都圏空港における容量拡大の必要性

首都圏空港がわが国における航空輸送の拠点である以上，その容量制約はわが国の経済活性化や地域間交流の強化に負の影響を及ぼす。さらに，容量制約による空港の機能低下は利用者の選択肢を狭めるほか，航空会社の生産性向上の妨げともなり，全体としての余剰を大きく減少させる。首都圏空港の発着枠は東京国際空港の再拡張や成田国際空港北側延伸事業の整備によって増加したが，先にも述べたように，この増枠は当面の需要にしか対応しておらず，現時点でも全ての航空会社のニーズに応えきれていない。表15-5に示されるように，わが国の航空需要は，下位ケースの場合であっても

表15-5 わが国における航空需要予測と首都圏空港の発着枠

		上位ケース	中位ケース	下位ケース
2013年現在	国内＋国際利用者数 (単位：100万人)	105		
	首都圏空港発着枠（単位：万回）	68（2015年以降74.7）		
2020年	国内＋国際利用者数 (単位：100万人)	195	186	176
	首都圏空港必要発着枠 (単位：万回)	76.2	72.9	69.1
	首都圏空港発着枠（単位：万回） (滑走路運用方法の改良＆管制機能向上後)	82.6		
2030年	国内＋国際利用者数 (単位：100万人)	246	222	196
	首都圏空港必要発着枠	94.1	86.5	77.5

注1 上位ケース：中位ケースより高い経済成長率を達成したケース（年間平均実質GDP：2010〜17年＋2.2%，2017〜22年＋3.0%，2022〜27年＋3.0%，2027〜2032年＋3.0%）
　2 中位ケース＝日本再興戦略で目標に掲げる経済成長率に基づき設定したケース（年間平均実質GDP：2010〜17年＋1.7%，2017〜22年＋2.0%，2022〜27年＋2.0%，2027〜2032年＋2.0%）
　3 下位ケース＝日本再興戦略以前の将来見通しによる経済成長率を達成したケース（年間平均実質GDP：2010〜17年＋1.0%，2017〜22年＋0.7%，2022〜27年＋0.7%，2027〜2032年＋0.7%）
出所：国土交通省資料より筆者作成。

2030年代までには1億9,600万人に増大し，現行の74.7万回の発着枠を超える。一方，中位ケース・上位ケースの場合は，2020年代には発着枠超過をきたし，年間7〜23万回の容量不足が生じる。もし，2020年までに滑走路運用方法の改良や管制機能の高度化によって年間82.6万回への増枠が実現すれば下位ケースには対応できるが，中位ケース・上位ケースには対応しきれない。将来の航空需要は今後の景気動向に左右されるが，いずれにしても首都圏空港の容量拡大と機能強化に関わる具体的な検討を早急にすすめ，早朝・深夜時間帯就航規制や空域の飛行制限をはじめ容量拡大の障壁となる規制を見直す作業が求められる。

ところで，首都圏空港の容量拡大は以上の航空需要に対する対応のほか，利用者便益の向上やわが国の周囲をめぐる国際環境の変化への対応から，以

下の諸点で一定の必要性と妥当性が指摘できる（塩見（2006）・中条（2007））。
第1に，多様なサービス展開，拠点機能の高度化による利用者便益の拡大である。今回の増枠に先立って，首都圏空港では東京国際空港における内際分離の原則の見直しがすすみ，増枠後の再国際化によって，ビジネス旅客はもとより地方からのトランジット旅客数が2010〜2012年のわずか2年で3倍に膨れ上がった。他方，成田国際空港では国際線のシフトで生じた余剰枠に新規航空会社が参入し，2015年4月には北側延伸事業の完成に合わせLCCターミナルが開業する予定である。わが国の航空輸送の拠点を担う首都圏空港の容量拡大は，多様なニーズへの対処と多様なサービス展開をもたらし，潜在需要が今以上に顕在化する可能性がある。他方，こうしたサービスの多様化によって，企業間の戦略性が高まり，企業間競争が促進されることで，利用者にサービス向上や運賃低下の便益を与えることもあり得る。

第2に，アジア・オープンスカイに対する対応である。図15-2に図示されているように，1990年代以降，アジアにおける航空輸送の伸びは目ざましく，2012年の有償旅客キロ（Revenue Passenger-Kilometers：RPK）は航空大国の米国を上回る14兆5,580億キロを記録している。ICAO（国際民間航空機関）の需要予測によれば，2012年以降，2031年までの向こう20年間で年間平均＋6.6％の成長が見込まれており，有償旅客キロでは北米の2倍に上る49兆9,000万キロに到達する。このなかにあって，中国に牽引されるアジア周辺諸国は国家プロジェクトとして複数の滑走路を有する拠点空港を次々に計画，整備し（図15-3参照），国内航空輸送の規制緩和や周辺国とのオープンスカイ協定の締結に踏み切っている。わが国では，2013年現在米国，韓国，中国を含め26か国とのオープンスカイ協定を結んでおり，首都圏空港への就航制限も2012年以降撤廃された。ただ，再び容量制約が生じれば，首都圏空港への就航は規制せざるを得ず，今以上の需要の取りこぼしが発生する恐れがある。

第3に，アジア周辺諸国との空港間競争と競争力の強化に向けての対策である。アジア・オープンスカイの進展と拠点空港の整備に伴い，アジア諸国

474　第Ⅳ部　東京・多摩地域の経済的特徴と国際競争力

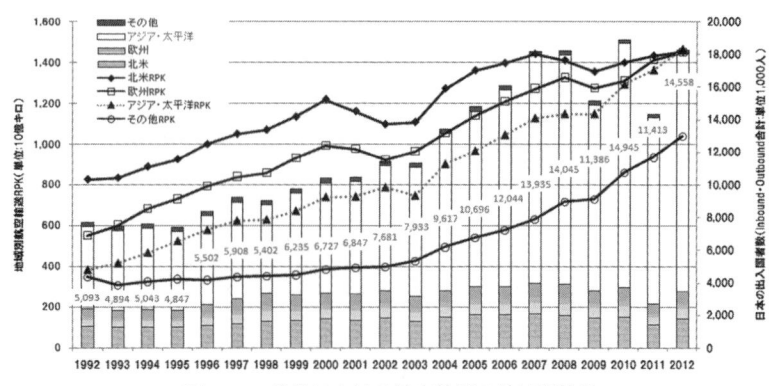

図 15-2　世界における航空輸送の地域間比較
出所：IATA, *Civil Aviation Statistics of the World*, 法務省『出入国管理統計』各年度版より作成。

図 15-3　アジア周辺諸国における空港整備計画と整備状況
出所：国土交通省資料より筆者作成。

では拠点空港の巧みなマーケティング戦略と高度なハブ機能を駆使し，航空ネットワークの充実化につとめている。とくに，香港，シンガポール，バン

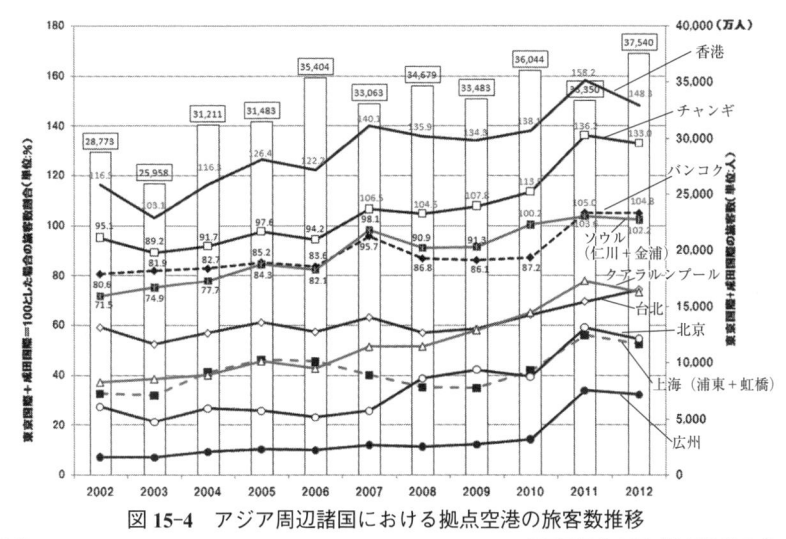

図15-4 アジア周辺諸国における拠点空港の旅客数推移

出所：Airport Council International, *Worldwide Airport Traffic Report*, 中国民用航空局『全国机场吞吐量排名』各年度版より作成。

コク，ソウルは首都圏空港を上回る集客力を誇っており（図15-4参照），わが国に対しても地方空港を中心にトランジット需要獲得のためにいくつかの路線を開設している。もっとも，わが国においてそのような路線でアジアの空港を経由し，第三国に向かう旅客は，就航便数が最も多いソウルでさえ，首都圏空港経由の10分の1にすぎない。また，路線そのものも自治体からの補助金によってようやく運航にまで辿り着けているため，それらが直ちに首都圏空港の集客を奪うことにはつながらない。ただ，首都圏空港に容量制約が発生し，空港機能が著しく低下すれば，航空会社は首都圏空港への就航を見直し，その取りこぼし需要が他国にシフトすることもある。そのため，今後の空港整備にはこうした競争の存在も視野に置きながら取り組まなければならない。

2　首都圏空港の運用方式の改善と首都圏第三空港整備の可能性

2013年9月から開始された「交通政策審議会航空分科会基本政策部会」によれば，今後の首都圏空港の航空需要や航空輸送をめぐる環境変化に対応

するため，首都圏空港の国際競争力の強化と機能向上を達成させるための技術的な選択肢の抽出，精査を講じることが適当であるとしている。具体的には，東京国際空港や成田国際空港の容量拡大のみならず，首都圏第三空港の整備を含めた様々な可能性を視野に入れ，遅くとも2016年度までには周辺地方自治体をはじめとする地域の関係者との協議，および合意形成に取り掛かると述べている。

　以上をふまえ，国土交通省は2020年の東京五輪開催を目標に首都圏空港の滑走路運用方法の改良や管制機能の高度化をすすめ，全体の発着枠を年間82.6万回まで増枠する旨を発表した。これには首都圏上空飛行や深夜・早朝時間帯飛行制限の解除，および滑走路占有時間の短縮等の発着枠運用の見直しなど大幅な運用方式の改善が含まれている。ただし，そのようなケースバイケースの対応が功を奏しても，2030年の航空需要への対策には結びつかないし，飛行制限の解除や発着枠運用の改善についても地元との交渉や管制との調整をめぐって様々なコストが生み出される。従って，将来を見据えた容量拡大を実現する上では，既存施設の活用や既存施設の拡張ばかりではなく，首都圏第三空港整備を交えた多様な政策選択肢の可能性について検討しておくことが重要である。

　ところで，首都圏第三空港整備に関しては，1990年代末から検討が開始され，石原都政下の1998年には横田基地の軍民共用化を目指し，水面下で日米間の交渉が積み重ねられてきた経緯がある。このほか，候補地として公式・非公式に選択肢にあがったのは，下総飛行場，入間飛行場，調布飛行場などがある（表15-6参照）。しかし，いずれについても最終的には2000年9月～2002年1月の「首都圏第三空港検討会」において東京国際空港の再拡張が既存ストックを活用する意味でも工期のリスクを削減する意味でも望ましいとされ，本格的な整備は白紙に戻された。

　首都圏第三空港の整備にあたっては，空港が地域に及ぼす経済効果も重要である。その一方で，航空輸送をめぐる国際環境の変化に対応し，東京国際空港などが担っている拠点性を代替できる機能も備わっていなければならな

表 15-6 首都圏第三空港候補地の概要

項目／候補地名	横田基地	下総飛行場	入間飛行場	調布飛行場
所在地	東京都福生市	千葉県柏市	埼玉県入間市	東京都調布市
空港管理者	米軍＆防衛庁	防衛庁	防衛庁	東京都
滑走路長	3,353 M×1 本	2,249 M×1 本	2,000 M×1 本	800 M×1 本
都心までのアクセス時間	60 分／40km（JR 中央線＆青梅線）	60 分／35km（東武野田線＆JR 常磐線）	75 分／50km（西武池袋線＆JR 山手線）	35 分／25km（京王線＆JR 中央線）
就航可能路線	国内〜長距離国際線まで全て就航可	国内〜中距離アジア線就航可	国内〜短距離アジア線（中韓線）就航可	短距離国内線（600km 内）就航可
ジェット対応	可	可	可	不可
運用上の意義	○長距離国際線対応可 ○不定期旅客便乗り入れ実績有（軍人輸送等） ○民航地区整備コスト低	○中距離アジア便就航可 ○アクセス利便性高	○民航地区用地買収コスト低 ○圏央道ネットワーク上の需要対応可	○首都関西部の一部の国内線需要に対応可 ○アクセス利便性高
運用へ向けた問題 or 課題	○米軍との交渉＆調整 ○地元自治体との交渉＆調整	○騒音問題 ○東京国際＆成田国際との管制重複（発着枠制限）	○航空自衛隊の拠点としての軍事上の問題 ○米軍との管制重複	○長距離国内線＆国際線就航不可（ジェット機×） ○発着時間制限有

出所：各飛行場 HP 等を参考に筆者作成。

い。そこで，いま首都圏空港が置かれている役割やポテンシャル等をふまえ，総合的に判断したとき，第一の選択肢として取り上げられるのは，横田基地の軍民共用化に向けての交渉再開である。

なお，以下の記述は既に塩見・小熊（2013）で扱っており，筆者の一人（塩見）も軍民共用化委員会の一員として外交上，審議経過と回覧資料については秘匿とすることが約束されている関係から，ここでは塩見・小熊（2013）の要点を簡単に整理するに止めておく。横田基地は人口密度の高い多摩地域に立地し，東京 23 区西部はもちろん，山梨や埼玉の一部の豊富な需要に対応できる理由から，首都圏空港の航空旅客需要を十分に補完できる可能性を

持っている。また,多摩地域には航空貨物に適合する先端産業,および半導体産業のメーカー,工場,研究機関が集積し,この製造品出荷量は首都圏のおよそ90％を占めている。そのため,横田基地の軍民共用化は航空旅客需要のみならず,航空貨物需要のニーズに応えることにもつながり,これによって国内外のヒト,モノの交流を通した産業集積・クラスターの促進とさらなる地域活性化が期待できる[15]。しかし,横田基地は米軍極東地域の中継基地としての性格から,軍民共用化＝一般への施設公開を意味し,この本格的な実現に向けては①空港における民航地区と軍用地区の範囲の設定,②有事や定期訓練の際における対応,③空港内セキュリティの確保,④空域の再編など詰めるべき問題が山積している。横田基地の軍民共用化は,安全保障上の面が絡むため,調整には難航を極めることが予測される。ただ,将来のわが国の航空需要に対する対策としては避けては通れない問題であるため,早期の交渉再開に向けて検討を重ねていく必要がある。

5. ま と め

本論文は,首都圏空港の整備の内容と容量制約の要因を整理し,首都圏空港の拠点性と容量拡大の必要性を明らかにした後,今後の航空需要に対する対応について,発着枠運用方式の改善や首都圏第三空港の整備を含む各種政策選択肢の可能性と政策的課題について検証した。首都圏空港は航空需要の増大に対応し,戦後一貫して計画的な整備や拡張が展開されてきた。そして,東京国際空港の再拡張と成田国際空港の北側延伸事業の整備によって,発着枠は年間74.7万回に到達した。しかし,需要と供給のミスマッチは本質的には改善されず,20年後には再び容量制約の問題が浮上するものと予測されている。

わが国における航空輸送の拠点である首都圏空港の容量制約は,わが国の経済活性化や地域間交流の拡大に直接影響を与えるばかりではなく,アジア

周辺諸国との競争における優位性の確保に直結する問題である。その一方で，2030年に到来する容量制約に対しては今のところケースバイケースの対応に終始し，本質的な改善には結びついていない。首都圏第三空港についても，安全保障の面や合意形成の面で検討すべき課題が多く残されている。

なお，国土交通省は2014年に入って2020年以降における首都圏空港の容量拡大に向けた選択肢として，東京国際空港E滑走路の増設について具体的検討をすすめる旨を明らかにした。E滑走路は現在のC滑走路から沖合760m離れた距離に並行配置する「セミオープンパラレル方式」で整備され，これによって年間56.0～63.0万回の増枠が期待できる（運輸政策研究機構首都圏空港将来像検討調査委員会（2010））。しかし，E滑走路の運用においては，環境基準値を大幅に超える騒音が広域に分散するため，地元との交渉を詰めなければならないほか，離着陸の際に周辺構造物の障害に対しどのように対応するかもあらかじめ想定しておかなければならない。いずれにしても，容量制約の本格的な解消について早急に計画の決定と対策を推進することが重要である。

1) 例えば，JALは首都圏空港の発着枠増枠に合わせ，新たに中部国際空港便を開設し，国際空港間相互の国際線乗り継ぎを強化している。また，貨物輸送ではANAが「沖縄貨物ハブ＆新・航空ネットワーク」を強化し，とくに成田国際空港の就航が制限される23～翌朝6時の深夜・早朝時間帯（＝カーフュー時間帯）に首都圏空港を含め全国各地から貨物を集約し，アジア域内4時間圏内を中心に翌日配送可能となるネットワークを構築している。
2) この代表的な例は，エミレーツ航空とカタール航空である。両社はかねてから首都圏空港への就航要請を表明していたが，空港の容量制約の関係から自社便を関西国際空港に迂回させ，その代わりに首都圏空港～関西国際空港については，各々JALとANAの関西国際空港便とのコードシェアによって乗り入れを行っていた。2013年から両社ともに首都圏空港への就航が認められていったが，希望枠数が割り当てられていないため，現在もこの運航体制が残っている。
3) なお，深夜・早朝時間帯におけるジェット機発着規制は1997年のC滑走路の供用開始をもって解除され，2010年からはD滑走路の完成に伴い年間約18万回の発着が認められている。一方，ジェット化と機材の大型化の進展に伴い1969年

からは座席数 19 席以下の小型機乗り入れが禁止された（1985 年以降は座席数 60 席以下にまで引き上げ）。この小型機乗り入れ規制は 2010 年の再拡張完成まで続けられた。

4) この理由は，首都圏空港全体で滑走路の量と質のミスマッチが発生していたからである。東京国際空港では滑走路間の間隔や滑走路配置の関係で，滑走路 3 本の同時利用が不可能なばかりか，2 本の同時利用でさえも場合によっては制限されるため，発着枠は沖合移転前と比べて年間 10 万回の増加に止まることになった。また，成田国際空港についても滑走路長の理由から，第 2 滑走路供用開始後の増枠の対象が，本来対応すべき長距離国際線ではなく国内線や中距離国際線に配分せざるを得なかった。

5) しかしながら，2007 年に第 1 次安倍内閣において取りまとめられた「アジア・ゲートウェイ構想」に基づき，東京国際空港への国際線就航は，再拡張終了の 2010 年より 3 年間前倒しで実施される旨が決定された。これによって，高速離脱誘導路の整備と日中時間帯の増枠が急ピッチですすめられ，同年内に東京国際空港と上海虹橋空港間で国際チャーター便の運航が始まった。

6) SPC は「東京国際空港ターミナルビル株式会社（国際線旅客ターミナルビルの整備・維持管理：主要企業＝日本空港ビルディング（株））」，「東京国際エアカーゴターミナル株式会社（貨物ターミナルの整備・維持管理：主要企業＝三井物産（株））」，「羽田空港国際線エプロン PFI 株式会社（エプロンの整備・維持管理：主要企業＝大成建設（株））」のように，施設ごとに複数企業の共同出資によって運営されている。なお，これらの 3 つの施設のうち，エプロンの整備コストに関しては空港整備勘定から賄うことになっている。

7) 第 5 次空港整備五カ年計画から第 7 次空港整備五カ年計画までの地方空港整備事業費の経過を辿れば，その支出額は 15 年間合計で 2 兆 6,500 億円に上っている。とくに，1990 年代に入ってからの支出額は毎年度 1,000 ～ 3,000 億円の規模で推移し，第 7 次空港整備五カ年計画開始時の 1996 年度には，過去最高の 3,292 億円が地方空港整備事業にあてられている。この背景について塩見・小熊（2010）は，プラザ合意による円高不況からバブル崩壊後の構造的不況に至るまでの一連の景気の低迷を公共投資によって打開しようとする政治的含意があった点を指摘している。

8) このほか，成田国際空港，大阪国際空港，関西国際空港の 3 空港が混雑空港の指定を受けている。大阪国際空港は騒音対策の観点から，3 発を超えるエンジン搭載のジェット機の就航を禁止し，発着枠については年間 13.5 万回（ジェット機枠 7.3 万回，低騒音機枠 3.6 万回，プロペラ機枠 2.6 万回）にまで制限している。ただ，残る 2 空港を含め発着枠については余裕があるため，発着枠の配分自体に規制が課されているのは実質上東京国際空港のみである。

9) また，新規航空会社に対して配分される新規優遇枠については，SKY が ANA の撤退を受けて，優先的に配分された徳島便および青森便の枠を新千歳や那覇などの高収益路線に振り替えたことに非難が相次いだため，2005 年以降，不採算路線枠の国内幹線への転用を禁じている。
10) 例えば，東京国際空港の 1 便あたり平均旅客数は 2000 年の 211 人をピークとして，それ以降減少の基調を辿り，2005 年からは概ね 160～170 席前後で推移している。
11) その一方で，国土交通省は成田国際空港から東京国際空港への国際線のシフトが過度にすすまないように，2014 年に各航空会社に対し同一国・同一目的地路線について片一方の空港からのみの運航を禁ずる非公式の通達を行った。この通達は「成田縛り」とも呼ばれ，航空会社のなかには収益確保の問題から日本路線からの全面撤退を開始する会社も出始めている。
12) グラビティモデルとは，国際貿易論の分野において蓄積されてきた分析方法で，主に国際間をまたぐ人的・物的流動とそれらの決定要因を解明するモデルとして援用されている。航空輸送分野では，竹林ら（2003）がわが国における国際航空自由化の影響を実証するため，本モデルを用いて旅客流動の変化と決定要因について検証している。また，井尻（2008）も米国の航空輸送流動量の決定要因と航空会社の拠点空港選択の関係について本モデルをベースとした分析を試みている。
13) 都道府県所在地空港とは，47 都道府県に存在する各空港を指している。ただ，北海道（新千歳空港をはじめ道内合計 8 空港），秋田県（秋田空港・大館能代空港），青森県（青森空港・三沢空港）のように地域によっては 1 地域に複数の空港が存在する地域がある。この場合は県庁所在地に近接する空港を選択し，それ以外の空港については分析の対象に含めなかった。
14) このほか，後背地 1 人あたり実質 GDP，後背地人口の抽出にあたっては，内閣府経済社会研究所『県民経済計算（www.esri.cao.go.jp/）』，総務省統計局『人口統計（www.stat.go.jp/data//）』を用いた。
15) 財団法人統計研究会が発表した「首都圏空港の整備利用に関する検討調査報告書 2006」によれば，横田基地の軍民共用化によって，雇用，生産，消費の面で約 1,610 億円の直接的な波及効果が生じるとしている。また，間接的効果としては国内外における文化交流，経済活動の促進などが生み出されると述べている。

参 考 文 献

・石倉智樹・土谷和之「羽田空港の容量拡大による航空輸送の生産性への寄与とその経済効果」『土木学会論文集』（www.jstage.jst.go.jp/article/jscejd/63 /1 に所収），2007 年。

- 井尻直彦「グラビティモデルによるアメリカの航空輸送流動量の分析」『紀要』，第38号，日本大学経済科学研究所，2008年，69-81ページ。
- 引頭雄一「空港インフラの有効活用の方向性～民間の能力を活用した国管理空港等に関する法律（案）を受けて～」『運輸と経済』，財団法人運輸調査局，第72巻第7号，2012年，47-56ページ。
- 運輸政策研究機構首都圏空港将来像検討調査委員会『首都圏空港の未来からオープンスカイと成田・羽田空港の容量拡大』財団法人運輸政策研究機構，2010年。
- 加藤一誠「航空事業者と空港の関係からみた公租公課のあり方」『航空と文化』，日本航空協会，第100号（新春号），2010年，10-15ページ。
- 加藤一誠・引頭雄一・山内芳樹『空港経営と地域～航空・空港政策のフロンティア』成山堂書店，2014年。
- 酒井正子「わが国における航空自由化と羽田空港再国際化の課題」『運輸と経済』，財団法人運輸調査局，第70巻第6号，2010年，21-31ページ。
- 塩見英治「競争促進政策と空港システムの再検討」『交通学研究』，日本交通学会1995年度研究年報，1995年，23-33ページ。
- 塩見英治「巨大容量空港の必要性と設置に向けての課題」『ECO-FORUM』，統計研究会，Vol.21, No.4，2006年，4-10ページ。
- 塩見英治・小熊仁「社会資本整備・運営の展開と課題～空港社会資本と特別会計制度を中心として～」石崎忠司監修　建部正義・高橋由明・梅原秀継・田中廣滋（編）『失われた10年～バブル崩壊からの脱却と発展～』，中央大学出版部，第3章，2010年，61-90ページ。
- 塩見英治・小熊仁「首都圏空港の容量制約と横田基地の軍民共用化に関する検討」『都市問題』，公益財団法人後藤・安田記念東京都市研究所，第105巻第5号，2013年，20-35ページ。
- 竹林幹雄・黒田勝彦・三好礼子・吉永保子「カボタージュ規制緩和が航空旅客流動に与える影響分析」『土木計画学研究・論文集』（www.jstage.jst.go.jp/article/journalip1984/20/0/20_0_619/_article），2003年に所収。
- 中条潮「空港発着枠の配分と不採算航空路線の補助制度に関する考察」『三田商学研究』，慶應義塾大学商学会，第43巻第8号，2001年，89-109ページ。
- 中条潮「国際航空自由化への道～アジア・オープンスカイへの課題」『三田商学研究』，慶應義塾大学商学会，第50巻第4号，2007年，63-82ページ。
- 中条潮『航空幻想～日本の空は変わったか～』中央経済社，2012年。
- 屋井鉄雄・平田輝満・山田直樹「飛行場管制からみた空港容量拡大に関する研究」『土木学会論文集』（www.jstage.jst.go.jp/article/jscejd/64/1 に所収），2008年。

付記

　本論文は塩見・小熊（2013）をベースとし，これに第25回中央大学経済研究所学術シンポジウム『東京・多摩地域の総合的研究（2014年12月6日）』において寄せられたコメントをふまえ，内容を大幅に加筆修正してまとめたものである。シンポジウム当日，フロアからコメントを下さった関係者の皆様に本紙面を借りて厚く御礼申し上げる。なお，本論文に関する誤謬は全て筆者らに属する。

第 16 章
東京都の高齢化

松　浦　　司

1. 東京都の高齢化

　戦後，日本は一貫して人口が増加し続けたが，2000年代後半を境にして人口減少社会となった。1950年には8,400万人であった人口は2000年代後半には1億2,800万人まで上昇した。しかしながら，合計出生率は1950年の中頃に人口置換水準[1])を下回り，1975年以降は常に2を下回り続けている。それにもかかわらず，日本の人口が上昇し続けた。この理由は人口には人口モメンタムと言われるメカニズムが働くためである。しかし，この効果は一時的なものであり，長期的には人口減少に転じる。その結果，2060年には9,000万人程度まで人口が減少すると予想されている。

　また，東京都の人口と高齢化に関しては，図16-1にて示される。東京都の人口は1950年では630万人であったが，1950～55年の人口増加率は5.07%，1955～60年は3.8%，1960～65年は2.34%と急激な人口増加を経て1965年には1000万人を超えた。しかしながら，その後は人口増加率が低下して1%未満となった。さらに，1975～80年には−0.09%，1990～95年には−0.14%とわずかであるものの人口が減少する時期もみられ，1975年から2000年にかけてはほぼ一定の水準を維持していた。ただし，2000年以降は再び人口が増加傾向となっている。

　人口構成をみると，日本の高齢化と歩調を合わせるかのように東京都においても急速に高齢化が進展している。東京都の65歳以上人口は1950年時点

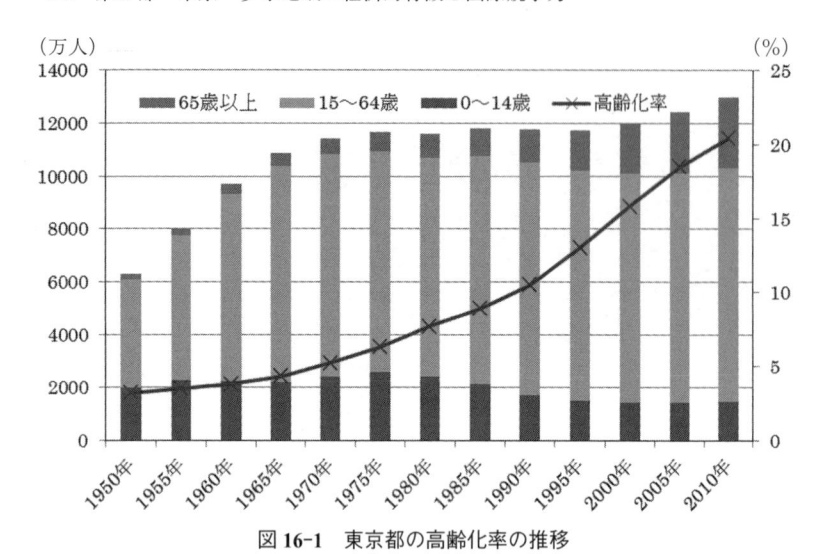

図16-1 東京都の高齢化率の推移
出所：総務省「平成22年 国勢調査」。

では20万人であった。しかし，高齢者人口は一貫して上昇を続け，1985年には100万人を超え，2010年には260万人となった。高齢化率[2]をみると，1950年では高齢化率は3.2％であったが，上昇を続けて1980年には7％を超えて高齢化社会となり，2000年には14％を超えて高齢社会となった。その後も急速に上昇を続け，2010年には20％を超えた。このように，東京都では高齢者人口も高齢化率も急速に上昇し続けていることがわかる。今後もこの傾向が続き，『首都圏白書（2008年）』では2015年には首都圏の高齢者人口は1,000万人を超えることを予想している。

さらに，高齢者がかつてと比較して，都市に居住する傾向となっている。このことを示すために，日本の全高齢者のうち，東京都に居住する高齢者割合の推移についてみてみたい。その結果が，図16-2に示される。1950年には全国の65歳以上の人のうち，東京都に住む人の割合は5％未満であったが，1970年までに急速に上昇し8％となった。その後は穏やかに上昇を続けている。つまり，高度成長以前の日本では高齢者は東京都以外の場所に住む傾向

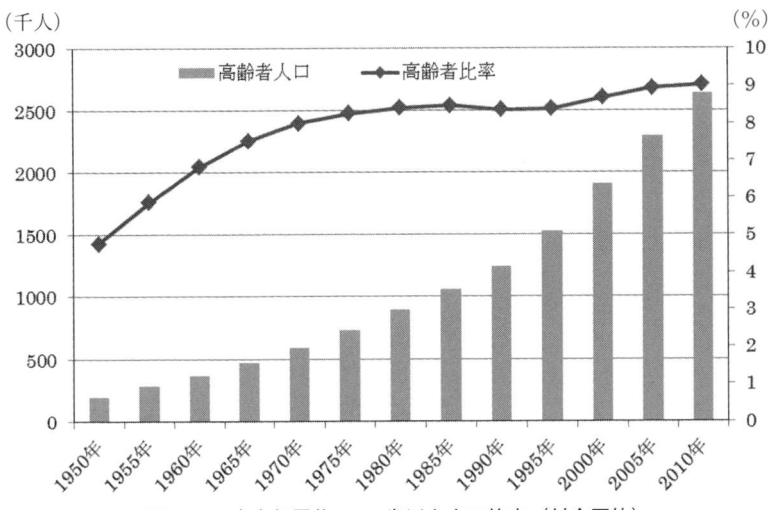

図16-2　東京都居住の65歳以上人口比率（対全国比）
出所：国立社会保障・人口問題研究所「人口統計資料集（2014）」。

が強かったが，高齢者の都市化が進み，2010年には9％の人が東京都に在住している。

このように，東京都の高齢化は急速に進展し，今後も高齢化が進むとされており，東京都では高齢化問題が重要な課題となることが予想される。そこで，本章では東京都の高齢化がもたらす諸問題を主に世帯構造と労働市場に注目をして分析を行いたい。

2. 東京都の高齢化と高齢者の世帯構造

(1) 東京都内の地域別の高齢化

本節では東京都の高齢化の進展とその速度，さらに高齢者の世帯構造を分析するために，東京都を10地区に分けて，特徴を論じたい。東京都の10地区とは，1.都心地区（千代田，中央区），2.副都心地区（港，新宿，文京，

渋谷，豊島区），3. 下町地区（台東，墨田，荒川区），4. 城北・城南地区（北，品川，大田），5. 西部住宅地区（目黒，中野，世田谷，杉並，練馬区，武蔵野，田無，三鷹，調布，国立，小金井，国分寺，狛江，保谷市），6. 東西外周地区（江東，板橋，足立，江戸川，葛飾，青梅，昭島，秋川），7. 府中・小平地区（府中，小平，東村山，清瀬），8. 南多摩地区（八王子，立川，東大和，福生，町田，日野，東久留米），9. 武蔵村山・稲城地区（武蔵村山，稲城），10. 多摩市地区（多摩市）である[3]。この地域区分は氏原編（1985）に準拠している[4]。

　はじめに東京都の高齢化が予想以上に進展していることを示すために，1980年の地域別の高齢化率，1980年時点での2000年の地域別高齢化率の予想値，2000年の地域別高齢化率の実績値についてみてみたい。その結果が図16-3に示される。1980年時点では都心地区の高齢化率が最も高く13.3％であり，下町地区や副都心地区でも10％前後となっている。一方，南多摩地区，武蔵村山・稲城地区，多摩市地区などでは5％前後と低い。一般に1980年時点では東京都の東部地域では高齢化率が高く，西部地域の多摩地域では低い傾向が観察される。次に1980年の2000年の予想を見てみると，下町地区で急速に高齢化が進展し，20％近くに到達すると予想されていた。他方，多摩市地区では高齢化が比較的穏やかに進展すると予想されていた。しかしながら，実績値を見ると全般的に高齢化が予想以上に進展したことが分かる。ただし，急速に高齢化が進展すると予想された下町地区では唯一，実績値が予想値を下回った。また，下町地区の次に高齢化が進展すると予想された都心地区は実績値が予想値を上回ったものの，予想値と実績値で大きな差は見られない。一方，南多摩地区や多摩市地区では予想値をはるかに上回って高齢化が進展した。2000年の実績値をみると，都心地区，副都心地区，下町地区などの東京都の東部では高齢化率は高いものの，主に東京都の西部地区である多摩地域では予想以上に高齢化が進展したことが示される。

　さらに，2000年から2010年にかけての高齢化の推移を見てみたい。その結果が，図16-4に示される。2000年と2010年では全般的に高齢化が進展

第16章　東京都の高齢化　489

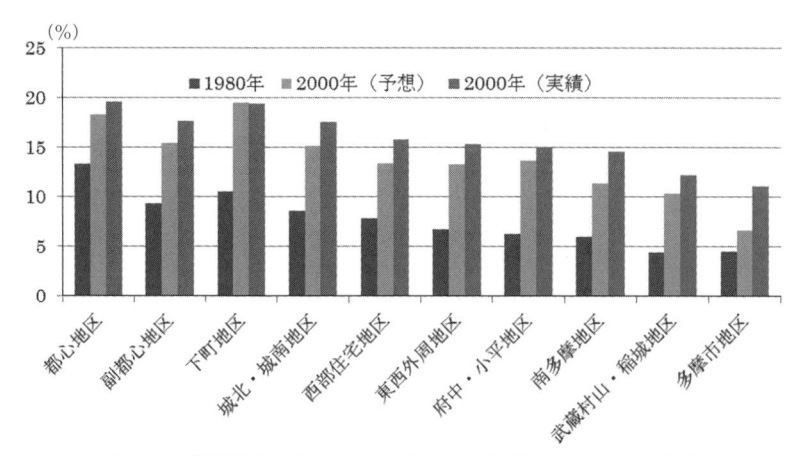

図 16-3　地域別高齢化率の 1980 年時点の予想と 2000 年の実績値

注　1. 都心地区：千代田・中央区，2. 副都心地区：港・新宿・文京・渋谷・豊島区，3. 下町地区：台東・墨田・荒川区，4. 城北・城南地区：北・品川・大田区，5. 西部住宅地区：目黒・中野・世田谷・杉並・練馬区・武蔵野・田無・三鷹・調布・国立・小金井・国分寺・狛江・保谷市，6. 東西外周地区：江東・板橋・足立・江戸川・葛飾区・青梅・昭島・秋川市，7. 府中・小平地区：府中・小平・東村山・清瀬市，8. 南多摩地区：八王子・立川・東大和・福生・町田・日野・東久留米市，9. 武蔵村山・稲城地区：武蔵村山・稲城市，10. 多摩市地区：多摩市（地域名は 1980 年時点，地域区分は氏原編（1985）を使用）

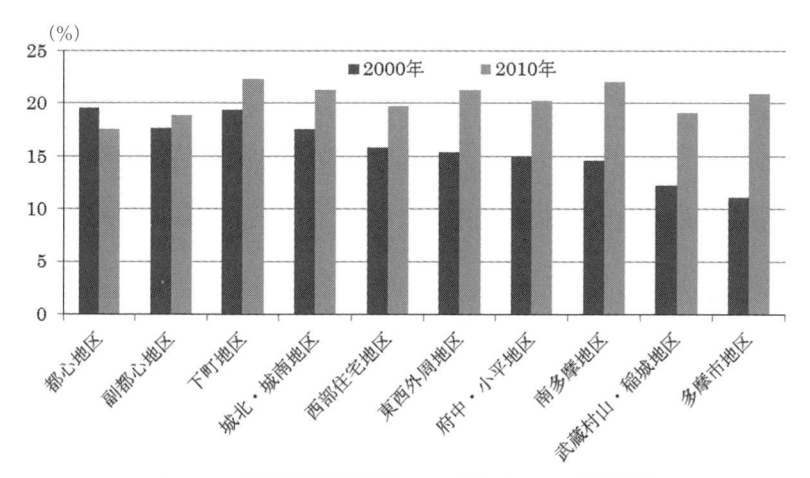

図 16-4　地域別高齢化率の 2000 年から 2010 年の推移

している。例外が都心地区であり，高齢化率が低下した唯一の地域である。副都心地区や下町地区は高齢化が進展したものの，その速度は緩慢である。それに対して，南多摩地区，武蔵村山・稲城地区，多摩市地区などでは急速に高齢化が進んだ。1980年時点では都心地区は多摩市地区と比べて高齢化率が約3倍だったが，2010年では多摩市地区が都心地区を逆転した。また，南多摩地区も高齢化率が1980年時点では10地区のうち下から3番目であったが，2010年時点では最も高齢化率が高い地域となった。

　要約すると，以下のようになる。1980年時点では高齢化率が高い地域は都心地区，副都心地区，下町地区といった比較的東京都の東部地域が中心であり，西部地域の多摩地域では高齢化が進展していなかった。しかし，都心地区では高齢化の進展が比較的緩慢であり，2000年から2010年にかけては高齢化率が低下した。それに対して，多摩地域では高齢化が急速に進展し，さらに高齢化は1980年時点で予想したものよりはるかに急速に進展したことが示された。

(2) 多摩地域の高齢化要因分析

　そこで，多摩地域が急速に高齢化した理由について論じたい。多摩地域が急速に高齢化したのは以下の3つの理由が考えられる。第1に，戦後，住宅難や都市の過密の対策として生み出された団地やニュータウンが建設後に数十年が経過して，住民の高齢化したことが挙げられる。例えば，多摩ニュータウンは日本住宅公団，東京都，都住宅供給公社の三者が開発し，人口約41万人，戸数11万戸を想定したニュータウンで，その地域は南多摩郡多摩町（現・多摩市），稲城町（現・稲城市），八王子市，町田市にまたがっていた。高度経済成長期において，東京都市圏への人口・産業の一極集中による住宅難や郊外地域のスプロール化問題を解決するため，東京都西部に位置する多摩丘陵に計画的住宅市街地を建設し，良質な住宅を大量に供給することを目的として，1965年に都市計画決定，1966年に事業がスタートし，1971年に第1次入居が開始された[5]。第1次入居から約40年が経過し，居

住者が高齢化したことが挙げられる。

　第2に，大学の都心回帰が挙げられる。最近，首都圏をはじめとする大都市圏の大学において都心回帰も進んでいる。言い換えると，1970年代後半から1990年代にかけて，郊外に広大なキャンパスを取得し移転した大学が，都心に回帰する動きがある。1970年後半から1990年代にかけて，大学が郊外に移転した背景には以下の政策が一因として挙げられる。文部省は1960年代後半から，都市部への大学の極度の集中を防ぐため，大都市圏にある大学が学部増設や定員の増加を申請してもこれを認可しない方針をとった。この方針は1975年に成立した私立学校振興助成法が設立するとさらに強くなり，校地を拡張させて定員を増加させるなどといった方策は事実上不可能になった。それに対して，学部増設・定員増加を希望していた大学側は，一部の学部を郊外へ移転した。例えば，中央大学は1978年に八王子市への移転を実施している。しかし，バブル崩壊以降，都心の地価の低下によって用地取得費が低下したことや都心のキャンパスを志向する学生のニーズに合わせるといった理由によって，最近では再び都心に回帰する大学が増える傾向にある。都心回帰が若年層の人口減少をもたらし，高齢化を進展させる一因となっている。

　第3に，若年サラリーマン層の都心回帰傾向が理由として挙げられる。江崎（2006）は国勢調査の人口移動データを用いて1985～90年および1995～2000年の2期間における都心地域の年齢別の人口移動について分析している。その結果，20～30歳代の「都心→郊外」移動が減少し，反対の「郊外→都心」移動が増加しているとする。この背景には1990年以降の地価の低下に伴う都心の住宅購入が容易になったためである。郊外から都心へ若年層が移動することにより，郊外の若年層の社会減は高齢化に拍車をかける。

492　第Ⅳ部　東京・多摩地域の経済的特徴と国際競争力

3. 東京都の高齢者の単身世帯化と高齢者の貧困

(1) 東京都の高齢者の単身世帯化

　前節では東京都の高齢化について，地域に注目して考察を行った。次に東京都の高齢者の単身世帯比率について論じたい。図16-5は東京都の高齢単身者世帯の推移を示している。1980年では男性の高齢単身者世帯比率は6.3％，女性の高齢単身者世帯比率は15.1％と男性の高齢単身者世帯の比率は非常に低かった。また，男性の高齢単身者世帯は2.5万世帯，女性の高齢単身者世帯は7.7万世帯で，合計すると10万世帯となる。1980年以降は男性も女性も高齢者の単身世帯化が進み，2005年には女性で26.1％，男性で15.9％となる。さらに，2005年以降に関しては，男性はその後も単身世帯化が進むと予想されているが，女性は上昇傾向が止まり，2030年には男性は

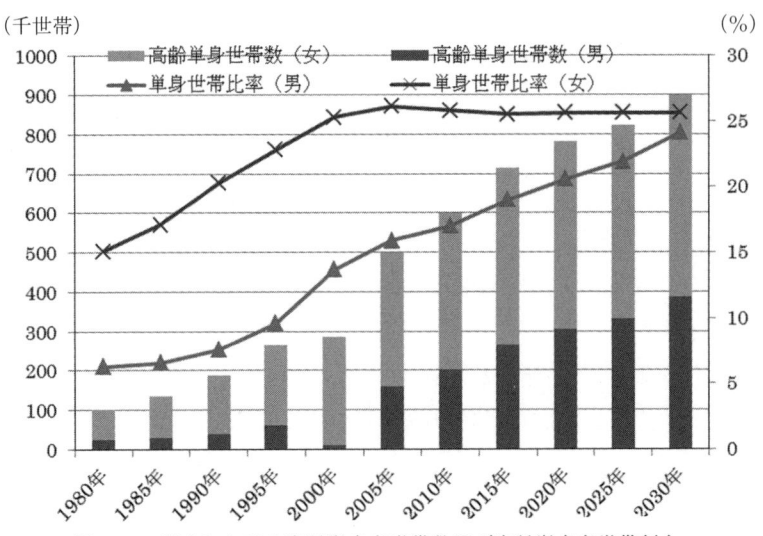

図16-5　都内における高齢単身者世帯数及び高齢単身者世帯割合

出所：2010年までは総務省『国勢調査』，2015年以降は国立社会保障・人口問題研究所『日本の世帯数の将来推計（平成24年3月推計）』により作成。

表 16-1 高齢者の単身世帯比率

	世帯比率（%）	
	1980 年	2010 年
都心地区	15.7	38.31
副都心地区	17.5	42.58
下町地区	14.0	35.94
城北・城南地区	15.0	37.26
西部住宅地区	14.3	34.36
東西外周地区	12.2	29.18
府中・小平地区	10.5	28.80
南多摩地区	8.5	28.38
武蔵村山・稲城地区	8.4	24.44
多摩市地区	7.2	26.21
変動係数	0.27	0.17

出所：1980 年は氏原編（1985），2010 年は総務省「平成 22 年 国勢調査」を用いて筆者計算。

24.1％，女性は 25.6％とほぼ同じ比率となると予想されている。高齢単身者世帯数は 1980 年から 2005 年まで上昇しており，その後も上昇し続けて 2030 年には東京都の高齢単身者世帯数は 90 万世帯となることが予想されている。

さらに，東京都内の違いについて考察を行いたい。その結果が，表 16-1 に示される。1980 年の高齢単身者世帯比率に関しては，副都心地区で最も高く 17.5％であり，逆に最も低いのは多摩市地区の 7.2％である。一方，2010 年の高齢者単身者世帯比率は，副都市地区では 4 割を超えている。それに対して，西部地区では 3 割弱である。全体的に多摩市地区をはじめとする西部地区は高齢単身者世帯化が進んでおらず，23 区内をはじめとする都心地域では高齢単身者世帯化が進んでいる[6]。

(2) 高齢者の貧困問題

高齢者の単身世帯化がもたらす負の影響として，高齢者の貧困問題が挙げられる。橘木（2011）は高齢単身者の半分は貧困化しているとする。高齢者

表 16-2　被保護世帯数

		総数	高齢者世帯	母子世帯	傷病・障害者世帯	その他世帯
単身世帯	00 年度平均	81,284	39,209		37,626	4,448
	2005	111,443	55,433		47,595	8,415
	2008	124,231	64,890		49,374	9,967
	2009	138,441	70,369		53,426	14,646
	2010	153,586	76,063		56,980	20,543
	2011	164,554	81,363		58,873	24,318
	2012	172,914	88,028		57,264	27,621
2人以上世帯	00 年度平均	21,945	4,413	6,828	6,955	3,749
	2005	31,928	6,619	9,881	8,980	6,448
	2008	33,506	7,055	10,270	8,901	7,280
	2009	37,013	7,765	11,020	9,603	8,625
	2010	41,077	8,430	12,152	10,420	10,075
	2011	44,165	8,998	12,885	10,960	11,322
	2012	45,829	9,611	13,202	10,230	12,785

出所：東京都福祉保健局（2013）『福祉統計年報』を基に筆者作成。

の単身世帯者は家族が身近にいないために，親族からの援助が期待できない場合が多い。このような場合，近くの親族からの援助に頼ることができないために生活保護に陥る可能性がある。そこで，生活保護の被保護世帯数の年次推移を見てみたい。その結果が表 16-2 に示される。世帯数に関しては，単身高齢者世帯の急増が見て取れる。2000 年度の月平均をみると 39,000 世帯であったが，2005 年度には 55,000 世帯となり，2012 年度は 88,000 世帯と増加の一途をたどっている。全生活保護世帯に占める単身高齢者世帯の比率に関しては一貫して生活保護の最も大きな割合を占めており，比率の伸びについては 2000 年度の 38％[7] から，2008 年度の 41％と微増している。

さらに，高齢単身者世帯と生活保護の関係をみてみたい。先ほど述べたように，生活保護世帯の 4 割が高齢者世帯であり，高齢者の単身世帯と生活保護化には密接な関係があると考えられるため，高齢単身者世帯比率が高くなると生活保護率が高くなると考えられる。そこで，東京都の市区町村データを用いて高齢単身者世帯比率と生活保護率の関係を分析したい。その結果が図 16-6 で示される。両者の関係を見ると，いくつかの外れ値が観察される

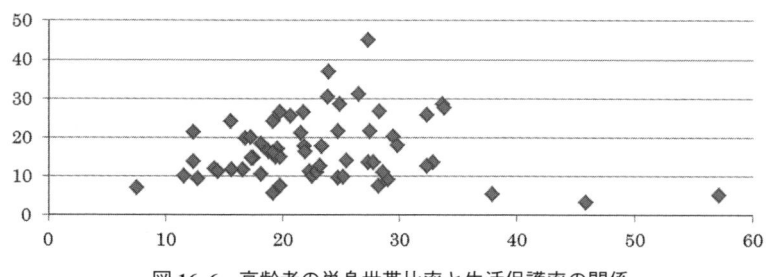

図 16-6　高齢者の単身世帯比率と生活保護率の関係
注　横軸は単身世帯率（％），縦軸は生活保護率（‰）である。
出所：生活保護率は東京都福祉保健局『福祉統計年報』，高齢者の単身世帯比率は『国勢調査』である。

ものの正の関係が観察される。ただし，高齢単身者世帯比率が高いと生活保護率のばらつきも大きくなるという関係が見て取れる。

そこで，65歳以上人口が500人以下の御蔵島村，青ヶ島村，小笠原村をダミーとし，不均一分散を考慮してロバストな標準誤差を用いて推定を行った。その結果が以下のとおりである。高齢単身者世帯比率は有意水準1％で正に有意であり，高齢単身者世帯率が1％上昇すると生活保護率は0.47％上昇する。

Ln生活保護 = 1.32 + 0.473 * Ln高齢単身者世帯 − 2.00 * dummy1 − 1.60 * dummy2 − 1.37 * dummy3
　　　　　(0.511)(0.171)　　　　　　(0.158)　　　　(0.193)　　　　(0.128)
$$n = 61, \quad R^2 = 0.367$$
注　括弧内はロバスト標準誤差である。

これらの結果から，以下のことが示された。東京都の高齢者の単身世帯化は急速に上昇している。今後，女性では現在とほぼ同じ水準となることが予想されているが，男性では今後も単身世帯化が進み，2030年には男性と女性はほぼ同じ水準になると予想されている。さらに，東京都の市区町村データを用いると生活保護率の決定要因として，高齢者の単身世帯比率が大きく影

響することが示された。これらのことから，高齢者の単身世帯化がさらに進展し，その結果，生活保護率がさらに上昇する可能性が懸念される。つまり，高齢者の単身世帯化が高齢者の貧困をもたらす可能性があり，その対策が必要となる。対策のひとつとして，高齢者の就業促進が考えられる。そこで，4節では東京都の就業構造について都内の地域差に注目し，その特徴を明らかにしたい。

4. 東京の高齢者就業

本節では東京都の地域別労働力率と地域別失業率について論じたい。表16-3 は，男性の結果である。1980 年の都心地区では 60 〜 64 歳の労働力率が 93.9％と最も高く，最も低いのは府中・小平地区の 78.4％である。全般的に労働力率が高い。一方，2010 年では全ての地域で労働力率が低下しており，男性高齢者の労働力率の低下が観察される。地域別に注目すると，1980 年

表 16-3　地域別労働力率：男性

(％)

	60 〜 64 歳		65 〜 69 歳	
	1980 年	2010 年	1980 年	2010 年
都心地区	93.9	78.06	87.6	67.57
副都心地区	90.9	72.94	80.4	60.07
下町地区	91.9	74.25	81.2	61.15
城北・城南地区	88.5	75.98	75.5	58.37
西部住宅地区	88.4	76.00	74.4	56.53
東西外周地区	85.7	75.96	69.7	55.77
府中・小平地区	78.4	75.06	59.4	52.66
南多摩地区	81.9	76.63	63.0	53.01
武蔵村山・稲城地区	82.2	80.00	60.7	57.25
多摩市地区	81.6	76.64	60.7	52.57
変動係数	0.06	0.02	0.13	0.08

出所：1980 年は氏原編（1985），2010 年は総務省「国勢調査」を用いて筆者計算。表 16-4 も同様。

では下から4番目であった武蔵村山・稲城地区が2010年では最も労働力率が高くなっている。概して，都心地区，副都心地区，下町地区といった東京都の東部では高齢者の労働力率の低下が顕著であるのに対して，多摩地区である東京都の西部では高齢者の労働力率の低下が相対的に穏やかである。その結果，1980年の変動係数は0.06であったが2010年では0.02となっており，地域間労働力率の格差は低下している。次に65～69歳男性の結果についてみてみたい。60～64歳に比べて労働力率は低いものの，傾向は類似している。つまり，第1に，1980年では東京都の東部では労働力率が高く，多摩地区などの西部地区では低い。第2に，2010年には全体的に労働力率は低下している。第3に，労働力率の低下は東京都の東部にて顕著であり，多摩地区などの西部では低下率は穏やかであり，変動係数が低下していることから地域間の格差は縮小していることが分かる。

次に60～64歳女性についてみてみたい。結果が表16-4に示される。1980年では最も労働力率が高いのは都心地区の61％，逆に最も低いのは多摩市地区の20.9％である。変動係数は0.31であり，男性と比較しても地域によって大きな差がある。それに対して，2010年では都心地区では労働力

表16-4 地域別労働力率：女性

(％)

	60～64歳		65～69歳	
	1980年	2010年	1980年	2010年
都心地区	61.0	54.61	49.9	44.78
副都心地区	43.5	48.92	33.1	36.84
下町地区	50.8	56.48	39.5	43.11
城北・城南地区	39.2	50.65	27.3	35.30
西部住宅地区	32.4	44.66	22.4	29.32
東西外周地区	36.0	48.16	23.9	30.82
府中・小平地区	27.8	43.32	16.9	26.68
南多摩地区	27.4	43.77	16.3	26.50
武蔵村山・稲城地区	29.4	46.11	16.8	28.04
多摩市地区	20.9	43.82	8.6	26.44
変動係数	0.31	0.09	0.46	0.20

率が低下したものの，それ以外の地域では労働力率の上昇が観察される。女性の社会進出を反映したものである。地域別に注目すると最も高いのは下町地区の 56.48％，最も低い地域で府中・小平地区の 43.32％である。地域的な特徴としては，男性と異なり東京都の東部地区では女性高齢者の労働力率の上昇が穏やかであるのに対して，西部の多摩地区では労働力率の上昇が急激である。また，1980 年の 0.31 と比べて 2010 年の変動係数が 0.09 となり小さくなっていることから，地域間の違いは縮小傾向にある。つまり，時代を経るにつれて都市ごとの違いがなくなる傾向が観察される。さらに，65 〜 69 歳女性についてみてみたい。60 〜 64 歳と同様の傾向が観察される。つまり，第 1 に，1980 年時点では東京都の東部で労働力率が高く，西部で労働力率が低い。多摩市地区に至っては，8.6％である。第 2 に，2010 年で全体的に労働力率が上昇している。第 3 に，労働力率の上昇は東京都の東部では穏やかであり，都心地区に至っては 49.9％から 44.78％とわずかであるものの労働力率が低下しているが，西部では急激に労働力率が上昇している。一例として，多摩市地区は 8.6％から 26.44％，南多摩地区では 16.3％から

表 16-5　地域別失業率：男性

(％)

	60 〜 64 歳		65 〜 69 歳	
	1980 年	2010 年	1980 年	2010 年
都心地区	2.6	5.10	2.2	4.11
副都心地区	4.2	7.41	3.7	6.40
下町地区	5.4	9.23	4.7	7.68
城北・城南地区	6.5	9.86	4.8	8.36
西部住宅地区	5.2	8.17	4.0	7.22
東西外周地区	6.7	9.34	5.3	8.79
府中・小平地区	6.9	9.14	4.8	8.07
南多摩地区	8.2	9.16	5.6	9.29
武蔵村山・稲城地区	8.7	7.97	4.9	8.63
多摩市地区	5.2	7.87	4.5	8.40
変動係数	0.29	0.16	0.21	0.19

出所：1980 年は氏原編（1985），2010 年は総務省「国勢調査」を用いて筆者計算。表 16-6 も同様。

26.50％と急激な上昇が観察される。その結果，変動係数が0.46から0.2となり地域間格差は縮小している。

次に高齢者の失業率について述べたい。男性の結果が，表16-5に示される。はじめに60～64歳男性についてみてみたい。1980年は都心地区では失業率が低く，東京都の西部地区では比較的失業率が高い。例外として，多摩市地区は5.2％と他の西部地区と比較すると低い。その理由は1980年の都心地区には比較的裕福な層が居住しているため，失業状態となる高齢者は非労働力化していることが考えられる。それに対して，2010年では武蔵村山・稲城地区を除いて全ての地域で失業率が上昇している。地域ごとの特徴をみると，都心地区，下町地区などでは急上昇しているのに対して，東京都の西部地区では上昇率が比較的穏やかである。その結果，1980年には変動係数が0.29であったが2010年では0.16となっていることからわかるように，地域間格差は縮小している。

次に女性についてみてみたい。その結果が表16-6に示される。60～64歳女性に関しても類似の傾向があり，1980年では失業率がどの地域も1％未満である。地域に注目すると多摩市を除いた東京都の西部地区は高齢者の失

表16-6　地域別失業率：女性

(％)

	60～64歳		65～69歳	
	1980年	2010年	1980年	2010年
都心地区	0.4	3.05	0.3	2.21
副都心地区	0.9	4.07	0.5	2.50
下町地区	0.8	4.11	0.7	2.74
城北・城南地区	0.9	4.45	0.6	2.92
西部住宅地区	0.7	4.05	0.4	2.65
東西外周地区	0.9	4.22	0.6	3.10
府中・小平地区	0.6	3.74	0.3	2.78
南多摩地区	0.7	4.07	0.3	3.32
武蔵村山・稲城地区	0.7	3.53	0.4	2.65
多摩市地区	0.2	3.72	0.5	3.39
変動係数	0.32	0.10	0.29	0.12

業率が比較的高い。2010年には女性の失業率が急上昇し，全ての地域で3%を超える。地域別にみると，都心地区で上昇率が顕著であり，変動係数が示すとおり地域間格差は縮小している。

　これらをまとめると，以下のようになる。1980年では男性，女性ともに都心地区では失業率が低く，東京都の西部地区では相対的に失業率が高い。また，2010年ではほぼ全ての地域で失業率が上昇しているが，都心地区の上昇率は顕著で，東京都西部地区では穏やかに上昇している。この結果，男女ともに1980年よりも2010年の方が失業率の地域間格差は縮小している。

5.　ま　と　め

　本章では東京都の高齢化を世帯構造や労働市場構造に注目し，さらに都内の都心地区や多摩地域をはじめとする各地域の特徴を明らかにするために，それらの違いに焦点を当てて考察を行った。1節では日本の高齢化の現状を簡単に説明したうえで，東京都の高齢化の概略について説明した。その結果，東京都は1950年では65歳以上人口が20万人しかいなかったが，その後，上昇傾向が続き2010年には13倍も増え260万人となり，今後も高齢者が増えることが予想されている。また，東京都の高齢者の日本全体の高齢者に占める割合に注目すると，高度成長以前では東京都に住む高齢者割合は全高齢者の5%未満であったが，2010年では9%の人が東京都に在住していることを明らかにし，東京都の高齢化が急速に進展していることを明らかにした。

　2節では，東京都の高齢化について，氏原編（1985）の区分に従い10地域に分けたうえで高齢化の地域間の違いについて考察を行った。その結果，1980年時点では都心地区（千代田，中央区）が最も高齢化が進展していたが，広義の多摩地域である東京都の西部地区では高齢化が相対的に進展していなかった。しかし，東京都の西部地区では高齢化が急速に進展し，それは1980年時点の予想をはるかに上回るものであった。その結果，東京都内の

地域間の格差は縮小している。さらに，多摩地域の高齢化の理由についても考察を行った。

3節では高齢者の世帯構造，特に東京都の高齢者の単身世帯化の問題を取り上げ，高齢者の単身世帯化と高齢者の貧困の関係について，生活保護に着目して考察した。その結果，高齢者に占める高齢者の単身世帯率は1980年では都心地区や副都心地区といった地域では高かったものの東京都西部地区では相対的に高齢者の単身世帯率は低かった。しかしながら，2010年にはどの地域でも急速に単身世帯化が進んだが，特に東京都の西部地区ではその動きが顕著であった。その結果，どの地域も高齢者の単身世帯化が進み，東京都内の地域間格差は縮小した。さらに，市区町村別データを用いて高齢者の単身世帯比率が生活保護率に正に影響することを示した。ここから，今後も進むと予想される高齢者の単身世帯化は生活保護率をさらに上昇させる可能性が懸念される。

4節では3節で示した社会が高齢化することによって生じる経済成長率の低下や貧困の解決法の1つとして考えられる高齢者の就業について考察するために，東京都の就業率や失業率の地域差を分析した。その結果，60〜64歳，65〜69歳ともに男性では労働力率が低下し，女性では上昇したことが明らかになった。さらに，地域差をみると1980年では男女ともに都心地区といった23区地域で高く，東京都西部地区は相対的に低く，その差は明瞭であった。特に女性の場合は，都心地区と多摩市地区では女性の労働力率に大きな差が存在した。しかし，2010年になると地域間の差は縮小した。失業率に関しては，1980年には男女ともに低く，特に女性の失業率はどの地域でも1％未満であった。しかし，2010年になると失業率は大きく上昇し，地域間格差も縮小した。

これらのことから，以下のことが言える。東京都は高齢化し，しかも単身高齢者世帯が増えている。この動きは急速であり，今後もこの傾向が続くことが予想されている。一方，東京都内の地域差に注目すると，高齢化率，高齢単身者世帯率，労働力率，失業率などに関して1980年時点では地域差が

明瞭であり，都心では高齢化率は高く，高齢単身者世帯率は高く，労働力率は高くと失業率は低い。一方，東京都西部地区は全く逆となっている。しかし，2010年になるとこのような地域差は縮小している。この結果は確かに東京都内の地域間格差が縮小している証拠のようにも見える。

しかしながら，一方で東京都内の地域間格差が拡大している証拠も存在する。例えば，三浦（2012）や松浦（2014b）が指摘するように，近年，郊外の地価が下落して都心部と郊外では地価の格差が広がっている。これらの結果に関しては，橋本（2011）が指摘するように，東京は下町の洗練化や新中間階級の増加により23区の均質化が進んでいるが，それは区を単位にしたもので一部の地域だけが新中間階級が増えていることが多いことが一つの原因であると考えられる。この場合，実際にはソーシャルミックスが進んでいないことが多い。本章によっても東京都の地域間の格差は一見進んでいるように見えているが，それは市区町村を単位にした結果であり，その内部で地域差が進んでいる可能性もある。この点は本章の結果に対して一定の留保が必要となろう。市区町村内の分析はデータの制約があり難しいが，今後の課題としたい。

また，東京都の市区町村別データを用いると高齢単身者世帯率と生活保護率には正の関係が示された。さらに，特に男性の高齢単身者世帯率が東京都でも急速に上昇することを考慮すると今後はさらに生活保護率が上昇する可能性が懸念され，高齢者の就業促進を含めた高齢化対策を早急に取る必要が出てくる。一方，高齢者の就業促進は定年制の見直しを含めた日本的雇用慣行の見直しという問題に迫られる。このことの是非を含めた高齢社会に向けた政策の議論が必要と考えられる。

1) 子ども世代の人口が親の世代の人口と同じ規模になるために必要な人口再生産の水準を指す（参照：人口学研究会編（2011））。
2) 65歳以上人口比率で定義される。なお，本章にて特段の断りが無い場合は，高齢者を65歳以上と定義する。
3) 地域名は1980年のものである。

4) 氏原（1985）は 13 因子を用いて 10 地域を区分している。1980 年と 2010 年では都市構造が異なっており，必ずしも 10 地域区分が妥当であるとは言えない。しかし，1980 年の国勢調査を分析した先行研究との比較のため，10 区分を用いて分析を行う。
5) 参考 http://www.ur-net.go.jp/syutoken/nt/index.html。
6) 駒村（2014）は単身高齢者が増える背景として，家族規模の縮小と男女の寿命差を挙げている。
7) 高齢者世帯を単身世帯と 2 人以上の世帯の合計で割ることで，高齢者世帯の生活保護率を求められる。

参 考 文 献

氏原正治郎編『都市高齢者の雇用問題』日本労働協会，1985 年。
江崎雄治『首都圏人口の将来像』専修大学出版局，2006 年。
大竹文雄『日本の不平等』日本経済新聞社，2005 年。
国土交通省『平成 21 年版 首都圏白書』日経印刷，2009 年。
国立社会保障・人口問題研究所『日本の都道府県別将来推計人口——平成 19 年 5 月推計——平成 17（2005）～ 47（2035）年——』厚生統計協会，2007 年。
国立社会保障・人口問題研究所（2010）『日本の世帯数の将来推計（都道府県別推計）2005（平成 17）年～ 2030（平成 42）年——』厚生統計協会。
駒村康平『日本の年金』岩波新書，2014 年。
人口学研究会編『現代人口辞典』原書房，2011 年。
総務省統計局『平成 22 年 国勢調査』日本統計協会，2012 年。
総務省統計局『社会生活統計指標 2012』独立行政法人統計センター，2012 年。
橘木俊詔『無縁社会の正体』PHP 出版，2011 年。
橋本健二『階級都市』ちくま新書，2011 年。
原武史『団地の空間政治学』NHK 出版，2012 年。
松浦司「人口減少がマクロ経済に与える影響と地域政策」塩見英治・山崎朗編『人口減少下の制度改革と地域政策』中央大学経済研究所研究叢書 55，2011 年。
松浦司「高齢社会の経済成長と所得格差・貧困」松浦司編『高齢社会の労働市場分析』中央大学経済研究所研究叢書 58，2014 年 a。
松浦司「雇用と所得・資産」井上孝・渡辺真知子編『首都圏の高齢化』原書房，2014 年 b。
三浦展『東京は郊外から消えていく！』光文社新書，2012 年。

第 17 章
大都市広域圏における生産立地構成の理論分析

石　川　利　治

1. はじめに

　20世紀終盤から経済活動は急速に広域化し，その活動の空間的範囲は地球規模で拡大している。広域化する経済活動は生産活動の立地を変化させるのみならず，生産活動と関連が深い統括・管理機能を発達させ生産活動全体の構成も変貌させている。時を同じくして小売・流通経営も同様にして大きく変化している。このため多くの国々の地域経済も多大な影響を経済活動の広域化から受けてきているといえる。この影響は予想を超える様相で社会の至る所で具現化され，多くの人々や企業に望ましい影響を与えている。例えば，生産活動の細分化とその空間的分散は広範囲に雇用の場を広げ，知識と情報を拡散させ国や地域の経済発展に寄与している。また多くの製品価格を引き下げ人々の消費活動を多様化して豊かなものにしている。しかし他方で，多くの問題も惹起してきている。途上国への工場移転は先進国と途上国の間における雇用分布の変化を引き起こし，国および地域の間における各種経済問題を複雑化させる。とりわけ生産活動の細分化は労働者間の所得格差を国際的に深刻化している。さらに人々の消費活動の多様化は中規模都市の市街地不活性化を引き起こし都市規模の2極化問題を多くの地域において生じさせている。

　空間経済に関係する分野において，生産活動の広域化に考察の焦点を絞れば，その大きな考察・分析課題は次のようである。国際的に活動する企業の

生産工程は多くの国々にまたがっている。その生産工程や種々の機能および施設は費用削減と新製品の開発に向けて最適な地点を国際的視野で決定され，その移動も頻繁に行われる。この場合に企業は生産工程および各種機能の立地をいかに定めていくのかの立地決定過程に関する分析である。次に，多くの地域の行政体は生産工程と各種施設を，多くの地点と競争しながら誘致し地域経済の持続的な成長を図る政策を取っている。地域行政体は，いかに，そしてどのような生産工程や施設を立地誘致し根付かせていくべきかの考察である。これら2つの課題は究極的には1方向に収束すると思われる。すなわち地域がその地域特性を活かし持続的な革新を引き起こせる環境を整備できれば，その地域は多くの企業の注目を集め立地候補地として考慮されるからである。したがって空間経済の研究分野において，地域特性を解明し，持続的な革新を引き起こせる環境に関して具体的な内容を提示することが期待されることになる。

このような状況を背景として本稿は生産経営の工程立地を，集積経済を中心概念として，大都市圏の都心から都心縁辺部そして外延部および近隣地域において理論分析する。次いで，得られた分析結果に基づき，大都市圏に隣接する近隣地域における生産活動の活性化の方策を検討することにしたい。

本稿の構成は以下のようである。次節2においては生産工程の立地に重要な影響を常に及ぼす集積経済を内部経済と外部経済に分け，それらが連動して生産経営の工程に影響することを明らかにする。この分析によりこれら2つの経済の働きにより生産工程は小型化される理由を示す。さらに本小節では次のことが示される。経済活動の広域化が生産工程を細分化し，空間的にも既存地域から分離し拡散・分散させる。その拡散・分散には工程の細分化で生じる統括・管理機能の発展が大きく寄与することである。次いで3節においては大都市広域圏における生産立地構成を分析する。ここでの分析においても上記の内部経済と外部経済を連動させ，それらの影響により生産経営の工程が，都心から都心縁辺部そして大都市圏の近隣地域にかけていかに立地し，また生産規模が変化していくかを分析する。この分析においては

Ermisch（1987）による立地構成に関する理論分析を補足・拡張し，さらに数値計算手法を加えて行うことにする。4節においては大都市圏の近隣地域における生産活動の活性化について，上記の考察結果，そして伝統的なHarrod-Domer型の経済成長論を援用しながら検討する。最後の5節は本稿での考察を要約し結論を示す。

2. 経済活動の広域化による生産活動の多様化と立地変化

本節においては集積経済を構成する内部経済および外部経済を連動させ，それらの経済が生産経営の工程規模に与える影響を分析する。そしてこの分析に関連して，経済活動の広域化が生産工程を細分化させ，それらを近隣そして海外へ拡散・分散させる機構を明らかにする[1]。

(1) 集積形成による生産活動の多様化
① 集積地における経営数と経営規模
いま，ある地点において生産を行なっている経営はその生産量の増加によりいわゆる内部経済という集積経済を享受できるものとする。生産経営は一定の工場規模の下で生産量を上昇させることで大量生産の経済を得られる。またその工場規模を連続的に拡大することにより大規模化経済を享受できる。ここではそれらの内部経済全体の額 A_I を経営の生産量 Q に直接結び付け，この種類の集積経済の額 A_I は次式で定められると想定する。

$$A_I = -aQ^2 + bQ - C \qquad (1)$$

ただし a，b，そして C は正の定数である。

生産経営の生産量が増加するにつれて，当該の地点に他の生産経営が参入してくる可能性がある。この新規経営の参入可能性はこの地点がもつ固有の特長，そして既存経営が立地しているということから生じる低い不確実性な

どから高められる。さらに，当該地点に形成される集積から生じる外部経済の享受の期待から新規経営の参入可能性が大いに高まることになる。このようにして新規経営の参入が進展すれば，当該地点に形成される集積から地域化の経済とよばれる集積経済 A_E が生み出されてくる。この集積経済はこの地点での生産量に依存すると考えられる。ここでは地域化の経済 A_E は以下の式のように各生産経営の生産量 Q と生産経営数 N に関係づけられるものとする。

$$A_E = -\alpha \left(\sum_{i=1}^{N} Q_i\right)^2 + \beta \left(\sum_{i=1}^{N} Q_i\right) - D \tag{2}$$

ただし α，β，D は正の定数である。当該地点に立地する各生産経営は(2)式で示される様式で地域化の経済を享受することになる。

上記の 2 種類の集積経済が各生産経営の生産量と当該地点における生産量といかに関係しているかの典型的な例は図 17-1 で示されている。この図 17-1 では次のように定数の値が仮定されている。a = 2, b = 10, α = 0.75, β = 12, C = 3, D = 10。ここでの想定では，生産経営が 1 経営に限定されても，その経営の生産量が増加するにつれて外部経済の一部を享受できるものとされている。なお集積経済がマイナスならば各生産経営の生産効率は悪化していると想定する。

各生産経営が享受できる集積経済の総額 A_T は生産量の関数として次式で示されることになる。

$$A_T = -aQ_i^2 + bQ_i - C + \left(-\alpha \left(\sum_{i=1}^{N} Q_i\right)^2 + \beta \left(\sum_{i=1}^{N} Q_i\right) - D\right) \tag{3}$$

各生産経営が享受できる集積経済を最大にする各生産経営の最適な生産量 Q^* は (3) 式から，生産経営数 N の関数として (4) 式のように導出される。

$$Q^* = (b + \beta N)/(2(a + \alpha N^2)) \tag{4}$$

上式で示されるように当該地点に立地する生産経営が享受できる集積経済を最大化する生産量は，当該地点へ立地する経営数 N が増加するにつれて

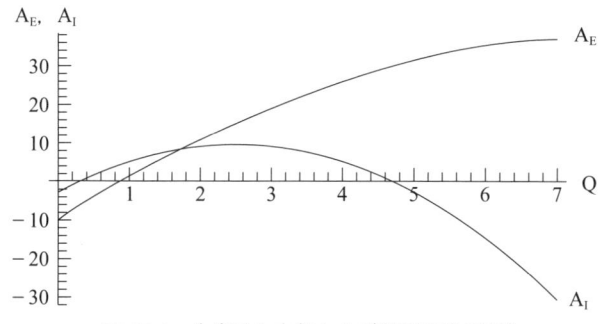

第17章 大都市広域圏における生産立地構成の理論分析 509

図17-1 生産量と内部および外部経済の変化
出所：本章内の図表は全て筆者作成。

減少してゆくことになる。(4) 式から各生産経営が享受できる集積経済は次式で表されることになる。

$$A_T = (-a*((\beta N+b)/(2(a+aN^2))))^2 + b((\beta N+b)/(2(a+aN^2))) - C + (-a(N*((\beta N+b)/(2(a+aN^2)))))^2 + \beta(N*((\beta N+b)/(2(a+aN^2)))) - D)) \quad (5)$$

したがって，当該地点に立地する生産経営が享受できる集積経済を最大にする生産経営の最適数 N^* は (5) 式から (6) 式で示される。

$$N^* = a\beta / ab \quad (6)$$

生産経営の最適な生産量は (6) 式を利用し (4) 式から (7) 式で与えられる。

$$Q^* = (b+\beta)/(2a(1+\beta/b)) \quad (7)$$

当該地点に立地する生産経営が享受できる総集積経済は (5) 式で示されるように，集積に参加する生産経営数の関数で表すことができる。いま，各定数に上記と同じ値を与えれば，図17-2 のように生産経営が享受する総集積経済と生産経営数との関係を具体的に示すことができる。最適な生産経営

数は 3.2, 各経営の生産量は 2.5 となり, 当該地点の全生産経営による総生産量は 8, 各生産経営が享受する集積経済は 47.5 となる。もし, 生産経営が 1 に限定されているならば, 最大の集積経済を享受するその生産量は 4 であり享受できる集積経済は 31 となる。また生産経営数が増加するにつれて, 当該地点での全生産経営による総生産量 TQ は次式で示されるようにして増加していくことになる。

$$TQ = ((b + \beta N)/(2(a + \alpha N^2)))N \qquad (8)$$

本節で想定された状況の下での考察に基づけば以下のように結論を整理できる。ある地点に同種類の生産経営が立地, 併存することにより大量生産および地域化の経済という集積経済が生み出されてくる[2]。同業種に属する生産経営によって集積が形成される場合, 生産経営の集積に対する考え方は同じであり, 各生産経営は享受できる集積経済を最大化して, 生産費用の最小化を指向して行動すると考えられる。したがって, ある地点における集積経済を最大限享受しようとする場合, 参加する生産経営数が増加するほど個別生産経営の生産量は低下することになる。さらに, 参加する生産経営の数は, 当該地点で各生産経営が享受できる集積経済を最大化できる数に一致することは例外的であり, 他の地点で享受できる集積経済の水準にも依存し, 通常

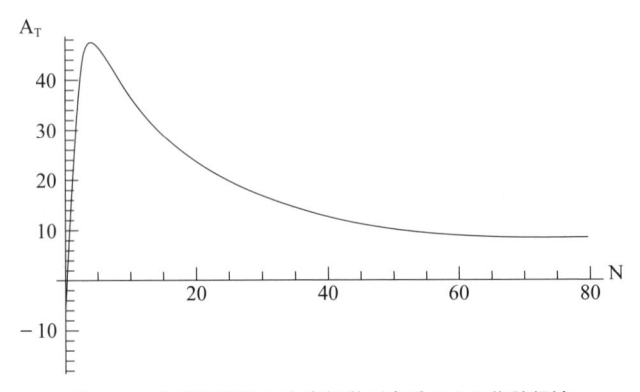

図 17-2 生産経営数と生産経営が享受できる集積経済

は最適水準より多い生産経営数になる。生産経営数はより多くなるので，当該地点に立地する各生産経営の生産量はより少なくなり，当該地点での総生産量は最適水準より大きくなる。

したがって，より高い集積経済を生み出せる地点では，その最適な状態と比較して，生産経営数はより多く各生産経営の生産量はより少なく，当該地点での総生産量はより大きくなるという様態の集積地が形成される。

② 内部経済と外部経済の連動による集積構成の変化

内部経済と外部経済は連動して企業に影響することは容易に想定されるが，その関係は複雑であり，その内容と連携機構の一端を解明することも容易ではないと思われる[3]。ここでは次のように想定する。第1に，生産経営は集積に参加することにより，製品生産の本流を支える部品生産，そして種々の面から生産を支援する機能を外部に委託することが可能になり生産費用を削減できる。第2に，製品をめぐる技術を中核にして，外部企業との連携が深められ集積から享受する外部経済が質的な変化する。当該経営での生産する製品自体，生産方法そして経営組織も変革され外部企業との関係のあり方も変質する。

このような内容を極端に簡潔化して上記のような2つの曲線を用いて示せば次のようになる。集積が上記の初期段階にある場合と成熟段階に場合における2つの集積経済は図17-3A，3Bでそれぞれ示される。ただし，各係数の値は上記とは相違している。

図17-3Aは内・外部経済の関係の成熟化により，経営内の生産量が同じであっても，享受できる内部経済が図の上部へ移動することになる。

図17-3Bは内・外部経済の関係の成熟化により，集積地域における生産量が増加するにつれて，享受できる外部経済が図の右上部へ移動することになる。

図17-3Cは内・外部経済の関係の成熟化により，集積地域における経営数が増加するにつれて，享受できる集積経済がいかに変化するかを示している。経営数が同じであっても享受できる集積経済は上場することを示してい

512　第Ⅳ部　東京・多摩地域の経済的特徴と国際競争力

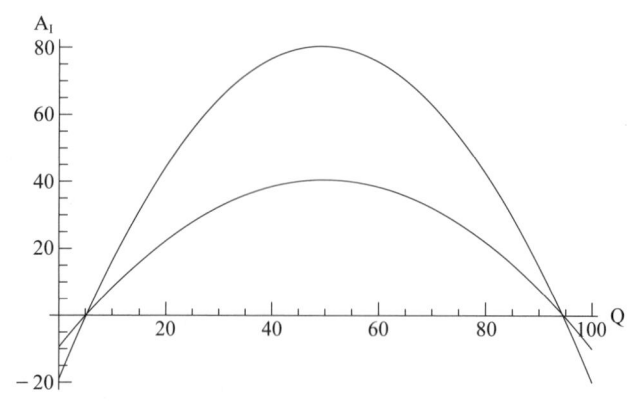

図 17-3A　内・外部経済の関係の成熟化による内部経済の上昇

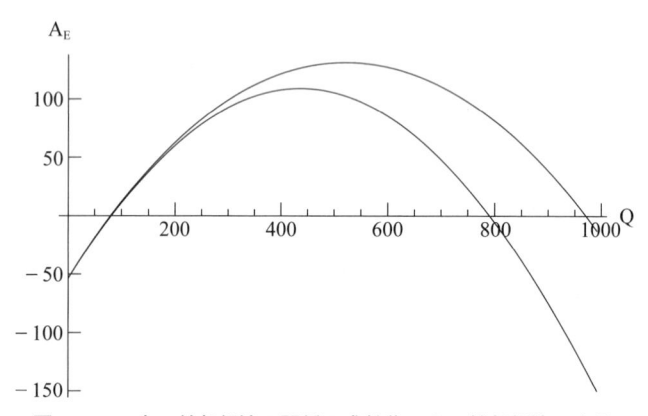

図 17-3B　内・外部経済の関係の成熟化による外部経済の上昇

る。図 17-3C により示されるように，2 つの経済の関係が成熟するにつれ，集積経済を最大に享受できる経営数は増加することになる[4]。

(2)　集積構成の変換機構

① 生産工程の再編

これまでの考察においては，原材料が加工され出荷される製品までの生産過程は一連の生産工程でなされるものと想定して考察を進めてきた。その関

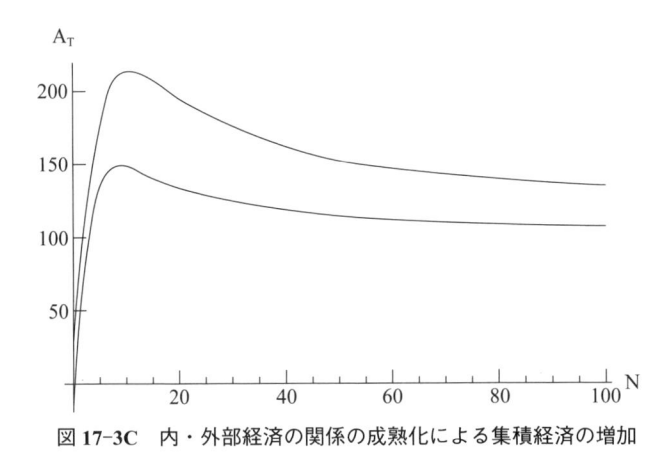

第17章　大都市広域圏における生産立地構成の理論分析　513

図17-3C　内・外部経済の関係の成熟化による集積経済の増加

A	I	II	III	IV
B	I	II	III	IV
C	I	II	III	IV

図17-4A　集積構成と4生産工程

係は図17-4Aのように示される。図17-4Aは次のような状態を表している。ある地点に3つの生産経営A, B, Cが併存して集積経済を等しく享受している。すなわち電力，通信，上下水道，道路など生産基盤の利用など外部経済を享受して各生産経営はそれぞれ4つの工程をもって生産活動を行なっている。

ここで各生産工程は固有の特徴を有し以下のようであると想定しよう。生産工程Iは大量の原料を加工し中間財の材料生産を担当する生産工程で大型装置や建屋を使用する工程である。生産工程IIは材料から部品製造をする工程であり，単純労働力を大量に使用する労働集約的工程である。生産工程IIIは中間財を変形加工する工程で，電力などのエネルギーを大量に消費する工程である。生産工程IVは最終製品に仕上げる工程であり，専門的熟練労働を

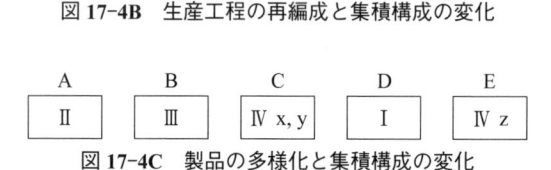

多く用い試作品製造なども担当するため幅広い市場情報の入手などが重要となる工程である。

　物流，金融および情報通信の組織が発達していない段階において，各生産経営が集積し，またそれぞれ4つの固有の特徴を有する工程を1つの生産施設内で機能させることは生産効率において合理的であると考えられる。しかし，一定の期間が経て，各生産経営間において集積経済が認知されその経済の享受に関して一致し始めると，各経営はその生産組織の運営を変更することになる。すなわち大型装置を利用する第Ⅰ工程を分離し，新生産経営Dに担当させ，大量生産そして大規模化経済すなわち内部経済を十分に享受し，低費用で中間財を入手する方向に進むことになる。このようにして費用を低下させることになれば，図17-4Bで示されるように各生産経営は各生産工程に専門化することでさらなる集積経済を享受し，製品生産費用を低下させることになる。ここでの例では生産経営Aは第Ⅱ工程，以下，Bは第Ⅲ工程，Cは第Ⅳ工程を専門的に担当することになる。換言すれば，同種の生産経営が集積することで上記のような2種類の内部経済を引き出すことができ，生産費を低下させられることになる。このような集積経済の利用は各種の補助工業といわれる生産支援機能の拡充により促進されることになる。したがって次のようにも言えるであろう。同業種の工場による集積経済の1つは内部経済の利用を大きく促進する作用である。

　さらに，このような生産における専門化が進めば，生産経営に土地，資本，労働力をはじめ，各種の生産要素に関して余力が生じることになる。これに

```
   A       B       C       D
 ┌───┐   ┌───┐   ┌───┐   ┌───┐
 │ Ⅱ │   │ Ⅲ │   │ Ⅳ │   │ Ⅰ │
 └───┘   └───┘   └───┘   └───┘
```
図17-4B　生産工程の再編成と集積構成の変化

```
   A       B        C         D         E
 ┌───┐   ┌───┐   ┌─────┐   ┌───┐   ┌─────┐
 │ Ⅱ │   │ Ⅲ │   │Ⅳ x,y│   │ Ⅰ │   │ Ⅳ z │
 └───┘   └───┘   └─────┘   └───┘   └─────┘
```
図17-4C　製品の多様化と集積構成の変化

より，工程Ⅳを担当するいくつかの既存生産経営がそれぞれ製品の差別化を図ることになる。また新規の生産経営も新製品を生産する可能性がある。これにより当該地域において生産される製品の多様化が進展することになる。図17-4Cは生産経営Cと新規生産経営Eが新製品を生産する状態を示している。経営Cは新製品xとy，新規経営Eは新製品zを生産している[5]。

② 経済活動の広域化による生産工程の垂直分裂

20世紀後半から経済活動全般が広域化し，生産活動もそれに応じて地球規模で拡大してきている。本小節ではこの現象が生産経営に与える作用を検討する。関税や規制といった種々の障壁で保護されていた個別の地域市場が統合されると，輸送網が発達・整備された地域において各種財の移動距離は飛躍的に拡大する。これにより生産経営は一方で新市場へ財の販売範囲を広げられる可能性を高め，他方で類似財を多方面から既存の市場に売り込まれる危険にさらされる。ここでの競争は弱体生産経営を市場から撤退させ，大きな市場を得た強力な経営間に新たな競争を生みだす。強力な生産経営間では新製品の開発競争のみならず，製品の低価格化競争も大規模になされ費用削減競争を激化させる。生産経営は低生産費用を実現する目的で生産工程を細分化させることになる。この細分化によって費用が削減される基本的理由はいわゆる分業の経済であるが，ここでは次のようにその作用は表現されるであろう。すなわち工程の高度な細分化は各工程の作業内容を著しく単純化し作業内容を明確化する。このような生産工程の簡潔化は工程において多種類で安価な機械の利用を極めて容易にし，多くの規模の経済を享受し易くする。そして低賃金の未熟練労働力の利用を大いに促進する。かつては膨大な需要を満たすために生産活動の分業がなされたが，20世紀終盤からは価格・費用削減競争に対応するために生産経営は工程を細分化することになる。

前小節において示された各生産工程を担当する生産経営においても上記の事情および理由からその生産工程の細分化を進めることになる。とりわけ生産工程が細分化しやすい生産工程Ⅱを担当する生産経営においては高度な細分化が生じ，生産工程Ⅳにおいてもある程度の細分化がなされると考えられ

る。他方，大型の装置や機械を有する工程Ⅰおよび工程Ⅲにおいては比較的少ない分割が生じると考えられる。したがって，経済活動の広域化は生産工程を総じて細分化し，工場は小型化され，大型であってもその構成は単純化されることになる。

　③　統括・管理機能の発達による生産工程の空間的分離

　上記のように細分化された工程を担当する工場は物流，金融そして情報網により相互に結びつけられ，統括・管理機能によって連結され連動することになる。統括・管理機能は生産全体の内容を熟知し，高度な専門知識を有する労働者により運営される。ここでの労働者の賃金は高いものとなる。また統括・管理機能は多種多様な情報を速やかにまた確実に必要とし，その作業内容は複雑で多岐に及ぶ。このため統括・管理は様々な専門的な支援機能を必要とする。したがってこれらの施設は地域の中心部に集中立地する傾向を持つ。支援機能も専門技能を有する労働力と同時に単純労働力を必要とする。統括・管理機能と支援機能は地域の中心部に集積することになる。

　地域の中心部に立地する傾向を持つ統括・管理機能の発展は，細分された比較的多くの生産工程を空間的に分離し，それらを当該地域の周辺に拡散させ遠隔地へ分散させることを可能にする。すなわち，上記のような理由により細分された生産工程は，低賃金の未熟練労働の大量利用，そして操作の容易な機械の大量利用の目的で広い土地利用ため近隣あるいは地方地域に拡散する動機を持つ。さらに進んで，発展途上国において物流，金融そして情報網が比較的整備されている都市に分散する潜在的動機を持つことになる。前述したように工場は小型化し，あるいは大型であっても単純な構造であるので，その移動は容易であり，また移転先における生産基盤も比較的小規模なもので受け入れ可能である。

　上記の状況から生産工程の細分化から生じる統括・管理機能の発展は，細分された生産工程を空間的にも既存地域から分離し近隣地域や海外へ拡散・分散させる。言い換えれば，物流，金融そして情報網の整備，そして統括・管理機能の発展が無ければ，生産工程の空間的分離，また分散は生じないと

いうことである。

　21世紀初頭からは統括・管理機能の分野においてもその機能の細分化が進展してきている。この分野では高度な知識や専門性を持つ労働者を多く必要とする機能が多く、かれらの作業と成果の多くは地理的距離に関係なくなされまた移動させられるものである。したがって細分された機能はより優れた人材を求めて、生産工程の場合よりも短時間かつ広く分散することになる。したがって、この分野において、いわゆる在宅勤務が可能になり、大都市近隣において通勤時間をなくし、自宅において統括・管理機能あるいはその支援機能を遂行することも可能にすることになる。他方で、この分野での細分された機能を統合・調整する高度な機能はより複雑になる。統括・管理機能の在り方とその立地は今後の重要な分析課題になる[6]。本小節における内容を図示すれば、図17-5A, Bのようになる。図17-4Aは経済活動の広域化による費用削減競争に対応するために各生産経営はその生産工程を細分化する状況を示している。さらにこの図は生産工程の分業に伴って生じてくる統括・管理機能を担当する経営Gの形成、そしてその支援機能を担当する経営Hの発生を示している。

　図17-5Bは物流、金融そして情報網の整備の充実、そして統括・管理機能の発達により生産工程と統括・管理機能およびその支援機能の空間的分散した状態を示している。生産工程Ⅱにおいては工程3, 4, 5がそれぞれ異なる地点に分離される。工程Ⅲにおいては工程3が分離される。生産工程Ⅰでは空間的分散は生じない。生産経営CとEはそれぞれ2種類の製品を分離して生産することになる。この図は統括・管理機能も空間的に分離される状態を示している。

　上記のように経済活動の広域化は生産工程を総じて細分化し、個々の工場は小型化、単純化することになる。図17-5Bで示されるように経済活動の広域化は細分された生産工程を空間的にも分離し拡散・分散させることになる。それは工程の細分化により発達してきた統括・管理機能により可能となるものである[7]。このような統括・管理機能自体もその費用削減競争にさら

518　第Ⅳ部　東京・多摩地域の経済的特徴と国際競争力

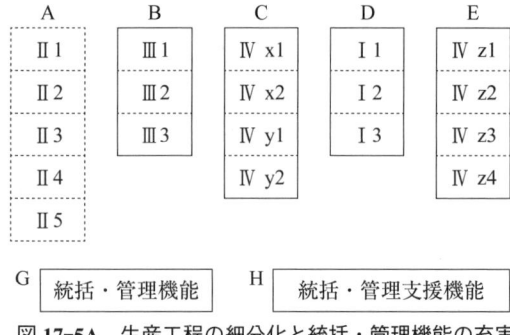

A	B	C	D	E
Ⅱ1	Ⅲ1	Ⅳx1	Ⅰ1	Ⅳz1
Ⅱ2	Ⅲ2	Ⅳx2	Ⅰ2	Ⅳz2
Ⅱ3	Ⅲ3	Ⅳy1	Ⅰ3	Ⅳz3
Ⅱ4		Ⅳy2		Ⅳz4
Ⅱ5				

G　統括・管理機能　　H　統括・管理支援機能

図 17-5A　生産工程の細分化と統括・管理機能の充実

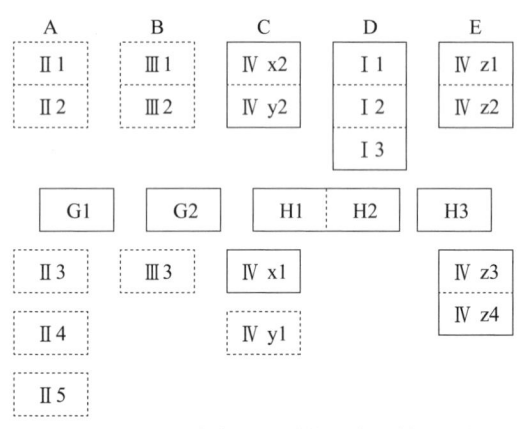

A	B	C	D	E
Ⅱ1	Ⅲ1	Ⅳx2	Ⅰ1	Ⅳz1
Ⅱ2	Ⅲ2	Ⅳy2	Ⅰ2	Ⅳz2
			Ⅰ3	

G1　G2　H1　H2　H3

Ⅱ3	Ⅲ3	Ⅳx1		Ⅳz3
Ⅱ4		Ⅳy1		Ⅳz4
Ⅱ5				

図 17-5B　細分された生産工程と統括・管理機能の空間的分散

され，機能の細分化と空間的分離を引き起こしている。経済活動の広域化は生産活動と関連する経済機能の在り方とそれらの活動の立地体系を大きく変貌させてきていると言える。

　本節においては内部経済と外部経済を連動させ，それが生産工程に与える影響を考察した。この考察により集積する生産工程は順次，専門化そして細分化され，集積地における工場は小型化し多様化する。次いで統括・管理機能の発達により細分された工程は近隣，地方へさらに海外へ拡散・分散する傾向をもつ[8]。分散された工程および機能は物流，金融そして情報網などの

生産基盤を利用し連動しながら生産活動を遂行することを明らかにした。

3. 都心および都心縁辺部と周辺地域における生産立地構成

　本節においては前節と同じく外部経済そして内部経済に近い内容をもつ生産効率という概念の2つを中心にしてこれらの立地的影響を分析する。大都市圏を想定し，都心部から都心縁辺部そして外延部という地域という空間的範囲において生産経営がいかに立地し，どのような生産規模で生産するかを上記2つの概念を中心として分析を行うことにする。外部経済と生産効率という2つの概念を用いての立地的考察として Ermisch（1987）の考察がある。それは簡潔で明快であるので，かれの分析枠組みを利用することにしたい。ただし，かれの分析は簡潔だが，具体的な数式が全て示されているわけではなく，また不明点もあるので，それらを補足・拡張しながら援用し，さらに数値計算の手法を加えて考察を進めることにする。

(1) 分析の仮定と枠組み
　基本的な分析仮定と枠組みを Ermisch にそって構築しょう。ある産業に属する生産経営は2つの生産要素，土地 L と労働力 N を用いて1つの製品を製造する。その生産関数は（9）式で示される。

$$Q = f(L, N) \tag{9}$$

ここで，Q は生産量である。生産経営の生産は外部経済から影響を受ける。そして外部経済 AE は都心からの距離により減少してゆき，外部経済とその距離の関係は（10）式で示される。Ermisch はこの外部経済に関して詳しく説明はしないが，本節においては，この外部経済を集積経済の中のいわゆる都市化経済であると想定する。

520　第Ⅳ部　東京・多摩地域の経済的特徴と国際競争力

$$AE = \exp(-bx) \tag{10}$$

ただし，xは都心から生産経営までの距離，bは定数でb＞0である。したがって，生産経営の生産関数は（11）式で表されることになる。

$$Q = \exp(-bx) f(L, N) \tag{11}$$

大都市圏における単位面積当たりの土地価格 P_L と賃金率 w は都心からの距離により変化すると考えられる。それらは以下のようであると想定する。

$$P_L = P_o \exp(-cx) \tag{12}$$
$$w = A_i \exp(a_i x) \tag{13}$$

ただし P_o は都心における土地価格である。cは正の定数である。A_i と a_i（i＝Ⅰ，Ⅱ）は賃金率が上昇にある範囲（Ⅰ）と低下にある範囲（Ⅱ）における A と a の値であり範囲（Ⅱ）では $a_{Ⅱ}$ の値は負である[9]。ここでは範囲（Ⅰ）と（Ⅱ）を分ける都心からの距離を X_b で表すことにする。

(2)　生産経営の利潤関数と最適化条件

上記仮定から生産経営の利潤関数を導出しよう。いま当該の生産経営の製造する財の価格を1とすれば，その利潤 Y は（14）式で示される（ただし Ermisch は利潤関数を明示していない）。

$$Y = 1\exp(-bx) f(L, N) - P_o \exp(-cx) L - A_i \exp(a_i x) N \tag{14}$$

生産経営の用いる土地および労働者数は，次の2式を満たすように定まる。

$$P_L = P_o \exp(-bx) f_L \tag{15}$$
$$w = A_i \exp(a_i x) f_N \tag{16}$$

そして生産経営の最適立地点 X* は次式から求められることになる。

第17章　大都市広域圏における生産立地構成の理論分析　521

$$\partial Y/\partial x = 0 \quad (17)$$

(3) 最適立地点に対する外部経済と生産性および工程の性格の影響

① 外部経済および生産性の立地的作用に関する比較静学分析

いま，収入に対する土地費用を S_L，収入に対する労働費用を S_N で表わせば，(18) 式で示される関係を前小節での (17) 式からえられる。すなわち次式 (17i) から (18) 式をえる。

$$\partial Y/\partial x = -b\exp(-bx)f(L, N) + P_o\exp(-cx)cL - A_i a_i \exp(a_i x)N = 0 \quad (17i)$$
$$-1 + (c/b)S_L - (a_i/b)S_N = 0 \quad (18)$$

次に (18) 式から (19) 式をえる。

$$cS_L - a_i S_N = b \quad (19)$$

さらに，ここまでは暗黙的に生産関数は 1 次同次関数としてきた。ここからは生産関数は r 次同次関数であるとし 0＜r＜1 とする。このような場合においては (19) 式の関係は (20) 式のように示される。

$$cS_L - a_i(r - S_L) = b \quad (20)$$

(20) 式から (21) 式をえる。

$$(c + a_i)S_L = b + a_i r \quad (21)$$

さて，ここで導出された最適立地点 X^* に対して，定数 b そして生産関数の次数 r がどのような影響を与えるかは最も興味深い問題である。これらは利潤関数を処理して，$\partial X^*/\partial b$，$\partial X^*/\partial r$ から導出することになる。しかしながら，ここでの仮定の下では生産要素間における代替弾力性が一定でないので，一般性をもって導出することができない。そこで生産関数を CES

型関数に限定しよう。Ermisch はその式を明示していないが,ここでは (22) 式のような生産関数を想定する。

$$Q = B[HL^{-s} + (1-H)N^{-s}]^{-r/s} \tag{22}$$

ただし H は土地と労働者間の配分係数,B と s は定数であり,$B > 0$,$s > 0$ である。(22) 式を利用すれば (15) 式および (16) 式から (23) 式が導出される

$$dL/dN = -dQdN/dQ/dL = ((1-H)/H)(L/N)(1+s)$$
$$= (A_i/P_0)(\exp(a_i x)/\exp(-cx)) \tag{23}$$

(23) 式から次式をえることになる。

$$L/N = H/(1-H)^{1/(1+s)}((A_i/P_0)^{1/(1+s)} \exp((c+a_i)/(1+s))x) \tag{24}$$

ところで土地費用の収入に対する比率 S_L と労働費用の収入に対する比率 S_N から (25) 式の関係がある。

$$S_L/S_N = (L/N)(P_0 \exp(-cx)/A_i \exp(a_i x)) \tag{25}$$

(24) 式を利用して次式をえる。

$$S_L/(r-S_L) = (H/(1-H)^S((A_i/P_0)^{(1-S)} \exp((S-1)(c+a_i)x) \tag{26}$$

ただし $S = 1/(1+s)$ である。(26) 式から (27) 式をえる。

$$S_L = rZ/(1+Z) \tag{27}$$

ただし Z は (28) 式で示される。

$$Z = (H/(1-H)^S((A_i/P_0)^{(1-S)} \exp((S-1)(c+a_i)x) \tag{28}$$

さて,(27) 式と (21) 式から (29) 式をえる。

$$rZ(1+z) = (b+a_i r)/(c+a_i) \qquad (29)$$

(29) 式を用いれば，生産経営の最適立地点 X^* に対して，定数 b そして生産関数の次数 r の影響，さらに土地と労働力配分を示す H の作用を導出することができる。すなわち，$\partial X^*/\partial b$，$\partial X^*/\partial r$，そして $\partial X^*/\partial H$ はそれぞれ（30i，30ii，30iii）式で示されることになる。

$$\partial X^*/\partial b = [(1+Z)/(c+a_i)(rc-b)(S-1)Z] < 0 \qquad (30i)$$

この式は外部経済が都心から乖離するにつれてより急速に減少するとすれば生産経営は都心に近付くことを示している。

$$\partial X^*/\partial r = [-b/(Z(S-1)(rc-b)^2)] > 0 \qquad (30ii)$$

ここで想定した生産関数をもちいると，$\partial X^*/\partial r$ は（30ii）式のように求められる。しかしながら，この式は Ermisch が導出した式とは異なっている。当然，この結論はかれが示している結論とは異なることになる。ここでは（30ii）式に基づいて以下のように結論する。(30ii) 式の符号は，Z の符号が正であれば（30ii）式は常に正である。このような場合には，生産関数の次数 r が上昇すると，生産経営の最適立地は都心から一方的に乖離して行くことになる。

次に土地と労働力配分を示す H の立地的影響は（30iii）式で示される。

$$\partial X^*/\partial H = [-S/((1-H)H(S-1)(c+a_i))] \gtreqless 0 \qquad (30iii)$$

(30iii) 式の示していることは大変興味深い。外部経済と内部経済の内容に近い生産性の立地に対する影響は一意的であり，生産経営の立地を都心，あるいは近隣地域へ移動させる作用をもったが，土地と労働力の配分を示す係数 H の作用は次のようになる。賃金率と距離の関係を示す a の符号は，都心からある距離 X_b までは正であり，それ以上に距離が離れると負になる。したがって，生産経営が都心から乖離して行くと $(c+a) < 0$ となる地点（X^{**}

とする) に行きつく。したがって生産経営が都心から距離 X** 以内にある場合には∂X*/∂H＞0, したがってHの上昇は生産経営をX** へ移動させる作用を持つ。そして生産経営が都心から距離 X** 以遠にある場合には∂X*/∂H＜0, したがってHの上昇は生産経営をX** へ移動させる作用を持つ。すなわち, Hの上昇は生産経営がどの地点にあっても生産経営を都心から距離 X** の地点に移動させる傾向を持つことになる。Hの上昇は土地をより多く用いることを意味し, 装置や機械の使用が多い生産経営と考えられる。このような生産経営は都心からある距離 X** の付近により多く立地すると推測される。逆に次のように言える。労働力をより多く用いる傾向を生産経営がもつほど, それらの経営は都心からの距離 X** の距離から離れ, 一方は都心へ, 他方は近隣地域へ離れてゆくことになる。

本節での考察を整理すると次のようになる。2節と同じく集積経済の柱を成す外部経済と内部経済に近い内容を有する生産性の2つの概念を中心にして, 生産経営の立地を大都市圏の都心から都心縁辺部そして外延部の地域において理論的に分析すると以下のような結果をえる。

(1) 生産経営が享受する外部経済が都心からの距離とともに急速に低下するほど, 生産経営は都心方向へ移動する傾向を持つ。
(2) 生産関数の r 次同次の値が上昇すると生産経営は都心からより乖離する傾向を持つ。
(3) 資本集約的生産経営は都心からある一定距離にある都心縁辺部に向けて牽引される傾向を持つ。
(4) 労働集約型の生産経営は都心からある一定距離にある都心縁辺部を境にして, 都心方向あるいは外延部へ分かれて立地移動する傾向を持つ[10]。

② 資本・労働比率の立地的作用に関する数値計算分析

前小節で資本集約および労働集約型生産経営の立地的作用の傾向が考察された。生産経営のこのような立地的傾向は大都市圏における立地構成の重要事項なので数値計算の手法で資本・労働比率の立地的作用を中心にして分析

第17章　大都市広域圏における生産立地構成の理論分析　525

したい。

　生産経営の利潤関数は（14）式から次式のように想定する。ここでは製造される財の価格はPとする。

$$Y = P\exp(-bx)B[HL^{-s} + (1-H)N^{-s}]^{-r/s} - P_o\exp(-cx)L - A_i\exp(a_ix)N \quad (31)$$

　上記のようにA_iとa_i（i＝Ⅰ，Ⅱ）は賃金率が上昇している範囲Ⅰ，すなわち都心から距離X_bまでの地域，そして賃金率が低下している範囲Ⅱ，すなわち距離X_bを超える地域におけるAとaの値である（ただし，ここでの分析では都心からの距離X_bを超えるとaは直ちに（c＋a）＜0にする値となると想定する）。

　生産経営の最適立地点，土地（資本）および労働者数は（31）式から（32i, ii, iii）式をえて，これらの連立方程式をx，L，Nについて解くことにより求められる。

$$\partial Y/\partial x = 0 \quad (32\text{i})$$
$$\partial Y/\partial L = 0 \quad (32\text{ii})$$
$$\partial Y/\partial N = 0 \quad (32\text{iii})$$

　各定数は次のように仮定する。P＝5，A_I＝0.015，A_{II}＝0.0247，B＝1.2，H＝0.5，β＝0.4，r＝0.5，c＝0.2，P_0＝1，a_I＝0.2，a_{II}＝－0.3，b＝0.2，また，賃金率が正から負に変わる都心からの距離X_bは1とする。したがって，都心からの距離に応じての賃金率推移は図17-6のように示される。賃金率が上昇している範囲Ⅰの地域における最適立地点X*，土地（資本）L*および労働者数N*は上記（32i, ii, iii）式から次のように導出される。賃金率が上昇する範囲においては，表17-1で示されるようにX*＝0.886，L*＝18.2，N*＝283.72，利潤Y*＝20.23となる。また賃金率が低下する範囲Ⅱ，ここでの最適立地点はX*＝16.29，L*＝439.23，N*＝1037.46，利潤Y*＝50.69となる。労働者1人当たりの土地（資本）比率（L/N)i(i＝Ⅰ，Ⅱ）を求めると，そ

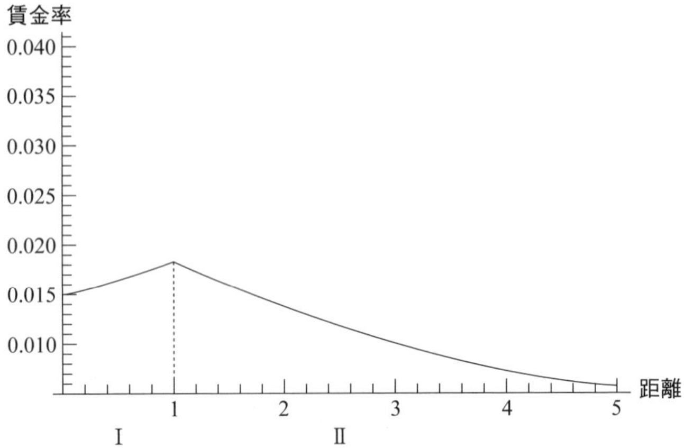
賃金率
0.040
0.035
0.030
0.025
0.020
0.015
0.010
距離
1
2
3
4
5
Ⅰ
Ⅱ

図 17-6　都心からの距離と賃金率推移

表 17-1　資本・労働比率の立地的作用

	H = 0.5	
	Ⅰ	Ⅱ
X*	0.886	16.29
L*	18.2	439.23
N*	283.72	1037.46
Y*	20.23	50.69
L*/N*	0.06	0.42

表 17-2　資本・労働比率の変化の立地的作用

	H = 0.49		H = 0.501	
	Ⅰ	Ⅱ	Ⅰ	Ⅱ
X*	0.64	17.53	0.91	15.89
L*	17.76	670.39	18.25	346.53
N*	305.97	1768.45	281.60	625.69
Y*	20.85	60.46	20.27	43.40
L*/N*	0.058	0.38	0.07	0.55

れぞれ，$(L/N)_{\mathrm{I}} = 0.06$，$(L/N)_{\mathrm{II}} = 0.42$ となる。当然，都心部における労働者 1 人当たりの土地（資本）比率 $(L/N)_{\mathrm{I}}$はかなり少ない。言い換えれば，1 人当たりの資本量は大きくなる。

次に範囲Ⅰ，Ⅱにおいて H の値を低下そして上昇させてみよう。その結果は表 17-2 に示されるようになる。範囲Ⅰにおいて H の低下は生産経営を都心へ近づけ，範囲Ⅱにおいては都心からより乖離させる。H の値が増加する場合には範囲Ⅰにおいて生産経営を都心からの距離が X_b である地点 1 方向へ近づけ，範囲Ⅱにおいては生産経営を地点 X_b へ近づけることになる。

上記で示される場合に続いて，大都市圏の近隣地域にある生産経営に関して数値計算による分析を行ってみよう。ここでは，大都市圏とその近隣地域を分ける距離を X_f で示し，X_b と X_f の間にある範囲はⅢで表し，数値計算分析を拡張したい。$X_f = 25$ と仮定し，これに応じて範囲Ⅲにおける賃金率と距離の関係は $A_Ⅲ = 0.2343$，$a_Ⅲ = -0.39$ とする。他の係数の値は最初の数値と同じである。この場合における数値計算分析を行えば，生産経営の立地点とそれに対応する土地（資本）と労働者数は表 17-3 に求められる。さらに大都市圏の近隣地域においては生産関数にまつわる次数 r は，生産工程が単純化して高くなると想定できる。そこで r = 0.9 とした場合における立地点とそれに対応する土地（資本）と労働者数は表 17-3 の右列で示されるように導出できる。

表 17-3 に示されるようにこの範囲Ⅲの地域においては，生産経営の利潤はかなり低下することになる。生産経営で使用される資本と労働者数も少なくなり，その経営規模はかなり小型なものとなる。また労働者 1 人当たりの資本量はかなり高くなり資本集約的となる。r の値が高いとこの傾向はより

表 17-3 大都市圏の近隣地域における生産経営の立地と資本および労働者数

	Ⅲ	
	r = 0.5	r = 0.9
X*	239	256
L*	61.41	4.74
N*	44.21	2.92
Y*	0.0003	0.00006
L*/N*	1.39	1.62

顕著になり，生産経営の立地はより都心部からより乖離することになる。

上記の数値計算分析からは次の結果をえる。資本集約的生産経営は，賃金率が最大になる地点 X_b に向けて牽引される傾向を持つ。その生産経営は大型の工場を持ち広い土地，資本量が多く労働者数も多い。他方，労働集約的生産経営は地点 X_b を境に，都心方向あるいは大都市圏の中の周辺地域へ分かれて立地する傾向を持つ。また都心部における労働集約的生産経営においてはその傾向が顕著であり，より多くの労働者を雇用し土地の使用はかなり少ないことになる。大都市圏の中における周辺地域における労働集約的生産経営は，その傾向はより弱く比較的資本量は多く労働者数も多いことになる。大都市圏の近隣地域では生産経営は小型になり，小資本と小人数での経営になる。労働者1人当たりの資本量はかなり高くなり資本集約的な経営になる。その利潤はかなり低いものとなる。

4. 生産立地構成の再編による大都市圏近隣地域の活性化

本節では大都市圏の近隣地域における活性化について検討する。この目的のために前節までの考察を勘案し各地域の特徴を再度整理しておくことにする。

集積経済を構成する外部経済と内部経済，そして内部経済と類似の内容をもつ生産性の概念を中心にして，大都市圏と近隣地域の生産経営を分析すれば，次のような類推ができる。

(1) 都心部で生産経営は比較的小型であり，小資本と比較的多い労働力を用いた生産を行い，労働者数に対する資本の比率は低い。生産経営の利潤は比較的高い。ここでは高度な生産技術を有し専門性の高い製品製造を行う。専門的な機械を有効に用いながら優れた熟練労働力が活かされる生産様式が特徴となる。

(2) 都心縁辺部から外延部において生産経営は大型になり，そこで使用さ

れる資本および労働力はともに多い。労働者数に対する資本比率は中程度になる。いわゆる大量生産型の工場が多く立地する。
(3) 大都市圏の近隣地域では生産経営は小型になり，小資本および小労働者で生産活動が行われる。したがって生産工程数は少なく簡潔な工程を持ち，いわゆる各種の標準化された部品製造が主になると考えられる。このため簡潔な機械の導入が比較的進み労働者数に対する資本比率は高くなる。このような様式下では生産活動への参入は容易であり，生産経営数は多く利潤は低いものとなる。このような状況から生産経営間に強い競争関係があると考えられる。

本節において焦点を当てる大都市圏の近隣地域の生産経営は，(3) で示される特徴を有すると理論的に考えられる。

(1) 伝統的経済成長理論による活性化案の示唆

大都市圏の周辺部とその近隣地域においては上記の特徴を有するものとして，この地域における持続的活性化について検討することにしたい。また本節における持続的な活性化とは地域の経済成長が持続的になされることを意味する。

はじめに地域の経済成長に関して Harrod-Domar 型理論で再確認しておこう。いま，ある国のある期 t における所得額を Y_t，そしてその次の期における所得額を Y_{t+1}，で表せば，この期における所得増加率 y_t は次式で示される。

$$(Y_{t+1} - Y_t)/Y_t = y_t \tag{33}$$

この国のこの期における投資額 I_t は (34) 式で表される。

$$I_t = (K/Y_t)/(Y_{t+1} - Y_t) \tag{34}$$

ただし，K は資本額である。上記2式から，所得増加率 y_t は次式で示される。

$$y_t = I_t/K \tag{35}$$

また所得の増加は投資の増加に比例するとされるので，(36)式が成立する。

$$(Y_{t+1} - Y_t) = (1/s)(I_{t+1} - I_t) \tag{36}$$

ただしsは貯蓄率を示す。

さて，需要が増加する場合，それに対応して資本および労働者数と資本が増加せねばならない。いま労働者数をLで示し，生産技術を一定と仮定すれば，(L/Y)の値は一定ということになる。そして労働者数の増加率は，人の移住のない国では人口増加率nに等しいことになる。資本の増加は貯蓄から賄われ，その額は資本の増加，投資額に一致せねばならない。したがって，完全雇用を維持しつつ，経済成長がなされるとすれば次式が成立する。

$$y_t = sY/K = s/(K/Y) = n \tag{37}$$

このような関係を国内にある地域経済に応用しよう。ここではCapello (2007) にそって展開することにしたい。ある国のある地域iでは次式で示される関係が成立すると想定する。

$$(S_i + M_i) = (I_i + X_i) \tag{38}$$

ただし，Sは貯蓄額，Mは資本財の移入額，Iは投資額，Xは資本財の移出額である。(38) 式は (39) 式で再示できる。

$$(s_i + m_i)Y_i = (I_i + X_i) \tag{39}$$

ただしm_iは移入率を示す。(39) 式から以下のような展開がなされる。

$$I_i/Y_i = (s_i + m_i) - X_i/Y_i \tag{40i}$$
$$(I_i/Y_i)(1/(K_i/Y_i)) = (I/Y_i)(Y_i/K_i) \tag{40ii}$$
$$(I_i/Y_i)(1/(K_i/Y_i)) = y_i \tag{40iii}$$

これらの式から (41) 式で示される関係をえる。

第17章　大都市広域圏における生産立地構成の理論分析　531

$$y_i = (s_i + m_i - X_i/Y_i)/(K_i/Y_i) = n \qquad (41)$$

　(41) 式から次のような結論をえる。すなわち (41) 式の $(s_i + m_i - X_i/Y_i)$ の部分が正であれば (K_i/Y_i) がより小さい場合，地域経済の成長率はより高いということになる。地域の貯蓄率が高く，地域所得をより少ない地域資本で賄える地域，すなわち資本をより効率的に用いられるような地域の経済成長率は他地域より高いことになる[11]。このことが意味することは地域における資本がより効率的に機能する地域ほど高い成長を見込めるということである。

　この結果は地域を単位とする考察から導出されるものであるが，このような考察結果を背景にして，前節で分析した大都市圏における各地域に立地する個別生産経営の利潤，資本および労働費用の合計に対する資本比率 (K_i/Y_i) を V_i，(i = I，II，III) としてその値をみよう。都心部にある生産経営の V_I は 0.37，都心部縁辺部から都市圏の端点にある生産経営の V_{II} は 0.33，大都市圏の近隣地域にある生産経営の V_{III} はほとんど 0 に近い値になる。ここでは各地域にある生産経営の製造する財の価格を同じと仮定し，さらに各地域に関する様々な地域的要因を同じと想定している。したがって，この比率値からある一定の意味をもつ結論を導出することはできないが，大都市圏の近隣地域にある生産経営における利潤と資本および労働費用の合計に対する資本比率 V_{III} が極めて低いことは注目に値する。

(2)　生産立地構成の再編成による地域経済の活性化

　前節での考察により示された内容は地域の経済成長には，その地域における資本のより効率的利用が重要であるということである。したがって地域の課題は，何が地域における資本をより効率的に機能させるのかの解明である。
　大都市圏の近隣地域にある生産経営は上記の類推 3) で示されるように，小型で少数の生産工程により製造を遂行する特徴をもつと想定される。このような場合に生産経営の資本の生産性を上げようとする場合，これまでの分

析結果に基づけば，外部経済のより高い享受による資本の効率的利用ということになる。言い換えれば，外部経済による内部経済の活性化である。これにより生産経営の資本の生産性を上げることが考えられる。

3節において取り上げた外部経済は都心からの距離に応じて低下する集積経済であり，いわゆる都市化経済と想定される。すなわち産業一般により享受される多くの経済機能とその多種多様な支援機能から生み出される外部経済と考えられる。ここで想定する外部経済はいわゆる地域化経済で，同業種そして同業種と見られる生産経営が集積を形成することにより生じる集積経済である。この地域化経済はある特定の産業に対してより大きな外部経済を提供する性格を有するものである。

大都市圏の近隣地域にある生産経営は小規模でいくつかの産業にそれぞれ属していると考えられる。そのような生産経営が，その資本の効率的利用を図るとすれば，地域化経済をより多く享受せねばならない。このためには地域化経済を生み出す集積を同業種に属する生産経営によって大都市圏の近隣地域に形成することになる。地域化の経済は大量生産の経済そして大規模化の経済のように特定の地点には限定されるものではないが，都市化経済のように特定地点からの距離に応じて低減する性質は弱いと考えられる。したがって生産経営がその生産工程の性質に合わせて地理的なある範囲内に連続立地して集積を形成し，大都市圏の近隣地域の立地構成を再編成して，各生産経営の資本の効率化を図るということになる。そしてこのような立地編成はこの地域における経済発展に寄与すると考えられる。このような立地の再編成はかなり小型化している生産経営にとって，その移動は比較的容易でありしかるべき連携体制がとれている地域においては困難な編成ではないであろう。図17-7はこのような立地編成を示している。図中の点 X_C は都心に

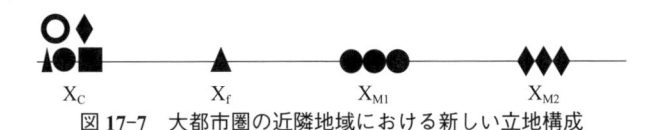

図 17-7　大都市圏の近隣地域における新しい立地構成

おいて種々の産業の立地から形成される都市化経済を生み出す集積地を示す。X_f は大都市圏とその近隣地域の境を示している。点 X_{M1}, X_{M2} は地域化経済による異なる性格を有する集積地の中心地を示している。各種図形は各生産経営の特性を表している。

このような集積形成は，地域化経済の享受から各生産経営の生産規模を拡大させ工程の生産を上昇させ，また生産経営の利潤を上昇させることになる。ここでの分析範囲を超えることになるが，このような生産経営の利潤の上昇は新たな製品開発につながると期待される。とりわけそれぞれ乖離している集積地での連携が進展すれば，都心部における生産経営と類似の特徴を有した地域において独自性のある製品開発をなす可能性を持つと予測される。いずれにしても都心部において生じる都市化経済に加えて大都市圏に接する近隣地域に地域化経済を中心とする集積を形成することは，この地域における生産経営による内部経済の享受を拡大し，この地域を活性化して経済発展に寄与するものと考えられるであろう。

ここまでの理論分析において置かれてきた次の仮定に関しては再度明確にしておく必要がある。すなわち大都市に典型的に生じるいわゆる都市化の経済そして社会的生活・生産基盤から生じる各種経済は都心からの距離に関係し，距離とともに基本的には低減傾向を持つ。他方，地域化の経済はごく限られえた地域内に限定されて作用し，当該地点からの距離とともに変化するという性質はほとんどないという点である[12]。

最後に上記のような外部経済による内部経済の拡大，そして各生産経営における生産効率一般をより上昇させるには，公的資本のより効率的な利用や研究機関および地方自治体と生産経営の連携が不可欠である。この局面に関してはすでに Fratesi-Senn（2010）による簡潔な考察がある。かれらは，経済活動が広域化している中で，地域経済の持続的活性化のために特に重要と考えているのは継続して行われる革新であるとしている。そしてこのために重要と考える要因として対外連携および対内における各種連携を挙げている。

5. 要約と結論

多くの国にまたがって生産工程や各種機能の施設を展開させている企業は新たな工場や施設を立地させる場合，その立地候補地を広範囲の地域の中から選ぶことになる。その地域的範囲はいくつかの国や多くの地域を包含することになる。このような企業による立地選定過程においては，国や地域の持つ健全性が問題となるであろう。経済面に限定すれば，地域の有する持続的革新の可能性が重要な要因になり，その面で優れた地域に立地点を絞り込んでゆくことになる。

他方，生産活動が広域化し，各工場が小型化して地球的に生産工程網が分散している時代においては，地域の自治体はその地域的特性を活かせるより多くの生産工程を地球規模で地域に牽引し，当該地域を国際的な生産活動網に連結させて地域の革新可能性を持続していく必要がある。そうでなければ地域の持続的な発展は期待できないことになる。ほとんどの地域そして多くの企業にとって持続的革新を有する地域に注目することになる。

このような状況を背景にして本稿では大都市圏の都心縁辺部から外延部そして近隣地域に焦点を当て，これらの地域が持つ立地的な特性を明らかにし，近隣地域の経済活性化を集積経済の面から考察した。都心から大都市圏の都心縁辺部から近隣地域までに関して，集積経済を形成する内部および外部経済を連動させ，立地の理論分析を行い以下の点を明らかにした。すなわち都心部においては技術的に高度に専門化した多くの小生産工程が立地する。これらの生産経営は周囲にある多種多様な支援機能を利用して内部と外部経済の享受の最大化を図る。大都市圏の都心縁辺部においては大型施設で大型装置を利用する工場が立地し，これらの工場は内部経済の利用が中心になる。大都市圏の近隣地域においては都心縁辺部から外延部にある生産工程から細分され分離された多くの工程が立地する。ここでの生産工程は都心部の生産工程と類似して小規模であるが，技術的には単純で明確な作業内容を有し低

賃金の労働力が多く利用されることになる。他方，ある専門的分野に集中することにより特殊な技術を開発する経営もあり，独自の経営方式で運営される経営も出現してくると考えられる。

　伝統的経済成長論に基づけば，資本の効率的な利用をする地域における成長率は大きいということである。資本の効率的利用とは各経済的主体が有する資本を連携させ各資本の性格を活かして効率よく利用するということである。大都市圏の近隣地域の生産立地における特徴は細分化された多くの生産工程が立地することである。このような特徴を持つ地域において効率的な資本利用は，地域化経済を中心とする集積形成により可能となる。そしてその影響をより有効にするためには，公共資本の効率的利用そして地方行政体と大学や研究機関の連携が必要になる。今後の考察においては，このような視座からの立地分析，そして各種主体間における具体的な連携の在り方の考察，そして分析・考察結果に関する検証が重要となる。

1) ここでの分析は石川利治（2011）も参照。
2) 集積経済に関する立地理論からの分析はWeber（1909）により体系的に開始され，かれは大規模化および地域化の経済を中心に生産費用面から精緻な分析を行なっている。
3) これら2つの経済の連関の分析の重要性は石川（1976, p.60）でも言及されている。なお，ここでの考察の展開では中央大学大学院経済学研究科，佐藤聡の支援も受けている。
4) なおここでは数式を用いて説明はいないが，ここで想定される場合における個別経営の生産量は変化しないことになる。
5) このような生産工程の変化に関する実証的考察としてLazonick（1986）によるイギリスの綿工業の精緻な分析は大変興味深い。
6) 統括・管理機能の細分化はMalone-Laubacher-Johns（2011）により詳しく論じられている。
7) これにともない外国からの生産工程の参入も考えられることになる。
8) 生産活動が広く分散し海外へ拡大する場合には国際貿易へ考察も拡大する。Brakman-Garretsen-Marrewijk（2001）の分析は大いに参考になる。本稿との文脈においてはShin-Yang（1995）の分析が有用である。またDuranton-Storper（2008）の考察も興味深い。

9) Ermisch はいくつかの大都市，New York, Toronto, London の実証分析の事例を引用しこのような仮定の妥当性を主張している。
10) 上記の (3)，(4) において示された，都心からある一定の距離の地点の解明には，当然ながら賃金率と土地費用が都心からの距離とともにいかに変化するかの実証分析が不可欠となる。
11) なお (42) 式における n の値は地域経済を想定する場合，地域間の人の移動は容易で伸縮性があるとみてよいであろう。
12) 地域化の経済のこの性質に関して次のような事柄には注意せねばならない。すなわち，生産工程が2つに分割され，分割された前工程を担当する工場のみがある集積地域に移動して立地することでその生産費用を低下させ，そして低い費用で中間財を後工程へ出荷すれば，後工程を運営する工場は当該集積地に参加せずに，空間的に乖離している集積地から，間接的に集積経済を享受することになるという点である。

参 考 文 献

石川利治「Weber 集積論における三問題」(『経済地理学年報』, 22, 2, 1976 年), pp.54-60。

石川利治「生産工程の細分化による集積組織の不安定化と集積体系の再生成」中央大学経済研究所 ディスカッションペーパー, 2011 年, 163。

Brakman, S., H.Garretsen, and C. Marrewijk *An introduction to geographical economics*, Cambridge University Press, Cambridge, 2001.

Capello, R. *Regional economics*, Routledge, New York, 2007.

Domar, E.D. *Essays in the theory of economic growth*, Oxford University Press, London, 1957.

Duranton, G.and M.Storper. "Rising trade costs? Agglomeration and Trade with endogenous transaction", *Canadian Journal of Economics*, 41, 1, 2008, pp.292-319.

Ermisch, J. "A partial equilibrium model of the location of economic Activity in a metropolitan area", *Urban Studies*, 24, 1987, pp.103-108.

Fratesi, U. and L. Senn. *Growth and Innovation of competitive regions*, Springer, Berlin, 2010.

Harrod, R. E. "An essay in dynamic theory" *Economic Journal*, 49, 193, 1939, pp.14-33.

Lazonick, A. "The cotton Industry", *The decline of the British economy*, Elbaum-Lazonick *ed*, 1986, pp.18-50, Oxford University Press, Oxford.

Malone, T., R. Laubacher, and T. Johns. "The age of hyperspecialization" *Harvard Business Review*, July-August, 2011, pp.56-65.

Shin, H. and X.Yang. "A new theory of industrialization" *Journal of Comparative Economics*, 20, 1995, pp.171-189.

Weber, A. *Über den Standort der Industtrien*, Mohr, Tübingen, 1909.

あ と が き

　本書は，中央大学経済研究所における共同研究「東京・多摩地域の総合的研究」の成果を公開するために，2014年12月6日に開催されたシンポジウムの内容をまとめたものです。今回のシンポジウムには学内外からこのテーマに関心をもたれた方々にも御参加いただくことができ，「実学教育の場と学問研究の成果をもって社会発展に貢献する」という中央大学の使命のもとに共同研究の成果を広く社会へ発信し還元していくという理念に沿ったものとなりましたが，この理念は本書の刊行によっていっそう現実的なものとなったといえるでしょう。

　今回のシンポジウムに結実した研究は，2012年度からの3年間にわたるものであり，本書の目次からもわかりますように，行政・経済・文化・歴史など広範な分野の研究者を結集した学際的かつ総合的な研究であり，まさに本研究所の総力を挙げた研究となっております。

　また，中央大学が駿河台から多摩に移転してから既に30年以上を経ておりますが，今回のシンポジウムではそのテーマが東京・多摩地域にかかわるものであることもあって，学内外の研究者以外に，多摩地域の多くの方々の御協力を得ることとなりました。「多摩の歴史と文化」に関しては，本学名誉教授でもある笹原先生の御尽力もあって，地域の学員の方々や地域の産業・文化活動にかかわる方々の御協力を得ることができました。また「東京・多摩における地方自治および財政と道州制」のテーマでは地域の政治・産業振興などの活動に携わる方々の御協力を得ることができました。グローバル化の時代の進展とともに，他方でローカルな視点の必要性が叫ばれるようになった時代の中央大学にとって，今回の取り組みは非常に好ましいものであることは間違いありません。もちろん，多摩地域と一口にいっても，その範囲や問題の性質は極めて多様であり，「多摩の歴史と文化」班の主たる対象は八王子であり，また「東京・多摩における地方自治および財政と道州制」で御協力いただいた方々の研究対象も主に西多摩地域と限定されたものと

なっております．今回の試みがより広範囲のより深化した研究の契機となることを我々は期待したいと思います．

さて，既にこれらの研究成果の一部は，『第25回中央大学学術シンポジウム　東京・多摩地域の総合研究　報告書Ⅰ　行政・経済編』ならびに『第25回中央大学学術シンポジウム　東京・多摩地域の総合研究　報告書Ⅱ　歴史・文化編』として刊行されておりますが，本書はシンポジウムと報告書に基づいた，3年間の研究の総まとめでもあります．なお『報告書Ⅱ』にはこの間の研究の経過がまとめられておりますので，そちらも御参照いただければさいわいです．

最後に，本書の出版にあたっては，非常に多くの方々のお世話になっております．シンポジウムのコーディネーター・報告者の方々には，御多忙のなか，シンポジウム当日だけではなく，その後の原稿執筆においても，多大なる御協力をたまわりました．また，中央大学研究所合同事務室の方々にも，シンポジウムの準備段階から本書出版の最終工程にいたるまで，献身的に作業を担当していただきました．さらに，中央大学出版部の方々にも本書の出版にあたり，お手をわずらわせていただきました．これらすべての方々に心よりお礼申し上げます．

多くの方々の御協力によって刊行の運びとなりました本書が，大学と地域との橋渡しとして，また大学の地域への貢献の試みとして意義あるものとなることを祈念したいと思います．

中央大学経済研究所研究員

柴　田　英　樹

付録1　第25回中央大学学術シンポジウムプログラム

|日　時| 2014年12月6日（土）　9:30〜17:00
|会　場| 中央大学多摩キャンパス2号館4階　研究所会議室4

開　会　9:30〜 9:45
　　　　　　　開会の挨拶　酒井正三郎（学長，商学部教授）
　　　　　　　　　　　　　石　川　利　治（経済研究所所長，経済学部教授）
　　　　　　　総合司会　　柴　田　英　樹（経済学部教授）

第1部　9:45〜11:15　「東京•多摩における地方自治と道州制」
　　　第1報告　「西多摩はひとつ―広域圏形成のあり方」
　　　　　　　　清　水　洋　邦　客員研究員　青梅市体育協会副会長
　　　　　　　　増　田　俊　一　客員研究員　元福生市議会議員
　　　　　　　　舩　木　良　教　客員研究員　羽村市議会議員
　　　　　　　　松　尾　紀　子　客員研究員　羽村市商工会常務委員
　　　　　　　　大勢待　利　明　客員研究員　青梅市議会議員
　　　第2報告　「東京圏，東京都をめぐる日本型「州」構想」
　　　　　　　　佐々木　信　夫　研究員　中央大学経済学部教授

第2部　11:15〜12:45　「多摩の自然と歴史」
　　　　　　　　富　永　金　治　学員（経卒）「大正・昭和初期の八王子市の財政」
　　　　　　　　神　田　和　俊　学員・公認会計士（経卒）「八王子および日本の繊維産業の発展」
　　　　　　　　小　林　正　也　学員（経卒）「秋山国三郎の俳句」

休　憩　12:45〜13:30

第3部　13:30〜15:00　「多摩の地域振興における自治体の役割と政策」
　　　―導入―　　　藪　田　雅　弘　研究員　経済学部教授
　　　―研究報告―　中　村　光　毅　客員研究員
　　　　　　　　　　神　山　和　美　客員研究員　鉄道建設・運輸施設整備支援機構
　　　　　　　　　　米　田　篤　裕　客員研究員　矢崎科学技術振興記念財団
　　　―討論―　　　田　中　廣　滋　研究員　経済学部教授

休　憩　15:00〜15:15

第4部　15:15〜16:45　「東京•多摩地域の経済的特徴と国際競争力」
　　　　　　　　松　浦　　　司　研究員　経済学部准教授「首都圏の高齢化」
　　　　　　　　塩　見　英　治　研究員　経済学部教授
　　　　　　　　小　熊　　　仁　客員研究員　金沢大学助教「首都圏の空港制約と政策課題」
　　　―質疑応答―

閉　会
　　　　　　　閉会の挨拶　日本比較法研究所所員
　　　　　　　　　　　　　古　積　健三郎　法務研究科教授

　　　　　　　　問い合わせ先　中央大学経済研究所

付録 2　研究活動記録

＜公開講演会・研究会＞

【2012 年度】

日　時　2012 年 6 月 20 日（水）15：00 〜 17：00
主　催　第 25 回中央大学学術シンポジウム「東京・多摩地域の総合的研究」
テーマ　「八王子，川口郷の昔の暮らしと伝統芸能」
報告者　久保　喜一　氏（八王子市川口郷土史研究会前会長）

日　時　2012 年 6 月 20 日（水）15：30 〜 17：00
主　催　第 25 回中央大学学術シンポジウム「東京・多摩地域の総合的研究」
テーマ　「東京（区部，多摩）及び東京圏の自治制度をめぐる諸論点」
報告者　潮田　勉　氏（東京都知事本局地方分権推進部長）

日　時　2012 年 7 月 12 日（木）16：45 〜 18：30
主　催　第 25 回中央大学学術シンポジウム「東京・多摩地域の総合的研究」
テーマ　「多摩の経済・産業の現状と産業活性化の取り組み」
報告者　岡崎　英人　氏（一般社団法人　首都圏産業活性化協会
　　　　　　　　　　　　　　　　　　　　　（TAMA 協会）事務局長）

日　時　2012 年 7 月 17 日（火）16：45 〜 18：30
主　催　第 25 回中央大学学術シンポジウム「東京・多摩地域の総合的研究」
テーマ　「多摩地域の経済・産業の動向と多摩信用金庫の取り組み」
報告者　酒井　克哲　氏（多摩信用金庫調査役）

日　時	2012年7月25日（水）15：00〜16：30
主　催	第25回中央大学学術シンポジウム「東京・多摩地域の総合的研究」
テーマ	「東京における都区関係及び特別区制度と都区財政調整－その現状と課題」
報告者	志賀　德壽　氏（特別区協議会総務部長）

日　時	2012年10月3日（水）13：30〜15：00
主　催	第25回中央大学学術シンポジウム「東京・多摩地域の総合的研究」
テーマ	「都財政及び東京都区部・市部の財政構造の変化と特徴」
報告者	成田　浩　研究員（中央大学特任教授）

日　時	2012年10月13日（土）13：00〜17：00
主　催	第25回中央大学学術シンポジウム「東京・多摩地域の総合的研究」
共　催	中央大学大学院経済学研究科 現代政策研究会
テーマ	「東京首都圏の都市構造変化の質的指標」
報告者	田中　廣滋　研究員（中央大学教授）
テーマ	「中国経済発展と貧困問題の解決」
報告者	賈　保華　氏（中国対外経済貿易大学教授）
テーマ	「北京市と東京都の経済社会の発展の比較考察」
報告者	李　森　客員研究員（福山大学教授）
テーマ	「天津市の地域経済社会の発展」
報告者	葉　軍　氏（中国天津理工大学教授）

日　時　2012 年 11 月 16 日（金）15：00 ～ 16：30
主　催　第 25 回中央大学学術シンポジウム「東京▪多摩地域の総合的研究」
共　催　空間システム研究会
テーマ　「わが国 3 大都市圏の国際空港と外国人旅行者の行動特性」
報告者　神頭　広好 氏（愛知大学教授）

日　時　2012 年 12 月 1 日（土）13：00 ～ 16：00
主　催　第 25 回中央大学学術シンポジウム「東京▪多摩地域の総合的研究」
共　催　社会哲学と経済思想研究会
　　　　思想史研究会
テーマ　「『勝五郎再生』奇話」
報告者　小谷田忠一良 氏　（勝五郎生まれ変わりの里を伝承する会代表）
　　　　笹原　昭五 客員研究員（中央大学名誉教授）

日　時　2012 年 12 月 1 日（土）14：00 ～ 15：30
主　催　第 25 回中央大学学術シンポジウム「東京▪多摩地域の総合的研究」
テーマ　「薩摩ルネッサンス
　　　　－歴史に学び，歴史を活かす世界遺産登録に向けて－」
報告者　島津　公保 氏　（株式会社　島津興業顧問）

日　時　2013 年 2 月 9 日（土）13：20 ～ 16：45
主　催　第 25 回中央大学学術シンポジウム「東京▪多摩地域の総合的研究」
後　援　羽村市教育委員会　（社）青梅青年会議所　福生青年会議所
　　　　あきる野青年会議所

テーマ　「これからの都市行政と地方議会」
報告者　増田　寛也 氏（野村総研顧問）
テーマ　「地方議会，議員の役割とは何か」
報告者　佐々木信夫 研究員（中央大学教授）
パネルディスカッション　「政治的無関心と都市議会の再生」
　　パネリスト　　　金井　利之 氏（東京大学教授）
　　　　　　　　　　谷　　隆徳 氏（日本経済新聞論説委員）
　　　　　　　　　　野村　有信 氏（前東京都議会議員）
　　　　　　　　　　増田　祐一 氏（杉並区議会議員）
　　コメンテータ　　増田　寛也 氏（野村総研顧問）
　　コーディネータ　佐々木信夫 研究員（中央大学教授）
　　総合司会兼コーディネータ
　　　　　　　　　　川井　綾子 氏（フリーアナウンサー，キャスター）

日　時　2013 年 3 月 9 日（土）13：00 〜 16：00
主　催　第 25 回中央大学学術シンポジウム「東京・多摩地域の総合的研究」
共　催　社会哲学と経済思想研究会
　　　　思想史研究会
第一報告
　テーマ　「八王子織物の現況について」
　報告者　岡本　孝之 氏（八王子織物工業組合専務理事）
　　　　　吉水　壮吉 氏（多摩織伝統工芸士会会長）
第二報告
　テーマ　「八王子織物業の足跡－創業期を中心にして」
　報告者　並木　勝嗣 氏（八王子市繊維産業史研究者，中央大学学員）

【2013 年度】

日　時　2013 年 5 月 8 日（水）15：00 ～ 16：30
主　催　第 25 回中央大学学術シンポジウム「東京・多摩地域の総合的研究」
テーマ　「東京の多摩ビジョンについて」
報告者　神永　貴志　氏（東京都総務局行政部区市町村制度担当課長）

日　時　2013 年 6 月 22 日（土）（13：00 ～ 14：00）
主　催　第 25 回中央大学学術シンポジウム「東京・多摩地域の総合的研究」
共　催　社会哲学と経済思想研究部会，思想史研究会
テーマ　「秋山国三郎と北村透谷の交誼 – 川口困民党などと関連づけながら」
報告者　車田　勝彦　氏
　　　　（八王子市川口郷土史研究会会長，『幻境の地・自由民権の里
　　　　　　わがまち上川町東部』編集委員会委員長，本学学員）

日　時　2013 年 7 月 10 日（水）15：00 ～ 17：00
主　催　第 25 回中央大学学術シンポジウム「東京・多摩地域の総合的研究」
テーマ　「東京圏の広域行政のあり方
　　　　　－全国における多摩地域の位置づけ，道州制への道筋」
報告者　川村　雅人　氏（（株）三菱総合研究所
　　　　　　社会公共マネジメント研究本部・研究主査　チーフプランナー）

日　時　2013 年 7 月 29 日（月）13：20 ～ 15：20
主　催　第 25 回中央大学学術シンポジウム「東京・多摩地域の総合的研究」
共　催　空間システム研究会
テーマ　「産業の潮流と新たな競争の構図 – 日本企業の活路を探る – 」
報告者　増田　貴司　氏（東レ経営研究所産業経済調査部長）

日　時　2013 年 10 月 30 日（水）14：10 ～ 16：10
主　催　第 25 回中央大学学術シンポジウム「東京▪多摩地域の総合的研究」
共　催　社会哲学と経済思想研究部会，思想史研究会
テーマ　「敗戦後の砂川村勤労者組合の軌跡 − 砂川闘争につながる一断面 − 」
報告者　沖川　信夫　氏（中央大学兼任講師）

日　時　2013 年 11 月 22 日（金）16：40 ～ 18：10
主　催　第 25 回中央大学学術シンポジウム「東京▪多摩地域の総合的研究」
共　催　企業研究所「世界市場・都市と流通・マーケティングの発展」チーム
テーマ　「社会的排除と公共交通 − 東日本大震災被災地におけるアクセスビ
　　　　リティの確保と移動機会の創出をめぐって」
報告者　小　熊　仁　客員研究員（金沢大学助教）

日　時　2013 年 11 月 23 日（土）13：30 ～ 16：45
主　催　2013 年日本学術会議公開シンポジウム
　　　　第 25 回中央大学学術シンポジウム「東京▪多摩地域の総合的研究」
共　催　中央大学経済研究所，日本学術会議政治学委員会，
　　　　政治学委員会行政学・地方自治分科会
テーマ　「新たな統治機構改革 − 道州制をめぐって」
　　司　　会　川井　綾子　氏（フリーキャスター）
　　開会挨拶　猪口　邦子　氏（日本学術会議会員・政治学委員長，
　　　　　　　　　　　　　　　　　　　　　　　　　　参議院議員）

≪第1部・講演≫
　　基調講演Ⅰ 「道州制と大都市のあり方」佐々木信夫 研究員
　　　　　　　　　　　　　　　（中央大学教授，日本学術会議会員）
　　基調講演Ⅱ 「道州制と日本経済の今後」土居　丈朗 氏
　　　　　　　　　　　　　（慶應義塾大学教授，日本学術会議連携会員）
　　特別講演　 「東日本大震災と道州制」村井　嘉浩 氏
　　　　　　　　　　　　　　　（道州制首長連合代表，宮城県知事）

≪第Ⅱ部・パネルディスカッション≫
　　　　　　　「新たな統治機構改革－道州制のゆくえ」
　パネリスト　　青山　彰久 氏（読売新聞編集委員）
　　　　　　　　村井　嘉浩 氏（道州制首長連合代表，宮城県知事）
　　　　　　　　土居　丈朗 氏（慶應義塾大学教授，
　　　　　　　　　　　　　　　　　　　　日本学術会議連携会員）
　　　　　　　　佐々木信夫 研究員（中央大学教授，日本学術会議会員）
　コーディネータ　大　杉　覚 氏（首都大学東京教授，
　　　　　　　　　　　　　　　　　　　　日本学術会議連携会員）

日　時　2014年1月9日（木）11：00～12：30
主　催　第25回中央大学学術シンポジウム「東京・多摩地域の総合的研究」
共　催　現代政策研究会
テーマ　「八王子市地域環境診断における住民と自治体によるコミュニケーションの役割」
報告者　田中　廣滋 研究員（中央大学教授）
　2013年度経済学部教育力向上推進事業

日　時　2014 年 1 月 11 日（土）13：00 〜 18：00
主　催　第 25 回中央大学学術シンポジウム「東京▪多摩地域の総合的研究」
共　催　現代政策研究会
テーマ　「東京多摩地域の発展とグローバル政策の検証」
報告者　田中　廣滋 研究員（中央大学教授）
テーマ　「北京・天津・河北，大都市圏における地域経済の一体的発展」
報告者　葉　　軍 氏（中国天津理工大学教授）
テーマ　「北京市における経済発展と社会環境問題」
報告者　賈　保　華 氏（中国対外経済貿易大学教授）
テーマ　「中国における外資企業を取り巻く環境変化と対策」
報告者　李　　森 客員研究員（福山大学助教）
テーマ　「『地域内発的発展論』からみた仁川経済の現状」
報告者　梁　峻　豪 氏（中国仁川大学教授）
　　　　2013 年度経済学部教育力向上推進事業

日　時　2014 年 2 月 21 日（金）13：00 〜 14：30
主　催　第 25 回中央大学学術シンポジウム「東京▪多摩地域の総合的研究」
共　催　現代政策研究会
テーマ　「中国経済の高度化と低炭素社会の構築」
報告者　毛　　衛兵 客員研究員

日　時　2014 年 3 月 19 日（水）14：00 〜 16：30
主　催　第 25 回中央大学学術シンポジウム「東京▪多摩地域の総合的研究」
共　催　社会哲学と経済思想研究部会，思想史研究会
　　　　現代資本主義分析研究会
テーマ　「自由民権の遺産－五日市憲法と千葉卓三郎－」
報告者　岡村　繁雄 氏（ジャーナリスト）

【2014 年度】

日　時　2014 年 5 月 30 日（金）16：30 〜 18：00
主　催　第 25 回中央大学学術シンポジウム「東京・多摩地域の総合的研究」
共　催　現代政策研究会
テーマ　「ロンドンプランと東京・多摩の都市間競争力」
報告者　米田　篤裕 氏（矢崎科学技術振興記念財団常務理事）

日　時　2014 年 6 月 4 日（水）10：30 〜 12：00
主　催　第 25 回中央大学学術シンポジウム「東京・多摩地域の総合的研究」
テーマ　「公共施設マネジメントについて」
報告者　西尾　真治 氏（三菱 UFJ リサーチ＆コンサルティング
　　　　　　　　　　　　　　　　　　　　　　　　（株）主任研究員）

日　時　2014 年 6 月 13 日（金）16：30 〜 17：30
主　催　第 25 回中央大学学術シンポジウム「東京・多摩地域の総合的研究」
共　催　現代政策研究会
テーマ　「多摩地域の公共施設の再配置・統合における住民参加について」
報告者　神山　和美 氏（(株)日本経済研究所　社会インフラ本部長）

日　時　2014 年 7 月 24 日（木）
　　　　　①　14：00 〜 15：00　②　15：00 〜 16：00
主　催　第 25 回中央大学学術シンポジウム「東京・多摩地域の総合的研究」
共　催　現代政策研究会
テーマ　①　「Risk Perception in Megacities of East Asia : A Comparative Study
　　　　　　 of Beijing, Seoul and Tokyo」
　　　　②　「中国大都市における『人的都市化』」
報告者　①　陳　宇　琳 氏（清華大学建築学院専任講師）
　　　　②　于　建　明 氏（中国民政部政策研究センター研究員）

| 日　時 | 2014 年 9 月 13 日（土）13：30 ～ 16：45 |
| 主　催 | 第 25 回中央大学学術シンポジウム「東京▪多摩地域の総合的研究」
中央大学経済研究所・日本学術会議政治学委員会 |
テーマ	「進む少子高齢化／大都市圏郊外自治体の構造的危機」
登壇者	猪口　邦子　氏（参議院議員・日本学術会議会員）
および	曽根　泰教　氏（慶應義塾大学大学院教授）
講演者	土居　丈朗　氏（慶應義塾大学教授・日本学術会議会員）
並木　　心　氏（東京都羽村市長・東京都市長会副会長）
山﨑　　朗　研究員（中央大学教授）
石川　利治　研究員（中央大学教授・同研究所長）
佐々木信夫　研究員（中央大学教授・日本学術会議会員）

| 日　時 | 2015 年 2 月 20 日（金）14：00 ～ 16：00 |
| 主　催 | 第 25 回中央大学学術シンポジウム「東京▪多摩地域の総合的研究」 |
| 共　催 | 社会哲学と経済思想史研究部会，思想史研究会
現代資本主義分析研究会 |
| テーマ | 「八王子市由木地域の歴史と文化−見直したい由木−」 |
| 報告者 | 平野　雄司　氏（由木つむぎの会幹事） |

＊報告者等の肩書は全て報告当時のものです。

＜出張＞

【2012 年度】

東京▪多摩における地方自治および財政と道州制チーム

（幹事：飯島　大邦研究員）

期　　間　　2012 年 9 月 7 日（金）〜 8 日（土）

出張先　　青梅市御岳山

目　　的　　東京の地方自治研究の論点整理

参加者　　飯島　大邦 研究員，佐々木信夫 研究員，三船　毅 研究員，
　　　　　　船木　良教 客員研究員，増田　俊一 客員研究員，
　　　　　　坂下　敏雄 客員研究員，清水　大邦 客員研究員

東京▪多摩の地域振興における地方公共団体の役割と政策チーム

（幹事：田中　廣滋研究員）

期　　間　　2013 年 1 月 27 日（日）〜 30 日（水）

出張先　　韓国・ソウル，仁川（仁川大学）

目　　的　　韓国・ソウルおよび仁川での地域格差および地域振興についての調
　　　　　　査と共同研究者との調査打合せ

参加者　　鳥居　伸好 研究員

【2013 度】

東京▪多摩地域の経済的特徴と国際競争力チーム（幹事：塩見　英治研究員）

期　　間　　2014 年 3 月 26 日（火）〜 27 日（水）

出張先　　愛知大学，中部国際空港

目　　的　　大都市近郊地域の活性化に対する空港の役割

参加者　　塩見　英治 研究員，石川　利治 研究員，松浦　司 研究員，
　　　　　　小熊　仁 客員研究員，角本　伸晃 客員研究員

【2014 年度】

東京▪多摩における地方自治および財政と道州制チーム

(幹事：飯島　大邦研究員)

期　間　2014 年 9 月 5 日（金）〜 6 日（土）
出張先　青梅市御岳山
目　的　12 月開催学術シンポジウム報告準備等
参加者　飯島　大邦 研究員，佐々木信夫 研究員，三船　毅 研究員，
　　　　成田　浩 研究員，船木　良教 客員研究員，
　　　　増田　俊一 客員研究員，坂下　敏雄 客員研究員，
　　　　清水　大邦 客員研究員，松尾　紀子 客員研究員，
　　　　大勢待利明 客員研究員

執筆者紹介（執筆順，所属は執筆時点）

石川　利治（いしかわ　としはる）	経済研究所研究員，中央大学経済学部教授
長野　ひろ子（ながの　ひろこ）	経済研究所研究員，中央大学経済学部教授
車田　勝彦（くるまだ　かつひこ）	八王子市川口郷土史研究会事務長
音無　通宏（おとなし　みちひろ）	経済研究所客員研究員，中央大学名誉教授
笹原　昭五（ささはら　しょうご）	経済研究所客員研究員，中央大学名誉教授
佐々木　信夫（ささき　のぶお）	経済研究所研究員，中央大学経済学部教授
成田　浩（なりた　ひろし）	経済研究所研究員，中央大学経済学部特任教授
清水　洋邦（しみず　ひろくに）	経済研究所客員研究員，（一社）青梅市体育協会副会長
増田　俊一（ますだ　としかず）	経済研究所客員研究員，元福生市議会議員
松尾　紀子（まつお　のりこ）	経済研究所客員研究員，（株）みらい代表取締役
大勢待　利明（おおせまち　としあき）	経済研究所客員研究員，青梅市議会議員
飯島　大邦（いいじま　ひろくに）	経済研究所研究員，中央大学経済学部教授
三船　毅（みふね　つよし）	経済研究所研究員，中央大学経済学部教授
田中　廣滋（たなか　ひろしげ）	経済研究所研究員，中央大学経済学部教授
薮田　雅弘（やぶた　まさひろ）	経済研究所研究員，中央大学経済学部教授
中村　光毅（なかむら　こうき）	経済研究所客員研究員，中央大学経済学部元客員講師
佐々木　創（ささき　そう）	経済研究所研究員，中央大学経済学部准教授
神山　和美（かみやま　かずみ）	経済研究所客員研究員，（独）鉄道・運輸機構理事
米田　篤裕（よねだ　あつひろ）	経済研究所客員研究員，（公財）矢崎科学技術振興記念財団
塩見　英治（しおみ　えいじ）	経済研究所研究員，中央大学経済学部教授
小熊　仁（おぐま　ひとし）	経済研究所客員研究員，金沢大学人間社会研究域助教
松浦　司（まつうら　つかさ）	経済研究所研究員，中央大学経済学部准教授
柴田　英樹（しばた　ひでき）	経済研究所研究員，中央大学経済学部教授

| 東京■多摩地域の総合的研究 |
| 中央大学学術シンポジウム研究叢書　10 |

2016 年 3 月 18 日　初版第 1 刷発行

|編　　者|第 25 回中央大学学術シンポジウム研究叢書編集委員会|
|発 行 者|神　﨑　茂　治|

発行所　中央大学出版部
〒192-0393　東京都八王子市東中野742-1
電話 042（674）2351　FAX 042（674）2354
http://www2.chuo-u.ac.jp/up/

Ⓒ　2016　　　　　　　　　　　　奥村印刷（株）
ISBN 978-4-8057-6186-1